THE PSYCHOLOGY OF AGING ADULTS

고령자 심리의 이해

박창호 · 이영순 · 김호영 · 강정석 · 서장원 · 신희영 · 김종완 공저

학지사

머리말

고령자로 분류되는 65세 이상 인구의 비율이 2025년에 한국인의 20% 이상이 되어 한국 사회가 초고령 사회가 될 것이라고 한다. 이미 초고령 사회가 된 일본의 경우와 마찬가지로 가족 구조, 지역공동체, 사회 기반 등의 문제가 점차 심각해지고, 많은 고령자가 충격적인 영향을 받을 것으로 우려된다. 한국에서 고령자는 존중의 대상에서 사회적 관심과 돌봄의 대상이 되었으며, 또한 주요한 소비자 및 생산자가 되기 시작하고 있다.

과거의 확대 가족 속에서 안정적 지위를 누리던 고령자가 이제는 경제적 곤란, 건강관리 및 사회적 적응 등의 문제와 씨름해야 하는 곤경에 처하는 경우가 많다. 그 결과, 고령자 개인의 심리적 안녕 문제는 아직 사회적으로 주목받는 관심사로 보이지 않는 것 같다. 고령자는 심리적 · 신체적 기능의 저하로 청장년 위주의 생활환경에 적응하는 데 많은 어려움을 겪는다. 홀로 살게 되거나 의사소통이 부족해지면서 외로움뿐만 아니라 정서적 · 심리적 문제를 겪기 쉽다. 이를 포함한 여러 요인이 고령자의 삶의 질과 안녕감을 떨어뜨릴 수 있다.

고령화 문제를 불가피한 것으로 체념하는 대신에 이에 적극적으로 대응하는 것이 필요하다. 성공적인 혹은 건강한 고령화는 개인뿐만 아니라 사회적으로도 매우 중요한 과제인데, 고령화는 결국 대부분의 사람이 겪는 우리 모두의 문제이기 때문이다. 초고령 사회로의 진입에 대응하는 문제에서 적절한 방향 설정이 필요하다. 돌봄 확대나 환경 개선과 같은 물질적 대책 외에도 고령자의 삶의 질과 안녕감을 높이고, 고령자 친화적인 서비스를 개발하는 데 더 많은 관심을 가질 필요가 있다. 고령자의 삶의 만족은 공동체의 행복과 발전을 이루는 기초가 될 것이다.

이 책은 고령자의 심리와 행동을 이해하고 연구하고 개입하는 데 기초가 되는 내용들을 전북대학교 심리학과 교수진이 주제별로 나누어 저술한 것이다. 박창호 교수는 제2장(인지 고령화의 이해), 제6장(성공적 고령화와 동기), 제15장(고령친화 디자인 접근)을, 이영순 교수는 제12장(고령자 상담), 제13장(고령자 대상 집단상담 프로그램의 실제)을, 김호영 교수는 제7장(노인 인지건강의 위험요인과 보호요인), 제10장(고령자의 신경인지장애)을, 강정석 교수는 제11장(고령 소비자와 고령친화산업 이해), 제14장(고령자 소비자 마케팅 이해)을, 서장원 교수는 제8장(고령자의 우울장애), 제9장(고령자의 불안장애)을, 신희영 교수는 제4장(고령자의 발달적 특성), 제5장(고령자의 사회적 맥락과 발달)을, 김종완 교수는 제1장(노화와 뇌 기능 변화), 제3장(고령자의 정서경험)을 담당하여 집필하였다. 그리고 집필진에 들어가지 않지만 강혜자 교수가 기획과 제6장의 집필에 도움을 주었다. 이 책에서는 고령자, 고령화라는 용어를 주로 사용하였지만, 저자의 선택에 따라 노인, 노화도 사용되었다.

이 책은 고령자 혹은 고령화와 관련된 주제를 다루는 강좌의 (부)교재로 사용될 수 있으며, 관련 주제에 관심을 가지는 독자에게 참고 도서로 유용할 것이다. 이 책이 초고령 사회에서 양질의 심리서비스를 제공하는 전문 인력의 양성에 기여하기를 기대한다. 이 책의 출판을 맡아 준 학지사에 사의를 표하며, 송무성 차장과 유은정 편집자에게 감사를 드린다.

2023년 2월

저자 일동

차례

제5장 고령자의 사회적 맥락과 발달 • 114

제6장 성공적 고령화와 동기 • 140

제11장 고령 소비자와 고령친화산업 이해 • 246

제12장 고령자 상담 • 270

제1장

노화와 뇌 기능 변화

노화가 진행되면서 알츠하이머 병, 파킨슨 병 등 많은 뇌 질환이 증가한다. 이러한 질환은 고령자인 경우에는 유병률이 높으며, 심리사회적 · 신체적 장애의 원인이 된다. 이러한 신경질환에 대한 치료책이 꾸준히 연구되고 있기는 하나, 안타깝게도 모든 질환에 대한 원인과 해결방안이 완벽하게 알려지지 않은 상태이다. 노화와 관련된 신경질환의 증가는 노화에 따른 뇌의 임상적 변화가 발생할 수 있음을 시사한다. 이러한 퇴행성 질환과는 별개로 뇌는 태어날 때부터 성인에 이르기까지는 물론이고, 성인기를 지나 중년기, 노년기에 이르기까지 끊임없이 변한다. 이러한 뇌의 변화는 뇌의 구조뿐만 아니라 기능에도 영향을 미치며, 이는 인지적 기능의 변화를 유발한다. 이번 장에서는 뇌의 노화에 대해 개괄적으로 살펴보면서 뇌를 연구할 수 있는 구조적 · 기능적 방법, 그리고 그러한 방법을 통해 밝혀진 노화에 따른 뇌의 기능의 변화에 대해 살펴볼 것이다.

주제어(keyword): 뇌 조직, 뇌 기능, 뇌 영상 방법

1. 뇌 영상 방법

1) 구조적 영상법

2) 기능적 영상법

2. 노화에 대한 뇌 영상 근거: 구조

1) 뇌의 조직

2) 뇌의 무게 및 뇌 위축

3) 뇌의 모양

생각상자 보호요인

3. 노화에 대한 뇌 영상 근거: 기능

1) 휴지 기간 뇌 영상법 근거

2) 과제의존적 뇌 영상법 근거

4. 맺음말

인간의 뇌는 발달 과정을 거치며 그 구조와 기능이 변한다. 태어나면서부터 뇌의 발생 및 청년기까지의 뇌의 발달에 대해서는 많은 관심이 있어 왔으나, 고령화에 따른 뇌의 변화에 대해서는 상대적으로 적은 관심을 받아 왔다. 노화에 따라 인지적 · 정서적인 변화는 행동측정치를 통해 연구되어 왔으며, 이러한 변화는 필히 이를 뒷받침하는 신경기제의 변화 때문일 것이라는 추측이 가능하다. 이 장에서는 현재 뇌를 연구하는 데 있어 가장 발전된 방법으로 평가받는 뇌 영상 방법에 대해 먼저 간략히 살펴볼 것이다. 구조적 영상법과 기능적 영상법의 특징 및 차이를 살펴봄으로써 뇌의 구조 및 기능을 측정할 수 있는 방법과 원리에 대해 이해할 것이다. 노화에 대한 뇌 영상 연구의 근거로서 먼저 뇌의 구조의 변화에 대해 살펴볼 것이다. 뇌의 조직에 대한 간단한 이해, 그리고 가장 일반적인 발견이라고 할 수 있는 뇌 용량 및 무게의 감소, 뇌 영역별 변화의 다양성, 횡단연구 및 종단연구, 그리고 뇌 영역의 모양의 변화에 대해 다룰 것이다. 뇌 기능의 변화는 인지기능을 중심으로 휴지 기간 뇌 영상법과 과제의존적 뇌 영상법에 의해 밝혀진 뇌 기능의 변화에 대해 다룰 것이다.

1. 뇌 영상 방법

뇌 연구 방법으로는 단일세포 측정법(single cell recording)/다중세포 측정법(multi cell recording), 뇌전도(Electroencephalography: EEG)/사건관련전위(Event-Related Potential: ERP), 컴퓨터 단층촬영(Computed Tomography: CT), 양성자 방출 단층촬영(Positron Emission Tomography: PET), 구조적/기능적 자기공명영상(structural/functional Magnetic Resonance Imaging: sMRI/fMRI) 등이 있다. 이 중 심리학 및 인지신경과학에서 가장 대표적인 뇌 연구 방법은 fMRI라고 할 수 있다. 이 기술은 비침습적(non-invasive)인 방법, 즉 연구 참가자에게 미치는 해가 거의 없는 안전한 방법으로서 높은 수준의 공간해상도를 가지고 있어 뇌 기능의 신경기제를 연구하는 데 적합한 방법으로 평가되고 있다. 이 절에서는 구조적 영상법, 그리고 기능적 영상법에 대해 간단히 살펴보고자 한다.

1) 구조적 영상법

구조적 영상은 뇌 조직의 종류에 따른 물리적 특성에 차이가 있다는 점을 이용한 방법이다. 뇌 조직에는 두개골과 같은 뼈, 회질(gray matter), 백질(white matter), 뇌척수액(Cerebrospinal Fluid: CSF), 그 외 기타 조직이 있으며, 각각이 자기장에 대해 반응하는 물리적 특성이 다르다. 대표적으로 CT와 MRI가 있다. CT는 X-선을 이용하는 방법으로, 뇌의 서로 다른 종류의 조직이 흡수한 X-선의 양을 측정한다. 특히 조직의 밀도가 중요한 요소인데, 뼈 조직이 흡수하는 X-선의 양이 가장 많고, 뇌 조직이 그다음, 마지막으로 뇌척수액이 흡수하는 X-선의 양이 가장 적다. 흡수하는 양이 많을수록 밝게 보이는데, 따라서 CT는 뼈 조직을 확인하는 데 가장 훌륭하다고 할 수 있다. 반면에 뇌 연구에서는 뇌 조직 중 회질을 측정해야 하는데, 이 방법은 회질과 백질을 구별할 수 없으므로 뇌 기능을 연구하는 데 적합하지 않은 방법이다. 또한 CT는 X-선이 필수적으로, 이는 방사능에 노출되는 침습적 방법(invasive)이라는 단점을 가지고 있다. 따라서 같은 대상에게 지속적, 반복적으로 사용하기에 부적합한 방법이다.

이에 비해 sMRI는 의학뿐만 아니라 인지신경과학 및 심리학에서도 중요한 방법 중의 하나로 여긴다. MRI는 CT에 비해 비침습적인 방법이라는 장점을 가지고 있다. 즉, 같은 대상에게 지속적, 반복적인 영상 촬영이 가능하며 아주 어린 신생아를 대상으로 촬영을 해도 문제가 없는 방법(예: Xie et al., 2019) 이다. 뇌 전체의 반응을 측정하는 방법 중에서 공간해상도가 가장 좋은 방법 중의 하나이며[단일세포 측정법이 공간해상도가 가장 뛰어난 방법이기는 하지만 뇌 전체(whole brain)를 측정하는 방법이 아닌 몇몇 세포만을 측정하는 방법이므로 비교할 수 없음], 회질과 백질의 구별이 명확하여 구조적 · 기능적 영상을 모두 촬영할 수 있다는 장점이 있다. 일반적으로 T1-가중(T1-weighted) 영상이 구조적 영상을 촬영할 때 쓰이는데, 회질은 어둡게, 백질은 흰색에 가까운 밝은색으로 표현된다.

MRI가 어떠한 물리적 원리에 따라 뇌 영상을 촬영하는지 자세히 살펴보기로 하자. 앞에서 언급했듯이, X-선은 비교적 단단한 뼈 조직을 확인하는 데 더 용이한 반면, 뇌 조직과 같은 상대적으로 연한 조직을 측정하는 데에는 적당하지 않다. MRI는 뇌 조직을 측정하는 데 유리하며, 회질과 백질 역시 구분할 수 있다. 단단한 조직에 비해 연한 신체 조직은 수분이 포함되어 있으며, 조직에 따라 그 함유량에 차이가 있다. MRI는 서로 다른 수분 함유량을 이용한다(Savoy, 2012). MRI를 이용하여 측정하기 위해서는 영상을 촬영하고자 하는 신체 부위에 코일을 덮고 MRI 스캐너 안으로 들어가게 되는데, 이 코일에 전류를 흐르게 함으로써 신체 부위 주위에 강한 자기장을 가하게 된다. 물 분자는 H_2O, 즉 수소를 포함하고 있다. 수소 원자 핵은 막대처럼 회전하는데, 일반적으로 양성자는 무작위로 위치하고 있고, 따라서 특별히 전류를 생성하고 있는 상태는 아니다. 그런데 주위에 강한 자기장을 가하게 되면 무선적으로 위치한 양성자가 자기장의 자력선과 같은 방향으로 정렬하게 된다. 이렇게 되면 양성자가 생성하는 전류의 합을 측정할 수 있다. 앞서 기술했듯이, 뇌 조직마다 포함하고 있는 수분의 양이 다르므로 회질, 백질, 뇌척수액 별로 생성되는 전류의 양 역시 다르며, 따라서 이 조직들을 MRI로 구분할 수 있다. 자기장의 강도는 테슬라(tesla, T) 단위로 측정되며, 과거에는 1.5T, 현재에는 주로 3T MRI 스캐너가 쓰이는 추세이다. 뇌 전체가 아닌 일부 영역을 집중적으로 촬영하는 연구에서는 7T까지 쓰이기도 한다.

2) 기능적 영상법

구조적 영상은 뇌의 정적(static) 지도를 만드는 영상이라면, 기능적 영상은 뇌의 작용, 기능을 측정하는 동적(dynamic) 지도를 만드는 것이 목적이다. 가령 언어에 관여하는 뇌의 영역을 관찰하고자 할 때, 연구참가자가 언어와 관련된 과제를 MRI 스캐너 안에서 수행하는 동안에 관여하는 뇌의 영역이 어디인지 국소적인 생리적 변화를 일으킨다는 가정에 기초한 것이 기능적 영상법이다. 이러한 점에서 인지신경과학은 뇌의 구조 그 자체보다는 인간의 행동과 사고의 신경과학적 기제를 알아내고자 하는 것으로, 구조적 영상법보다는 기능적 영상법이 인지신경과학의 주된 연구법이라고 할 수 있다.

fMRI는 기본적으로 뇌의 혈액, 그 안에 포함된 산소에 반응하는 방법이다. 뇌는 우리 몸에서 부피로는 작은 부분을 차지하지만 우리 몸에서 소비되는 산소의 20% 정도를 사용할 정도로 많은 영양분을 필요로 하는 기관이다. 산소와 에너지는 뇌 혈관으로부터 공급받는데, 뇌의 모든 영역이 동일한 비율의 산소와 에너지를 공급받는 것이 아니라 뇌 영역 중 현재 가장 산소와 에너지가 필요한 곳에 더 많은 혈액이 모이게 된다(Raichle, 2015). 예를 들면, 언어와 관계된 과제를 수행할 때 뇌 내에서의 혈류가 좌반구 전두엽 쪽으로 더 모이게 된다면 이 영역이 언어에 관계된 영역이라고 추론할 수 있다. 뇌의 기능을 측정하는 데 있어 PET는 혈류 변화 그 자체를, EEG는 뇌의 전기적 신호를 측정하는 데 비해, 기능적 근적외선 분광법(Functional Near-Infrared Spectroscopy: fNIRS; Hoshi, 2007)이나 fMRI와 같은 경우에는 혈액 속에 포함된 산소 농도를 측정하는 방법으로, 따라서 혈역동 방법(hemodynamic method)이라고도 부른다.

인지신경과학에서 기능적 영상법을 이용한 뇌 연구에서는 다른 일반적인 심리학 연구와 마찬가지로 대조군(control group), 즉 특정 과제를 하지 않는 조건 혹은 성격이 다른 과제와 함께 시행하여 두 조건을 서로 비교한다. 만약 한 조건은 화면에 나타난 단어를 수동적으로 읽게 하는 경우이고, 다른 조건은 그 단어를 실제로 입으로 말하면서 읽게 하는 경우라고 가정해 보자. 이때 두 번째 조건을 수행할 때 뇌의 특정 부위가 더 활성화되었다면, 이 영역은 언어를 발화하는 데 관여하는 영역이라고 추론할 수 있다. 그런데 이때 단어를 눈으로 보면서 입으로 말하는 조건과 화면에 아무것도 나오지 않은 조건을 서로 비교한다면 첫 번째 조건에서 더 활성화된 뇌의 영역이 언어를 발화하는 기능뿐만 아니라 언어를 시각적으로 처리하는 기능의 효과가 합쳐진 결과가 된다. 따라서 연구의 주요목표가 언어의 발화에 연관된 뇌의 영역을 찾으려는 것이고, 대조군을 화면에 아무것도 나오지 않은 시행으로 설정한다면 올바른 대조군이라고 할 수 없다. 일반적인 심리학 연구에서도 마찬가지이지만, 기능적 영상법을 이용하는 뇌의 연구에 있어서 대조군을 정확히 설계하는 일이 무엇보다 중요하면서 까다로운 작업이다.

기능적 영상법, 특히 fMRI를 사용하는 연구인 경우에는 앞서 언급했듯이 지속적, 반복적으로 같은 대상에게 연구를 해도 문제가 없기 때문에 많은 시행이 포함되거나 여러 날에 걸쳐 영상을 측정해야 하는 연구에 있어서도 적합한 방법이다. 기능적 영상법을 이용하지만 개개인의 뇌의 크기와 모양은 서로 다르므로 개별적인 뇌 영상은 몬트리올 신경학 연구소(Montreal Neurological Institute: MNI), 탈라라크(Talairach; Brett et al., 2001) 등과 같은 표준화된 템플릿으로 변형해야 하며, 이를 위해 구조적 영상 역시 함께 촬영하게 된다. 일반적인 행동측정이나 생리측정 연구와는 다르게 구조적 영상을 촬영해야 하는 점, 그리고 MRI 스캐너 안에 들어가기 전에 몸 안에 자성을 가진 물질이 있는지, 혹은 폐소공포증 등이 있는지를 확인하기 위한 사전조사를 해야 하는 점, 그리고 MRI 베드에 연구참가자를 위치시키고 MRI 촬영 전까지 준비해야 하는 시간이 필요한 점 등 때문에 실제로 계획했던 실험시간에 비해 적게는 30분, 많게는 1시간가량의 시간이 더 필요하다.

기능적 영상법은 혈액 속에 포함된 산소의 양을 측정하는 것으로, 이를 혈류 산소 수준(Blood Oxygen-Level-Dependent contrast: BOLD)이라고 부른다(Ogawa et al., 1990). EEG와는 달리 BOLD 신호는 즉각적이지 않고 1~3초 정도의 지연이 있는데, 이를 혈역동 반응 함수(Hemodynamic Response Function: HRF)라고 한다(Hoge & Pike, 2001). HRF는 한 연구참가자라고 하더라도 서로 다른 뇌 영역마다 차이가 있으며 개인차도 존재한다고 알려져 있지만(Aguirre et al., 1998), 대부분 인지신경과학 연구의 뇌 데이터 분석 과정에서는 개별적

인 HRF 함수를 사용하기보다는 동일한 HRF 함수를 사용하는 편이다. 일반적인 생리측정 연구와 비슷하게 뇌 영상 데이터는 신호대잡음비(signal to noise ratio)가 약 1~3% 정도로 매우 좋지 않으며, 이러한 이유 때문에 원자료(raw data)를 전처리(preprocessing)하는 과정에서 평활화(smoothing)라고 하는 절차를 통해 작은 뇌 신호를 증폭시키는 과정이 포함된다(Alakörkkö et al., 2017).

fMRI의 공간해상도는 개별 연구의 MRI 스캐너 프로토콜을 조정하는 과정에서 정해지지만, 구조적 영상은 1mm, 기능적 영상은 3mm 정도로 정하는 것이 보통이다. 이러한 정밀한 공간해상도는 '뇌의 어느 영역이 특정 인지기능에 관여하는가?'라는 물음에 가장 적절히 답할 수 있는 fMRI를 가장 영향력 있는 뇌 연구 도구로 사용하는 데 결정적인 영향을 미쳤다. 단, fMRI의 시간해상도는 1~3초 정도이며, 최근 발전한 기술인 멀티밴드 기술(한 장의 이미지에 보통 십 수 개의 슬라이스를 찍게 되는데, 일반적으로는 각각의 슬라이스를 한 번에 한 장 찍는 반면, 멀티밴드 기술은 한 번에 두 개 이상의 슬라이스를 촬영할 수 있어 시간이 절약됨; Preibisch et al., 2015)이 적용되면 1초 내로 줄어들기도 한다. 이러한 시간해상도는 뇌 전기신호를 측정하는 EEG에 비해서 매우 떨어지는 방법이기 때문에 밀리세컨드(millisecond) 단위로 인지기능을 측정해야 하는 연구에는 단점으로 지적된다. 앞서 언급했듯이, HRF에서는 혈역동 반응이 증가했다가 다시 떨어지는 데 시간이 걸리기 때문에 실험을 설계할 때 앞선 시행과 뒤이은 시행 간에 아주 짧은 수행시간(Inter Trial Interval: ITI)을 두면 앞선 시행에서의 뇌 반응이 뒤이은 시행의 뇌 반응에 영향을 미치게 된다. 따라서 기능적 영상법을 이용한 연구에서는 시행 간에 빈 화면 제시 등 일반적인 행동실험에 비해 더 긴 시간을 두는 것이 권장된다.

여기까지 뇌 영상법으로 구조적 · 기능적 방법을 소개하였고, 가장 대표적인 MRI를 소개하였다. 다음 절부터는 노화에 대한 뇌 영상 연구들을 구조 및 기능 순으로 소개하겠다.

2. 노화에 대한 뇌 영상 근거: 구조

1) 뇌의 조직

노화에 따른 뇌의 구조적 변화를 살펴보기 전에 우선 뇌의 조직에 대해 간단히 살펴보도록 하자. 뇌의 조직은 크게 신경세포체로 구성된 회질, 회질의 작용을 돕는 축색돌기와 교세포로 구성된 백질, 그리고 뇌척수액이 포함된 뇌실 등이 있다. 뇌는 회질로 이루어진 대뇌피질, 그 아래에 백질이 있으며, 그 아래에 피질하부(subcortical area)라고 불리는 또 다른 회질 구조가 있다. 백질은 두 반구를 연결하는 뇌량(corpus collosum), 피질 영역들, 그리고 피질과 피질하부 등을 연결하는 역할을 한다.

뇌 영역을 지칭하는 용어로 전측(anterior), 후측(posterior), 상측(superior)/배측(dorsal), 하측(inferior)/복측(ventral; 위아래를 지칭하는 용어로 두 용어가 혼용된다), 외측(lateral), 내측(medial; 몸을 중심으로 왼쪽, 오른쪽 방향, 바깥을 향하는지 몸의 중심을 향하는지에 대한 구분)이 3차원의 뇌 각 영역을 지칭하는 데 사용된다. 가령 배외측 전전두 피질(dorsolateral prefrontal cortex)은 전전두피질(prefrontal cortex) 영역 중 위쪽이면서 바깥쪽 영역을 일컫으며, 측두엽 고랑(superior temporal sulcus)은 측두엽의 구 중에서 위쪽 영역을 일컫는다.

2) 뇌의 무게 및 뇌 위축

노화에 따른 뇌의 변화 중 가장 잘 알려진 것은 뇌의 무게 및 용량이 줄어든다는 것이다.[1] 사람은 태아인 상태에서 태어나 영아기, 유아기, 아동기 등을 거치는 동안에 뇌가 점점 커지고 무거워지는데, 청년기에 가장 크고 무겁다가 점점 작아지게 된다. 실제로 70세 이후의 뇌 용량은 매년 약 0.3~0.5% 줄어들며(Esiri, 2007), 회질과 백질 모두를 포함한다. 대뇌피질이 얇아지는 것은 물론 뇌실이 커지며, 특히 전두엽, 측두엽, 해마(hippocampus) 등이 줄어들게 된다(Fjell & Walhovd, 2010). 백질의 경우에는 20세에 비해서 70세 정도까지

1) 노화에 따른 일반적인 뇌의 변화를 시각적으로 보여 주는 연구는 Huizinga 등(2018)을 참고할 것. 홈페이지는 www.agingbrain.nl.

6%, 80세까지는 약 40% 정도 감소한다고 알려져 있다(Marner et al., 2003).

일반적으로 뇌 용량이 노화에 따라 줄어들지만, 이러한 노화의 영향은 뇌 영역별로 다르다. 즉, 몇몇 구조는 노화에 따라 급격히 영향을 받는 반면, 다른 구조들은 비교적 온전히 유지되기도 한다. 변화의 양상(trajectory) 역시 다른데, 몇몇 뇌 영역은 청년기 이후 연령에 따라 일정하게 감소하는 선형적인 변화를 보이는 반면, 다른 영역은 중년기까지 감소하지 않고 오히려 증가하다가 그 이후에 감소하는 비선형적인 변화를 보이기도 한다. Fjell과 Walhovd(2010)의 리뷰 논문에서 피질하부의 각 뇌 영역이 노화에 따른 감소를 보이는지 연구별로 정리하였는데, 해마와 편도체(amygdala)는 몇몇 연구에서는 감소를 발견하였으나 그 밖의 연구에서는 발견하지 못했던 반면, 선조체(striatum), 담창구(pallidum), 시상(thalamus), 측좌핵(nucleus accumben), 소뇌(cerebellum) 등은 대부분의 연구에서 일관적으로 노화에 따른 크기의 감소를 발견하였다. 또한 뇌간(brainstem)은 대부분의 연구에서 노화에 따른 변화가 발견되지 않았으며, 뇌척수액 및 뇌실(ventricle)은 일관적으로 크기가 증가함을 발견하였다. 변화의 양상 역시 뇌 영역별로 상이한데, 편도체, 조가비핵(putamen), 담창구, 시상, 측좌핵, 소뇌의 회질 등은 연령에 따라 선형적으로 감소를 보이는 반면, 미상엽(caudate), 소뇌의 백질, 뇌척수액과 뇌실은 비선형적인 변화를 보였다. 회질과 백질에 대해서는 회질은 선형적, 백질은 비선형적 변화를 보인다는 사실 역시 보고되었다(Bartzokis et al., 2001). Raz(2000)의 리뷰에서는 해마와 조가비핵이 가장 큰 변화를, 그 다음으로는 미상엽, 해마방회(parahippocampal gyrus), 편도체, 시상 등이 변화를 보인다고 보고하였다.

뉴런의 감소에 대해서는 대뇌피질의 약 10% 정도의 뉴런이 일생에 걸쳐 사라지게 된다고 알려져 있지만, 이 역시 전체 뇌에 고르게 일어나는 일이 아닌 뇌 영역별로 다르다. 가령 측두엽 중에서도 상측두회(Superior Temporal Gyrus: STG), 내후각피질(entorhinal cortex), 조가비핵 등에 있는 뉴런은 노화에 따라 크게 영향을 받지 않으며(Peters et al., 1998), 해마, 흑질(substantia nigra) 등은 아주 적은 뉴런의 손실만을 겪는다(West et al., 1994; Ma et al., 1999). 크기 변화의 정도 역시 뇌 영역별로 다른데, 뇌실 중에서도 측뇌실(lateral ventricle)은 모든 뇌 영역 중에서도 가장 크기 변화가 심한 반면, 제4뇌실(fourth ventricle)은 변화의 정도가 적다. 일반적으로 조가비핵, 측뇌실, 시상, 측좌핵 등은 변화의 정도가 큰 반면, 제4뇌실, 미상엽이나 소뇌 등은 변화의 정도가 적고, 뇌간은 변화가 거의 없이 온전히 유지된다.

대뇌피질 중에서는 전두엽, 그중 전전두엽 영역이 가장 큰 영향을, 측두엽 및 두정엽은 중간 정도의 영향을 받는 반면, 후두엽을 포함한 일차지각영역 등은 비교적 노화의 영향을 적게 받는다(Raz et al., 2004). Raz(2000)는 리뷰연구에서 여러 논문에서 보고된 통계적 효과 크기를 비교한 결과, 대뇌피질에서의 회질과 백질 모두 전두엽 영역이 가장 큰 영향을 받음을 보고하였다. 이는 가장 늦게 발달한 영역이 가장 일찍 퇴화한다는 가설을 지지하는데(Fjell & Walhovd, 2010), 계통적, 발생론적으로 가장 늦게 발달되는 영역이 노화에 따라 가장 일찍 영향을 받는다는 것이다. 인지적 집행기능은 주로 전두엽, 그중에서 전두엽–선조체 연결 부위에서 담당하는데, 이러한 인지기능이 노화에 따라 가장 큰 영향을 받는다는 사실이 이 가설을 지지한다(Schretlen et al., 2000). 전두엽 영역의 회질이 감소되는 정도는 집행기능 및 주의에 대한 행동측정치와 강한 상관을 보인다. 이러한 연구들은 공통적으로 전두엽 영역, 특히 측면 전전두엽의 뇌 용량의 감소가 노화에 따른 뇌 변화 중 가장 취약한 영역임을 시사한다.

앞서 언급한 연구들을 해석할 때 유의할 점은 대부분의 연구가 횡단연구(cross sectional study), 즉 한 시점에 여러 연령의 사람을 모집하여 각 집단 간의 차이를 연구하였다는 점이다. 따라서 엄밀히 말하면 연령에 따른 뇌의 '변화'나 '진행 과정'에 대한 연구라기보다는 연령 간 뇌의 '차이'를 연구한 것이라고 보는 것이 더 정확하다. 물론 횡단연구 역시 종단연구에 비해 장점이 있다. 빠르고 비용이 적게 들며, 따라서 연령의 범위를 넓게 측정할 수 있다. 단점은 개인차나 한 시대를 공유하는 사람들 간의 공통점 등의 오염변인이 있을 수 있다는 점이다. 또한 임상적 장애가 있지 않은 일반적인 집단에서 고령자와 성인을 대상으로 한 실험을 가정해 볼 때, 연구에 참가하는 고령자들은 연령과 관련된 질환이 없는 조건이기 때문에 비교적 평균보다 '더' 건강한 집단이라고 볼 수 있다. 그렇다면 이러한 건강 상태에 맞춰 모집된 일반 성인 참가자들은 반대로 '덜' 건강한 집단이라고 볼 수 있다는 점이 또 다른 문제점으로 지목되었다(Raz, 2005). 현실적으로 동일인을 일정 기간 동안 관찰하여 연령에 따른 변화를 추적하는 방법인 종단연구가 횡단연구보다 시간과 노력, 비용 등의 측면에서 수행하기 더 어렵다. 처음 모집한 참가자가 이사, 사망, 개인적 사유 등의 이유로 이탈하는 경우가 존재하기 때문에 필요한 표본 크기보다 더 많은 초기 참가자가 필요하며, 특히 뇌의 변화를 연구하는 분야에서는 MRI 스캐너의 방법을 동일하게(혹은 서로 비교 가능하게) 유지하는 것이 무엇보다 중요하다.

횡단연구에 비해 수가 더 적지만, 종단연구를 이용한 뇌의 변화를 살펴보자. Raz와 그의 동료들(2005)은 노화에 따른 뇌의 변화에 대한 초기 종단연구 중 하나를 수행했는데, 그들이 보고한 해마 크기의 감소 정도는 횡단연구를 통해 밝혀진 정도에 비해 약 두 배 이상 더 컸으며, 내후각피질은 약 세 배의 차이가 있었다. 이는 횡단연구는 실제 뇌의 변화에 대해 다소 과소평가하는 경향이 있음을 시사한다. 그 외에 측면 전전두엽, 두정엽, 해마, 미상엽, 소뇌 등에서의 크기의 감소를 보고하였다. Fjell과 그의 동료들(2009)은 1년 간의 변화에 대한 종단연구를 시행하였는데, 이 연구에서는 일반적인 고령자와 알츠하이머 병을 가진 고령자를 비교하였다. 그 결과 일반 고령자에 대해서 불과 1년의 시간이 지났음에도 전전두엽과 해마를 포함한 측두엽의 감소가 두드러졌으며, 편도체를 포함한 피질하부와 뇌실 역시 변화가 발견되었다. 제4뇌실 및 후두엽은 큰 변화를 보이지 않았다. 알츠하이머 병을 가진 고령자 역시 비슷한 감소 및 증가를 보였으며, 특히 일반 고령자에 비해 측두엽의 감소가 더욱 컸다. 이 결과는 불과 1년이라는 짧은 시간에도 관찰될 만큼 분명한 변화를 보인다는 점을 시사한다. Jäncke와 동료들(2020)은 4년 동안의 기간에서 뇌의 변화를 종단연구로 살펴본 결과, 회질과 백질이 약 0.8% 정도 줄어든 것을 발견하였으며, 외측 뇌실은 7%, 백질 저밀도(white matter hypointensities)는 4% 증가한 것을 발견하였다. 결론적으로 종단연구는 횡단연구에 비해 실제 뇌의 변화를 더 정확히 측정하는 방법으로, 횡단연구만큼 많은 연구가 진행된 것은 아니지만 횡단연구에서 밝혀진 뇌의 변화를 지지하는 결과를 보였으며, 횡단연구에 비해 더 큰 변화가 있는 것으로 보인다.

3) 뇌의 모양

뇌 영역의 크기 감소에 대한 연구에 비해서는 덜 관심을 받아 왔지만, 뇌 영역의 모양 변화에 대한 연구 역시 진행되어 왔다. Hughes와 그의 동료들(2013)은 전측, 배내측 시상 영역의 모양과 크기가 감소함을 보고하였다. 해마에 대해서 Yang과 그의 동료들(2013)은 그 모양이 변화함을 보고하였으며, Voineskos와 그의 동료들(2015) 역시 비슷한 발견을 하였고, 이 변화는 인지적 능력과는 관련이 없음을 보고하였다. Gerardin과 그의 동료들(2009)은 경도인지장애(Mild Cognitive Impairment: MCI), 알츠하이머 병(Alzheimer's Disease: AD), 일반 통제집단 등 세 집단의 고령자를 모집하여 해마의 모양을 측정하였다. 그들은 서포트 벡터 머신(Support Vector Machine: SVM)을 이용한 다중부피소 패턴 분석(MultiVoxel Pattern Analysis: MVPA)에 기반한 모델을 훈련(train)한 결과, 각 질환을 가진 집단과 그렇지 않은 집단을 분류할 수 있는 정확도가 80% 이상이었다. 특히 이 정확도는 해마의 크기 데이터를 이용한 MVPA에 비해 더 높은 정확도를 보였다는 점에서 의의가 있다. Kuhn과 그의 동료들(2017)의 연구에서 일반 통제집단과 인간 면역 결핍 바이러스(Human

Immunodeficiency Virus: HIV)를 가진 집단의 뇌를 스캔한 결과, 노화에 따라 좌반구 담창구, 우반구 측좌핵과 피각, 좌우반구 미상, 해마 및 시상의 모양의 변화를 관찰하였다. 흥미롭게도 HIV와 노화의 상호작용 역시 발견하였는데, 좌우반구 측좌핵과 피각, 편도체, 시상, 담창구 등의 뇌 영역은 HIV 보균자의 노화에 따른 모양의 변화가 통제집단에 비해 더 큼을 발견하였다.

보호요인

지금까지는 뇌의 변화, 특히 뇌 용량 및 무게의 감소와 뇌 영역의 모양의 변화에 대하여 살펴보았다. 그렇다면 이러한 뇌의 노화를 늦출 수 있는 요인은 어떤 것들이 있을까? 먼저 섭취하는 영양에 대한 연구에서는 지나친 고열량 및 적은 항산화 물질은 치매 과정을 더 가속화시키는 데 연관되어 있을 수 있다는 연구가 있으며(Otsuka et al., 2002), 다른 연구 또한 열량 섭취를 제한하는 것이 효과가 있다고 보고하였다(Mattson et al., 2002; Mattson, 2003). 8개의 연구논문을 대상으로 메타분석한 결과(He et al., 2004), 생선의 섭취량이 특히 뇌경색(ischemic stroke)과 부적상관을 보여 한 달에 1번 내지 3번의 생선 섭취만으로도 뇌 경색 방지에 도움을 줄 수 있다고 제안하였다. 알코올에 대해서는 비선형적인 관계를 보이는데, 즉 적절한 정도의 알코올 섭취는 심혈관계 질환을 줄이고 해마의 작용을 촉진하지만 과도한 음주는 백질의 감소, 뇌경색, 치매의 원인이 될 수 있다(Ruitenberg et al., 2002). 적절한 수준의 운동 역시 뇌 노화를 늦추는 데 도움이 된다. Colcombe와 그의 동료들(2003)은 55명의 고령자를 대상으로 MRI를 측정한 결과 일반적인 뇌의 노화, 즉 뇌 용량의 감소를 발견하였으나, 유산소 운동의 정도와 뇌 용량 감소의 정도 사이에 부적인 상관, 즉 유산소 운동을 많이 하면 할수록 뇌 용량 감소가 줄어듦을 발견하였다. Kramer와 그의 동료들(1999)은 실험연구를 통해 고령자 연구 참여 집단에서 반은 유산소 운동 집단에, 나머지 반은 무산소 운동 집단에 할당하고 6개월 동안 운동 프로그램을 진행하였다. 그 결과, 무산소 집단에 비해 유산소 집단에서 집행기능이 필요한 과제에서 유의한 호전을 발견하였다. 음식과 운동 외에 개인차, 지능, 환경적 요인, 사회정서적 유대관계 등이 거론되고 있다.

3. 노화에 대한 뇌 영상 근거: 기능

기능적 뇌 반응에 대한 노화 연구방법은 크게 둘로 나눌 수 있는데, 뇌가 특별한 과제를 수행하지 않고 안정된 상태일 때(resting state)의 뇌 영상, 그리고 인지, 정서, 기억 등 특정 과제를 수행할 때(task dependent)의 뇌 영상 측정법이다. 안정 시 뇌 기능 영상법을 이용한 연구는 앞서 언급했듯이, 연구참가자들이 특정한 과제를 수행하지 않은 상태일 때의 뇌 기능을 MRI 스캐너 안에서 측정했기 때문에 다양한 종류가 있지 않고 비교적 통일된 방법을 쓴다는 점에서(물론 눈을 감고 측정하는 경우, 혹은 뜨고 하는 경우 등의 차이, 그리고 측정시간 역시 차이가 있을 수 있지만) 과제의존적 뇌 영상법 연구보다는 더 간단하고 발견된 결과 역시 비슷한 편이다. 그에 비해 과제의존적 뇌 영상법 연구는 주의, 인지, 정서, 기억, 언어처리 등 다양한 과제 종류, 심리학 연구 주제에 따라 그 방법과 관심 뇌 영역 등이 크게 다르기 때문에 이를 각각 살펴보아야 한다.

1) 휴지 기간 뇌 영상법 근거

휴지 기간 뇌 영상법은 일반적으로 측정하는 인지기능에 대한 뇌 영역의 발화가 아닌 연구참가자가 아무런 과제를 수행하지 않고 눈을 감거나 뜨고 있는 상태일 때 뇌를 측정하는 것을 말하며, 뇌의 기능적 연결성(functional connectivity) 연구에서 많이 쓰이는 방법 중 하나이다. 휴지 기간 중 뇌의 기능적 연결성을 측정한 연구에서는 뇌 영역 사이의 연결, 즉 몇 개의 네트워크가 존재함이 밝혀졌다. 노화에 따라 기본적으로 네트워크 내 뇌 영역들 사이뿐만 아니라, 네트워크 간 연결성 역시 약해진다는 사실이 보고되었다(Geerligs et al., 2015). 네트워크 내 뇌 영역들의 기능적 단원성(modularity) 및 국지적 효율성(local efficiency) 역시 감소하였으며(Song et al., 2014), 일반적으로 인지기능과 관련되었다고 알려진 디폴트 모드 네트워크(Default Mode Network: DMN), 전두엽-두정엽 네트워크(fronto-parietal network), 대상-판개 네트워크(cingulo-opercular network) 등은 기능적 연결성이 감소하였다. 인지기능과 기능적 연결성의 관계에 대한 연구에서(Onoda et al., 2012) 앞쪽 뇌도(anterior insula), 등측 전측대상피질(dorsal anterior cingulate cortex) 등이 포함된 현출성 네트워크(salience network) 내의 기능적 연결성의 저하는 인지기능의 퇴화의 정도와 강한 관계가 있는 것을 발견하였다. 이 같은 기능적 연결성의 저하는 반구 간, 뇌 영역 간 연결을 담당하는 백질의 밀도 및 무게의 감소와 관련이 있는 것으로 보인다(Betzel et al., 2014). 반대로 인지기능과 직접적인 연관이 적고 일차 정보를 처리하는 데 관여된 체감각(somatomotor), 감각운동(sensorimotor) 및 시각 네트워크의 기능적 연결성은 상대적으로 보존되었으며, 오히려 이러한 네트워크의 연결성은 증가하였다는 사실이 보고되었다(Geerligs et al., 2015; Song et al., 2014).

여러 네트워크에 관한 연구 중 가장 많은 발견은 DMN 안의 노드들 간의 연결성이 약해진다는 것이다. DMN은 뇌 영역 중 양쪽 반구의 안쪽, 바깥쪽 두정엽(medial/lateral parietal lobe), 안쪽 전전두엽(medial prefrontal cortex), 그리고 안쪽, 바깥쪽 측두엽(medial/lateral temporal lobe)을 포함하는 네트워크로 새로운 물체의 처리, 주의, 비자기참조 과제 등에 관여한다(Raichle, 2015). 일반적으로 노화에 따라 DMN 내의 연결성이 약화되는데(Wu et al., 2011), 이러한 DMN의 기능적 연결성 약화는 인지적인 수행 능력과 연관이 되는 것으로 알려져 있다. 기능적으로 건강한 노화를 겪고 있는 고령자에게도 DMN 내의 연결성의 약화는 일어나지만, 인지적인 손상이 있는 고령자에게는 훨씬 더 심하게 일어난다. DMN 내의 기능적 연결성은 인지기능(Damoiseaux et al., 2008), 과제의 종류, 수행 수준, 연령(Lee et al., 2016), 뇌의 영역 및 반구 간(Sala-Llonch et al., 2015)에도 영향을 받는다.

휴지 기간 뇌 연구에서는 DMN이 가장 많이 연구된 네트워크이지만, 다른 네트워크에서도 대부분 DMN과 마찬가지로 기능적 연결성의 저하가 발견되었다. 이와 관련된 리뷰연구에서 밝힌 바(Joo et al., 2016)로는 현출성 네트워크, 배측면 전전두엽(dorsolateral prefrontal cortex), 측후면 두정엽(lateral posterior parietal cortex) 등이 포함된 중추 집행 네트워크(central executive network) 등에서도 노화에 따라 기능적 연결성이 저하되며, DMN과 비슷하게 인지적 능력 저하와 상관관계가 있음을 발견하였다.

2) 과제의존적 뇌 영상법 근거

과제의존적(task dependent) 뇌 영상법은 인지신경과학에서 가장 일반적인 영상법이다. 연구자가 연구하고자 하는 구인을 조작적으로 정의하여 과제로서 연구참가자에게 제시하고, 이 실험조건을 통제조건, 혹은 다른 식으로 조작된 조건과 비교하는 방법이 과제의존적 뇌 영상법이다. 앞서 언급했듯이, 포함된 인지과제의 종류, 난이도, 연구방법, 뇌 영역, 연구주제 등이 휴지 기간 뇌 영상법에 비해서 다양하다.

노화와 관련된 뇌 기능의 변화 중 첫 번째로는 뇌 전측에 더 많은 활성화가 일어난다는

점이다. 즉, 고령자인 경우 일반 성인에 비해 전두엽이 더 활성화가 필요 없는 경우에도 전두엽이 더 활성화되는 경향을 보인다(Paskavitz et al., 2010). 이를 노화에 따른 전측–후측 변환(Posterior-Anterior Shift with Aging: PASA)이라고 부른다(Davis et al., 2008). 이 같은 현상은 과제의 난이도에 상관없이 일어나며, 전두엽의 활성화 정도는 수행 정도와 정적 상관, 즉 일종의 보상 기제로서 작용하는 것이라고 주장되었다(McCarthy et al., 2014).

두 번째는 반구 편재화의 감소이다. 일반 성인에게 몇몇 인지기능은 편재화(lateralization), 즉 좌우반구가 동일한 활성화 정도를 보이는 것이 아니라 좌반구, 혹은 우반구에서 더 우세한 반응을 보이는데, 이러한 편재화가 일반 성인에 비해서 감소하는 것을 말하며, 이를 고령자 반구 편재화 감소(Hemispheric Asymmetry Reduction in Older Adults: HAROLD)라고 부른다(Peters, 2006). 편재화 감소 역시 전두엽의 과활성화처럼 일종의 보상기제로서 작용하는 것으로 보이는데, 즉 한쪽 반구에서의 기능이 저하될 때 다른 쪽 반구가 활성화됨으로써 전체적으로 퇴화된 인지기능을 보완하려는 것으로 해석된다(Cabeza, 2002). 편재화 감소 현상은 일화적 기억 및 작업기억 등과 같은 영역에서 확인되었는데, 가령 일반 성인에서는 일화적 기억을 인출하는 과정에서 전두엽에서 강한 우반구 편재화가 관찰되는 반면, 고령자인 경우에는 편재화가 감소하였다(Cabeza et al., 1997). 작업기억 역시 언어적 작업기억은 좌반구, 공간적 작업기억은 우반구에 편재화되어 있는 것이 일반적이나, 고령자인 경우에는 두 종류의 작업기억 과제 모두 편재화가 감소하는 것이 보고되었다(Reuter-Lorenz et al., 2000).

마지막으로 노화가 진행됨에 따라 과제를 수행하는 데 있어 전반적으로 관찰되는 뇌의 활성화 정도가 증가하는 경향이 발견되었으며, 이러한 경향은 과제의 난이도와 복잡도가 높은 경우에 특히 그렇다. 특정 인지기능에 국재화된(localized) 뇌 영역인 경우, 그 뇌 영역을 넘어 다른 영역까지 활성화되는 것 또한 발견되었다. 노화에 따른 이러한 변화들에 대해 각 인지 영역별로 구체적으로 살펴보기로 하겠다.

(1) 주의

주의(attention)란 어떤 현상이나 사물, 과제 등을 처리하기 위해 심적 자원(mental resource)을 동원하는 것을 말한다. 선택주의(selective attention)는 다양한 정보 중 특정한 정보에 주의를 기울이는 것을 말하며, 이러한 주의 선택에는 외적요인으로 현출성(salience), 내적요인으로는 동기와 목적 등이 영향을 미친다. fMRI를 이용한 노화와 선택주의 연구에서 상하처리(top-down processing)에 노화로 인한 영향이 있음을 발견하였으며(Madden et al., 2007), 지각적인 면과 관련된 주의과제보다는 내적 표상이나 연합에 관련된 주의과제에서 고령자와 일반 성인 간에 차이가 발견되었다(Mitchell et al., 2010). 고령자는 얼굴자극에 대한 기억을 해야 하는 경우에 주의와 관련된 뇌의 네트워크에서 일반 성인과 차이를 보였다. 즉, 주의자원이 과도하게 필요한 과제인 경우에는 수행 수준도 낮았고 뇌의 활성화 정도 역시 저하된 것이 발견되었다. 하지만 필요한 주의자원이 낮은 경우, 즉 과제의 난이도와 복잡도가 평이한 경우에는 수행 수준과 뇌의 활성화 정도의 차이가 발견되지 않았다. 앞서 언급했듯이, 주의와 관련하여 행동적으로, 신경기제적으로 고령자와 일반 성인 간에 차이가 있지만, 이 차이는 과제의 난이도가 높은 경우에 한해서 발견된다는 점은 노화에 따른 주의의 뇌 기능 저하는 항상 일어나는 일이 아니며 조건적임을 알 수 있다.

앞의 보고된 연구에서 발견된 뇌의 영역은 배측/복측 측면 전전두엽(ventrolateral/dorsolateral prefrontal cortex), 상측/하측 두정엽(superior/inferior parietal cortex), 해마(hippocampus) 등으로, 이는 전두엽과 두정엽의 주의 관련 신경기제가 기억과 관련된 해마에 영향을 미치는 데 대한 노화의 관여를 알 수 있다. 중추 집행 네트워크는 주의의 유지, 문제 해결, 작업기억 등에 관여하는 네트워크로, 전두엽과 두정엽을 포함하기 때문에 전두엽-두정엽 네트워크(frontoparietal network)라고도 불린다. 특히 배측 중추 집행 네트워크는 주의의 초점을 이동하는 정향(orienting)에 관여하며, 은닉정향(covert orienting, 눈과 머리를 움직이지 않은 채로 주의를 이동하는 것)과 명시정향(overt orienting, 주의 초점과 함께 눈이나 머리를 이동하는 것)을 모두 포함한다. 복측 중추 집행 네트워크는 복측 전두엽과 측두두정 접합(Temporoparietal Junction: TPJ)을 포함한다. 주의와 관련해서 두정엽은 특히 우반구로 편재화되어 있는 것이 보통인데, 특히 공간과 관련된 주의에 더욱 그렇다(Mevorach et al., 2006). 한 연구에서는 외부 자극에 대한 주의, 그리고 작업기억과 배측 중추 집행 네트워크의 활성화가 정적인 상관을 보이는데, 이 정도가 연령에 차이가 있음을 발견하지 못했다(Kurth et al., 2016). 즉, 기본적으로는 노화에 따라 중추 집행 네트워크 자체의 활성화 정도는 영향을 받지 않았지만, 주의 집중이 더 필요한 경우에 중추 집행 네트워크 외의 영역에서 더 많은 활성화가 일어났다는 점을 주목해야 한다. 단, 고령자의 복측 중추 집행 네트워크는 덜 활성화된 것이 발견되었기 때문에 복측 중추 집행 네트워크가 노화에 더 취약함을 알 수 있다. 선택주의를 연구한 다른 연구에서 고령자는 불필요한 정보에 주의를 주지 않고 필요한 정보에 주의를 주어야 하는 과제에서 불필요한 정보에 더 많이 간섭받았기 때문에 반응시간이 더 길었다(Geerlings et al., 2014). 이때 뇌 반응에서는 중추 집행 네트워크 내부 및 외부와의 기능적 연결성이 오히려 더 증가함을 발견하였다. 외부와의 연결성이

증가했다는 것은 곧 고령자는 적절한 반응을 선택하고 이를 집행하는 데 있어 더 많은 활성화가 필요함을 의미하며, 앞서 언급한 보상적(compensatory) 반응과 일치한다.

집행기능은 인지 조절, 즉 여러 작업 간을 조직하는 것을 말한다. 대표적인 예로 스트룹 과제로, 색을 지칭하는 단어의 색이 단어가 의미하는 바와 다를 때 그 단어의 색 혹은 그 단어를 말하도록 하는 과제이다. '초록'이라는 글자가 파란색으로 써 있는 경우, 연구참가자가 글자의 색을 말하도록 요구받았을 때 단어 자체는 '초록'이지만 '파란색'이라고 답해야 한다. 이 경우에 연구참가자는 여러 정보가 제시될 때 관련이 없는 정보('초록'이라는 단어)는 의식적으로 무시하고 과제와 관련 있는 정보만(글자의 색) 주의를 기울여야 한다. 스트룹 과제를 이용하여 억제 과정에 노화가 미치는 영향이 연구되었다(Verhaeghen & De Meersman, 1998). 이 연구에서 고령자는 일반 성인에 비해 반응시간이 더 길었으며, 이때 중추 집행 네트워크 영역이 더 활성화된 것이 발견되었다(Tam et al., 2015). 주의 전환을 이용한 연구 역시 고령자의 중추 집행 네트워크의 배측, 복측 모두 더 활성화되는 것을 발견하였다(Eich et al., 2016). 또한 복측 시각 처리 경로의 뇌 영역과 전내측 전두피질 등이 더 활성화된 것이 발견되었으며(Milham et al., 2002), 이는 과제와 상관없는 정보처리를 무시해야 하는 능력이 떨어졌다는 것을 의미한다.

(2) 기억

작업기억(working memory)은 기억의 한 종류로, 인지과제를 처리하고 실행하기 위한 작업장으로서 기능을 수행하는 단기적 기억을 말한다. 과거에는 단기기억(sort-term memory)으로, 정보를 일시적으로 저장하는, 짧게 유지되는 기억이라는 수동적인 면이 강조된 반면, 작업기억은 정보처리자로서 인간이 적극적으로 인지과제를 처리하는 데 있어 필요한 장치로서 기억에 더 초점을 맞춘 개념이다. 작업기억 모형 중 가장 많이 받아들인 모형은 배들리가 제안한 것으로(Baddeley & Hitch, 1974; Baddeley, 1986), 작업기억은 음운 루프(phonological loop, 청각적 및 음운적 정보의 유지와 처리), 시공간 그림판(visuospatial sketchpad, 시각적 및 공간적 정보의 유지와 처리), 그리고 중앙집행기(control executive)로 이루어져 있다. 이 중 중앙집행기는 하위 시스템 조율, 수리 계산, 추상적 관계 판단, 반응 결정, 과제 목표 설정, 인지 작업 시행 및 종료 등 일반적인 인지기능을 담당한다. 작업기억에서의 핵심 요소는 중앙집행기로, 전전두피질(prefrontal cortex)이 주요한 역할을 한다. 즉, 정보 저장 자체는 전두엽보다는 그 후측 영역에 있으며, 이 정보를 인지적으로 유지하고 조절하는 것이 전두엽의 주요 역할이다.

많은 인지신경과학 연구들이 노화와 작업기억 간의 관계에 대해 연구하여 왔으며, 대부분은 작업기억과 관련된 뇌 영역이 더 증가된 활성화를 보였다고 보고했다. 작업기억과 관련된 뇌 영역으로는 배측면 전전두피질(dorsolateral prefrontal cortex), 두정엽, 보조운동영역(Supplementary Motor Area: SMA), 전대상피질(Anterior Cingulate Cortex: ACC) 등이 포함되어 있다. 주의에 대한 절에서 좌우반구 편재화가 노화가 진행될수록 줄어든다고 언급한 적이 있다. 마찬가지로 작업기억에 대한 fMRI 연구, 즉 고령자는 일반 성인에 비해 덜 지배적인 반구에서의 활성화 정도가 더 높다고 보고되었다(Cabeza et al., 2004). 뇌의 후측면에 비해 전측면의 활성화 정도가 더 높다는 발견 역시 주의에 대한 연구와 비슷하게 보고되었다. 이와 같은 발견은 모두 주의 혹은 작업기억에 대한 과제가 요구하는 정도가 비교적 높을 때 더 확연히 증가하였다. 또 다른 특징은 앞의 주의에 대한 발견과 비슷하게 해당 뇌 영역을 벗어난 다른 영역에서의 활성화 역시 발견된다는 점이다. 한 연구에서 일반 성인과 고령자를 비교한 경우, 일반 성인은 작업기억 부담을 높이더라도 작업기억과 관련된 뇌 영역에서만 활성화 정도가 증가한 반면, 고령자는 그 영역을 넘어서 다른 영역까지 활성화가 발견되었다(Emery et al., 2008). 이러한 결과는 다양하게 해석될 수 있는데, 작업기억에서의 전략이나 과제 요구사항을 처리하는 방식의 차이를 반영하기도 하면서 한편으로는 작업기억과 비교적 덜 관련되어 있는 영역까지의 비효율적인 개입을 의미하기도 한다.

뇌 질환 환자를 대상으로 한 연구에서 기억의 부호화와 인출에 대한 fMRI 연구를 살펴보도록 하자. 일반적으로 DMN은 기억 부호화 과정 중에는 활성화 정도가 줄어드는 것으로 알려져 있다. 그러나 초기 알츠하이머 병을 가진 고령자인 경우에는 이러한 현상이 발견되지 않는다(Huijbers et al., 2012). 또한 고령자는 기억과제 수행 능력이 좋을수록 하측두정엽(inferior parietal cortex)의 활성화 정도가 줄어든다고 보고되었다(MacDonald et al., 2008). 기억과제 수행 정도가 저하되지 않음에도 불구하고 기억의 부호화 및 인출 과정에서 전전두엽 영역이 더 활성화되었으며, 활성화된 영역이 더 넓게 관찰되었다. 이러한 결과는 노화가 진행됨에 따라 기억과제 수행 과정에서 상하처리가 덜 효과적이게 되는 것을 의미한다.

일화기억(episodic memory)은 특정한 시간 및 장소에서 일어난 개인의 경험에 대한 기억으로, 자서전적 기억 그리고 미래 기억 등이 포함되어 있으며, 일화기억은 뇌 영역 중 해마에서 관여하는 것으로 알려져 있다(Burgess et al., 2002). 고령자에게 있어 일화기억의 저하는 흔한 일인데, 65세 이상 인구 중 약 40% 정도는 노화에 따른 기억 장애로 진단받으며(Burke et al., 2011), 이를 노화성 기억 장애(age-associated memory impairment)라고 한다.

해마는 특히 일화기억의 부호화 과정에 작용하며, 기억의 개별 요소들을 공간적 장소 및 시간과 연결하는 역할을 한다. Gorbach와 그의 동료들(2017)은 종단연구를 통해 뇌측정으로는 피질, 피질하 영역의 회질과 백질의 기능적 연결성과 뇌 병변을, 행동측정으로는 언어 유창성, IQ, 처리 속도 등을 수집하였다. 그 결과 뇌와 인지 간에 강한 연관, 특히 노화에 따른 해마의 위축(atrophy)이 일화기억의 감퇴와 강한 연관이 있다는 것을 발견하였다. 이러한 발견은 65세 이상의 고령자에게서만 유의했으며, 55세 이상 60세 이하 집단에서는 그렇지 않았다. 또한 해마와 쐐기앞소엽(precuneus)과의 기능적 연결성의 변화 역시 일화기억 결손에 영향을 미치는 것으로 보고되었다(Wang et al., 2010). 그 밖에 해마의 활성화 정도의 약화(Salami et al., 2012), 전전두피질과의 기능적 연결성 약화(Salami et al., 2014) 등이 발견되었다.

(3) 그 외의 인지기능

일반적으로는 노화에 따라 인지기능이 저하된다고 알려져 있으나 언어, 의미, 시각적 처리 등과 같은 기능은 크게 저하되지 않고 전 생애에 걸쳐 비교적 안정적으로 유지된다. 한 연구에서 고령자는 fMRI 스캐너 안에서 단어쌍의 의미가 비슷한 정도에 대해 판단하는 과제를 수행하였다. 의미론과 관련된 뇌 영역은 각회(angular gyrus), 전측 측두엽(anterior temporal lobe) 등인데, 고령자는 일반 성인에 비해 이러한 영역에서 활성화 정도, 기능적 연결성 등에 큰 차이가 없었다. 또 다른 연구에서 시각적 구별 과제를 수행해야 했는데, 이는 일반적으로 알려진 시각처리 경로인 복측 · 배측 시각경로와 V5/MT 개입을 필요로 한다. 행동측정으로는 다소 차이가 있었으나 뇌 영역의 활성화 정도, 범위, 기능적 연결성 등에 있어서 역시 일반 성인과 유의한 차이를 보이지 않았다. 이러한 결과는 노화에 따른 뇌 인지기능의 변화가 발견되지만, 이러한 변화는 영역 일반적(domain general)이라기보다는 영역 특수적(domain specific), 즉 인지기능별로 상이할 수 있음을 시사한다.

(4) 결론

앞의 발견들을 종합해 보면, 노화에 따라 뇌 기능의 변화가 있는 인지 분야에서는 뇌 활성화 정도나 뇌 영역의 범위가 일반 성인에 비해 오히려 더 증가하는 것을 알 수 있다. 이러한 경향은 특히 전두엽 쪽에서 그러하다(Grady et al., 1994). 이는 보상적인 기능, 즉 해당 인지 능력을 담당하는 뇌 영역의 기능이 저하될 때 주변 혹은 반대편 반구의 뇌 영역이 개입함으로써 저하된 인지기능을 보완하려는 것으로 해석할 수 있다. 이러한 현상은 고령자의 전전두피질의 활성화 정도와 행동 수행의 정적 상관으로 의해서 지지되며, 이러한 정적 상관은 일반 성인에게서는 관찰되지 않는다. 앞서 언급했듯이, 전측-후측 변환 및 편재화의 감소가 전두엽에서 일어난다면 고령자인 경우에는 양반구 전전두피질의 과활성화가 저하된 인지기능을 보완하기 위한 보상적인 기제라고 부를 수 있다. 하지만 전전두피질을 넘어선 더 많은 뇌 영역의 활성화가 일어나더라도 행동 수행에 있어 정적인 상관이 항상 관찰되는 것은 아니다. 몇몇 연구(Morcom & Rugg, 2007; Rypma et al., 2007)에서 고령자와 일반 성인의 행동 수행의 정도를 비슷하게 맞추었을 때에도 이러한 과활성화가 발견되었으며, 이는 보상적인 기제라기보다는 일종의 비효율적인 신체적 낭비로 볼 수 있다. 심지어 기억 과제를 이용한 연구에서 활성화 정도와 행동 수행 간에 부적인 상관도 발견되었다(de Chastelaine et al., 2011; Stevens et al., 2008). 따라서 고령자에게 인지기능 해당 영역 및 그 주변 지역에서의 과활성화는 저하된 인지기능을 수행하기 위한 더 나은 행동 수행과 연합되기도 하지만 항상 이러한 보상적인 기제로 작용하는 것은 아니라고 할 수 있다. 따라서 고령자를 대상으로 한 인지신경과학 연구에서 뇌 영역의 과활성화 등을 관찰할 때 해당 인지 과제 및 뇌 영역에 대한 충분한 근거를 가지고 연구결과를 해석해야 한다.

4. 맺음말

지금까지 뇌 연구 방법, 노화에 따른 뇌의 구조적 및 기능적 변화에 대하여 살펴보았다. MRI는 훌륭한 공간해상도로 인해 현재 가장 영향력 있는 뇌 연구 방법으로 이용되고 있으며, 회질과 백질을 구분할 수 있고, 비침습적인 방법으로 안전한 방법이다. 노화에 따라 가장 일반적으로 알려진 뇌 구조의 변화는 바로 뇌의 무게 및 크기가 감소한다는 점이다. 그러나 뇌 영역별로 감소하는 정도 및 그 패턴이 다르다는 점에 주의해야 한다. 전전두엽이 노화에 따른 변화에 가장 취약한 영역이며, 그다음으로 측두엽 영역이다. 일차감각영역 등은 상대적으로 노화에 따른 변화가 적게 일어나는 영역으로 알려져 있다. 하지만 대부분 한 시점을 기준으로 한 횡단연구의 결과로 뇌의 변화를 추적하기 위한 종단연구가 뒷받침되어야 한다. 휴지 기간 뇌 영상법을 이용한 연구에 따르면, DMN, 중추 집행 네트워크 등의 기능적 연결성이 저하되는 것이 보고되었으며, 과제의존적 뇌 영상법을 이용한 연구에서는 편재화의 감소, 전두엽의 과활성화 등이 보고되었다. 주의, 기억 등 다양한 인지기능에 대해서 노화에 따른 뇌 기능의 변화가 연구되었다.

생각할 거리

1. 노화에 따라 뇌는 어떠한 구조적 변화를 겪는가?
2. 노화에 따른 뇌의 기능적 변화에서 전측–후측 변환, 편재화 감소, 국재화된 뇌 영역을 벗어나는 활동 등을 어떻게 해석해야 하는가?

제2장

인지 고령화의 이해

인지는 인간의 지적 활동에 관여하는 심리 과정과 능력을 가리킨다. 고령화가 진행되면 주의와 작업기억, 일화기억 등의 인지기능이 감퇴하는 반면, 의미기억, 지식 수준과 언어 능력은 유지되는 편이다. 이런 변화의 결과로 고령자는 젊은 성인과는 달리 일상생활에서 전과 다른 불편을 겪거나, 특정한 사고와 위험에 노출되기도 하며, 고령자가 재취업을 하거나 사회생활에 재적응을 하는 데 어려움을 갖기도 한다. 인지 고령화에 대한 이해는 고령자의 인지와 행동을 이해하는 기초가 될 뿐만 아니라, 고령자에 대한 심리적 · 사회적 서비스를 개발하고 제공하는 기초가 될 것이다. 이 장은 인지의 대표적인 영역 중심으로 인지 고령화를 간략히 살펴볼 것이다.

주제어: 인지, 고령화, 고령자, 주의, 기억

나이가 들면서 사람에게 일어나는 변화를 고령화(aging)라고 한다. 고령화에는 신체적인 측면이 눈에 띄지만 이에 못지않게 심리적인 측면도 중요하다. 지난 몇 십 년에 걸쳐 전반적인 건강 상태가 좋아지고, 수명이 늘면서 나이가 들어도 개인적인 그리고 사회적인 삶을 잘 유지할 수 있는지에 대한 관심이 높아지고 있다. 고령화 과정에서 일어나는 여러 심리기능의 변화 중 인지기능의 변화를 인지 고령화(cognitive aging)라고 한다.

인지(cognition)는 마음의 지적 기능을 가리키는데, 예컨대 환경을 파악하고, 사람을 알아보며, 중요한 대상에 주의를 주고, 어떤 정보를 기억하며, 상황에 적절한 판단을 하는 것과 같은 기능들을 총괄해서 일컫는 말이다. 인지는 거의 모든 사람이 날마다 하는 일, 즉 직무 수행이나 학업, 일상 활동, 의사소통, 사회적 판단 등의 기반이 된다. 그러므로 마음의 기초적 기능의 쇠퇴를 동반하는 인지 고령화는 우리의 삶에 광범한 영향을 미친다. 인지 고령화와는 구분되지만, 인지기능 손상을 보여 주는 치매의 증상들을 생각해 보면 심각한 인지 고령화의 파괴력을 짐작할 수 있다. 인지 고령화는 단지 지적 기능의 쇠퇴에 국한되는 것이 아니라, 그 영향으로 삶의 만족감, 자신감, 의욕 등에서도 저하가 일어나는 등 정의적(즉, 정서적 및 동기적) 측면의 위축과도 연관된다. 결과적으로 인지 고령화는 고령자의 생산적·일상적 활동뿐만 아니라 사회적 적응과 삶의 질에도 중대한 영향을 준다.

이 장에서는 인지 영역의 큰 범주에 따라 인지 고령화의 양상을 설명하고자 한다. 고령화라는 개념은 시간과 더불어 한 방향으로 서서히 감퇴하는 변화를 당연시하는 듯이 보인다. 그러나 인지적으로 쇠퇴하는 측면이 있는가 하면 그렇지 않은 측면도 있고, 다른 기능으로 보완할 수 있는 측면도 있다. 그러므로 인지 고령화에 대한 간단한 일반화 대신에 인지 고령화의 여러 국면과 양상을 이해하는 것이 중요하다. 인지기능은 여러 가지로 분류될 수 있는데, 이에 대한 기초 사항은 인지심리학 교재에서 확인할 수 있다. 이 장은 인지기능을 대략 감각 및 지각, 주의, 작업기억과 집행기능, (장기)기억, 언어이해와 판단, 지능 등으로 분류하여 인지 고령화를 살펴볼 것이다.

1. 감각과 지각 및 반응

사람이 환경에서 적절히 기능하기 위해서는 환경의 변화를 감지하는 것이 중요한데, 이와 관련된 심리기능이 감각(sensation)이다. 흔히 말하는 '오감', 즉 시각, 청각, 촉각, 미각, 후각 등은 외부 환경의 감지와 관련되며, 이 외에도 신체의 균형(전정기관), 자세(관절과 근), 내장 기관의 상태(피부 내부 감각) 등과 같이 신체 내부의 감지기능이 있다. 감각 기관은 신체 내부, 외부의 상태를 감지하고, 항상성을 유지하는 데 중요한 역할을 한다. 지각(perception)은 감각 정보를 통합하여 사물이나 환경에 대한 해석을 낳는 것을 말한다. 예컨대, 시각으로 처리된 색깔, 명암 등의 정보를 조직하여 글자를 읽거나, 사람이나 사물의 정체를 알아보는 것, 그리고 물체와의 거리나 물체의 움직임 등을 파악하는 것이 그 예이다. 감각과 지각이 하는 일은 평소에는 잘 의식되지 않을지 몰라도 이들은 환경과의 교류 통로로서 매우 중요한 역할을 하며, 사람들이 정상적인 기능을 수행하는 기초이다. 자극에 대해 반응하는 것은 행동의 기본 기능이다. 위험 자극에 대해 재빨리 도망치거나 표적물을 재빨리 쫓아가는 경우와 같이, 자극을 빨리 감지하고 민첩하게 반응하는 능력은 환경 적응과 생존에 중요하다. 이러한 감각 기관의 기능 저하가 다른 인지적 결함의 일차 원인이라는 주장이 감각 결함 이론이다(Baltes & Lindenberger, 1997).

유용한 시야(Useful Field of View: UFOV)는 표적의 탐지가 가능한 시야의 범위를 말하는데, 응시점 근처의 중심 영역과 그것을 둘러싸고 있는 외곽인 주변 영역으로 구분된다. 중심 영역은 물체를 정밀하게 보는 부분이며, 주변 영역은 움직임이나 명암의 변화 같은 환경적 측면을 보는 부분이다. 청소년기의 시각은 상당한 정밀도와 넓은 반응 범위를 자랑하지만, 나이가 들면서 망막의 빛 수용력과 시야가 좁아진다(Ball et al., 1993). 특히 주변 영역에서의 변화에 둔감하게 되어, 예컨대 중심 영역에서 말초부로 갈수록 문자를 식별하는 능력이 저하된다. 흔히 중년이 되면 노안이 와서(안구의 조절 능력의 쇠퇴) 시력이 원시로 고정(즉, 노안)되기 쉽고, 황반변성이나 백내장과 같은 안구 질환이 발생하기 쉽다(박순희, 2013). 그리고 망막의 시각세포들 중 특히 청색 계통의 단파장에 예민한 추상체가 감소하여 색감이 떨어진다. 명암 차이를 감지하는 대비민감도가 떨어져서 물체의 윤곽을 탐지하는 능력이 떨어지는데, 이로 인해 밤에 물체 식별이 더 어렵게 되어 사고의 원인이 되기도 한다.

청각적으로 반응할 수 있는 주파수 범위와 민감도도 줄어든다. 특히 고주파수가 잘 들리지 않게 되는데(난청), 이 주파수는 화자의 성별을 구별하고 발음을 명료하게 듣는 것과 관련된다. 감각세포의 상실로 맛이나 냄새 감각도 둔화되는 경향이 있다. 단순히 고령화에 따른 변화도 있지만, 고혈압이나 당뇨와 같이 고령자들이 흔히 보이는 질병에 의해서도 감각기능이 저하되기도 한다. 감각기능이 저하되면 정보를 제대로 입수하기 위해 더 많은 시간이 걸리고, 이것은 굼뜬 행동이나 다른 인지기능의 저하로 이어질 수 있다.

자극물, 예컨대 화면 혹은 시야에 나타나는 빨간색을 탐지하여 반응 단추를 누르는 속도도 고령화와 더불어 떨어진다(Birren & Fisher, 1995). 반응속도의 저하로 복잡한 교통 상황에서 신호등에 혹은 긴급 상황에 제때 대처하지 못하여 사고가 날 수 있다. 반응시간은 지적 수행과 상관된다고 생각되어 왔으며, 고령자의 반응속도가 젊은이보다 더 느린 경향이 있는 것은 사실이다. 이로부터 인지 고령화가 정신적 조작(처리)의 속도 저하에서 비롯된다는 처리속도론[혹은 전반적 속도저하 가설(general slowing hypothesis)]이 나왔다(Salthouse, 1996). 이 가설은 기억에서 추론에 이르기까지 거의 모든 종류의 인지과제에서 관찰되는 고령자의 수행 저하가 지각적 처리속도로부터 예측된다고 주장한다. 그러나 반응시간의 차이는 반응의 종류, 연습, 반응시간의 분포 등에 따라 다양한 패턴이 나타나므로 일반화하는 데 유의해야 한다(Stuart-Hamilton, 2017). 고령자는 반응시간에서 더 큰 변산성을 보였지만(Rabbitt, Osman, Moore, & Stollery, 2001), 통계적인 통제를 하였을 때 반응시간에 고령화의 효과는 없었다(Schaie, 1989)는 점도 이 가설의 문제점이다. 그러므로 단순한 반응속도의 저하 이상으로 여러 요인이 인지 고령화에 관여한다고 추측할 수 있다.

고령화와 더불어 인지과제의 수행이 떨어지는 것은 복잡한 인지과제에서 초기 수행의 지연으로 인해 초기 처리의 결과를 후기 처리에서 이용하기 힘들어서 효율성이 감소하기 때문이다(강연욱, 2014). 처리속도론은 인지 고령화에서 개인차를 설명하는 데 매우 유용한 것으로 드러났다. 아마 고령자는 처리속도의 저하를 의식하고 있을 것이다. 그러나 단어 혹은 이미지 식별과제 자료를 분석한 최근 연구에서는 60세에 이르기까지 처리속도의 저하는 크지 않고 오히려 신중하게 반응하는 경향이 증가한다는 것을 보여 주었다(von Krause, Radev, & Voss, 2022). 그리고 지각적 결정과제에서도 고령자는 젊은이보다 과제를 정확하게 수행하는 데 더 많은 관심이 있었고, 더 보수적인 결정 기준을 사용하였다.

2. 주의

사람은 많은 물체, 사람, 그리고 신호 등으로부터 자극 혹은 정보를 주고받는다. 여러 출처의 많은 자극 중 긴급하거나 중요한 것에 대해 선택적으로 혹은 더 높은 비중을 두어서 일을 처리하는 것이 생존과 적응에 유리할 것인데, 여기에 관련된 기능이 주의(attention)이다. 선택주의에는 홍일점에 시선이 가는 예처럼 불수의적 측면도 있고, 특정 대상을 찾을 때처럼 수의적(의식적)인 측면도 있다. 환경에는 많은 정보가 있지만, 그중 '주의받은' 일부만이 최종적으로 선택되고 지각되어 의식될 수 있다. 주의를 제대로 주지 않으면 눈앞에 나타난 고릴라도 알아보지 못할 수 있다(변화맹; Simons & Chabris, 1999). 흔히 말하는 주의 집중력(concentration)은 주의의 선택적 측면 외에도 주의를 지속하는 측면을 포함한다.

주의 선택 능력은 여러 인지과제의 수행과 높은 상관이 있다. 청각 신호들에 적절하게 선택적으로 주의하는 능력은 비행기 조종 능력과 높은 상관이 있었다. 청각 주의 능력은 일반적으로 지능과도 높은 상관을 보이는 듯하다. 그리고 한 대상에 주의를 준 다음 다른 대상으로 주의를 전환하는 능력도 중요하다. 치매에 걸리거나 나이가 들면 주의 전환 능력이 떨어지고 이는 결과적으로 교통사고의 원인을 제공하기도 한다. 대화에서 상대방의 말에 잘 집중하지 못하거나, TV를 보다가 가족의 말에 주의를 잘 전환하지 못하는 것은 의사소통과 학습 능력을 저하시키는 원인이 될 수 있다.

실제 장면을 사용한 실험(방해꾼이 판넬을 들고 두 사람 사이를 지나감)에서 고령자들은 상대방이 바뀐 것을 젊은이보다 잘 알아차리지 못하였다(무주의맹; Simons & Levin, 1998). 고령자들은 방해자극이 있는 가운데 표적을 찾는 과제에서 방해자극의 영향을 더 크게 받았는데(Watson & Maylor, 2002), 미리 제시된 방해자극을 무시하는 능력은 방해자극의 위치가 고정되어 있을 때에만 발휘되었다(젊은이는 방해자극이 움직일 때에도 무시할 수 있었다). 이는 고령자들이 대상의 위치 정보를 비교적 잘 보존할 수 있는 것과 관련된다(McCrae & Abrams, 2001). 그러나 고령자들은 각 위치에 자극이 제시되는 확률 정보는 별로 이용하지 않는 것처럼 보인다(Rabbitt, 1982).

주의는 어떤 과제를 수행할 때 사람들이 들이는 심적인 노력과 관련이 깊다. 우리가 하는 일이 낯설거나 복잡한 것이라면 많은 심적인 노력이 필요하고, 매 단계마다 주의를 기울여 심리작용을 통제해야 한다. 인지적 작업을 잘하기 위해서는 주의의 적절한 배분이 필요하다. 요구되는 양보다 너무 적은 양의 주의가 주어지면 과제 수행이 실패하게 되거나 지연된다. 예컨대, 대화 중에 스마트폰에 한눈을 팔면 대화에 주의를 충분히 주지 못하고 대화의 흐름을 놓치게 된다. 이 예에서 보듯이, 둘 이상의 자극에 모두 주의를 주거나 둘 이상의 과제를 동시에 수행해야 하는 경우에 주의 및 작업기억 자원의 적절한 배분이 특히 중요하다. 동시에 둘 이상의 과제(다중 과제)에 주의를 기울이는 것을 분리주의(divided attention)라고 한다. 다중 과제 수행은 종종 곤란을 빚을 수 있는데, 과제 수행에 필요한 것보다 더 적은 자원이 할당되면 과제가 완수될 수 없기 때문이다.

양분청취와 같은 분리주의 과제에 고령자들이 취약하였다(Salthouse, 1984). 이런 취약성은 일반적이기보다는 과제의 복잡성에 의해 가중되는 것으로 보인다. 쉽거나 어려운 청각 과제(단어 탐지, 범주 판단)와 쉽거나 어려운 시각 과제(철자 탐지, 위치 판단)를 동시에 수행하는 분리주의 과제에서 고령자의 수행이 떨어졌으며, 과제가 복잡할 때 그 차이가 더 커졌다(McDowd & Craik, 1988). 이와 비슷하게 여러 자극의 지속시간을 동시에 모니터하는 과제에서도 동시에 모니터해야 할 자극의 수가 증가할수록 고령자의 시간 판단이 젊은이보다 더 많이 틀리고 그 변동성이 더 컸다(Vanneste & Pouthas, 1999). 상기 연구들은 단순 혹은 익숙한 과제에서 고령자는 별로 큰 수행 저하를 보이지 않으나, 과제 복잡성 혹은 부담이 가중될 때 수행이 더 크게 저하된다는 것을 보여 준다. 반면에 충분한 연습을 하면 분리주의 과제에서 젊은이와 비교한 고령자의 수행 저하가 사라질 수 있다(Richards, Bennett, & Sekuler, 2006).

1) 주의통제

주의해야 할 일에 주의를 주고, 무시해야 할 일에 대한 주의를 억제하며, 필요한 경우에 새로운 일로 주의를 전환하는 것을 주의통제(attentional control)라고 한다. 예컨대, 스트룹 간섭의 한 원인은 무시해야 할 단어 정보에 대한 주의를 억제하지 못하는 것이다.

많은 인지 과제가 예컨대 눈앞에 나타난 대상을 식별하고, 적절한 반응을 기억에서 인출하고, 반응 단계들을 수행하는 것과 같이(예: 교통신호를 보고 운전을 멈추기) 일련의 인지 조작을 필요로 한다. 충분히 자동화되어 있는 일이 아니라면 각 단계의 수행은 의식적인 통제를 받을 것인데, 여기에 주의는 거의 필수적이다. 통제 과정은 의식될 수 있는 반면, 그 속도는 느리다. 만든 지 얼마 안 되는 비밀번호의 기호들을 하나씩 조심스럽게 입력하는 경우가 그 예이다.

통제 행위(과정)를 반복해서 하다 보면, 즉 연습이 되어서 나중에는 그 행위를 크게 의식하지 않고도 자연스럽게 하게 되는데, 이 과정을 자동화라고 한다. 어느 한 과제가 자동 처리된다면 과제 수행에 요구되는 주의 자원, 혹은 주의 부하/작업 부하도 감소하는 효과가 있고, 그 결과 다른 과제를 동시에 수행하는 다중 작업도 가능해진다. 반면에 자동화된 일도, 예컨대 스트레스, 시간 제한, 낯선 상황 등의 조건에서 자동적으로 수행되지 않을 수 있다. 이런 상황은 고령자들이 평소에 문제없이 수행하던 일에서 오류를 범하는 원인이 될 수 있다.

인지 고령화가 억제적 통제의 감퇴와 관련된다는 주장이 있다. 부적 점화(negative priming)는 표적과 무관한 정보를 억제한 결과로 일어나는데, 몇몇 연구에서는 고령자에게서 부적 점화가 약하게 관찰된다고 보고하였다(Rogers, 2000). 대화에서 틀린 정보나 연상된 정보가 억제되지 않으면 오기억이 생길 수 있다. 두 가지 이상의 일이 있을 때, 중요하지 않거나 무시해야 할 일을 제대로 억제해야 과제 수행이 좋아질 것이다. 억제적 통제가 잘되지 않으면 현행 과제에 주의를 유지하는 데 작업기억의 자원이 많이 소모된다. 무관한 단어 정보를 무시해야 하는 스트룹 과제에서 스트룹 간섭은 연령과 비례하여 증가하는 경향이 있었으나, 수행이 우수한 고령자의 경우에는 그렇지 않았다(Gajewski, Falkenstein, Thönes, & Wascher, 2020). 그러므로 고령자의 작업기억 용량이 감소한 것처럼 보이지만, 실제로는 무관한 정보에 대한 억제가 잘되지 않은 결과일 수 있다.

3. 작업기억과 집행기능

나이가 들면서 가장 빈번하게 느끼는 인지 고령화 문제가 기억력 감퇴이다. 예컨대, 사람 이름이나 익숙한 것의 이름이 생각나지 않는다든지, 사람을 알아보는 데 어려움을 겪는다든지 하는 것이다. 고령자들은 기억 실패의 문제를 고령화의 징조로 혹은 치매의 전조로 받아들이고, 이에 대해 과민한 반응을 보이기도 한다. 그러나 기억 실패, 혹은 기억력 저하는 여러 가지 원인으로 발생할 수 있으므로 모든 기억 문제를 고령화의 탓으로 돌릴 수는 없다. 기억은 여러 가지로 구분될 수 있는데, 이 절에서는 비교적 짧은 시간 동안에 기억을 유지하면서 여러 인지적 활동의 무대가 되는 작업기억을 중심으로 다루며, 다음 절에서는 장기기억의 문제를 다룬다.

1) 작업기억

작업기억(working memroy)은 입력된 정보를 단기적으로 유지하고(단기기억), 변형하고, 장기기억에 저장하고, 그리고 장기기억의 내용을 인출하고, 필요한 경우에 계획을 세워서 행위를 수행하도록 지시한다. 예컨대, 전화를 거는 경우에도 상대방의 이름, 단추 조작 순서, 그리고 용건을 기억해야 하고, 대화의 요지를 파악하여 장기기억하도록 하고, 동시에 일하는 중이라면 일의 순서를 놓치지 않도록 잘 통제해야 한다. 작업기억의 용량과 유지 시간은 제한되어 있으므로 자극이나 정보가 많으면 작업기억이 과부하되어 오류가 발생하기 쉽다.

작업기억에 관한 최신 모형(Baddeley, 2000)은 중앙집행기(central executive)와 그 하위에 있는 시공간그림판, 음운고리, 일화버퍼 등 4개의 성분을 가정한다([그림 2-1] 참조). 시공간그림판은 시각적 및 공간적 정보의 유지와 처리를 맡으며, 음운고리는 청각적 및 음운적 정보의 유지와 처리를 맡으며, 일화버퍼는 여러 정보를 결합하여 임시적인 표상을 만든다. 하위 장치들이 비교적 독립적으로 작동하므로 시공간그림판과 관련된 공간적/시각적 부호와 음운고리와 관련된 청각적/음운적 부호는 비교적 병행적으로 처리될 수 있는 반면, 같은 종류의 부호들은 동시에 함께 처리되기 어렵다. 예컨대, 운전하면서(혹은 그림을 그리면서) 대화를 하는 것은 쉽지만, 눈으로 글을 읽으며 대화하는 일, 혹은 사진을 보면서 도형을 심적으로 회전시키는 일은 어렵다. 중앙집행기는 추상적 사고나 계산과 같은 고유한 일을 하는 동시에 하위 장치들을 관리하는 기능을 한다. 최근 연구에서는 중앙집행기가 내적 주의의 통제와 밀접한 관계가 있다고 본다(Baddeley, 2000).

단순히 정보를 짧은 시간 동안에 유지하는 단기기억 능력에서는 연령에 따른 감퇴가 별로 없다. 그러나 기억 내용에 대한 어떤 인지적 작업(작업기억)이 요구되면 고령화에 따른 인지적 손상이 관찰된다(Hale et al., 2011). 예를 들어, 읽기 폭(span), 계산 폭, 듣기 폭 검사의 경우, 고령화가 진행될수록 수행의 저하가 더 크게 관찰되며, 어려운 과제일수록 더 크게 저하된다. 이를 설명하기 위해 자원결핍 가설(resource-deficit hypothesis)이 주장되었다. 이 이론은 작업기억 용량(처리자원)이 고령화와 더불어 감소하기 때문에 더 많은 처리자원을 필요로 하는(혹은 더 복잡한 조작이 필요한) 인지과제일수록 수행의 저하가 더 심해진다고 설명한다(Lindenberger et al., 2000). 고령자가 자기시발적 처리(self-initiated processing)를 하는 능력이 떨어지는 것도 처리자원의 부족과 관련이 있다고 본다. 고령자의 기억과제 수행이 처리자원(용량)이 제한된 젊은이의 수행과 비슷한 패턴을 보이는 것이 이를 지지한다.

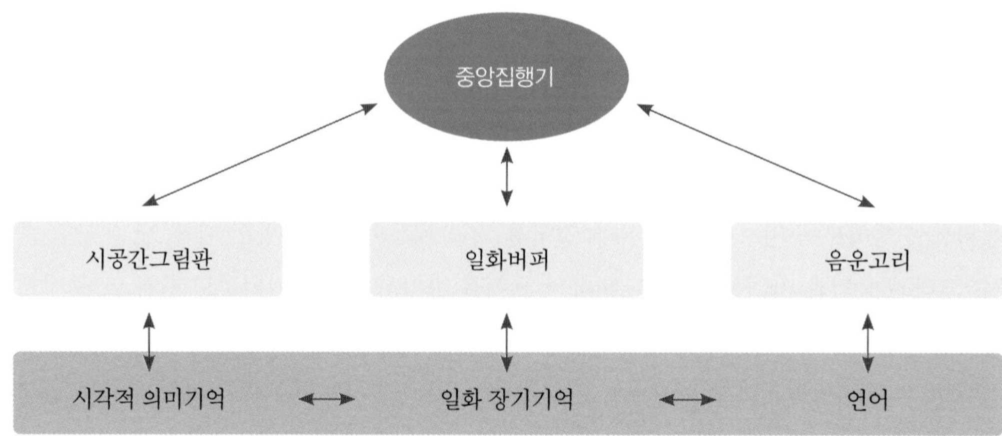

[그림 2-1] Baddeley(2000)의 작업기억 모형

우연적 학습보다 의도적 학습 과제에서 고령화의 효과가 더 큰 결과(Logan, Sanders, Snyder, Morris, & Buckner, 2002)도 이를 지지한다. 처리자원의 감소에 대처할 수 있다면 고령자의 인지과제 수행이 향상될 것인데, 예컨대 질문을 청각적으로 제시하는 대신에 시각적으로 제시하고 선택지를 볼 수 있게 하는 것이다. 즉, 인지과제 수행에서 작업기억의 부담을 줄이는 환경적 지원을 제공하는 것이 도움이 된다는 것이다. 이와 일치하게 회상과제보다 재인과제에서 연령 관련 결핍이 더 적게 관찰되었다.

그러나 Campbell과 Charness(1990)는 두 자리 숫자를 제곱하는 알고리즘을 여러 회기에 걸쳐 학습하게 했는데, 고령자는 더 젊은 집단에 비해 오류를 더 많이 범했으며 연습을 해도 오류율에서 연령차는 사라지지 않았다. Salthouse와 Babcock(1991)은 숫자 폭, 문장 이해, 암산 등 여러 작업기억 과제에서 고령 참가자들이 더 젊은 참가자와 비교해서 기억 폭이 더 짧다는 것을 발견하였다. 그들은 이런 쇠퇴가 처리효율성 혹은 여러 기초적 인지 조작이 수행되는 속도의 쇠퇴에 기인한다고 주장하였다.

2) 집행기능

작업기억 모형에서 중앙집행기는 과제 요구와 가용한 처리자원에 따라 각 하위 장치에 일을 배분하고, 처리자원을 할당하고, 경과를 감시하면서 필요한 조정을 한다. 신경심리학에서는 이와 비슷한 기능을 집행기능(executive function)이라고 불렀는데, 일에 대한 계획, 상황의 변화에 융통성 있게 대응하는 수행 조정 혹은 적응, 그리고 불필요한 혹은 방해되는 일의 주시(monitoring)와 억제 등을 주요 기능으로 보았다. 집행기능은 전반적으로 과제를 신속하고 유연하게 수행하는 것과 관련 깊으며, 지능, 특히 유동지능과 상관이 매우 높다.

집행기능은 고령화의 영향을 크게 받는 것으로 알려졌다. 집행기능과 관련 깊은 전전두엽 영역은 고령화 과정에서 가장 치명적인 영향을 받는 뇌 영역이다. 전두엽의 기능 저하를 고령화의 주요 원인이라는 설명이 인지 고령화의 전두엽 가설(frontal lobe hypothesis)이다. 집행기능의 감소 중에서도 억제기능의 저하가 두드러진다. 반복되는 소리에 대한 뇌의 반응(뇌파)을 측정한 연구에서 젊은이의 뇌는 반복되는 소음에 더 이상 반응을 보이지 않지만, 고령자의 뇌는 이를 무시하지 못하고 계속 반응하였다(McDowd & Filion, 1992). 이는 고령자가 불필요한 자극, 즉 소음의 처리를 억제하기가 힘듦을 시사한다. Gazzaley, Cooney, Rissmann, D'Esposito(2005)의 연구에서 고령자는 풍경을 무시하는 조건에서 풍경을 처리하는 영역이 적절한 억제를 보이지 않았다. 기억 검사에서 이전 시행에서 기억해야 할 목록과 현재 시행에서 기억해야 할 목록을 구별하는 데 어려움이 있었다(Hedden & Park, 2001). 작업기억에서도 비슷한 현상이 관찰되는데, 고령자들은 무시해야 할 정보를 더 잘 기억하는 경향이 있었다. 과제와 무관한 정보를 효과적으로 억제하는 기능의 저하로 인지 고령화를 설명하는 가설이 억제 결함 가설(inhibition deficit hypothesis; Zacks, Hasher, & Li, 2000)이다. 고령화와 더불어 지각, 재인, 기억인출, 행위의 선택과 수행 등 여러 인지과제 수행에서 처리속도가 떨어지는 현상이 관찰되는데, 이런 수행의 저하에 억제 결함도 일부분 기여할 것이다.

4. 장기기억

지금 이 순간에 의식하고 있지 않더라도 우리는 많은 것을 기억하고 있으며, 필요하면 그것을 회상하거나 재인할 수 있는데, 이러한 내용들은 소위 장기기억에 있는 것이다. 정보와 지식은 물론 감정, 그리고 때로는 모호한 여러 가지 경험이 장기기억을 이루고 있다. 장기기억에는 아주 많은 내용이 비교적 오랫동안 저장될 수 있는 것으로 보이지만, 맞는 기억을 제대로 인출하지 못하는 경우가 많다. 그러므로 기억에 저장(부호화)하는 것 못지않게 기억 인출에 관심을 가져야 한다.

인간의 많은 경험과 지식은 여러 가지 형태로 장기적으로 저장될 수 있다. 장기기억은

크게 외현기억(explicit memory)과 암묵기억(implicit memory)으로 구분되는데, 이러한 구분은 인지 고령화와 관련해서도 중요하다. 외현기억은 의식적으로 회상하거나 재인할 수 있는 기억으로 일화기억이 대표적이고, 의미기억의 일부도 여기에 속한다. 반면에 그 내용을 의식하지 못하는 기억, 즉 암묵기억은 특히 지각 및 수행 과제에서 그 영향이 잘 드러난다. 암묵기억은 절차기억, 점화 및 고전적 조건형성 등으로 구별된다. 절차기억은 '자동차 운전하기' '팩스 보내기' '덧셈하기' 등과 같이 숙련된 조작이나 기술에 관한 지식이다. 예컨대, 오랜 시간이 지나 자전거 타는 법을 기억하지 못하는 경우에도 해 보면 자전거를 탈 수 있다. 점화는 한 개념의 활성화가 연합되어 있는 다른 개념을 활성화시키는 현상이며, '불'이란 단어에 '물'이 떠오른다면 그것은 점화의 효과이다. 암묵기억은 매우 긴 유지시간을 보이며, 대체로 학습할 때와 유사한 수행과제에서 기억의 효과가 잘 드러난다. 예컨대, 전화번호는 잘 기억나지 않는데 숫자판에 손가락을 움직이는 패턴은 기억이 날 수 있다.

1) 장기기억의 쇠퇴

기억 실패는 단지 과거의 일을 기억하지 않는 문제로 그치지 않는다. 극단적인 예로 치매의 경우에서 보듯이, 기억 실패로 인해 자신이 누구인지, 가까운 사람이 누구인지를 알지 못할 수도 있고, 밥 먹기와 같은 습관적인 일을 망각할 수도 있다. 기억 능력은 20대에 가장 우수하며, 점차 쇠퇴하다가 50대 이후에는 많이 약화된다([그림 2-4] 참조). 고령화로 인해 크게 영향을 받는 기억은 자기의 과거 경험에 대한 기억, 즉 일화기억이다(Old & Nave-Benjamin, 2008). 일화기억은 이전에 경험한 것을 다시 알아보거나 회상해 내는 능력과 관련된다. 특히 연합 사건의 기억 및 회상과제에서의 기억 쇠퇴가 더 두드러지게 저하되는데, 이는 해마의 위축과 관련된 것으로 생각된다. 그러나 과거의 사건들 중 20~30대의 젊은 시절에 경험한 것들은 다른 시기의 사건과 비교해서 고령자들이 더 잘 기억하는 경향(회고 절정, reminiscence bump)이 있는데, 젊은 시절에 연애나 군 입대, 취직 같은 인생에서 더 극적인 변화를 경험하고, 이런 사건들을 나중에도 여러 번 반추하는 것과 관련이 있을 것이다.

기억 내용을 부호화(입력)하기 위해서는 정보와 맥락에 대한 주의, 그리고 기억하기 위한 노력이 필요하다. 그리고 인출에서는 좋은 인출 단서에 접근하는 것이 유용한데, 여기에는 맥락, 관련성 등이 포함된다. 이런 문제는 주로 일회적인 신변 사건에 대한 기억인 일화기억에서, 그리고 회상 과제에서 두드러진다. 주의와 집행기능이 저하되면 유용한 정보의 처리에 어려움이 생기며, 특히 기억 내용의 맥락/출처(source)에 접근하기가 어렵다(Glisky, Rubin, & Davidson, 2001). 예컨대, 고령자들은 일주일 전에 학습한 그럴듯한 이야기를 잘 기억했으나, 그것을 학습한 장소를 잘 기억하지 못하였다(McIntyre & Craik, 1987).

미래계획기억(prospective memory)은 과거의 어떤 시점에 미래 사건(할 일)을 계획한 것에 대한 기억이다. 예컨대, 식사 후에 약을 먹는 일, 특정 시각에 전화해야 할 일 등에 대한 기억이다. 미래계획을 기억하기 위해서는 그 미래의 시점이 도래하거나 사건이 발생할 때까지 (현재의 일을 하면서 동시에) 계획에 대한 기억을 계속 유지하고, 주시(monitor)해야 한다. 그러므로 앞에서 살펴본 주의, 집행기능이 크게 관여할 수 있다. 고령자의 미래계획기억은 크게 쇠퇴하는 경향을 보이는데, 특히 미래 사건 다음으로 해야 할 일보다 미래의 특정 시점에서의 할 일을 기억하는 데 어려움이 더 크다(Martin, Kliegel, & McDaniel, 2003; Uttl, 2008).

정확한 단어 말하기나 이름 기억하기 등을 제외하면 일화기억과 비교해서 일반적인 지식(의미기억)이나 도구를 다루는 법이나 운동기억(절차기억) 등에는 고령화로 인한 큰 변화가 관찰되지 않는다(Rönnlund, Nyberg, Bäckman, & Nilsson, 2005). 오히려 의미기억 과제 수행에서 젊은 성인에 비해 고령자가 더 큰 점화 효과를 보인다는 것을 보고한 연구들이 있다. 이 말은 연상기능이 풍부하다는 것인데, 이에 대한 한 설명은 고령자들의 경우에 더 풍부한 경험 때문에 관련 개념들 간의 연결이 더 많이 형성되어 있다는 것이다. 이러한 결과는 한 번 형성된 연합에 대한 활성화 과정은 나이가 들어도 쇠퇴하지 않음을 시사한다. 비록 외현기억(예: 의식적 회상 검사)에서 고령화가 발견되더라도, 암묵기억은 상대적으로 온전한 것으로 보인다. 예를 들어, 단어를 반복적으로 제시한 후 단어 식별이 촉진되는 정도를 살펴보는 암묵기억 과제에서 나이 든 성인 집단과 젊은 성인 집단에서 비슷한 정도의 촉진을 보였다. 타이핑과 같은 인지 기술의 수행에서도 손가락 운동의 속도 저하를 보상하기 위해 원고를 전보다 더 앞서 읽는 전략을 써서 전반적인 속도를 유지했다(Salthouse, 1984).

전반적으로 볼 때, 고령자는 회상이나 재인에서 의식적 노력(부호화, 인출, 주시)이 많이 필요한 기억에는 저하가 관찰되는 반면, 비교적 자동적으로 처리되는 기억에는 큰 변화가 없다. 이는 고령자들이 젊은이에 비해 기억을 잘하기 위한 통제적인 전략을 잘 쓰지 못하기 때문일 것으로 생각된다(정혜선, 2004). 반면에 중요한 혹은 가치 있는 정보의 경우에 고령자는 젊은이만큼이나 잘 기억하는 편인데, 심상화 전략을 사용했을 가능성이 있다(Hargis, Siegel, & Castel, 2019).

일반적으로 정서 정보, 그중에서도 부적 정서 정보가 더 잘 기억되는 경향이 있다. 반

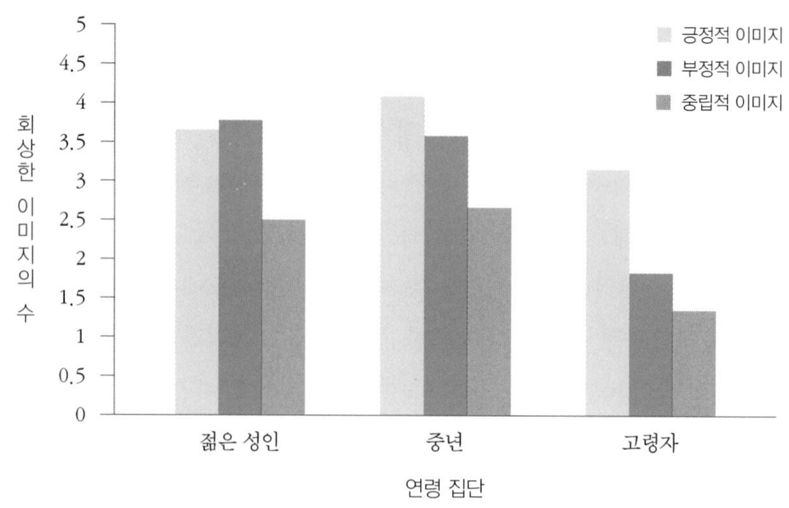

[그림 2-2] 긍정적 · 부정적 · 중립적 이미지의 기억에서 고령자와 더 젊은 집단의 비교

출처: Charles et al. (2003).

면에 고령자들은 긍정적인 정서를 더 잘 기억한다고 한다. 이처럼 긍정적 자극에 대한 선호와 정적 자극 처리의 우수성을 긍정성 편향 혹은 긍정성 효과라고 한다(박명숙, 박창호, 2011; Charles, Mather, & Carstensen, 2003). 부정적이거나 긍정적인 기분이 들도록 유도한 다음 행복했거나 슬펐던 기억을 회상하도록 했을 때, 고령자들은 긍정적인 사건을 더 잘 기억했다([그림 2-2] 참조). 이러한 결과는 고령자들이 젊은이보다 정서조절 전략을 더 잘 사용하고, 부정적인 감정과 갈등을 피해 가는 전략을 선호한 결과로 본다. 이처럼 정서기능의 건재와 정적 자극의 처리 우수성은 감퇴하는 인지기능을 보완할 가능성이 있다.

5. 언어

주변 사람과의 의사소통, 그리고 일상 사건의 판단은 정상적인 사회생활에서 매우 중요한 역할을 한다. 의사소통이 잘되기 위해서는 화자의 의도와 배후의 의미를 파악할 필요가 있으며, 또 비유적 혹은 추상적인 이야기의 경우에는 그 요지를 파악해야 한다. 이와 비슷하게 상황에 적절한 판단을 내리기 위해서는 문제 혹은 상황의 핵심을 파악하는 능력이 필요하다.

고령자의 시각과 청각 능력의 저하는 정확하게 읽고 듣는 데 많은 심적 자원을 소모하게 하고, 정보의 기억에는 비교적 적은 자원을 쓰게 하는 문제점이 있다. 고령자들의 처리 능력의 저하로 인해 한 번에 읽는 양이 줄고, 방해자극의 영향을 더 많이 받으며, 또 처리 부담이 높은 언어 재료는 선호되지 않는다. 또한 감각 결함을 보상하기 위해 맥락과 개념적 처리에 더 많이 의존하는 경향이 있다(강연욱, 2014, p. 75).

쉬운 단어 인식 과제에서 고령자는 젊은이와 별반 다르지 않은 수행을 보였으나, 과제가 어려워지면 수행 저하가 나타났다(Ratcliff et al., 2004). 김선경과 이혜원(2007)은 고령자의 어휘 판단 시간이 젊은이에 비해 더 긴 경향이 있으나, 특히 긴 자극 개시 시차(Stimulus onset asynchrony)에서 점화 효과의 크기에는 별로 차이가 없음을 발견하였다. 고령자들은 단어 인식에서 분석적 처리보다 전체적 처리에 더 의존하는 것처럼 보인다.

고령자의 의미기억은 저하되지 않는 편이므로 어휘 의미를 바탕으로 하는 언어이해에서 고령자는 별로 불리하지 않다. 그러나 예컨대 "Elvis는 과일을 이국적인 모양으로 조각하여 근처의 빵집에 납품한다. 얼마 후 당신 친구는 자신도 사과를 가지고 Elvis와 같은 것을 하겠다고 한다"라는 이야기를 들려 준 후 'Elvis와 같은 것'의 뜻이 무엇인지를 질문했을 때, 개념을 구체적으로 정의하는 대신에 애매하거나 일반적인 정의(예: '창의적인 일')를 하는 경향이 있었다(McGinnis & Zelinski, 2000). 연구자들은 이런 결과는 문맥을 통해 정확한 의미를 파악하는 데 어려움이 있기 때문이라고 보았다. 나이가 들면서 작업기억 용량이 많이 필요한 추론에서 정교성이 감퇴하기 때문으로 보인다(정혜선, 2004). 그러나 조건에 따라 의미 처리가 유지되거나 혹은 빈약해지는 다양한 결과가 관찰되기도 하는데, 기본적인 의미 처리는 고령화의 영향을 받지 않는 것으로 보이나 복잡한 처리를 요구할 때 요인들의 다양한 조합에 따라 여러 상이한 결과가 관찰되는 것 같다.

이야기를 읽고 다시 말하거나 재인하는 과제에서 60대의 고령자들은 젊은이와 별반 다르지 않으나 70대의 고령자들은 유의한 차이를 보였다(Stuart-Hamilton, 2017). 고령자들은 읽은 단락을 그대로 회상하는 것을 어려워하고 요약하는 것을 특히 더 어려워하며(Byrd, 1985), 추론이 필요하거나 문단 내의 여러 정보의 통합을 필요로 하는 과제를 매우 어려워한다(Cohen & Faulkner, 1984). 이런 읽기 과제에는 교육, 사전 지식 등과 같은 요인이 중요한 영향을 미치며, 이에 따라 연령 효과가 관찰되지 않기도 한다. 이야기를 시각적으로 혹은 청각적으로 제시하는 방법에 따라, 그리고 사용된 문장이 문법적으로 복잡한지, 부정문이 사용되었는지 등에 따라 고령자의 수행이 영향을 받는 것으로 보인다. 글 내용에서 상식과 어긋나는 어떤 변칙(예: 장님은 신문을 읽지 못한다)을 탐지하도록 하였을 때, 고령자가

젊은이보다 수행이 떨어졌다. 이는 고령자가 글 내용을 감시하는 능력이 떨어지기 때문인 것으로 보인다. 글에서 무시해야 할 문장을 이탤릭체로 끼워 놓았을 때 고령자는 젊은이보다 이 문장을 잘 무시하지 못하였다. 이는 고령자와 젊은이가 모두 이 문장을 보지만, 불필요한 반응을 억제하는 능력에서 차이가 있기 때문으로 보인다(Dywan & Murphy, 1996).

그러나 글의 내용을 회상하는 데 젊은이들이 우위에 있지만, 글을 해석하는 능력에서는 고령자와 젊은이가 차이가 없을 가능성이 있다(Jeong & Kim, 2009). 고령자들이 글의 세부 사항을 기억하는 능력이 저하되지만 이해력에서는 큰 변화가 없을 것이라는 것이다. 특히 실험실 과제가 아니라 일상 과제에서는 더욱 그러한 것으로 보인다.

6. 지능

인간의 여러 능력 중 지적 능력을 종합적으로 판단하는 개념이 지능(intelligence)이다. 지능의 정의는 오랫동안 논쟁되어 왔다. 예컨대, 지능을 지능 검사의 점수로 국한해서 해석할 수도 있다. 그러나 널리 쓰이는 Wechsler 지능검사는 지능 점수를 배후의 인지 능력을 요약하는 지표로 본다. Cattell(1963)은 지능을 결정지능(crystallized intelligence)과 유동지능(fluid intelligence)으로 구별하였다. 결정지능은 교육 받은 결과로 형성되며 주로 지식과 관련되는데, 사회문화적 환경을 반영한다. 유동지능은 문제해결력, 분석 능력 등과 관련되는데, 유전적으로 결정되는 것으로 보인다.

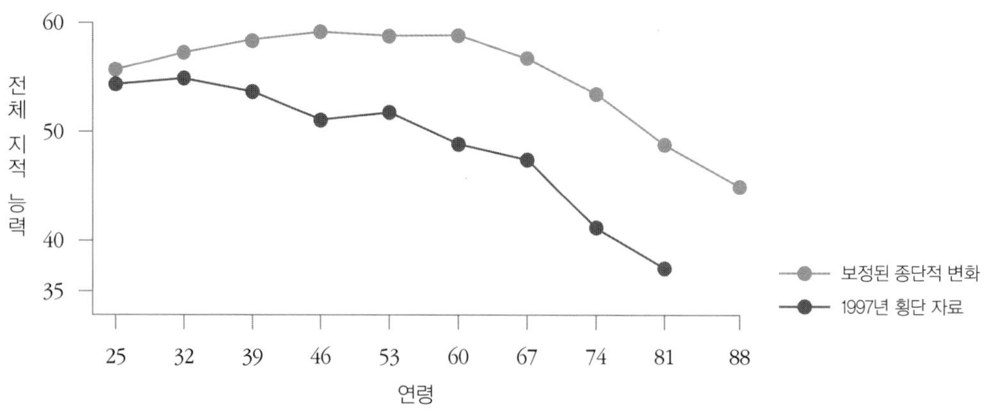

[그림 2-3] 연령에 따른 지능의 추세(지능의 평균은 50, 표준편차는 10).

출처: Schaie (1994).

고령화와 더불어 지적 민첩성이 감소했다고 호소하는 고령자가 많다. 앞서 보았듯이, 여러 인지기능이 감퇴하므로 고령화에 따른 지능의 저하는 자연스러운 것처럼 보인다. 시애틀 종단연구에서는 연령 증가에 따른 지능지수(IQ)의 변화를 보여 준다([그림 2-3] 참조; Schaie, 1994). 이 그래프는 60대에 IQ가 떨어지기 시작하지만, 여전히 양호한 편이며, 80대에 감소가 크게 일어난다는 것을 보여 준다. 젊은이와 비교해서 고령자의 지능이 떨어지는 것처럼 보이는 이유에는 시대의 변화도 한몫할 것인데, 기술과 문화의 발전을 경험하는 젊은 세대가 지능 검사에서 유리해질 가능성이 있기 때문이다. 지능의 차이를 연령으로 설명할 수 있는 비율은 전반적으로 16~25%뿐이다. 나머지 75~84%의 변동성에 기여하는 변인들로는 동년집단(cohort) 특성, 교육 수준, 생활 경험, 불안 수준과 심리적 스트레스, 신체적 건강 수준, 동기 등이 있다. 개인별로 보면 IQ는 전반적으로 안정적인 패턴을 보이며, 특히 동년배와 비교할 때 더욱 그렇다. 그러므로 주관적으로 경험되는 인지 능력의 저하를 무조건 나이 탓으로 돌릴 수는 없으며, 개인차에 유의해야 한다.

횡단연구에서 여러 인지과제의 수행 능력을 비교한 연구를 보면 언어지식과 같은 결정지능은 고령화의 영향을 크게 받지 않는 것으로 보인다([그림 2-4] 참조). 오히려 결정지능은 나이와 정적 상관관계(r=.27)를 보이는데(Perlmutter & Nyquist, 1990), 지식은 나이와 더불어 증가하는 경향이 있기 때문이다. 앞 절에서 보았듯이, 배경 지식이 중요한 언어검사(언어이해) 점수도 고령화에 따른 감퇴가 별로 관찰되지 않는다. 반면에 나이는 유동지능

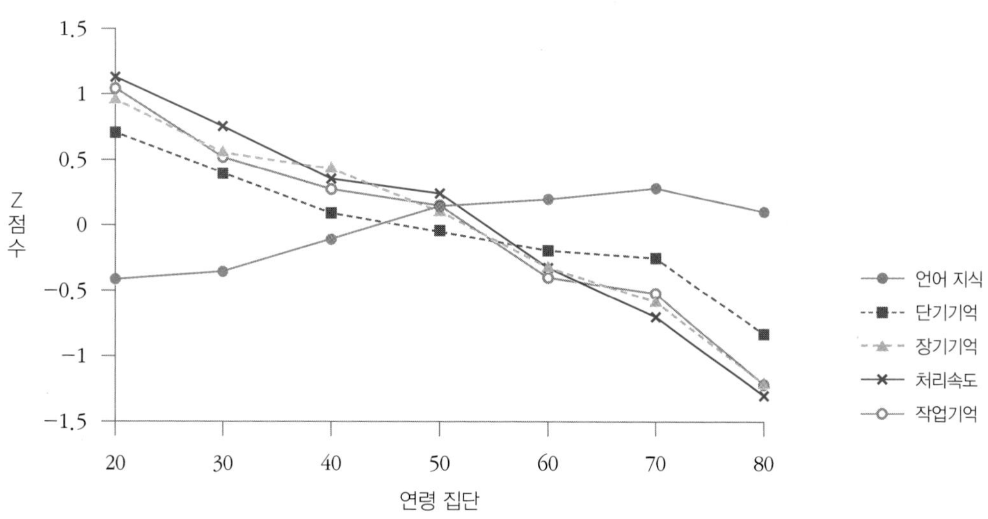

[그림 2-4] 여러 인지과제에서 고령화 패턴(횡단연구)

출처: Perlmutter & Nyquist (1990).

과는 강한 부적 상관관계(r=-.78)를 보인다. 이런 능력은 주의, 작업기억, 집행기능, 처리 속도([그림 2-4] 참조) 등이 중요한 역할을 하는 유동지능과 관련성이 높다. 마찬가지로 수리 능력 검사 점수는 나이가 들면 떨어진다. 이런 전반적 관계는 연구 방법, 시대 특성, 교육 수준, 사회경제적 변인 등에 따라 달라지는 경향이 있고, 개인차가 상당한 비중을 차지한다는 점을 유의해야 한다.

자신의 인지 능력에 대한 판단과 조절 능력을 가리키는 상위인지(meta-cognition) 능력도 나빠지지 않는 것 같다. 그러나 자신의 인지 능력에 대한 자기효능감은 감소하는 경향이 있는데(Botwinick, 1967), 자기효능감이 낮으면 기억 수행이 실제보다 더 저조해질 수 있다. 경험과 지식을 더 많이 활용하는 직업을 가진 경우에는 고령화에도 불구하고 개인의 생산성이 오히려 향상되었는데, 특히 전문가 집단(예: 과학자, 관리자)에서 두드러졌다. 이는 나이가 들수록 지식 표상이 조직화되고, 이해력과 종합적 판단력이 좋아진다는 연구 결과와도 일치한다. 청년기에 이르러 추상적인 사고 능력을 갖추었다고 해서 인지 발달이 끝나는 것이 아니라, 그 이후에 현실과 더 잘 조화할 수 있는 원숙한 단계가 있다는 견해가 있다.

1) 인지 고령화의 요인

주변을 보면 같은 연령대의 고령자인데도 신체적, 심리적으로 고령화의 정도가 다른 것을 볼 수 있다. 인지 고령화를 늦추는 데 영향을 주는 몇 가지 요인이 있는 것 같다(정혜선, 2004; Nyberg, & Pudas, 2019). 첫째, 신체적 건강 수준이다. 앞에서 감각지각 기능에 관한 설명에서 보았듯이, 인지 고령화는 감각지각 기능의 저하와 관련이 있다. 여러 건강 지표와 인지과제 수행 간의 상관관계를 조사한 결과, 총 18개 중 10개의 건강 지표(예: 눈과 귀, 근육, 피부, 피로, 병력, 우울)가 기억검사 수행과 유의한 상관을 보였으며, 4개 지표가 유동지능검사 수행과 유의한 상관을 보였고, 11개의 지표가 결정지능검사 수행과 유의한 상관을 보였다. 이 결과는 고령자의 인지 능력 감퇴가 건강 수준의 저하와 밀접히 관련되어 있음을 가리키는데, 뒤집어 보면 적절한 건강 수준의 유지를 통해 인지 능력의 감퇴를 둔화시킬 수 있음을 시사한다. 둘째, 교육이다. 교육 수준이 높은 고령자에게 인지 고령화가 더 디게 진행되는 것처럼 보인다. 한국 고령자의 기억을 측정한 결과, 교육 수준에 따라 기억 결함의 정도가 달랐다(이현수, 2005). 교육은 고령화로 인한 인지적 감퇴를 보완할 수 있는 인지적 대책을 습득할 기회를 주기 때문일 것이다. 셋째, 직업 혹은 지적 활동의 관여 정도

이다. 지적 작업을 많이 하는 직업에 종사한 사람일수록 인지 고령화가 더딘 것 같다. 캘리포니아 대학교 버클리 분교 교수들을 대상으로 한 조사에서 고령자는 보통 순행간섭과 구문회상과제에서 수행이 손상되는데, 교수들의 경우에는 그런 손상이 관찰되지 않았다. 교육과 지적 활동은 인지 예비능(cognitive reserve)을 키웠을 것이다. 인지 예비능은 인지 고령화의 속도를 늦추는 데 도움이 되는 여러 역량 혹은 활동을 말한다(제7장 참조). 넷째, 운동인데, 운동이 왜 도움이 되는지는 분명하지 않다. 한 가지 추측은 유산소 운동은 뇌 혈류를 증가시켜 인지와 관련된 뇌 구조의 기능 활성화에 도움을 줄 것이라는 것이다. 다섯째, 자기효능감이다(고선규, 권정혜, 2006). 생각상자에서 볼 수 있듯이, 자신의 인지 능력에 대해 긍정적인 태도를 가지는 고령자가 인지적으로 더 건강하였다. 인지 고령화의 여러 요인은 긴밀하게 상관되어 있거나 복잡하게 상호작용할 가능성이 높아서 각 요인의 효과를 독립적으로 평가하는 것은 쉽지 않을 뿐 아니라, 아직 밝혀지지 않은 배후 요인들이 있을 가능성도 있다. 그러므로 인지 고령화의 요인들을 지나치게 단순화시키는 것은 부적절할 것이다.

고령화에 대한 부정적 태도가 인지 수행을 떨어뜨린다

고령자(평균 69세)와 젊은이(평균 21세)에게 문장의 맨 끝 단어를 기억해야 하는 작업기억 과제를 주었다(Mazerolle, Régner, Morisset, Rigalleau & Huguet, 2012). 한 조건에서는 고령자들이 젊은이와 함께 검사받는다는 것을 알려 줌으로써 나이에 대한 고정관념(인지 고령화)을 일깨워 주었다. 다른 조건에서는 나이에 공평한 검사를 받는다고 알려 주었다. 두 조건 중 어느 조건에서 고령자의 기억 수행이 좋았을까? 고정관념에 노출되지 않은 두 번째 고령자 집단의 수행이 더 좋았으며, 젊은이와도 큰 차이가 없었다. 그러므로 부정적 고정관념 혹은 나이에 대한 부정적 태도가 고령자의 인지 수행을 스스로 망칠 수 있다. 연령 기반 고정관념 위협(age-based stereotype threat) 연구에 대한 메타분석(Lamont, Swift, & Abrams, 2015)도 이런 결과를 지지하였다. 이런 연구 결과는 고령자와의 상호작용에 대해 무엇을 시사하는가? 흔히 경로사상에 기초해서 고령자를 돕는 것을 당연시한다. 그러나 이런 행동은 한편으로 고령자를 즐겁게 하겠지만, 다른 한편으로는 연령 기반 고정관념 위협을 불러와 고령자의 인지기능을 위축시킬 가능성이 있다.

이런 고정관념을 역전시킬 수 있다면 어떻겠는가? 세월을 거스를 수는 없지만, 좋았던 그 시절로 돌아간 기분은 낼 수 있지 않을까?

Langer와 그녀의 동료들은 70대 후반에서 80대 초반에 있는 남성 고령자들을 모집해서 조용한 시골집에서 그들이 젊은 시절이었던 1959년의 분위기가 나도록 꾸민 방에서 지내도록 했다. 그들은 당시의 음악을 듣고, TV 프로그램을 보고, 당시의 사회적 쟁점에 대해 토론하였다. 한 집단은 1959년이 마치 현재인 것처럼 말하도록 요구받았다. 그렇게 지내는 동안에 그들은 평소보다 더 활동적이었으며, 일주일이 지난 후 검사를 하였을 때 그들의 창의력과 기억력이 높아졌을 뿐만 아니라 운동 능력과 유연성도 높아진 것으로 평가되었다. 심지어 더 젊어 보이기도 했다. Langer의 이전 연구에서는 요양원에 있는 고령자들이 화분의 위치를 정하거나 물을 주는 것과 같은 사소한 일상 활동을 스스로 결정하게 하였을 때, 고령자들이 신체적으로뿐만 아니라 정신적으로 더 건강하였으며, 덜 무력해지고 삶의 만족도가 더 높아졌다는 것을 보여 주었다[더 자세한 이야기는 Langer(2022)를 보라].

그래서 관심 있는 활동을 하고, 스스로 결정하고, 젊은 기분으로 사는 것이 겉보기만이 아니라 실제로도 고령자의 인지와 건강을 높이는 방법이 될 수 있다. 고령자의 삶의 방식과 환경의 설계가 이런 방향의 삶을 지원하는 방향으로 바뀌어야 할 것이다.

7. 전반적 대응

인지 고령화에 대한 대응은 무엇인가? 시간이 가면서 인지기능, 주요 활동, 그리고 생활 환경에도 변화가 생긴다. 이처럼 여러 측면이 병행적으로 변화하는 조건에 고령자는 적응해 가야 한다. 변화의 어떤 부분은 의식되지만, 다른 어떤 부분은 잘 의식되지 않는다. 이에 대한 대응 혹은 적응도 양 측면에서 일어날 것이다.

1) 뇌의 활동 패턴

고령화와 더불어 뇌의 부피가 10년마다 약 2% 정도씩 감소하며, 그중 인지기능과 관련이 깊은 전두엽, 측두엽, 해마 부위에서 더 급격한 감소가 발생한다(박태진, 2004). 그리고 뇌의 활동 패턴에도 변화가 일어난다. 우선 전두엽의 부피 감소에도 불구하고, 후두엽보다 전두엽에 더 많이 의존하는 변화가 일어난다. 다음으로 좌반구와 우반구의 활동 패턴의 차이가 감소한다. 같은 과제를 수행하는 경우에도 고령자의 뇌는 젊은이의 뇌와 비교해서 뇌의 좌반구와 우반구의 활동이 덜 구분되는, 즉 뇌가 좀 더 전반적으로 활동하는 경향을 보였다. 특히 전전두엽에서 좌우 반구의 비대칭성이 사라지는 경향이 있다. 예컨대,

단어를 회상할 때 젊은이(평균 나이 26세)의 뇌는 우측 전전두엽 영역에서 활성화를 보였는데, 고령자(평균 나이 70세)의 뇌는 좌측 및 우측 전전두엽이 모두 활성화를 보였다. 일반적으로 고령화가 진행되면서 뇌 기능의 특수성이 점차 약화되어 같은 과제를 수행하더라도 뇌의 더 많은 영역이 활성화되는 것으로 보인다. 신경회로의 보상 관련 활용(Compensation-Related Utilisation of Neural Circuit Hypothesis: CRUNCH) 가설은 나이가 들수록 뇌 세포가 손상되고 연결성이 떨어지는데, 이를 보상하기 위해 한 과제의 수행에 더 많은 (넓은 범위의) 세포들이 관여한다고 주장한다(Carp et al., 2010). 이와 유사한 이론으로 인지 고령화의 비계 이론(Scaffolding Theory of Aging and Cognition: STAC)은 신경적 쇠퇴를 상쇄하기 위해 뇌의 다른 자원을 활용한다고 주장한다.

2) 보상 전략

앞서 언급한 뇌 활동 패턴의 변화는 고령화가 진행될수록 인지과제의 수행에서 뇌 기능을 효율적으로 배분하여 쓰기가 어렵다는 것을 가리킨다. 전문화된 특정 영역의 인지기능이 저하되어 과제가 어려워질수록 단독으로 이를 처리하기가 힘들어진다. 이러한 변화는 분리주의가 필요한 다중과제의 수행을 크게 저하시킬 것이다. 다른 면에서 보면 이런 변화는 뇌 기능의 저하에도 불구하고 다양한 인지과제에 대응하려는 전략의 결과이다. 이럴 경우에 단순한 감각/지각 과제 수행에서도 전두엽이 개입한다. 고령자의 과제 수행의 초점이 신속한 반응보다 정확한 반응으로 옮겨 가는 것(강연욱, 2014)도 이와 관련될 가능성이 있다.

고령자들이 인지적 쇠퇴에 대응하는 다른 전략은 '선택 · 최적화 · 보상'이다(Baltes, Staudinger, & Lindenberger, 1999). 예컨대, 어려운 부분을 더 많이 연습하거나 속도 저하를 감안하여 미리 살펴보는 식의 전략은 전반적인 인지적 쇠퇴를 보상할 수 있다. 이러한 전략이 모든 장면에서 성공을 보장한다고 할 수 없을 것이지만, 적어도 익숙한 장면 혹은 과제에서는 분명히 도움이 될 것이다.

3) 맥락 활용

인지기능은 그것이 획득되고 사용되는 맥락 속에서 발달해 왔다. 부호화 특정성 원리(encoding specificity principle)에서 보듯이, 맥락은 기억 인출에 강력한 효과를 발휘한다.

의사결정에서도 고령자는 맥락을 고려하여 비교적 중요한 측면에 더 많은 주의를 줌으로써 적은 정보로도 효율적인 판단을 한다(Meyer, Russo, & Talbot, 1995). 고령자는 자신의 경험이 적용될 수 있는 맥락에서 더 자신 있게 인지기능을 발휘할 수 있다. 인위적인 실험 과제에서보다 현실에서 경험할 수 있는 과제에서 고령자의 수행은 더 좋은 결과를 낳을 수 있다. 많은 고령자가 인지 고령화에도 불구하고, 꾸준히 해 오던 일과 혹은 작업에서는 눈에 띄는 저하를 보이지 않는 것도 이와 관련될 것이다. 그리고 고령자는 되풀이 이야기하기 과제를 맥락에 맞게 조절하여 수행하는 데에도 젊은이보다 더 뛰어나다(Adams, Smith, Pasupathi, & Vitolo, 2002). 그러나 부정적 고정관념 맥락은 고령자의 인지기능에 악영향을 줄 수 있다(〈생각상자〉 참조).

4) 정서조절

정서와 관련하여 흥미로운 점은 고령자들이 (특히 젊은이와 대조적으로) 부정적인 정서와 연합된 것에 비해 긍정적인 정서와 연합된 것을 더 잘 기억하는 경향이 있다는 것이다. 이를 긍정성 효과(positivity effect)라고 하는데(Carstensen et al., 2003), 이는 중노년기에 더 큰 행복감을 느낀다는 연구 결과와 관련이 있다. 그러나 정서경험은 삶의 만족도와 관련이 깊으므로 집단에 따라서, 시대적 상황에 따라서 차이가 날 가능성이 있다.

고령화는 환경에 더 원숙하게 적응하는 과정이다. 특히 이런 측면은 정서와 자기조절 영역에서 두드러진다. 즉, 고령화에도 불구하고 일상적으로 경험하는 정상적인 정서경험은 실제적으로 증가하거나 일정하다. 고령자들은 과거의 여러 시점보다 현재를 가장 만족스럽다고 보고하는 경향이 있었다. 고령자들은 부적 정서보다 정적 정서를 더 많이 경험하는데, 고령자들은 정적 정서경험을 최대화하고 부적 정서경험을 최소화하는 방향으로 정서조절을 한다. 예를 들어, 다른 사람과 의견이 충돌하거나 자존감이 상할 수 있는 상황에서 의도적으로 상황을 회피한다. 문제에 따라 적절한 대처 양식을 선택함으로써 고령자들은 주관적 안녕감과 정서의 최적화를 유지한다(유경, 민경환, 2005). 인지과제에 대해서도 이처럼 유연하게 대응함으로써 갈등을 회피할 수 있다. 만일 나이가 들수록 현명해진다는 것이 사실이라면 그 이유는 축적된 경험과 지식 외에도 고령자들이 갈등적인 상황에서 젊은이보다 정서조절을 더 잘 사용하는 것과 관련될 것이다.

8. 맺음말

앞에서 연령 증가와 더불어 관찰하게 되는 인지 고령화의 여러 양상을 살펴보았다. 일반적으로 고령화와 더불어 지적 과제에서의 민첩성, 기억력, 그리고 행동에서의 반응 속도 등은 떨어진다. 그러나 반대로 이해력이나 종합적 판단력은 증가한다. 열정은 떨어지는 반면, 정서적으로 더 안정적이고 긍정적으로 변한다. 이러한 일반적인 패턴은 연구 방법, 실험 상황, 고령자의 동기, 그 외 여러 변인에 따라 다양한 차이를 보일 수 있으므로 지나친 일반화를 하지 않도록 조심할 필요가 있다.

우리 사회는 이른바 초고령사회로 진입하고 있다. 고령 인구가 증가하면서 고령자의 삶의 질, 사회적 및 건강 서비스 비용, 인구 구조의 변화, 생산성의 저하 등 여러 문제가 점차 부각되고 있다. 고령자의 안녕(복지)을 위한 서비스 개발, 세대 간의 이해, 고령자의 사회 · 산업 활동 증진 등이 필요하며, 이에 대해 적절한 대책을 세우기 위해서는 고령자의 여러 측면, 혹은 고령화에 따른 여러 변화를 더 잘 이해할 필요가 있다.

고령화와 더불어 나타나는 인지 감퇴를 당연한 것으로 받아들일 것이 아니라, 인지기능을 적절히 보상하거나[예: 인지적 보조물, cognitive aid을 써서], 가능하면 인지기능을 재활하는(예: 정혜선, 2006) 방안을 통해 고령자가 심리적으로 더욱 건강하게 기능하도록 도와줄 필요가 있다(Christopher, 2015). 이를 위해 고령자의 인지기능을 분석 및 진단하는 도구, 고령자 지원 기술, 적절한 재훈련 혹은 재활 기법 및 고령자 친화적인 생활 환경 등 여러 측면의 개발이 필요할 것이다.

생각할 거리

1. 고령자가 겪는 감각적 둔화를 체험하는 방법을 생각해 보자.
2. 고령자가 종종 말을 잘 못 알아듣는 여러 가지 이유는 무엇인가?
3. 주의는 거의 모든 활동에 알게 모르게 관여하는 기본적 정신 과정이다. 인지 고령화로 인한 주의력 저하의 영향이 더 눈에 띄는 활동은 무엇일까? 특히 인지 고령화의 나쁜 영향을 줄이기 위해 어떤 노력이 필요한가?

4. 건망증과 인지 고령화로 인한 기억 감퇴를 구별하는 방법은 무엇일까?

5. 어떤 종류의 게임이나 기억력 훈련(혹은 인지재활)이 고령자에게 도움이 된다는 연구가 있는 반면, 그 효과가 아주 미미하다는 연구도 있다. 이에 관한 자료를 살펴보고, 고령자의 인지 능력 향상을 위해 어떤 노력이 이로울지에 관해 논의하라.

6. 고령자와의 대화에서 관찰할 수 있는 장광설 혹은 엉뚱한 말 삽입은 어떤 인지기능(들)의 문제로 분석될 수 있는가?

7. 고령자의 인지기능(혹은 지능)은 겉보기만큼 저하되지 않았을 가능성이 있다. 혹은 저하가 있더라도 어떤 조건에서는 그것이 잘 보완(보상)될 가능성이 있다. 고령자의 인지와 행동이 실제와 달리 드러나 보이는 이유 혹은 조건은 무엇일까?

8. Skinner는 행동주의자 관점에서 고령자가 준비해야 할 생활 습관에 관한 책을 썼다(Skinner & Vaughan, 2013). 당시와 비교해 현재 우리는 인지 고령화에 대해 더 많은 것을 알게 되었고, 고령자의 생활에 도움이 되는 여러 도구가 있는 반면, 일상생활의 복잡성은 증가하였다. 이런 변화를 감안하여 고령자의 건강한 삶을 위한 Skinner의 생각과 현대적 견해를 비교해 보자.

제3장

고령자의 정서경험

정서는 우리의 일상생활에서 중요한 역할을 한다. 일반 성인의 정서연구 및 아동 발달기의 정서연구는 많이 진행되어 왔으나 상대적으로 노화와 정서경험의 변화에 대한 연구는 적은 관심을 받아 왔다. 이 장에서는 먼저 정서에 대한 소개로 심리학에서의 정서의 용어를 정의하였으며, 정서가 가지는 기능을 동기, 생존, 의사소통 및 인지와의 상호작용 측면에서 소개하였다. 정서를 연구하기 위한 측정치로 행동측정치, 생리측정치, 뇌 반응측정치를 소개하였다. 노화에 따른 정서경험의 변화를 정서인식, 정서표현, 정서경험, 및 정서조절의 네 가지 측면에서 살펴보았으며, 이를 설명하기 위한 신경기제 역시 아울러 서술하였다.

주제어: 정서, 기분, 정서인식, 정서경험, 정서표현, 정서조절

인간의 정서는 생존뿐만 아니라 사회적 의사소통, 인지적 처리의 영향 등 일상생활에까지 중요한 역할을 한다. 일반 성인의 정서에 대한 연구, 그리고 아동기부터 성인에 이르기까지의 인간 정서의 발달에 대해서는 많은 관심이 있어 왔으나 상대적으로 고령화에 따른 정서인식, 경험, 표현 등에 대한 연구는 적은 관심을 받아 왔다. 이 장에서는 먼저 정서에 대해 간략히 개관할 것이다. 정서의 기본 개념 및 측정 방법, 그리고 정서의 인식, 표현, 경험의 차이에 대해 이해할 것이다. 정서의 세 가지 요소와 더불어 정서조절에 있어 노화에 따른 변화에 대한 과학적 발견이 어떤 것들이 있는지, 이에 대한 신경기제는 무엇인지 살펴볼 것이다.

1. 정서

인지, 학습, 사회심리와 같은 기초심리, 그리고 상담, 임상, 소비자 심리 등과 같은 응용심리 등 대부분의 심리학 세부전공에 '정서의 영향'이라고 하는 챕터가 있다. 독립된 심리학 세부전공으로서도 정서심리는 심리학 연구 중에서 현재 중요한 영역으로서 인식되고 있다. 인간의 정서인식 및 경험에 대한 신경기제를 연구하는 정서신경과학(affective neuroscience) 역시 인지신경과학(cognitive neuroscience)의 한 분야로서 자리 잡았다. 일상생활에서 역시 직장, 학교, 사회생활에서 주어진 업무나 과제에 대해 인지적 요소가 중요하다고 하지만, 실제로 사람들과 정서적인 의사소통 또한 매우 중요하다. 이처럼 정서는 일상생활에서뿐만 아니라 심리학 연구 분야에서도 중요한 부분으로 평가받고 있다. 현재 구할 수 있는 대부분의 정서심리학 관련 교재, 혹은 정서 관련 챕터에서는 정서에 대한 정의로 시작하는데, 재미있게도 대부분 '정서에 대한 정의는 어렵다'라는 말로 시작하곤 한다. 저자 또한 마찬가지이다. 정서는 무엇이다라고 정의하기는 어렵지만, 일반적으로 정서(emotion)는 인간의 내부 혹은 외부에서 일어나거나 맞닥뜨린 자극이나 사건에 대한 반응이라고 볼 수 있을 것이다. 이러한 반응은 다시 세 가지 종류로 나뉘는데, 행동적 · 생리적 · 의식적(경험적) 반응이 그것이다. 밤늦은 시간에 어두운 골목길을 걸어가다가 갑자기 눈앞에서 커다랗고 으르렁거리는 개를 한 마디 맞닥뜨렸다고 가정해 보자. 이때 여러분은 심장이 뛰고, 땀이 나며, 호흡이 빨라지는 경험을 할 것이다. 이 같은 반응은 생리적인 반응이라고 볼 수 있다. 개를 발견하면 놀라는 얼굴 표정을 짓고, 주위를 두리번거리며 도망갈 방향을 찾는 행동을 보일 텐데, 이는 행동적 반응이다. 개를 발견함으로써 무척 놀라고, 나에게 달려들면 어떡하지 하는 생각에 무서움을 느낀다면 이는 경험적 반응이라고 볼 수 있다. 이 예는 인간 외부에서 마주친 자극에 대한 복합적인 반응을 묘사하였다. 정서적 반응이 반드시 외부의 사건일 필요는 없다. 한 달 전 복권에 당첨되어 가족과 함께 즐거워했던 경험이 떠오른다면, 비록 현재 복권에 당첨되었다는 사건이 일어난 것은 아니지만 과거의 경험을 떠올리는 것만으로도 행복감을 다시 느낄 수 있다.

1) 정서 용어

심리학에서 한국어로는 '정서'라고 지칭하지만 실제 일상생활에서는 정서라는 용어보다는 감정이라는 말을 더 자주 사용한다. 그 외에 '느낌'이나 '기분'이라는 말을 사용하기도 한다. 심리학에서는 크게 세 가지 용어가 쓰이는데(Batson et al., 1992), 첫 번째로 정동(affect)은 유기체의 내부 혹은 외부에서 발생하거나 맞닥뜨린 사건이나 자극에 대한 즉각적이고 순간적인 정신적 상태로, 행동, 생리, 경험적 반응을 수반하지만 생리적 반응이 다른 개념들에 비해 더 큰 비중을 차지한다. 그에 비해 정서(emotion)는 순간적인 심리/생리적 반응인 정동과 비교하면, 반응을 일으킨 구체적인 대상이 있다는 점에서 비슷하지만 종종 정동에서 인지적 · 사회적 평가에 의해 더 정교화되고 구체화된 정서를 포함하기도 한다는 점에서 차이가 있다. 이러한 정서는 특히 자의식 정서(self-conscious emotion)라고도 불리며, 죄책감, 수치스러움, 자존감 등이 포함된다. 가령, 여러분이 기말고사에서 A+ 성적을 확인했을 때 기분이 좋고 각성상태가 높아졌다는 1차적인 반응이 정동이라면, 평소에 잘난 척을 많이 해서 내가 싫어하던 친구가 B학점을 받았다는 것을 알게 되었다면(사회적 평가), 단순히 기분이 좋은 상태에서 더 정교화된 '자랑스러움'이라는 정서를 느낄 것이다. 비슷한 예로, C학점을 받아서 기분이 좋지 않은 상태가 정동이라면 평소에 싫어하던 친구가 A+를 받았다는 사실을 알게 된 후 '수치심'을 느낀 것은 정서에 해당된다고 볼 수 있다. 기분(mood)은 정동, 정서와는 다르게 종종 이러한 반응을 일으킨 원인을 확실히 알고 있는 경우도 있지만 반드시 확실하지 않기도 하며, 지속시간도 더 길어 수 분, 수 시간, 길게는 며칠이나 몇 달까지 지속되기도 한다. 오늘 이유를 딱히 말하기는 어렵지만 기분이 우울하다고 한다면, 이는 사실 며칠 전 부모님께 꾸중을 들었던 것이 원인일 수 있다. 정리하면 내부 · 외부 사건이나 자극에 대한 1차적인 반응이라는 점에서 정동은 정서와 기분의 구성요

소(building block)라고 부를 수 있으며, 정동이 사회, 인지적으로 더 구체화된 것이 정서라고 할 수 있다. 정동 및 정서가 오래 유지된 상태를 기분이라고 할 수 있다.

정동, 정서, 기분이라는 세 가지 용어를 살펴보았지만, 세 가지 용어에 대해 항상 명확한 구별이 이루어지는 것은 아니며, 심지어 심리학 연구 내에서도 종종 혼용되기도 한다. 가령, 정서 연구에서 특정 정서를 유발하는 과정을 기분 유발 과정(mood induction procedure)이라고 부르는데, 이 과정에는 그림, 영화, 소리, 음악, 자기보고 등의 방법을 이용하여 특정 정서를 이끌어 낸다. 앞의 정의에 따르면 경험적 · 행동적 변화를 유발하는 사건이나 자극이 무엇인지 연구참가자에게 분명하게 인식되기 때문에 이 경우에는 기분이라기보다는 정서나 정동에 더 가깝다고 볼 수 있다. 이 장에서도 굳이 이 세 가지 용어를 명확히 구분하지 않고 '정서'로 통일하여 부를 것이다.

2) 정서의 기능

누구나 정서가 무엇인지를 아는 것처럼 생각하지만, 막상 정서의 정의가 무엇이냐는 질문에 답하기 어려운 것처럼, 정서가 일상생활에서 중요하다는 사실은 누구나 공감하지만 그 이유가 무엇이냐는 질문에도 선뜻 대답하기 어렵다. 심리학 연구에서 정서가 중요한 이유는 크게 네 가지로 꼽힌다.

첫 번째 기능은 동기이다(국내 많은 교과서나 대학 강의에서 '정서심리학'만큼 '동기와 정서'로 쉽게 찾아볼 수 있다). 동기라는 것은 어떠한 행동을 취할 수 있게 하는 것으로, 학습이론에서의 강화자(reinforcer)와 처벌자(punisher)가 좋은 예이다. 대부분의 종에게서 발견되는 공포반응은 뚜렷한 행동적 · 생리적 변화를 포함하는데, 이러한 공포반응에 대한 학습은 일반적인 조건형성에 비해 빠르게 학습되고, 학습되는 강도가 강하며, 소거가 어렵다는 특징이 있다. 공포조건형성이라고 불리는 학습의 형태는 공포라고 하는 부정적인 정서를 경험하는 것은 매우 강력한 강화 혹은 처벌로서 작용하고, 그러한 부정적인 정서를 경험하게 하는 행동을 피할 수 있도록 하게 한다. 동물뿐만 아니라 인간도 마찬가지이다. 5세 아이가 밥상 앞에 앉아서 밥을 잘 먹는다면 아이의 부모는 매우 기뻐하며 아이를 칭찬할 것이다. 이러한 칭찬을 듣는 것은 아이에게 정적인 강화자로 작용하고, 앞으로도 바르게 식사하는 행동을 하도록 유도할 것이다. 크게 소리를 지르며 떼를 쓸 때마다 부모로부터 야단을 맞게 된다면 기분이 안 좋아지는 부정적인 정서를 경험할 것이고, 이는 처벌자로 작용하여 이러한 부정적인 정서를 더 경험하지 않기 위해 소리치고 떼쓰는 행동을 줄여 나갈 것이다.

두 번째 기능은 위험을 피하고 생존 가능성을 높이는 것이다. Ekman(1999)의 기본정서 6가지 중에서 부정적인 정서는 4가지로 슬픔, 역겨움, 화남, 두려움인데, 이 중 두려움과 역겨움이 이와 관련되어 있다. 사람이 맹수를 발견하였을 때, 위험한 높은 곳에 올라갔을 때 자연스럽게 두려움을 느끼게 되고, 이러한 부정적인 정서를 피하기 위해 그 상황에서 벗어나게 되면 자연스럽게 자신의 생존에 도움이 된다. 역겨움 역시 마찬가지로, 역겨움은 자신이 느끼는 정서경험뿐만 아니라 다른 사람이 보이는 역겨움의 얼굴 표정을 인식하는 것 역시 중요하다. 사람은 다른 사람의 얼굴 표정을 읽는 능력이 뛰어나며, 이를 담당하는 뇌의 영역(방추 안면 영역, Fusiform Face Area: FFA)이 별도로 존재한다(Ganel et al., 2005). 인간의 뇌에서의 시각정보 처리는 일반적인 시각정보의 구성요소인 움직임, 방향, 색 등에 반응하는데, 특정 물체나 범위를 담당하는 뇌의 영역이 따로 존재한다는 사실은 곧 그 물체가 인간에게 매우 중요하다는 사실을 증명하는 것이기도 하다. 다른 사람이 상한 음식이나 과일을 먹었을 때 보이는 역겨움의 얼굴 표정을 바로 읽어 인식하게 되면 내가 그 음식을 피할 수 있는 정보를 제공받는 것이 되어 이 역시 자연스럽게 나의 생존에 도움이 된다.

세 번째 기능은 의사소통이다. 다른 사람과의 의사소통에서 언어가 차지하는 비중이 당연히 높지만, 언어로 표현되지 않는 비언어적 의사소통 역시 정보를 전달하고 전달받는 관점에서 중요하다. 비언어적 의사소통에서는 다시 언어와 관련되어 있지만 언어의 내용과는 상관없는 언어의 물리적 특성, 가령 음고, 음색, 음량, 억양, 등고선(contour) 등이 있고, 언어 외에 얼굴 표정, 몸짓, 자세 등이 포함될 수 있다. 이러한 비언어적 의사소통에 대한 심리학적 연구는 대체적으로 언어만큼 의사소통에서 비언어적 요소가 특히 정서 의사소통에서 중요하다고 보고하고 있다.

네 번째 기능은 인지와의 상호작용이다. 흔히 정서는 인지와는 정반대의 성격으로, 우리가 흔히 하는 '너무 감정적으로 행동하지 마'라는 말은 곧 인지는 이성적, 정서는 비이성적인 것이라는 믿음이 기저해 있음을 의미하곤 한다. 하지만 앞에서 살펴보았듯이 '감정적인 행동'은 실제로는 유기체의 생존에 도움을 주고 사회적 의사소통을 하는 데 중요한 요소로 작용하기도 한다. 또한 인지적 평가는 즉각적인 정동 반응을 구체화시킨다. 예를 들어, 여러분이 길을 가다가 누가 갑자기 뒤에서 밀었다고 하자. 이때 여러분은 즉각적으로는 불쾌함을 느끼며 약간의 각성상태가 유발되었을 것이다. 그 상태에서 뒤를 돌아보는데, 한 어린아이가 자전거에서 떨어져 울고 있는 것을 보게 되었다고 하자. 이 경우 여러분은 아이가 자전거를 타다 잘못해서 당신과 부딪히고 넘어졌다는 사실을 추론할 수 있을 것이다. 이러한 인지적 · 사회적 평가를 거치게 되면 여러분이 경험했던 부정적 각성상태는 줄어들게 될 것이며, 아이에 대한 측은한 마음까지 들 수 있다. 이 예는 인지적 · 사회적 평가나 추론이 현재 자신의 정서상태에 영향을 미칠 수 있음을 보여 준다(Ellsworth & Scherer, 2003). 반대로 정서 역시 인지적 처리 과정에 영향을 미치며, 인지의 주의, 기억, 의사결정 등 인지의 많은 구성요소에 대한 영향이 심리학적으로 연구되어 왔다. Rowe와 그의 동료들(2007)은 음악을 통해 기쁘거나 슬픈 정서상태를 유도하였으며, 이때 플랭커 과제(Flanker task)와 원격연합과제(remote association task)를 통해 시각적 선택주의와 의미연합에 정서가 어떠한 영향을 미치는지 살펴보았다. 그 결과, 긍정적 기분이 유도되면 시각 주의가 넓어져 목표자극에 대한 판단 시에 주위의 방해자극으로부터 더 많은 방해를 받으며, 의미연합과제에서는 목표단어와 의미적으로 관계에 있는 다른 개념으로의 접근이 더 쉬워진다는 결과를 발견하였다. 따라서 긍정적인 정서는 지각적 · 의미적 주의의 폭을 넓힐 수 있음을 시사한다. Gable과 Harmon-Jones(2010)는 접근-회피 동기라는 정서 차원에서 낮거나(슬픈) 높은(역겨운) 정서상태를 유도한 뒤에 내본과제(Navon task)를 하도록 요구하였다. 그 결과, 접근-회피 동기가 낮은 경우에는 주의의 폭이 넓어지는 반면, 접근-회피 동기가 높은 경우에는 주의의 폭이 좁아지는 것을 확인하였다. 정서는 기억에도 영향을 미친다. 각성가가 높은 단어(살인, 전쟁 등)가 그렇지 않은 단어보다 더 쉽게 부호화되며(Long et al., 2015), 현재 기분상태와 일치하는 기억(가령, 기분이 좋을 때는 과거의 기억 중 긍정적 사건이, 기분이 좋지 않을 때는 부정적 사건이)이 더 잘 회상된다고 보고하였다(Eich et al., 1994). 이 같은 발견은 우울증을 경험하는 사람들이 그렇지 않은 사람들에 비해 즐거운 기억보다는 슬픈 기억들을 더 잘 떠올린다는 연구 결과와도 일치한다(Clark & Teasdale, 1982). 종합해 보면 정서적인 상태가 기억의 인출에서 일종의 맥락으로 작용한다는 것을 의미한다. 우리가 공부를 했던 교실이나 자리에서 시험을 볼 때 더 잘 기억해 낼 수 있는 것은 그 같은 상황이 맥락으로 작용하기 때문인데, 정서적 상태 역시 기억이 부호화되었던 상황에서의 맥락으로 작용해서 현재 그때와 같은 정서를 경험하고 있다면 마치 기억이 부호화되었을 때의 상황, 장소, 맥락과 같이 기능하여 자연스럽게 인출을 돕는다고 설명할 수 있다. 정리하면 정서는 행동을 유도하고, 생존에 도움을 주며, 다른 사람과의 의사소통을 하는 주요 요인인 동시에 인지적 처리와 상호 영향을 준다. 이제 이러한 정서를 학문적으로 연구할 때 어떻게 측정할 수 있는지 다음 절에서 살펴보도록 하겠다.

3) 정서의 측정

(1) 행동측정치

정서를 심리학적으로 연구하기 위해서는 정서 반응을 측정해야 한다. 정서 측정치로는 크게 행동측정치, 생리측정치, 뇌반응측정치로 나눌 수 있다. 가장 간편하고 비용이 적으며 빠르게 측정할 수 있는 측정치는 행동측정치이다. 심리학 연구에서 쓰이는 행동측정치는 대부분 자기보고식(self-report), 즉 자신이 어느 정도의 정서를 느꼈는지를 스스로 보고하는 방법이다. 정적 정서 부정 정서 척도(PANAS; Watson et al., 1988)처럼 여러 정서 형용사를 단극 척도로 활용하여 해당 형용사의 정서를 얼마만큼 느꼈는지 측정하기도 하고, Russell(1980; 2003)이 개념적으로 정리한 중심 정서 이론(core affect theory)에서 밝혀진 정서가(valence)와 각성(arousal) 차원에 그대로 평정을 하는 방법도 많이 쓰인다. 중심 정서 개념은 차원을 줄이는 통계적 방법을 통해 다양한 종류의 정서 형용사를 저차원 공간에 위치시키는 연구들(Russell, 1980, 2003)에서 밝혀진 개념으로, 정서가 부정–중성–긍정으로 변화하는 정서가, 그리고 각성이 낮은 상태에서부터 높은 상태로 변화하는 두 가지 차원이 가장 일반적인 차원으로 알려져 있다. 그림(Lane et al., 1999), 영화(Gao et al., 2018), 소리(Viinikainen et al., 2012), 음악(Kim et al., 2017) 등 매우 다양한 종류의 정서 자극을 이용한 연구에서 이 두 차원이 공통적으로 발견되었다. 정서가와 각성을 단어로 제시하고 각각에 리커트 척도로 평정을 받기도 하고, 2차원 모델을 사각형처럼 표현하여 한 번에 두 척도의 값을 평정하게 하는 방법(Affect grid: Russell et al., 1989), 두 차원을 얼굴 표정의 변화나 가슴 부위에 일어나는 변화로 표현하여 측정을 받는 방법(self-assessment manikin; Bradley & Lang, 1994) 등이 쓰이고 있다.

최근 정서 연구의 주안점 중의 하나는 정서 반응의 변화를 실시간으로 측정하는 것인데(Hasson et al., 2004), 가령 영화를 보고 나서 전체적인 정서 반응을 한 번만 측정하는 것이 아니라, 영화를 보면서 정서적 반응을 그때그때 실시간으로 기록하는 것이다. 이때 앞의 설문지 등을 이용하는 방법을 사용한다면 자극을 보고 다시 설문지를 봐야 하는 등의 과정을 거쳐야 하기 때문에 자극에 제대로 집중하기 어려울 것이다. 이 경우에 많이 쓰이는 방법은 조이스틱 등을 이용하는 것으로, 조이스틱의 좌우가 정서가, 상하가 각성을 의미한다고 미리 알려 주고 측정을 실시하게 되면 참가자가 주의를 정서 자극에 고정시키면서 동시에 정서 반응을 지속적으로 보고하기 용이한 방법이다(예: Sharma et al., 2019).

자기보고식 행동측정치는 다른 종류의 측정치에 비해 빠르고 비용이 적게 드는 장점이 있으나, 연구참가자가 의도적으로 정서 반응을 왜곡하거나 숨겨서 실제로 느끼는 정서와는 다른 반응을 할 수 있다는 점이 단점이다. 실험이나 연구가 연구참가자의 태도, 가령 정치적 성향(예: 보수당을 지지합니까, 진보당을 지지합니까)이나 사회적 이슈에 대한 태도(외국인 노동자 혹은 다문화 가정에 대한 의견이 어떠합니까)와 같이 사회적으로 민감한 주제와 연관되어 있는 경우, 자기보고 내용이 비밀 보장이 되고 참가자의 신원과 데이터가 연관되어 있지 않다고 하더라도 사실대로 보고하기가 꺼림칙하게 느낄 수 있다. 예를 들어, 성적인 사진 자극이 제시되고 정서 반응을 보고하게 되는 경우, 참가자 자신이 매우 긍정적이고 각성상태가 높다고 느꼈더라도 실험자에게 자신의 정서경험 그대로 보고하기를 주저할 지도 모른다. 두 번째 단점은 연구참가자들은 자신의 정서 반응을 솔직하게 보고하려고 하지만, 자신이 어떤 정서를 얼마만큼 느끼는지 제대로 모르는 경우가 종종 있다는 점이다. 현재의 기분상태를 보고하는 것은 비교적 쉬울 수 있으나 몇 십 개, 많은 경우 몇 백 개 정도의 자극을 제시받고 그에 대한 정서 반응을 매번 보고해야 할 때, 특히 정서가나 각성이 극단적이지 않은 경우에는 미묘한 정서의 차이를 보고하는 것이 쉽지 않을 것이다. 한 가지 방법은 가령 정서가가 7점 척도일 경우, 1점은 매우 부정적, 4점은 중성적, 7점은 매우 긍정적 등 각 점수가 구체적으로 어떤 뜻인지를 분명히 이해시키는 것이 좋은 방법이다.

(2) 생리측정치

신체의 생리적 반응 역시 심리학 연구, 특히 정서 연구에서 많이 사용된 측정치이다. 중심 정서 차원 중 정서가와 관련 있는 측정치로 피부 근전도 검사(Electromyography: EMG)가 있다. 얼굴 근육 중 볼 아래에 있는 큰광대근(zygomaticus major muscle)과 눈썹 아래에 있는 눈썹주름근(corrugator supercilia muscle)이 관련되어 있는데, 큰광대근은 미소를 지을 때 사용되는 근육(Fridlund & Cacioppo, 1986)으로 긍정 정서와 관련되어 있다고 알려져 있다(Bernat et al., 2006; Codispoti et al., 2008; Dellacherie et al., 2011; Dimberg, 1982; Grewe et al., 2007). 이에 비해 눈썹주름근은 흔히 눈쌀을 찌푸릴 때 사용되는 근육으로 부정 정서와 연관되어 있다(Gomez et al., 2005; Kreibig, 2010).

피부 전기 전도성은 영어로는 Galvanic Skin Response(GSR), Skin Conductance Response(SCR), Skin Conductance Level(SCL), Electrodermal Activity(EDA) 등이 혼용되고 있는 측정치로, 주로 각성상태와 관련되어 있다. 각성이 높으면 피부 전기 전도성 역시 증가하는 것으로 보고되었다(Dawson et al., 2000; Van der Zwaag et al., 2011; Gavazzeni et al., 2008; Gomez et al., 2004; Lang et al., 1993).

심장박동(heart rate)은 정서와 관련성이 있다는 연구 결과가 보고되었지만(예: Bernat et al., 2006), 정서보다는 주로 주의에 더 강한 연관성이 있는 것으로 알려져 있다(Bradley & Lang, 2000). 정향반응과 같은 주의반응이 일어나면 심장박동이 느려지는데(Graham & Clifton, 1966), 이는 외부 환경에 대한 정보처리를 하는 것을 반영하는 것으로 보고되었다. 물론 주의와 정서를 명확히 구분하는 것이 어려울 수 있다. 그 이유는 부정적이고 높은 각성상태를 유발하는 자극은 보통 주의를 많이 기울이게 된다는 점에서 정서와 심장박동이 관련될 수 있다고 주장되었다(예: Bradley & Lang, 2000; Sammler et al., 2007). 평균 심장박동 수치와 더불어 심장박동변이도(Heart Rate Variability: HRV) 역시 정서와 관련 있는 측정치로, 신체의 교감신경과 부교감신경 간의 상호작용을 반영하며, 정서경험에 대한 조절을 평가하는 측정치로 사용되며(Appelhans & Luecken, 2006), 자극이나 실험조건을 반영하는 측정치로도 사용되지만, 주로 개인차를 반영할 때 개인 고유의 속성 중 하나로 사용된다(Yamasaki et al., 2012). HRV가 높은 경우, 즉 심장박동의 불규칙성이 큰 경우는 외부 환경에 대해 더 잘 적응적이고 민감하여 적절하게 반응하고(Yamasaki et al., 2012), 정서적 · 인지적 탄력성을 예측하는 지표로 알려져 있다(Ellis, 2009).

다음으로, 안구 추적(eye tracking) 역시 사용된다. 안구 추적 방법을 통해 눈고정(fixation) 평균시간, 눈고정 횟수, 도약안구운동(saccade) 길이 등의 측정치가 사용된다. 안구 추적 방법은 장면 지각(scene perception)이나 언어 관련 연구에서 더 많이 사용되기는 하지만, 정서 연구에서도 종종 사용되는 측정치이다. 가령, 동공의 크기(pupil size)는 정서의 각성상태와 연관되어 있으며(Cherng et al., 2020), 긍정적 혹은 부정적 단어가 중성적 단어보다 더 빨리 눈고정을 받는다는(Scott et al., 2012) 사실 등이 보고되었다.

마지막으로, 자주 사용되는 생리측정치는 아니지만 호흡과 관련된 측정치 역시 정서 연구에 사용되었다. 각성이 증가하면 흡기시간(inspiration time)은 줄어드는 반면, 호기량과 호기시간의 비율인 평균 호기 속도는 증가하고, 흡기량에 대한 흉곽의 기여율은 긍정적 자극과 각성이 높은 자극에 대하여 증가하며, 흡기량과 흡기시간의 비율인 평균 흡기 속도는 부정적 자극과 각성이 높은 자극에 증가한 것이 보고되었다(Gomez et al., 2004, 2005, 2008; Gomez & Danuser, 2004, 2007).

(3) 뇌반응측정치

뇌반응측정치는 뇌에서 일어나는 정서 반응을 측정하는 방법으로, 단일세포 측정법(single cell recording)/다중세포 측정법(multi cell recording), 뇌전도(Electroencephalography:

EEG)/사건관련전위(Event-Related Potential: ERP), 컴퓨터 단층촬영(Computerd Tomography: CT), 양성자 방출 단층촬영(Positron Emission Tomography: PET), 구조적/기능적 자기공명영상(structural/functional Magnetic Resonance Imaging: sMRI/fMRI) 등이 있다(제1장 참조). 이 중 심리학 및 인지신경과학에서 현재 가장 활발히 사용되는 방법은 fMRI라고 할 수 있다. 뇌의 정서 반응에 대한 초기 연구는 파페즈 회로(Snider & Maiti, 1976), 시상(thalamus), 시상하부(hypothalamus), 해마, 대상피질(cingulate cortex) 등이 포함된 회로이며, 이 회로가 모든 정서에 공통적으로 반응하는 영역들이라고 주장하였으나, 현재는 '정서 회로'라고 하는 특별한 회로가 따로 존재하지 않으며, 오히려 각각의 개별 정서 혹은 핵심 정서 차원인 정서가와 각성 등이 서로 다른 뇌 영역들을 활성화시킨다고 하는 것이 중론이다.

파페즈 회로가 주창된 이후에 진행된 많은 fMRI 연구 및 메타분석 결과가 밝힌 바로는 편도체(amygdala), 내측 전전두피질(medial prefrontal cortex), 전대상피질(anterior cingulate cortex), 뇌도(insula), 상측 두구(superior temporal sulcus) 등과 같은 뇌 영역들이 때에 따라 유연하게 활성화되어 네트워크로서 발현되는 것으로 알려져 있다(Lindquist et al., 2016; Phan et al., 2002, 2004; Wager et al., 2003). Lindquist와 그의 동료들(2012)은 메타분석을 통해 정서를 유목적 분류가 아닌 차원으로 접근하는 관점에서 볼 때, 중심 정서와 연관된 뇌 영역은 편도체, 뇌도, 안와전두피질(orbitofrontal cortex), 전대상피질, 시상, 시상하부, 분계선조침대핵(bed nucleus of the stria terminalis), 전뇌 기저부(basal forebrain), 수도관주위회색질(periaqueductal gray) 등이 포함된다고 밝혔으며, 내측전전두피질은 정서경험 그 자체보다는 정서경험의 조절과 관련되는 '개념화'에 해당한다고 주장하였다.

(4) 측정치의 비교

행동, 생리, 뇌반응이라는 세 가지 정서 측정치를 소개하였는데, 시간과 비용, 데이터 수집 및 분석, 정서 반응의 속성을 비교해 보면 다음과 같다. 먼저 행동측정치는 세 가지 측정치 중 가장 시간과 비용이 적게 든다. 측정을 위해 필요한 기구는 설문지, 혹은 온라인 폼 등이 해당한다. 또한 한 연구에서 수집되는 데이터의 측정치 수가 적은 편이라서 수집 및 분석이 쉬운 편이다. 앞서 언급하였듯이, 행동측정은 참가자의 자발적인 반응을 측정하는 것으로, 의도적 혹은 비의도적 왜곡 등의 문제점이 있을 수 있다.

생리측정치는 생리측정 기기가 구비되어 있어야 한다는 점에서 행동측정치에 비해 비용이 높은 편이지만, 기기가 구비되어 있기만 하면 실험을 진행하면서 필요한 추가 비용은 거의 없는 편이다. 자료 측정 및 분석 역시 행동측정에 비해 더 어려운 편인데, 대부분 생리측정 기기의 반응 측정 속도(sampling rate)는 1,000Hz, 즉 매 1ms마다 측정하는 것으로 시간해상도는 좋은 편이다. 따라서 시간에 따른 자료의 양적인 측면에서 행동측정치에 비해 더 많고, 개별 생리측정치마다 적용해야 하는 전처리(preprocessing) 과정이 다르고 복잡한 편이라서 데이터 측정 및 분석은 행동측정치에 비해 더 어렵다고 할 수 있다. 정서 반응의 속성은 자발적이 아닌 비자발적인 반응이라는 점이 차이라고 할 수 있다.

마지막으로, 뇌반응측정치는 시간과 비용, 데이터 수집 및 분석 측면에서 앞의 두 측정치에 비교할 수 없을 정도로 오래 걸리고, 높은 비용이 필요하며, 수집 및 분석이 대단히 복잡하고 어려운 성격의 데이터라고 할 수 있다. MRI 기기는 대부분 병원 혹은 뇌연구센터의 장비를 대여하여 사용하며, 매 참가자마다 대여 비용을 지불하기 때문에 실험을 진행하면서 필요한 추가 비용이 높다. 실험 전 스크리닝이나 실험 후 처리 과정이 필요하기 때문에 실험 시간 역시 오래 걸린다. 시간해상도는 현재 기술로 약 1 내지 2초마다 하나의 영상을 촬영한다는 점에서 생리측정치에 비해 떨어지나, 공간해상도는 한 번에 촬영하는 뇌의 부피소(뇌 영상 연구에서의 분석단위, voxel)가 전처리 전에는 약 30~90만 개, 전처리 후 뇌의 신경작용과 관련이 없다고 판단되는 부피소를 제거한 이후에 회질(gray matter)만 남겨 놓았을 때에도 약 30,000개 정도가 남는다는 점에서 상당히 풍부하고 복잡한 성격의 데이터라고 할 수 있다. 가로, 세로, 높이의 3차원의 공간 정보에 시간 정보까지 포함된 4차원의 데이터 구조이기 때문에 데이터 수집 및 분석 역시 앞의 두 측정치에 비해 훨씬 어렵고 오래 걸린다. 뇌 측정 데이터의 비용이 높다는 점 때문에 한 연구에서의 데이터를 다른 사람에게 공유하여 다른 연구주제를 탐색하기 위해 재분석하는 것 역시 최근의 추세이다. 이는 행동측정 · 생리측정 데이터와는 다르게 뇌 측정 데이터의 복잡성 때문에 하나의 연구주제로 분석한 방법 외에도 다른 방식으로 분석할 수 있는 방법이 많기 때문에 가능하다.

지금까지 정서의 개념과 용어, 실생활에서 정서의 기능, 마지막으로 정서를 어떻게 측정하는지까지 살펴보았다. 이와 같은 발견을 바탕으로 다음 절부터 노화에 따른 정서의 표현, 경험, 인식, 조절이 어떻게 변화하는지 살펴보기로 하겠다.

2. 고령자의 정서경험

인간의 다른 심리적 기능과 마찬가지로 인간의 정서 역시 노화에 따라 변하게 된다. 이

러한 변화는 부분적으로 인간의 뇌의 구조와 기능이 변화하는 것에 기인한다('제1장 참조'). 뇌의 노화에 따라 저하되는 인간의 심리적 기능 중에서 정서는 비교적 영향을 덜 받고, 기능이 그대로 유지되며, 정서조절은 오히려 일반 성인에 비해 더 발달한다고 알려져 있다(Kaszniak et al., 2011). 노화가 진행되면서 인간의 뇌는 무게 및 용량이 줄어들며, 특히 집행기능 및 조절 능력을 담당하는 전두엽 영역이 영향을 받는다. 뇌의 기능 중 국재화(localized)되어 있는 뇌의 영역은 해당 심리적 기능을 수행할 때 뇌 영역보다 더 넓은 범위의 영역이 관여되고, 편재화(lateralized)되어 있는 기능 역시 편재화 정도가 줄어드는, 즉 잘 사용되지 않는 반대편 반구 역시 해당 심리적 기능에 관여되기도 한다. 전두엽은 정서 그 자체를 경험하는 데 관여되어 있다기보다는 정서를 조절하는 측면에서 연관되어 있는데, 전두엽 기능의 저하는 정서경험 및 표현에 있어서 영향을 주기도 한다. 이 절에서는 고령자 정서의 변화를 인식, 경험, 조절 순으로 살펴보기로 하겠다.

1) 정서인식

앞서 언급했듯이, 정서의 기능 중 사회생활에서 중요한 역할은 바로 다른 사람의 정서, 특히 얼굴 표현을 인식하는 것이다. 고령자와 일반 성인의 얼굴 인식 연구에 대한 메타분석 연구에서는 고령자가 다른 사람들의 얼굴 표현, 특히 화난, 두려운, 슬픈 등의 정서를 인식하는 데 일반 성인에 비해 어려움을 겪는다고 보고하였으며(Ruffman et al., 2008), 이러한 문제점은 정서적 의사소통에 문제를 야기할 수 있다(Sullivan & Ruffman, 2004). 최근 국내 연구에서 얼굴 정서표현 사진자극에 마스크를 씌운 후 20대부터 60대 이상까지 참가자를 모집한 후 정서인식률을 비교한 결과, '행복한' 정서에 대해 연령이 증가할수록 정서인식이 떨어진다는 결과를 보고하였으며(Kang et al., 2021), 다른 연구에서는 '슬픈' '화난' '역겨운' 에서의 정서에서 저하를 보였다(이경욱 외., 2005). 이러한 정서인식의 저하는 고령자가 특정 정서를 더 긍정적, 혹은 부정적으로 평가하는 경향 때문일 수 있다. 소요섭 등(2015)은 고령자는 '행복한'과 '슬픈'을 일반 성인 집단에 비해 더 부정적으로 평가하였으며, 강효신과 권정혜(2019)의 연구에서는 '화난'을 더 부정적인 것으로 평가하였지만, '행복한'을 더 긍정적으로 평가하여 상반된 결과를 보고하였다. 일반적으로 국제 정서 사진(International Affective Picture System; Lang et al., 2008)이나 국제 정서 소리(International Affective Digitized Sounds; Bradley & Lang, 2000) 등과 같은 정서 자극 데이터베이스에서 정서가 각성 차원 간의 분포를 살펴보면 U자 모양의 비선형적 관계가 발견되는 것이 보통이

다. 즉, 긍정적이거나 부정적인 자극들은 보통 각성이 높고, 중성적인 자극들은 각성가가 낮게 발견된다. 이러한 결과는 긍정적이거나 부정적이면서 동시에 각성가가 낮거나, 혹은 중성적이면서 각성가가 높을 수 없다는 뜻이 아니라, 흔히 주변에서 접하게 되는 자극들의 성격이 그러하다고 생각할 수 있다. 이러한 경향은 주로 일반 성인에게서 발견되는데, 고령자 집단은 비선형관계가 아닌 선형관계인 강한 부적 상관을 보였다(소요섭 외, 2015). 이 결과는 단순히 고령자와 일반 성인의 정서인식이 다르다는 것이라기보다는 정서가와 각성의 차원으로 이루어진 정서 차원 구조가 연령별로 차이가 있는지를 살펴보아야 한다는 점을 시사한다(김종완, 2021).

고령자의 정서인식에서의 한 가지 특징은 고령자 중 여성이 남성에 비해 정서인식을 더 잘한다는 것인데(Campbell et al., 2017), 그 이유로서 시각 탐색 패턴의 차이가 제시되었다. Sullivan과 그의 동료들(2017)의 연구에 따르면, 여성은 얼굴을 관찰하는 데 있어 위쪽에 더 주의를 주는 반면, 남성은 얼굴의 아래쪽에 더 주의를 주는 경향이 있다. 얼굴의 구성요소 중 눈이 코나 입보다 정서표현에 더 중요한 요소라는 점을 생각해 본다면 이 결과는 놀랄 만한 것은 아니다. 이러한 정서인식에서의 성차의 조절변인으로 제시되는 것은 일반적인 인지능력의 저하로(Krendl et al., 2014), 이는 비단 고령자뿐만 아니라 일반 성인에게도 해당한다(Sarabia-Cobo et al., 2015). 노화에 따라 일반적인 인지 능력이 감소한다는 사실을 생각해 보면 정서인식이 전반적으로 저하된다는 사실은 이해할 만하다. 종합해 보면, 노화에 따라 다른 사람의 정서인식은 대체로 저하되고, 그 이유로서 시각 탐색 패턴 및 인지 능력의 저하가 거론된다. 저하된 인지 능력에 대한 일종의 보상 체계로서 친숙성이 거론되는데(Stanley & Isaacowitz, 2015), 즉 고령자는 저하된 정서인식 능력을 보완하기 위해 정서를 인식하고자 하는 대상에 대한 추가적인 정보가 필요하고, 따라서 이미 익숙하여 친숙성이 높은 대상에 대해서는 정서인식이 저하되지 않는 반면, 낯선 얼굴에 대한 정서인식은 떨어진다는 것이다. 이러한 경향은 고령자가 아닌 일반 성인에 대해서는 발견되지 않았다는 사실은 친숙성이 얼굴 인식에 영향을 미치는 요인으로 작용한다는 점을 시사한다.

고령자의 정서인식에 대한 연구에서 주의할 점은 이러한 연구 결과는 고령자의 정서인식 능력이 저하되었다기보다는 자기 나이 얼굴 인식 편향(own-age face recognition bias), 즉 정서인식을 하는 사람과 같은 연령대의 얼굴 정서를 더 잘 인식하는 현상일 뿐이라는 주장이다(Anastasi & Rhodes, 2005). 많은 심리학 연구에서 연구참가자들을 대학생 집단인 젊은 성인을 대상으로 하는 것처럼, 일련의 얼굴 정서인식 연구에서 사용되는 자극들 역시 연령을 고려하지 않고 일반 성인 연령대의 모델을 이용하여 제작된 경우가 많다. 이 같은 자극을

이용한 연구인 경우, 고령자의 정서인식 능력이 저하된 결과는 실제로 그 능력이 저하되었다기보다는 단순히 평소 접하고 상호작용하는 대상이 일반 성인 나이대의 사람들이 아닌 비슷한 나이대의 사람들을 더 많이 대하기 때문이라는 설명이다. 연구참가자와 얼굴 자극의 연령을 같이 체계적으로 변화시킨 경우(Anastasi & Rhodes, 2005; Lamont et al., 2005), 고령자의 수행 정도는 일반 성인과 큰 차이가 발견되지 않았다. fMRI를 이용한 연구(Ebner et al., 2013)에서 다양한 정서와 연령의 얼굴 사진을 일반 성인과 고령자에게 제시하였을 때, 고령자에게서 내측 전전두엽, 뇌도, 편도체 등이 일반 성인 자극에 비해 자신과 같은 나이대의 얼굴 자극이 제시되었을 때 더 활성화된 것이 관찰되었다. 하지만 이 효과는 '중성적인' '행복한' 정서에서만 발견되었고, '화난' 정서에서는 발견되지 않았다. 이 결과는 연령에 따른 정서인식이 정서별로 다를 수 있음을 시사한다.

시각 탐색에서는 방추상회(fusiform gyrus), 우반구 두정엽, 편도체 등이 관여한다(Heilman et al., 2012). 좌반구에 비해 우반구 두정엽이 손상된 환자가 얼굴 정서 분류에 더 장애가 있는 것으로 보고되었으며, 일반 참가자를 대상으로 한 fMRI 연구에서도 역시 얼굴 정서인식에 우반구가 더 관여됨이 보고되었다(Heilman et al., 2012). 얼굴 표정 인식 저하는 우반구의 체성감각피질(somatosensory cortex), 우반구 전측 상악회(anterior supramarginal gyrus), 우반구 뇌도의 손상과 관련이 있음이 보고되었다(Adolphs, 2002). Harciarek과 Heilman(2009)은 우반구 전측에 뇌졸중이 있는 환자를 연구한 결과, 부정 정서 얼굴 표정 인식에 문제가 있음을 발견하였다. 이 결과들을 종합해 보면 뇌 반구 중 우반구의 손상이 얼굴 표정 인식과 관련이 있는 것으로 보이며, 고령자의 얼굴 표정 인식의 저하는 노화에 따른 우반구의 노화와 관련이 있는 것으로 보인다(Heilman et al., 2012). 우반구 노화 가설로 불리는 이 설명은 고령화가 진행되면 많은 뉴런과 연결성(connectivity)이 손실되면서 뇌의 전체적인 무게 및 용량이 줄어들게 되는데, 좌반구보다 우반구에서 이러한 변화가 더 심하다는 것이 보고되었으며(Brown & Jaffe, 1975), 이러한 변화가 얼굴 인식과 연관이 있는 것으로 보인다. 비단 얼굴 연구뿐만 아니라 정서적 운율을 이용한 연구(Orbelo et al., 2003)에서 청력에 문제가 없는 일반 성인과 고령자 연구참가자가 정서적인 운율을 말로 하거나 이해하는 과제를 실시하였다. 그 결과, 운율을 만들어 내는 것에는 고령자들이 문제가 없었으나 이를 이해하는 것은 일반 성인에 비하여 뒤떨어짐을 발견하였으며, 이 결과는 우반구에서 발생하는 노화 관련 문제와 비슷한 패턴을 보인다고 보고하였다.

다른 설명으로 기분일치효과(mood congruency effect)를 들 수 있는데, 이는 앞의 정서와 인지와의 관계에서 언급하였듯이, 자신의 기분상태와 일치하는 기억이 더 잘 회상되는 효과를 말한다. 이는 일반 성인을 대상으로 한 정서인식 연구에서도 비슷한 현상이 발견되었는데, 자신의 기분과 비슷한 정서를 더 잘 인식한다는 것이다(Phillips & Allen, 2004). 보통 고령자들이 일반 성인에 비해 비교적 더 긍정적인 정서상태를 보고한다는 것을 상기해 본다면, 부정적인 정서를 정확히 인식하는 데 더 어려움이 있을 것이라고 생각할 수 있다. 역겨움(Coupland et al., 2004), 슬픔(Suzuki et al., 2007)인 경우, 앞과 같은 현상이 발견되었다. 고령자와 일반 성인 모두를 모집한 실험연구(Voelkle et al., 2014)에서 긍정적 기분의 고령자는 부정 정서보다 긍정 정서를 더 잘 인식하는 경향을 보였지만, 이러한 현상은 일반 성인에게는 관찰되지 않았다. 이러한 결과는 노화에 따른 전반적인 기분상태의 변화 역시 정서인식에 영향을 미칠 수 있음을 시사한다.

정서표현

정서인식만큼은 아니지만 정서표현 역시 정서와 연관된 주요한 주제 중 하나이다. 정서인식이나 정서경험과는 다르게 특정 정서를 표현해야 하는 과제에 대하여 생리반응을 측정해야 하는 특성상 정서표현에 대한 연구는 많지는 않은 실정이다. 정서표현과 정서경험을 구분해야 하는데, 가령 정서적 자극을 제시하고 이에 대한 생리적 반응을 측정하는 것은 연구참가자의 정서경험이 얼굴 표정으로 표현되어 이를 측정하는 것이기 때문에 엄밀한 의미에서 이는 정서경험이라고 할 수 있다. 단, 같은 정서경험을 한다고 하더라도 이를 다시 얼굴 근육으로서 표현하는 것이기 때문에 정서적 자극에 대한 생리적 반응은 정서경험과 정서표현이 합쳐져 있는 것이고, 순수하게 정서경험만을 의미하지 않다고도 할 수 있다. 여기서 정서표현은 특정 정서를 표현하는 과제, 가령 '행복한'을 표현해 보라는 과제에 대하여 신체적인 표현을 하는 것을 정서표현이라고 하겠다.

인간의 정서표현 중 가장 핵심적인 방법은 얼굴 정서표현일 것이다. 연구참가자의 얼굴 표현을 측정하기 위해서는 비디오 녹화 등을 한 후 연구자 혹은 연구 주제를 모르고 있는 별도의 사람들로 하여금 얼굴 정서표현을 한다고 할 때 어느 정서에 해당하는지, 얼마나 오랫동안 정서를 표현하는지 기록하는 방법을 사용할 수 있겠지만, 얼굴 표현의 강도(intensity)를 객관적인 수치로 표현하는 것은 어려움이 있을 수 있다. 따라서 생리측정치 중 얼굴 근육 EMG를 이용한다면 정서표현의 시간, 강도 등을 객관적으로 측정할 수 있다. 앞의 절에서 언급했듯이, 긍정 정서와 연관되어 있는 볼 아래 큰광대근과 부정 정서와 연관되어 있는 눈썹 아래 눈썹주름근의 활동을 측정함으로써 쾌 · 불쾌 정서표현을 알 수 있다.

EMG를 이용한 한 연구에서(Pedder et al., 2016), 긍정적 · 부정적 사진 모두에서 반응하는 정도가 고령자가 일반 성인에 비해 낮은 활성화 수준을 보고하였다. 그 이유로는 정서표현을 억제하려는 성향이 고령화에 따라 증가하거나, 혹은 그 성향 자체가 감소하는 것은 아니지만 신체의 근육이 감소함으로써 얼굴 표정을 만들어 내는 근육 역시 영향을 받아 얼굴 표현의 정도가 감소하는 것일 수 있다. 정서적 운율 표현과 관련된 한 연구(Sen et al., 2018)에서 일반 성인 및 고령자로 이루어진 참가자들은 10명의 일반 성인, 10명의 고령자가 표현한 여러 정서의 말로 표현한 문장의 정서를 맞추는 과제가 제시되었다. 앞의 '정서인식' 절에서와 마찬가지로, 일반 성인이 고령자에 비해 정서인식 정확률이 더 높았다. 하지만 각각 10명이 표현한 정서표현의 문장을 음향 분석을 실시한 결과, 두 집단 모두 의도된 정서를 잘 표현하고 있음이 확인되었다. 정서적 운율과 관련된 연구가 아직 많이 이루어진 것은 아니지만, 앞의 연구 결과에 따르면 최소한 고령화에 따라 언어적 정서표현의 감소는 발견되지 않았다.

2) 정서경험

이 절에서는 고령화에 따른 정서경험의 변화에 대해 살펴보도록 하겠다. 많은 연구에서 고령자가 일반 성인에 비해 긍정적 자극을 더 긍정적으로 평가하는 긍정성 효과(positivity effect)를 보인다고 보고하였다. 이를 검증하기 위한 연구에서는 보통 정서적 자극을 제시하고 이에 대한 반응을 집단 간 비교하는데, 물론 모든 연구가 긍정성 효과를 지지하는 것은 아니다. 가령, Backs와 그의 동료들(2005)의 연구에서는 정서적 사진을 제시하였을 때 일반 성인은 고령자에 비해 긍정적이고 각성이 높은 자극에 대해 더 긍정적이고 더 각성이 높다고 보고하였으며, 얼굴 근육을 EMG로 측정한 연구(Labuschagne et al., 2020)에서는 긍정적 영화에 대해서 일반 성인에 비해 고령자가 더 낮은 큰광대근 활성화 정도를 보였다. 이러한 상반된 결과들이 존재하는 것에 대해 Reed와 그의 동료들(2014)은 100개의 연구를 종합한 메타 분석 결과, 전반적으로 고령화에 따른 긍정성 효과를 지지한다는 사실을 발견하였다. 또한 이러한 긍정성 효과는 인지적 처리를 제한하는 과제에 비해 제한하지 않는 과제에서 더 크며, 비교하는 연령의 차이가 클 수록 더 커짐을 발견하였다. 고령자는 정보처리에 있어 긍정적 정보에 대한 편향이 있으며, 일반 성인은 반대의 경향을 보인다고 설명하였다.

긍정성 효과를 지지하는 행동연구들을 살펴보면, 먼저 Grühn과 Scheibe(2008)는 고령자가 긍정적이고 각성이 높은 자극을 더 긍정적이고 더 각성이 높다고 보고하였으며, 부정

적인 자극에 대해서도 더 부정적이라고 보고하였다. 비슷하게 정서적 영화를 제시한 연구(Di Crosta et al., 2020; La Malva et al., 2021)에서도 역시 고령자가 일반 성인에 비해 긍정 자극은 더 긍정적으로, 부정 자극은 더 부정적으로 보고하였다. 단, 영화를 이용한 연구들에서 각성상태는 자극의 정서가와는 관계없이 고령자가 일반 성인에 비해 더 각성을 높게 보고하였으며, 중성 자극에 대해서도 더 긍정적이라고 보고하였다. 생리측정 연구를 살펴보면, 먼저 눈 깜박임을 측정하여 놀람 반응을 관찰한 연구에서 일반 성인은 부정적 사진을 볼 때 놀람 반응이 관찰된 반면, 고령자는 긍정적 사진을 볼 때 관찰되었다(Feng et al., 2011; Le Duc et al., 2016). 이와 같은 결과는 일반 성인에 비해 고령자는 긍정 자극에 대해 더 긍정적인 경험을 한다고 볼 수 있다. ERP를 사용한 연구(Hilimire et al., 2014)에서 정서표현을 일찍 처리하는 것이 향상되는 것을 반영하는 전위를 살펴본 결과, 일반 성인은 부정적 자극에서 발견된 반면, 고령자는 긍정적 자극에서 발견되었다. fMRI를 이용한 뇌 영상 연구(Ge et al., 2014)에서 연구자들은 일반 성인 및 고령자 참가자에게 정서적인 과거 기억을 회상해 달라고 요청하였다. 고령자들은 일반 성인에 비해 긍정적인 기억을 더 많이 회상하였으며, 이때 아래쪽 복내 전전두피질(ventromedial prefrontal cortex)과 전대상피질(anterior cingulate cortex)이 부정적 기억 회상 시 더 활성화됨을 발견하였다. 정서적 과거 회상 과제를 이용한 다른 연구들에서도 비슷한 행동적 근거를 발견하였으며(Comblain et al., 2005; Pasupathi & Carstensen, 2003), 아래쪽 복내 전전두피질의 활성화 저하 역시 다른 연구들에서도 확인되었다(Leclerc & Kensinger, 2008, 2010). 이와 같은 행동 · 생리 뇌 영상 연구들을 종합해 보면 고령자는 일반 성인에 비해 긍정 자극을 더 잘 회상하고, 더 많이 주의를 기울이며, 이에 대한 생리, 신경기제의 증거가 발견되었다고 결론내릴 수 있겠다.

고령자에게서 발견되는 긍정성 효과를 설명하는 기제로서 우반구 퇴화 가설을 들 수 있다. 앞서 언급하였듯이, 노화에 따라 우반구는 구조 및 기능의 저하가 진행되는데, 정서의 종류에 따른 편재화(lateralization)의 연구에서 좌반구는 긍정 정서, 우반구는 부정 정서에 더 관여한다는 연구 결과(Ahern & Schwartz, 1979)를 반영해 보면 부정 정서에 더 관여되어 있는 우반구 기능의 저하는 자연스럽게 부정 정서를 덜 경험하게 됨으로써 긍정 정서경험이 우세해질 수 있음을 시사한다. EEG를 이용한 연구에서 좌반구 전두엽 영역이 긍정 정서에 해당하는 접근(approach) 동기에 관여한다는 연구 결과(Harmon-Jones et al., 2010) 역시 이 같은 주장을 뒷받침한다. 단, 정서의 편재화를 반박하는 연구(Killgore & Yurgelun-Todd, 2007) 역시 존재하기 때문에 이와 같은 주장을 받아들이는 데에는 주의가 필요하다.

다른 가설로는 편도체 기능의 약화이다(Cacioppo et al., 2011). 이 책 '노화와 뇌 기능 변화'

장에서도 언급하였듯이, 고령화에 따라 뇌의 다른 영역처럼 편도체 역시 구조적·기능적 퇴화를 거치게 된다. 편도체는 여러 정서 중 공포(Duvarci & Pare, 2014; Ehrlich et al., 2009), 불안(Davidson, 2002)과 같은 주로 부정 정서에 관여하는 것으로 알려져 있다. 따라서 편도체의 기능이 저하되면 부정 정서의 활성화 역시 약해지게 되어 자연스럽게 부정 정서를 덜 경험하게 되고, 상대적으로 긍정적인 정서경험이 더 강해진다는 것이 가설이다. 일반인과 편도체에 병변이 있는 환자를 대상으로 한 연구(Berntson et al., 2007)에서 정서적 그림을 제시하고 쾌·불쾌 정도와 각성 정도에 대한 평정을 하도록 요구하였다. 그 결과, 편도체 병변 환자들은 긍정 자극에 대해서는 각성의 수준을 분별할 수 있었지만, 부정 정서에 대해서는 서로 다른 각성의 수준을 분별하는 데 실패했다. 즉, 부정 자극에 대한 세밀한 정서적 판단에 문제가 있는 것으로, 편도체가 부정 정서에 관여한다는 사실을 뒷받침해 주는 연구라고 할 수 있다. 편도체의 활성화 정도와 정서적인 탄력성(resilience)은 부적인 상관관계, 즉 편도체가 과도하게 활성화된 상태에서는 낮은 정서적 탄력성을 보이는데, 노화에 따른 편도체 기능의 저하는 자연스럽게 고령자의 정서적 탄력성이 일반 성인에 비해 높음을 시사한다(Leaver et al., 2018).

3) 정서조절

정서조절은 한 개인의 정서상태를 조절하고 관리할 수 있는 능력을 말하는 것으로, 정서경험 형성에 영향을 주는 인지적 평가(Gross, 1998), 정서경험에 따른 생리적 반응(Porges, 2007) 등을 포함하는 개념이다(Koole, 2009). 일반적으로 정서조절 능력이 더 뛰어난 경우에 정서적 웰빙이 더 높은 것으로 알려져 있는데(Gross & John, 2003; Urry & Gross, 2010), 고령자인 경우에는 일반 성인에 비해 정서조절을 더 잘하며, 따라서 정서적 웰빙 역시 더 높은 것으로 보고되었다(Cacioppo et al., 2008). 한 실험연구(Scheibe & Blanchard-Fields, 2009)에서 고령자와 일반 성인에게 역겨운 정서를 일으키는 영상을 제시했을 때 고령자는 영상에 대한 부정적인 반응을 성공적으로 조절하였으며, 이에 뒤따르는 작업기억 과제 역시 향상됨을 보였다. 모든 연구가 고령자의 성공적인 정서조절을 보고하지는 않았다. Labuschagne와 그의 동료들(2020)은 기존의 정서조절 연구에서 사용된 자극은 비교적 가벼운 정서 반응을 일으키는 것이었으며, 따라서 매우 강도가 높은 긍정 및 부정 자극에 대한 연구가 필요하다고 주장하였다. 얼굴 근육 EMG를 측정한 결과, 기존 연구와는 다르게 긍정 및 부정 자극에 대해 모두 얼굴 근육이 일반 성인에 비해 더 높은 활성화, 즉 정서조절 수행이 더

저조한 것을 관찰하였다. 이 같은 결과는 고령자의 정서조절 연구에서 사용되는 자극이나 맥락이 더 다양하게 사용되어야 함을 의미한다.

일반적으로 정서조절 능력이 고령자가 더 뛰어난 이유는 무엇일까? 첫 번째 설명은 뇌 영상 연구에 기반한다(Cacioppo et al., 2011). 노화에 따른 뇌의 구조와 기능의 변화, 특히 부정 정서에 관여한다고 알려진 우반구나 편도체 등 뇌 영역의 퇴화는 부정 정서를 덜 경험하게 되고, 자연스럽게 정서적인 웰빙이 향상된다는 설명이다. 특히 편도체와 관련한 fMRI 연구(Winecoff et al., 2011)에서 일반 성인과 고령자는 정서적 그림자극을 보고 그대로 정서경험을 하는 조건과 정서 반응을 최대한 줄이려고 노력해야 하는 조건 중 하나에 할당되었다. 정서경험을 그대로 하는 조건에서는 편도체가 더 활성화되었으나, 반대로 정서 반응을 조절해야 하는 조건인 경우에 전두엽, 그중 좌반구의 하측전두회(inferior frontal gyrus)가 더 활성화되었다. 또한 두 번째 조건에서 하측전두회와 편도체는 서로 부적인 연결성을 가지는 관계인 것이 발견되었으며, 이러한 발견은 다른 연구에서도 비슷한 영역인 복내측전전두엽이 편도체와 부적 연결성을 가진다는 사실로 지지되었다(Silvers et al., 2017). 다른 연구(Murty et al., 2009)에서 고령자는 정적 자극보다 부적 자극에서 전두엽이 더 활성화되었으며, 이러한 경향은 일반 성인에 비해 더 두드러졌다. 종합해 보면 전두엽은 정서경험의 조절, 부정 정서의 경험은 편도체임을 생각해 본다면 노화에 따라 편도체의 기능이 저하되면서 자연스럽게 정서조절이 더 잘되는 것으로 생각해 볼 수 있다.

두 번째 설명으로는 사회정서적 선택 이론(socioemotional selectivity theory)이 있다(Carstensen et al., 1999). 이 이론에 따르면 현재 자기의 남은 삶에 대한 지각에 따라 개인적 삶에서 추구하는 동기가 달라지는데, 일반 성인들은 죽음으로부터 멀리 있다고 생각하기 때문에 동기가 정보를 추구하는 것에 집중된다. 반면 고령자들은 그들의 삶이 제한되어 있다는 지각 때문에 현재 삶에서 정서를 긍정적으로 유지하고자 하고, 따라서 정서조절에 더 높은 가치를 둔다는 것이다. 따라서 고령자는 긍정 정보와 부정 정보가 함께 제시될 때 부정 정보는 피하고 긍정 정보에 더 주의를 주는 경향이 있다(Kennedy et al., 2004). 일반적으로는 실제 연령이 이러한 남은 생애 지각에 영향을 미치지만, 많은 나이가 아니라도 위중한 병이 있는 일반 성인인 경우에 비슷한 경향을 보이는 것이 관찰되었다(Carstensen & Fredrickson, 1998).

세 번째 설명은 인지적 평가(cognitive appraisal) 혹은 인지적 재평가(cognitive reappraisal)라고 불리는 정서조절 방략과 관련되어 있다. 정서조절 방략으로는 반응에 관련되어 있는 표현억제(expressive suppression)와, 정서적 이벤트나 사건 자체에 대한 이해와 관련되

어 있는 인지적 재평가로 나누어 볼 수 있다(Richards & Gross, 2000). 겉으로 드러나는 표현만 억누르는 표현억제 방법에 비해 현재 상황의 의미를 다시 해석하고 이러한 사건이 일어난 이유를 인지적으로 이해함으로써 자연스럽게 자신의 정서를 조절할 수 있는 인지적 재평가 방법은 궁극적으로 생리적 · 인지적 비용이 적게 드는 방법으로 알려져 있다(Gross, 1999). 인지적 재평가를 덜 사용하고 표현억제를 더 많이 사용하는 것은 불안이나 우울을 더 발생시킨다고 알려져 있지만(Garnefski et al., 2001), 이 같은 현상은 고령자에게서는 발견되지 않았다(Brummer et al., 2014). 즉, 고령자는 표현억제를 사용하더라도 표현억제와 심리적 고통 간의 관계가 발견되지 않았으나, 일반 성인은 표현억제를 많이 사용한 경우에 더 높은 심리적 고통을 보고하였다. 이 같은 결과는 정서조절을 요구받았을 때 일반 성인은 기억과제에 더 방해를 받았으나 고령자는 그렇지 않았다는 연구 결과와 일치한다(Scheibe & Blanchard-Fields, 2009). 즉, 고령자는 인지적 재평가와 표현억제 둘 다 정서조절의 기제로서 사용할 수 있지만, 표현억제를 사용하더라도 심리적으로 부정적인 경험을 유발시키지 않는다는 것을 의미한다(Brummer et al., 2014).

3. 맺음말

이 장에서는 정서의 정의, 기능 및 측정, 노화에 따른 정서인식, 표현, 경험 및 조절의 변화에 대하여 살펴보았다. 정서는 행동을 추구하게 하고, 생존에 도움이 되며, 비언어적 의사소통 수단의 하나이고, 인간의 인지 활동에 영향을 주고받는 역할을 한다. 정서를 측정하기 위한 행동 · 생리 · 뇌반응 측정치 등의 방법이 있으며, 데이터의 복잡한 정도, 측정을 위한 시간과 노력의 정도, 시간 및 공간 해상도 등에서 차이가 있다. 노화에 따른 정서인식에서는 일반 성인에 비해 고령자의 정서인식 능력이 떨어지는 것으로 보고되었으며, 이는 시각 탐색 패턴 및 인지 능력의 저하 때문인 것으로 보인다. 단, 이러한 발견은 자기 나이 얼굴 인식 편향 등에 의한 것일 수 있음을 주의하여야 한다. 정서경험과 관련해서 고령자의 긍정성 효과가 보고되었으며, 이를 설명하기 위한 기제로 우반구 및 편도체 퇴화 가설이 제시되었다. 정서조절 역시 고령자는 일반 성인에 비해 더 뛰어난 기능을 보이며, 이는 우반구 및 편도체 퇴화, 사회정서선택이론 등으로 뒷받침된다.

생각할 거리

1. 정서를 측정할 수 있는 세 가지 종류의 측정치는 무엇인가?
2. 노화에 따른 정서인식 능력은 어떻게 변화하는가? 이러한 발견을 해석하는 이론은 어떤 것들이 있는가?
3. 노화에 따른 정서경험은 어떻게 변화하는가? 이러한 발견을 해석하는 신경학적 기제는 무엇인가?
4. 노화에 따른 정서조절 능력은 어떻게 변화하는가? 이러한 발견을 해석하는 이론은 어떤 것들이 있는가?

제4장

고령자의 발달적 특성

현대 의학의 발달이 가져온 기대 수명의 증가와 함께 현대 사회에서 고령 인구가 증가하고 있으며, 고령 인구의 연령대 또한 점차 확대되고 있다. 현재 전 세계의 많은 나라에서 총 인구 중 65세 이상의 인구가 14%를 차지하는 고령 사회와 20% 이상을 차지하는 초고령 사회가 많아지고 있다. 이처럼 확대되는 고령자 인구에 비해 고령자에 대한 연구는 부족한 편이며, 고령자에 대한 편견과 노화에 대한 잘못된 인식, 노인 차별이 만연하다. 고령자에 대한 올바른 인식을 위해서는 선행연구에 대한 충분한 이해를 바탕으로 다양한 후속연구가 진행될 필요가 있으며, 고령자에 대한 인식 개선을 위한 사회 전반의 노력 또한 필요하다. 이 장에서는 고령자의 발달과 관련된 다양한 관점에 대해 알아보고, 성인 초기부터 노년기까지의 발달적 특성을 살펴보며 전반적인 발달 궤적을 그려 볼 것이다. 또한 연령에 대한 여러 개념과 영향을 살펴보고, 노년기의 성공적인 노화에 대해 생각해 보고자 한다.

주제어: 전생애 발달심리학, 선택적 최적화 보상 전략, 사회정서적 선택 이론, 연령, 성공적 노화

1. 고령자의 발달적 단계와 특성

1) 전생애 발달심리학 접근

여러분의 가장 친한 친구가 어떤 사람인지 과거에 대해 주어진 정보 없이 이해하려고 노력해 보자. 누군가를 이해하고자 할 때 그의 어린 시절과 청소년기를 이해하지 않고는 성인기의 경험을 이해할 수 없다. 이렇게 성인기를 이해하기 위해 보다 넓은 맥락에서 바라보고자 하는 관점을 전생애 발달심리학 접근이라고 한다. 전생애 발달심리학 접근은 인간의 발달을 초기(아동기와 청소년기)와 후기 단계(성인 초기, 중년기, 노년기)로 나눈다. 초기 단계는 빠른 신체적 성장과 능력의 발달을 주요 특징으로 설명할 수 있는 반면, 후기 단계는 느린 신체적 변화와 주어진 환경에의 적응을 주요 특징으로 들 수 있다.

전생애 발달심리학적 관점에서 볼 때, 성인의 발달과 노화는 하나의 학문으로 접근할 수 없는 복잡한 현상이다. 즉, 인간의 발달을 이해하기 위해서는 다양한 관점의 접근이 필요하다. 발달과 노화는 평생 동안 일어나는 과정이며, 이는 인간의 발달이 죽기 전까지 멈추지 않는다는 것을 의미한다. 전생애 발달심리학 접근(life-span developmental psychology approach)은 발달이 평생에 걸쳐 이루어지고, 다방향적인 특성이 있으며, 가소성을 가지고, 개인이 속한 맥락과 환경의 영향을 받을 뿐만 아니라, 다양한 원인에 의해 설명된다고 제안한다(Baltes et al., 1980). 전생애 발달심리학적 관점이 출현하기 이전에는 주로 발달의 특정 시기에만 초점을 맞추어 연구가 이루어졌다. 예를 들어, 북미와 영국 등의 유럽 국가에서 학자들은 유전학과 생물학을 바탕으로 아동의 발달에 대해 연구를 활발하게 진행하였다. 그러나 의학 기술의 발달로 기대 수명이 길어지고 노화에 대한 관심이 커지면서 노년학(gerontology)에 대한 연구가 점차 확대되었다. 이러한 흐름에 따라 인간 발달을 살펴봄에 있어 발달의 특정 시기를 강조하는 것이 아닌 태어나서 죽을 때까지의 전 생애를 살펴보아야 한다는 전생애 발달심리학 관점이 Baltes와 그의 동료들(1980)에 의해 소개되었다. 전생애 발달심리학적 관점에서는 어떤 특정 발달 시기가 다른 발달 시기에 비해 더 중요한 것이 아니며, 각 발달 시기마다 주요 발달적 특징을 가지고 있음을 강조한다. 전생애 발달심리학에서 강조하는 발달적 특성의 주요 관점은 다음과 같다.

(1) 다방향적 특성

발달은 성장과 감소라는 두 방향성을 함께 가지고 있다. 즉, 모든 발달 단계에서 성장뿐만 아니라 감소도 같이 일어난다. 아동기에는 주로 성장이 일어나고, 성인기에는 주로 감소가 나타나기는 하지만, 모든 발달 단계에서 성장과 감소의 두 방향성이 동시에 나타난다는 것을 기억할 필요가 있다. 예를 들어, 사람의 언어 능력은 전 생애에 걸쳐 성장하지만, 반응 속도는 감소하는 경향을 보인다. 나이가 들면서 운동 능력 자체는 감소할지 모르나, 지혜와 문제 해결 능력은 증가한다. 성인 및 노년 발달을 보다 잘 이해하기 위해서는 이러한 다방향적(multidirectionality) 특성을 제대로 이해해야 한다.

(2) 가소성

한 개인의 능력은 결정되어 있거나 고정되어 있지 않다. 아동을 대상으로 한 많은 연구에서 학자들은 발달 과정에 손상이 있을지라도 환경의 개선으로 유연한 적응이 가능하다는 것을 밝혀 왔다. 이와 같은 가소성(plasticity)은 성인 및 노년기에도 마찬가지로 나타나는 현상이다. 노년기에도 개인의 많은 능력은 연습과 훈련을 통해 향상시킬 수 있다. 물론 이러한 능력의 변화와 향상은 무한한 것은 아니고 개선의 정도에 있어 한계는 있다.

(3) 역사적 맥락

개인은 역사적인 시간의 흐름과 개인이 속한 문화에 의해 규정되는 특정 환경 및 맥락 내에서 발달을 경험한다. 발달 과정에서 개인은 변화하는 환경에 반응하거나 상호작용하기도 하고, 더 나아가 환경을 바꾸기도 한다. 즉, 전쟁, 과학 기술의 진보, 사회 운동과 같은 사회적인 변화에 의해 영향을 받는다. 오늘날 개방적인 MZ세대와 보수적인 베이비 붐 세대가 '결혼'에 대해 서로 다른 태도를 보이는 것은 개인이 역사적 맥락(historical context)에 의해 영향을 받는 하나의 예라고 할 수 있다.

(4) 다양한 원인

발달은 다양한 원인(multiple causation)에 의해 영향을 받는다. 앞서 말했듯, 전생애 발달심리학 관점에서는 발달을 한 영역의 학문으로 설명할 수 없는 복잡한 현상으로 여긴다. 발달에 대한 깊은 이해는 다양한 영역에서의 접근이 필요하다. 즉, 발달은 생물학적, 심리학적, 사회문화적, 그리고 생애주기적 요인에 의해 영향을 받는다. 전생애 발달심리학 관점에서는 인간의 발달이 평생에 걸쳐 이루어진다고 강조한다. 이는 발달 단계의 어느 한

부분이 다른 부분보다 더 중요하거나 덜 중요하지 않다는 것을 시사한다. Baltes와 그의 동료들(1980)은 전생애 발달이 성장(growth), 유지(maintenance), 손실 통제(loss regulation) 간의 역동적인 상호작용으로 이루어진다고 주장했다. 노년기에 있어 이러한 세 가지 요인은 특히 매우 중요하다. 예를 들어, 다음과 같다.

- 개인은 나이가 들면서 적응적인 기능에 필수적인 능력을 중심으로 초점을 맞추고 선택(selective)하기 시작한다.
- 사람들은 제한된 능력에 선택적으로 집중함으로써 자신의 행동을 최적화(optimization)하는 특성을 보인다.
- 사람들은 이러한 전략을 설계함으로써 손실에 보상(compensation)하는 방법을 배운다.

이와 같은 선택 · 최적화 · 보상 전략(selective optimization with compensation)은 노화가 진행됨에 따라 개인이 보여 주는 성공적이고 적응적인 발달을 잘 설명해 준다. 또한 개인이 나이가 들면서 생물학적으로 감소한 기능을 잘 유지하고 능력의 손실에 적응하기 위해 제한된 자원을 효율적으로 사용하는 방법을 설명한다. 이러한 전략은 성공적인 노화를 위한 방법을 제안하기도 한다.

2) 고령자 발달 연구의 중요한 이슈

왜 어떤 사람들은 지속적으로 마른 체형을 유지하고, 어떤 사람들은 나이가 들면서 체중이 증가하는 것일까? 왜 어떤 사람들은 노년기에도 활동적이고 건강한 삶을 유지하는 것일까? 나이가 들면서 가족에 대한 생각은 세대 간에 어떠한 차이를 보일까? 이러한 질문에 답하기 위해서는 발달과 관련된 다양한 요인을 고려해야 한다. 발달심리학자들은 크게 생물학적 · 심리적 · 사회문화적 · 생애주기적 요인에 초점을 맞추고 있다. 이와 같은 네 가지 요인들은 마치 예술가가 그림이나 조각을 만들어 내는 과정처럼 개인의 발달을 만들어 간다.

(1) 발달의 주요 요인

성격, 기억력, 체형, 활동 수준 등 개인은 저마다 고유한 특성을 가지고 있고, 개인별로 서로 다른 특성을 지니고 있다. 왜 이러한 개인차가 나타나는 것일까? 이를 이해하기 위해 발달에 영향을 미치는 주요 요인과 이들 간의 상호작용을 이해할 필요가 있다.

① 생물학적 요인(biological force): 발달에 영향을 미치는 유전, 신체적 건강 관련 요인들을 포함한다. 중년 여성이 경험하는 폐경과 주요 기관계의 변화, 나이가 들며 변화하는 면역 체계의 약화를 예로 들 수 있다.

② 심리적 요인(psychological force): 발달에 영향을 미치는 내적 심리 활동, 지각, 인지, 감정, 성격 요인 등을 포함한다. 이러한 심리적 요인은 개인별로 구분되는 고유한 특성을 형성하도록 한다. 예를 들어, 개방적인 개인의 성격은 소극적인 개인과 구별되는 모습을 보이고, 이러한 성격은 세계를 바라보는 관점과 인지 및 감정에 영향을 미친다.

③ 사회문화적 요인(sociocultural force): 발달에 영향을 미치는 대인 관계 및 사회문화적 요인 등을 포함한다. 사회문화적 요인은 발달이 이루어지는 맥락을 제공한다. 학생들이 학교에서 친구들과의 교류를 통해 가치와 행동 특성이 변화하는 것을 예로 들 수 있다.

④ 생애주기적 요인(life-cycle force): 생물학적 · 심리적 · 사회문화적 요인의 상호작용이 삶의 여러 지점에서 발달에 어떠한 영향을 미치는지 설명한다. 생애주기적 요인은 발달과 노화에 있어 개인차를 설명하기 위한 중요한 맥락을 제공한다. 각 개인은 생물학적 · 심리적 · 사회문화적 요인들의 조합으로 이루어진 산물이라고 볼 수 있다. 예를 들어, 같은 유전자를 공유하고 같은 가족 구성원과 함께 자란 일란성 쌍둥이조차도 서로 다른 여러 요인의 조합을 경험하기 때문에 각자 고유한 친구들, 파트너, 직업 등을 갖게 된다.

(2) 주요 요인 간의 관련성

앞에서 제시한 발달의 주요 요인들은 상호작용을 통해 인간의 발달에 영향을 미친다. 이러한 주요 요인 간의 상호작용을 알아보기 위해 많이 사용되는 방법 중 하나는 특정 연령대에 속하는 개인들의 공통적인 또는 독특한 경험을 살펴보는 것이다. 이 접근법에서 중요한 개념은 코호트이다. 코호트(cohort)란 특정 시대에 태어나 비슷한 경험을 공유하는 개인들의 집단을 의미한다. 예를 들어, 1955~1974년 사이에 태어난 코호트는 베이비붐 코호트라고 불린다. 이러한 코호트의 개념을 바탕으로 Baltes와 그의 동료들(1980)은 평생에 걸친 발달 과정에서 주요 요인들 간의 상호작용을 설명하기 위해 규준적 연령 구분적

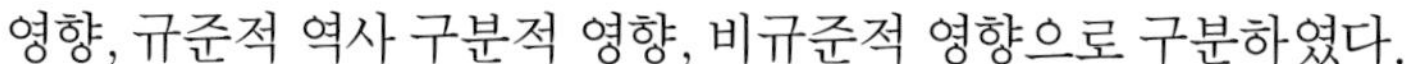

영향, 규준적 역사 구분적 영향, 비규준적 영향으로 구분하였다.

① 규준적 연령 구분적 영향(normative age-graded influence): 대부분의 개인들이 경험하는 사건들로, 생물학적 · 심리적 · 사회문화적 힘에 의해 야기된다. 청소년기에 겪는 사춘기와 생리, 몽정, 그리고 중년 여성들이 겪는 폐경은 규준적인 생물학적 사건의 예로, 이는 개인의 삶에 있어 주된 변화를 가져온다. 예를 들어, 폐경은 여성에게 더 이상 의학적인 개입 없이는 아이를 낳을 수 없다는 생물학적 신호를 보여 준다. 규준적 심리적인 사건은 특정 발달 단계에서 개인이 가지게 되는 내적인 관심사를 예로 들 수 있다. 규준적 사회문화적인 사건은 결혼, 은퇴를 예로 들 수 있으며, 사회문화적 맥락 안에서 특정 연령대에 도달했을 때 대부분이 신체적으로 또는 내적으로 경험하는 사건이라고 할 수 있다. 규준적 연령 구분을 바탕으로 한 사건들은 개인이 속한 사회적 시계 내에서 어디쯤 위치하고 있는지 판단할 수 있도록 돕는다.

② 규준적 역사 구분적 영향(normative history-graded influence): 특정한 역사와 문화적 맥락에 속한 대부분의 개인들이 동시에 경험하는 것으로, 생물학적(전염병) · 심리적(고정관념) · 사회문화적(성에 대한 개방성) 영향을 의미한다. 규준적 역사 구분적 영향은 한 세대의 고유한 정체성을 만들어 낸다고 할 수 있다. 베이비 붐 세대(1955~1974년에 태어난 세대)에서 X세대와 Z세대에 이르기까지 각 세대가 공유하는 생물학적 · 심리적 · 사회문화적 경험과 사건들은 서로 다른 특성을 지니며, 이러한 특성의 차이는 세대 간 차이로 이어질 수 있다. 규준적 역사 구분적 영향은 모든 코호트 혹은 세대에게 영향을 미치지만, 특정 역사적 사건은 코호트 내의 구성원 개인에게 서로 다른 영향을 미칠 수도 있다. 예컨대, COVID-19가 발생했을 당시, 10대가 받은 영향과 40대가 받은 영향은 다를 수 있다.

③ 비규준적 영향(non-normative influence): 지금까지 대부분의 사람이 경험하거나 같은 코호트에 속하는 개인이 경험하는 사건의 영향에 대해 살펴보았다. 그러나 대부분의 사람들이 모두 경험하는 것이 아닌 특정 개인이 경험하는 고유한 사건들이 있는데, 이를 비규준적 생활 사건이라고 한다. 비규준적 생활 사건의 예로 복권에 당첨되어 큰 돈을 쥐게 되는 것, 실직, 사고 등을 들 수 있다. 이 외에 생애주기적 영향을 벗어나는 사건들을 예로 들 수 있는데, 특정 발달 단계에서 주로 경험하고 다른 발달 단계에서는 흔하지 않은 사건이 이에 해당된다. 노년기에 배우자의 죽음은 흔한 사건일 수 있지만 성인기에 배우자의 죽음은 비규준적 생활 사건이라고 볼 수 있다.

(3) 발달의 주요 이슈

고령자의 발달과 노화 과정에 영향을 미치는 요인을 살펴보며 다음과 같은 질문을 던져 볼 수 있다. 유전적 요인과 환경적 요인 중 개인의 행동과 적응에 더 큰 영향을 미치는 것은 무엇일까? 개인은 점진적으로 변화하는가, 아니면 발달 단계에 따라 급격한 변화를 보이는가? 모든 개인은 비슷한 방식과 모습으로 변하는가, 개인에 따라 차이를 보이는가? 이러한 질문들에 대해 발달 연구 역사에 있어 오랫동안 논쟁이 지속되어 왔다. 주요 논쟁에 대해 다음에서 보다 자세히 살펴보고자 한다.

- 선천성(nature) 대 후천성(nurture): 가족 구성원과 자신의 지능, 외모, 성격 특성에 대해 생각해 보자. 왜 이러한 특성들은 세대를 거쳐 이어지고 공유되는 것일까? 부모로부터 물려받는 것일까? 아니면 부모와 자신이 속한 가정의 환경으로부터 영향을 받는 것일까? 이러한 질문에 대한 답은 선천성과 후천성에 대한 당신의 생각을 보여 줄 것이다. 당신은 유전적 영향과 경험 및 환경적 영향 중 무엇이 개인에게 더 큰 영향을 미친다고 생각하는가? 과거의 연구자들은 유전이나 환경 중 하나가 더 큰 영향을 주는 원인일 것이라고 여기고 이에 대한 답을 찾고자 노력하였다. 이를 바탕으로 지능은 유전의 영향이며, 성격은 경험으로 형성된다고 여겼다. 그러나 오늘날의 연구자들은 이와 같은 유전이나 환경의 단일 측면에 초점을 맞추어 접근하지 않고, 두 측면의 상호작용을 고려한다. 한 개인의 발달을 보다 제대로 이해하기 위해서는 유전적으로 타고난 특질과 경험 및 환경의 영향을 동시에 고려해야 한다.
- 안정성(stability) 대 변화(change): 10년 전의 당신과 현재의 당신은 같은 모습을 하고 있는가? 어떤 부분에 초점을 두느냐에 따라 개인의 학습 방식과 같이 크게 변하지 않고 비슷한 모습을 취하고 있는 부분과 몸무게나 체형과 같이 많은 변화가 있었던 부분을 찾아볼 수 있다. 이처럼 안정성과 변화는 시간이 지남에 따라 사람들이 동일한 모습을 보이는 정도와 관련되어 있다. 안정성은 시간이 흘러도 크게 변하지 않고 유지되는 개인의 고유한 특성을 의미한다. 중학교 친구와 25세가 되어 만나도 중학교 시절 친구의 모습을 그대로 발견하게 되는 경험을 해 본 적이 있을 것이다. 어릴 적 모습과 현재 모습에서 공통적으로 보이는 특성이 그 친구의 고유한 모습이며, 안정성을 보여 주는 대표적인 예이다. 그러나 개인의 특성은 변화하기도 하며, 이는 가능성을 가지고 있다는 의미로 해석해 볼 수 있다. 고령자를 연구하는 연구자들은 안정성과 변화를 모두 중요하게 생각하는데, 이 중 어떠한 측면을 더 강조하는가는 연구자가 취한

이론적 관점에 따라 달라진다.

- 연속성(continuity) 대 비연속성(discontinuity): 안정성과 변화의 논쟁에서 파생된 또 다른 주요 논쟁은 발달이 시간에 걸쳐 점진적으로 누적되는 과정인가 또는 단계에 따라 급격한 변화가 이루어지는 과정인가에 대한 것이다. 따라서 연속성과 비연속성의 논쟁은 발달의 양적인 변화와 질적인 변화에 대한 논쟁이라고 볼 수도 있다. 양적인 변화는 양과 정도(degree)의 변화로, 나이가 들면서 지식이나 경험이 늘어 가는 것을 예로 들 수 있다. 질적인 변화는 형태와 종류(kind)의 변화로, 나이가 들어 어렸을 때와는 완전히 다른 모습으로 변화한 것을 예로 들 수 있다. 연속성 관점에서는 발달적 변화를 양적 변화라고 여기며, 비연속성 관점에서는 질적 변화에 초점을 둔다. 연속성의 관점에서 바라보는 발달은 직선 그래프로, 비연속성의 관점에서 바라보는 발달은 계단 그래프로 이해할 수 있다.
- 보편성(universal) 대 맥락 특수성(specific context): 인간의 발달은 모두 같은 모습을 보이는가? 개인이나 상황에 따라 차이를 보이는가? 이러한 의문에 대한 논쟁으로 보편성과 맥락 특수성에 대한 논쟁이 있다. 즉, 발달에 있어 하나의 길만이 존재한다고 보는 보편적 관점과 여러 가지 다양한 길이 존재한다고 보는 맥락 특수성 관점 사이의 논쟁이라고 볼 수 있다. 북서 아프리카에 위치한 칼라하리 사막에 살고 있는 킹 부족을 예로 들어 보자. 킹 부족에게 있어 자신의 나이는 큰 의미가 없다. 킹 부족의 경우, 그들은 생후 몇 년을 살았는지 나이를 세지 않으며, 몇 명의 아이들을 낳았는지 자녀의 수도 세지 않는다. 킹 부족의 어머니들은 자신이 어떻게 아이를 낳았는지에 대해 자세히 설명할 수는 있으나 자신이 몇 명을 낳았는지는 신경 쓰지 않는다. 킹 부족 내에서 나이는 중요하지 않고, 사회적 지위도 존재하지 않는다. 킹 부족 내 20~60세의 여성들은 나이를 불문하고 허드렛일과 아이들의 양육도 함께한다. 킹 부족의 모습은 나이가 큰 의미를 가지고, 나이에 따라 사회적 역할과 지위가 달라지는 한국 성인의 모습과 크게 대조된다. 하나의 보편적인 발달이론이 이처럼 다른 두 문화권의 모습을 잘 설명할 수 있을까? 인간의 발달은 개인이 속한 맥락과 환경과의 복잡한 상호작용의 산물이므로 발달의 모습이 모든 환경에서 동일한 모습을 보이지 않음을 기억할 필요가 있다.

오늘날 대부분의 발달심리학자들은 하나의 관점을 채택하기보다는 다양한 관점을 절충적으로 선택한다. 모든 이론 중 그 어느 것도 발달의 다양한 측면을 모두 설명할 수는 없으

며, 특정 관점에 초점을 맞춘 각각의 이론들은 인간의 발달에 대한 이해에 부분적으로 기여한다. 따라서 앞서 설명한 논쟁의 여러 측면을 다각적으로 바라보고 이해하려는 노력이 필요하다.

2. 성인진입기와 성인 초기

전생애 발달심리학 관점에서는 과거의 전통적인 관점에 비해 개인의 생애 발달을 보다 세분화하여 접근한다. 각 연령대를 질적으로 구분하여 이를 바탕으로 다양한 연구가 진행되고 있으며, 연구 결과들은 각 단계에 대한 이해를 확장한다. 청년기와 노년기 사이에 있는 성인기의 경우에는 성인진입기와 성인 초기로 나누어 접근한다. 오늘날 고등학교를 졸업한 20대 대학생들에게 물었을 때, 스스로 성인기에 속한다고 자신 있게 답하는 이들은 드물 것이다. 기대 수명의 증가와 고등 교육의 확대, 늦은 취업과 출산 등의 복합적인 이유로 오늘날 젊은 성인들은 성인진입기라는 청소년기와 성인기 사이의 과도기적인 모습을 보여 준다. 이들이 경험하는 청소년기도 아닌, 그러나 성인도 아닌 성인진입기는 어떻게 이해할 수 있을까?

유아기	아동 전기	아동 후기	청년기			노년기	
유아기	아동 전기	아동 후기	청년기	성인기	중년기	전기노년기	후기노년기

[그림 4-1] 전통적 접근법과 전생애 발달심리학 접근법의 발달 구분

1) 성인진입기

성인진입기(emerging adulthood, 18~24세)는 일반적으로 성인기로 구분되나, 성인기와는 질적으로 다른 특징을 지니고 있다. 이 시기는 청소년기와 마찬가지로 완전한 성인으로서의 역할을 이행하기 전의 과도기적 단계로 생각해 볼 수 있다. 과거와 달리 현대 사회에서는 청소년기에서 성인기로의 진입이 점차 늦어지고 있다. 청소년기 후기 단계인 고등학교를 졸업한 후 성인기의 주요 발달과업인 취업, 독립, 결혼이 바로 이어지는 경우는 드물다. 많은 젊은이의 경우 대학교에 진학하여 교육을 더 받고, 취업 이후에도 자기계발에 열중한

표 4-1 성인진입기의 특징

특징	주요 과업
정체성 탐색(identity exploration)	다양한 영역에서 이루어지나 일과 사랑에 초점을 맞춤
사이에 끼어 있는 느낌(feeling in-between)	청소년도 성인도 아닌 그 사이 어딘가에 끼어 있는 느낌
자기초점(self-focus)	집, 부모와 배우자와 같은 타인에 대한 의무가 없음
불안정성(instability)	전공 선택, 거주 형태, 관계에 있어서 많은 변화를 겪음
가능성(sense of possibilities)	다양한 가능성을 가지고 변화를 만들어 낼 수 있음

다. 이처럼 10대 후반에서 20대 중후반까지 이어지는 성인진입기에 속한 젊은이들은 성인으로서 제대로 된 역할을 수행하기까지 많은 준비 기간을 가지며, 대개의 경우 20대 중반에 이르기까지 성인으로서의 역할 전환을 가지지 않는다. Arnett(1994, 2000, 2007)에 의해 제안된 성인진입기의 주요 특징은 〈표 4-1〉과 같다.

성인으로서의 역할 전환이 이루어지기 전인 성인진입기에 젊은이들은 미래에 대한 가능성을 가지고 생애 전반에 걸쳐 가장 넓은 인간관계와 높은 활동 수준을 경험한다. 발달의 다른 단계와 비교하여 성인진입기에는 사회적으로 기대되는 역할이 가장 적은 편이다. 성인진입기에서 성인기로 전환되는 시기는 개인마다 많은 차이를 보인다. 예를 들어, 일부는 전공을 바꾸고, 휴학을 하며, 장기간 여행을 떠나는 등 자유를 경험하기도 하는데, 이는 개인의 상황에 따라 많은 차이를 보인다. 이러한 경험들의 총체는 성인기에 이르렀을 때 개인의 관심사, 태도, 가치관을 형성하고 확장하는 데 도움을 준다. 즉, 성인진입기에 경험하는 다양한 사건은 이후 삶의 태도와 정체성 형성에 중요한 역할을 한다.

현대 사회의 급격한 변화는 성인진입기 시기의 확장을 가져온다. 고등교육의 증가는 취업을 늦추게 되고, 이에 따라 개인의 경제적 독립이 미뤄지게 된다. 또한 수명의 증가와 의학 기술의 발달로 젊은 노동력의 수요가 절실하지 않아 젊은이들은 사회적으로 길고 풍부한 탐색의 시간을 가지게 된다. 성인진입기는 나라와 사회 문화에 따라 차이를 보이는데, 개발도상국의 경우에는 선진국에 비해 부유한 소수의 젊은이들만이 성인진입기를 경험하며, 그 기간도 서양의 선진국에 비해 짧은 것으로 보고되었다(Arnett, 2011). 경제적인 자원이 많지 않고 농업 사회에 기반을 두고 있는 아프리카, 아시아, 남아메리카 지역의 젊은이들은 다수가 성인진입기를 경험하지 않는데, 이들은 고등학교까지의 교육 이후 일, 결혼, 출산으로의 전환이 바로 이루어지기 때문이다.

성인진입기 시기의 위험 요인은 없을까? 완전한 성인기로의 전환을 준비하는 성인진

입기는 자신의 신념과 가치를 형성하고, 보다 확장된 교육을 받고, 다양한 인간관계를 통해 많은 경험을 할 수 있는 시기이지만, 방황의 시기이기도 하다. 특히 부모와의 관계는 성인진입기 시기의 적응에 큰 영향을 미치는 것으로 보고되고 있다. 부모와 안정적인 애착관계를 형성한 젊은이들은 높은 자존감을 바탕으로 정체성을 탐색하고, 높은 성적을 얻으며, 안정적인 친구 관계와 연인 관계를 유지하는 반면, 부모의 과잉보호와 개입을 경험한 젊은이들은 낮은 자존감, 정체성 발달의 정체, 낮은 성적 등의 부적응적인 모습을 보였다(Aquilino, 2006; Kins et al., 2009; Luyckx et al., 2007; Nelson et al., 2011; Patock-Peckam & Morgan-Lopez, 2009). 지지적인 부모와 친구 관계는 젊은이들이 스스로에 대해 긍정적인 기대를 가지고 낙관적인 미래를 꿈꾸는 데 있어 중요한 역할을 한다(Arnett & Schwab, 2013).

2) 성인 초기

성인 초기(25~39세)는 개인이 가장 최상의 조건을 바탕으로 가장 많은 변화를 경험하는 시기이다. 다른 발달 단계에 비해 개인은 많은 사건을 경험하고 많은 역할을 수행하게 된다. 취직을 하고, 연인이나 파트너를 만나 친밀한 관계를 형성하며, 부모가 되어 자녀를 돌보는 데 많은 시간을 보내게 되기도 한다. 성인 초기의 개인은 신체적으로 또한 정신적으로 최고 수준의 수행을 보인다. 정보 습득 능력과 기억력이 높으며, 신체적 및 정신적 반응 속도도 매우 빠르다. 질병에 대한 면역력과 회복 능력도 높고, 운동 능력도 가장 월등한 시기이다. 그러나 이러한 신체적 능력이 최대의 역량과 효율성을 보임과 동시에 생물학적 노화(biological aging, senescence)가 시작되는 시기이기도 하다. 이러한 노화는 점진적으로 이루어지며, 신체의 각 영역과 개인에 따라 차이를 보인다. 개인의 유전적 성향, 생활양식, 개인이 속한 환경에 따라 노화는 늦어질 수도 빨라질 수도 있다. 자아와 정체성을 탐색하는 성인진입기에 비해 성인 초기는 형성된 정체성을 바탕으로 열정과 에너지를 보이는 시기이다. 많은 개인은 이 시기에 직장에서 활발히 자신의 역할을 다하고, 배우자에게 헌신하며, 부모로서의 역할에 충실하는 모습을 보인다. 성인 초기는 사회문화적 시계를 따르며, 개별적인 독립이 이루어지는 시기라고 볼 수 있다.

3. 중년기

Erikson(1959)의 심리사회적 발달이론에 따르면, 중년기는 가장 큰 성취와 만족감을 얻을 수 있는 생산적인 시기이다. 그러나 생산성에 대한 발달과업을 성취하지 못할 경우 과도한 자기 몰두, 지루함 등의 침체감에 빠질 수 있다. 대략적으로 40~64세를 중년기로 보며, 이 시기의 개인들은 일과 삶에 있어 축적된 노력을 바탕으로 상승 곡선의 꼭대기를 경험하는 동시에 신체적인 면에 있어 하강 곡선으로의 변화를 겪는다. 다양한 신체 영역에서 노화로 인한 변화를 경험하며, 감소한 신체 능력에 맞추어 적응을 해 나간다. 또한 중년기의 개인들은 다양한 심리사회적 변화에 적응적으로 대처하며 중년기의 위기를 극복한다. 성인기에 비해 보다 여유로운 자세로 변화에 유연하게 대처하는 것이 가능해진다. 중년기의 신체적 변화와 심리사회적 특징에 대해 다음에서 보다 자세히 살펴보고자 한다.

1) 노화

중년기의 신체적 노화는 점진적으로 변화하는 모습을 보인다. 신체적으로 건강한 개인일지라도 중년기의 개인은 성인기와는 달라진 자신의 모습을 경험하게 된다. 이전 시기까지 개인은 '출생 이후의 시간'을 살아왔다고 한다면, 중년기부터는 자신이 '앞으로 살 수 있는 시간'을 인지하고 노화에 대한 인식의 수준을 높여 간다(Demiray & Bluck, 2014; Neugarten, 1996). 중년기의 노화는 크게 신체적 변화와 사회적 변화로 나누어 접근해 볼 수 있다. 중년기의 개인은 신체적 노화를 직접적으로 경험한다. 노인성 난청과 같은 청력 상실, 노안, 녹내장과 같은 시력 상실이 가장 대표적인 예이다. 또한 피부의 탄력성 감소, 늘어나는 주름, 검버섯이 생기는 현상을 경험하게 된다. 또한 나이가 들면서 증가하는 뼈의 크기와는 반대로 무기물 함량의 감소로 인해 뼈에 구멍이 많아진다. 이는 골밀도의 감소로 이어지며, 중년기에 시작하여 중반에 가속화되고, 특히 뼈의 무기물 함량이 적은 여성에게 더 큰 영향을 미친다(Clarke & Khosla, 2010). 그러나 이러한 신체적 노화가 큰 기능적 손실을 초래하는 것은 아니다. 성인기에 비해 느릴지라도 여전히 새로운 것들을 배울 수 있으며, 그동안 경험을 통해 축적한 전문 지식들은 이와 같은 신체적 및 인지적 저하를 보상하는 역할을 한다. 이전 시기에 비해 보다 많은 에너지와 시간을 필요로 할 뿐, 중년기의 개인들은 기능적인 영역에서 장애를 겪지는 않는다. 중년기의 사회적 변화는 탈부족화

(detribalization)로 설명된다. 부족화 시기인 성인기와 달리 중년기의 사회적 변화는 안정적이며 큰 변화 없이 유지되는 특징을 보인다. 성인기의 개인은 무(無)에서 유(有)의 상태를 만들어 가며 부족한 여러 가지를 채우는 시기였다면, 중년기는 성인기에 달성한 취업, 결혼, 양육을 유지하는 특성을 보인다. 또한 성인기의 개인이 취업, 결혼, 자녀 양육의 역할에서 자유롭지 못한 반면, 중년기의 개인은 상대적으로 더 많은 여유와 시간을 누리게 된다. 자녀의 독립으로 부모의 역할은 점차 줄어들게 되고, 직장에서도 안정적인 지위를 누리며 사회적 성취에 대한 욕구가 감소하게 된다. Erikson(1959)은 중년기의 개인은 성취에 초점을 맞추기보다는 멘토의 역할을 함으로써 성인기의 젊은이들을 이끄는 만족감으로 생산성을 충족시킬 수 있다고 설명했다.

2) 일과 가족

중년기에 속하는 개인은 일과 가족관계에 있어 상대적으로 높은 만족감을 보고했다(Barnes-Farrell & Matthews, 2007). 중년기의 개인에게 있어 신체적인 노력을 요하는 일은 감소하는 반면, 일에 대한 흥미와 보상은 증가하기 때문에 전반적으로 높은 만족감을 경험하게 된다. 가족과의 관계에 있어서도 자녀 양육으로 고군분투하던 시기를 지나 비교적 독립적인 부부 생활이 가능해지기 때문에 높은 만족도를 가지게 된다. 그러나 일과 가족관계에 있어 이들의 역할은 중심에서 주변부로 변화하게 된다. 중심적인 역할에서 주변적인 역할을 하게 되는데, 왜 만족도가 높아지는 것일까? 이에 대한 답을 다양한 관점을 바탕으로 생각해 볼 수 있다. 우선, 중년기에 이르기까지 축적해 온 다양한 경험은 개인에게 여유를 가져올 수 있다. 어려운 상황을 겪으며 향상된 대처 능력과 변화한 시간에 대한 관점은 일과 가족 관계에 대한 만족에 기여하는 역할을 할 수 있다. 또한 성인기에 비해 중년기의 역할이 상대적으로 여유가 있고 압박감이 덜 하므로 중년기의 개인은 환경을 바라보는 시각에 있어 유연한 모습을 보일 수 있다. 실제 성취하는 수준과 추구하는 성취 수준 간의 격차가 큰 성인기에 비해 그 격차가 줄어든 중년기의 개인은 세상을 바라보는 여유와 너그러운 마음을 가지게 되기도 한다. 이처럼 중년기는 높은 만족감과 여유를 경험하는 시기로 생각해 볼 수 있다. 그런데 중년기의 개인은 위태하고 우울하며 불안한 마음을 경험하지는 않을까? 이러한 불안감과 앞서 설명한 만족감을 동시에 경험할 수도 있을까? 이와 관련하여 중년기의 위기에 대해 다음에서 보다 자세히 살펴보고자 한다.

3) 중년기의 위기

위기란 위험한 고비나 시기를 의미하는 것으로, 중년기의 위기라고 한다면 개인이 중년기에 경험하는 위험한 고비나 시기를 말하는 것이라고 할 수 있다. 중년기에 개인이 경험하는 위험한 고비는 어떠한 것이 있을까? Levinson(1978)은 그의 연구에서 대부분의 남성과 여성이 중년기로 이행하는 과정에서 내적 혼란을 겪는다고 보고했다. 또한 유명한 저널리스트인 Sheehy(1976)는 자신의 책에서 많은 중년이 위기를 맞고 이로 인한 다양한 변화를 경험한다고 보고했다. 이에 따라 중년기의 위기에 대한 대중의 관심이 증가하고 많은 학자의 연구가 진행이 되었다. 그러나 연구 결과는 일관적으로 나타나지 않았다. Vaillant(2010)는 소수의 남성 및 여성만이 중년기의 위기를 경험한다고 보고했으며, 다른 횡단 및 종단 연구 결과에서도 중년기의 위기 경험은 크게 지지받지 못했다(Haan, 1981; Vaillant, 1995).

중년기의 위기에 대한 이와 같은 상반된 연구 결과를 어떻게 이해해야 할까? 흔히 중년기는 자녀 독립과 은퇴 준비 등 큰 변화를 겪는 시기라고 생각하기 쉽지만, 연구에 따르면 이러한 변화가 유발하는 스트레스의 정도는 다른 시기와 크게 다르지 않다고 보고했다. 미국에서 중년기 성인을 대상으로 연구를 진행한 MIDUS 연구팀(Wethington et al., 2004)에 따르면, 중년들은 자신이 경험하는 삶의 '전환점'을 설명할 때 대부분 긍정적인 내용을 이야기한다고 보고했다. 이러한 연구 결과를 바탕으로 생각해 보면 중년기의 위기는 생각보다 심각한 것이 아니며, 대부분의 개인들은 중년기에 겪는 변화에 성공적으로 대처하며 중년기를 지나간다고 간주할 수 있다. 최근 연구(King & Hicks, 2007; Morrison & Roese, 2011)에서는 중년이 다른 시기의 개인에 비해 오히려 고통과 위기를 덜 겪는다고 보고하기도 했다. 즉, 중년기의 개인들은 오히려 상대적으로 긍정적인 정서를 더 자주 많이 느끼고, 부정적인 정서를 덜 경험한다는 것이다. 중년기에 대부분의 개인들은 변화에 대처하고 지난 삶을 돌아보는 평가의 시간을 가진다. 과거의 광고나 영화에서 자주 묘사되었던 것처럼, 중년기의 개인들이 갑자기 비싼 스포츠카를 타거나, 성격이 180도 변하는 등 과감한 변화를 보이는 것은 아니다. 대부분의 중년들은 삶의 '전환점'으로의 변화를 경험하고, 인생의 중반기에 다시 찾은 자유와 여유를 누린다. 과거를 돌아보고 남은 인생의 경로를 수정할 수 있는 삶의 의미를 새롭게 정의할 수 있는 시기가 중년기인 것이다.

4. 노년기

의학 기술의 발달로 인한 평균 수명의 증가는 노년기의 확장으로 이어졌다. 이에 확장된 노년기는 다른 발달 단계에 비해 상대적으로 넓은 연령대를 포함한다. 따라서 노년기는 다른 발달적 시기에 비해 개인들 간의 공통점보다는 개인 간의 차이가 매우 큰 시기이다. Neugarten(1974)은 노년기를 주요 특성에 따라 전기와 후기 노년기로 나누어 접근하였다.

1) 전기 노년기

현대 사회에서 노년기가 시작되는 기준은 65세로, 대략적으로 65~74세를 전기 노년기로 본다. 의학과 기술의 발달로 현대의 65세 노인은 과거 65세 노인에 비해 신체적으로 더 건강하고 높은 교육 수준과 삶의 질을 경험한다. 이에 전기 노년기에 속하는 노인은 후기 노년기에 비해 중년과 더 비슷한 특성을 보인다. 신체적으로나 인지적으로 큰 저하를 경험하지 않으며, 중년과 유사하거나 때로는 더 건강한 모습을 보이기도 한다. 전기 노년기에 개인이 경험하는 신체적 변화는 극적인 모습을 보이지 않는다. 성인기부터 시작된 노화의 누적된 결과로 중년이 경험하는 청력 손실, 피부 노화 등을 보다 더 많이 경험할 뿐이다. 그렇다면 중년기와 전기 노년기의 구분은 무엇을 바탕으로 이루어지는 것일까? 이 시기의 구분은 신체적 변화보다는 은퇴라는 사회적 지위의 변화에 따라 이루어진다. 선행연구에 따르면, 은퇴라는 사회적 지위의 변화가 질병이나 우울과 같은 정신 건강을 저하시키는 직접적인 요인으로 작용하지는 않는다. 물론 질병으로 인한 은퇴의 경우에는 다르겠으나 대다수의 개인은 은퇴를 경험하더라도 중년과 유사한 건강 상태를 보고한다. 그러나 개인이 전 생애에 걸쳐 역할의 변화를 대부분 점진적으로 경험하는 데 반해, 은퇴는 개인에게 급격한 역할의 변화를 가져온다. 즉, 다른 시기의 경우 개인은 역할의 증가 혹은 감소를 경험하는 데 반해, 은퇴는 역할의 상실이라는 의미를 가지게 된다. 물론 역할의 상실이 위기로 직접적으로 이어지는 것은 아니지만 급격한 변화에 대처해야 한다는 것이 개인에게 큰 부담으로 다가올 수는 있다. 많은 경우, 실제 은퇴를 경험하는 전기 노년기의 개인들은 누적적인 삶의 경험과 중년기의 경험으로 인해 유연하게 변화에 대처하는 것으로 보고되고 있다.

2) 후기 노년기

후기 노년기는 세계적으로 가장 빠르게 확장되는 모습을 보이고 있다. 우리나라의 경우에도 향후 후기 노년기에 속하는 노인들이 급속도로 증가할 것으로 예상된다. 전기 노년기는 중년기와 비슷한 특징을 보이는 반면, 후기 노년기는 이전의 시기와는 확연히 구분되는 모습을 보인다. 전기 노년기와 후기 노년기를 가장 확연하게 구분 짓는 특징은 건강 기능이다. 개인에 따라 차이는 있으나, 오늘날 미국이나 선진국의 노인의 경우 75세부터 급격한 건강의 변화를 경험한다. 건강 기능의 쇠퇴는 이동성의 감소로 이어지며, 이는 노인으로 하여금 제한된 활동성을 경험하게 한다. 이에 따라 이 시기의 노인들은 일상생활 수행능력 저하로 인한 의존적인 요구가 증가하며, 배우자와 친구의 사망으로 인한 심리적 고통과 축소된 사회적 관계를 경험하게 된다. 축소된 사회적 관계와 제한된 활동성은 노인의 독립성을 크게 저해하고, 이는 노인의 낮은 심리적 안녕감과 삶의 만족도로 이어지게 된다(박정순, 박소영, 2016).

Carstensen(1995)의 사회정서적 선택 이론(socio-emotional selectivity theory)에 따르면, 노인들은 제한된 정서적 · 신체적 자원을 바탕으로 보다 큰 만족감을 느끼기 위해 효율적이고 전략적인 방법을 사용한다. 즉, 사회적 관계에 있어 선택적으로 중요한 관계에 자신의 제한된 자원을 쏟고, 이는 점차적으로 좁은 사회적 관계로 이어지게 된다. 이에 따라 사회적 관계망의 크기는 줄어들지만, 관계의 질은 전과 비슷하거나 오히려 전에 비해 높아진다고 보고되었다. 노년기의 사회적 연결망을 살펴보는 연구들에서는 사회적 참여가 활발한 노인들이 더 건강하고 만족감을 더 많이 느낀다고 보고했다(Adelmann, 1994; Bryant & Rakowski, 1992). 성인기에 비해 노년기에 축소된 사회적 연결망을 경험하더라도 꾸준히 사회적 관계를 지속하고 관계의 질이 높을 경우, 높은 삶의 만족을 느낄 수 있다. 가만히 앉아서 시간을 보내며 고립된 생활을 유지하는 노인에 비해 다양한 사회적 활동에 참여하는 노인들이 보다 높은 삶의 질을 보고한다는 연구 결과는 이를 뒷받침해 준다.

후기 노년기의 노인들은 배우자와 친구의 죽음으로 다양한 사회적 관계에서 상실을 경험한다. 이에 과거에는 후기 노년기를 상실의 시기로 바라보고 상실로 인한 부정적인 경험들에 초점을 맞추었다. 그러나 최근의 연구들에서는 후기 노년기의 관계 상실이 부정적인 경험으로만 이어지는 것은 아니라고 보고했다. 이전 시기의 개인들이 환경에 적응하듯, 후기 노년기의 노인들도 상실과 역할의 전환에 적응하고 새로운 역할을 찾는 긍정적인 모습을 보인다. 후기 노년기의 특징 중 하나는 보유 능력의 최대, 즉 한계치까지 활용하는 것이다. 여러 신체적 및 인지적 쇠퇴에 대처하기 위해 첫 번째 절에서 살펴본 선택적 최적화 보상 전략을 채택한다. 자신이 가진 시간과 에너지를 집중하여 새로운 전략을 배우고, 기존에 가지고 있던 오래된 기술을 유지함으로써 자신이 가진 능력을 최적화하여 사용한다. 또한 필요하다면 상실된 부분을 보상하기도 한다. 선택 · 최적화 · 보상 전략은 후기 노년기 적응을 위한 필수적인 전략이다. 능력은 감소하지만, 이에 충분히 적응하고 보상하며 살아가는 것이 건강한 노년기의 발달이라고 볼 수 있다.

5. 연령의 의미와 영향

여러분에게 누군가가 "당신은 몇 살입니까?"라고 물었을 때, 당신의 머리에 떠오른 숫자는 무엇인가? 당신이 태어난 날부터 지금까지의 연도(year)인가? 당신이 그 순간에 느끼는 나이인가? 달력을 바탕으로 한 연도는 연속적인 시간의 흐름을 임의로 구분하고 이를 바탕으로 연령을 결정한다. 그러나 달력의 연도를 이용한 연령 외에 생물학적, 심리적 또는 사회적으로도 연령을 구분할 수 있다. 다양한 연령의 개념과 다양한 연령이 주는 영향에 대해 살펴보자.

1) 연령에 대한 여러 개념

(1) 생활 연령

나이에 대한 질문에 답할 때, 대다수는 태어난 지 얼마나 오래 되었는지에 대해 이야기한다. 이러한 관점에서 정의하는 연령은 생활 연령(chronological age)에 해당하는 것으로, 달력을 바탕으로 시간을 구분하고 생활 사건과 정보를 구성하는 가장 간단한 방법이다. 그러나 생활 연령이 성인 발달과 노화를 설명하는 것은 아니다. 즉, 시간의 흐름이 우리의 발달에 직접적인 영향을 미친다고 볼 수는 없다. 예를 들어, 빗속에 방치된 철은 녹이 슬지만 그것은 시간에 의한 것이 아니다. 마찬가지로, 개인의 변화는 시간 자체가 아니라 시간의 흐름과 함께하는 경험에 영향을 받는다. 고령자의 발달과 노화는 시간의 흐름에 따른 결과가 아니라 시간의 흐름 속에 존재하는 다양한 과정의 결과라고 볼 수 있다. 생활 연령은 생애의 전반기에는 발달과 능력을 구분하는 지표로서 많이 사용된다. 예를 들어, 5세 아동이 다른 5세 아동들과 비슷한 능력을 보이는 것이 적응적 발달로 여겨지며, 생활 연령은 발달

수준의 기준으로 많이 사용된다. 그러나 성인기 이후의 생활 연령은 음주, 운전, 투표, 결혼의 법적 연령을 구분 지어 주는 것 외에는 발달적 변화와 큰 관련성을 보이지 않는다.

(2) 지각 연령

생활 연령이 객관적인 지표(달력)를 이용한 객관적 연령임에 반해, 지각 연령(perceived age)은 자신이 느끼는 주관적인 연령을 의미한다. 서양 속담인 "자신이 느끼는 만큼 나이가 든 것이다(You're only as old as you feel)"는 주관적인 지각 연령을 잘 설명해 준다. Goffman(1963)은 지각 연령은 개인의 생활과 다양한 사회적 경험을 바탕으로 형성되는 것으로, 지각 연령과 생활 연령이 꼭 일치하는 것은 아니라고 설명한다. 또한 Montepare와 Lachman(1989)은 청소년들은 생활 연령에 비해 높은 주관적 연령을 지각하는 데 반해, 성인들은 비슷한 수준의 생활 연령과 주관적 연령을 지각하며, 노인들은 생활 연령보다 낮은 주관적 연령을 지각한다고 설명하였다.

(3) 심리적 연령

심리적 연령(psychological age)은 변화하는 환경의 요구에 적응적으로 대처하는 능력을 반영하는 연령이다. 기억력, 지능, 동기, 자존감을 비롯한 자기 조절 및 유지를 위한 개인의 심리적 능력의 기능적 수준을 보여 주는 연령이라고 볼 수 있다. 예를 들어, 직업을 가지지 못한 채 부모와 함께 살고 타인과 의미 있는 관계를 형성하지 못하는 40대 중년 남성은 부모로부터 경제적으로 독립하여 타인과 의미 있는 관계를 형성하고 있는 20대 남성에 비해 심리적 연령이 낮다고 볼 수 있다.

(4) 생물학적 연령

생물학적 연령(biological age)은 신체의 건강 수준을 반영한 것으로, 몸의 전반적인 기능 상태를 바탕으로 결정된다. 운동을 전혀 하지 않는 40대에 비해 규칙적인 운동을 하는 60세의 노인은 생물학적 연령이 더 젊을 수 있다. 생물학적 연령은 신체 기관의 노화를 평가하기 위해 사용되며, 생활 습관에 영향을 받는다. 예를 들어, 흡연과 음주 습관은 생물학적 연령을 높일 수 있는 반면, 규칙적인 생활과 운동 습관은 생물학적 연령을 낮출 수 있다.

(5) 사회문화적 연령

사회문화적 연령(sociocultural age)은 개인이 속한 사회에서 다른 구성원과의 관계, 역할, 문화 시스템을 바탕으로 결정된다. 사회문화적 연령은 옷 입는 방식, 사용하는 언어, 대인관계에서의 태도 등 개인의 다양한 행동에 영향을 미치며, 가족과 직장에서의 역할을 이해하는 데 중요한 기준이 된다. 즉, 결혼을 하고, 아이를 낳고, 직장 생활을 하고, 은퇴를 하는 시기는 사회문화적 연령의 영향을 받는다. 각 사회마다 취업, 결혼, 출산, 은퇴가 기대되는 특정한 나이가 존재하며, 개인은 이러한 나이에 맞추어 과업을 마치려고 한다. 예를 들어, 40대에 결혼한 여성은 우리나라 결혼 평균 연령인 30.6세보다 늦게 과업을 수행했으므로 사회문화적 연령이 낮다고 볼 수 있다. 이와 같은 사회문화적 연령은 시대와 문화에 따라 달라지는 특징을 보인다.

이처럼 연령은 다양한 차원을 바탕으로 이해할 수 있다. 사람들은 "나이는 숫자에 불과하다"며 생활 연령에 신경 쓰지 말고 가능성과 꿈을 바라보라고 이야기하면서도 "나이 값을 하라"며 사회문화적 연령에 초점을 맞추기도 하고, "나이는 못 속인다"며 생물학적 연령을 말하기도 한다. 고령자 연구를 진행하는데 있어 연령에 대한 여러 개념을 바탕으로 하나의 연령에 초점을 맞추기보다는 다양한 연령을 함께 고려하는 자세가 필요하다.

2) 연령의 영향

앞서 살펴본 바와 같이 개인은 다양한 연령을 가질 수 있다. 60세의 생활 연령을 가지고 있으면서 마음만은 20대 청춘과 같은 주관적 연령을 가질 수 있고, 동시에 꾸준한 운동으로 30대 못지않은 생물학적 연령을 가질 수 있다. 이처럼 연령은 단일 차원이 아닌 다차원적인 개념으로, 이를 연령의 복잡성(complexities of age)이라고 한다. 각 연령의 구성개념이 다르듯 각 연령이 미치는 영향 또한 다르다. 이에 대해 다음에서 자세히 살펴보고자 한다.

(1) 생활 연령과 발달

생활 연령은 생애 초반의 적응과 발달에 있어 중요한 기준을 제시한다. 많은 발달적 변화를 겪는 생의 초기는 규준적으로 어떠한 생활 연령에 도달했을 때 기대되는 발달 양상이 있다. 예를 들어, 대략 10개월에서 14개월의 아동들에게 기대되는 발달은 혼자 서서 걷는 운동 발달이다. 이러한 집단 규준의 기준이 생활 연령이 된다. 발달 초기에는 대개 여성이

남성에 비해 생활 연령 대비 빠른 발달을 보인다. 그러나 발달에는 개인차가 존재한다. 모든 개인은 각자의 속도대로 발달을 경험하기 때문에 개인차에 의한 영향력을 기억할 필요가 있다.

(2) 지각 연령과 심리적 적응

지각 연령은 생활 연령과 상관없이 개인이 주관적으로 느끼는 연령으로, 주관적 연령(subjective age)이라는 용어로 사용되기도 한다. 주관적 연령은 생활 연령과 일치하지 않을 수 있으며, 성인 초기에는 생활 연령과 주관적 연령이 일치하는 양상을 보이지만 성인 후기와 노년기에 이를수록 생활 연령과 주관적 연령과의 불일치 간격이 증가하는 양상을 보인다. 국내 연구에서는 주관적 연령이 심리적 적응 수준에 대한 예측 지표가 될 수 있음을 보고한 바 있다(김원경, 윤진, 1991). 주관적 연령을 젊게 지각할수록 전반적으로 높은 생활 만족도를 보여 주어 주관적 연령이 심리적 적응에 미치는 긍정적인 영향을 보여 주었다. 또한 많은 연구에서 남성보다 여성의 경우에 생활 연령이 증가할수록 주관적 연령과의 불일치 정도가 커진다고 보고하기도 했다(Linn & Hunter, 1979; Ward, 1977).

(3) 생물학적 연령과 신체적 건강

생물학적 연령은 신체 건강과 밀접한 관련이 있으며, 흔히 '신체 나이'라고 명명한다. 전반적인 신체 기능 수준과 노화 정도를 객관적인 지표를 사용해서 측정한다. 생물학적 연령은 크게 두 가지 방법으로 측정하는데, 첫 번째 방법은 연령대별 평균적인 체력과 신체 기능을 측정하는 것이다. 이 경우에는 근육량, 근력, 기초 대사량과 운동 능력을 바탕으로 측정한다. 두 번째 방법은 건강의 위험도를 기준으로 생활 습관인 식습관, 흡연, 음주, 운동, 수면과 함께 체지방, 혈당, 고밀도를 측정하여 종합적으로 측정한다. 신체 나이가 생활 연령보다 많다면 이는 신체 기능과 체력이 좋지 않으며 노화가 빠르게 진행 중이라는 것을 의미한다.

(4) 사회문화적 연령과 발달과업

사회문화적 연령은 언어, 태도 및 다양한 행동에 영향을 미칠 뿐만 아니라, 발달과업에 의해 영향을 받기도 한다. 발달과업이란 특정 연령이나 발달 단계에서 개인이 성취할 것이라고 기대되는 활동이나 목표를 의미하며, 발달과업의 성취로 개인의 성공적인 적응을 평가하기도 한다. 국내 연구에서는 성인 초기 발달과업으로 배우자 선택, 가정을 이루기,

자녀 양육, 직업 생활 시작을 포함하여 발달과업의 성취 수준을 살펴보기도 했다(장휘숙, 2008). 노년기 발달과업으로는 세대 차이와 사회 변화를 이해하기, 자녀 또는 손자와 원만한 관계를 유지하기, 배우자 및 동료의 사망에 적응하기, 자신의 죽음에 대해 준비하기 등이 있다(심석순, 2010). 그러나 이러한 발달과업은 학자마다 다르게 정의하며, 세대에 따라 달라질 수 있기 때문에 사회문화적 연령 또한 시간의 흐름에 따라 변화할 수 있음을 기억할 필요가 있다.

6. 성공적 노화의 다양성

건강하다는 것은 무엇을 의미하는 것일까? 건강은 다차원적이고 개인적인 의미를 포함하는 개념이다. 대부분의 사람들이 성공적인 노화를 위해 나열하는 목록 중 최상위 목록을 차지하는 것이 '건강하기'이다. 건강은 개인이 삶을 살아가기 위한 바탕이 되므로 성공적인 노화와 관련하여 건강에 초점을 맞춘 연구가 많이 진행되어 왔다. 많은 이론과 선행 연구들에 따르면, 성공적 노화(healthy aging)란 질병이 없고 적극적으로 삶에 참여하며 높은 인지기능과 신체기능을 유지하는 상태를 의미한다. 이처럼 성공적 노화는 인지 능력 및 건강상태와 같이 측정 가능한 지표를 포함하면서도 동시에 주관적인 요소를 포함하고 있다. 개인이 원하는 목표를 품위 있고 독립적으로 이루기 위해 필수적이라고 할 수 있는 노년기의 건강과 성공적 노화에 대해 자세히 살펴보자.

1) 삶의 질에서의 개인차

건강한 노화의 기본 전제는 나이가 들며 발생하는 상실(손실)을 최소화하고 이익을 최대화하는 방식으로 적응해 나아가는 것이다. 부적응적인 생활 변화에 적응적으로 잘 대처하고, 주변 사람들과 행복하고 친밀한 관계를 바탕으로 만족스러운 일상생활을 보내는 것이 건강한 노화를 보여 주는 노년기의 모습일 것이다. 그동안 성공적인 노화를 예측하는 요인을 찾기 위한 많은 시도가 있었다. 높은 건강기능과 인지적 수행, 장애의 부재, 성취와 같은 다양한 측정 가능한 변인들을 중심으로 탐색되어 왔으나 이러한 변인들은 생애 후반까지 일관되게 성공적인 노화를 예측하지 못했다. 이러한 변인들의 수준이 높을지라도 성공적인 노화와 높은 삶의 질로 이어지는 것은 아니었으며, 전기 노년기에 예측력

이 높던 변인들도 후기 노년기에 이르러서는 예측력이 크게 떨어지기도 하였다(Vaillant & Vaillant, 1990). 이러한 연구 결과들은 노년기에도 다양한 발달 경로가 존재한다는 것을 보여 준다.

연구 결과를 바탕으로 성공적 노화에 대한 관점에 있어 많은 변화가 이루어졌다. 성취에 초점을 맞추어 성공적 노화를 규명하던 과거에서 점차 개인이 가치를 두는 목표에 도달하는 과정에 초점을 두게 되었다. 즉, 어떠한 목표에 도달하였는지를 성공적 노화로 바라보던 과거와 달리 현재는 목표에 도달하는 길의 과정에 초점을 두고 개인이 잘 걸어가고 있는지를 바탕으로 성공적 노화를 가늠한다. 개인이 어떠한 방식으로 자신이 마주하고 있는 상실을 최소화하면서 이익을 최대화하는지 살펴본다. 건강하고 바람직한 노화란 성취뿐만 아니라 손실과 상실에 적응적으로 대처하는 것을 포함하기 때문이다.

성인기부터 노년기까지의 다양한 성인 표본을 대상으로 한 추적연구에서 연구자들은 어떠한 요인들이 노년기의 신체적 및 심리적 안녕감에 영향을 미치는지를 살펴보았다(Vaillant & Mukamal, 2001). 연구 결과는 개인이 통제할 수 없는 요인들(예: 부모의 성격 및 사회경제적 지위, 초기 건강, 가족의 사망)보다 통제할 수 있는 요인들(예: 운동 및 건강 습관, 대처 전략, 교육 기간)이 행복하고 활동적이며 건강한 노년기 생활을 예측한다고 보여 주었다. 이는 생애 초기의 낮은 사회경제적 지위, 부모의 이혼과 같은 위험 요인들이 생애 후기 노년기의 성공적 노화에는 영향을 미치지 않을 수 있음을 의미한다. 과거가 미래를 예견할 수 있을지는 모르지만 결코 우리의 노년을 결정지을 수 없다던 Vaillant(2010)의 논의처럼 노년기의 유연한 대처가 성공적 노화에 중요한 영향을 미칠 것이다.

2) 삶의 질에 영향을 미치는 요인

노년기 삶의 질에 가장 큰 영향을 미치는 것은 건강한 신체와 질병에 걸리지 않는 것을 꼽을 수 있다. 많은 건강 증진 및 질병 예방 프로그램은 영양 섭취, 규칙적인 생활 습관 등 건강한 신체를 유지하고 관리할 수 있는 방법들을 소개한다. 또한 혈압, 콜레스테롤 수치 등 건강상태를 파악하는 데 도움을 주는 지표들을 설명해 주기도 한다. 다양한 요소들 중 특정 요인은 성공적 노화의 기초가 된다. 예를 들어, 운동은 다양한 이점을 가지고 있으며 성공적 노화를 위한 마법과도 같은 조치라고 볼 수 있다. 성공적 노화를 위한 몇 가지 요인에 대해 다음에서 살펴보고자 한다.

(1) 운동

의사와 많은 연구자는 운동이 노화 과정을 현저히 느리게 만들어 준다고 강조한다. 연구 결과들은 개인이 건강한 생활 습관을 유지하며 규칙적인 운동을 할 경우에 생리적 노화 과정을 늦출 뿐만 아니라 면역 체계도 개선될 수 있다고 보고했다(Bartlett & Huffman, 2017; Parrella & Vormittag, 2017). 의심할 여지없이 규칙적인 운동은 금연과 함께 건강한 삶과 성공적인 노화를 촉진할 수 있는 가장 중요한 행동 중 하나이다. 운동은 심혈관계 질환, 당뇨 및 고혈압의 감소 등 건강상태에 긍정적인 영향을 미칠 뿐만 아니라, 피질 위축의 감소, 뇌 기능 및 인지 능력 향상 등 인지 능력에도 효과가 있는 것으로 나타났다.

(2) 영양

식단과 영양은 건강에 매우 중요한 영향을 미친다. 생애 초기의 불균형한 식단이 영양 부족으로 발달을 저해하듯, 생애 후반에도 부족한 영양은 건강에 악영향을 미친다. 전문가들은 영양이 개인의 정신적 · 정서적 · 신체적 기능에 직접적인 영향을 미친다고 강조했다(Hammar & Östgren, 2013; McKee & Schüz, 2015). 식단은 암, 심혈관계 질환, 당뇨병, 빈혈, 소화 장애와 관련이 있으며, 좋은 건강상태를 유지하기 위해서는 생애 전반에 걸쳐 변

표 4-2 삶의 질에 영향을 미치는 다양한 요인들

요인	주요 과업
연령	과거의 통념과는 달리 최근 연구들에서는 노인들의 삶의 질 또한 젊은이들 못지않게 좋다는 것을 일관되게 보여 준다. 65세를 기준으로 삶의 질이 다소 감소하나, 이것은 65세 이후 만성질환의 발병과 은퇴로 인한 소득 감소로 설명된다
성별	65세 이하의 여성들은 같은 연령대의 남성들보다 높은 삶의 질을 보고하는 것으로 나타났다. 반면, 65세 이상이 되면 여성들은 남성에 비해 낮은 삶의 질을 보고한다(Pinquart & Sörensen, 2001). 이러한 차이는 경제적 · 건강 수준, 배우자 죽음의 경험 등 다양한 변인들로 해석이 가능하다.
결혼상태	결혼한 사람들은 결혼하지 않은 사람들에 비해 보다 높은 삶의 질을 보여 주며, 이는 여러 국가에서 동일하게 나타났다(Diener et al., 2000; Pinquart & Sörensen, 2001). 배우자와 사별한 여성의 경우 1~2년은 낮은 삶의 질을 경험하지만, 이후 다시 이전의 삶의 질로 돌아오며 적응적인 모습을 보이는 것으로 보고되었다(Lucas et al., 2003)
사회적 활동	사회적 지원을 받으며, 높은 동료애를 경험하는 것은 성공적 노화에 긍정적인 영향을 미친다. 주로 앉아 있으며 고립된 생활을 하는 사람들에 비해 다양한 사회적 활동에 참여하는 사람들은 높은 삶의 질을 보고했다(Menec, 2003; Warr et al., 2004)

화하는 영양상의 요구와 식습관에 적응적으로 대처해야 한다. 예를 들어, 신체 대사와 소화 과정은 나이가 들면서 느려지기 때문에(Janssen, 2005) 노년기에는 소화하기 쉬운 음식들을 섭취하는 것이 건강을 유지하는데 중요할 것이다.

3) 삶의 질을 측정하는 다양한 방법

성공적 노화를 측정하는 가장 좋은 방법은 개인이 스스로의 삶에 대해 평가하고 보고하는 것이다. 그러나 개인이 주관적으로 보고하는 삶의 질은 객관적이지 않다는 한계를 가진다. 이에 전문적인 심리 측정 도구를 활용하여 심리적 건강을 측정하거나 객관적인 지표를 이용하여 삶의 성공을 측정하는 등 여러 가지 방법이 연구자들에 의해 사용되고 있다.

성인의 적응적 발달을 알아보기 위해 버클리 대학의 종단연구(The guidance study, 1939)를 바탕으로 심리적 건강(psychological health)을 측정하는 방법이 연구자들에 의해 개발되었다. 연구자들은 건강한 삶의 질은 일적인 능력, 관계에서 오는 만족감, 도덕적 관념, 자신과 사회에 대한 지각 등을 포함한 심리적 구성개념을 사용하여 측정될 수 있다고 보았다(Peskin, 1998; Peskin & Livson, 1981). 개인의 성공적 노화를 살펴보기 위한 또 다른 방법은 심리사회적 적응(psychosocial adjustment)이라는 보다 합리적이고 객관적인 기준을 바탕으로 측정하는 것이다(Vaillant & Vaillant, 1990). 연구자들은 소득 수준, 휴가 일수, 직무에서 느끼는 만족감, 병가의 사용 일수 등과 같은 보다 객관적인 기준을 바탕으로 개인의 심리사회적 적응을 측정하였다. 이와 같은 두 가지 접근을 활용한 연구 결과들은 대략적으로 일치한 결과들을 보고했다. 즉, 성공적인 노화나 적응을 보이는 중년기 성인들은 아동기에 긍정적인 정서가 많은 가정에서 성장하였으며, 건강한 신체와 높은 지적 능력 등 더 많은 개인적인 자원을 가지고 있었다(Vaillant, 1974). 그러나 노년기에 이르렀을 때는 어린 시절의 가족 환경과 성인기의 개인적 자원이 더 이상 유의미한 영향을 미치지 않았다. 63세 노인의 건강하고 적응적인 삶에 직접적인 영향을 미치는 것은 바로 건강과 중년기의 적응 수준이었다. 이는 인간의 발달에 다양한 경로가 존재하며, 성공적인 노화는 초기에 정해지는 것이 아니라 생의 어느 시점에서든 노력 여부에 따라 충분히 달라질 수 있다는 것을 보여 준다.

7. 맺음말

이 장에서는 고령자의 발달적 특성을 살펴보기 위해 성인 초기에서 노년기에 이르기까지 발달적 특성을 살펴보며 발달 궤적을 그려 보았다. 이를 통해 각 발달 시기의 특징과 시간의 흐름에 따라 나타나는 변화를 자세히 살펴보았다. 노년기의 고령자는 나이가 들어감에 따라 손실과 쇠퇴를 경험하긴 하지만 많은 사람이 생각하는 것처럼 부정적인 정서만을 경험하는 것은 아니며, 그들도 젊은 중년과 비슷한 신체적 건강상태를 유지하고 때로는 더 나은 심리적 건강상태를 보이기도 한다. 노년기의 고령자들도 여전히 다양한 발달과 변화를 경험한다. 노년기에 경험할 수 있는 긍정적인 측면에 초점을 맞추어 성공적인 노화를 이루기 위한 노력을 하는 것이 초고령 사회에 대비하는 바람직한 자세 중 하나일 것이다.

생각할 거리

1. 전통적인 접근법과 전생애 발달심리학적인 접근법의 차이는 무엇인가?
2. 전생애 발달심리학에서 강조하는 발달적 특성의 네 가지는 무엇인가?
3. 발달의 주요 요인은 무엇이며, 고령자 발달에 있어 어떠한 예시를 들 수 있는가?
4. 성인진입기의 개념과 특징은 무엇인가?
5. 중년기의 위기란 무엇이며, 연구 결과들은 무엇을 제시하였는가?
6. 전기 노년기와 후기 노년기를 구분하는 기준은 무엇이며 어떠한 차이를 보이는가?
7. 연령의 여러 개념과 다양한 연령의 예시를 들어 보자.
8. 성공적 노화는 무엇이며, 성공적 노화에 영향을 미치는 요인들은 무엇인가?

제5장

고령자의 사회적 맥락과 발달

전 생애에 걸쳐 사람들은 배우자, 친구, 가족, 이웃 등 다양한 사회적 관계를 경험한다. 이러한 사회적 관계로부터 정보와 지식, 물질적인 지원을 제공하고 받기도 하고, 공감과 위로, 관심과 존중과 같은 정서적 지원을 주고받기도 한다. 사회적 관계의 발달은 어떻게 이루어지고 변화하는 것일까? 어린 시절 부모와 형성된 애착 관계는 타인과 관계를 맺는 데 중요한 영향을 미친다는 애착이론부터 노년기의 감소하는 자원을 의미 있는 사회적 관계에 선택적으로 사용한다고 설명하는 사회정서적 선택 이론까지 노년기의 사회적 관계와 관련된 이론을 본 장에서 살펴볼 것이다. 또한 다양한 유형의 사회적 관계를 살펴보며 각 발달 시기마다 중요한 사회적 관계에 대해 알아보고, 변화하는 사회적 역할과 사회적 관계의 영향에 대해 생각해 보고자 한다.

주제어: 애착이론, 호위대모델, 사회적 관계, 사회적 역할, 역할 전환, 사회적 지지와 갈등

1. 사회적 관계 발달에 대한 이론
   1) 애착이론
   2) 호위대모델
   3) 사회정서적 선택 이론
   4) 진화심리학
2. 다양한 유형의 사회적 관계
   1) 연인과 배우자
   2) 부모와 자녀
   3) 조부모와 손자녀
   4) 형제자매
   5) 친구
3. 사회적 역할의 변화
   1) 사회적 역할과 전환
   2) 성인 초기의 사회적 역할
   3) 중년기의 사회적 역할
   4) 노년기의 사회적 역할
4. 사회적 지지와 갈등
   1) 사회적 지지와 발달
   2) 사회적 갈등과 발달
5. 맺음말

1. 사회적 관계 발달에 대한 이론

1) 애착이론

애착이론(attachment theory)은 영아와 주 양육자 사이에 형성되는 강한 정서적 유대가 이후 심리사회적 발달과 사회적 관계에 중요한 영향을 미친다고 제안한다(Bowlby, 1969). 애착(attachment)은 생애 초기에 부모와의 관계를 통해 형성되는 정서적 유대감으로, 영아는 주 양육자에게 신체적 안전, 생존, 생리적 및 정서적 욕구 충족을 위해 의존하게 되고, 이러한 욕구 충족이 원만하게 이루어질 경우에 자신에 대한 소중함과 가치감을 인식하게 되어 주 양육자에 대한 신뢰를 바탕으로 안정적인 애착을 형성하게 된다. 이렇게 형성된 부모와의 애착 관계는 생애 전반에 걸쳐 대인 관계의 질을 예측할 수 있는 선행요인으로 심리적 부적응과 대인 관계에 중요한 영향을 미치는 것으로 보고되며, 이에 애착이론은 심리적 적응 및 부적응 문제와 대인 관계를 이해하는 데 유용한 이론으로 제시된다(Mikulincer & Shaver, 2008). 애착 관계를 통한 경험은 개인에게 내면화되어 내적 작동 모델(internal working model)을 형성하게 된다. 즉, 양육자와의 애착 경험이 이후 모든 관계의 본질에 대한 가정과 믿음을 형성하는 것이다. 내적 작동 모델은 크게 안정과 불안정으로 나뉘며, 이러한 애착 성향은 행동으로 발현된다. 내적 작동 모델은 전 생애에 걸쳐 안정적으로 유지되며, 안정적인 애착 형성을 이루지 못했을 경우에는 대인 관계에 부정적인 영향을 미친다고 보고된다.

안정적인 애착 성향을 형성한 성인은 세상에 대해 안전한 곳이라는 믿음을 가지고 여러 도전에 주저하지 않는다. 보호와 지지가 필요할 경우 타인에게 기꺼이 도움을 구하고 의지한다. 실패를 두려워하지 않으며 새로운 타인과 만나고 정보 및 정서적 자원을 공유한다. 반면, 안정적인 애착을 형성하지 못한 성인은 다양한 심리적 부적응과 대인 관계 문제를 경험한다. 불안정 애착은 애착 불안과 애착 회피의 두 가지 차원으로 구분할 수 있다. 애착 불안은 버려지는 것과 타인에게 거절당하는 것에 대해 지나친 두려움을 보고하며, 애착 회피는 친밀한 관계를 불편해 하며 꺼리는 성향을 보인다(Brennan et al., 1998). 애착 불안과 애착 회피와 같은 불안정한 애착 성향이 높을수록 개인은 부적응적인 대인 관계를 경험한다. 다양한 선행연구들은 안정 애착을 형성한 성인에 비해 애착 불안과 애착 회피 성향이 높은 성인은 관계 만족도와 친밀감이 더 낮음을 보고했다(Collins & Read, 1990; Feeney & Noller, 1990; Stackert & Bursik, 2003).

성인기의 개인은 부모뿐 아니라 연인 및 배우자와 애착을 형성한다. 모든 연령에 걸쳐 개인은 애착을 형성하는 대상으로부터 중요한 자원을 제공받는데, Mikulincer와 Shaver(2009)는 이러한 자원을 크게 다음과 같은 세 가지의 특성으로 설명하였다. 첫째, 개인은 애착 대상과 물리적이고 심리적으로 가까이에 있으려는 근접성(proximity)을 가진다. 둘째, 애착 대상은 위험과 위협의 상황에서 도움을 제공하는 안전 피난처(safe haven)의 역할을 한다. 셋째, 개인이 목표를 달성하는 데 있어 애착 대상은 안전기지(secure base)의 역할을 한다. Bowlby(1982)는 개인이 어린 시절에 형성한 애착이 '요람에서 무덤까지' 안정적으로 이어진다고 주장했다. 개인이 유아기에 형성한 애착 관계는 청소년기에 또래들과의 상호작용과 안정적인 친구 관계에 영향을 미치고, 성인기에 이성과의 낭만적 관계에 영향을 미친다(Simpson et al., 2011). 이처럼 전 생애의 발달에 영향을 미치는 애착은 다양한 사회적 관계를 이해하고, 사회적 관계에서 경험하는 문제를 이해하는 데 중요한 해석의 틀을 제공해 준다. 생애 초기의 애착이 성인 초기까지 안정적으로 유지되고(Waters et al., 1995), 안정적인 애착이 고령자의 심리적 안녕감과 다양한 활동에의 능동적 참여에 영향을 미친다는 선행연구(이주일, 2004)는 전 생애에 걸쳐 애착이 미치는 중요한 영향력을 강조한다.

2) 호위대모델

개인이 경험하는 다양한 관계 중에서도 특정 관계는 강한 애착 관계를 바탕으로 위로와 위안 및 지지와 같은 강력한 심리적 자원을 제공한다. 그러나 사회적 관계는 시간이 흐르면서 변화하는 특성을 지니며, 가까운 사회적 관계는 더욱 가까워지거나 때로는 멀어지기도 한다. 가까운 관계의 변화는 개인의 심리적 안녕감에 큰 영향을 미칠 수 있는데, 이러한 관점에서 Antonucci와 그의 동료들은 호위대 모델(convoy model)을 제안하였다(Antonucci, 1990; Kahn & Antonucci, 1980). 호위대란 개인과 가장 가까운 사회적 관계를 의미하며, 다른 사회적 관계에 비해 상대적으로 많은 경험과 도전, 성공과 실패를 공유하고, 개인을 지지하고 보호하는 역할을 한다(Antonucci et al., 2004). 호위대모델은 개인을 둘러싸고 있는 세 가지 수준에서 개인의 사회적 관계를 측정하는 매핑 기술을 사용한다. 개인의 관계는 가까운 정도에 따라 가장 가까운 관계를 표현하는 내부 원(inner circle), 중간 수준의 가까운 정도의 관계를 표현하는 중간 원(middle circle), 그리고 내부 원과 중간 원에 포함되지는 않으나 관계의 거리가 제법 가깝다고 볼 수 있는 사람들로 구성된 외곽 원(outer circle)으로 구성되며, 이러한 세 가지 동심원은 사회적 관계망(social network)으로 설명되기도 한다.

발달이 진행됨에 따라 사회적 관계가 변화하고 발전하듯, 호위대의 크기와 구성원들도 시간이 흐름에 따라 변화한다. 미국과 일본에서 전 연령대를 대상으로 진행한 연구에서는 내부 원과 중간 원 및 외곽 원의 크기뿐 아니라 세 동심원의 구성원이 연령 집단에 따라 유의한 차이가 있음을 보고했다(Antonucci et al., 2004). 여성이 남성에 비해 내부 원에 속하는 사회적 관계 구성원의 수가 많았고, 노년기의 고령자들은 중년보다 내부 원, 중간 원, 외곽 원에 속하는 사회적 관계 구성원의 수가 더 적은 것으로 나타났다. 또한 중년은 내부 원에 주로 배우자와 자녀 및 부모를, 중간 원에는 형제자매와 가까운 친구들을, 그리고 외곽 원에는 그 외의 지인들을 보고하는 것으로 나타났다. 노년기에 이를수록 며느리, 사위, 손자녀 등을 포함한 새로운 사회적 관계가 형성되기 때문에 연령대에 따라 호위대의 구성원은 달라지는 모습을 보였다(장휘숙, 2011). 호위대가 개인의 심리적 적응과 건강에 미치는 영향을 살펴본 최근 연구들에서는 개인의 사회적 관계망의 크기와 관계의 질적 특성을 살펴봄으로써 개인의 다양한 관계가 적응에 미치는 기여도에 대한 이해를 확장해 준다는 면에서 의의가 있다.

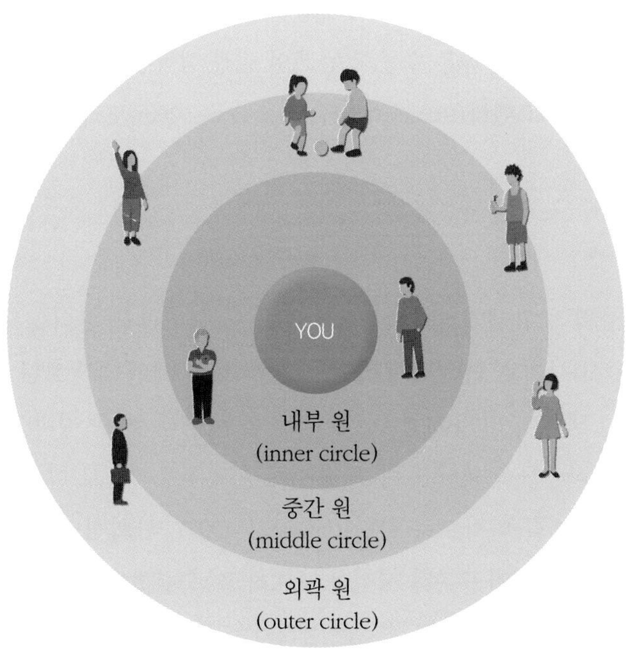

[그림 5-1] 세 가지 동심원으로 구성된 호위대 모델

3) 사회정서적 선택 이론

사회정서적 선택 이론(socioemotional selectivity theory)은 전 생애에 걸쳐 변화하는 동기를 바탕으로 사회적 관계의 변화를 설명한다. 예를 들어, 성인기와 중년기에 다양하고 넓은 사회적 관계를 유지하던 사람이 노년기에 이르러 단순하고 좁은 관계를 유지하게 되는 이유를 사회정서적 선택 이론을 통해 설명해 볼 수 있다. 많은 개인은 성인 초기에 다양하고 풍부한 사회적 관계를 경험하지만, 중년기에 이르러서는 부부 및 가족 관계에 집중하고 단순화된 친구 관계를 유지하는 모습을 보인다. 노년기에 이르면 개인의 관계는 가족과 가장 친한 친구만을 포함하는 더 제한된 특성을 보인다. 선행연구들에서는 상대적으로 덜 친한 사람들과의 관계가 중년기에서 노년기에 이르면서 급격히 감소한다고 보고했다(Carstensen, 2006; English & Carstensen, 2014; Wrzus et al., 2013). 사회정서적 선택 이론은 이러한 관계의 축소가 개인이 노화로 인한 기능 및 에너지의 쇠퇴에 적응적으로 대응하는 결과로 해석한다. 즉, 나이가 들면서 줄어든 능력과 에너지를 의미 있는 사회적 관계에 선택적으로 집중한다는 것이다. 개인은 나이가 들어감에 따라 줄어든 사회적 관계망을 경험하지만 이는 개인의 선택으로 인한 결과이며, 개인은 제한되고 유한한 정서와 신체적 자원을 가장 의미 있는 관계에 집중하고 투자하는 모습을 보인다. 이에 따라 고령자들은 상대적으로 줄어든 사회적 연결망을 경험하지만, 다양한 사회적 관계를 경험하는 성인 초기의 개인들과 비슷하거나 때로는 더 높은 수준의 관계의 질과 행복감을 느끼며 갈등 상황에 놓이더라도 적은 괴로움을 보고했다(Blanchard-Fields & Coats, 2008; Fingerman & Birditt, 2003).

4) 진화심리학

진화심리학은 사회적 관계가 개인의 적응에 중요한 역할을 한다고 강조한다(Buss & Kendrick, 1998). 원시 시대로 거슬러 올라가 생각해 보면 개인 생활보다 집단적으로 무리지어 생활하는 것이 생존에 더 유리한 전략이었음을 예상해 볼 수 있다. 즉, 진화심리학은 원시 시대 사람들이 짐승들을 피해 보다 오래 살아남고 적응적으로 살아가기 위해 사회 집단을 형성하였다는 전제를 바탕으로 한다(Caporeal, 1997). 사회적 관계를 바탕으로 한 집단 생활은 짐승과 다른 포식자로부터 개인을 보호하고, 수월하게 식량을 확보하며, 추위에 대응할 수 있게 하였을 것이다. 따라서 진화심리학은 집단 생활을 하며 집단에 속하여 협동하는 유전자를 가진 개인이 원시 사회에 살아 남았고, 이러한 유전자는 후손에게 전달되

었다고 제안한다. 또한 이러한 유전자는 현대 사회의 개인이 사회적 관계를 형성하고 유지하는 방법에 그대로 계승되었다고 설명한다. 생물학적으로 사회적 관계에 대한 시스템이 개인 안에 내재되어 있으며, 이러한 내재된 사회적 관계 시스템이 우리의 사회적 상호작용을 촉진시킨다는 것이다. 이러한 시스템은 오늘날 '소속의 욕구'로 설명되며, 자기결정이론(self-determination theory)은 타인과 관계를 맺고자 하는 소속(관계성)의 욕구가 개인의 기본적인 심리 욕구 중 하나로 획득된 것이 아닌 타고난 것이라고 제안한다(Ryan & Deci, 2002).

2. 다양한 유형의 사회적 관계

급속한 고령화와 함께 노년기가 길어지며 노후에 있어 부부 관계는 매우 중요한 사회적 관계로 인식되고 있다. 그러나 부부 관계 외의 다양한 사회적 관계가 노년기의 고령자의 적응에 영향을 미친다. 자녀가 결혼을 하게 되면서 며느리나 사위와 같은 새로운 사회적 관계가 형성되기도 하고, 자녀의 출산으로 인해 손자녀와의 새로운 관계를 경험하기도 한다. 성인 초기의 개인들이 경험하는 것처럼 다양한 새로운 관계를 형성하게 되면서도 이전에 유지하던 관계는 축소되기도 한다. 성인기에서 노년기까지 경험하게 되는 다양한 유형의 사회적 관계에 대해 살펴보고, 사회적 관계의 변화를 보편적인 맥락과 개인적인 맥락에서 비교해 보자.

1) 연인과 배우자

사랑은 우리가 분명히 느끼고 경험하는 것이기는 하지만 완벽히 설명하기는 불가능한 매우 추상적인 개념이다. 이러한 사랑의 개념을 이해하기 위해 Sternberg(2006)는 사랑의 필수적인 구성요소를 살펴보는 것이 필요하다고 제안하며, 다음과 같은 세 가지 기본요소를 제시하였다. 첫 번째 요소는 열정(passion)으로, 상대방에 대한 강렬한 감정과 생리적인 욕망을 의미한다. 두 번째 요소는 친밀감(intimacy)으로, 자신의 모든 생각과 행동을 상대방과 공유할 수 있고 공유한다는 느낌을 의미한다. 세 번째 요소는 헌신(commitment)으로, 상황이 좋을 때나 나쁠 때나 항상 기꺼이 상대방과 함께하려는 의지를 의미한다. Sternberg(2006)는 이상적인 진정한 사랑은 세 가지 요소를 모두 지니고, 세 가지 요소의

구성은 시간의 흐름에 따라 변화하며, 이러한 세 가지 요소의 조합을 자세히 살펴보는 것은 관계의 변화와 발전을 이해하는 데 도움이 된다고 설명했다(Sternberg, 2006).

선행연구에 따르면, 낭만적인 관계의 발달은 유년기와 청소년기에 경험한 관계의 영향을 받게 되는 복잡한 과정이다(Collins & van Dulmen, 2006). 연애 초기에 개인은 일반적으로 높은 열정과 낮은 친밀감 및 헌신을 보인다. 그러나 연애 초기의 열정이 계속 지속되는 것은 아니다. 시간이 흐름에 따라 열정은 줄어들고 친밀감이 증가하거나 관계가 끝나게 된다. 가장 이상적인 낭만적인 사랑은 열정, 친밀감, 헌신의 요소를 모두 갖춘 것으로, 신뢰, 정직, 개방성, 수용을 바탕으로 이루어진다. 부부 관계에 있어서도 서로에게 많은 시간을 할애하고, 서로를 배려하며, 서로에게 헌신할 수 있다. 많은 시간을 함께 보내고(친밀감), 함께 결정을 내리며(헌신), 서로를 돌보고 존중하고 갈등을 해결하면 연애 초기와는 다르겠지만 열정이 있는 관계가 지속될 가능성을 높일 수 있다. 실제로 연구 결과는 이러한 모습의 낭만적인 관계가 17~75세의 개인들에게서 관찰된다는 것을 보여 준다(Lemieux & Hale, 2002).

(1) 연인

성인기의 주요 발달 과업으로 Erikson(1956)은 친밀감 대 고립감을 제안하였다. 성인 초기의 개인은 친구, 선배, 동료 등 다양한 관계를 통해 친밀감을 얻지만 이 시기의 가장 중요한 친밀한 관계를 꼽는다면 낭만적인 사랑을 찾는 것일 것이다. 많은 개인은 낭만적인 사랑을 할 수 있는 파트너를 찾아 생애 오랫동안 지속되고 유지될 수 있는 정서적 유대를 쌓고자 한다. 인생을 함께 걸어갈 반쪽을 찾기 위해 사람들은 어떤 과정을 통해 어떠한 선택을 하게 되는 것일까?

파트너를 선택하는 데 있어 가장 중요한 요소는 유사성(similarity)이다. 많은 사람은 성격, 가치관, 교육 수준, 지적 능력, 신체적 매력 등 자신과 유사한 특성을 지닌 사람을 파트너로 선호하는 모습을 보인다(Butterworth & Rodgers, 2006; Lin & Lundquist, 2013; Watson et al., 2004). 유사성을 바탕으로 하는 선택(assortative mating)은 개인이 종교적 신념, 신체적 특성, 연령, 사회경제적 지위, 지능, 정치적 태도 등을 포함한 여러 차원에서 자신과 유사한 사람을 선호하고 선택하는 방식을 설명한다(Horwitz et al., 2016). 물론 개인은 상호 보완을 해 줄 수 있는 상대방을 연인으로 선호하기도 한다. 예를 들면, 개인이 외향적이고 주도적인 모습을 가지고 있다면 내향적이고 따라가는 상대방을 선택할 수 있고, 이는 각자가 선호하는 행동 방식을 바꾸지 않고도 유지할 수 있기 때문이라고 설명된다(Sadler et al.,

2011). 그러나 대부분의 개인은 자신과 유사한 사람을 선택하는 모습을 보이고, 유사한 모습을 지닌 연인들이 실제로 높은 관계 만족도를 보고하고 오래 관계를 유지하는 것으로 보고되었다.

배우자 선정에 있어 성별에 따른 차이가 존재한다. 선진국과 개발도상국에서 진행된 연구들에 따르면, 여성은 경제적 지위, 지능, 야망, 도덕적인 특징을 우선순위로 두는 반면, 남성은 신체적인 매력과 가사 능력을 더 중시하는 것으로 나타났다. 또한 선호하는 연령대도 남성은 자신보다 어린 파트너를, 여성은 자신보다 나이가 많은 파트너를 선호하는 경향을 보였다(Conroy-Beam et al., 2015). 사회가 변화하며 다양한 삶의 경로가 생겨나고 있다. 이에 성인기의 주요 과업 중 하나였던 파트너를 구하는 과업은 과거에 비해 상대적으로 우선순위에서 멀어지고 있다. 나홀로족과 1인 가구가 증가하고 있으며, 많은 개인은 결혼이 아닌 동거를 선택하기도 한다. 또한 결혼을 하더라도 자녀를 계획하지 않는 딩크족 또한 증가하고 있으며, 이혼과 재혼도 함께 증가하고 있다. 이렇듯 다양한 삶의 형태와 사회적 관계가 나타나고 있으므로 이를 존중하고 이해하려는 사회적 노력과 인식 개선이 필요하다.

(2) 배우자

낭만적 파트너에서 법적으로 인정을 받게 되면 배우자가 된다. 신혼부부는 보통 행복의 절정을 경험하는 동시에 많이 다투기도 한다. 서로의 존재로 인해 큰 행복을 경험하지만 또한 서로 다른 모습으로 인해 사소한 일로부터 갈등을 경험하기도 한다. 결혼 생활의 만족도는 어떠한 발달 패턴을 보일까? 선행연구들에서는 개인이 결혼 초기에 가장 높은 결혼 만족도를 보이고, 이후 지속적으로 만족도는 감소하다가 성장한 자녀가 집을 떠나게 되면 다시 반등하는 모습을 보인다고 보고했다. 이후, 결혼 만족도는 노년기에 이르기까지 다시 증가하는 모습을 보인다. 그렇다면 성공적인 결혼의 한 지표라고 볼 수 있는 결혼 만족도에 영향을 미치는 요인은 무엇일까? 결혼 생활을 지속하는 데 있어 중요한 핵심 요소 중 하나는 결혼 당시 두 배우자의 나이(성숙도)이다. 일반적으로 젊은 나이(특히, 10대 또는 20대 초반의 경우)에 결혼할수록 결혼이 지속될 확률은 낮아진다. 또한 결혼 당시의 재정적 안정과 임신 여부가 결혼이 지속될 가능성을 높이거나 낮추는 데 영향을 미친다. 또 다른 중요한 요인으로는 공유하는 가치와 관심사의 유사성(similarity)이다. 앞서 연인 관계에서 파트너 선택에 있어 유사성이 중요한 영향을 미치는 것처럼, 배우자와 가치관, 목표, 태도, 사회경제적 지위 등이 유사할 경우에 성공적인 결혼 생활의 가능성이 높아지는 경향성을 보인다. 이 외에도 배우자와의 평등한 관계가 결혼 만족도에 중요한 영향을 미친다. 행복하고 만족스러운 결혼 생활은 두 배우자가 서로 간에 공정한 교환이 이루어지며 평등한 관계라는 것을 인식할 때 가능하다.

과거의 경우, 대부분의 개인은 결혼 이후 부모로의 역할 이행을 준비하였다. 그러나 현대 사회에는 과거와 달리 자녀를 갖는 것이 개인의 선택으로 존중받는 분위기가 만들어지고 있다. 이에 따라 결혼 전과 후에 배우자와 자녀 계획을 논의하는 것이 중요한 이슈로 여겨지고 있다. 개인이 부모의 역할을 하는 것은 경제적 상황, 개인적 가치, 직업적인 목표, 건강상태, 정부의 정책 등 다양하고 복잡한 요인들의 영향을 받게 된다. 자녀를 가지기로 결정하는 것은 아이의 출산 이후 수십 년 간의 책임과 부담을 짊어지겠다고 결심하는 것이다. 이에 따라 오늘날 많은 부부는 부모 교육을 통해 출산 전에 부모가 되기 위한 준비교육을 받기도 한다.

중년기에는 부부관계와 자녀관계, 그리고 친구관계에서 다양한 정서 변화를 경험하게 된다. 성장한 자녀가 독립을 하는 시기는 과거에는 '빈 둥지(empty nest)'시기로 불리며 위기의 시기로 인식되기도 하였으나, 실제 연구 결과들은 중년들이 이 시기에 오히려 자유를 경험하고 일적으로 높은 만족감을 느끼며 사회적 유대를 더 강화하는 시기라고 보고했다. 이 시기에 부부들은 더 안정적이고 여유로운 생활을 누리게 되고, 새롭게 배우자와의 관계를 바라보고 적응하는 모습을 보인다. 물론 모든 결혼이 이처럼 적응적인 모습으로 발전하는 것은 아니다. 이 시기에 개인이 변화된 환경에 적응하지 못할 경우에 부부 관계는 이혼으로 이어지기도 한다.

노년기에 개인은 가까운 친구들의 죽음을 겪으며 친밀한 감정을 공유할 수 있는 대상이 줄어들게 된다. 이때 배우자의 역할이 특히 증가하게 되는데, 인생의 반려자로서의 배우자와의 관계는 개인의 심리적 안녕감에 중요한 영향을 미친다. 노년기까지 높은 결혼 만족도를 보이는 개인은 여러 가지 어려움을 겪으면서도 배우자와 함께 극복한 사람들이다. 이러한 개인은 보통 신체적인 건강 문제가 생기기 전까지 높은 결혼 만족도를 보고했다 (Pearson, 1996).

표 5-1 결혼 만족도에 영향을 미치는 요인

행복한 결혼 생활	요인	불행한 결혼 생활
사회경제적 지위, 교육 수준, 종교, 연령대가 비슷한 배우자	인구사회학적 배경	사회경제적 지위, 교육 수준, 종교, 연령대가 다른 배우자
20대 중반 이후	결혼 연령	20대 중반 이전
결혼 1년 이후	첫 임신 시기	결혼 이전이나 결혼 1년 이내
따뜻하고 긍정적임	전반적인 가족과의 관계	부정적이며 거리를 둠
안정적인 결혼 생활	가족 구성원과의 관계	빈번한 별거와 이혼
부부가 공유하고 평등	가정 내 책임 분담	여성이 책임지며 불평등
긍정적인 정서, 공통된 관심사가 많음, 갈등 해결 기술	성격 특성과 행동	충동적이고 부정적인 정서, 공통의 관심사가 적음, 갈등 해결 기술 부족

참고: 요인의 수가 증가할수록 행복과 불행의 가능성이 커짐.
출처: Diamond et al. (2010); Gere et al. (2011).

2) 부모와 자녀

성인기의 부모와 자녀의 관계에 영향을 미치는 요인은 어떠한 것들이 있을까? 앞서 살펴본 사회적 관계 발달에 대한 이론을 기억해 보자. 애착이론은 영아기의 주 양육자와 형성된 애착 관계가 이후의 다양한 사회적 관계에 중요한 영향을 미친다고 하였다. 이를 바탕으로 생각해 보면 성인기의 부모와 자녀의 관계에 가장 중요한 영향을 미치는 것은 그들이 형성한 애착 관계일 것이다. 따라서 성인기의 부모와 자녀의 관계는 그들이 형성한 애착 관계 유형을 통해 예측해 볼 수 있다. 부모와 안정적인 애착을 형성한 경우 가족 관계에 대한 긍정적인 지각과 높은 자아탄력성을 갖게 되며(Kobak & Sceery, 1988), 사랑받을 수 있는 가치 있는 존재로서의 자신을 표상하고 이는 타인에 대한 높은 신뢰감과 자신에 대한 높은 자아존중감 형성에 기여한다(Cassidy, 1988). 그러나 이와 반대로 안정적이지 못한 회피적이거나 불안한 애착을 형성한 경우 자신에 대한 무가치함을 바탕으로 타인을 믿지 못하고 낮은 자아존중감을 형성하게 된다. 이들은 부모와 활발한 의사소통을 경험하지 못하고 정서적인 지지를 받지 못하며, 이로 인해 낮은 자아존중감을 형성하게 된다(Dukes & Lorch, 1989).

부모가 중년기에 이르면 성장한 자녀는 독립적인 자신의 삶을 준비하게 된다. 대부분의 중년들은 이러한 변화에 잘 대처하고 적응적인 모습을 보인다. 그러나 일부의 중년들은 이 시기에 자녀의 독립으로 인해 부적응을 경험하기도 한다. 많은 경우 이 시기에 중년의 자녀들은 독립하여 세상에 적응적으로 살아가는 법을 터득하게 된다. 따라서 자녀들은 부모의 울타리에서 자랐던 과거와 달리 스스로 독립적인 삶을 영위하게 되고, 이에 따라 부모의 영향력은 점차 줄어들게 된다. 과거에는 부모에게 의견을 구하고 결정에 따랐던 자녀들이 스스로 의견을 정하고, 때로는 자신의 결정을 부모에게 보고하지 않기도 한다. 부모와 자녀의 유대가 유지될 경우에는 자녀가 집을 떠난다고 해도 부모의 전반적인 심리적 안녕감에 큰 영향을 미치지 않는다. 그러나 독립한 자녀와 의사소통이 적고 부모와 자녀의 유대가 유지되지 않을 경우, 부모는 심리적 안녕감이 감소할 수 있다(Fingerman et al., 2016; Mitchell & Lovegreen, 2009).

중년들은 자녀를 둔 부모인 동시에 중년 부모의 자녀이기도 하다. 많은 경우 이들은 나이 든 부모와 성인기 자녀를 함께 보살펴야 하는 경우가 많은데, 특히 베이비 붐 시대를 겪은 중년기 성인들이 이러한 경우가 많으며 따라서 이들을 샌드위치 세대(sandwich generation)라고 부르기도 한다. 노령의 부모를 돌보고 간병을 하는 일은 중년의 정서적·신체적·재정적인 상태에 큰 영향을 미친다. 다양한 역할의 요구를 받는 중년기에 부모의 간병은 또 다른 역할을 요구하게 되어 중년들은 역할 과중을 경험하기도 하고, 간병으로 인한 노화에 대한 두려움과 스트레스는 높은 우울증으로 이어지기도 한다. 부모 간병에 대한 부담에 있어 문화적인 차이가 존재하는데, 보통 노령의 부모를 모셔야 한다는 의무감이 존재하는 문화에서 중년들이 정신적인 부담을 높게 보고하는 것으로 나타났다(Knight & Sayegh, 2010). 중년이 경험하는 간병으로 인한 스트레스를 줄이는 데 사회적 지지는 매우 중요하다. 형제자매의 격려와 물질적인 지원은 간병을 하는 중년이 만족감과 보람을 느낄 수 있도록 하며, 간병의 역할이 가족 구성원과 함께 이루어질 때 이러한 효과가 더욱 크게 나타났다. 이러한 경우, 간병의 역할에 대한 심리적 수고를 덜면서 심리적인 안녕감은 증가하는 것으로 나타났다(Roberto & Jarrott, 2008; Roth et al., 2015).

3) 조부모와 손자녀

중년기는 자녀의 독립과 더불어 자녀의 결혼이 이루어지는 시기이다. 현대 사회의 젊은 부부들은 아이를 적게 낳고, 부부의 부모는 과거에 비해 오래 사는 경향을 보인다. 이에 따라 오늘날의 조부모와 손자녀는 과거에 비해 가까운 관계를 맺고 더 긴 시간을 함께 보낸다(Antonucci et al., 2007). 자녀 양육을 이미 경험한 조부모는 손자와 손녀에게 부모보다

안정적인 정서를 제공해 줄 수 있으며, 책임감과 의무감에서 한 발짝 물러나 있기 때문에 순수한 애정만을 바탕으로 손자녀와 유대감을 형성할 수 있다. 자녀 양육에 있어 훈육의 책임을 가지고 있는 부모는 자녀의 건강을 염려하여 건강에 좋지 않은 음식을 아이에게 주지 않는 모습을 보이는 데 반해, 조부모들은 손자와 손녀가 원하는 것을 즉시 제공함으로써 손자녀와 유대감을 형성하기도 한다. 이에 따라 손자녀들은 부모와는 다른 특성을 가진 애착을 조부모와 형성하게 되고, 이는 앞서 살펴본 것처럼 자신에 대한 높은 가치감으로 이어져 이후의 삶에서 경험하는 다양한 사회적 관계의 발전에 긍정적인 토대가 된다.

조부모와의 긍정적인 경험은 손자녀로 하여금 나이 듦에 대해 긍정적인 태도를 가지도록 돕는다. 노년층과의 접촉 빈도가 노화에 대한 인식에 긍정적인 영향을 미친다는 연구 결과(최은정 외, 2020)는 노인에 대한 차별 인식과 노인에 대한 태도에 있어 노년층과의 접촉이 긍정적인 영향을 미칠 수 있다는 것을 강조한다. 이는 핵가족화로 인해 노인과 친밀한 관계가 부족할 경우에 더 많은 노화 불안을 경험한다고 보고하는 연구 결과(Ory et al., 2003)와 젊은이들의 노화 불안 감소에 노인들과의 경험 빈도 및 노출이 중요하다고 보고하는 선행연구(Kafer et al., 1980)와 일치하는 부분이다. 종합적으로 고려해 볼 때, 조부모와의 친밀한 관계는 개인의 노년기에 대한 불안을 줄이는데 도움이 된다고 생각해 볼 수 있다.

조부모와 손자녀의 관계는 손자녀뿐 아니라 조부모에게도 긍정적인 영향을 미친다. 손자녀를 돌보는 것은 손자녀와 자신의 자녀에게 도움이 되고, 이는 자신이 타인에게 중요한 역할을 한다는 지각을 통해 개인의 심리적 안녕감을 높일 수 있다. 손자녀와의 관계를 통해 얻을 수 있는 긍정적 이점으로 연구자들은 신체적 및 정신적 안녕감, 통제감과 자율성 및 유능성의 증가, 적극적이며 유연한 노년 생활, 스트레스 완화 및 사망률의 감소를 제시했다(Hooyman & Kiyak, 2005). 손자녀는 조부모의 삶에 원동력이 되어 조부모의 적극적이고 주체적인 삶을 돕기도 한다. 배우자를 비롯한 가까운 가족의 상실을 겪더라도 이를 극복할 수 있는 토대가 될 수 있는 것이다.

지금까지 조부모와 손자녀 간의 긍정적인 관계에 대해 살펴보았으나 조부모와 손자녀와의 관계는 부정적인 영향을 서로에게 줄 수도 있다. 조부모는 주로 중년기 후반이나 노년기를 겪고 있기 때문에 이들의 심리적 · 신체적 능력은 시간의 흐름에 따라 감소하는 모습을 보인다. 따라서 이러한 상황에서 비자발적으로 손자녀의 양육을 도맡아야 할 경우, 이는 조부모에게 많은 심리적 · 신체적 부담감을 줄 수 있다. 또한 세대 갈등으로 인해 조부모는 손자녀와 의사소통 문제를 겪을 수도 있으며, 손자녀 양육에 대한 문제로 자녀와 갈등을 겪을 수도 있다.

4) 형제자매

형제자매는 부모나 친구의 역할을 대신할 수 있는 매우 가까운 관계이다. 부모처럼 서로에게 애정을 주고 즐거움을 공유하면서도 선생님처럼 서로를 가르치는 역할을 할 수도 있다. 그러나 모든 형제자매가 긍정적인 역할만을 하는 것은 아니다. 편애하는 부모 아래에서 아동기를 경험한 형제자매들은 서로 간에 낮은 친밀감을 보고하며 부정적인 관계를 형성하기도 한다(Gilligan et al., 2013, 2015; Suitor et al., 2009). 이러한 경우, 형제자매 간의 갈등은 중년기에 이르러 나이 든 부모를 모셔야 하는 의무감이 주어질 때 더욱 심해지기도 한다. 그러나 대부분의 경우, 어린 시절의 경쟁심과 다툼은 성인기까지 지속되지는 않으며 형제자매는 서로에게 친밀감을 제공하고 서로 도움을 주고받는 관계를 유지한다.

아동기와 청소년기에 서로에게 중요한 영향을 미치던 형제자매는 성인 초기와 중년기에 이르며 그 중요성이 줄어들게 된다. 특히, 성인기에는 각자가 연인 및 배우자와 가까운 관계를 형성하고 유지하며 자녀를 양육하는 데 많은 시간을 쏟기 때문에 형제자매 관계에 쏟을 에너지가 감소하게 된다. 또한 중년기에 개인은 더욱 많은 역할을 맡게 되기 때문에 형제자매 관계의 중요도는 감소하는 모습을 보인다. 그러나 독립한 자녀와 부모 사이의 관계와 마찬가지로, 이전과 같이 늘 붙어 있지는 않더라도 여전히 가족으로서의 중요한 역할은 유지되는 모습을 보인다. Antonucci와 그의 동료들(2019)의 연구에 따르면, 대부분의 형제자매는 부모와 자녀 양육, 배우자와의 갈등을 공유하고 상담하는 등 많은 경우 적어도 한 달에 한 번 정도 얼굴을 보고 전화 통화를 하며 가까운 관계를 유지하는 모습을 보인다.

노년기에 이르면 개인이 형제자매와 접촉하는 빈도가 증가하고 유대가 깊어지는 모습을 보인다. 선행연구들에서는 노년기에 형제(남자)보다 자매(여자) 간의 유대가 더 높아진다고 보고했다. 이는 남자들 간의 관계에 비해 여자들 간의 관계가 빈번한 접촉과 높은 친밀감을 가지는 특성을 보이기 때문이다(Cicirelli, 1980; Lee et al., 1990). 여성의 풍부한 정서표현과 상대방을 배려하는 정서적 태도는 관계의 질을 높일 수 있다. 자매와의 높은 유대가 노년기의 심리적 안녕감을 증진시킨다는 연구 결과는 이를 뒷받침한다(Van Volkom, 2006).

5) 친구

'친구는 우리가 선택하는 가족이다'라는 말에서 알 수 있듯이, 지금까지 살펴보았던 배우자, 부모, 손주, 형제자매의 관계와는 달리, 친구는 개인의 선택에 의해 형성되는 관계

이다. 즉, 가족 관계는 쉽게 끊어지는 것이 어려운데 반해, 친구 관계는 개인의 의지에 따라 관계의 단절이 가능하다. 이러한 친구 관계는 어떻게 형성되는 것일까? 또한 개인은 어떠한 기준을 바탕으로 친구를 선택하는 모습을 보일까? 이성 관계와 유사하게 상대방과의 유사성은 친구 관계에 중요한 영향을 미친다. 개인은 대체로 연령, 성별, 교육 수준, 사회경제적 지위, 가치관과 태도, 관심사가 비슷한 타인들과 친구 관계를 맺는다. 공통된 관심사는 서로를 수월하게 이해하고, 쉽게 공감하며, 긍정적인 경험을 공유할 가능성을 높인다. 청소년기의 친구 관계와 마찬가지로 성인기의 친구는 개인에게 도구적인 도움을 제공할 뿐만 아니라 개인의 목표를 응원하는 등 정서적인 지지를 통해 개인의 자아 개념과 높은 심리적 안녕감에 기여한다(Barry et al., 2016). 따라서 성인기의 친구 관계에 중요한 요소는 유사한 관심사와 가치관, 함께 보내는 시간, 신뢰와 믿음, 친밀감 등을 들 수 있다. 특히, 자주 만나는 것은 가까운 친구 관계를 유지하고 지속하는 데 중요한 역할을 한다. 이러한 친구 관계에서 성별에 따른 차이가 나타나는데, 주로 여성은 남성에 비해 친구와 자주 만나는 모습을 보이며, 이에 따라 남성에 비해 여성의 친구 관계가 보다 오래 지속되는 특성을 보인다(Sherman et al., 2000)

중년기에 개인은 자녀 양육으로부터 자유로워짐에 따라 친구 관계를 확장하는 모습을 보이기도 한다. 성인기와 마찬가지로 중년의 친구 관계에 있어서도 성별에 따른 차이를 발견할 수 있는데, 주로 남성에 비해 여성은 친구와 많은 경험을 공유하고 서로에게 친밀감을 표현하며 정서적인 지지를 주고받으면서 친구와 가까운 관계를 유지하는 모습을 보인다(Fiori & Denckla, 2015). 노년기의 개인은 가족에 대한 책임으로부터 자유로워지고, 직장에서의 역할도 줄어들게 되면서 친구 관계에 더 많은 시간과 의미를 부여하는 모습을 보인다. 따라서 노년기에 가까운 친구의 존재는 개인의 긍정적인 정서와 삶의 만족도에 중요한 역할을 한다. 노년기에 개인이 경험하는 친구 관계는 성인기에 경험하는 친구 관계에 비해 폭 넓고 다양한 특성을 보이지는 않지만 개인이 경험하는 친구 관계의 질은 성인기보다 더욱 높은 모습을 보이기도 한다. 특히 노년기에는 개인이 건강 문제를 경험하기 시작하면서 다른 지역으로 이동하는 것이 어려워지기 때문에 물리적으로 가까운 친구들과 더욱 활발한 교류를 하게 된다. 이는 노년기의 개인이 같은 지역사회에 거주하는 친구들과 더욱 가깝게 지내는 이유이다.

3. 사회적 역할의 변화

전 생애에 걸쳐 개인은 다양한 사회적 역할을 가지게 되며, 이는 시간에 걸쳐 변화하는 모습을 보인다. 개인이 어떠한 사회적 역할을 가지고 있는가에 따라 발달의 시기를 예측해 볼 수도 있다. 오늘날 사회적 역할의 변화는 고령자에게 큰 영향을 미친다. 이들은 대부분 사회적 역할을 획득하기보다는 사회적 역할의 상실을 많이 경험하며, 이는 사회적 관계망을 축소시켜서 노년기의 심리사회적 적응에 부정적인 영향을 미칠 수 있기 때문이다. 사회적 역할의 상실에서 오는 변화에 적응적으로 대응하는 것은 노년기의 행복과 밀접한 관련이 있다. 각 발달 시기에 경험하는 사회적 역할과 역할의 전환에 대해 자세히 살펴보자.

1) 사회적 역할과 전환

사회적 역할(social role)이란 사회적 지위에 따라 기대되는 행동 양식을 일컫는다. 사회적 역할은 시대나 사회에 따라 변화하며, 동일한 사회적 역할을 가졌음에도 개인마다 다른 모습의 역할 행동을 보이기도 한다. 각 발달 시기에 따라 개인은 여러 사회적 역할을 하게 되며, 이러한 사회적 역할은 시간에 따라 그 역할의 중요도가 변하기도 한다. 과거에는 발달에 따른 역할의 수에 초점을 맞추기도 하고, 성인기와 중년기에 기대되던 역할을 노년기에 이르러 새로운 역할로 잘 전환하는지에 따라 적응과 성공적 노화를 측정하기도 하였다(Cumming & Henry, 1961). 그러나 점차 많은 연구자들은 역할의 수보다 역할의 전환에 초점을 맞추고 있다. Schlossberg(1981)는 사회적 관계나 역할에 변화를 가져오는 사건으로 인해 기존 역할에 변화가 요구되는 것을 역할 전환(role transition)으로 정의하였다. 개인이 역할 전환 과정에서 어떻게 적응하는지, 그리고 개인의 역할 전환이 또 다른 역할의 수행에 어떠한 영향을 미치는지 이해하는 것은 개인의 적응적 발달을 이해하는 데 중요한 바탕이 된다.

2) 성인 초기의 사회적 역할

성인 초기는 개인이 가장 많은 사회적 역할을 경험하며 동시에 가장 많은 사회적 역할의 변화를 경험하는 시기이다. 청소년기까지 오랜 기간 주된 역할이었던 학생으로서의 역할

에서 직업인의 역할을 준비하는 시기이고, 독립 이루기, 연인 또는 배우자 찾기, 부모 되기 등 다양한 역할이 성인 초기의 사회적 역할에 해당한다. 제4장에서 살펴보았듯이, 성인 초기는 청소년기와 성인기의 과도기라고 볼 수 있는 성인진입기(emerging adulthood)를 포함한다. 성인진입기는 길어진 교육 기간으로 인해 직업인으로의 이행이 늦어지며 나타난 개념으로, 성인으로서의 역할 이행이 늦어진 결과로 볼 수 있다. 성인진입기는 모든 국가 및 문화권에서 나타나는 현상은 아니다. 시골과 농업에 기반을 둔 경제적 자원이 부족한 전통적 경제 구조의 아프리카, 아시아 지역의 젊은 성인들은 경험하지 않기도 한다. 성인진입기의 현상은 경제적 발전을 이룬 나라의 대도시에서 많이 나타나며, 과거와 비슷한 모습의 농촌 지역과 가족 부양의 의무를 지닌 가정에서는 나타나지 않기도 한다. 성인진입기 이후 개인이 직면하게 되는 사회적 역할은 다음과 같다.

(1) 독립

성인 초기의 가장 두드러진 특징 중 하나는 부모의 집을 떠나 독립하는 것이다. 목적에 따라 독립을 하는 나이가 다른데, 교육을 목적으로 집을 떠나는 것은 보다 이른 시기에 이루어지며, 결혼이나 취업을 목적으로 집을 떠나는 것은 보다 늦은 나이에 이루어진다. 오늘날 대부분이 고등교육을 받고 있어 20세(만 18세)에 집을 떠나 독립하는 모습을 보인다. 이렇게 집을 떠난 성인 초기의 젊은이들은 집으로 잠시 돌아오는 모습을 보인다. 이를 부메랑 자녀라고 일컫는데, 대부분 고등교육이 끝난 후, 즉 대학 졸업 이후나 군복무가 끝난 이후 등 역할이 전환되며 잠시 집으로 돌아오게 된다. 또한 취직의 어려움, 높은 주거 비용, 실직 및 이혼과 같은 요인들도 집으로 돌아오게 하는 촉발 요인이 된다.

(2) 결혼

오늘날 결혼 시기는 점차 늦어지는 모습을 보인다. 1999년 이전 여성의 경우 평균 초혼 연령이 대략 26세였던 데 반해, 2019년 여성의 평균 초혼 연령은 30.6세로 약 4년이 늦어졌으며, 남성의 경우도 비슷한 모습을 보인다. 이러한 추세는 비단 한국뿐 아니라 미국과 서유럽의 경우도 마찬가지로 나타난다(Gallup, 2015; U.S. Census Bureau, 2016). 늦어지는 추세에도 불구하고 여전히 결혼은 성인 초기의 주요 삶의 목표이자(Pew Research Center, 2013) 사회적 역할이다. 한국 사회에서 결혼은 두 개인의 합을 넘어 가족과 가족의 결합으로 여겨진다. 결혼을 통해 개인은 새로운 사람들과의 관계를 만들어 가야 하기 때문에 적응을 위한 다양한 노력이 요구된다. 특히, 한국 사회에서 결혼은 고부 관계와 같은 다양한

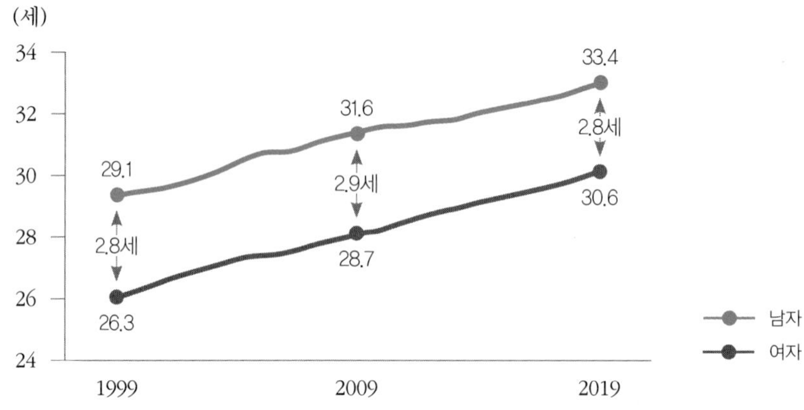

[그림 5-2] 1999~2019년의 국내 초혼 연령

출처: 통계청(2019).

갈등을 경험하게 되는 역할의 전환으로 여겨지기도 한다. 그렇다면 결혼 생활의 적응과 질적 특성을 보여 주는 결혼 만족도를 예측하는 것은 무엇일까? 〈표 5-1〉에서 확인할 수 있는 바와 같이 높은 결혼 만족도를 보고하는 부부는 부정적인 요인(심리적 고통 및 스트레스)의 영향을 적게 받는 반면, 낮은 결혼 만족도를 보고하는 부부는 높은 수준의 심리적 부적응을 겪으며 이혼을 경험하기도 한다.

(3) 부모 되기

성인 초기의 또 다른 중요한 역할은 부모가 되는 것이다. 과거에는 부모가 되는 것이 너무도 당연한 사회적 요구이자 의무였다. 따라서 성인이 된 개인은 부모로서의 역할을 중요하게 여기고 대부분 수행하는 모습을 보였다. 그러나 오늘날에는 부모로서의 역할이 필수가 아닌 선택이 되었다. 개인은 경제적 문제, 임신과 출산으로 인한 경력 단절, 육아의 어려움 등을 포함한 다양한 이유로 부모 되기의 역할을 수행하지 않는 경우가 많아지고 있다. 흔히 딩크족(double income, no kids)으로 언급되는 이러한 개인의 증가는 저출산과 같은 사회적 문제로 이어지기도 하지만, 이러한 개인의 증가는 사회적인 변화에 따른 영향일 수도 있다는 점을 고려해야 한다. 전반적으로 낮은 출산율을 보이고 있으나 여전히 아이를 낳고 부모가 되는 것은 성인기의 중요한 역할이다. 다만, 성인 초기의 역할 준비 기간이 길어지면서 부모로의 역할 전환도 늦어지는 모습을 보인다. 오늘날 전반적으로 늦은 나이의 출산인 40대 이상 여성의 출산율이 높아지고 있다(Martin, 2012). 아이를 양육하는 것은 아이의 출생과 함께 이후 수십 년 간의 부담과 책임을 지는 것이므로 많은 개인은 자녀 계

획을 신중하게 하는 모습을 보인다. 과거에는 부모가 되는 것이 당연한 의무로 여겨졌으며 부모로의 역할에 대한 많은 준비가 필요하지 않았다. 또한 과거에는 대가족을 이루며 부모로서의 역할을 모델링할 수 있는 기회가 개인에게 많았으나 핵가족 중심의 현대 사회에서는 개인에게 이러한 기회가 충분하지 않다. 이에 부모로서의 역할에 대한 교육이 사회적으로 실시되고 있다. 많은 기관에서 부모로서 가져야 할 의무와 역할, 자녀 양육의 방법, 효과적인 의사소통 등을 교육하는 다양한 프로그램이 진행되고 있다.

3) 중년기의 사회적 역할

중년기는 개인이 성인 초기의 기존의 역할을 재정립하고 재조정하는 시기이다. 중년기는 안정이라는 단어로 대표되는 시기로, 신체적 건강과 주관적 삶의 질이 높은 시기이다(Fleeson, 2004). 자녀들이 독립하면서 부모의 역할은 감소하고 보다 삶의 여유와 자유를 누릴 수 있게 된다. 직업인으로서 안정적으로 업무 능력을 쌓게 되면서 유능한 모습을 보이게 되는 시기이기도 하다. 구체적인 중년기의 역할에 대해 자세히 살펴보자.

(1) 자녀의 독립

성인이 된 자녀의 독립으로 인해 다시 배우자와 남게 되는 이 시기를 부모 후 시기 또는 흔히 빈 둥지 시기라고 부른다. 통념으로는 빈 둥지 시기에 많은 중년 남녀가 부정적인 정서를 경험하게 된다고 이야기 하나, 실제 연구에서는 이와 반대로 역할 전환의 결과가 긍정적으로 나타난다고 보고되었다(Hareven, 2001). 다시 남겨진 배우자와 갈등을 겪을 수도 있으나 부부가 잘 적응한다면 다시 신혼을 겪는 것처럼 긍정적인 정서를 경험할 수 있다(Rossi, 2004). 부부 사이의 이전까지 관계가 안정적인 경우에 자녀의 독립은 이 시기의 부부 관계에 크게 부정적인 영향을 미치지 않는다. 그러나 부부간에 의사소통의 단절이 있거나 이전까지 부부간에 안정적인 관계를 형성하지 못했을 경우에 자녀의 독립 이후 부부의 삶의 만족도와 질은 크게 떨어질 수 있다. 자녀가 독립하였다고 하여 부모의 역할이 완전히 사라지는 것은 아니다. 물리적으로 가까운 거리에서 하루의 많은 일과를 자녀에게 쏟았던 과거와 달리 역할의 부담이 감소되었을 뿐 부모는 꾸준히 자녀에게 충고와 조언을 하고, 경제적인 지원을 하기도 하며 지속적인 관계를 유지한다.

(2) 부모 부양

많은 중년은 자신의 자녀의 부모로서의 역할과 자신의 부모의 자녀로서의 역할을 동시에 수행한다. 많은 경우, 중년의 부모는 노년기를 겪으며 건강의 쇠퇴를 경험하게 된다. 건강이 악화된 부모를 모시게 되는 경우, 중년은 여러 가지의 역할을 동시에 감당하게 된다. 대부분의 문화권에서 나이 든 부모를 부양하는 부담은 아들보다 딸에게 많이 지워지고, 딸들이 부모에 대한 부양과 보살핌의 책임을 더 느끼기도 한다(Pillemer & Suitor, 2013; Suitor et al., 2015). 부모 부양에 대한 의무가 큰 문화권에서는 중년기에 정신적 부담을 크게 느끼는 것으로 나타났으며(Knight & Sayegh, 2010), 부모 부양에 대한 부담감은 높은 수준의 우울 및 불안으로 이어지기도 한다(Lee & Farran, 2004).

4) 노년기의 사회적 역할

중년기의 고령자가 사회적 역할의 재정립과 재조정을 겪는다면, 노년기의 고령자는 사회적 역할의 축소를 경험한다. 은퇴로 인한 역할의 상실 또는 축소를 경험하며, 이에 따라 자원 봉사를 하거나, 배우자 및 자녀, 친구 또는 손주들과 함께하며 시간을 보내기도 한다. 이들은 자녀와 손자녀의 성장을 바라보며 행복과 만족감을 느낀다. 과거의 경우, 노년기는 역할 상실의 시기로 여겨졌으나 오늘날에는 이 시기에도 역할의 변화가 다양한 경로로 나타나는 것으로 보고되고 있다.

(1) 사별

노년기의 역할 전환 중 하나는 사별, 즉 배우자의 죽음으로 홀로 되는 법을 다시 배우는 것이다. 배우자의 사별은 일생 동안 가장 중요한 관계를 형성해 왔던 배우자로서의 역할과 정체성을 상실한다는 것을 의미한다(Lund & Caserta, 2004). 기대 수명이 긴 여성의 경우, 사별로 인한 역할 전환을 겪을 가능성이 높다. 홀로 서는 노인들이 겪는 가장 큰 문제로 외로움을 꼽는다. 그러나 이러한 외로움은 배우자 외의 다양한 사회적 관계를 통해 적응적인 방향으로 변화하기도 한다. 주로 높은 자기존중감과 외향적인 성격을 가진 노인들은 외로움에 대해 유연하게 대처하며 적응하는 모습을 보인다(Moore & Sttratton, 2002).

(2) 조부모 되기와 손자녀 돌보기

베이비 붐 세대가 조부모의 나이에 이르고, 기술의 발달로 고령자의 기대 수명이 늘어나게 되면서 손자녀와 함께하는 조부모의 수가 증가하고 있다. 고령자들은 조부모로서의 역할을 부모 및 배우자로서의 역할만큼 중요하게 인식한다고 보고되었다(Reitzes & Mutran, 2002). 많은 조부모는 존중받는 연장자, 자손을 통해 얻은 영원한 생명, 부담 없는 사랑을 경험하고 이는 높은 만족도로 이어진다. 물론 조부모로서의 역할은 다양한 긍정적인 면이 있으나, 주 양육자로서 손자녀를 맡게 되는 경우에는 큰 부담감을 겪기도 한다. 주로 이러한 역할을 감당하게 되는 고령자들은 다양한 자유를 상실하고 신체적인 건강의 악화를 경험하기도 한다.

(3) 부양 받기

중년기의 고령자가 부모를 부양하는 역할을 했다면, 노년기의 고령자는 대개 부양을 받게 되는 모습을 보인다. 성인기에 독립을 시작하여 생애의 2/3 이상의 시간을 독립적으로 살아온 개인이 누군가에게 의존하여 살아가야 한다는 것은 그리 반가운 일은 아니다. 실제로 65세 이상의 고령자를 대상으로 한 조사에서 노인들이 건강 다음으로 중요하게 꼽은 것은 자신의 독립성을 유지하는 것이었다(Phelan, 2005). 부양을 받게 되는 것은 긍정적인 점과 부정적인 점을 동시에 가지고 있다. 경제적인 부담을 덜고 가족과 가까이 지내며 정서적인 교류를 가질 수 있는 것이 긍정적인 면이라면, 타인에게 의존하게 되어 자존감이 낮아지거나 무능함을 느끼게 되는 점 등이 부정적인 면이라고 볼 수 있다.

4. 사회적 지지와 갈등

누군가에게 나에 대해 소개할 때 우리는 자신의 개인적인 특성을 설명하며 소개할 수 있기도 하지만, 나와 가까운 타인과의 관계를 설명하며 소개할 수도 있다. 누군가의 자녀, 누군가의 부모, 또는 누군가의 동생 등 타인과의 관계를 특성으로 들어 설명하면 우리는 보다 쉽게 타인을 이해하고 때로는 빠르게 가까워질 수 있다. 앞서 우리는 다양한 사회적 관계에 대해서 살펴보았다. 사람들은 다양한 사회적 관계를 통해 사랑과 애정, 그리고 존중과 보호 등의 사회적 지지를 받으며 긍정적인 경험을 하기도 하고, 다양한 사회적 관계로부터 갈등을 경험하고 우울과 불안을 포함한 부정적인 정서를 경험하기도 한다. 사회적 관계를 통한 지지와 갈등에 대해서 자세히 살펴보자.

1) 사회적 지지와 발달

가족, 친구, 이웃 등의 다양한 사회적 관계를 통해 개인은 다양한 자원과 지지를 주고받으며, 이는 개인의 적응과 발전에 긍정적인 밑거름이 된다. 관계적 지지(relational support) 또는 사회적 지지(social support)라는 개념으로 많은 연구가 진행되어 왔다. Cobb(1976)은 사회적 지지를 타인으로부터 보살핌과 사랑을 받고, 가치 있는 존재로 인정과 존중을 받으며, 다른 사람들과 함께 사회적 관계망에 속해 있는 것이라고 정의하였다. 이를 바탕으로 살펴보면, 사회적 지지는 정서적인 지원, 인정과 존중, 사회적 관계망의 세 가지 차원으로 나누어진다(Cobb, 1976). Kahn(1979)은 사회적 지지가 지원(aid), 긍정성(affirmation), 애정(affect)이라는 세 가지 구성 요소를 지니고 있다고 제안하기도 하였다. 사회적 지지에 대한 다양한 정의를 통해 알 수 있듯이, 사회적 지지는 제공되는 지원의 유형, 지원의 원천, 사회적 상호작용 등 관계의 여러 측면을 반영하는 다차원적인 관점으로 이해해야 한다.

관계의 지지는 크게 구조적인(structural) 측면과 기능적인(functional) 측면으로 구분해 볼 수도 있다. 구조적인 측면은 사회적 지지를 주고받는 관계망의 크기, 밀도, 다양성, 호혜성, 접촉 빈도 및 기간, 동질성 등으로 측정된다(Wellman, 1979). 구조적 측면을 살펴본 선행연구에 따르면, 사회적 연결망의 크기가 작을수록 개인은 낮은 심리적 안녕감(Israel & Antonucci, 1987)과 높은 사회적 고립감, 외로움 및 우울을 보고하는 데 반해(Wrzus et al., 2013), 사회적 연결망의 크기가 클수록 낮은 고독감(Green et al., 2001)과 우울(Hays et al., 2001; Kawachi & Berkman, 2001; Litwin et al., 2015)을 보고하였다. 이처럼 구조적인 측면에 초점을 두는 연구들은 노년기의 사회적 연결망의 크기와 관련하여 고령자의 적응 및 발달을 설명할 수 있다는 장점이 있다. 기능적인 측면은 사회적 관계망에 속한 구성원들이 제공하는 도움의 내용을 중심으로 살펴볼 수 있다. 기능적인 측면에서 사회적 지지는 학자마다 다양하게 정의하지만, House(1981)는 지지의 특성에 따라 정서적 · 평가적 · 정보적 · 도구적 지지로 구분하였다. 정서적 지지는 타인으로부터 받는 공감, 사랑, 신뢰, 친밀감을 의미하며, 도구적 지지는 직접적으로 도와줄 수 있는 물질적 자원을 의미한다. 정보적 지지는 스트레스 상황이나 문제 상황을 해결할 수 있도록 도와주는 충고 및 제안을 의미하며, 평가적 지지는 자신의 현재 상황에 대해 평가를 할 수 있도록 도와주는 정보를 제공하는 것을 의미한다. 선행연구들에서는 고령자들에게 정서적 지지는 인지기능(Seeman et al., 2001) 및 심리적 안녕감(하경분, 송선희, 2013)과 높은 관련성이 있다고 보고했다. 이처럼 기능적인 측면에 초점을 두는 연구들은 노년기의 적응적 발달을 위한 사회적 지지의 유형과 출처를 제공한다는 점에서 의의가 있다.

사회적 지지가 개인의 적응에 미치는 영향을 살펴보는 연구들은 주로 주 효과(main effect)와 완충 효과(buffering effect)에 초점을 맞추고 있다. 주 효과를 살펴보는 연구들은 관계적 지지가 안정적이고 적응적인 대인 관계를 통해 개인에게 미치는 긍정적인 경험을 살펴보며, 이러한 긍정적인 경험은 개인이 안정된 자아 정체감을 형성하고 자신에 대한 긍정적인 평가를 하도록 돕는다고 제안했다(Cohen & Wills, 1985). 반면, 완충 효과를 살펴보는 연구들은 스트레스와 부정적인 사건을 경험하는 개인에게 사회적 지지가 보호 역할을 하여 스트레스 상황을 극복하고 해결할 수 있도록 한다고 제안했다(Wheaton, 1985). 주 효과와 완충 효과는 여러 연구를 통해 지지받으며 다양한 요인과 관련하여 활발하게 검증되고 있다. 특히, 선행연구들은 개인이 힘든 상황을 극복하고 적응하는 데 있어 사회적 지지가 미치는 영향에 초점을 맞추고 있다. 다양한 사회적 관계를 통한 지지는 개인의 적응 및 발달에 직접적인 영향을 미치기도 하지만, 부적응적인 발달 경로에 놓이게 되더라도 스트레스 상황을 완화시켜서 적응적인 경로로 다시 이를 수 있게 도와주기도 한다.

2) 사회적 갈등과 발달

개인은 다양한 사회적 관계를 통해 사회적 지지를 경험하기도 하지만 많은 사회적 관계는 개인에게 스트레스의 원인이 되기도 한다(Rook et al., 2012). 사회적 지지와 갈등에 대한 연구들은 사회적 갈등이 사회적 지지보다 심리적 건강에 더 크고 장기간 영향을 미친다고 보고했다(Rook, 1990; Newsom et al., 2003, 2005). 선행연구들은 다양한 사회적 관계에서의 갈등이 때로는 개인에게 극심한 심리적 고통을 유발하고(Finch et al., 1999; Lakey et al., 1994), 신경증(Smith & Zautra, 2002)에 이르게 하기도 한다고 보고했다. 사회적 관계에서 유발되는 부정적 감정과 신경증은 변연계의 신경 저하를 유발함으로써 인지기능 저하를 가져오기도 한다(Hertzog et al., 2008). 이는 특히 노년기의 고령자에게 큰 영향을 미칠 수 있는데, 빈번한 관계의 갈등에서 부정적인 감정을 경험하는 노인들은 인지기능에 있어 누적적인 부적 영향을 받을 위험이 높다. 미국 내 중년을 대상으로 한 대규모 연구에서 Tun과 그의 동료들(2013)은 사회적 관계로부터 발생하는 긴장(strain)이 개인의 인지 처리 속도를 늦춘다고 보고하였고, Eidelman과 그의 동료들(2019)의 연구에서는 부정적인 사회적 상호작용이 높을수록 우울과 스트레스 수준이 높음을 보고하였다. 이처럼 많은 연구 결과는 사회적 갈등이 고령자의 인지 능력과 우울 및 스트레스에 중요한 영향을 미침을 보고했다.

사회적 갈등이 일어나는 사회적 맥락에 따라 갈등이 고령자의 심리적 및 신체적 건강에 미치는 영향력의 크기와 종류는 달라질 수 있다. 친구 관계에서의 갈등은 고령자의 인지 기능에 부정적인 영향을 미치는 반면, 배우자와의 갈등은 고령자의 인지기능과 심리적 건강에 부정적인 영향을 미친다. 미국 내 은퇴자를 대상으로 한 연구(HRS)에 따르면, 친구 및 가족과의 긍정적인 상호작용은 고령자의 우울과 지각 속도 감퇴를 늦추는 반면, 배우자와의 부정적인 상호작용은 고령자의 작업기억의 감소로 이어지는 것으로 나타났다(Windsor et al., 2014). 선행연구에서는 관계에서의 지지와 갈등이 서로 독립적으로 개인의 적응 및 발달에 영향을 미친다고 강조했다. 사회적 관계가 지니는 양면성에 대해 이해하고 두 측면을 모두 고려하여 고령자의 적응을 살펴보는 것이 필요하다.

5. 맺음말

이 장에서는 개인의 다양한 사회적 맥락과 발달을 살펴보았다. 생애 발달에 따른 사회적 맥락의 전환과 다양한 사회적 관계가 어떻게 변화하는지, 또한 각 발달 단계에서 개인의 사회적 역할은 무엇이며, 어떻게 전환이 이루어지는지에 대해서 알아보았다. 과거에 노년기는 상실의 시기로 이해되었으나 오늘날에는 상실보다는 감소 및 쇠퇴의 측면에서 접근하여 고령자들이 경험하는 다양한 경로를 살펴보고 있다. 또한 노년기의 적응적인 발달을 위해 사회적 관계를 통한 사회적 지지가 더욱 강조되고 있다. 사회적 지지를 확대하고 관계로 인한 갈등을 줄이기 위한 방안을 고민해 보는 것도 고령자를 이해하는 데 도움이 될 것이다.

생각할 거리

1. 애착이론은 어떻게 사회적 관계의 바탕이 되는 것일까?
2. 호위대 모델의 구성요소는 어떻게 되는가?
3. 사회정서적 선택 이론에서는 노년기의 축소된 사회적 관계를 어떻게 설명하는가?
4. 연인과의 사랑을 설명하는 요소는 무엇이 있는가?
5. 결혼 만족도에 영향을 미치는 요인들은 무엇인가?
6. 성인기에서 노년기에 이르기까지 사회적 역할은 어떻게 변화하는가?
7. 다양한 사회적 관계에서의 지지와 갈등은 어떤 특성을 보일까?

제 6 장

성공적 고령화와 동기

고령자는 장년기, 중년기와는 구별되는 사회적 환경과 인생의 국면에 있으며, 따라서 고령자가 관심을 두는 욕구 혹은 그 강도는 장년, 중년과 다른 점이 있을 것이다. 이 장에서는 고령자의 현실적인 욕구가 무엇인지를 알아보고, 동기의 기초 개념들을 간단히 개관하고, 고령자에게서 의미가 있는 스트레스, 건강, 친교 활동, 일, 인지 및 학습 영역에서 동기의 중요성을 보여 주는 몇 연구들을 개관할 것이다. 그리고 고령자의 동기를 증진시키는 몇 가지 접근을 살펴보고, 마지막으로 고령자에게서 웰빙 문제와 성공적인 고령화를 검토할 것이다.

주제어: 동기, 욕구, 내재적 동기, 성공적인 고령화

1. 고령자의 욕구
2. 심리적 동기의 기초
   1) 내재적 동기와 외재적 동기
   2) 자기결정
   3) 목표
3. 고령자의 삶과 동기
   1) 스트레스와 긍정적 마음자세
   2) 건강과 운동
   3) 친교 활동
   4) 일
   5) 인지 및 학습
4. 고령자의 동기 증진
   1) 마음자세
   2) 동기의 내면화와 통합
   3) 목표 설정과 추구
   4) 동기조절과 자기조절
   5) 강화 원리
   6) 사회적 영향
   생각상자 지인의 동기를 높이거나 떨어뜨리기
5. 웰빙과 성공적인 고령화
6. 맺음말

나이가 드는 것은 어쩔 수 없지만, 고령화와 고령자의 삶에 영향을 주는 것들을 더 잘 이해함으로써 그것을 더 만족스러운 과정으로 만들 수 있다. 이와 관련하여 이 장은 고령자의 동기를 살펴볼 것이다. "말을 물가에 끌고 갈 수는 있어도 물을 먹일 수는 없다"는 격언이 있듯이, 동기 수준이 낮으면 좋은 환경과 기회가 있어도 행위가 일어나지 않을 수 있다. 동기(motivation)는 행동의 방향과 강도, 그리고 지속성에 영향을 미치는 원인과 과정을 말한다. 예를 들면, 달리기를 하기로 결심하거나 친구와 좀 더 자주 연락하리라고 마음먹거나 여러 가지 요리를 꾸준히 만드는 일을 설명하기 위해 심리학자는 그런 행동을 하게 만드는 어떤 원인으로서 동기를 언급한다. 여러 모로 비슷한 고령자 간에도 동기 요인에 따라 활동과 수행의 차이가 날 수 있다.

고령자의 동기를 이해하기 위해서는 발달 과정에서 고령자의 위치를 고려해야 한다(제4장 참조). Erikson(1950)은 평생에 걸쳐서 발달하는 동안에 겪게 되는 심리사회적 갈등을 중심으로 인간 발달을 여덟 단계로 구분하였다(그중 성인기는 〈표 6-1〉 참조). 사람이 특정한 시기(연령대)에 직면하는 과제 혹은 심리사회적 갈등을 어떻게 해결하느냐에 따라 그 사람이 획득하는 특성이 달라진다. 예컨대, 학령기의 아이들은 기초 지식을 배우는 과정에서 성실하게 학업을 수행하는 과제에 직면하는데, 여기에 성공적일 때 자신감을 갖게 될 것이다. 〈표 6-1〉에서 초기 성인기에는 친밀성과 소외, 중기 성인기에는 생산성과 침체 획득의 갈림길이 있으며, 65세 이상의 고령인 마지막 단계에는 자신의 인생을 반추하는 시기로서 자아 통합과 절망의 갈림길이 있다. 그것은 성인기와 그 이전 시기를 포함한 자신의 삶을 통합적으로 수용할 수 있는지 아닌지의 여부에 달려 있다. 이 시기는 삶의 여정을 결산하고, 삶의 의미를 확인하고자 하는 시기이다.

이런 발달 단계상의 위치로 인해 우리는 고령자가 그 이전 단계와 다른 동기를 가지고 있으리라고 가정하는 경향도 있다. 예컨대, 사회정서적 선택 이론(socioemotional selectivity

표 6-1 Erikson의 심리사회적 발달 단계 중 성인기와 그 이후의 단계

단계	주요 사건	주요 갈등	주요 결과 (덕성)
초기 성인기(19~40세)	애정 관계	친밀성 대 고립감	사랑
성인기(41~64세)	부모 역할	생산성 대 침체	돌봄
고령기(65세 이상)	인생에 대한 회고와 수용	자아 통합 대 절망	지혜

theory)에 따르면 고령이 되면 남은 시간을 의식하게 되면서 현재지향적이고 정서적으로 의미 있는 목표를 선택하는 방향으로의 변화가 일어난다고 주장한다(Carstensen, Fung, & Charles, 2003). 공포관리론(terror management theory)은 죽음에 대한 공포로 인해 고령자는 내세나 자손에 의미를 부여하고 삶의 연속성을 추구하거나 자신의 삶에 의미를 부여하는 세계관을 받아들이기 쉽다고 주장한다(Solomon, Greenberg, & Pyszczynski, 1991).

1. 고령자의 욕구

사람들이 예전보다 더 건강하고 장수하면서, 그리고 고령자의 인구 비율이 높아지면서 65세 이상을 인생의 황혼기로 보는 관점은 많은 도전을 받고 있다. 그래서 고령자의 연령 기준을 상향해야 한다는 주장도 있으며, 65세를 고령자의 기준으로 보더라도 아주 나이 많은 고령자(oldest old adults)와 상대적으로 젊은 고령자(young old adults)를 구분하는 관점도 있다. 그러므로 고령자를 이해하는 데에는 연령만이 아니라, 어떤 역량을 갖고 있는지, 어떤 활동을 하는지도 고려할 필요가 있다.

고령자는 자신의 삶에서 무엇이 필요하다고 느끼는가? 60세 이상의 고령자에게 생활에서 겪는 어려움을 물었을 때 그 결과(국가통계포털, 2022)는 다음과 같다. 남녀를 불문하고 건강 문제와 경제적 어려움이 가장 큰 비중을 차지했고, 외로움과 소외감, 그리고 소일거리가 없는 것이 그다음을 차지했다. 간단히 말해 돈, 건강, 외로움, 여가가 고령자가 경험하는 주요 문제라는 것이다.

부족한 것(결핍)을 채우려는 것이 대체로 1차적 욕구를 구성한다는 점에서 앞의 조사는 고령자의 욕구를 반영한다고 할 수 있다. 그러나 이러한 결과는 사전에 정해진 선택지에 기초한 것이어서 고령자의 동기를 제대로 혹은 전반적으로 보여 주지 못할 가능성

표 6-2 노인(60세 이상)이 경험하는 어려움(국가통계포털, 2022)

	경제적 어려움	무직, 고용 불안	소일거리 없음	건강 문제	외로움, 소외감	가족의 냉대	경로 의식 약화	일상생활 도움 부족	노인복지 시설 부족	기타	계
남	21.6	4.2	7.6	42.5	8.9	0.6	4.8	2.8	6.1	0.8	99.9
여	23.0	2.3	7.1	44.7	11.2	0.5	2.6	3.6	4.5	0.4	99.9
계	22.5	3.1	7.3	43.8	10.3	0.6	3.5	3.3	5.2	0.6	100.2

* 이 자료는 2021년 전라남도 사회조사 자료를 정리한 것임.

이 있다. 예를 들면, 이 선택지에 들어 있지 않은 성 문제, 정보 기술 사회의 적응, 무망감(hopelessness) 등 여러 가지 어려움이 있을 것이다. 또한 고령자는 일자리를 원하는 비율이 높은데, 경제적 어려움의 해소만이 아니라 사회관계 형성, 재미, 자기효능감 등 여러 가지 동기가 배후에 있을 것이다.

고령자의 어려움은 심리사회적 및 신체적 변화뿐만 아니라, 대처 방식의 변화도 반영되어 있으리라는 점에서 고령자는 차별되는 욕구를 가지고 있으리라 생각된다. 예를 들어, 친교 욕구의 경우에 고령자는 함께 노는 것 대신에 감정과 경험의 공유를 추구하는 경향을 보이기 쉽다. 그러나 고령자가 겪는 어려움이 고령자의 동기를 모두 반영한다고 할 수 없으며, 배후에 좀 더 기본적인 심리적 동기가 있으리라 생각할 수 있다.

2. 심리적 동기의 기초

나이가 들면서 신체적인 능력과 인지 능력에서 변화가 일어나고 사회적 역할과 환경이 달라지는데, 이런 고령화와 더불어 동기의 양상은 변할 수 있다. 예컨대, 유능감이 떨어지거나 자율감이 감소할 수 있다. 이런 점은 고령자의 행동을 이해할 때 동기요인을 고려해야 함을 시사한다. 또 고령자는 변화된 심리신체적 기능과 변화하는 환경에 대해 배우고, 적응하기 위해 새로운 행동을 학습할 필요가 있다. 이 과정에서 동기는 주요한 요인이 된다.

동기 목록에는 매우 많은 항목이 있다. 예를 들면, 성취 욕구, 친애 욕구, 승인 욕구, 인

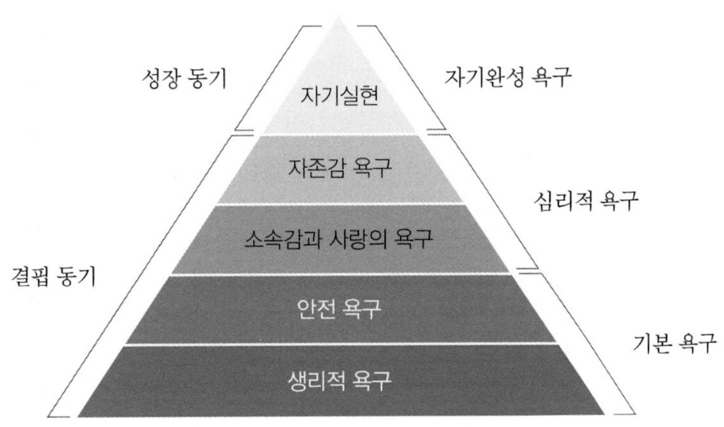

[그림 6-1] Maslow의 욕구 위계 모형

지 욕구 등이 그것이다. 식욕이나 성욕과 같은 어떤 동기들은 생물학적 기초가 있어서 필수적이고 보편적인 반면, 다른 동기들은 심리적인 그리고 사회적인 기초를 두고서 개인 간에도 다양하게 드러난다. Maslow(1943)는 인간의 다양한 욕구(need)를 몇 개의 층으로 구분하는 위계 모형을 제안하였다([그림 6-1 참조]). 이에 따르면, 생리적 욕구가 다른 욕구들에 앞서 충족된 다음, 신체적 안전을 추구하는 욕구가 생긴다. 생존에 필수적인 이 두 가지의 기본 욕구들이 충족된 다음, 심리적 욕구가 추구된다. 여기서 소속감과 사랑의 욕구는 사회적 관계를 추구하는 것을 말하며, 그다음의 자존감 욕구는 스스로를 중요하게 여기며 남들로부터 자신을 인정받고자 하는 것을 말한다. Maslow는 기본 욕구와 심리적 욕구를 묶어서 결핍동기라고 불렀는데, 이것은 부족한 것을 채우고자 하는 동기라는 뜻이다. 욕구 위계의 최상층에는 자기의 능력과 가치를 최고 수준으로 발현하고자 하는 자기실현 욕구 혹은 성장 동기가 있는데, 인간의 진정한 존재 의의를 암시한다. 비판자들은 여러 동기들이 그다지 위계적이지 않으며, 많은 예외가 있음을 지적한다.

〈표 6-2〉에서 본 고령자의 어려움들(돈, 건강, 외로움, 여가 등)은 Maslow(1943)의 모형이 언급하는 결핍들과 어느 정도 상응한다. 생물체로서 인간이 생리적 욕구를 해결하고 안전을 추구하는 것은 자연스러운 것이다. 그다음 수준을 이루는 많은 심리적 · 사회적 욕구의 기초는 무엇인가? 그리고 인간, 특히 고령자의 행동을 변화시키는 데 어떤 동기 원리가 작용할 것인가? 이와 관련하여 심리적 동기에 관한 몇 가지 주요 개념을 살펴보자.

1) 내재적 동기와 외재적 동기

어떤 일을 그 자체를 목적으로 한다면, 그 일에 대한 내재적 동기가 있다고 말할 수 있다. 그 말은 어떤 일을 하는 이유가 외적 보상을 원하거나 강요받았기 때문이 아니라, 바로 그것이 목적이기 때문이라는 것이다. 내재적 동기의 한 예는 맛있는 음식이나 아름다운 음악에서 얻는 쾌락이지만, 쾌락에만 국한되는 것은 아니다. 예컨대, 어떤 사람은 때때로 고통을 수반하는 난관에도 불구하고 힘든 과제나 목표에 매달리기도 하고, 시간과 돈을 들여서 봉사하기도 한다. 이런 경우, 내재적 동기는 단지 쾌락에 의해 유도되는 것이 아니라 그 사람이 가지고 있는 마음자세(mindset)나 가치관에 기반을 두는 것이다.

어떤 일에 대한 강한 내재적 동기가 있는 한 행동을 일으키고 지속시키는 데 어려움은 없을 것이다. 실제로 내재적 동기는 매우 다양한 영역에서 수행을 예측하는 중요한 요인이다(Cerasoli, Nicklin, & Ford, 2014). 그러나 우리는 때때로 싫어하는 일도 해야 한다. 종종

우리는 원치 않는 일을 하는 대가로 보상을 받거나 처벌을 피한다. 행동의 원인에 이와 같은 외적 요인이 있을 때, 우리의 행동은 외재적 동기를 가지고 있다고 말한다. 예컨대, 직장인들이 월급을 받기 위해 일하거나, 운전자가 벌금을 물지 않기 위해 신호를 따르는 것이다. 칭찬이나 상금을 받기 위해 노력하는 경우처럼 외재적 동기에 의해 행동하는 것은 종종 나쁘게 평가되지만, 외재적 동기에 부정적인 측면만이 있는 것은 아니다. 자기 분야에서 성공한 사람의 사례에는 종종 그 일이 용돈을 벌기 위해서 시작되었지만 나중에는 그 자체가 즐거운 일이 되었다는 이야기(즉, G. W. Allport의 기능적 자율성)가 있다. 모든 행위가 내재적 동기에서 비롯되어야 한다면 우리는 새로운 일을 시작할 수 없을 것이다. 그러므로 내재적 동기가 부족한 경우에도 외재적 동기를 적절히 조작하여 행동을 이끌어 내는 전략이 필요하다.

2) 자기결정

여러 동기 심리학자들이 많은 심리적 동기를 이해하는 데 핵심이 되는 동기는 무엇일까에 대해 질문해 왔다(Burkley & Burkley, 2019). 핵심 동기는 그 자체를 추구해야 할 이유가 있어야 하며, 결핍되면 심리적 안녕감이 떨어질 것이라는 점에서 내재적 동기에 속할 것이다. Ryan과 Deci(2000)의 자기결정이론(self-determination theory)은 핵심 동기로 자율성, 유능성, 그리고 관계성 욕구를 제안했는데, 이것들은 사람들이 스스로 추구하기로 결정하는 것들이기 때문이다(Deci & Ryan, 2012). 내재적 동기와 자기결정 형태의 외재적 동기는 자존감, 우울, 삶의 만족, 삶의 의미, 건강, 심리적 상태 등과 유의한 상관을 보였다(Vallerand & O'Connor, 1989).

자율성(autonomy) 욕구는 어떤 일을 스스로 결정하고 통제한다는 느낌을 추구하는 것을 말한다. 사람들은 결국 같은 일일지라도, 여러 선택지 중 자신이 선택한 일을 더 좋아한다. 그리고 멈출 수 있는 권리가 주어지면 일을 더 잘 참는다. 자율성은 자신이 행동의 주인공이라는 느낌을 준다. 예컨대, 사람들은 기계가 자동으로 생성한 로또 번호보다 자신이 손수 결정한 번호에 더 큰 기대를 갖는다. 이런 생각은 사실 근거가 없기 때문에 소위 '통제 착각'을 낳는다. 반면에 상황을 통제할 수 없다고 생각하면 '무기력'에 빠질 수 있다. 긍정적인 사건은 자신이 통제한 결과로 보려는 반면에 부정적인 사건은 자신의 통제와 무관한(예: 우연) 결과로 보려는 경향이 있는데, 자율성은 자존감과도 관련되는 것 같다. 행위에 대한 외적 보상은 행위의 원인을 바깥에서 찾게 하므로 자율성을 훼손하기 쉽다.

유능성(competence) 욕구는 효과성, 능력, 성공을 향한 기본 갈망을 가리킨다(Elliot & Dweck, 2005). 여러 가지 일에 유능하고 성공적인 것은 자기가치감(self-worth)을 높이는데, 이것이 많은 사람이 열심히 일하는 한 원인이다. 또한 자신이 유능하다고 느낄 때 사람들은 일을 더 열심히 하고 더 잘하는 경향이 있다(Beaudoin & Desrichard, 2017). 유능성의 한 측면은 자기효능감(self-efficacy)인데, 이것은 특정 과제를 수행하는 능력에 대한 지각이나 신념이다(Bandura, 1982). 자기효능감은 당사자가 경험한 특정한 일에 한정된 것이므로 한 가지 일에 효능감을 가진다고 하더라도 다른 일에는 그렇지 않을 수 있다. 자기효능감에 일반적인 능력이 더해져야 앞에서 말한 유능감이 형성될 수 있다. 단지 유능하다는 것만으로 내재적 동기가 높아지는 것은 아니다. 자신에게 만족스럽고 남들에게도 자신의 가치를 인정받을 수 있을 때 유능성 동기가 높아질 것이다. 고립되기 쉬운 고령자는 유능감을 가질 기회가 줄어든다. 그리고 집단 속에서도 고령자는 중요한 결정에서 점차 열외되는 경향이 있는데, 이는 무능력을 암시하는 것이 될 수 있다.

관계성(relatedness) 욕구는 타인과 친밀한 관계를 맺고자 하는 것을 말하는데, 일반적으로 지속적이고 긍정적인 대인 관계를 형성하고 유지하려는 추동이라고 정의된다(Deci & Ryan, 2012). 여기에는 어떤 집단에 소속되거나(belong) 남들로부터 인정(approval)을 받고자 하는 욕구도 포함된다. 관계성은 타인과 상호작용하고, 사회적 지지를 주고받는 기초가 된다. 관계의 대상은 가족, 또래와 학교와 같은 사회적 집단, 국가와 같은 추상적 집단, 그리고 사이버상의 집단 등 여러 가지가 있으며, 사람들은 그런 집단과의 동일시를 통해 자신의 정체성을 정의하기도 한다. 만일 고립되거나 소속된 집단으로부터 배척되어 적절한 관계성을 맺지 못하면 안녕감이 떨어지고, 우울과 외로움 등 심리적 고통이 발생할 수 있다. 종종 따돌림(bullying)이 자살의 원인이 되는 경우가 그 예이다.

자율성, 유능성 및 관계성이 핵심적인 심리적 동기인지, 그리고 이 세 가지가 완전히 독립적인 동기들인지에 대한 의문이 있다. 여기에는 행동과 그 결과를 어떻게 인지하느냐가 관건이 될 수 있다. 예컨대, 우수한 결과(유능성)가 타인의 코치를 받은 탓으로 생각된다면(자율성 상실) 결국 유능성은 증가하지 않을 것이다. 특히 자율성과 유능성은 동반하는 경우가 많다. 이 두 가지는 Maslow(1943)의 욕구 위계에서 자존감과 높은 관련성을 가질 것으로 생각된다. 예컨대, 주변 사람들이 도우려는 의도로 고령자 대신에 일을 결정하고, 해결하는 것은 고령자의 자율성과 유능성을 무시하고 결과적으로 자존감을 떨어뜨릴 것이다. 사람들은 소속감 욕구가 있는 가운데 남들과 다른 개성적인 자기를 주장하고자 한다는 것도 유의해야 한다.

3) 목표

동기에 대한 인지심리학적 해석은 본능, 추동, 학습된 행동에서 벗어나서 동기를 이해하는 데 큰 역할을 하였다. 쥐의 미로학습에 대한 Tolman의 연구는 쥐가 단순히 자극-반응 관계를 배우는 것이 아니라, 행동에 대해 가치 있는 결과(즉, 보상)가 기대될 때 비로소 행동의 변화가 일어난다는 것을 보여 주었다. 인지적 관점에서 보면 인간은 맹목적인 힘에 의해 움직이는 것이 아니라, 행동의 가능성과 예상되는 결과를 고려하며 합리적으로 선택한다.

기대가치이론은 행동이 성공할 가능성, 즉 기대(expectancy)와 성공의 가치(value)의 곱에 의해 행동이 결정된다고 주장한다. 기대는 어떤 과제를 수행할 때 자신의 역량에 대한 지각, 즉 앞서 언급한 자기효능감과 관련된다. 자기효능감을 높이는 것은 소위 자신감을 높여 주며 실제로 수행을 향상시킬 수 있다. 어떤 일은 외재적 가치(예: 성공 보수)를 가지고 있거나, 혹은 핵심 동기를 충족시키는 내재적 가치(예: 나에 대한 중요성, 흥미)를 가지고 있을 수도 있다. 즉, 기대와 가치는 사실상 주관적으로 지각(판단)되는 것이다. 예컨대, 아직 추첨하지 않은 로또의 당첨 확률(기대)과 값어치(가치)는 여러분이 로또 구입자인지 아닌지에 따라 달라진다. 어떤 일에 대한 기대와 가치 평가는 일에 대한 인지적 표상에 달려 있을 것이다. 어떤 분야에 축적된 지식과 경험이 있으며 여러 난제를 스스로 해결해 온 사람은 자연히 높은 수준의 유능성과 자율성을 가지고 있고, 또한 높은 수준의 기대 × 가치 감각을 가지고 있을 것이다. 그래서 이런 사람은 고령자라고 하더라도 새로운 일에 더 적극적으로 도전할 수 있다. 고령자들이 여러 가지 자율적인 시도를 하면서 성공 경험을 쌓는 것은 매우 긍정적인 효과를 낳을 수 있다.

꼼꼼히 나열하면 행동의 선택지는 매우 많다. 그러나 우리는 가치가 높더라도 기대가 너무 낮은 일들을 거의 고려하지 않으며, 반면 기대가 너무 높은 일들은 대체로 가치가 낮은 경우가 많다. 결국 우리는 기대와 가치가 적절하게 조합된 선택지를 고려하게 된다. 여기에서 결정된 선택지는 소위 행동의 목표(goal)가 된다. 목표는 개인이 접근하거나 회피하려는 미래 결과에 대한 인지적 표상이다(Elliot & Fryer, 2008). 어떤 목표를 갖는가는 당사자의 내재적 동기, 그리고 자기결정이론에서 말하는 자율성, 유능감 및 관계성의 향상과 깊은 관련을 가질 것이다.

고령자의 자원은 제한되어 있고 빠르게 소모될 가능성이 높으므로 여러 가지 일 중에 더 의미 있고 성과가 기대되는 일에 선택적으로 자원을 투입할 필요가 있는데(Hess, 2014),

이것이 목표 설정이 중요한 이유이다. 고령자의 목표 중에는 고령화로 인해 예상되는 어려움 혹은 수행 저하를 보상하는 것도 들어갈 수 있다. 목표는 자원의 집중과 조직을 도움으로써 결과적으로 성공 기대를 높인다. 어떤 목표는 그보다 더 구체적인 하위 목표들을 갖는 경우가 많으며, 이때 하위 목표들을 차례대로 수행하려는 계획이 목표 달성을 이끈다.

사람은 보통 긍정적인 결과를 낳는 목표로는 접근(approach)하고자 하는 반면에, 부정적인 결과를 낳는 목표로부터 회피(avoidance)하고자 한다. 접근 동기와 회피 동기는 대립적인 것이 아니라, 뇌의 다른 부위에서 일어나는 별개의 경험들이다(Gray, 1990). 다른 모든 것이 똑같다면 사람은 이익을 획득하기보다는 손실을 피하는 것에 더 큰 관심을 가질 것인데, 이를 손실 혐오(loss aversion)라고 한다(Kahneman & Tversky, 1984). 손실 혐오가 지나치면 익숙한 생활방식에 안주하고 새로운 경험을 회피할 가능성이 높다. 고령자를 동기화시키는 데에는 목표가 가져올 긍정적 결과에 대해 촉진 초점을 갖는 것이 도움이 된다.

3. 고령자의 삶과 동기

연령의 증가와 함께 생물학적인 추동, 에너지와 각성 수준, 중추신경계 등의 변화는 고령자의 동기 수준에 영향을 주며, 동기는 학습, 기억 및 의사결정 영역에서도 평생에 걸쳐 변화한다. 사회정서적 선택 이론에 따르면, 나이가 들어서 미래에 남은 시간이 길지 않다고 지각하게 되면 고령자는 가깝고 중요한 사람과의 관계에 더 많은 자원을 투입하고, 정서적인 안녕감을 추구하는 방향으로 동기 조절을 한다. 다른 관점은 신체적 및 인지적 역량의 쇠퇴는 개입하려는 동기에 변화를 일으킬 수 있다는 것이다. 선택 · 최적화 · 보상(Selection, Optimization, and Compensation model; SOC) 모형은 고령자가 만년에 기능의 손실에 반응적으로 혹은 예방적으로 제한된 자원에 집중하고, 목표 설정도 성장 기반에서 손실 기반으로 전환된다고 주장한다(Baltes, Staudinger, & Lindenberger, 1999). 개인적 자원의 변화도 수행 및 유지가 복잡한 일에 고령자가 개입하고자 하는 의욕에 영향을 미친다. 예컨대, 피로, 스트레스 및 시간 압력은 자원을 제한하기 쉬운데, 고령자의 동기 수준, 가용 자원에 더 부정적 영향을 미칠 수 있다. 이로 인해 고령자는 활동을 줄이거나 '천천히 하고 즐기기 위해' 활동과 연락처의 수를 줄일 수 있다.

그러나 고령자들이 관여를 줄이는 것(이탈, disengagement)이 반드시 좋은 결과를 낳는 것은 아니다. 활동이론(activity theory)은 고령자가 복잡한 인지 및 사회 활동을 유지하는 것이 정서적인 안녕감에 이룹다는 것을 보여 주었다(Longino & Kart, 1982). 여러 증거는 복잡한 인지적 · 사회적 활동에 개입하는 사람이 그렇지 않은 사람보다 인지 능력 검사에서 더 좋은 수행을 보이고, 인지 능력의 쇠퇴를 덜 보인다는 것을 보여 주었다(Hess, Emery, & Neupert, 2011). 목표가 있다는 느낌은 고령자의 신체적 활동과 건강, 스트레스 대처 등에 긍정적 영향을 준다. 청년과 중년보다 고령자에게서 동기는 인지 및 건강 관련 자원과 더 높게 관련되며, 고령자의 수행과 개입을 예측하는 데 중요한 요인이다(Hess et al., 2011). 동기는 고령자로 하여금 일에 개입하고 생산적이고 가치 있다고 느끼도록 하는데, 이들은 모두 정신 건강을 향상시키는 데 도움이 된다.

고령자의 삶의 만족과 성공적 고령화에 중요한 의미가 있는 동기 문제를 다섯 가지로 나누어 살펴보자.

1) 스트레스와 긍정적 마음자세

흔히 고령자는 삶의 풍파를 거치고 평온한 상태에 있으리라 여기지만, 모두 그러한 것은 아니다. 〈표 6-2〉에서 보듯이 고령자는 은퇴로 인한 생활방식의 변화, 그리고 이에 수반하는 경제적 문제를 걱정하며, 또 가까운 사람의 질병이나 사별을 겪거나, 가족을 간호하거나 손자녀를 돌봐야 하는 일도 생기며, 이로 인해 주거를 옮기고 낯선 환경에 적응해야 하는 일도 겪을 수 있는데, 이 모든 일이 스트레스를 불러일으킬 수 있다. 잘 알고 있듯이, 스트레스는 면역력을 약화시키고, 소화 장애, 심장병, 비만과 당뇨병과 같은 건강 문제를 일으킬 수 있고, 불면증, 불안, 초조, 우울, 인지기능 감퇴(Stawski, Mogle, & Sliwinski, 2011)와 같은 심리적 문제를 일으키며, 그 결과 스트레스는 고령화를 촉진시킬 수 있다.

스트레스는 삶의 만족도는 물론이고 동기 수준에도 악영향을 줄 수 있다. 스트레스의 영향은 스트레스원의 속성(지속시간, 강도, 빈도 등)과 본질(신체적, 심리적 등)에 따라 질적 및 양적으로 상이한 행동적 결과를 낳을 수 있다(Hollon, Burgeno, & Phillips, 2015). 관절염을 앓는 고령자를 대상으로 한 연구에서 신체적 스트레스는 도구적인(instrumental) 일상생활의 수행 능력에 부적 영향을 주었다(김종근, 문경희, 임은선, 유장학, 2016). 그러나 동기는 생활 스트레스를 이겨 내고 인간관계와 업무 수행 등 삶의 여러 영역에서 성공을 이끄는 데 중요한 역할을 한다.

그러므로 스트레스를 관리하면서 긍정적인 마음자세(positive mindset)를 갖는 것이 건강한 고령화에 중요할 것이다. 긍정적 마음자세는 스트레스 상황을 제대로 인정하고, 새로운 적응 상황을 자기 계발의 기회로 긍정하는 지향성을 가리킨다. 이를 위해서는 자신의 몸과 내면 상태를 관찰하고 있는 그대로 수용하는 소위 마음챙김(mindfulness)이 도움을 줄 수 있다. 반면에 스트레스를 지나치게 반추하는 것은 역효과를 낼 수 있다. Langer(2022)는 양로원의 고령자들은 화단 가꾸기나 방문객 맞이하기 등 일상적인 일에 통제권을 가질 때 건강상태와 삶의 만족도가 크게 좋아지는 현상을 두고 사람들이 자신과 주변의 일에 대한 마음챙김의 중요성을 강조했다. 마음챙김은 자신의 행위와 선택이 자기에게 달려 있다는 믿음(Rotter, 1966)과 관련된다. 그 밖에도 향유하기(savoring), 감사, 공감, 낙관주의, 친절 등 긍정심리학에 기반을 둔 개입이 스트레스 대처에 도움을 줄 수 있다. 그리고 운동과 친교 활동, 강력한 사회적 지원 등은 스트레스 증상이 덜 나타나게 해 준다(Weems et al., 2007).

2) 건강과 운동

건강은 고령자가 가장 추구하는 목표 중 하나이지만, 고령자들이 언제나 건강 증진에 도움이 되는 행동을 하는 것은 아니다. 예컨대, 운동을 하는 대신에 각종 건강보조제나 유사 약품에 의지하려고 한다. 그러므로 동기와 동기 행동을 구별할 필요가 있다.

신체적 활동을 위한 목표를 설정하고 추구하는 일은 주관적 안녕감을 증가시킨다(Kanning & Schlicht, 2008). 고령자들이 규칙적으로 운동하는 동기 요인으로 가장 주요한 것은 건강이며, 그다음으로 사교, 즐거움과 스트레스 통제, 심미성 및 경쟁력이었다(Silva, Castanho, Chiminazzo, Barreira, & Fernandes, 2016). 운동을 하는 고령자들이 그렇지 않은 고령자보다 더 높은 수준의 행복감을 경험했으며, 고령자의 운동 동기가 행복감과 유의한 관계에 있었다(Oh & Yi, 2017). 이러한 결과는 운동 그 자체만이 아니라, 운동에 수반하는 관계성이나 유능성과 같은 심리적 동기가 주요함을 시사한다. 이런 해석은 고령자가 현재 지향적이고 정서적으로 의미 있는 목표를 선택하려고 하며, 긍정 정서를 일으키는 교류에 높은 비중을 둘 것이라는 사회정서적 선택 이론의 주장에 부합한다. 청년의 경우에도 삶의 만족도에 부적 영향을 주는 스트레스에 대해 신체적 활동은 완충기 역할을 할 수 있었는데, 신체적 활동에 대한 내재적 동기가 높을 때 그런 완충 효과가 관찰되었다(Meyer, Grob, & Gerber, 2021). 더욱이 여가 활동에서의 개입은 반복되는 자기결정 동기를 필요로 하는데, 이는 일반적으로 내재적 동기의 발달을 촉진한다.

3) 친교 활동

정도의 차이가 있겠지만 사회관계는 모든 사람이 추구하는 것이다. 그러나 일터에서 제한된 수의 사람들과 오랜 시간을 보낸 뒤 은퇴한 고령자는 다양한 사람과 사회관계를 맺는 데 어려움을 겪기 쉽다. 가까운 사람의 존재는 관계성 혹은 소속감이라는 중요한 심리적 욕구의 충족에 필수적이다. 그뿐 아니라, 친구와 사교는 면역 시스템을 강화하여 감염병에 대한 저항력을 높여 준다(Leschak & Eisenberger, 2019). 또한 사회적 교류가 삶의 질과 인지적 건강에도 이로운 것으로 보인다(김호영, 2015). 그리고 좋은(건강한 생활을 하는) 친구는 건강한 생활 습관을 채택하고 유지하도록 고령자를 동기화시킬 수 있다.

어떤 고령자는 사회적 교류에 어려움을 겪는데, 정서 재인과 사회인지 능력(예: 마음이론)의 저하(Lecce et al., 2017)가 원인일 수 있다. 사실 젊은이이든 고령자이든 인간관계의 질이 접촉 빈도보다 삶의 만족도를 더 잘 예측하게 해 준다. 그런데 친구와의 관계의 질이 자녀와의 관계의 질보다 삶의 만족에 더 중요한데, 고령자들은 그렇게 지각하지 않았다(O'Connor, 1995). 이는 저평가된 친교의 중요성에 고령자가 더 큰 관심을 갖고, 상호작용의 질을 높이도록 애써야 한다는 것을 함축한다. 또한 요즘 증가하는 독거 고령자의 경우에 특히 유의해야 할 점이다.

사회적 지원(social support, 예: 자원봉사) 활동을 하는 고령자가 그렇지 않은 사람보다 5년 내 사망 확률이 훨씬 낮았다(Brown, Nesse, Vinokur, & Smith, 2003). 가족 중심으로 생활(의존)하기 쉬운 고령자들이 적극적인 사회 활동을 하도록 동기화하는 것이 중요할 것이다. 활동이론은 대인 접촉이 자기개념을 유지하는 데 결정적이고, 사람들은 자신의 역할로부터 의미를 끌어낸다고 주장한다. 그러므로 적극적인 사회적 상호작용이 중요한데, 운동, 취미 등의 여가 활동이 그 계기가 될 수 있다.

4) 일

고령자들이 겪는 어려움 중의 하나는 재정적 곤란이지만, 돈이 고령자가 일하려고 하는 유일한 이유는 아니다. 일을 계속하는 것은 기능적으로 자율적인 행동일 수도 있고, 전통적 직업윤리를 따르는 것일 수도 있다. 젊은이는 경력 개발에 더 큰 관심을 갖는 데 비해, 고령자는 내적인 도전과 직무 완수에 더 큰 관심을 갖는 것으로 보인다(Boumans, de Jong, & Janssen, 2012). 직장은 또한 고령자들이 사회적 인정을 받고 친교 활동을 하는 기회도 제

공한다.

그러나 최근 연구에서 어떤 의미이든 (연령, 기능적, 사회적 등의) 연령 관련 요인은 고령자의 계속 일하고자 하는 동기에 부정적 영향을 미쳤다(Kooij, de Lange, Jansen, & Dikkers, 2007). 이러한 차이는 일의 종류, 고령자들이 지각하는 직무 능력, 일의 만족도 등 여러 요인에 기인할 가능성이 있다. 고령자들은 직업 탐색에서 자기효능감이 높을 때 재취업을 잘하며, 이 관계를 성취 동기가 매개한다는 결과가 얻어졌다(Liu, Hong, Zhou, Fang, & Zhang, 2021). 이러한 결과는 고령자의 일과 취업과 관련하여 어떤 지원이 필요한지를 시사한다.

5) 인지 및 학습

동기는 학습, 기억 및 의사결정 영역에서도 평생에 걸쳐 변화한다. 젊은이와 고령자는 실용적이거나 가치가 더 높은, 그래서 자신에게 중요한 정보를 더 잘 기억하는데(Castel, 2020), 이는 동기 요인이 인지기능에 관여함을 시사한다. 동기는 또한 인지적 쇠퇴에도 불구하고 실생활에서 정상적으로 기능하는 데 기여한다(Hess, 2014). 인지적 욕구(예: 호기심)를 추구하는 것은 두뇌 및 인지 활동을 촉진시키며, 어떤 영역에 숙달하는 경험은 유능감을 기르는 효과를 낳는다. 마음챙김, 인지 욕구, 경험 개방성 등은 인지 수행과 활동에의 개입 등과 정적 상관을 보여 주었다(Parisi, Stine-Morrow, Noh, & Morrow, 2009; 반대로 Salthouse, Berish, & Miles, 2002 참조). 마음자세도 학습 동기에 영향을 줄 수 있는데, Dweck(2017)에 따르면 능력이 고정된 특성이라고 믿는 고정(fixed) 마음자세와 노력에 의해 능력이 발달할 수 있다고 믿는 성장(growth) 마음자세가 구별되는데, 성장 마음자세를 가진 사람은 실패에도 불구하고 자신의 노력에 더 큰 의의를 부여하며, 학습에 대해 더 내재적으로 동기화될 것이다.

고령자의 인지 및 학습 능력에서의 개인차는 뇌 예비능(brain reserve)과 인지 예비능(cognitive reserve) 개념으로 이해되어 왔다(Stern, 2002). 인지 예비능은 평생 동안 축적되어 온 지적 능력을 말하는데(제7장 참조), 과제를 더 융통성 있게 수행하는 데 도움이 되며, 고령자에게서 인지 활동을 위한 내재적 동기에 기여할 수 있다. 인지 예비능의 주요 예측변인은 교육 수준과 지적으로 활동적인 직업(혹은 생활방식)인데, 그 수준이 높은 사람은 다소 어려운 과제(예: 수학)에 더 쉽게 도전할 수 있으며, 그 수준이 낮은 사람은 알츠하이머병의 발병 위험이 더 높은 것으로 알려져 있다(Stern, 2012). 특히 디지털 기기가 널리 사용

되는 현대 생활에 적응하기 위해서라도 우리는 고령자가 되기 이전부터 새로운 환경과 생활방식에 적응하는 데 관심을 기울일 필요가 있다.

4. 고령자의 동기 증진

동기가 목표의 설정과 달성에 중요하지만, 사람마다 동기의 역할은 다를 수 있다. 어떤 사람에게는 내재적인 동기가 다른 사람에게는 외재적인 동기가 될 수 있다. 외재적인 동기가 나쁘거나 부족한 것이 아니라, 사람마다 행동을 활성화시키는 이유 혹은 원인이 다를 수 있다는 것이다. 그러므로 특정 활동과 관련해서 자신이 어떤 동기에 의해 움직이는가를 파악할 필요가 있다.

동기를 갖는 것과 행위를 선택하는 것, 행위를 수행하는 것은 일련의 과정이지만 서로 구별될 필요가 있다. 어떤 사람은 동기를 갖는 수준에서 멈추고, 어떤 사람은 어떤 행위를 선택하지만 실행하지 못하며, 또 어떤 사람은 행위를 실행하고 그 결과에 대한 피드백을 받는다. 동기의 루비콘 모형(Gollwitzer, 1990)으로 보면 동기 행동은 '목표 설정-목표 계획-행위-결과 평가'의 순환이다. 목표 설정 단계에서는 여러 가능성을 검토하는 것이 중요하고, 목표 계획 이후의 단계에서는 목표 달성을 위해 가용 자원을 투입하는 것이 중요하다.

동기화된 행동을 개시하더라도 그것이 완수될 때까지 여러 단계가 필요하고, 때때로 긴 시간이 소요될 수 있다. 충동성이 높은 사람은 이 과정에서 습관적인 행동에 빠져 목표 달성에 실패하기 쉽다. 반면에 자기통제력이 높은 사람은 충동을 관리하면서 목표 달성을 향해 여러 심리 자원을 동원할 것이다. 충동적 욕구를 억제하기 위하여 습관적 행동을 재조정(재프로그래밍)할 수 있으며, 통제를 강화하기 위하여 더 계획적으로 행동하고 심리자원을 보존 혹은 충전하는 전략을 세울 수 있다. 자기통제도 훈련될 수 있는데, 운동은 이에 큰 도움을 준다(Burkley & Burkley, 2019, p. 310-313). 이 절에서는 특히 고령자의 동기 증진에 영향을 주는 몇 가지를 살펴보자.

1) 마음자세

마음자세(mindset)는 세상과 자신을 어떻게 이해할 것인지에 영향을 주는 일단의 믿음이다. 쉽게 말해 문제를 보는 관점인데, 고령자의 마음자세는 고령화와 자신에 대한 관점과 깊이 관련된다. 마음자세는 성향적인 측면이 강한데, 고령자의 동기 행동을 이해하는 데 도움이 되는 두 가지 마음자세를 살펴보자.

(1) 촉진 대 예방 마음자세

고령자와 관련이 깊은 마음자세 중 하나는 촉진(promotion) 마음자세와 예방(prevention) 마음자세이다. Higgins(1997)는 예방 초점과 촉진 초점을 구별하였다. 예방 초점은 미래를 제한된 것으로 보고, 자신에게 주어진 기회가 많지 않다고 보며, 구체적인 목표를 추구하고, 부정적인 사건을 예방하는 방향으로 동기를 조절하려는 것을 말한다. 촉진 초점은 미래를 기회가 열린 것으로 보고, 미래의 이익을 얻기 위해 어떤 일을 도모하는 방향으로 동기 조절하는 것을 말한다. 이 설명에서 보듯이 조절 초점은 미래를 어떻게 보느냐, 즉 미래시간조망(future time perspective)과 깊은 관련이 있다. Lang과 Carstensen(2002)에 따르면, 미래 시간에 대해 제한된 조망을 갖는지, 아니면 기회가 열려 있는 조망을 갖는지에 따라 목표를 향한 행동의 순위와 실행 여부가 결정된다. 기회 관점의 미래시간조망을 갖는 사람은 의욕 수준이 높고 주관적 안녕감이 높았다(서은희, 최지연, 정영숙, 2018). 그러나 고령화가 진행될수록 예상되는 손실을 예방하거나 보상하려는 관점이 증가할 것으로 예상된다.

(2) 심사숙고 대 구현 마음자세

서두에서 언급했듯이 동기 행위는 크게 목표를 계획하고 설정하는 단계와 목표를 추구하는 단계로 구분될 수 있는데, Gollwitzer(1990)는 목표 설정 단계에서는 심사숙고하는 마음자세(deliberative mindset)가 도움이 되고, 목표 추구 단계에는 구현하려는 마음자세(implemental mindset)가 도움이 된다고 주장하였다. 심사숙고 마음자세는 열린 마음으로 여러 대안과 찬반들을 고려하여 결정하려는 지향성이며, 구현 마음자세는 선택한 목표의 달성에 도움이 되는 수단에 집중하면서 낙관적인 태도로 목표에 접근하려는 자세이다. 심사숙고 마음자세를 가진 사람은 구현 마음자세를 가진 사람보다 좀 더 비관적인 결과를 기대하고 더 저조한 수행을 보였다(Armor & Taylor, 2003). 마음자세를 단계에 맞게 바꾸는 것은 실제로 쉽지 않을 것이다. 고령자의 동기와 관련해서 보면 여러 가지를 너무 염려하는 심사숙고 마음자세보다는 목표를 향해 적극적인 개입을 하는 구현 마음자세가 더 필요하다. 그러나 자기결정이론의 관점에서 보면 목표에 대한 심사숙고를 통한 자기결정이 중요

할 것이다.

마음자세는 인지적 · 행동적 수행에 영향을 준다. 그리고 고령자의 생각이나 믿음은 나이에 대한 고정관념과 타인의 사회적인 기대(선입견)의 영향을 받기 쉽다. 자신이 나이가 들었다고 믿는 고령자는 인지 수행이 더 떨어지며, 자신이 건강하다고 믿는 고령자는 더 좋은 수행을 보인다는 연구가 있다(제2장의 〈생각상자〉 참조). 고령자에게 노인임을 인식시키거나 점화시키면 인지과제(예: 셈 혹은 추리)의 수행이 떨어진다. 이처럼 고정관념과 선입견은 그것과 일치하는 행동을 점화할 것이며, 이와 다른 목표를 설정하고 추구하는 행동을 방해할 것이다. 이런 생각에 저항하는 작업이 유의한 결과를 낳을 수 있다는 것을 Langer(2022)가 보여 주었다. 이 실험에서 5명의 75세 노인들이 자신이 50대였을 때처럼 행동하도록 요구받았는데, 당시 배경의 실험 장소에서 당시의 노래를 듣고 잡지를 보았으며, 그 이전(예: 20~30대)이나 70대에 관한 이야기는 금지되었다. 실험이 끝나자, 예컨대 지팡이를 짚고 다니던 노인이 그냥 걸을 수 있게 되었을 정도로 참가자들의 건강이 현저히 좋아졌다. 이 연구는 고령자의 수행이 실제로 저하된 것이 아니라, 자신과 고령화에 대한 부적절한 마음자세(고정관념)에 기인하였을 가능성이 있음을 시사한다. 그렇다면 잘못 학습된 행동을 역조건형성시키거나 대체적인 행동을 학습함으로써 고령자의 행동은 더 활동적이게 되고, 인지적으로 더 기능적이게 될 수 있을 것이다. 그러므로 고령자가 긍정적인 마음자세를 갖고 적극적으로 대처하도록 지원하는 것이 필요하다.

2) 동기의 내면화와 통합

내재적 및 외재적 동기 요인들은 인지 고령화에 차별적인 영향을 미칠 수 있다(Hargis, Siegel, & Castel, 2019). 흥미와 숙달 추구, 즐거움 등과 같은 내재적 동기에 기초한 행동은 오랫동안 지속되는 경향이 있다. 그러나 내재적 동기의 경우에도 그것의 유지와 고양을 지지하는 외적 조건이 필요하며, 좋은 조건을 만나면 내재적 동기는 더 계발될 것이다(Ryan & Deci, 2000). 그러나 충분히 경험해 왔듯이, 모든 일이 내재적 동기에 기초할 수 없다. 우리는 종종 그 대가를 얻기 위해서 의욕이 없거나 싫어하는 일도 한다. 물질적 보상뿐만 아니라 친근함, 사회적 인정, 부러움과 칭찬 등이 외재적 동기로 작용한다. 외재적 동기 행동의 결점은 그 보상이 사라지면 행동도 사라질 것이라는 것이다. 그렇다고 해서 내재적 동기가 생길 때까지 기약 없이 기다릴 수도 없다. 외재적인 동기에 비롯된 행동을 자발적인 수준에서 실행하도록 동기 측면을 전환하는 작업이 필요한 이유이다.

이러한 문제에 대해 Ryan과 Deci(2000)는 종합적인 틀을 제시했다. Deci와 Ryan의 자기결정이론은 내재적 동기와 외재적 동기를 이분법적으로 보지 않고 그 사이에 여러 중간 단계가 있다고 주장하였다([그림 6-2] 참조). 외재적 동기들도 자기결정의 정도(지각된 인과 소재)에 따라 외적, 다소 외적, 다소 내적, 내적의 연속체를 갖는다. [그림 6-2]에서 내사 조절, 동일시 조절 및 통합 조절의 순으로 외재적 동기도 자발적으로 조절된다. 통합 조절의 경우에 동기는 자기 개념과 일관되고, 자기의 가치관에 통합되며, 이때 외재적 동기에 기초한 행동은 거의 내재적으로 동기화되는 수준에 이르렀다고 볼 수 있다. 이 수준에서는 행동의 가치와 동기 조절이 수용(내면화)되고, 동기 조절이 자신에게 동화(통합)된다.

고령자들은 예컨대 건강이나 친교 관계 관리와 같이 익숙하지 않고 내재적으로 동기화되지 않은 일들을 개시하도록 외재적인 동기가 필요한 경우가 있다. Ryan과 Deci(2000)의 모형은 외재적 동기에 기초한 행위(예: 건강 행동)도 조절 과정에서 적절한 발전을 거쳐 내면화되고 자기에 통합될 수 있다는 개념적 틀을 제시하였다. 여기서 외적인 조절은 말초적이고 취약한 조절에 불과한 것이 아니라, 자발적인 조절로 향하는 출발점이 될 수 있다.

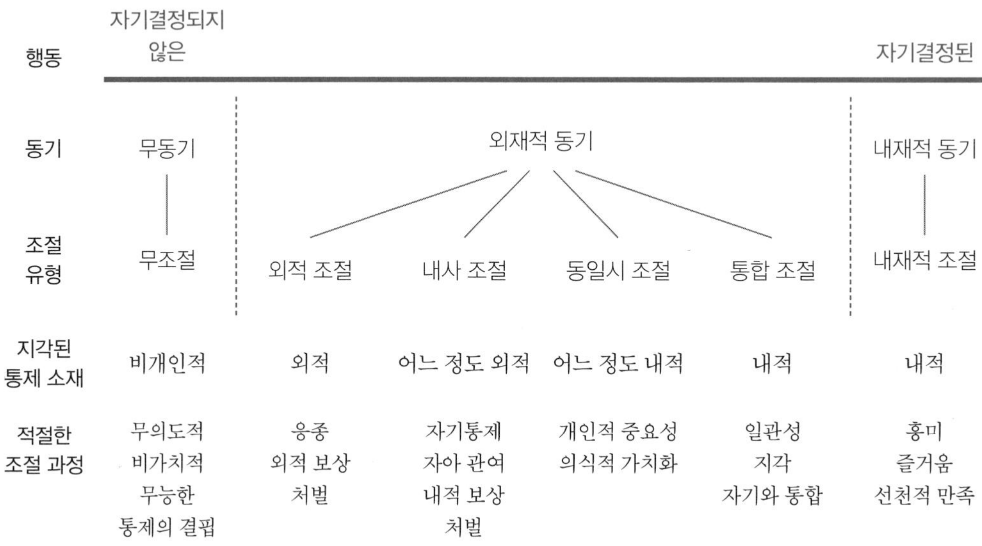

[그림 6-2] 동기 유형을 조절 유형, 통제 소재 및 적절한 조절 과정과 함께 보여 주는 자기결정 연속체

출처: Ryan & Deci (2000).

3) 목표 설정과 추구

한가한 시간은 많은 사람이 바라는 바이지만 고령자가 반드시 환영하는 것은 아니다. 시간과 경제적인 여유가 있어도 투입할 곳이 없으면 삶의 만족이 떨어질 수밖에 없다. 고령자들의 어려움(〈표 6-2〉 참조)을 보면 '소일거리 없음'도 상당한 비중을 차지한다. 목표(goal)는 활동의 방향성과 이유를 제공함으로써 일거리를 만들어 준다. 또한 목표는 상황과 사건을 더 잘 의식하게 만들어 주며, 하루하루에 의미가 있다는 느낌을 준다. 특히 목표 달성이 가까워지거나 세부 목표를 의식하게 되면 마음챙김 수준도 높아질 것이다. 고령자는 목표 감각을 가지고 있을 때 신체적으로 더 활동적이고, 자신의 건강을 더 잘 보살필 수 있고, 심신의 건강상태가 더 좋으며, 스트레스의 영향을 덜 받고, 삶의 질이 높을 가능성이 있다.

(1) 목표의 선택

심리적 동기를 다룬 앞 절에서 보았듯이 목표는 선택적 개입을 필요로 하며, 또한 여러 수준의 행동들을 조직할 것을 요구한다. 예를 들어, 유명 관광지에서의 멋진 휴가를 계획 중이라면 여유 시간과 충분한 휴가비가 필요하며, 이를 위해서 돈을 모으고 일을 앞당겨 처리해 둬야 하며, 그전에 지출이나 오락 시간을 줄여야 할 것이다. 훌륭한 목표도 미리 정해져 있다면 자율성을 훼손하고 동기 행동을 불러일으키지 못할 것이다. 자기결정이론을 참고한다면 목표가 내재적으로 동기화된 것이거나 적어도 자발적으로 결정될 때 목표 추구 행동이 더 강해질 것이다. 사람들은 비견할 만한 대안들 중에서 자신이 선택한 목표를 더 가치 있는 것으로 여기는 경향이 있으며, 목표에 대한 설득력 있는 이유가 제시될 때 수행이 좋다(Burkley & Burkley, 2019).

목표 설정을 잘하기 위한 요건들은 SMART라는 두문자 단어로 요약될 수 있는데(Lunenberg, 2011), 즉 목표가 구체적이고(Specific), 수행이 측정 가능해야 하고(Measurable), 달성 가능해야 하고(Attainable), 현실적이고(Realistic), 마감시한이 있는 것이어야 한다(Time-based). 그리고 성과 목표보다 학습 목표가 더 좋은 수행을 낳는다(Dweck, 2017). 집단 단위의 목표 설정이 개인 단위의 목표 설정만큼 중요하다.

(2) 목표 추구

선택·최적화·보상 모형(Baltes et al., 1999)에 따르면, 목표를 실제 행동으로 전환시키는 데 최적화와 보상이 필요하다. 최적화는 원하는 결과를 얻기 위해 목표와 관련된 수단을 획득하고 가공하고 투자하는 것을 말하며, 보상은 불가피하게 맞닥뜨리는 손실에 직면해서 (목표를 재구성하는 것이 아니라) 대안적인 수단을 통해 목표를 유지하는 것을 말한다. 예컨대, 고령화로 시력과 타자 속도가 떨어져서 글쓰기가 힘들어진 작가는 생각을 녹음하거나 타자수를 고용하여 장애를 극복하고 글쓰기 목표를 유지할 수 있다(Bäckman & Dixon, 1992). 최적화와 보상에도 상당한 노력이 들기 때문에 고령화가 상당히 진행되어 기능적 문제를 겪는 고-고령자(oldest-old)에게는 이런 전략이 효과적이지 않을 수 있다.

목표 의식이 있는 50세 이상의 고령자가 그렇지 않은 사람보다 4년 후에 고령화의 핵심지표 중 하나인 악력과 걷는 속도에서 더 좋은 수준을 유지하였다(Kim, Kawachi, Chen, & Kubzansky, 2017). 돌봄 서비스를 받는 고령자들이 (정신적, 신체적, 이동성 및 지원) 건강 관련 문제를 향상시키기 위해 관리자와 협동하여 목표 설정을 한 후, 일 년 내에 목표의 74% 정도를 달성하였다(Rietkerk et al., 2021). 그리고 목표와 수행 간의 적당한 불일치는 사람들의 수행을 촉진시키는 효과가 있었다(Reeve, 2018). 어떤 경우에 고령자는 나이와 관련된 쇠퇴를 보상하기 위해서 더 높은 동기 능력(예: 보속 행동, 결정 규칙성, 활성화 조절)을 보일 가능성이 있다. 그러나 목표 달성의 난이도가 너무 높으면 너무 낮은 경우와 마찬가지로 목표 설정은 별로 도움이 되지 않을 것이다.

(3) 목표 이탈

목표 달성에 장애가 있거나, 많은 목표 중 선택이 필요하거나, 또는 목표의 변경이 필요하면 기존 목표를 단념해야 할 필요가 있다. 목표를 추구하는 노력을 줄이거나 목표의 중요성을 낮추는 것을 목표 이탈(goal disengagement)이라고 한다. 목표 이탈은 제한된 시간, 기회, 그리고 자원을 효과적으로 사용하는 데에도 필요하며, 또 비현실적 목표의 추구로 인한 스트레스와 심리적 고통을 줄이는 데에도 필요하다. 그러나 구현 마음자세가 완고하거나 상황(의 변화)에 대해 유연하게 대처하지 못하는 성격 특성으로 인해 목표 이탈이 어려운 경우도 있다. 습관적이지만 비적응적인 목표로부터 이탈하는 것이 우울감을 줄여 주었다(Dunne, Wrosch, & Miller, 2011).

4) 동기조절과 자기조절

은퇴한 고령자가 되어 사회적 제약이나 규범으로부터 비교적 자유로운 나이가 되면 새로운 목표를 설정하고 추구할 필요를 경험한다. 그런데 이런 상황에 적절히 대처하지 못하면 동기가 저하될 수 있다. 이럴 때 생각이나 정서, 행동을 의도적으로 통제하는 자기조절(self-regulation)이 필요하다(Reed, Combs, & Segerstrom, 2020). 이것은 목적이나 상황에 맞게 효과적으로 대처하기 위해서 관련 자원을 적절하게 적시에 투입하는 것이다. 행동의 지속성도 동기의 주요 측면이다. 장기적인 목표를 설정하고 추구하는 동안에 동기 수준은 오르락내리락하기 쉽다. 그럴 때 목표 달성을 위해 현재의 노력과 꾸준함(perseverance)을 높이거나 유지하도록 동기 수준을 조절하는 것이 동기조절(motivational regulation)이다.

동기조절은 자기조절 개념과 더불어 발달하였으며, 자기조절의 동기적 측면이라고 할 수 있다. Bandura(1991)는 자기조절이 자신의 행동, 결정요인 및 결과에 대한 자기주시(self-monitoring), 개인적 기준과 환경 조건과 관련해서 자기행동의 판단, 감정적인 자기반응, 그리고 자기효능감 기제를 포함한다고 주장했다. 앞에서 살펴본 선택 · 최적화 · 보상도 일종의 자기조절 전략이라고 할 수 있다. 자기조절 능력이 높은 사람은 자신의 자원과 잠재력을 충분히 활용하여 성공적인 고령화를 꾀할 것이다. 자기조절의 지표인 집행기능 및 성실성, 그리고 주관적 자기조절(평정)은 심리적 및 신체적 건강과 유의한 정적 상관관계를 보였으며(Reed, Combs, & Segerstrom, 2020), 고독감과 부적 상관관계를 보였다(윤은경, 조윤득, 2020). 고령화로 인해 집행기능과 상위인지 능력이 저하되면 자기조절과 동기조절 능력이 떨어질 가능성이 있다.

5) 강화 원리

강화와 처벌은 외재적 동기화의 수단이며, 그런 점에서 종종 최후의 수단이면서도 또한 지속적인 효과는 기대되지 않는 것으로 생각된다. 그러나 '동기의 내면화와 통합' 절에서 보았듯이 외재적 동기를 행동의 자기결정과 잘 연결해 나간다면 더 지속적인 효과를 얻을 수 있을 것이다. 보상은 분명히 효과적이지만, 무엇이 보상이 될 것인가는 신중히 판단되어야 한다. 고령자의 경우에는 자율성과 유능성을 느끼는 기회 자체가 큰 보상이 될 수 있을 것이며, 이런 경험은 내재적 동기와 연결될 수 있다. 고령자를 대상으로 하는 프로그램(예: 건강 행동 증진 프로그램)은 이런 점을 고려하여 설계될 필요가 있다.

강화의 원리는 행동뿐만 아니라 인지에도 적용되는데, 특히 보상의 기대는 고령자의 기억 수행을 향상시킬 수 있다. 젊은이나 고령자나 모두 망각해야 할 항목보다 기억해야 할 항목에 대한 보상이 많을수록 기억 수행이 좋았다(Bowen, Gallant, & Moon, 2020). 고령화가 되면서 많은 사람이 인지기능의 쇠퇴를 당연하게 여기는 경향이 있지만, 적절한 강화 원리가 동원된다면 인지적 수행이 호전될 수 있다.

강화의 원리는 병동에도 응용될 수 있다. 노인 병동에서 고령자의 일상생활을 돌보는 일에 많은 인력이 필요한데, 노인들이 이 문제를 스스로 혹은 서로 도와서 해결한다면 간병 부담이 많이 줄 것이다. 이런 기대를 갖고 소위 토큰 경제(token economy)를 응용하는 연구가 수행되었는데, 18개월 동안 바람직한 표적 행동은 크게 증가하였고, 직원들의 태도와 병동 분위기 등에도 많은 긍정적 부수 효과들이 관찰되었다(Gustafson, 1992). 토큰 경제를 환자나 그 가족에게 적용하였을 때 치료에 도움이 되는 행동을 고수하는 비율이 5배로 증가하였다(Hickey et al., 2018). 토큰 경제 원리는 병동뿐만 아니라 시설에서도 고령자들이 위생, 안전, 운동 행동들을 강화하는 데에도 적용될 수 있다.

6) 사회적 영향

뇌에서 발견된 거울뉴런(mirror neuron)은 다른 사람의 행동을 흉내 내는 생물학적 기반이라 생각되며, 사회적 장면에서 정서경험(예: 공감)의 기초일 가능성이 있다(Iacoboni et al., 2005). 우리는 주변에 있는 다른 사람의 행동의 의도를 파악하고 모방함으로써 사회적으로 의미 있는 행동을 학습할 수 있다.

사회적 영향은 동기에도 영향을 미치는데, 특히 고령자에게는 동년배 고령자 모델이 더 효과적이었다(Ma, Chan, & Teh, 2020). 특히 동년배(또래) 간에는 유사점 혹은 공감하기 쉬운 요소들이 많아 새로운 학습에 대한 저항이 감소하고, 일상생활이나 운동 상황에서는 동조 행동이 오히려 증가한다. 또한 주변 사람은 정서적 안정감을 제공함으로써 고령자가 과제 혹은 목표에 더 잘 집중할 수 있게 한다. 돌봄 주거에 사는 고령자들은 가족과 함께 사는 고령자보다 외로움을 더 많이 느끼는데(Abitov & Gorodetskaya, 2016), 친밀하게 연결된 사람이 적기 때문일 것이다. 그러므로 목표 추구 행동이 사회적 맥락 속에서 혹은 다른 구성원과 (온라인으로라도) 연결된 형태로 실행될 수 있도록 하는 것이 도움이 될 것이다.

지인의 동기를 높이거나 떨어뜨리기

이 글에는 고령자의 동기를 증진시키는 방법 중 일부만이 제시되어 있다. 동기 증진을 위해 물질적인 보상을 너무 자주 사용하는 것은 '내재적 동기의 외재화'라는 부작용을 낳고, 정반대의 결과를 낳을 수 있다.

여러분 주변의 가까운 사람, 특히 부모님이나 고령의 지인을 동기화하는 어떤 방법이 좋을까? 이를 위해서는 고령자들의 관심과 욕구를 먼저 파악해야 할 것이다.

반대로 여러분은 주변 사람의 동기를 떨어뜨리는 데에도 중요한 역할을 할 수 있다. 의도하든지 의도하지 않든지, 혹은 의식하든지 의식하지 않든지 여러분의 반응은 주변 사람에게로 피드백되고, 이것은 그 사람의 다음번 행동에 영향을 미칠 수 있다. 특히 부모님을 포함한 고령자에게는 어떤 행동이나 말이 동기를 저하시키는 결과를 낳을 것인가?

하루 종일 내가 하는 말과 행동의 목록을 만들어 보자. 표의 왼쪽에는 상황을 쓰고, 오른쪽에는 나의 행동이나 말을 쓰는 것이다. 며칠 동안 이런 표를 만들어 보면 내가 의도하지 않았고, 또 의식하지 못했던 내 언행의 특징들을 파악할 수 있다. 비록 내가 그 영향을 알아차리지 못했을지라도 나의 언행은 주변 사람(의 동기)에게 중요한 영향을 미칠 수 있다. 그것은 또한 나에게도 영향을 미친다.

5. 웰빙과 성공적인 고령화

웰빙은 모든 사람이 추구하는 바이겠지만, 장중년기에 역경을 헤치고 일선에서 물러난 고령자에게 더욱 각별한 의미가 있다. 웰빙(well-being)은 정서적, 신체적, 사회적, 직장, 공동체 등 삶의 여러 측면에서 좋은 상태에 있음을 가리키는 말이다. 삶의 만족(life satisfaction)은 웰빙보다 삶에 대한 주관적인 평가를 중시하는 개념인데, 정서적 안녕감(행복)과 더불어 주관적 안녕감(Subjective Well-Being: SWB)을 구성하는 것으로 생각된다. 주관적 안녕감은 성공적인 고령화를 나타내는 기준으로 사용된다.

긍정심리학을 주창한 Seligman(2011)은 웰빙에 기여하는 다섯 요인으로 '긍정적 정서, 몰입, 관계성, 의미 및 성취'를 주장했으며, Ryff(1989)는 '자기수용, 긍정적 인간관계, 자율성, 환경에 대한 숙달감, 삶의 목적, 개인의 성장'을 '심리적' 웰빙 요인으로 들었다. Kanning과 Schlicht(2008)는 주관적 안녕감의 향상에 신체 활동의 역할을 강조하였다. 삶의 만족 정도는 건강상태, 성별, 교육 수준, 주거지 등에 따라 차이가 있는 것으로 보인다.

특히 남성에게는 주관적인 건강 지각이 가장 중요하고, 여성에게는 삶의 핵심에 대한 지식, 자신과 타인의 행동에 대한 성찰, 친절과 공감을 나타내는 지혜 등이 가장 중요한 것으로 조사되었다(Ardelt, 1997). 그리고 연령 그 자체보다 임종까지 남은 기간이 삶의 만족에 더 큰 영향을 미친다고 하였다(Gerstorf, Ram, Röcke, Lindenberger, & Smith, 2008). 이 외에도 성격, 사회적 상호작용 등 더 개인적인 특성도 관련성이 있다.

웰빙의 기초가 되는 조건들, 예컨대 건강이나 사회 관계, 지적 활력 등은 나이가 들면서 약화된다. 고령자는 이러한 변화와 제약에도 불구하고 주관적 안녕감을 추구할 수밖에 없다. 즉, 고령화에도 불구하고 삶의 변화에 잘 적응하면서 삶에 만족하고 행복감을 느끼는 것이 성공적인 고령화(successful aging)라고 할 수 있을 것이며, 성공적 고령화가 고령자의 주요 동기라고 할 수 있다. 앞의 '고령자의 삶과 동기' 절에서 다룬 긍정적 마음자세, 건강, 친교 활동, 일, 학습 등은 성공적 고령화에 영향을 미치는 중요 영역들이다. 이런 영역에서 자신에게 적절한 목표를 적극 추구할 때 삶의 만족도가 높아질 것이다. 실패를 두려워하여 수행을 회피하는 목표를 갖고, 성취 장면에서 부적응적으로 대처하면 심리적 욕구는 충족되지 않고 만족 수준도 떨어진다(Reeve, 2018). 고령자의 행동을 동기화하는 데 도움이 되는 일반적 전략 중 하나는 선택 · 최적화 · 보상(SOC) 전략이다. 심적 자원이 풍부하여 이와 같은 전략을 쓸 수 있는 고령자들은 긍정 감정, 삶의 목적, 삶의 만족을 경험하는 빈도에서 더 높은 주관적 안녕을 보고하였으며, 스트레스나 상실을 더 잘 대처하였다(Young, Baltes, & Pratt, 2007).

성공적인 고령화를 이끄는 요인들은 연구자에 따라, 분석 수준에 따라 상당한 편차가 있다. Rowe와 Kahn(1998)은 성공적 고령화의 핵심 요소들로 '질병 및 장애의 부재' '인지적 · 신체적 기능의 유지' '사회적 및 생산적 활동에의 지속적 몰입'을 들었는데, 장혜영(2020)은 이런 관점을 생태적 체계 모형으로 확장하여 개인, 가족, 공동체 수준에 걸친 광범한 요인들을 제시했다. Vaillant(2010)는 하버드 성인발달 연구를 통해 성공적인 삶에 관한 구체적인 7개 요인을 주장했다. 그것은 '비흡연 혹은 젊을 때 금연 성공' '적응적(성숙한) 방어기제' '알코올 중독 경험 없음' '적정 체중' '안정적 결혼 생활' '운동' 및 '교육과 연수' 등이다. 역사적 경험과 복지 수준 등에서 차이가 있기 때문에 서양인을 대상으로 연구한 결과를 한국인에게 일반화하는 데에는 한계가 있다. 정여진, 유나영, 김비아, 신현정, 정영숙(2014)은 한국인을 대상으로 연구들을 메타분석하여 심리적, 사회적, 신체 건강 및 인지 건강, 그리고 인구통계학적 변인들의 효과를 비교하였다.

6. 맺음말

과거에 어린이를 작은 어른이라고 생각한 적이 있듯이, 고령자를 나이 들고 힘없는 성인이라고 생각할 수도 있을 것이다. 흔히 사람들은 현재 관점의 연장선상에서 세상을 관찰하고 타인을 이해하는데, 고령자를 볼 때에도 비슷한 일이 벌어질 것으로 생각된다. 이런 도식은 고령자 이해의 필요성을 무시하고, 고령자와의 상호작용을 아전인수식으로 해석하는 결과를 낳기 쉽다. 고령자는 인생의 마지막 단계에 있다고 생각되지만, 과거보다 더 건강하고 더 오래 살게 된 결과로 고령화의 구체적인 국면은 매우 다양하며, 고령자는 여러 하위 집단으로 분류될 수 있다. 그렇지만 대부분의 고령자는 직장과 사업에서 은퇴한 이후에 고령자로서 새로운 삶에 재적응을 해야 하는 과제를 안고 있다.

무엇이 중요한지를 판단하며, 무엇을 추구할 것인지를 결정하는 것과 관련된 심리기능을 동기라고 한다. 이 장에서는 고령자들에게 주요한 욕구와 기본적인 심리적 동기, 고령자의 주요 관심사를 살펴보았다. 주요 관심사는 성공적인 고령화를 위해서 주목해야 할 영역이기도 하다. 고령자가 새로운 활동에 관심을 갖고 적극적으로 참여하기 위해서는 동기의 증진이 필요할 텐데, 이를 위한 몇 가지 방안을 살펴보았다. 마지막으로 웰빙과 성공적인 고령화의 주요 요인들을 살펴보았다. 이러한 내용이 고령자의 이해, 적절한 개입, 그리고 고령화에 대한 준비에 유용하기를 기대한다.

생각할 거리

1. 신체·심리적 고령화와 더불어 고령자의 욕구가 보편적으로 어떻게 변화되는지 Maslow의 욕구 위계의 관점에서 생각해 보자.
2. 고령자들은 친밀한 관계의 범위와 질이 감소하면서 외로움을 많이 경험한다. 가족 관계 이외에 고령자의 소속감 및 관계 욕구를 충족시킬 수 있는 사회적 방안들에 관해 생각해 보자.
3. 출산율 감소로 인해 노동 인구가 줄어들면서 고령자의 노동력 활용 기회가 증가할 것으로 전망된다. 고령자의 신체·심리적 특성에 적합한 노동력 활용 방안들에 관해 생각해 보자.
4. 고령자들이 더 활력 있는 생활을 하는 데 도움이 되는 마음자세에 관해 생각해 보자.

5. 삶의 조건이 유사함에도 불구하고 부정적 감정이 주조인 고령자와 긍정적 감정상태를 유지하며 살아가는 고령자 간에 어떤 차이가 있을지에 관해 생각해 보자.
6. 성공적 고령화를 이행했다고 혹은 이행하고 있다고 생각되는 사람들을 주변에서 찾아보고, 그들의 특징을 제시해 보자.

제7장

노인 인지건강의 위험요인과 보호요인

전 세계적 인구의 고령화로 치매 인구의 증가와 그에 따른 사회적 부담이 증가하면서 노년기 인지건강 유지에 대한 많은 관심이 모아지고 있다. 이 장에서는 노년기 인지 감퇴와 치매 발병과 관련되는 것으로 밝혀진 생물심리사회적 요인들과 관련 연구들을 소개할 것이다.

주제어(keywords): 인지노화, 치매, 라이프스타일, 신체활동, 인지활동, 사회활동

치매에 걸리지 않고 좋은 인지기능을 유지하는 등 노인들의 인지건강은 독립적인 일상생활을 영위하기 위한 필수적인 요건 중 하나이며, 노년기 삶의 질과도 밀접하게 관련된다. 많은 사람은 중년기 이후 연령이 증가함에 따라 인지기능이 점진적으로 감퇴하는 것을 자연스러운 발달적 변화로 인식한다. 이와 같은 정상적인 범위의 인지 노화는 그 자체로 병적 상태는 아니지만 때로는 노인들의 독립적인 기능을 방해하고 삶의 질을 저하시킬 수 있다. 또한 급격한 인지 감퇴는 치매로 진행될 위험을 나타내기도 한다. 한편 노화에 따른 인지 감퇴가 꼭 불가피한 것만은 아닐 가능성도 있는데, 연구 자료들에 따르면 노화에 따른 인지 감퇴의 정도에도 상당한 개인차가 존재하며 사망할 때까지 높은 인지기능을 비교적 잘 유지하는 일부 노인들도 보고되기 때문이다. 노년기의 인지건강은 일상생활에서의 독립적인 기능뿐만 아니라 사회적 연결성과 삶의 목적감을 유지하고, 노년기에 흔히 당면하는 각종 질병상태를 잘 관리하고 회복하는 데에도 중요한 요소가 된다. 이에 성공적 인지 노화란 단순히 인지장애가 없는 상태가 아닌 인지기능이 독립적인 기능과 참여적 삶을 유지하는 데 핵심적인 역할을 할 수 있는 상태로 정의된다(Hendrie et al., 2006). 인구의 고령화는 이미 전 세계적인 추세로 치매 발병의 위험요인과 성공적 인지 노화에 기여하는 요인들을 규명하려는 노력은 궁극적으로는 길어진 노년기를 건강하고 만족스럽게 영위하는 데 기여할 것이다. 이 장에서는 지난 수십 년간 축적된 노인 인지기능에 대한 경험적 증거들을 바탕으로 인지 노화 및 치매 발병의 위험요인과 보호요인들을 생물심리사회모델의 관점에서 고찰하겠다. 이들 요인들 중 특히 생애 과정 중 교정할 수 있는 요인(modifiable factor)인 심리사회적 요인들과 라이프스타일 요인(psychosocial and lifestyle fators)들은 어떤 것들이 있는지 살펴보겠다.

노인 인구의 증가는 필연적으로 퇴행성 신경질환으로 인한 치매 유병률의 증가로 이어지고 있다. 치매를 확실하게 치료하거나 예방할 수 있는 방법을 아직 찾지 못한 현 상황에서 인지 노화와 치매 발병에 영향을 미치는 요인들 중 교정할 수 있는 요인들을 규명하고, 두뇌가 발달하고 감퇴해 가는 전 생애에 걸쳐 최적의 방식으로 관리하는 것은 치매 예방과 성공적 인지 노화에 매우 중요하다(Anstey, Eramudugolla, Hosking, Lautenschlager, & Dixon, 2015; Fratiglioni, Marseglia, & Dekhtyar, 2020). 인지 노화와 치매는 유전적 요인들과 환경적 요인들에 의한 생물학적 결함이 장기간 축적되어 점진적으로 진행되는 과정이기 때문이다. 치매 예방의 생애과정모델(life course model)에서는 유전적 요인, 건강 관련 요인, 환경 요인, 라이프스타일 요인들이 생애 과정 중 어떤 단계에서 어떤 방식으로 치매 발병에 영향을 주는지를 주목한다(Fratiglioni et al., 2020). 랜싯 위원회(Lancet commission)의 치매 예방, 중재와 돌봄에 대한 2020년 보고서에서는 선행연구들에서 보고되는 경험적 증거들에 기반하여 생애 과정 중 교정적 개입이 가능한 치매 위험요인들을 소개했다(Livingston et al., 2020). 이 보고서에 따르면 교정가능한 요인들이 전체 치매 발병의 약 40%를 설명하며, 이는 치매 사례의 상당수는 생애 과정 중 적절한 개입으로 예방되거나 지연될 수 있음을 의미한다.

1. 생물심리사회적 관점에서 본 위험요인과 보호요인

노년기 인지건강의 위험요인과 보호요인들은 대부분 서로 부적인 관계를 가지고 있어 분리하여 논하기가 어렵다. 예를 들어, 활발한 신체활동과 사회 참여가 인지건강에 보호적이라면, 신체활동량의 부족과 사회적 고립, 외로움은 인지 감퇴와 치매 발병의 위험요인이 될 수 있다. 이런 경우에 인지건강을 증진과 치매 예방의 관점에서 보호요인을 증진하는 전략은 곧 위험요인을 감소시키는 것이 될 수 있다. 한편 모든 위험요인이 같은 정도로 교정가능한 것은 아닌데, 치매의 유전적 취약성이나 생애 초기의 부정적 경험들은 인지건강과 밀접한 관계가 있지만 교정가능성이 적은 위험요인들이다. 이와 같이 교정가능성이 낮은 위험요인들에 대해서는 그 영향을 완화시킬 수 있는 교정가능한 요인들을 파악하는 것이 예방 전략을 수립하는 데 중요하다. 이 절에서는 생물심리사회적 관점에서 인지 노화와 치매 발병에 영향을 미치는 생물학적 · 심리사회적 요인들에 대해 살펴보겠다. 생물심리사회적 관점에서는 어떤 병리적 상태가 유전적 · 생물학적 · 행동적 · 심리적 · 사회적 요인들의 상호작용의 결과로 발생하는 것으로 본다.

1) 생물학적 요인

(1) 유전적 요인

가장 흔한 노인성 치매의 원인 질환인 알츠하이머 병(Alzheimer's Disease: AD)의 위험 3요인(triad of risk)에는 연령, 성별, APOE 유전자형이 포함된다(Riedel, Thompson, & Brinton, 2016). 구체적으로 생활 연령(chronological age)이 높을수록, 여성이 남성보다 AD의 위험

이 더 높은 것으로 보고되고 있다. 65세 이후의 노년기 발병에서 전형적인 만발성 AD의 유전적 위험요인으로 APOE 유전자가 가장 많이 연구되어 왔고, 일관된 관련성이 보고되고 있다(Dixon & Lachman, 2019). APOE 유전자는 e2, e3, e4의 세 가지로 구분되는 동위형(isoform)이 있는데, 이 중 e4가 AD의 위험요인이고 e3는 보호요인으로 밝혀졌다. 하지만 APOE 유전자의 영향은 확률적이서 위험인자를 가지고 있다고 해서 반드시 발병하는 것은 아니며, 만발성 AD로 진행되는 오랜 기간 동안에 이 유전자들이 인지 감퇴 과정에 영향을 주는 것으로 보인다. 동위형들로 구성된 대립유전자의 6가지 조합 중, e4/e4 유전형을 가진 이들이 AD 발병 위험이 가장 높고, e2(중립적), e3(보호적)만 가진 사람들은 AD 발병 위험이 낮은 것으로 보고됐다. 또한 경도인지장애에서 AD로 전환될 위험에 대해 3년간 추적한 연구에서는 e4 유전자를 갖지 않은 것이 경도인지장애에서 AD로 전환되지 않고 인지기능을 안정적인 상태로 유지하는 것을 가장 잘 예측하였다(Clem et al., 2017). 보다 최근에는 전체유전체 상관분석연구(genome-wide association study)를 통해 APOE 유전자 외에도 AD와 관련된 20여 가지의 유전자 위치가 확인되기도 했다(Andrew, Das, Anstey, & Eastel, 2017). APOE 유전자가 AD 발병에 미치는 영향은 AD나 인지 감퇴에 영향을 주는 다른 유전적 혹은 심리사회적 요인들과 상호작용하여 나타나는 것으로 보인다(Dixon & Lachman, 2019). 한편, 전체 AD의 약 5%는 40~50대 중년에 전형적으로 발병하는 조발성 AD에 해당하는데, 이에 관여하는 유전자는 만발성 AD에 관여하는 유전자와 다르다. 조발성 AD의 발병은 프리세닐린1, 프리세닐린2, 그리고 아밀로이드 전구단백질 유전자의 유전으로 결정되는데, 이 유전자들은 AD의 신경병리인 베타 아밀로이드가 뇌에 축적되는 것과 관련된 단백질들을 조절한다.

두뇌 노화로 인한 인지 감퇴와 유전자의 연관성을 탐색하기 위해 몇몇 후보 유전자들을 탐색한 연구들에서는 뇌유래 신경영양인자(Brain-Derived Neurotrophic Factor: BDNF)와 카테콜라민 대사 효소인 카테콜오메틸트란스페라제(catechol-O-methyltransferase: COMT) 유전자를 주목한다(Dixon & Lachman, 2019). 이 유전자들은 노화에 특히 취약한 해마와 전전두엽 기능과 관련되는 것으로 밝혀져서 이 뇌 영역들의 핵심 인지기능인 일화기억과 집행기능과의 관련성이 연구되어 왔다. 메타분석한 연구들에 따르면, 선행연구들의 결과가 일관되지는 않지만 일부 연구들에서 BDNF, COMT 유전자와 일화기억, 집행기능 간의 관련성이 확인되었다(예: Barnett et al., 2008; Mandelman & Grigorenko, 2012).

(2) 환경적 위험요인

최근에는 공기오염, 살충제, 납과 같은 환경적 위험요인들에 노출되는 것이 노인들의 인지기능에 부정적 영향을 미친다는 증거들도 축적되고 있다(Anstey et al., 2015; Dixon & Lachman, 2019; Livingston et al., 2020). 높은 수준의 살충제에 노출된 사람들은 파킨슨병, 알츠하이머 병과 같은 퇴행성 신경질환으로 인한 치매 발병의 위험이 증가하는 것으로 보고되었다(Hayden et al., 2010; Priyardashi et al., 2000). 2018년까지 발표된 공기오염 영향에 관한 13편의 종단연구들을 체계적으로 고찰한 연구에서는 각종 공기오염 물질에 노출되는 것이 치매 위험의 증가와 관련된다는 결론을 내렸다(Peters et al., 2019). 동물연구 결과에서는 공기오염 물질들이 뇌혈관 및 심혈관계 질환, 베타 아밀로이드의 축적, 아밀로이드 전구 단백질의 처리 과정 등에 영향을 미쳐 신경퇴행 과정을 가속화시킴을 시사하였다(Livingston et al., 2020). 인간 대상의 간호사 건강 연구(Nurse's Health Study; Weuve et al., 2012)에서는 미세먼지에 오랜 기간 노출될수록 인지기능이 더 빠르게 감퇴하는 것으로 나타났다.

(3) 건강 행동

일반적으로 신체건강과 관련이 높은 수면, 식습관, 음주와 흡연 같은 행동들도 치매위험과 관련된 요인들로 보고되었다(Anstey et al., 2015; Dixon & Lachman, 2019; Livingston et al., 2020).

수면문제는 일반적으로 나이가 들수록 증가하는 경향이 있는데, 수면장애는 수면시간, 수면의 질, 수면 주기의 문제, 불면증, 수면무호흡증 등 다양한 형태로 나타난다. 수면시간이 부족하거나 수면의 질이 낮은 상태가 장기간 지속되면 만성적인 피로를 가져올 수 있고, 이는 다시 일상생활에서 인지기능을 저하시킬 수 있다. 수면의 질이 나쁜 상태가 오래 기간 지속되는 것은 기억과 같은 인지기능에 부정적 영향을 주고(Scullin & Bliwise, 2015), 심지어 치매 발병의 위험이 증가한다(Sindi et al., 2018)는 연구 결과도 있다. 수면문제와 치매 위험에 관한 18편의 종단연구를 종합한 메타분석 연구 결과에 따르면(Shi et al., 2018), 약 9.5년의 평균 추적 기간 동안에 수면장애가 있는 사람들은 수면장애가 없는 사람들에 비해 전체 치매의 위험이 더 높았다. 치매의 유형별로 분석하면 불면증은 AD의 위험과 관련되었고, 수면호흡장애는 AD, 혈관성 치매를 포함한 모든 유형의 치매 발병 위험과 관련되었다. 수면시간과 치매위험률과의 관계에서는 중년기와 노년기의 불면증뿐만 아니라 노년기의 수면시간이 9시간 이상으로 긴 것도 높은 치매 위험과 관련되는 것으로 나타났

다(Sindi et al., 2018). 이는 치매 예방에 적정 시간의 수면이 중요하며, 노년기의 지나치게 많은 수면은 불면증만큼이나 치매의 위험요인일 수 있음을 보여 준다. 한편, 노년기 수면장애 치료에 수면제를 사용하는 것은 노인들의 인지기능을 저하시키고 치매위험을 증가시킨다는 보고도 있어 주의가 필요하다(Dixon & Lachman, 2019).

어떤 음식을 자주 먹는지와 같은 식습관 역시 인지건강에 영향을 미칠 수 있다. 비타민 B군, 항산화제, 오메가-3, 초콜릿, 레드 와인 등이 인지건강에 도움이 된다는 주장들이 많은데, 이러한 주장들은 대부분 동물 연구를 기반으로 하며 인간 대상의 연구에서는 뚜렷한 증거들이 축적되지 않은 상태이다(Dixon & Lachman, 2019). 하지만 특정 영양소나 성분이라기보다는 식품들의 조합의 형태인 지중해 식단이 인지기능에 유익하다는 결과는 일관되게 지지되고 있다(Anstey et al., 2015; Livingston et al., 2020). 지중해 식단은 채소, 콩류, 과일, 견과류, 올리브 오일, 어류가 풍부하고 포화지방과 육류를 적게 먹는 것을 특징으로 한다. 2~3년에 걸쳐 추적한 종단연구들을 메타분석한 결과, 지중해 식단은 인지장애 위험을 약 33% 낮추는 것으로 나타났으며(Singh et al., 2014), 통곡물, 가금류, 어류, 견과류를 포함하고, 포화지방, 붉은 육류, 당류는 줄인 고혈압 방지 식단 역시 인지 감퇴로부터 보호해 주는 것으로 밝혀졌다(Wengreen et al., 2013). 이러한 식단이 노인들의 인지기능에 보호적인 것은 이들 식단에 포함된 식품들이 뇌 건강과 밀접하게 관련된 심혈관계 건강, 체중관리, 당뇨 관리에 도움이 되기 때문으로 추정된다.

반면, 과도한 음주와 흡연은 공통적으로 치매 위험을 증가시킨다. 음주와 치매의 관계에 대한 많은 연구를 종합하면 중년기 이후의 가벼운 음주는 치매나 인지장애의 위험을 낮출 수 있지만, 과도한 음주는 뇌의 부정적 변화, 인지장애, 그리고 치매 위험을 높이는 것으로 나타났다(Rehm, Hansan, Black, Shield, & Schwarzinger, 2019). 병원 입원력이 있는 3,000여 명에 대한 프랑스의 한 연구에서는 알콜사용장애 환자들은 남녀 불문하고 5년 이내에 치매 발병 위험이 3배 이상 더 높았고, 특히 65세 이전 조발성 치매 환자들의 50% 이상이 음주 문제를 가지고 있었다(Schwarzinger, Pollock, Hansan, Dufouil, Rehm, & Qualy Study Group, 2018). 흡연은 전 연령대에서 건강에 유해하지만 치매 위험과 관련하여서는 특히 노년기 흡연이 부정적 영향을 미치는 것으로 확인되었다. 반면, 노년기에라도 금연을 하는 사람들은 흡연을 지속하는 사람들에 비해 치매 위험이 낮고(Choi, Choi, & Park., 2018), 인지 감퇴와 뇌 위축이 덜한 것으로 보고되었다(Almeida et al., 2011).

(4) 대사증후군과 심혈관계 질환

비만과 중년 이후의 흔한 질환인 당뇨병, 고혈압, 동맥경화와 같은 심혈관계 질환 역시 노년기 인지건강의 위험요인으로 잘 알려져 있다(Anstey et al., 2015; Livingston et al., 2020). 특히 중년기 비만은 노년기 치매 위험을 증가시키는 것으로 발견되었고, 체질량 지수 25 이상의 과체중 중년 성인들이 체중을 감량하면 인지기능 개선에도 효과적이라는 결과도 보고되었다. 성인 당뇨병에 해당하는 제2형 당뇨병은 치매의 위험을 증가시키는데, 치매 위험은 당뇨병의 기간과 심각도에 따라 증가한다. 40세 이후 중년의 고혈압과 동맥 경화는 혈관성 치매의 원인이 되는 뇌졸중의 주요 위험요인으로서 혈관성 치매의 발병 위험과 밀접하게 관련된다. 중년의 고혈압은 혈관성 치매뿐만 아니라 다른 유형의 치매 위험도 증가시키는데, 이는 중년기 고혈압이 뇌 부피나 뇌 백질의 통합성을 감소시키기 때문으로 보인다.

(5) 외상성 뇌 손상과 청력 상실

보다 최근에는 외상성 뇌 손상의 과거력과 청력 상실도 치매의 위험요인으로 주목받고 있다(Anstey et al., 2015; Livingston et al., 2020). 살아가면서 교통사고, 운동 중 부상, 산업현장 사고, 전쟁 부상 등 다양한 사건으로 외상성 뇌 손상을 입을 수 있는데, 외상성 뇌 손상은 과인산화 타우 병리와 관련되는 것으로 밝혀졌다. 타우 단백질의 과인산화는 알츠하이머성 신경병리를 초래하기 때문에 외상성 뇌 손상의 횟수가 많을수록, 외상이 심각할수록 치매 발병의 위험이 더 높은 것으로 나타났다. 또한 외상 시점과 근접한 미래일수록 치매 발병 위험이 증가하는데, 뇌진탕을 경험한 노인 28,000여 명을 추적했을 때 6명 중 1명은 약 4년의 평균 추적 기간 중 치매가 발병하였다(Redelmeier, Manzoor, & Thiruchelvam, 2019). 청력 상실은 보다 최근에 주목받기 시작한 치매 위험 요인인데, 평균 59.4세인 미국인들을 대상으로 한 횡단연구에서 낮은 청력이 낮은 인지기능과 관련되는 것으로 나타났다(Golub et al., 2020). 여러 전향적 연구들을 메타분석한 연구에서도 청력 상실 정도가 클수록 치매 위험이 유의하게 증가하는 것으로 밝혀졌다(Loughrey et al., 2018). 청력 상실이 인지기능을 초래하는 기전에 대한 연구는 아직 많지 않지만 아마도 뇌 기능의 감퇴를 가속화하는 것으로 보인다. 그 근거로 평균 연령이 54.5세인 미국 정상 성인 194명을 약 19년간 추적한 연구에서 중년기의 청력 손상이 해마와 내후각 피질을 포함하는 측두엽의 빠른 부피 감소와 관련되는 것으로 나타난 바 있다(Amstrong et al., 2019).

(6) 신체활동

세계보건기구(WHO, 2017)에 따르면 전 세계 성인 4명 중 1명이 충분한 신체활동을 하지 않는 것으로 보고되었는데, 이처럼 부족한 신체활동은 신체건강뿐만 아니라 인지건강에도 부정적 영향을 미칠 수 있다. 반대로 활발한 신체활동과 운동은 노년기 인지건강의 가장 잘 알려진 보호요인 중 하나이며, 그 효과는 전 생애에 걸쳐 축적되는 것으로 보인다(Anstey et al., 2015; Dixon & Lachman, 2019). 신체활동이 노년기의 인지기능과 치매의 보호요인이라는 증거들은 여러 종단연구 결과들에서도 일관되게 지지되어 왔다(Livingston et al., 2020). 선행연구들에서 신체활동으로 단련된 청년기의 신체건강은 중년기의 인지기능과 관련되는가 하면, 중년기의 신체건강은 노년기의 치매 위험을 감소시키는 것으로 나타나기도 했다. 나아가 운동은 노년기의 인지기능에 긍정적 영향을 미칠 수 있다. 신체활동은 뇌의 산소 공급과 BDNF를 증가시키고, 뇌 혈관의 건강을 개선시켜서 인지건강에 기여하는 것으로 보인다(Hillman, Erickson, & Kramer, 2008; Laitman & John, 2015). 심혈관계 건강에 효과적인 유산소 운동만 인지건강에 도움이 된다는 주장도 있었지만(예: Erickson, Hillman, & Kramer, 2015), 근력 강화를 위한 저항 훈련도 기억에 도움이 되었다는 보고도 있다(Lachman, Neupert, Bertrand, & Jette, 2006). 하지만 노년기에는 신체기능의 저하로 신체활동의 제약이 증가하여 강도 높은 운동을 집중적으로 수행하기는 어려운 시기인데, 연구에 따르면 낮은 강도의 신체활동이라도 노인들의 인지건강에 도움이 될 수 있다. 미국 볼티모어 지역의 노인들을 대상으로 한 연구(Varma, Chuang, Harris, Tan, & Carlson, 2016)에서 일상생활에서 가벼운 걷기와 같은 신체활동이 많을수록 뇌의 해마 부피가 더 큰 것으로 나타났고, 이러한 효과는 강도 높은 운동에 참여하는 정도를 통제했을 때에도 여전히 유의하였다. 이는 별도의 운동을 하지 않더라도 노인들이 일상생활 중에 많이 움직이도록 신체활동을 촉진하는 것으로도 인지건강에 도움이 될 수 있음을 시사한다.

2) 심리사회적 요인

(1) 교육

대부분의 사람들은 성인기 초기인 20대에 정규 교육을 마치지만, 정규 교육 수준은 이후 전 생애에 걸쳐 인지기능과 강한 관련성을 보인다. 저교육 수준을 중등교육을 받지 못한 상태로 정의할 때, 평생 동안 노출될 수 있는 치매 발병의 여러 위험요인의 전체 영향 중 약 7%를 저교육 수준이 설명하는 것으로 추정된다(Livingston et al., 2020). 낮은 교육 수준이 노인들의 인지건강에 취약성으로 작용하는 것은 인지 예비능(cognitive reserve)과 관련된다. 인지 예비능이란 노화, 뇌 질환, 외상 등으로 인한 뇌 손상이 발생했을 때 가용한 인지적 · 신경적 처리 과정을 이용하여 손상된 영역의 기능을 보완함으로써 뇌의 변화가 임상적으로 발현되는 것을 지연시키거나 최소화할 수 있는 능력이다(Stern, 2012). 아동기에서 성인 초기에 이르는 정규 교육 과정 중에 집중적으로 제공되는 지적 자극은 인지 예비능 발달에 상당한 영향을 미치고(Richards & Deary, 2005), 높은 교육 수준을 달성하는 것은 이후 지적 활동을 추구하는 라이프스타일, 높은 인지적 활동을 요구하는 직업 경험으로 이어질 가능성도 증가시켜서 노년기 인지건강에 보호적 효과를 갖는다. 교육 수준이 높은 노인들일수록 인지기능 수준이 높고 치매 발병 위험이 낮음을 지지하는 일관된 보고들이 있으나 높은 교육 수준이 인지 감퇴의 속도를 늦출 수 있다는 증거는 드물다(Anstey et al., 2015; Dixon & Lachman, 2019). 즉, 높은 교육 수준과 그에 따른 높은 인지 예비능은 가용한 인지자원을 증가시키고 뇌 기능 감퇴의 영향을 완충시켜서 그로 인한 인지 감퇴가 발현되는 시점을 미룰 수는 있지만, 일단 인지기능의 감퇴가 나타나기 시작하면 그 속도를 완화시키지는 못하는 것으로 보인다(Stern, 2012).

(2) 스트레스와 우울

스트레스는 인지건강의 또 다른 위험요인으로 지목되는데, Lupien과 그의 동료들(1998)의 캐나다 연구에서 높은 수준의 스트레스 호르몬에 지속적으로 노출된 노인들에게서 해마 부피 감소와 기억기능의 저하가 관찰되기도 했다. 높은 스트레스는 시상하부-뇌하수체-부신 축에서 스트레스 호르몬인 코르티솔을 과다 방출시키고, 높은 코르티솔 수준은 해마를 비롯한 뇌 영역에 손상을 가져온다(Lupien et al., 2009). 또한 스트레스는 염증을 증가시키기도 하는데, 높은 염증 수준도 뇌 기능에 부정적 영향을 미쳐 인지 수행을 저하시킬 수 있다(Karlamangla et al., 2014).

스트레스에 흔히 동반되는 우울 역시 인지기능에 부정적인 영향을 미친다. 특히 노년기 우울은 인지기능 문제가 동반되는 경우가 흔하여 치매와 혼동되기도 한다. 하지만 실제 치매와는 달리 일반적으로 노인 우울증에 동반된 인지기능 문제는 우울증이 호전되면 함께 호전되는 것으로 알려져 있다. 하지만 치매가 아니었던 우울한 노인들의 57%가 3년 후에 치매로 이환되었다는 보고도 있어(Reding, Haycox, & Blass, 1985) 노인 우울증은 치매의 감별진단으로만 고려되는 것이 아니라 위험요인으로도 고려된다(Linnemann & Lang, 2020; Livingston et al., 2020). 추적 기간이 다양한 종단연구를 메타분석한 결과들에서 치매 발병

시점과 비교적 근접한 기간 내의 우울증만 치매 발병 위험과 관련되는 것으로 나타나고 있어서 노년기의 우울증은 치매 발병의 위험요인으로 생각된다. 우울증은 흔히 높은 생리적 스트레스 수준을 동반하므로 우울증이 인지건강에 미치는 영향은 앞서 살펴본 스트레스를 매개할 가능성이 있다. 이와 함께 노년기 우울이 AD 신경병리나 혈관성 질환과 관련되어 치매의 위험을 증가시킨다는 가설도 제기되고 있지만 아직 명확한 결론에는 이르지 못하고 있다(Linnemann & Lang, 2020). 또는 노년기 우울이 치매의 위험요인이라기보다는 치매의 신경병리가 인지장애로 발현되기 이전의 전구 증상일 가능성도 배제할 수 없다(Livingston et al., 2020).

(3) 인지활동

독서, 퍼즐 맞추기, 박물관 방문, 음악회 참석과 같이 인지적으로 자극이 될 만한 활동들에 활발히 참여하는 라이프스타일 역시 인지건강에 도움이 되고 치매의 위험을 낮추는 것으로 보인다(예: Fratiglioni et al., 2004). 노인들이 인지적 자극이 되는 활동들에 활발히 참여할수록 더 나은 인지기능을 보일 뿐만 아니라 노화에 따른 인지 감퇴 속도가 저하되는 것으로 보고되었다(Hertzog et al., 2008). 인지활동과 치매 발병 위험 간의 관계에 대한 종단연구들은 인지활동에 참여하는 것이 치매 발병에 대해서도 보호적임을 지지한다. 인지장애가 없는 지역사회 노인들을 추적한 22개의 종단연구들을 메타분석한 Valenzuela와 Sachdev(2006)의 연구에서 인지적 자극이 되는 활동에 많이 참여할수록 추후에 치매 발병의 위험이 감소하는 것으로 나타났다. 이러한 인지활동 참여는 연령, 교육 수준, 직업, 전반적 건강상태와 같은 다른 관련 요인들의 영향을 통제하고도 치매 위험률을 약 50% 정도 감소시키는 것으로 나타났다(Valenzulela & Sachdev, 2006). 이러한 결과는 최근에 발표한 중국의 대규모 종단연구에서도 일관되게 지지되었다(Lee, Richards, Chan, Chiu, Lee, & Lee, 2018). 이 연구에서는 15,000여 명의 65세 이상 비치매 노인들을 약 5년간 추적하였는데, 이 중 1,349명(8.9%)이 추적기간 중 치매로 진행되었다. 그런데 연령, 성별, 교육 수준, 심혈관계 위험요인, 우울증, 식습관, 감각기능 저하 등 치매 발병에 영향을 미치는 요인들을 통제했을 때, 연구의 시작 시점에서 독서, 보드게임, 경마 베팅과 같이 인지적 자극이 되는 활동에 참여했던 노인들은 그렇지 않은 노인들에 비해 치매 발병 위험이 약 30%가량 감소하는 것으로 나타났다. 이에 비해 자원봉사, 친인척과의 모임, 종교활동 등과 같은 사회활동의 참여나 TV 시청, 라디오 청취, 쇼핑 등의 다른 여가활동들은 치매 발병 위험에 영향을 미치지 않았다. 또한 캐나다에서 진행 중인 빅토리아(Victoria) 종단연구(Small, Dixon,

McArdle, & Grimm, 2012)에서는 정상 노화 과정에서 인지활동, 신체활동, 사회활동의 종단적 변화와 언어처리 속도, 일화기억, 의미기억과 같은 인지기능 감퇴 간의 선후 관계를 분석하였는데, 인지기능 감퇴에 선행하여 컴퓨터 사용, 게임 등과 같은 인지활동의 감소와 조깅, 정원 가꾸기와 같은 신체활동의 감소가 나타났다.

직업 장면에서 경험하는 인지적 자극도 인지기능에 긍정적으로 기여하는 것으로 보인다. 일본 남성 노인 종단 자료에서 데이터를 다루는 일과 같이 인지적 요구도가 높은 직업을 가졌던 노인들은 인지적 요구도가 낮은 직업을 가졌던 노인들과 비교해 은퇴 후에 인지기능이 더 느리게 감퇴하였다(Kajitani, Sakata, & McKenzie, 2017). 영국 화이트홀 부서(Whitehall department)의 공무원 코호트를 대상으로 한 종단연구에서는 은퇴 전후로 각각 최대 14년간 언어기억, 추상적 추론, 언어유창성 등의 인지기능을 추적 조사하고 은퇴 시점을 중심으로 인지기능의 변화를 탐색하였다. 그 결과 연령을 고려해도 은퇴 전과 비교하여 은퇴 후에 언어기억이 38% 정도 더 빠르게 감퇴하는 것으로 나타났다. 또한 은퇴 전의 인지기능의 추이에서는 복잡한 업무를 담당하는 고위직일수록 언어기억 감퇴가 덜하였으나, 은퇴 후에는 직급에 따른 인지 감퇴율의 차이가 나타나지 않았다(Xue et al., 2018).

이처럼 인지적으로 자극이 되는 활동에 적극적으로 참여하는 것이 인지 노화나 치매 예방에 보호적이라는 여러 연구 결과에 기초하여 인지 노화와 치매의 예방책으로서 인지적 자극을 위한 인지 훈련을 개발하고 그 효과를 살펴보는 연구들도 활발하게 진행되고 있다. 독립적이고 활기찬 노년을 위한 고급인지훈련(Advanced Cognitive Training for Independent and Vital Elderly: ACTIVE) 연구는 노인인지훈련 효과를 탐색한 최초의 대규모 무선통제연구(randomized control study)이다(Ball et al., 2002). 2,800여 명의 노인들을 기억 훈련 집단, 추론 훈련 집단, 처리속도 훈련 집단, 비훈련 집단으로 구분하여 훈련 집단들은 5~6주간 10회기의 인지 훈련을 집중적으로 받게 하고 인지기능의 변화를 살펴보았다. 이 연구에서 각 훈련 집단은 훈련 직후에 훈련받은 인지 영역에서 향상을 보였고, 그 효과가 시간이 지남에 따라 약화되기는 했지만 2년 후까지도 유의한 수준으로 지속되었다(Ball et al., 2002). 일상생활 기능의 경우, 훈련 직후와 2년 후까지는 훈련 효과가 나타나지 않았지만, 5년 후에는 인지 훈련을 받았던 노인들이 그렇지 않은 노인들에 비해 도구적 일상생활 기능의 감퇴가 덜한 것으로 나타났으며, 이러한 효과는 10년 후에도 관찰되었다(Rebok et al., 2014; Willis et al., 2006). 이후 많은 연구에서 정상 노인들의 인지 노화를 지연시키고 치매를 예방할 목적으로, 혹은 경도인지장애 환자들이 치매로 진행되는 것을 지연시킬 목적으로 인지중재(cognitive intervention) 치료를 개발하고 그 효과를 연구해 왔다(Livingston et al., 2020).

최근에는 정보통신기술과 디지털 기술을 접목한 다양한 인지 훈련 프로그램들이 개발되고 있다. 그러한 연구들 중 하나로 국내 한 연구에서는 노인 14명을 대상으로 8주간 24회기의 온라인 인지 통제 훈련 프로그램을 실시한 후 인지기능과 뇌 기능의 변화로 그 효과를 확인한 바 있다(Kim, Chey, & Lee, 2017). 그 결과 인지 훈련에 참여한 노인들은 참여하지 않은 비교집단의 노인들과 비교하여 인지 통제 기능과 일화기억, 전반적 인지기능이 유의하게 향상되었고, 인지 통제 과제 수행에 필요한 두뇌 연결망을 더 효과적으로 활성화시키는 것으로 나타났다. 활발한 인지적 자극이 노화와 치매로 인한 뇌 기능 감퇴에 보호적인 것은 일상생활에서 활발한 인지적 자극이 인지 예비능 유지와 발달에 도움이 되기 때문일 것으로 많은 연구자는 추정한다.

최근 20여 년간 활발한 연구에도 불구하고 노인들을 대상으로 한 여러 인지 훈련 연구의 가장 큰 제한점은 ACTIVE 연구에서와 마찬가지로 훈련 효과가 훈련된 인지 영역에 국한되어 나타날 뿐 다른 인지기능의 향상으로 일반화된다는 증거가 부족하다는 점이다(예: Butler et al., 2018). 또한 이미 객관적인 인지기능 저하가 나타나기 시작한 경도인지장애 환자들의 인지 훈련 연구들에서는 비일관된 결과들이 보고되었다. 경도인지장애 훈련 연구들을 메타분석한 연구들에서 훈련 효과가 불충분하다는 보고가 있는가 하면(Butler et al., 2018), 일반적인 인지기능의 향상을 발견하기도 했다(Hill et al., 2017). 또한 인지중재 치료가 경도인지장애 환자들의 대화와 소통 능력, 개인 위생 관리, 재정 관리, 쇼핑, 외출 등의 일상생활 기능과 메타인지 기능의 향상에 효과가 있음을 지지하는 메타분석 결과도 있다(Chandler, Parks, Marsiske, Rotblatt, & Smith, 2016). 이처럼 많은 연구 결과가 집중적인 인지 중재가 노년기 인지기능과 뇌 기능에 도움이 될 가능성을 보여 주지만, 아직까지는 그 효과가 제한적이어서 어떤 인지 중재 방식이 최적의 인지 증진 효과를 가져올 수 있을지는 더 많은 연구가 필요하다. 또한 이러한 인지 중재 효과가 노년기의 인지 감퇴를 지연시키고, 나아가 궁극적으로 치매 예방의 효과가 있을지 확인하기 위해서는 노인들을 대상으로 한 체계적이고 장기적인 추적연구가 필요하다.

(4) 사회활동

사회적으로 고립된 노인들은 그렇지 않은 노인들에 비해 인지 감퇴 위험이 더 크다는 것이 여러 문헌에서 보고되어 왔다. 반면, 많은 사람과 어울리고 다양한 사회활동에 참여하는 것은 인지 감퇴의 보호요인으로 꼽힌다.

인지 노화와 치매 예방의 관점에서 사회적 관계를 주목한 초기의 연구들 중 하나는 스웨덴의 쿵스홀멘(Kungsholmen) 프로젝트이다(Fratiglioni et al., 2000). 이 프로젝트에서 연구자들은 75세 이상 노인 1,203명을 대상으로 사회 연결망의 크기, 사회 접촉의 빈도, 사회 연결망의 만족도를 측정하고 3년 간 치매 발병 여부를 추적하였는데, 혼자 사는 노인들이 그렇지 않은 노인들에 비해 치매 위험이 1.5배 더 높은 것으로 나타났다. 이후 많은 연구에서 인지 노화와 치매 발병에 있어 사회 참여의 영향을 탐색했다(Kuiper et al., 2015, 2016). 이러한 연구들은 사회 연결망의 크기, 사회 접촉의 빈도, 사회활동의 참여 수준과 같은 사회 참여의 양적 측면을 측정하기도 하였지만, 사회적 지지와 갈등, 사회적 관계의 만족도, 외로움과 같은 사회적 상호작용의 질적 측면에도 주목해 왔다(Amieva et al., 2010; Avlund et al., 2004).

노인들의 사회 참여와 인지기능과의 관계에 대한 종단연구들을 메타분석한 결과(Kuiper et al., 2015, 2016), 쿵스홀멘 프로젝트에서 관심을 촉발시켰던 사회 연결망의 크기는 작을수록 일반 노인들의 인지 감퇴에 부정적 영향을 미치는 것으로 나타났지만, 치매 발병 위험과의 관련성은 일관되게 지지되지 않았다. 반면, 사회활동에 얼마나 활발하게 참여하는지는 일반 노인의 인지 감퇴뿐만 아니라 치매 발병 위험과도 일관되게 관련성을 보였다. 즉, 사회활동에 활발히 참여하는 노인일수록 노화에 따른 인지 감퇴가 덜하였고 치매 발병률도 낮은 것으로 나타났으며, 그 효과는 특히 치매에 취약한 저교육 노인들에서 더 두드러졌다(Ertel et al., 2008; Kang et al., 2016). 이러한 효과는 사회활동에 참여하고 사회적 상호작용을 하는 데 필요한 인지처리 과정과 관련될 것으로 보인다. 많은 사람과 사회적 관계를 맺고, 상호작용하고, 다양한 사회활동에 참여하려면 복잡한 사회적 상황을 이해하고 적절히 반응하기 위한 인지처리 과정을 필요로 하므로 풍부한 사회적 관계와 활발한 사회활동 참여는 많은 인지적 자극을 수반할 것이다.

사회적 상호작용과 사회활동은 다른 사람들과 긍정적 혹은 부정적 사회 교환의 기회를 제공할 수 있고, 개인의 정서적 경험에도 영향을 줄 수 있다. 활발한 사회 참여(social engagement)는 외로움을 감소시킬 수 있고, 그 과정에서 타인으로부터 제공된 사회적 지지는 스트레스가 개인에게 미치는 해로운 영향을 완화시킬 수 있다(Cohen, 2004). 이처럼 사회참여 과정에서 수반되는 긍정적 정서 경험은 앞서 살펴보았던 심리적 스트레스가 인지건강에 미치는 부정적 영향을 완충시켜 줄 수 있을 것으로 보인다. 반면, 활발한 사회 참여가 부정적 사회 교환의 기회가 되어 스트레스의 원천이 되고, 결과적으로 정서적 · 인지적 건강에 해로울 가능성도 배제할 수 없다. 이러한 점에서 사회 참여의 질적인 측면의 영향을 살핀 연구들은 사회적 지지와 사회 갈등을 구분하여 탐색하기도 했다.

노년기 사회 참여의 질적인 특성이 인지기능에 미치는 영향을 탐색한 종단연구들을 메타분석한 결과(Kuiper et al., 2015, 2016), 외로운 노인들일수록 인지 감퇴율과 치매 발병 위험이 증가하는 것으로 나타났다. 반면, 많은 사회적 지지를 받는 노인일수록 인지 감퇴의 위험이 감소하고(Kuiper et al., 2016), 노화에 취약한 집행기능과 일화기억도 높게 나타났다(Seeman et al., 2011). 사회적 지지는 정보적 지지, 도구적 지지, 정서적 지지와 같이 여러 형태의 지지를 포함하는데, 이 중 정서적 지지만 인지 감퇴의 완화에 도움이 되는 것으로 나타나(Ellwardt et al., 213) 사회적 지지가 노인의 인지기능에 부정적 영향을 미치는 외로움이나 우울감과 같은 부정적 정서를 감소시킴으로써 치매와 인지 감퇴에 보호효과를 가지는 것으로 보인다(Ellwardt et al., 2013; Gow et al., 2013). 한편, 부정적 사회 교환을 반영하는 사회 갈등의 영향은 일관되지 않게 나타났는데, 사회 갈등이 많을수록 인지기능이 낮은 것으로 나타난 연구가 있는가 하면(예: Seeman et al., 2011), 일부 연구들에서는 부정적인 사회적 상호작용조차도 노인들의 인지기능에 도움이 될 가능성이 보고되기도 했다(Hughes et al., 2008; Seeman et al., 2001; Windsor et al., 2014). 특히 사회 갈등의 인지 보호적 효과는 배우자 이외에 가족이나 친구들과의 관계에서 나타났는데, 심리적 거리 조절이 가능한 관계에서 갈등 상황은 심각한 스트레스원으로 작용하기보다는 문제 해결이 필요한 인지적 도전으로 작용하기 때문으로 보인다.

집중적인 인지 훈련과 마찬가지로 노인들의 사회 참여를 촉진하는 사회적 중재(social intervention)도 노인들의 인지기능에 도움이 될까? 노인들의 인지건강 증진을 목표로 한 사회적 중재들은 대부분 사회활동 참여를 촉진시키는 데 초점을 둔다(Carlson et al., 2008; Mortimer et al., 2012; Stine-Morrow et al., 2008). 미국 볼티모어 지역의 저교육 장노년들을 대상으로 한 익스피리언스 코프(Experience Corps) 프로그램은 다양한 측면에서 긍정적 효과를 보고한 대표적인 사회중재 프로그램이다. 이 프로그램은 치매의 취약군에 해당하는 교육 수준이 낮은 저소득 노인들을 초등학교 아동들의 학교생활을 도울 수 있도록 준비시킨 후 자원봉사활동에 참여시키는 것을 중심으로 한 프로그램이다. 이 프로그램에 참여한 노인들은 아동들의 읽기 학습이나 독서 활동을 돕거나 또래 관계를 증진시킬 수 있도록 돕는 활동들에 배정되어 학기 중에 주 15시간씩 정기적으로 해당 활동에 참여하였다(Carlson et al., 2008). 그 결과, 이 프로그램에 참여한 노인들은 일화기억과 집행기능의 향상을 보였을 뿐만 아니라(Carlson et al., 2008), 인지 통제 과제 수행 중 전전두엽의 뇌 활성화가 증가하였다(Carlson et al., 2009). 이 프로그램에 참여했던 아동들도 참여하지 않았던 아동들과 비교하여 읽기 기술(Lee, Morrow-Howell, Jonson-Reid, & McCrary, 2012), 책임감, 관계

기술, 의사결정 능력 등의 사회정서능력(Porowski, De Mars, Kahn-Boesel, Rodriguez, 2019)에서 긍정적 변화를 보였다. 이처럼 익스피리언스 코프는 취약한 노인 세대와 아동 세대를 연계하여 양자 모두에게 긍정적인 결과를 도출해 낸 성공적인 프로그램으로 현재까지도 활발하게 운영되고 있다. 한편, 핀란드에서는 인지 노화와 치매의 위험요인으로 대두되는 외로움(Tilvis et al., 2000; Wilson et al., 2007)에 주목하여 외로움을 호소하는 노인들을 대상으로 사회적 상호작용의 질적 향상을 목표로 한 사회중재의 효과 연구가 진행되었다(Pitkala et al., 2011; Routasalo et al., 2009). 이 연구에 참여한 노인들은 모두 작문, 운동, 미술과 같은 통상적인 집단활동에 참여하였고, 이 중 사회중재집단만 추가적으로 사회적 상호작용에 대해 집중적으로 논의하는 집단활동에 참여하였다. 이 사회중재는 외로움이나 사회 연결망에서는 별 효과가 없었지만, 노인들의 심리적 안녕감(Routasalo et al., 2009)과 인지기능(Pitkala et al., 2011)에서는 유의한 향상을 가져왔다.

일부 연구자들은 사회적 고립이나 사회활동 결여가 노인 인지기능의 위험요인이라기보다는 신경퇴행의 매우 초기 증상 중 하나일 수 있다고 지적하기도 한다. 또한 노인 인지건강에 대한 사회적 상호작용이나 사회활동 참여의 보호효과는 그에 수반되는 인지활동과 신체활동의 효과일 뿐이라는 주장도 있다. 사회참여는 복합적인 요소들을 내포하고 있어 사회적 요소를 인지적 요소나 신체활동의 요소와 엄격히 분리하여 연구하기는 어렵지만, 정확한 기전이 무엇이든 간에 노인들의 사회참여가 건강한 인지 노화에 도움이 되는 것은 분명해 보인다.

2. 맺음말

아직까지 치매를 근본적으로 치료할 수 있는 방법은 없지만, 많은 연구자의 노력으로 치매의 위험요인과 보호요인에 대한 많은 지식을 축적할 수 있었다. 이러한 지식은 노년기의 인지건강을 유지하기 위한 예방책을 마련하고 정책을 수립하는 데 방향성을 제공할 것이다. 앞에서 살펴본 바와 같은 치매와 노인 인지기능에 대한 최신 연구 결과들에 기초하여 미국 National Academies of Sciences, Engeneering, and Medicine(2017)에서는 유망한 치매 예방책으로 인지 훈련, 혈압 관리, 신체활동 이 세 영역을 권고한 바 있다. 노인들의 치매와 인지 감퇴 예방을 목표로 개발된 여러 중재기법은 아직까지는 효과가 제한적인 수준에 그치지만 더 활발한 시도와 보완으로 보다 효과적인 중재에 근접할 수 있을 것이다.

생각할 거리

1. 치매의 유전적 취약성은 교육, 건강 행동과 건강 관리, 스트레스 관리, 라이프스타일과 같은 다른 요인들과 달리 교정가능성이 적다. 교정가능한 요인들이 치매 발병 위험에 미치는 영향은 타고난 유전적 취약성과 어떻게 상호작용할 것인가?
2. 인지적 자극이 되는 활동은 어떻게 정의할 수 있나? 어떤 지적 활동이 모든 노인에게 동등한 효과를 가질 것인가? 그렇지 않다면 어떤 개인차가 인지건강에 대한 지적 활동의 효과를 조절할까?
3. 사회적 상호작용이 노인들의 인지건강에 도움이 된다는 많은 연구 결과가 보고되고 있다. 하지만 사별, 이동 능력의 감퇴, 건강상의 문제 등 여러 가지 이유로 노인들의 사회적 상호작용이 제한되고, 사회활동이 축소된다. 그렇다면 노인들의 인지 감퇴와 치매 예방의 관점에서 AI 로봇과의 상호작용은 인간과의 사회적 상호작용과 유사한 효과를 가져올 수 있을까?

제8장

고령자의 우울장애

고령자의 우울장애는 젊은 성인들의 우울장애와 증상 측면에서 다른 양상을 보이며, 다양한 신체적 질병 및 신경학적 질병과 복잡한 관계를 맺고 있다. 이 때문에 정확한 역학 조사 및 원인론 연구에 어려움을 겪고 있지만, 유력한 위험요인들과 보호요인들에 대한 연구가 활발히 진행되고 있다. 연구 결과들을 종합하면 노화가 진행될수록 신체적인 문제와 더불어 사별 등의 부정적 사건들의 발생 빈도가 증가하는 것으로 확인되고 있다. 그러나 스트레스 대처 능력이나 정서조절 능력 또한 연령이 증가함에 따라 전반적으로 나아지기 때문에 젊은 성인들에 비해 오히려 우울장애 발생 빈도가 낮은 것으로 나타난다. 고령자 우울장애의 치료는 젊은 성인의 우울장애 치료와 유사하며, 치료효과 또한 유사한 것으로 보고되고 있다. 다만 신경학적 질병 등의 기저질병과 우울장애 및 치료에 대한 부정확한 인식이 치료의 장애물로 작용할 가능성이 있다. 예방 방안으로는 준임상 우울의 치료 및 위험요인 개선 등이 고려되고 있다.

주제어(keywords): 고령자, 우울장애, 위험요인, 보호요인, 원인, 치료

1. 역학

2. 임상적 특징

   1) 주요 증상 및 발병

   2) 젊은 성인들과의 차이

   3) 신체적 질병 및 신경학적 질병이 있는 경우

   생각상자 고령자의 자살문제

3. 위험요인 및 보호요인

   1) 유전적 위험요인

   2) 생물학적 위험요인 및 신체적 질병

   3) 불안장애

   4) 수면장애

   5) 성격적 위험요인

   6) 사회적 위험요인

   7) 보호요인

4. 원인

5. 치료

6. 예방

7. 맺음말

고령자의 우울장애는 젊은 성인의 우울장애보다 발생 빈도가 낮은 것으로 알려져 있다(Hasin, Goodwin, Stinson, & Grant, 2005). 이 때문에 정신장애 관련 연구자들의 관심이 상대적으로 적은 경향이 있는데, 우울장애가 고령자들의 삶에 미친 영향을 탐색한 연구들에서는 장애의 치명성이 매우 심각하다고 보고하고 있다. 예컨대, 고령자 우울장애의 영향을 체계적으로 조사한 Blazer(2003)에 따르면 우울장애는 고령자의 신체적 질병 확률과 자살 확률을 높이며, 신체적 기능이나 인지적 기능, 사회적 기능을 손상시켜서 사망 확률을 높이는 것으로 확인되었다. 이러한 결과를 감안하면 고령자의 우울장애를 체계적으로 연구하고 개입하는 것은 실질적 가치가 크다고 볼 수 있다.

고령자의 우울장애는 젊은 성인의 우울장애와 많은 부분에서 유사하다. 하지만 주요 증상을 포함한 임상적 특징이나 원인, 치료 측면에서 고유한 부분이 있으며, 이를 고려하여 계획을 수립해야 보다 효과적인 치료 및 예방을 할 수 있다. 따라서 이 장에서는 고령자 우울장애의 역학과 임상적 특징, 위험요인과 보호요인, 원인, 치료, 예방에 대한 기존 연구들을 살펴보면서 고령자 우울장애의 고유한 측면들을 파악하고자 한다.

1. 역학

정신건강 영역에서 가장 빈번하게 사용되는 우울장애 진단기준은 정신장애 진단 및 통계편람 제5판(Diagnostic and Statistical Manual of Mental Disorders-5: DSM-5; American Psychiatric Association, 2013)이다. 여기에는 몇 가지 유형의 우울장애들이 포함되어 있는데, 대부분의 역학연구들은 가장 기본적 형태인 주요우울장애(major depressive disorder)를 중심으로 유병률 조사를 진행한다. 따라서 이 장에서도 주요우울장애를 중심으로 역학조사 결과를 살펴보겠다.

65세 이상 고령자의 주요우울장애 유병률은 대략 1~7.5% 정도로 나타나고 있다(Park & Kim, 2011; Pirkis et al., 2009; Sjöberg et al., 2017). 성차를 보면 다른 연령대와 유사하게 남성보다 여성의 유병률이 높지만, 그 차이는 작은 편인 것으로 확인되었다(Djernes, 2006). 치료기관에서의 유병률을 살펴보면 외래환자의 5~10%, 입원환자의 10~12%, 요양원환자의 14~42%가 주요우울장애로 진단되는 것으로 확인되었다(Blazer, 2003).

고령자 우울장애와 관련하여 특징적인 현상 중 하나는 우울장애 진단률이 다른 연령대(예: 청년기, 중년기)에 비해 낮지만, 보고된 우울증상 점수는 더 높다는 점이다(Newmann, 1989). 이러한 현상에 대한 한 가지 가능한 해석은 현재의 주요우울장애 진단체계가 고령자 우울장애를 진단하기에 적절하지 않을 수 있다는 것이다. 실제로 현재 사용되고 있는 주요우울장애 진단체계에서는 우울한 기분과 부정적 감정 경험을 중요하게 다루고 있지만, 고령자들은 젊은 성인들에 비해 이러한 감정 변화를 잘 보고하지 않는 것으로 확인되었다(Gallo, Anthony, & Muthén, 1994). 또 다른 가능한 해석은 고령자들의 경우에 의학적 상태나 사별(bereavement)로 인해 우울증상을 경험하는 경우가 많은데, 이 경우 우울장애 진단에서는 제외되기 때문에 실제 유병률이 낮게 나타날 수 있다는 것이다. 실제로 성별과 교육 수준, 신체적 질병과 사별을 통제한 결과, 연령이 증가할수록 우울증상은 줄어드는 것으로 확인되었다(Blazer, 2003).

2. 임상적 특징

1) 주요 증상 및 발병

고령자의 우울장애를 진단하고 치료할 때 중요하게 고려하는 것 중 하나는 발병 시점이다. 특히 노년기에 처음으로 발병한 것인지, 아니면 좀 더 이른 시기에 발병한 우울장애가 재발한 것인지를 구분한다. 우울장애 역학에서는 전자를 후기발병 우울장애(late-onset depression)라고 하고, 후자를 조기발병 우울장애(early-onset depression)라고 한다. 고령자의 기준이 연구마다 조금씩 다르기는 하지만, 대략 절반 이상(52~71%)의 고령자 우울장애가 첫 번째 발병인 것으로 확인되었다(Brodaty et al., 2001). 나머지 절반 이하는 이미 이전에 우울장애를 경험한 적이 있는 조기발병 우울장애에 해당한다.

조기발병 우울장애는 우울 관련 가족력이 있는 경우가 많아 유전적 원인이 시사되며(Heun, Papassotiropoulos, Jessen, Maier, & Breitner, 2001), 성격장애(personality disorder)를 지니고 있을 가능성이 더 높고, 신경증성향(neuroticism)이 더 강한 것으로 알려져 있다(Brodaty et al., 2001). 반면, 후기발병 우울장애는 고령자 고유의 위험요인을 지니고 있는 것으로 제안되고 있다. 이 유형은 인지적 결함을 나타내거나 치매와 동반되는 경우가 많으며(Schweitzer, Tuckwell, O'Brein, & Ames, 2002), MRI(Magnetic Resonance Imaging) 결과상 백질고강도신호(white matter hyperintensity)가 확인되고, 백질뇌증(leukoencephalopathy)이 발견된다는 보고도 있었다(Krishnan, 2002). 이러한 결과들은 후기발병 우울장애가 신경학적 결함과 밀접할 가능성을 시사한다. 혈관계 질병도 후기발병 우울장애의 고유한 요인으로 제안되었지만, 일관된 지지를 얻지는 못했다. 후기발병 우울장애의 일부는 치매의 전조증상일 가능성도 제기된 바 있다(Brommelhoff et al., 2009).

2) 젊은 성인들과의 차이

고령자들의 우울증상은 몇 가지 측면에서 젊은 성인들의 우울증상과 다른 것으로 보고되고 있다. 우선 고령자들은 젊은 성인들에 비해 정서적 증상(예: 우울한 기분, 죄책감, 무가치감)을 덜 보고하는 경향이 있다(Gallo et al., 1994). 이러한 특징을 고려하여 일부 연구자들은 '슬픔이 드러나지 않는 우울(depression without sadness)'이라는 표현을 사용하기도 했다(Gallo, Rabins, Lyketsos, Tien, & Anthony, 1997). 반면, 수면문제나 피로감, 정신운동지체(psychomotor retardation), 흥미 감소, 절망감은 더 많이 보고하는 것으로 확인되었다(Christensen et al., 1999). 또한 기억력이나 주의집중력의 감퇴를 호소하는 경향이 있으며, 인지적 처리속도가 저하되는 것으로 보고되었다(Butters et al., 2004). 우울장애를 경험하는 고령자들 중에는 독특한 증상 패턴을 보이는 유형도 있다. 예컨대, 집행기능(executive function)이 전반적으로 저하되고 무쾌감 증상을 나타내지만, 수면이나 식욕 문제가 상대적으로 적고, 죄책감이나 항진(agitation) 증상 또한 적은 유형이 있다. 연구자들은 이 유형을 '우울-집행기능 장해 증후군(depression-executive dysfunction syndrome)'이라고 명명했다(Alexopoulos, 2005).

3) 신체적 질병 및 신경학적 질병이 있는 경우

고령자의 우울장애는 신체적 질병과 공병률이 높은 편이다. 하지만 이러한 공병현상을 보다 정확하게 파악하고 해석하기 위해서는 현재 사용되고 있는 우울장애 진단체계의 특성을 이해해야 한다. 현재 많이 사용되고 있는 DSM-5 체계에서는 우울증상이 신체적 질병에 의해 유발된 것이 분명할 경우에 주요우울장애로 진단하지 않는다. 달리 말하면, 신체적 질병에 의해 유발된 것이 아닌 경우에만 주요우울장애로 진단되는 것이다. 따라서 앞서 신체적 질병을 지닌 환자들에서의 주요우울장애 유병률은 신체적 질병으로 인한 우울증상이 배제된 비율이라는 점을 감안해야 한다.

이와 관련하여 문제가 될 수 있는 또 다른 이슈는 진단의 정확성이다. 신체적 질병을 경험하고 있는 어떤 고령자가 우울감을 호소할 때, 다른 우울증상들을 충분하게 고려하지 않은 채 신체적 질병으로 인한 단순 기분 변화로만 본다면 우울장애 진단에 실패할 가능성이 있다. 반대로 신체적 질병으로 인해 우울감을 경험하는 것인데도 이를 미처 파악하지 못하여 우울장애로 진단한다면 우울장애를 과잉 진단하는 실수를 범하게 될 것이다. 이렇게 정확한 진단에 실패할 경우, 역학조사 및 치료에도 문제가 발생할 가능성이 있다. 따라서 우울증상을 호소하는 고령자를 진단할 때는 신체적 질병과 관련된 포괄적인 평가를 실시하여 진단 오류를 최대한 줄이려는 노력이 필요하다.

신경학적 질병을 지닌 사람들의 우울증상은 독특한 양상을 보이는 경향이 있다. 예컨대, 뇌졸중(stroke)으로 대뇌 우반구가 손상된 환자는 우울한 기분을 호소할 가능성이 낮으며, 수면이나 식욕 문제 등의 생리적 증상을 나타낼 가능성이 높다(Paradiso, Vaidya, Tranel, Kosier, & Robinson, 2008). 또한 파킨슨 병에 수반되는 우울증은 비교적 경미한 증상을 나타내며, 신경학적 질병이 없는 고령자 우울장애 환자들과 비교했을 때 우울한 기분이나 무쾌감 증상을 적게 나타내는 경향이 있다(Ehrt, Brønnick, Leentjens, Larsen, & Aarsland, 2006). 이처럼 신경학적 손상이 있는 경우에는 손상된 영역에 따라 우울증상의 양상도 다양해질 수 있다.

치매(dementia) 환자들도 우울장애를 경험할 수 있다. 하지만 이들의 경우에는 언어적 표현에 결함이 있기 때문에 우울장애를 진단하는 것이 쉽지 않다. 이러한 한계를 고려하여 알츠하이머 병(Alzheimer's disease)에 수반되는 우울을 진단하기 위한 기준이 마련되기도 했다(Olin et al., 2002). 알츠하이머 병에서의 우울장애는 주요우울장애 증상들 중 3개 이상을 만족할 때 진단된다. 일반적인 진단기준과 다른 것은 주의집중의 어려움이 기준에서 빠졌다는 것과 짜증(irritability)이나 사회적 고립(social withdrawal)과 같은 증상이 추가되었다는 것이다. 혈관성 치매(vascular dementia)에서의 우울장애는 알츠하이머 병에서의 우울장애와는 달리 피로감이나 근력 감소, 체중 감소 등의 증상을 더 많이 나타내는 것으로 확인되었다.

고령자의 자살문제

고령자의 우울장애가 특별히 중요한 이유 중 하나로 자살을 들 수 있다. 물론 우울장애를 경험하는 고령자들 중 대략 4% 정도만 자살로 생을 마감하기 때문에(Bostwick & Pankratz, 2000) 우울장애가 자살의 강력한 위험요인이라고 말할 수는 없다. 하지만 자살로 생을 마감한 고령자 대부분이 우울장애를 경험했다는 점 또한 사실이므로 우울장애를 경험하고 있는 고령자들을 대상으로 자살과 관련된 개입을 실시하는 것은 의미 있는 일이라고 볼 수 있다. 관건은 우울장애를 경험하는 고령자들 중 어떤 사람들이 특히 자살에 취약한지를 파악하는 것이다.

자살한 고령자들을 대상으로 진행된 역학조사에 따르면, 남성이 자살로 사망하는 비율은 여성에 비해 3~4배 이상으로 높다(Kung, Hoyert, Xu, & Murphy, 2008). 남성이 여성에 비해 자살률이 높은 것은 다른 연령대에서도 나타나는 현상이지만, 그 차이는 노년기에 가장 큰 것으로 확인되었다. 이렇게 남성 고령자의 자살률이 현격하게 높은 이유로는 자살 방법의 특수성이 제안되고 있다. 연구에 따르면, 남성 고령자는 여성 고령자에 비해 치명성이 더 높은 자살 방법을 사용한다(Conwell et al., 1998). 뿐만 아니라 이들은 젊은 성인에 비해 높은 수준의 자살 의도를 가지고 있으며, 구체적인 계획 또한 세우는 것으로 나타났다.

Van Orden과 그의 동료들(2010)에 따르면, 치명적인 자살행동이 나타나기 위해서는 강한 자살욕구에 더해 실제로 자살을 실행할 수 있는 능력(capability for suicide)이 필요하다. 이 이론을 적용해 보면 우울증상으로 인해 자살욕구를 경험하는 고령자들 중 특히 자살에 취약한 사람들은 자살 실행력이 높은 사람들이라고 예상해 볼 수 있다. 자살 실행력 수준은 죽음에 대한 두려움이 적고 통증 감내력이 강할수록 높으며, 자살과 관련된 실질적인 지식과 기술 등을 많이 갖출수록 높아지는 것으로 제안되었다(Klonsky, May, & Saffer, 2016). 남성은 여성에 비해 죽음에 대한 두려움이 낮고 통증 감내력이 높으며, 자살과 관련된 지식과 기술(예: 총기 사용법, 매듭법)을 갖추고 있을 가능성도 높기 때문에 자살 실행력이 더 높다고 볼 수 있다. 이를 감안하면 남성 고령자의 자살률이 현격하게 높은 이유가 어느 정도는 이해될 수 있을 것이다. 예방적 관점에서 보면 심각한 수준의 우울장애를 경험하는 고령자들 중 자살 실행력이 높은 사람들을 대상으로 예방활동을 펴는 것을 고려할 수 있다.

고령자 자살과 관련하여 중요하게 고려해야 하는 또 다른 이슈는 경직성(rigidity)이다. 고령자 자살 관련 연구에 따르면, 자살행동을 나타내는 고령자는 경험에 대한 개방성이 낮은 것으로 확인되었다(Duberstein et al., 2000). 이들은 상황을 다양한 관점에서 살피거나 대안적 사고 및 행동을 산출하는 데 어려움을 겪는데, 이러한 특성이 강할수록 비관적 사고가 강해지고 자살 이외의 대안을 떠올리기 힘들 수 있다. 따라서 성격적으로 경직된 특성이 두드러지는 고령 우울장애 환자는 자살의 위험성에 특히 주의해야 할 것이다.

마지막으로, 고령자 자살행동과 관련이 있는 문제행동으로 음주를 들 수 있다. 알코올은 행동 억제 기능을 크게 약화시키는 것으로 잘 알려져 있다. 음주를 하지 않았다면 하지 않았을 행동도 음주상태에서는 하게 될 수 있다. 실제로 정신건강 관련 기관에 입원한 자살행동 환자들의 상당수가 음주상태에서 자살시도를 한다. 따라서 심각한 수준의 우울장애와 자살사고를 경험하고 있는 고령자라면 부적절한 음주 행동을 하지 않도록 주의해야 할 것이다.

3. 위험요인 및 보호요인

신체적 노화로 인한 다양한 변화들은 우울장애의 취약성 요인으로 작용할 수 있다. 하지만 노화를 겪는 대부분의 고령자들은 우울장애를 경험하지 않는다. 대인관계적 상실이나 실직과 같은 스트레스 사건도 대부분의 고령자들이 경험하지만, 이들 중 소수만이 임상적 수준의 우울장애를 겪게 된다. 결국 고령자의 우울장애는 다양한 취약성 요인(예: 유전적 취약성, 인지적 취약성, 노화로 인한 신체적 변화)과 스트레스 요인(예: 사별, 경제적 어려움)이 함께 상호작용했을 때 나타나는 비정상적인 상태라고 보는 것이 타당하다. 여기서는 고령자 우울장애의 주요 위험요인과 보호요인들을 구체적으로 살펴보겠다.

1) 유전적 위험요인

유전적 요인은 생애 후기에 처음 시작된 우울장애보다 상대적으로 이른 시기에 시작된 우울장애에서 더 중요한 것으로 고려되고 있다. 실제로 스웨덴에서 실시된 쌍생아 연구 결과에 따르면, 42세 이상 쌍생아의 주요우울장애 유전율(heritability)은 여성의 경우 42%이고, 남성의 경우 29%인 것으로 확인되었다(Kendler, Gatz, Gardner, & Pedersen, 2006). 유전율 연구 결과를 통해서도 어느 정도 예상할 수 있겠지만, 고령자 우울장애와 관련이 있는 특정한 유전자를 탐색하는 연구들은 대부분 유의한 결과를 얻지 못하고 있다. 예컨대, Jansson과 그의 동료들(2003)은 고령자 우울장애 환자들을 대상으로 진행한 연구에서 5-HHT 세로토닌 수송체 유전자가 우울증과 무관하다는 것을 확인하였다. 또한 혈관성 우울과 밀접한 것으로 제안되어 온 아폴리포 단백질 E의 ε4 대립 유전자(ε4 allele of Apolipoprotein E gene: ApoE)와 고령자 우울의 관계를 탐색한 연구들도 ApoE 특성과 고령자의 우울은 서로 무관한 것으로 보고하였다(Cervilla, Prince, Joels, Russ, & Lovestone, 2004).

2) 생물학적 위험요인 및 신체적 질병

유전적 요인을 제외한 생물학적 위험요인들은 고령자 우울장애에 중요한 영향을 미치는 것으로 고려되고 있다. 대표적인 신체적 질병으로는 내분비계(endocrine system) 이상으로 인한 질병과 당뇨병(diabetes), 심혈관계 질병(cardiovascular disease), 신경학적 질병(neurological disease)이 고려되고 있다.

고령자 우울장애와 밀접한 내분비계의 문제로는 갑상선기능항진증(hyperthyroidism)과 갑상선기능저하증(hypothyroidism)을 들 수 있다. 갑상선기능항진증은 식욕 부진과 체중 감소, 과민함, 집중력 저하, 불면증 등을 수반하며, 갑상선기능저하증은 체중 증가와 피로감, 의욕 감소 등을 수반한다. 이러한 증상들은 우울장애의 주요 증상들과 유사하기 때문에 종종 우울장애로 오진되곤 한다. 또 다른 요인으로는 알로스타틱 부하(allostatic load)를 들 수 있다. 알로스타틱 부하란 지속적인 스트레스 등으로 인한 신체의 마모나 손상을 의미하는데, 부신피질의 과활성화나 염증지표(inflammatory marker) 등의 생물학적 변인들을 포함한다. 연구 결과에 따르면, 알로스타틱 부하가 클수록 고령자 우울장애 수준도 높아지는 것으로 확인되었다(Alexopoulos, 2005).

제2형 당뇨병(type II diabetes)을 지닌 환자들의 주요우울장애 유병률은 15%에 달하는 것으로 알려져 있다(Li, Ford, Strine, & Mokdad, 2008). 이와 관련해서는 몇 가지 해석이 가능하다. 첫 번째 해석은 제2형 당뇨병이 주요우울장애를 유발한다는 것이고, 두 번째 해석은 주요우울장애가 제2형 당뇨병을 유발한다는 것이다. 세 번째 해석은 제2형 당뇨병과 주요우울장애에 공통으로 영향을 미치는 제3의 변인이 있다는 것이다. 관련하여 진행된 전향적 연구들(prospective study)에 따르면, 주요우울장애를 가진 환자들에게서 당뇨병이 발병할 가능성이 높으며, 이러한 관계성은 건강 관련 행동들을 포함한 다른 위험요인들과 특별한 관련이 없는 것으로 확인되었다(Engum, 2007). 정리하면 주요우울장애가 제2형 당뇨병의 위험요인이라고 예상하는 것이 좀 더 타당하다고 볼 수 있는 셈이다.

심혈관계 질병은 우울장애와 특별히 밀접한 것으로 알려져 있다. 역학조사에 따르면, 심혈관계 질병 환자의 20~25%가 주요우울장애를 경험하며, 주요우울장애 수준은 아니지만 경미한 우울증상을 경험하는 사람도 20~25%에 달한다(Carney & Freedland, 2003). 심혈관계 질병 환자의 절반 정도가 우울증상을 경험하는 것이다. 이 두 장애의 관계에 대해서는 여러 가지 가설이 제안되어 왔다. 여기에는 유전적 요인을 공유할 것이라는 가설과 교감신경계(sympathetic system)나 신경내분비계(neuroendocrine system), 면역체계(immune system)의 장해 때문이라는 가설, 혈소판(platelet)의 과잉활성화 때문이라는 가설, 뇌혈관 질환(cerebrovascular disease) 때문이라는 가설 등이 포함된다. 하지만 아직까지 어떤 가설도 충분한 지지를 얻지는 못하고 있는 상황이다.

고령자 우울장애와 밀접할 것으로 제안되는 대표적인 신경학적 질병은 치매이다. 특히 노년기에 처음 발병한 우울장애 환자들에게서 인지적 손상이 함께 나타난다면 알츠하이머 병으로 발전할 가능성이 매우 높은 것으로 확인되었다(Alexopoulos, 2005). 또 다른 연구에 따르면, 노년기에 처음으로 우울장애를 경험하는 경우에는 이후에 경미한 인지적 손상(mild cognitive impairment)을 나타낼 가능성이 높다(Geda et al., 2006). 경미한 인지적 손상은 치매의 전조단계로 잘 알려져 있으므로 노년기에 처음으로 발병한 우울장애는 이후 치매로 발전할 가능성이 높다고 예상해 볼 수 있다. 치매와 고령자 우울장애와 관련하여 고려해야 하는 또 다른 가능성은 치매에 대한 반응으로 우울장애가 발병하는 것이다. 치매는 심각한 수준의 인지적 손상을 수반하며, 그에 따라 전반적인 기능 수준이 크게 저하될 수밖에 없다. 이러한 기능 손상은 환자의 우울감을 유발할 수 있으며, 경우에 따라서는 우울장애 수준에 이를 수도 있다.

우울증상은 약물의 부작용으로도 나타날 수 있다. 노년기가 되면 신체적 문제들을 개선하기 위해 다양한 약물을 복용하게 된다. 이러한 약물들 중에는 우울감을 유발할 수 있는 약물들도 포함되어 있다. 예컨대, 베타차단제(beta blocker)나 중추신경계 약물(central nervous system medication), 칼슘통로차단제(calcium channel blocker), 코르티코스테로이드(corticosteroid), 항암약물(cancer medication) 등이 우울증을 유발할 수 있는 것으로 알려져 있다(Alexopoulos, 2005). 따라서 우울증상을 나타내는 고령자의 경우에 현재 복용하고 있는 약물들을 확인하여 우울증상과 관련된 부작용이 있는지를 확인해야 한다.

마지막으로, 다양한 신체적 질병과 우울의 악순환에 대해 언급하고자 한다. 앞서 살펴본 바와 같이 여러 신체적 질병이 우울증상을 유발할 수 있으며, 때로는 우울증상이 신체적 질병의 위험요인이 되기도 한다. 그리고 많은 경우에 두 장애의 공존은 서로를 악화시키고, 추가적인 장애를 유발하기도 한다. 예컨대, 만성적인 신체적 질병을 겪고 있는 어떤 환자는 신체기능상의 큰 변화로 우울증상을 경험할 수 있다. 이렇게 우울증상을 경험하게 되면 치료에 대한 부정적 시각이 강해지고 건강과 관련된 활동들(예: 적절한 운동과 식사)에도 소극적인 태도를 보일 수 있다. 이렇게 되면 적절한 시기에 치료를 받지 못하여 원래의 증상이 악화될 수 있으며, 영양상태의 악화 등으로 추가적인 질병을 얻게 될 수도 있다. 이렇게 신체적 문제가 늘어나거나 악화되면 우울증상도 더 심해질 수 있다. 따라서 신체적

질병과 우울장애가 공존하는 환자의 경우, 양쪽 모두에 대한 적극적인 치료적 개입이 반드시 진행되어야 한다.

3) 불안장애

젊은 성인과 마찬가지로 고령자 우울장애와 불안장애의 공병률은 높은 편이다. 우울장애를 경험하고 있는 고령자의 불안장애 유병률은 50%에 달하며(Beekman et al., 2000), 불안장애를 경험하는 고령자의 우울장애 유병률 또한 25~80%에 이른다(Beekman et al., 2000; Schoevers, Beekman, Deeg, Jonker, & Tilburg, 2003). 선후관계를 보면 일반적으로는 불안장애가 먼저 발병하고 우울장애가 이후에 발병하는 경향이 있어 불안장애가 우울장애의 위험요인으로 작용할 가능성이 제기되고 있다. 불안장애와 우울장애가 공병하는 환자들은 우울장애만 있는 환자들보다 증상이 더 심각하고, 오래 지속되며, 자살률도 더 높은 것으로 확인되었다(Schoevers et al., 2003).

4) 수면장애

수면장애들 중 특별히 고령자 우울장애와 밀접한 것은 불면증(insomnia)이다. 불면증은 연령이 증가함에 따라 더 흔해지는 것으로 알려져 있으며, 많게는 고령 남성의 25%, 고령 여성의 40%에서 불면증이 나타난다(Lichstein, Stone, Nau, McCrae, & Payne, 2006). 불면증은 우울장애의 주요 증상 중 하나이기도 하지만, 일반적으로 우울장애에 선행하는 것으로 확인되어 왔다(Perlis et al., 2006). 고령자의 경우에도 우울장애의 발병과 유지의 주요한 위험요인으로 불면증이 고려되고 있다. 우울장애와 불면증의 치료에 대한 연구들에 따르면, 불면증을 치료하는 것이 우울장애의 치료효과도 증가시키는 것으로 확인되었다(Manber et al., 2008).

5) 성격적 위험요인

고령자 우울장애와 밀접할 것으로 예상되는 성격적 요인들은 다른 연령대와 크게 다르지 않다. 여기에는 신경증성향과 반추성향(ruminative coping style), 회피성향(avoidant coping style)이 포함된다. 신경증성향은 성격5요인에 포함되는 대표적인 성격 특질로, 불안이나 두려움, 분노, 외로움, 우울한 기분 등의 부정적 감정을 쉽게 경험하는 성향을 의미한다. 신경증성향과 우울장애는 유전적 취약성을 공유하는 것으로도 알려져 있다(Kendler et al., 2006). 반추성향은 부정적인 경험에 대해 반복적으로 생각하는 경향을 말한다. 반추는 우울장애와 매우 밀접한 대처행동으로 잘 알려져 있으며, 고령자 우울장애에서도 마찬가지인 것으로 확인되었다(Garnefski & Kraaij, 2006). 회피성향은 불안장애와 밀접한 성향으로 제안되어 왔지만, 최근 들어 우울장애에서도 중요한 역할을 하는 것으로 확인되었다. 특히 고령자의 경우에는 회피성향이 강할수록 건강문제가 우울에 미치는 영향이 강한 것으로 나타났다(Andrew & Dulin, 2007).

6) 사회적 위험요인

우울장애에서 스트레스 사건이나 사회적 지지와 같은 사회적 위험요인의 중요성은 노년기에 가장 두드러진다. 고령자 우울장애와 관련이 있는 대표적인 스트레스 사건으로는 경제적인 어려움과 사별, 새롭게 발병한 신체적 질병, 자기 자신이나 가족의 신체장애, 거주환경의 변화, 대인관계 갈등 등을 들 수 있다. 이러한 스트레스 사건들은 우울장애의 취약성 요인들과 상호작용하여 우울장애를 유발할 수 있다. 예컨대, 대인관계와 관련된 역기능적 믿음(예: '나는 사랑받지 못할 것이다' '사람들의 사랑을 받지 못하면 나는 살 가치가 없다')을 가지고 있는 사람은 대인관계 상실 등의 스트레스 사건이 발생했을 때 우울장애를 경험할 가능성이 높다(Mazure, Maciejewski, Jacobs, & Bruce, 2002).

고령자 우울장애와 관련이 있는 스트레스 사건 중 특별히 중요하게 고려되고 있는 것은 사별이다. 노년기가 되면 중요한 타인과의 사별 빈도가 높아진다. 메타분석 결과에 따르면, 50세 이상 고령자들의 경우에 사별이 우울장애에 영향을 미치는 가장 강력한 스트레스 요인이었다(Cole & Dendukuri, 2003). 성차를 보면 여성에 비해 남성이 배우자 사별 이후에 우울장애를 경험할 가능성이 더 높았으며, 우울증상도 더 오래 지속되는 것으로 확인되었다(Umberson, Wortman, & Kessler, 1992). 이러한 현상이 나타나는 이유에 대해서는 여러 가지 의견이 있지만, 한 가지 가능한 설명은 성별 역할의 차이가 우울장애의 양상에 영향을 미쳤을 것이라는 설명이다(Umberson et al., 1992). 이 의견에 따르면 남성은 일반적으로 경제적인 역할을 수행하고, 여성은 집안일과 관련된 역할을 수행하기 때문에 각 배우자와 사별했을 때 경험하는 스트레스 사건이 달라진다. 여성의 경우에는 경제적 어려움에 직면하게 되고, 남성은 다양한 집안일로 인해 스트레스를 경험하게 되는 것이다. 그런데

고령자의 경우에는 이미 은퇴를 하고 연금 등의 방법으로 경제적 문제를 해결하는 경우가 많기 때문에 남편과의 사별로 인한 경제적 어려움은 희석된다. 반면에 부인과 사별한 남성은 그동안 배우자가 해 오던 많은 집안일을 새롭게 배워야 하는 상황에 놓여 많은 스트레스를 경험하게 되고, 영양불균형 등의 부수적인 문제도 경험할 가능성이 높아지는 것이다.

사별과 함께 고령자들이 자주 경험하는 스트레스 사건으로 경제적 어려움을 들 수 있다. 노년기가 되면 대부분 은퇴를 하고 경제적 상황이 점차 악화되는 경우가 많다. 실제로 경제적 어려움은 고령자들이 가장 빈번하게 보고하는 대표적인 스트레스 사건이며, 경제적 어려움을 겪는 고령자는 우울장애를 경험할 가능성이 더 높다. 이들은 불안정한 주거 환경에 노출되기 쉬우며, 영양상태가 나빠질 가능성이 높고, 적절한 시기에 치료를 받지 못할 가능성도 높기 때문이다(Areán et al., 2005).

우울장애와 사회적 지지의 관계는 매우 복잡한 것으로 확인되고 있다. 사회적 지지의 결핍 때문에 우울장애가 유발된 것인지, 아니면 우울장애 때문에 사회적 지지가 저하되는 것인지 구분하기 어렵기 때문이다. 고령자의 경우에는 부부간 갈등이나 다른 가족 구성원의 비난, 배우자의 우울이 우울장애와 밀접한 것으로 확인되었다(Nolen-Hoeksema & Ahrens, 2002). 하지만 이러한 요인들이 우울장애의 원인이라고 단정할 수는 없기 때문에 치료적 개입을 실시할 경우에는 선후관계에 대한 분석 등의 추가적인 절차를 고려하는 것이 일반적이다.

사회적 지지와 관련하여 또 한 가지 중요한 이슈는 양(quantity)과 질(quality)의 문제이다. 과거에는 사회적 지지의 양을 중요한 요인으로 고려했으나, 최근 연구들에서는 양보다는 질이 더 중요하다고 제안하고 있다. 예컨대, 신체적인 장애를 지니고 있는 고령자들을 대상으로 진행된 한 연구에 따르면, 독립에 대한 강한 욕구를 지닌 경우에는 주변 사람들로부터 지원을 받는 것이 오히려 우울증상 수준을 높이는 것으로 확인되었다(Martire, Stephens, Druley, & Wojno, 2002). 이처럼 사회적 지지가 과도하다거나 특별히 도움이 되지 않는다고 인식하는 경우에는 우울장애의 위험요인이 될 수도 있다.

7) 보호요인

고령자라면 누구나 신체적 노화를 겪으며 다양한 신체적 질병과 사별 등의 스트레스 사건을 경험한다. 놀라운 점은 이렇게 스트레스 사건들이 증가함에도 불구하고, 대부분의 고령자는 우울장애를 경험하지 않는다는 점이다. 이와 관련하여 고령자 우울장애 보호요인에 대한 연구들이 진행되었으며, 다양한 보호요인이 확인되었다(Hendrie et al., 2006). 확인된 요인들을 정리하면 크게 세 가지 영역으로 구분할 수 있다.

첫 번째 영역은 개인이 지니고 있는 다양한 자원이다. 여기에는 경제적인 자원과 사회적 자원, 인지적 역량, 신체적 건강이 포함된다. 이러한 자원을 많이 보유하고 있을수록 스트레스 사건을 경험해도 우울장애가 유발되지 않을 가능성이 높다.

두 번째 영역은 다양한 스트레스 대처전략, 혹은 정서조절(emotion regulation) 전략들이다. 고령자는 오랜 경험을 통해 다양한 스트레스 대처전략들을 발달시킬 가능성이 높다. 우울장애를 경험하지 않는 고령자들은 이러한 전략들을 적절하게 활용하여 스트레스에 대처하기 때문에 우울에 덜 취약할 수 있다. 예컨대, 사건에 대한 긍정적 재평가(positive reappraisal)나 관점의 전환, 긍정적이고 의미 있는 경험에 몰두하기 등의 방법을 이용해 스트레스 사건이나 부정적 경험에 대처하는 고령자들은 그렇지 않은 고령자에 비해 우울장애를 경험할 가능성이 낮다. 이러한 설명은 스트레스 사건을 더 많이 경험하는 고령자들이 젊은 성인들에 비해 우울장애를 덜 나타내는 것을 이해할 수 있도록 돕는다. 실제로 고령자들은 젊은 성인에 비해 앞서 언급된 스트레스 대처전략들을 더 빈번하게 사용하는 것으로 확인된 바 있다(Garnefski & Kraaij, 2006). 스트레스 대처 및 정서조절 측면에서 고령자들에게 유리한 점이 한 가지 더 있다. 연구에 따르면 노화가 진행될수록 부정적 사건에 대한 정서적 반응성이 줄어들어 부정적 감정을 적게 경험한다(Charles, Reynolds, & Gatz, 2001). 이처럼 스트레스 사건에 대한 정서적 반응이 감소하기 때문에 부정적 사건의 빈도에 비해 부정적 감정을 적게 경험할 수 있으며, 젊은 성인들에 비해 좀 더 수월하게 부정적 감정을 조절할 가능성도 높아지는 것이다.

세 번째 영역은 활동성(activity)과 관련된 요인들이다. 여기에는 사회적 활동(예: 봉사)이나 종교활동 등과 같은 다양한 활동 참여가 포함된다. 노년기에 이르면 신체적 제약 등의 문제로 인해 활동의 양이 줄어든다. 하지만 기존의 활동을 다른 활동(유사한 만족감을 주는)으로 대체하는 등의 방법으로 외부활동을 지속하게 되면 우울증상이 감소하는 효과를 얻을 수 있다. 특히 의미감(sense of meaningfulness)을 주는 활동을 꾸준히 지속하는 것은 사회적 관계를 확장하는 것 이상의 긍정적인 효과를 줄 수 있다. 예컨대, 종교활동에 참여하는 것은 우울장애의 위험을 감소시키는 것으로 확인되었다(George, Ellison, & Larson, 2002). 다른 요인들에 비해 경험적 지지가 충분하지는 않지만, 신체적 운동(physical exercise)도 우울장애의 위험을 감소시킬 가능성이 있다. 운동은 전반적인 신체적 건강을 증진시킬 가능성이 높기 때문이다.

4. 원인

고령자만을 대상으로 하는 우울장애 원인론이나 모형은 많이 개발되어 있지 않다. 전체 성인을 대상으로 개발된 모형들을 그대로 고령자에게 적용하는 것이 일반적이다. 하지만 앞서 살펴본 바와 같이, 위험요인이나 보호요인 측면에서 고령자의 특수성이 있기 때문에 이를 고려하여 모형과 이론을 선별할 필요가 있다. 우울장애를 설명하기 위해 개발된 이론은 매우 다양하지만, 우울장애 원인론으로 가장 활발하게 연구되고 있는 이론은 인지행동이론(cognitive behavioral theory)이다. 특히 고령자의 경우에는 신체적 노화로 인한 행동상의 변화가 두드러지며, 다양한 스트레스 사건에 대한 처리방식이 우울장애 발병 및 유지에 중요한 영향을 미치므로 인지행동적 관점에서 우울장애를 이해하는 것은 적절한 접근이라고 생각해 볼 수 있다.

우울장애에 대한 인지행동이론에서는 개인의 인지적 특성과 행동적 특성이 우울에 영향을 미친다고 가정한다. 인지적 특성이란 자기 자신이나 다른 대상, 사건들을 해석하는 방식을 의미하며, 행동적 특성이란 활동의 질과 양을 의미한다. 고령자의 경우에도 이 두 특성이 중요하게 고려된다. 특히 고령자는 신체적 노화로 인한 행동상의 변화가 두드러지므로 행동적 측면에서의 분석이 중요하다.

행동적 관점에서는 우울을 긍정적 경험의 결핍으로 개념화한다(Lewinsohn, Muñoz, Youngren, & Zeiss, 1992). 인간은 살면서 다양한 부정적 사건을 경험한다. 그럼에도 불구하고 대부분의 사람들이 우울장애를 겪지 않는 것은 다양한 긍정적 경험을 하기 때문이다. 우울장애의 행동적 관점에 따르면 우울장애를 경험하는 사람들은 다른 건강한 사람들에 비해 긍정적 경험이 결핍되어 있다. 이들이 긍정적 경험을 적게 하는 이유는 실패와 관련이 있다. 이들은 다른 사람들이 긍정적 감정을 경험하는 활동들을 시도해 보지만 반복적으로 실패하는 경향이 있으며, 과거의 실패 경험으로 인해 긍정적 활동을 더 이상 시도하지 않는 패턴을 보인다.

우울한 사람들이 긍정적 활동에 실패하는 이유로는 사회적 기술(social skill)의 부족이나 자기비난적 사고(self-critical cognition)가 제안되고 있다. 사회적 기술이란 다른 사람들과의 상호작용을 통해 상대방에게 큰 피해를 주지 않으면서도 자신이 원하는 바를 얻는 기술을 의미한다. 일반적으로 사회적 기술은 연령에 따라 증가하는 경향이 있지만, 성격적으로 사회적 기술이 부족한 경우에는 우울장애에 취약할 수 있다. 자기비난적 사고란 자기 자신의 능력이나 가치 등에 대한 부정적 생각을 의미한다. 긍정적 활동과 관련된 자기비난적 사고가 강할수록 긍정적 활동을 시도하지 않을 가능성이 높아지며, 그에 따라 긍정적 경험도 감소하게 된다. 고령자들의 경우에는 노화 과정으로 인해 자기비난적 사고가 증가할 가능성이 높다. 우선 이들은 인지기능을 포함한 전반적인 기능의 저하를 실제로 경험한다. 주의력이나 기억력, 판단력 등 사회적 상호작용에 필요한 주요 기능들이 실제로 저하되기 때문에 자기비난적 사고가 증가할 가능성이 높다. 특히 성취나 능력을 중요시했던 사람의 경우에는 이러한 기능 저하의 부정적 영향이 더 크다. 둘째로, 역할 변화에 따라 실패 경험이 증가할 가능성이 높다. 예컨대, 배우자와 사별한 경우에 배우자가 담당하던 활동(예: 운전, 가사활동, 대인관계 활동)을 스스로 하는 과정에서 다양한 실패를 경험할 수 있다. 이러한 실패 경험은 자기비난적 사고를 증가시킬 수 있다. 셋째로, 고령자에 대한 부정적인 선입견을 가지고 있는 경우, 노년기가 되면 자기비난적 사고가 증가할 수 있다. 예컨대, '늙으면 사고만 친다'거나 '늙으면 아무것도 할 수 없다' '늙으면 가만히 있어야 한다' '늙으면 빨리 죽어야 한다' 등의 부정적 편견을 지니고 있다면 실제로 자신이 고령자가 되었을 때 자기비난적 사고가 증가할 가능성이 높다. 이러한 이유들로 인해 자기비난적 사고가 높아진 상태에서는 실패에 대한 두려움이 전반적으로 강해지기 때문에 긍정적 감정을 경험할 수 있는 다양한 활동에 대한 시도 또한 감소할 수 있다.

5. 치료

고령자 우울장애에 대한 근거기반치료(evidence-based treatments)로는 우선 약물치료를 들 수 있다. 고령자 우울장애 환자들을 대상으로 진행된 무선배정 임상연구 결과에 따르면, 세로토닌 재흡수 억제제(serotonin reuptake inhibitor)나 삼환계 항우울제(tricyclic antidepressants), 모노아민산화효소 억제제(monoamine oxidase inhibitor)가 유사한 정도로 우울증상을 경감시키는 것으로 나타났다(Beyer, 2007). 치료효과 또한 젊은 성인들과 대체로 유사했다.

약물치료 이외에 자주 사용되는 생물학적 치료로는 전기경련요법(electroconvulsive therapy)을 들 수 있다. 전기경련요법은 다른 연령대에 비해 고령자 집단에서 특히 많이 사용되는 것으로 확인되었다(Kelly & Zisselman, 2000). 치료효과는 좋은 것으로 알려져 있지만, 심장 관련 합병증이나 기억 소실, 섬망(delirium) 등의 부작용에 주의해야 한다.

다양한 심리치료기법 또한 근거기반치료로 제안되고 있다. 예컨대, 행동치료(behavior therapy)와 인지행동치료(cognitive behavior therapy), 인지적 독서치료(cognitive bibliotherapy), 문제해결치료(problem-solving therapy), 단기 정신역동치료(brief psychodynamic therapy), 생애회고법(life review therapy)이 고령자 우울장애 치료에 효과가 있는 것으로 확인되었다(Scogin, Welsh, Hanson, Stump, & Coates, 2005). 아직 충분한 연구가 진행되지는 않았지만, 3세대 행동치료에 해당하는 여러 치료기법 또한 유력한 고령자 우울장애 치료기법으로 제안되고 있다. 여기에는 수용전념치료(acceptance commitment therapy)와 마음챙김기반 인지치료(mindfulness-based cognitive therapy)가 포함된다.

약물치료와 심리치료의 효과를 비교한 연구에 따르면 두 방법 모두 서로 유사한 치료효과를 나타내거나 심리치료가 좀 더 나은 효과를 나타내는 것으로 확인되었다(Pinquart, Duberstein, & Lyness, 2006). 하지만 실제 임상 현장에서는 두 치료방안 중 하나를 선택하는 것이 아니라, 두 방안을 모두 이용하는 것이 일반적이다. 또한 약물치료나 심리치료에 더해 지역사회에 마련된 자원들(예: 지역정신건강센터)을 활용하여 실질적인 문제들을 다루는 것이 한 가지 치료방안만을 사용하는 것보다 더 나은 효과를 나타낼 수 있을 것이라고 제안되기도 했다(Areán et al., 2005).

살펴본 바와 같이, 고령자 우울장애의 치료기법은 젊은 성인들과 크게 다르지 않다. 하지만 고령자 우울장애를 치료할 때는 특별히 주의해야 할 사항들이 있다. 첫째로, 다양한 이유 때문에 치료에 대한 반응성이 저하될 수 있다. 예컨대, 치매와 같은 신경학적 질병을 가지고 있는 경우, 심리치료의 전반적인 절차에 대한 이해와 협력이 어려울 수 있다. 이런 경우에는 치료절차를 단순화하는 등의 추가적인 노력이 필요하다. 여기에 더해 고려할 수 있는 방법은 환자를 돌보고 있는 사람(caregiver)을 치료에 끌어들이는 것이다. 이들에게 환자가 지닌 장애에 대한 적절한 교육을 실시하고 효과적인 의사소통 방법 등을 가르친다면 환자의 우울문제 개선에 도움이 될 수 있다. 또한 환자들이 정기적으로 즐거운 활동을 할 수 있도록 돕게 하는 것도 효과적인 방법이 될 수 있다.

둘째로, 우울장애를 경험하는 많은 수의 고령자들은 적극적으로 치료를 받지 않는다(Blazer, Hybels, Fillenbaum, & Pieper, 2005). 이들이 치료를 받지 않는 이유로 가장 빈번하게 언급되는 것은 이들이 나타내는 증상들을 우울장애로 인식하지 못하는 것이다. 앞서 살펴본 바와 같이, 고령자의 우울장애는 젊은 성인의 우울장애와 그 양상이 다르다. 이 때문에 환자 본인이나 주변 사람들이 우울장애의 발현을 미처 파악하지 못하는 것이다. 실제로 고령자들은 피로감이나 수면문제, 섭식 관련 문제 등을 경험할 때, 정신건강 관련 기관을 찾기보다는 1차 의료기관을 찾는 경향이 있다. 따라서 고령자 우울장애를 효과적으로 치료하기 위해서는 1차 의료기관에서 우울장애 선별검사를 기본적으로 실시하여 필요할 경우 전문적인 우울장애 치료로 연결할 필요가 있다.

환자 스스로 자신이 경험하는 증상이 우울장애임을 인식하더라도 치료에는 소극적일 수 있다. 이는 환자가 지니고 있는 신념이나 태도와 관련이 있다. 고령자의 우울문제가 매우 보편적이며 어쩔 수 없이 모두 겪어 내야 하는 문제라고 생각한다면 굳이 전문적인 치료에 돈과 시간을 들일 필요가 없다고 생각하는 것이다. 따라서 1차 의료기관의 전문가들은 우울장애를 경험하는 고령자들을 위해 우울장애에 대한 기본적인 교육(예: 병인론, 예후, 치료효과)을 실시하여 잘못된 편견이나 선입견을 약화시킬 필요가 있다.

6. 예방

고령자 우울장애는 그 자체로도 환자에게 많은 고통을 주지만, 이후 치매로 발전할 수 있는 인지적 손상을 유발한다는 측면에서 심각한 장애라고 볼 수 있다. 따라서 우울장애 발병 이후 적극적으로 치료하는 것도 필요하지만, 그보다 더 중요한 것은 발병하지 않도록 예방하는 것이다.

고령자 우울장애 예방의 첫 번째 방법은 준임상(subclinical) 수준의 우울증상을 나타내는 고령자에게 적극적으로 개입하는 것이다. 이를 위해서는 1차 의료기관이나 건강검진센터 등에서 활용하는 우울증상 평가 결과를 적극적으로 활용하는 것이 좋다. 임상 수준에 해당하는 환자뿐만 아니라, 준임상 수준에 해당하는 증상을 보이는 고령자에게도 예방을 위한 구체적인 방법을 교육하거나 전문적인 개입을 받을 수 있는 기관 등을 소개해 주는 것이다. 혹은 기관 내에서 준임상 우울문제를 지닌 고령자들을 대상으로 하는 집단 프로그램 등을 계획하여 실행하는 것도 좋은 방법이 될 수 있다.

두 번째 방법은 우울장애의 위험요인에 해당하는 문제들을 개선하는 것이다. 예컨대, 우울장애에 선행하는 대표적인 위험요인인 수면문제를 적극적으로 개선하는 것은 우울장애 예방에 도움이 될 수 있다. 수면문제를 개선하는 데 도움이 되는 근거기반치료 기법으로는 인지행동치료를 들 수 있다. 실제로 이 치료기법은 고령자의 수면문제를 감소시키는 것으로 확인되었다(Nau, McCrae, Cook, & Lichstein, 2005).

수면문제 이외에도 개입의 초점으로 삼을 수 있는 위험요인들이 많이 있다. 여기에는 신체적 질병과 신체장애, 사별 등이 포함된다. 앞서 살펴본 바와 같이, 신체적 질병이나 장애를 가지고 있는 고령자들은 우울장애에 취약한 것으로 확인되었다. 따라서 우울장애를 예방하기 위한 방편으로 신체적 질병이나 장애를 가진 고령자들의 우울증상을 꾸준히 추적하면서 예방을 위한 노력을 할 수 있다. 특히 신체적 결함과 관련된 생각을 검토하여 적절히 수정하고, 만족감을 줄 수 있는 대안적인 활동을 탐색하여 꾸준히 실행하도록 하는 것이 도움이 된다. 사별을 경험한 고령자들은 대부분 일정 기간 동안 슬픔에 빠지게 된다. 이것은 정상적인 애도의 과정이며, 어느 정도 시간이 지나면 자연스럽게 이전 상태로 회복된다. 하지만 어떤 사람들은 사별로 인한 부정적 감정을 과도하게 오래 경험하기도 하는데, 이 경우에 우울장애로 발전할 가능성이 높다. 예컨대, 사별 이후에 상황에 맞게 부정적 감정 반응을 바꿀 수 있는 사람은 그렇지 못한 사람에 비해 우울장애로 발전할 가능성이 낮은 것으로 확인된 바 있다(Coifman & Bonanno, 2010). 즉, 어떤 상황이든 지속적으로 슬픔 등의 부정적 감정에 사로잡혀 있는 사람은 우울증상이 심각해질 가능성이 높으며, 상황에 맞게 감정 반응을 달리하는 사람은 증상이 나아질 가능성이 높다. 사별로 인한 우울장애를 예방하기 위해서는 이렇게 우울장애에 취약한 정서적 반응 특성을 지닌 고령자들을 선별하여 적극적으로 개입하는 것이 중요하다.

세 번째 방법은 교육 등을 통해 고령자 우울장애에 대한 전반적인 인식을 바꾸는 것이다. 교육의 주요대상은 1차 의료기관의 전문가를 포함한 고령자 건강 관련 전문가들과 일반인들이다. 이들에게 고령자 우울장애의 고유한 측면을 교육하여 확인 시 즉각적으로 전문적 평가와 치료를 진행할 수 있도록 하는 것이 관건이다. 또한 고령자의 우울장애가 정상적인 노화 과정의 일부가 아닌 특정 소수에게만 발병하는 심리장애임을 교육하는 것도 중요하다. 이러한 교육을 통해 고령자 우울장애를 조기에 발견하고 개입하는 데 기여할 수 있다. 실제로 스웨덴에서는 '고틀란드(Gotland)'라는 섬에 있는 1차 의료기관의 모든 전문가들에게 우울장애에 대한 교육을 진행하였는데, 그 결과 우울장애 진단 비율이 증가하고 자살률은 감소한 것으로 확인되었다(Rutz, Knorring, & Wålinder, 1992).

7. 맺음말

고령자 우울장애는 젊은 성인의 우울장애에 비해 발생 빈도가 낮은 편이지만, 보다 심각한 결과를 초래할 수 있다. 신체적 질병이나 신경학적 질병과 공병하는 경우가 많으며, 공병하는 장애의 특성에 따라 우울증상의 양상이 다르다. 젊은 성인들에 비해 주관적인 우울감 등의 정서적 증상을 호소하지 않는 경향도 있기 때문에 진단 및 평가 시 각별한 주의가 요구된다.

위험요인과 보호요인의 양상을 보면 유전적 요인을 제외한 생물학적 요인들(예: 신체적 질병이나 문제, 신체장애, 신경학적 질병)의 중요성이 더욱 커지는 것으로 확인된다. 반면, 심리적 위험요인들(예: 성격적 요인)의 중요성은 상대적으로 줄어드는 경향이 있으며, 경험의 축적에 따라 심리적 보호요인(예: 정서조절 능력, 스트레스 대처 능력)이 강해지는 것으로 나타난다. 특히 사별이나 환경의 변화 등과 같은 스트레스 사건이 증가함에도 불구하고 전체적인 우울장애 유병률이 젊은 성인보다 낮은 것은 앞서 제시된 보호요인들의 기여 때문일 수 있다.

고령자 우울장애의 높은 공병률과 다양한 유형, 정상적인 노화(예: 신체적 변화, 사별)에 대한 반응으로 나타나는 우울과의 유사성 등의 문제로 인해 아직까지 정교한 원인론이 제안되지는 못하고 있다. 크게 보면 조기발병 우울장애는 유전적 요인의 영향이 클 것으로 예상되지만, 후기발병 우울장애는 신체적 요인과 심리적 요인, 사회적 요인의 상호작용으로 나타날 가능성이 있다. 인지행동적 관점에서는 긍정적 활동의 결핍을 중요한 근접요인으로 간주하고 있으며, 자기비난적 사고 등의 인지적 요인들이 긍정적 활동의 결핍과 관련이 있을 것으로 제안하고 있다.

고령자 우울장애의 치료에는 약물치료를 포함한 생물학적 치료와 다양한 심리치료가 사용되고 있다. 치료의 효과는 젊은 성인과 크게 다르지 않은 것으로 확인되고 있으나 신경학적 질병으로 인한 반응성 저하와 우울장애에 대한 부정확한 인식이 치료의 장애물로 작용할 가능성이 있다. 예방을 위한 방안으로는 준임상 수준의 우울증상에 개입하는 것과 위험요인에 개입하는 것, 전문가와 일반인 등을 대상으로 교육을 실시하는 것 등이 제안되고 있다.

생각할 거리

1. 고령자 우울장애의 발병률과 관련해서 두 가지 입장이 서로 경쟁하고 있다. 첫 번째 입장은 현재 사용되고 있는 우울장애 진단기준이 고령자에게는 적절하지 않다는 입장이고, 두 번째 입장은 고령자의 보호요인이 상대적으로 더 많기 때문에 실제로 발병률이 낮다는 입장이다. 이 두 입장 중 어느 쪽이 더 타당한지를 판단할 수 있는 방법은 무엇이며, 그 결과가 갖는 임상적 함의는 무엇일까?
2. 고령자 우울장애의 원인을 탐색할 때 직면하는 가장 큰 장애물은 이질성이다. 고령자 우울장애는 신체적 질병과의 상호작용으로 매우 다양한 증상을 나타내는 경향이 있다. 이런 경우에 유형을 구분하여 원인을 탐색하는 방식을 취하면 너무 많은 아형을 만들어 내어 실질적인 의미가 퇴색될 수 있다. 이런 상황에서 선택할 수 있는 대안적인 병인론 연구모형에는 어떤 것들이 있을까?
3. 고령자 우울장애를 평가하고 치료하는 과정에서는 신체적 질병의 영향을 중요하게 고려해야 한다. 뿐만 아니라 지역사회에서 활용할 수 있는 자원들에 대한 깊은 이해도 필요하다. 고령자 우울장애와 관련된 여러 영역의 자원과 전문인력들을 효율적으로 활용하여 고령자 우울장애를 발견하고 치료할 수 있는 방안에는 어떤 것들이 있을까?

제 9 장

고령자의 불안장애

고령자의 불안장애는 젊은 성인에 비해 유병률이 전반적으로 낮으며, 증상의 심각도 또한 약한 것으로 확인되고 있다. 하지만 우울장애 등의 다른 심리적 문제를 유발할 가능성이 있으며, 회피 및 고립으로 인한 삶의 질 저하를 초래할 수 있다는 측면에서 중요한 장애로 고려된다. 관련 연구 결과들을 종합하면 노화로 인한 신체적 기능 저하나 질병 등이 불안을 유발할 수 있으며, 특히 성격적으로 불안한 특성을 가지고 있을 때 불안장애를 경험할 가능성이 높은 것으로 확인되었다. 다만 불안민감성이나 경험회피, 긍정적 정서 특성 등의 성격적 특성은 젊은 성인에 비해 더 나은 측면이 있어 불안장애 유병률은 오히려 낮은 것으로 추측된다. 고령자 불안장애 병인론은 거의 연구되지 않은 상황이다. 현재로서는 젊은 성인들과 유사한 병인론을 공유할 것으로 간주하고 있으며, 그에 따라 젊은 성인들에게 적용하는 치료법과 거의 동일한 방법들을 사용하고 있는 것으로 확인된다. 치료로는 약물치료와 심리치료가 주로 고려되고 있으며, 치료효과는 젊은 성인과 유사한 것으로 보고되고 있다. 다만 고령자의 특성을 고려하여 통합적인 평가와 보호자 교육, 통합적인 약물 조정, 다양한 양식의 치료병행 등이 중요한 것으로 제안되었다.

주제어(keywords): 고령자, 불안, 불안장애, 원인, 치료

1. 역학

1) 진단 관련 문제

2) 유병률

2. 임상적 특징

1) 주요 증상

생각상자 고령자의 죽음에 대한 두려움

2) 다른 심리장애 및 심리적 문제와의 관계

3) 치매와의 관계

4) 기타 신체적 문제 및 질병과의 관계

3. 위험요인 및 보호요인

1) 생물학적/신체적 요인

2) 성격적 요인

3) 사회적 요인

4. 치료

5. 맺음말

불안(anxiety)이란 미래에 일어날 부정적 사건을 예견했을 때 경험되는 부정적 정서를 말한다. 대부분의 정서가 적응에 도움이 되는 측면이 있듯이, 불안 또한 나름의 기능을 가지고 있다. 불안의 주된 기능은 해로운 부정적 사건을 미리 피하도록 하여 유기체를 보호하는 것이다. 예컨대, 심각한 결과를 초래할 수 있는 사고의 발생과 관련된 위협을 지각했다면 불안이 유발되어 사건을 예방하거나 피하기 위한 행동을 하도록 유도한다.

대부분의 정서가 인지적 요소와 정동적 요소, 생리적 요소, 행동적 요소를 수반하듯이 불안도 그러한 요소들을 가지고 있다. 우선 불안은 미래에 일어날 수 있는 위협적인 사건에 대한 생각을 수반한다. 의식적으로든 무의식적으로든 위협과 관련된 생각을 하게 되면 불쾌한 정동(affect)을 경험하고 생리적으로 각성된다. 이러한 상태는 위협적인 사건을 피하기 위한 회피행동이나 도피행동을 선택할 가능성을 높인다. 이렇게 어떤 위협자극으로 인해 유발되는 특정한 인지적 · 정동적 · 생리적 · 행동적 반응 경향성을 불안이라고 한다.

불안은 개인의 적응에 큰 도움이 되는 중요한 정서이기 때문에 일생에 걸쳐 빈번하게 경험된다. 하지만 연령에 따라서 불안을 경험하는 빈도나 강도는 점차 변하는 것으로 확인되고 있다. 고령자 연구의 특성상 70대 이후는 자료의 수가 크게 감소하고 분산이 커져 의견이 갈리는 상황이지만, 적어도 70대까지는 어떤 자극으로 인해 부정적 정서를 경험하는 정도가 점차 저하되는 것으로 나타났다(Teachman, 2006). 이러한 결과를 고려하면 고령자의 불안 수준은 젊은 성인에 비해 전반적으로 낮을 것이라고 짐작해 볼 수 있다.

불안은 기본적으로 적응에 도움이 되는 정서이지만, 과도할 경우에는 오히려 적응에 해가 되기도 한다. 병리적 불안(pathologic anxiety)은 불안이 과도하여 적응기능에 손상을 주는 상태를 말한다. 여기서 '과도하다'는 것은 실제적인 위협이 없음에도 유발되고, 일상 기능을 저하시킬 정도로 심한 강도를 나타내며, 지나치게 오래 지속되는 경향을 의미한다.

이상심리학(abnormal psychology)에서는 병리적 불안으로 인해 주관적 괴로움이 심각하거나 일상생활 기능이 크게 손상된 경우를 불안장애(anxiety disorder)라고 명명한다. 불안장애는 여러 하위 장애로 분류될 수 있다. 어떤 심리장애들이 불안장애에 포함될 수 있는지에 대해서는 학자들마다 의견을 달리 하지만, 대표적인 심리장애 진단체계인 『정신질환의 진단 및 통계편람 제5판(Diagnostic and Statistical Manual of Mental Disorders-5: DSM-5)』(American Psychiatric Association, 2013)에서는 특정공포증(specific phobia)과 광장공포증(agoraphobia), 사회불안장애(social anxiety disorder), 범불안장애(generalized anxiety disorder), 공황장애(panic disorder)를 불안장애에 포함시키고 있다. 특정공포증은 특정한 대상(예: 거미, 바늘)이나 상황(예: 폐쇄된 공간)에 대한 과도한 공포 반응을 나타내는 불안장애를 말하며, 광장공포증은 급히 빠져나갈 수 없거나 적절한 도움을 받지 못할 수 있는 광장이나 공공장소 등에 대한 과도한 공포를 나타내는 장애를 의미한다. 사회불안장애는 발표 상황이나 대인관계 상호작용(예: 가벼운 인사 나누기, 대화하기) 등 타인의 평가를 받을 수 있는 사회적 상황에 대한 병리적 불안을 특징적으로 나타내는 장애이며, DSM-5 이전에는 사회공포증(social phobia)으로 진단되었다. 범불안장애는 다양한 주제(예: 자기 자신과 가족의 안위, 나라의 안위)에 대해 통제하기 어려운 과도한 불안과 걱정을 나타내는 불안장애를 말하며, 공황장애는 곧 죽을 것 같은 강렬한 공포를 수반하는 공황발작(panic attack)을 반복적으로 경험하는 장애를 의미한다.

고령자의 불안장애에 대한 연구는 우울장애에 비해 적은 편이다. 젊은 성인들에 비해 유병률이 상대적으로 낮으며, 전반적인 증상의 심각도나 치명성 또한 낮기 때문이다. 하지만 관련 연구들에 따르면, 고령자의 불안장애는 우울장애를 유발하는 원인이 될 수 있으며, 우울장애와 공병할 경우 전반적인 증상의 심각도를 악화시킬 수 있다. 뿐만 아니라 대부분의 불안장애는 과도한 회피와 고립을 유발하는 경향이 있기 때문에 개인의 삶의 질을 악화시키고 다양한 이차적 문제를 야기할 수 있다. 이러한 측면에서 볼 때 고령자의 불안장애를 연구 주제로 고려하는 것은 중요하다고 판단할 수 있다. 이 장에서는 이러한 필요성을 감안하여 고령자 불안장애의 주요 특징과 위험요인, 보호요인, 치료방안 등에 대해 살펴보고자 한다.

1. 역학

1) 진단 관련 문제

고령자의 불안장애 진단은 몇 가지 이유 때문에 복잡하고 어려운 면이 있다(Coelho, Goncalves, Purkis, Pocinho, Pachana, & Byrne, 2010).

첫째, 연령 증가에 따른 감각기능 손상이 정확한 진단을 방해할 수 있다. 고령자의 경우, 시각이나 청각 등의 기본적인 감각기능이 저하될 수 있다. 그에 따라 의료진 등 전문가의 말을 환자가 정확히 알아듣지 못하여 적절한 대답을 하지 못하거나 전달된 문서의 글자 등을 정확하게 처리하지 못하여 실제 상태를 적절히 전달하지 못할 수 있다.

둘째, 신체적 질병의 영향 때문에 정확한 진단에 어려움을 겪을 수 있다. 고령자들이 경험하는 다양한 신체적 질병은 불안을 유발할 수 있으며, 불안과 유사한 증상을 촉발할 수도 있다. 때문에 환자가 경험하는 증상이 심리적 원인에 의한 불안인지, 아니면 신체적 증상에 의해 유발된 불안인지, 혹은 불안은 아니지만 신체적 문제에 의해 유발된 불안과 유사한 증상인지를 구분하는 것이 어려울 수 있다.

셋째, 코호트효과(cohort effect)로 인해 불안증상을 인식하고 적절히 알리는 데 어려움을 겪을 수 있다. 코호트효과는 동일 연도에 출생한 집단, 즉 동년배(cohort)들에게서 공통적으로 나타나는 특징을 기술할 때 사용하는 용어이다. 동년배는 특정한 사회문화적 특성을 공유하기 때문에 유사한 특징을 나타낼 수 있는데, 이러한 특징이 나타나는 이유를 코호트효과로 해석하는 것이다. 고령자들은 다양한 신체적/심리적 변화를 공유하며, 그에 따라 관련된 불안증상 또한 공유할 수 있다. 이 때문에 자신이 경험하는 증상을 불안이라는 특정한 심리적 문제로 인식하지 못하고 나이가 들면 대부분 경험하는 변화로 해석할 수 있다. 혹은 불안증상을 신체적인 문제로 오해석하는 현상 또한 흔하게 발견할 수 있다.

넷째, 대부분의 심리장애 진단기준이 그런 것처럼 불안장애의 진단기준 또한 젊은 성인들에게 맞춰져 있어 고령자의 특수성을 반영한 정확한 진단이 어려울 수 있다. 이러한 상황을 고려하여 몇몇 심리장애들의 경우에는 고령자용 진단기준을 새롭게 개발하고 있지만, 불안장애는 그러한 작업이 충분히 진행되지 못하고 있는 실정이다. 이 때문에 고령자의 불안장애 유병률은 실제보다 낮게 추정될 가능성이 있다.

2) 유병률

앞서 소개한 진단상의 어려움을 감안하면서 현재까지 조사된 고령자 불안장애의 유병률을 간단히 살펴보기로 하겠다. 여기에 포함된 유병률은 모든 성인에게 공통으로 사용되는 진단기준에 입각한 인터뷰 검사나 자기보고형 검사를 이용해 조사된 것들임을 염두에 두기 바란다.

관련 연구가 적은 상황이지만, 불안장애에 포함될 수 있는 다양한 심리장애를 모두 포함했을 때 고령자 불안장애의 유병률은 대략 3.2~20.8%(Canuto et al., 2018; Forsell & Winblad, 1997; Ritchie et al., 2004) 정도인 것으로 나타났다. 유병률의 범위가 매우 넓은 것은 사용된 도구와 연구참가자가 매우 다양하기 때문인 것으로 보인다. 엄격한 도구와 절차를 이용한 연구일수록 유병률이 낮게 보고되고, 자기보고형 도구 등 측정상 오류 발생 가능성이 높은 도구의 경우에는 반대 양상을 보이는 경향이 있다. 전체적으로 보면 젊은 성인에 비해서는 낮은 수준이라고 판단할 수 있다.

각 장애별로 보면 우선 특정공포증은 2.0~4.5%(Beekman et al., 1998; Chou, 2009; Grenier et al., 2011), 범불안장애는 1.2~7.3%(Beekman et al., 1998; Canuto et al., 2018; Gum, King-Kallimanis, & Kohn, 2009), 공황장애는 0.1~5.4%(Beekman et al., 1998; Canuto et al., 2018), 사회불안장애/사회공포증은 0.6~2.7%(Canuto et al., 2018; Gum et al., 2009)로 확인되었다. 각 장애별로 정도의 차이는 있지만, 젊은 성인들과 비교하면 대체로 낮은 수준이다. 캐나다에서 진행된 한 연구에 따르면, 연령이 증가할수록 공황장애 유병률이 점차 감소하는 것으로 확인되었다(Corna, Cairney, Herrmann, Veldhuizen, McCabe, & Streiner, 2007). 이러한 결과들은 연령이 증가할수록 불안 수준이 점차 낮아지는 것과도 연관지어 해석해 볼 수 있는 부분이다.

유병률의 성차를 보면 대체로 고령자 우울장애와 유사한 것으로 나타나고 있다. 즉, 여성의 유병률이 남성보다 높은 것으로 확인되었다(Canuto et al., 2018). 이는 젊은 성인 환자들에게서 나타나는 양상과도 유사하다.

2. 임상적 특징

1) 주요 증상

증상 측면에서 젊은 성인과 고령자의 중요한 차이는 두 가지로 정리될 수 있다. 첫 번째는 증상의 강도이고, 두 번째는 증상의 내용이다.

우선 증상의 강도 측면에서는 고령자가 젊은 성인들에 비해 전반적으로 약화된 증상을 나타내는 것으로 확인되고 있다. 예컨대, 고령 공황장애 환자는 젊은 환자들에 비해 증상의 수가 적고, 불안이나 각성 수준이 낮으며, 전반적인 기능 수준 또한 더 양호한 것으로 나타났다(Sheikh, Swales, Carlson, & Lindley, 2004). 이와 같은 양상은 다른 불안장애에서도 유사하게 확인된 바 있다(예: Gretarsdottir, Woodruff-Borden, Meeks, & Depp, 2004).

일부 불안장애의 경우에는 증상의 내용 측면에서도 젊은 성인과 고령자 간에 차이점을

발견할 수 있다. 예컨대, 범불안장애로 진단된 고령자는 젊은 성인들과는 다른 내용의 걱정을 주로 나타내는 경향이 있다(Powers, Wisocki, & Whitbourne, 1992). 젊은 성인들은 자신의 일이나 경제적 상태, 대인관계 갈등 등에 대한 걱정을 주로 호소한 반면, 고령자들은 신체적인 건강문제나 사별 등에 대한 걱정을 주로 호소한다. 이와 같은 차이는 각 연령대에 따라 중요하게 고려되는 삶의 요소들이 다르기 때문에 나타나는 것으로 예상된다. 범불안장애로 진단된 고령자들과 그렇지 않은 고령자들의 걱정 내용을 비교한 연구에서는 두 집단 간에 유의한 차이가 없다는 것을 확인하였다(Diefenbach, Stanley, & Beck, 2001). 즉, 범불안장애를 경험하는 고령자들은 그렇지 않은 고령자들과 유사한 내용의 걱정을 하지만 정도가 더 심각하여 일상생활에 지장을 받는 것으로 보인다.

고령자의 걱정 및 두려움과 관련하여 특별히 흥미를 끄는 주제는 죽음에 대한 걱정과 두려움이다. 고령기는 삶의 마지막 시기인 만큼 죽음에 가까이 다가설 수밖에 없다. 이런 점을 고려하면 고령자들의 죽음에 대한 걱정과 두려움이 강할 것이라고 짐작해 볼 수 있다. 하지만 경험적 연구들에서는 나이가 들수록 죽음에 대한 걱정이나 두려움이 오히려 줄어든다고 보고하고 있다(Gurian & Miner, 1991; Russac, Gatliff, Reece, & Spottswood, 2007). 그 이유에 대해서는 아직 충분한 연구가 진행되지 않은 상황이지만, 연령이 증가함에 따라 전반적으로 불안 수준이 감소하는 것을 하나의 가능한 설명으로 고려할 수 있다. 또한 주변 지인들의 죽음에 반복적으로 노출됨에 따라 죽음에 대한 둔감화 현상이 나타난 것일 가능성도 고려해 볼 수 있다.

사회불안장애의 경우에도 사회적 상황에 대한 두려움을 나타낸다는 점에서 젊은 성인들과 다르지 않지만, 두려워하는 사회적 상황의 내용은 서로 다른 것으로 확인되었다(Gretarsdottir et al., 2004). 젊은 성인 환자들은 사회적 상황에서 일이 잘못될 것에 대한 두려움이나 소극적 태도가 두드러지는 반면, 고령자들은 다른 사람들 앞에서 글을 쓰는 것이나 다른 사람과 길게 이야기하는 것, 업무 관련 대화, 비공식적 만남에 대한 두려움이 더 강한 것으로 나타났다. 이러한 차이가 나타나는 이유에 대해서는 연구가 충분히 진행되지 않은 상황이지만, 일부 원인은 신체적/심리적 기능 저하와 관련이 있는 것으로 추측된다. 예컨대, 기억력이나 언어적 기능 등의 인지적 기능 저하와 손떨림(tremor) 등의 증상은 사회적 상황에서의 대화나 글쓰기 등의 기능을 크게 저하시킬 것이고, 이러한 기능 저하를 주변 사람들에게 들킬 것에 대한 두려움이 사회적 상황에 대한 두려움으로 이어질 가능성이 있다.

고령자의 죽음에 대한 두려움

연령과 죽음에 대한 두려움의 관계는 많은 연구자의 관심을 끌었다. 앞서 살펴본 바와 같이, 실질적으로 죽음에 가까이 다가선 고령자의 죽음에 대한 두려움이 젊은 성인들에 비해 오히려 낮다는 사실은 매우 흥미로운 현상이다. 이러한 현상의 원인에 대해서는 아직까지 충분한 연구가 진행되지 못한 상황이지만, 자살과 관련된 연구들에서 그 단서를 추적해 볼 수 있다.

자살을 설명하는 대표적 이론인 대인관계이론(interpersonal theory of suicide)에서는 자살을 시도하기 위해 꼭 필요한 요소 중 하나로 죽음에 대한 두려움 부재(fearlessness about death)를 꼽는다. 죽음에 대한 두려움이 충분히 감소해야 치명적인 자살시도를 할 수 있다고 보는 것이다. 이 이론에서는 자살시도자들의 죽음에 대한 두려움이 어떻게 감소하게 되는지에 대해서도 나름의 가설을 제시하였다. 이 이론에 따르면, 죽음을 반복적으로 접할수록 죽음에 대한 두려움은 감소한다(Van Orden, Witte, Cukrowicz, Braithwaite, Selby, & Joiner Jr, 2010). 일반적으로 여성은 남성에 비해 자살 성공률이 낮은 편이다. 하지만 비교적 자살 성공률이 높은 직군이 있는데, 바로 의료와 관련된 직군이다. 자살의 대인관계이론 관점에서 보면 이들의 자살 성공률이 높은 것은 죽음에 대한 두려움 감소와 밀접한 관련이 있다. 즉, 이들은 직업 특성상 반복적으로 죽음을 접하기 때문에 죽음에 대한 둔감화가 일어나 두려움이 감소할 수 있으며, 그에 따라 자살 성공률도 높아지는 것이다. 이러한 원리는 고령자에게도 잘 들어맞는다. 이들은 실제로 긴 생을 살아오면서 다양한 상황에서 죽음을 맞닥뜨린다. 직업상 죽음을 반복적으로 접하거나, 가까운 지인들이 질병과 사고, 노환 등으로 죽음에 이르는 것을 반복적으로 경험하게 되는 것이다. 이러한 경험은 점차 죽음에 대한 두려움을 감소시켰을 가능성이 있다.

고령자의 죽음에 대한 두려움을 보다 구체적으로 조사한 연구에 따르면, 고령자들은 죽음 자체보다는 죽음의 방식에 대해 걱정하는 것으로 나타났다(Gurian & Miner, 1991). 예컨대, 이들은 고통스러운 치료를 받다가 죽는 것이라든가 가족에게 큰 부담을 안겨 주면서 죽는 등의 특정한 죽음의 과정을 두려워하는 것으로 확인되었다. 정리하면 고령자들은 죽음 자체를 두려워하지는 않지만, 특정한 방식으로 죽는 것은 두려워한다. 이 말은 곧 원하는 방식으로 죽을 수만 있다면 스스로 생을 마감하는 것도 진지하게 고려할 수 있다는 것을 의미한다. 이러한 가설이 타당할 수 있다는 점은 실제 자살 유병률 결과에서도 확인할 수 있다. 대부분의 자살 통계 자료들은 전 연령대 중 고령자의 자살률이 가장 높다는 것을 보여 주고 있다. 흥미로운 것은 자살욕구와 매우 밀접한 것으로 알려진 자살사고 경험 비율은 오히려 청소년기가 가장 높다는 점이다. 이는 고령자들의 자살욕구가 다른 연령대에 비해 높은 것은 아니지만, 실제 시도율 및 성공률은 가장 높다는 것을 의미한다. 자살의 대인관계이론 측면에서 보면 이들의 높은 자살률은 자살 실행력과 관련될 수밖에 없으며, 특히 죽음에 대한 두려움 부재가 중요하다는 것을 어렵지 않게 짐작할 수 있다.

2) 다른 심리장애 및 심리적 문제와의 관계

젊은 성인과 마찬가지로 고령자 우울장애와 불안장애의 공병률은 높은 편이다. 우울장애를 경험하고 있는 고령자의 불안장애 유병률은 50%에 달하며(Beekman et al., 2000), 불안장애를 경험하는 고령자의 우울장애 유병률 또한 25~80%에 이른다(Beekman et al., 2000; Schoevers, Beekman, Deeg, Jonker, & Tilburg, 2003). 특히 공황장애와 범불안장애는 우울장애와 상당히 밀접한 관계를 맺고 있는 것으로 확인되었다(Wolitzky-Taylor et al., 2010).

우울장애와 불안장애의 선후관계를 보면 일반적으로는 불안장애가 먼저 발병하고 우울장애가 이후에 발병하는 경향이 있어 불안장애가 우울장애의 위험요인으로 작용할 가능성이 제기되고 있다. 실제로 불안과 우울의 인과관계를 분석하기 위해 계획된 종단연구들에서는 불안이 우울에 선행한다고 보고하고 있다(예: Wetherell, Gatz, & Pedersen, 2001). 불안이 우울의 취약성으로 작용하는 방식에 대해서는 많은 연구가 진행되지 않았지만, 불안이 일종의 성격적 취약성으로 작동할 가능성이 제기된 바 있다(Wetherell et al., 2001). 또한 성격적으로 불안한 사람들(예: 완벽주의적이고 걱정이 많은 사람들)이 과도한 스트레스를 경험하게 되면 우울해지는 경향이 있다는 점도 임상 현장에서 확인되고 있다. 우울장애와 불안장애의 공병 양상에 따른 증상의 심각도를 분석한 연구들에 따르면, 불안장애와 우울장애가 공병하는 경우가 그렇지 않은 경우보다 전반적으로 증상이 더 심각하고, 오래 지속되며, 자살률 또한 더 높은 것으로 확인되었다(Schoevers et al., 2003).

불면증 등의 수면장애 또한 불안장애 환자들에게서 흔히 발견되곤 한다. 특히 끊임없는 걱정을 주요 증상으로 나타내는 범불안장애 환자들은 반복되는 걱정으로 인해 불면증상을 겪는 경우가 많다. 수면문제는 우울장애의 하위 증상이기도 하기 때문에 우울의 영향으로 인해 그러한 문제를 나타내는 것으로 예상할 수도 있지만, 관련 연구에 따르면 고령의 범불안장애 환자들은 우울의 영향을 배제했을 때에도 수면문제를 경험하는 경향이 있는 것으로 나타났다(Brenes, Miller, Stanley, Williamson, Knudson, & McCall, 2009). 이 연구에서는 우울증을 경험하는 고령의 범불안장애 환자들과 우울증을 경험하지 않는 고령의 범불안장애 환자들, 그리고 별다른 정신과적 증상을 경험하지 않는 고령자들의 수면문제 정도를 비교하였다. 그 결과 정상인 집단에 비해 범불안장애를 경험하는 집단이 수면문제를 더 많이 경험하는 것으로 나타났으며, 우울증을 경험하는 범불안장애 환자와 그렇지 않은 범불안장애 환자의 수면문제는 차이가 없는 것으로 나타났다. 또한 고령의 범불안장애 환자들의 수면문제는 젊은 범불안장애 환자들의 수면문제보다 더 심각한 것으로 확인되었다. 이러한 결과는 고령의 불안장애 환자들의 수면문제가 심각한 수준일 가능성을 시사하며, 이에 대한 적절한 평가와 개입이 필요함을 보여 준다.

고령자의 불안장애와 수면문제는 물질사용 문제와도 밀접한 관련이 있다. 특히 알코올 사용 문제는 불안 및 수면 문제와 긴밀하게 연결되어 있는 것으로 확인된 바 있다. 예컨대, Ivan과 그의 동료들(2014)은 범불안장애로 진단된 60세 이상의 고령자 223명을 대상으로 이들의 불안증상과 걱정, 불면증, 알코올 사용의 관계를 분석하였다. 결과에 따르면, 참가자 대부분이 알코올을 사용하는 것으로 보고하였다. 흥미롭게도 이들의 알코올 사용 정도는 불안 수준과 부적인 상관을 보였으며, 걱정 수준과 불면증의 관계를 약화시키는 것으로 확인되었다. 이러한 결과는 걱정을 경험하는 고령자들이 불면증을 감소시키기 위한 수단으로 알코올을 사용할 가능성이 높음을 암시한다. 이렇게 불안 관련 증상과 수면문제를 완화하기 위해 알코올을 반복적으로 사용할 경우에 물질사용 문제로 발전할 가능성이 있다. 실제로 불안장애는 물질사용장애와도 밀접한 관계를 맺고 있는 것으로 확인되었다(Vorspan, Mehtelli, Dupuy, Bloch, & Lépine, 2015).

3) 치매와의 관계

치매 환자들 또한 불안증상을 경험할 수 있다. 관련 유병률 조사에 따르면, 치매 환자의 5~21%가 불안증상을 나타내는 것으로 확인되었다(Lyketsos, Steinberg, Tschanz, Norton, Steffens, & Breitner, 2000; Porter et al., 2003). 치매의 유형에 따른 차이를 보면 알츠하이머 병(Alzheimer's disease)에 비해 혈관성 치매(vascular dementia)나 전두측두엽 치매(frontotemporal dementia), 파킨슨 병 치매(Parkinson's dementia)에서 불안증상이 더 흔하게 나타나는 것으로 보고되었다. 증상의 강도는 치매가 악화됨에 따라 심해지다가 심각한 수준에 이른 후부터는 감소하는 경향이 있는 것으로 확인되었다(Kwak, Yang, & Koo, 2017). 치매 환자에게서 불안증상이 공병하면 전반적인 삶의 질이 악화되는 것으로 나타난다. 예컨대, 인지기능의 저하가 더 심하며, 일상생활기능 장해와 수면문제 등이 더 악화되는 경향이 있는 것으로 확인되었다.

불안과 치매의 공병 현상에 대해서는 연구가 부족한 상황이며, 연구 결과도 혼재되어 있다. 불안증상이 알츠하이머 병의 위험요인으로 작용한다고 보고하는 연구가 있는가 하면(Somme, Fernández-Martinez, Molano, & Jose Zarranz, 2013) 오히려 보호요인으로 작동한다거나 아무런 영향이 없다고 보고하는 연구도 있다(Brodaty et al., 2012; Liu et al., 2007). 이렇게 결과가 혼재되어 있는 것은 측정도구와 샘플의 영향도 있겠지만, 기본적으로 불안증상의 영향력이 약하며, 우울 등의 기타변인 효과가 충분히 제거되지 않았기 때문일 수 있다.

불안과 치매의 관계를 설명하는 보다 유력한 가설은 인지기능 저하 및 변화에 대한 심리적 반응으로 불안이 유발된다는 가설이다. 대부분의 고령자는 기능 저하에 대한 걱정과 불안을 경험한다. 하지만 이러한 반응 경향에도 정도의 차이는 있을 수 있으며, 성격적으로 강한 불안감을 쉽게 경험하는 경우나 갑작스럽게 과도한 변화가 일어나는 경우에 임상적으로 주목할 만한 수준의 불안증상이 경험될 수 있다.

4) 기타 신체적 문제 및 질병과의 관계

고령자들이 경험하는 다양한 신체적 문제나 질병은 불안증상과 밀접한 관계를 맺고 있는 것으로 확인되고 있다. 특히 심혈관계 질병(예: 고혈압)이나 내분비계 질병(예: 갑상선 질병, 당뇨병), 호흡기계 질병(예: 천식) 등이 불안증상과 연관될 수 있는 것으로 보고되었다(Beyer, 2004). 이러한 신체적 문제들이 모두 불안증상을 직접적으로 유발하는 것은 아니지만, 불안한 성격 특성 등과 맞물릴 경우에 불안증상을 유발할 가능성이 있는 것으로 제안되고 있다.

소개된 심각한 신체적 질병 이외에도 고령자의 불안과 밀접한 신체적 문제들이 있다. 특히 고령자들이 흔히 경험하는 다양한 기능의 저하와 손상은 불안과 밀접한 것으로 보고되고 있다. 예컨대, 청력 손상(hearing impairment)은 불안과 매우 밀접한 것으로 확인되고 있다. 미국에서 76세 이상의 고령자들 1700여 명을 대상으로 진행된 한 연구에 따르면, 청력 손상을 경험하는 고령자들이 그렇지 않은 고령자들에 비해 불안 수준이 더 높은 것으로 나타났다(Contrera et al., 2016). 운동기능 저하에 따른 낙상(fall)과 관련된 걱정과 두려움 또한 전반적인 불안 수준과 밀접한 것으로 보고되었다(Payette, Belanger, Léveillé, & Grenier, 2016). 낙상에 대한 두려움은 고령자들에게서 매우 흔하게 경험되는 것으로 알려져 있으며, 사회적 고립이나 우울, 인지적 기능 저하와도 밀접한 것으로 확인된 바 있다(Austin, Devine, Dick, Prince, & Bruce, 2007). 이러한 기능 저하는 대부분의 고령자들이 경험하는 것이지만 기능 손상의 양상이나 그러한 손상에 대한 인식과 태도가 사람마다 다를 수 있다. 이러한 차이는 문제에 대한 불안의 정도에 영향을 미칠 수 있으며, 심할 경우에는 불안장애 수준에 이를 수 있다.

3. 위험요인 및 보호요인

신체적 노화로 인한 다양한 변화는 불안을 유발할 수 있지만, 노화를 겪는 대부분의 고령자들은 불안장애를 경험하지 않는다. 여기서는 고령자 불안장애 발병과 밀접할 것으로 예상되는 주요 위험요인과 보호요인들을 구체적으로 살펴보겠다.

1) 생물학적/신체적 요인

고령자의 불안장애에 대한 유전학 연구는 매우 적은 편이다. 고령자 쌍생아를 대상으로 진행된 한 연구에 따르면, 범불안장애의 유전율은 약 27%인 것으로 확인되었다(Mackintosh, Gatz, Wetherell, & Pedersen, 2006). 이는 젊은 성인 환자들에 비해 다소 낮은 수치이다(Hettema, Neale, & Kendler, 2001).

앞서 소개한 대로 다양한 신체적 질병이 불안증상과 관련될 수 있다. 소개된 질병들이 모두 불안장애의 위험요인이 되는 것은 아니지만, 특히 심각한 결과를 초래할 수 있는 만성질병들(예: 심혈관계 질병, 호흡기계 질병, 내분비계 질병)은 불안장애 발생률을 높이는 것으로 확인되었다(Gum et al., 2009).

일상생활에서의 신체적 제약 또한 불안장애의 위험요인이 될 수 있다. 캐나다에서 고령자들을 대상으로 진행된 한 연구에 따르면, 운동기능 저하 등의 문제로 인해 일상생활에서 신체적 제약을 경험하는 환자들은 그렇지 않은 환자들보다 공황장애를 경험할 가능성이 더 높은 것으로 확인되었다(Corna et al., 2007).

2) 성격적 요인

고령자 불안장애의 위험요인으로 고려되고 있는 대표적인 성격 특성은 신경증성향(neuroticism)이다(Vink et al., 2009). 신경증성향은 강렬한 부정적 정서를 경험하기 쉬운 성격적 특성을 말하며, 다양한 심리장애의 취약성 요인으로 확인되어 왔다. 고령자 불안장애 또한 다른 심리장애들과 마찬가지로 신경증성향의 영향을 받는 것으로 나타나고 있다.

신경증성향이 여러 심리장애의 중요한 위험요인임에는 틀림없지만 치료적 개입의 초점으로 삼기에는 한계가 있는 것이 사실이다. 이에 신경증성향과 관련된 성격 특성이면서도

보다 명확한 기제를 가지고 있는 몇 가지 개념들이 개발되어 왔다. 여기에 포함되는 대표적인 성격 특성으로 불안민감성(anxiety sensitivity)을 들 수 있다. 불안민감성이란 불안한 상태에서 경험되는 다양한 신체감각을 두려워하는 경향성을 의미하며, 불안장애의 발병 및 유지에 중요한 영향을 미치는 것으로 제안되어 왔다(Taylor, 1995). 불안민감성이 높은 사람들이 불안과 관련된 신체감각을 두려워하는 이유는 불안이 부정적인 신체적 · 심리적 · 사회적 결과를 초래할 것이라고 믿기 때문이다. 불안민감성과 불안장애의 관계를 조사한 한 메타연구에 따르면, 불안장애를 경험하는 사람들은 정상인들에 비해 불안민감성이 더 높은 것으로 나타났다(Olatunji & Wolitzky-Taylor, 2009). 이러한 결과는 불안민감성이 불안장애를 유발하는 공통적인 위험요인이 될 수 있음을 암시한다. 연령과 불안민감성의 관계는 전반적인 정서적 반응성 패턴과 유사한 것으로 나타나고 있다. 즉, 고령자들의 불안민감성은 젊은 성인보다 낮은 것으로 확인되었다(Mahoney, Segal, & Coolidge, 2015). 이는 고령자들이 젊은 성인들에 비해 불안장애에 덜 취약할 수 있음을 보여 주는 결과이다.

불안민감성과 함께 불안장애의 공통요인으로 활발하게 연구되는 변인으로 경험회피(experiential avoidance)를 들 수 있다. 경험회피란 원치 않는 경험을 회피하는 경향성을 의미한다(Hayes, Wilson, Gifford, Follette, & Strosahl, 1996). 실질적인 위협을 줄 수 있는 대상을 회피하는 것은 적응적이며 별다른 문제가 되지 않는다. 하지만 위협 대상과 관련된 내적 경험, 예컨대 생각이나 이미지 등은 실질적인 위협이 되지 않기 때문에 회피할 필요가 없을 뿐만 아니라 회피하는 것이 오히려 부적응을 초래할 수 있다. 회피하지 않고 견디어 냈더라면 별다른 위협이 아니었다는 것을 깨달을 수 있음에도 그 기회를 잃고 말기 때문이다. 실제로 경험회피는 회피행동을 주요한 증상으로 나타내는 다양한 불안장애 및 불안관련 변인과 밀접한 관계를 맺고 있는 것으로 확인되었다(Berman, Wheaton, McGrath, & Abramowitz, 2010; Buhr & Dugas, 2012; Glick & Orsillo, 2011). 연령과 경험회피의 관계를 조사한 연구에 따르면, 고령자의 경험회피 수준은 젊은 성인보다 낮은 것으로 확인되었다(Mahoney et al., 2015). 이는 불안민감성과 유사한 패턴으로, 고령자가 젊은 성인들보다 불안장애에 덜 취약할 수 있음을 보여 주는 결과이다.

수용전념치료(acceptance and commitment therapy)에서는 경험회피가 일어나는 중요한 원인으로 인지적 융합(cognitive fusion)을 제안하고 있다. 인지적 융합이란 언어와 실제 대상이 융합되어 언어만으로 실제 대상의 영향력을 갖게 된 것을 말한다. 예컨대, '사자'라는 단어와 실제 동물 사자가 융합되어 '사자'라는 단어만 들어도 실제 사자에 대한 심리적 · 신체적 반응을 경험하는 것이 인지적 융합이다. 인지적 융합이 일어나면 실제 사건이 일어나지 않을지라도 내적 경험(예: 생각)만으로도 회피반응을 나타낼 수 있다. 수용전념치료에서는 인지적 융합을 줄일 수 있는 방안으로 마음챙김(mindfulness)을 제안한다. 마음챙김이란 경험을 비판단적으로 바라보는 것을 의미한다(Kabat-Zinn, 1990). 예컨대, 의식에 떠오르는 다양한 생각이나 이미지를 비판단적으로 관찰하는 것이다. 이렇게 의식의 다양한 요소를 거리를 두어 비판단적으로 바라보면 사고나 이미지 등의 요소들이 실질적인 영향력을 잃게 된다. 즉, 인지적 탈융합(cognitive defusion) 현상이 일어나게 되는 것이다. 정리하면 마음챙김 수준이 높을수록 경험회피는 줄어들 가능성이 높다. 실제로 마음챙김 수준은 다양한 불안장애의 보호요인 및 치료기제로 확인되어 왔다(Boettcher, Åström, Påhlsson, Schenström, Andersson, & Carlbring, 2014; Evans, Ferrando, Findler, Stowell, Smart, & Haglin, 2008; Goldin & Gross, 2010). 연령과 마음챙김 수준에 대한 연구들에 따르면, 고령자는 젊은 성인들에 비해 마음챙김 수준이 높은 것으로 확인되었다(Mahoney et al., 2015; Shook, Ford, Strough, Delaney, & Barker, 2017). 이는 마음챙김이 고령자 불안장애의 보호요인으로 작동할 수 있음을 보여 주는 결과이다.

고령자의 웰빙에 대한 연구들에 따르면, 이들은 젊은 성인들에 비해 긍정적 정서를 더 많이 경험하며, 정서적 측면에서 더 지혜로운 것으로 확인되었다(예: Steptoe, Deaton, & Stone, 2015). 예컨대, 고령자들은 젊은 성인들에 비해 외상경험과 같은 부정적 경험이나 스트레스에 대처할 때 보다 효율적이고 효과적인 방략을 사용하는 경향이 있는 것으로 제안되었다(Linley & Joseph, 2004). 이러한 결과들을 고려하면 고령자의 정서조절 능력이나 스트레스 대처 능력은 불안장애에 대한 보호요인으로 작용할 가능성이 있음을 짐작할 수 있다. 실제로 고령자들의 불안장애 유병률은 젊은 성인들에 비해 낮은 수준이며, 불안장애를 지니고 있더라도 해당 장애가 심리적 웰빙에 미치는 부정적 영향은 젊은 성인들에 비해 적은 수준인 것으로 확인되었다(Canuto et al., 2018).

3) 사회적 요인

다른 심리장애들과 유사하게 이혼이나 사별, 독신과 같이 사회적으로 고립될 수 있는 상태는 불안장애의 위험요인으로 작용할 수 있다(Beekman et al., 1998; Gum et al., 2009; Schaub & Linden, 2000). 하지만 이러한 사회적 특성들은 불안장애의 하위 유형에 따라 영향의 정도가 달라지는 것으로 확인되고 있으며, 특히 공병하는 다른 심리적 문제나 장애의 효과를 통제할 경우에 위험요인으로서의 효과가 상실되는 경향이 있는 것으로 나타났다

(예: Corna et al., 2007).

실직이나 외상 등의 기타 부정적 스트레스 사건도 불안장애의 위험요인으로 작용하는 것으로 확인되었다(Van Zelst, De Beurs, Beekman, Deeg, & Van Dyck, 2003; Vink et al., 2009). 이는 젊은 성인들과 유사한 특성이지만, 고령자들의 경우에는 젊은 성인들에 비해 스트레스 사건에 대한 불안 반응은 적은 것으로 확인되었다. 예를 들어, 미국 플로리다 지역의 허리케인에 대한 반응을 살펴본 한 연구에 따르면, 젊은 성인들이 고령자들에 비해 더 높은 범불안 증상을 나타났다(Acierno, Ruggiero, Kilpatrick, Resnick, & Galea, 2006).

4. 치료

고령자 불안장애에 대한 병인론과 관련된 연구는 매우 미흡한 실정이다. 여러 가지 이유가 있겠지만, 고령자의 불안장애가 젊은 성인에 비해 덜 심각하며, 치료를 위해 전문가를 찾는 경우도 드문 탓일 수 있다. 실제로 네덜란드에서 진행된 한 연구에 따르면, 불안장애를 경험하는 참가자들 중에 단지 2.6%만이 정신과적 치료를 받았으며, 사회복지사의 도움을 받는 경우도 2.5%에 불과했다. 지역사회의 정신건강 관련 기관의 도움을 받은 경우도 3.8% 정도로 확인되었다(De Beurs, Beekman, Van Balkom, Deeg, & Van Tilburg, 1999). 이렇게 치료적 도움을 받는 사람들의 비율이 낮은 이유에 대해서는 충분한 연구가 진행되지 못한 실정이지만, 우울장애와 마찬가지로 환자 본인과 가족, 전문가들의 인식과 태도 문제 때문일 가능성이 높다. 고령자 불안장애 병인론과 관련된 연구의 부족을 설명하는 또 다른 대안은 기존에 젊은 성인들에게 적용하도록 구성된 불안장애의 병인론이 고령자들에게도 잘 적용될 수 있다는 주장이다. 실제로 고령자 불안장애에 대한 치료는 젊은 성인과 크게 다르지 않은 것으로 확인되고 있으며, 치료효과 또한 유사한 것으로 나타나고 있다.

고령자 불안장애에 대한 대표적인 근거기반치료(evidence-based treatment)로는 우선 약물치료를 들 수 있다. 관련 연구에 따르면, 불안장애 치료에 사용되는 대표적인 약물은 벤조디아제핀(benzodiazepine)인 것으로 확인되었으며, 항우울제 또한 사용되는 것으로 나타났다(Wolitzy-Taylor et al., 2010). 특히 항불안제인 벤조디아제핀이 많이 사용되고 있는 것으로 보고되었으나, 이 약물은 인지기능 저하나 정신운동 지체(psychomotor retardation), 고관절 골절(hip fracture) 등의 위험을 높이는 것으로 확인된 바 있다(Benitez, Smith, Vasile, Rende, Edelen, & Keller, 2008; Wang, Bohn, Glynn, Mogun, & Avorn, 2001). 최근 연구들은 주로 항우울제의 효과에 주목하고 있다. 실제로 다양한 항우울제의 효과를 확인한 연구들에 따르면, 범불안장애와 공황장애, 광장공포증, 사회불안장애 환자들의 증상을 유의하게 개선하는 것으로 나타났다(예: Schuurmans, Comijs, Emmelkamp, Gundy, Weijnen, Van Den Hout, & Van Dyck, 2006). 이러한 효과는 젊은 성인들과 비교했을 때에도 큰 차이가 없었다.

다양한 심리치료 기법 또한 근거기반치료로 제안되고 있다. 특히 인지행동치료(cognitive behavior therapy)와 행동치료(behavior therapy)들이 효과적인 것으로 확인되었다. 예컨대, 오프라인으로 진행되는 인지행동치료는 고령자 범불안장애 치료에 효과적인 것으로 나타났으며(Hall, Kellett, Berrios, Bains, & Scott, 2016), 인터넷 기반의 인지행동치료와 전화를 이용한 인지행동치료 또한 고령자의 불안증상을 감소시키는 것으로 확인되었다(Brenes, Danhauer, Lyles, Hogan, & Miller, 2015; Dear et al., 2015; Titov et al., 2016). 대표적인 행동치료 기법인 이완요법(relaxation techniques)도 고령자의 우울과 불안 수준을 줄이는 데 효과적인 것으로 나타났다(Klainin-Yobas, Oo, Suzanne Yew, & Lau, 2015). 제3세대 행동치료로 잘 알려진 수용전념치료의 효과 또한 소수의 예비연구를 통해 확인된 바 있다. 예컨대, 고령의 범불안장애 환자 7명을 대상으로 수용전념치료를 실시한 한 연구에서는 환자들의 우울 및 걱정 증상이 치료 결과 개선되었음을 보고하였다(Wetherell et al., 2011). 장기요양원에서 치료를 받고 있는 고령의 범불안장애 환자 41명을 대상으로 진행된 한 연구에서도 수용전념치료가 증상을 유의하게 경감시킨 것으로 확인되었다(Davison, Eppingstall, Runci, & O'Connor, 2017).

살펴본 바와 같이, 고령자의 불안장애 치료기법은 젊은 성인들과 크게 다르지 않다. 하지만 고령자의 불안장애를 치료할 때는 특별히 주의해야 할 점들이 많다. 특히 고령화로 인한 기능 저하 및 질병, 그에 따른 약물복용 등을 고려해야 하며, 심리치료 과정에서의 어려움(예: 참여율 저하) 또한 주의해야 한다. Bower, Wetherell, Mon과 Lenze(2015)는 이러한 특징을 고려한 6단계의 치료 과정을 제안한 바 있다.

1단계에서는 통합적인 평가를 실시한다. 여기서는 증상의 심각도뿐만 아니라 과거의 병력과 치료력, 치료에 대한 반응성, 공병 장애, 인지적 기능 수준, 약물 사용 현황 등을 포괄적으로 평가한다.

2단계에서는 심리교육(psychoeducation)을 실시한다. 여기서는 장애에 대한 교육을 진행하는데, 환자뿐만 아니라 보호자들을 교육하는 것이 특히 중요하다. 이 단계에서 불안장애를 치료하는 것이 삶의 질을 개선하는 데 매우 중요하다는 점을 충분히 교육하여 치료에 대한 긍정적 인식과 동기를 강화한다.

3단계에서는 약물 사용 현황을 분석하여 불필요하거나 부작용을 초래하는 약물 사용을 중단하도록 한다. 고령자의 경우, 다양한 신체적 질병을 경험하기 때문에 기본적으로 복용하는 약물들이 많을 수 있다. 이때 불필요하게 중첩하여 약물을 사용하거나 부작용이 심함에도 불구하고 특정 약물을 사용하는 경우가 있을 수 있다. 혹은 앞으로 사용할 불안장애 치료 약물과 부정적 상호작용을 초래할 수 있는 약물도 있을 수 있다. 치료진은 이를 확인하여 사전에 제거하거나 변경하는 개입을 실시해야 한다.

4단계에서는 증상 개선을 위한 약물치료를 실시한다. 이 단계에서는 최신의 연구 결과를 반영하여 가장 효과적이면서도 부작용이 적은 약물을 사용하는 것이 중요하다. 앞서 언급한 대로 벤조디아제핀 계열의 약물들은 부작용이 심하기 때문에 가급적 사용하지 않는 것이 좋으며, 효과가 확인된 항우울제들을 중심으로 치료를 실시하는 것이 안전할 것이다.

5단계와 6단계는 병렬적으로 진행되는 과정이다. 우선 5단계에서는 환자의 증상과 약물 부작용 등을 꾸준히 모니터링하면서 약물 사용을 조절하고 치료동기를 부여한다. 약물의 부작용은 치료 순응도를 저해하는 매우 중요한 요인이다. 치료진은 이를 주기적으로 확인하고 약물 사용량을 조절하거나 다른 약물로 변경하는 것 등을 고려해야 한다.

6단계에서는 치료효과를 증진할 수 있는 다양한 방법을 실시한다. 여기에는 인지행동치료나 이완요법과 같은 심리치료들도 포함된다. 다른 심리장애 치료와 마찬가지로 고령자의 불안장애 또한 한 가지 치료방법에 의존하는 것보다는 여러 치료방법을 동시에 활용하는 것이 치료효과를 높이는 것으로 확인되었다. 치료진은 이를 반영하여 다양한 근거기반 심리치료를 적극적으로 활용할 수 있을 것이다.

5. 맺음말

고령자의 불안장애는 젊은 성인의 불안장애에 비해 발생 빈도가 낮고 심각도 또한 낮은 편이지만, 우울장애와 밀접한 관계를 맺고 있으며, 삶의 질에 부정적인 영향을 미치는 것으로 확인되고 있다.

고령자의 불안장애 위험요인으로 만성적인 신체적 질병이나 현저한 수준의 신체적 기능저하 등의 신체적 요인과 대인관계적 상실과 실직, 외상 등의 스트레스 요인이 특히 중요한 것으로 나타나고 있다. 신경증성향이나 불안민감성, 경험회피, 인지적 융합 등의 성격적 변인 또한 위험요인으로 고려될 수 있으나, 젊은 성인들과 비교했을 때 상대적으로 위험 수준이 낮은 편으로 확인되었다. 또한 긍정적 정서를 경험하는 정도나 정서를 다루는 측면에서도 젊은 성인에 비해 나은 것으로 나타나 불안장애에 대한 보호요인으로 고려되고 있다. 고령자들이 부정적인 신체적 변화나 기타 스트레스 사건을 많이 경험함에도 불구하고 불안장애 유병률이 상대적으로 적은 것은 이러한 성격적 요인들의 보호 작용 덕분일 가능성이 있다.

고령자에 대한 불안장애 병인론 연구는 매우 부족한 실정이며, 젊은 성인들과 유사한 병인론을 공유하는 것으로 간주되고 있다. 실제로 젊은 성인 환자들에 대한 병인론을 기반으로 개발된 치료들을 거의 그대로 적용하고 있으며, 그 효과 또한 유사한 것으로 확인되고 있다. 현재 고령자의 불안장애 치료로는 약물치료와 심리치료(특히 인지행동치료)가 고려되고 있다. 실제 치료 현장에서는 주 호소와 공병 장애, 과거의 병력 및 치료력, 인지적 기능 수준, 약물 사용 현황 등을 포함한 통합적인 평가와 교육, 약물 관리, 지속적인 관찰, 심리치료 병행 등이 중요한 것으로 제안되고 있다.

생각할 거리

1. 고령자의 불안 수준은 젊은 성인에 비해 낮은 것으로 확인되고 있다. 이러한 현상은 이중적인 의미를 가진다. 불안장애의 유발 정도를 낮춘다는 측면에서 긍정적이지만, 자기 자신 및 타인에게 위험을 초래할 수 있는 행동에 대한 두려움이나 거부감이 줄어든다는 측면에서 부정적이기도 하다. 실제로 고령자의 죽음에 대한 두려움 감소는 자살위험률을 높이는 것으로 확인되고 있다. 이 외에도 고령자의 불안 감소가 초래할 수 있는 문제행동에는 어떤 것들이 있으며, 그러한 문제행동을 줄이기 위해서 어떤 개입을 할 수 있을지 고민해 보자.
2. 고령자의 불안장애는 병인론 측면에서 젊은 성인과 거의 유사한 것으로 간주되고 있다. 하지만 앞서 살펴본 바와 같이, 젊은 성인과 고령자는 신체적·심리적 측면에서 다른 점들이 많이 있다. 과연 이러한 차이점들이 불안장애의 병인론에 큰 영향을 미치지 못할까? 여러 여건상 모든 고령자의 불안장애 병인론을 탐색하기 어렵다면 특별히 우선적으로 탐색해야 할 고령자의 불안장애는 무엇일지 생각해 보자.
3. 고령의 불안장애 환자들이 치료기관을 찾는 일은 매우 드문 것으로 확인되고 있다. 잠재적인 환자들을 효과적으로 평가하고 치료 장면으로 끌어들이기 위해 우리가 취할 수 있는 방안에는 어떤 것들이 있을지 고민해 보자.

제 10 장

고령자의 신경인지장애

널리 쓰이는 치매라는 용어를 대신하여 DSM-5에서는 신경인지장애라는 용어를 사용하고 있다. 치매는 진단기준에 있는 임상적 증상들을 충족하기 훨씬 이전부터 점진적으로 진행되는 퇴행성 신경질환의 결과라는 강력한 증거들이 발견되고 있다. 그러므로 퇴행성 질환의 진행을 탐지하고 임상적 단계로의 진행을 지연시키는 방법 혹은 조기 진단을 위한 검사에 대한 관심이 증가하고 있다. 인지 감퇴의 양상, 바이오마커, 임상적 경과 및 초기 증상을 종합적으로 고려하여 가급적 치매 증상 출현의 초기에 치매의 발병과 하위 유형을 정확히 판단하는 것이 향후 적절한 개입을 선택하는 데 중요할 것이다. 신경인지장애는 주요신경인지장애(소위, 치매)와 경도신경인지장애(경도인지장애)로 구분된다. 신경인지장애는 원인 질환에 따라 알츠하이머성 치매, 혈관성 치매, 루이소체 치매, 전측두엽 치매 등으로 구분된다. 이 장은 주요인지장애의 각 유형에 따라 병인, 증상, 경과 등을 간략히 소개하고, 신경인지장애에 대한 적절한 개입을 위한 방향을 제안하고자 한다.

주제어: 신경인지장애, 치매, 경도인지장애, 알츠하이머성 치매, 혈관성 치매,
루이소체 치매, 전측두엽 치매

1. 치매의 하위 유형별 특징

1) 알츠하이머성 치매

2) 혈관성 치매

3) 루이소체 치매

4) 전측두엽 치매

생각상자 보호요인

2. 맺음말

고령자는 퇴행성 신경질환에 의한 신경인지장애에 매우 취약한 집단이다. 신경인지장애(neurocognitive disorder)는 부정적으로 인식되고 있는 치매라는 용어를 대신하여 『정신질환의 진단 및 통계편람 제5판(Diagnostic and Statistical Manual of Mental Disorders-5: DSM-5)』(American Psychiatric Association, 2013)에서 새로 도입된 범주명이다. 연령은 퇴행성 신경질환에 의한 신경인지장애의 가장 강력한 위험요인으로서 신경인지장애가 발병할 가능성은 연령이 증가함에 따라 급격히 증가한다. 연구에 따르면, 65세 이상의 인구에서 신경인지장애의 가장 흔한 유형인 알츠하이머성 치매나 혈관성 치매가 새로 발병할 위험은 연령이 5세 증가할 때마다 약 두 배로 증가하는 것으로 보고되었다(Jorm & Jolley, 1998). 한편, 퇴행성 신경질환이 아니더라도 다른 신체기관들과 마찬가지로 두뇌에서도 노화가 진행되기 때문에 고령자들은 정상적인 노화 과정의 일부로서 인지기능 감퇴를 흔히 경험한다. 따라서 고령자들이 인지기능 감퇴를 호소할 때 정상적인 인지 노화 과정인지, 신경인지장애로 진행되고 있는 것인지를 변별하는 것은 쉽지 않다. 이에 이 장에서는 각 유형의 신경인지장애에서 나타나는 전형적인 특징들을 기술하고자 한다.

신경인지장애는 다양한 원인으로 인한 중추신경계의 이상과 함께 후천적으로 발생하는 인지장애로서 인지장애의 심각도에 따라 경도신경인지장애(mild neurocignitive disorder)와 주요신경인지장애(major neurocognitive disorder)로 구분된다. 주요신경인지장애와 경도신경인지장애의 DSM-5 진단기준은 다음과 같이 요약된다. 주요신경인지장애는 ① 환자 본인이나 보호자의 보고, 혹은 임상가의 관찰이나 객관적 검사 결과에서 하나 이상의 인지영역에서 병전 기능 수준보다 분명한 인지기능의 감퇴가 있을 것, ② 이러한 인지 결함이 일상생활에서의 독립성을 방해하기에 충분할 것, ③ 이러한 인지 결함이 섬망 중에만 발생하는 것이 아닐 것, ④ 다른 장애나 문제로 이러한 인지 결함이 완전히 설명되지 않을 것이다. 인지 결함의 정도가 경미하여 일상생활에서의 독립성을 훼손할 만한 수준이 아닌 경우에는 경도신경인지장애로 분류할 수 있다. 이 장에서는 선행 문헌들과의 일관성을 고려하여 퇴행성 신경질환에 의한 주요신경인지장애를 대신하여 치매라는 용어를, 경도신경인지장애를 대신하여 경도인지장애라는 용어를 사용하겠다.

치매 환자들에 대한 임상적 경험의 축적, 인지심리학과 신경과학의 발달, 신경심리평가와 뇌 영상 기술의 발달 등을 기반으로 최근에는 치매의 진단기준을 충족할 만한 임상적 증상들이 발현되기 훨씬 이전부터 원인이 되는 퇴행성 신경질환이 진행되기 시작한다는 강력한 증거들이 발견되고 있다. 이에 임상적 증상이 뚜렷하게 발현되기 이전 단계에서 퇴행성 신경질환의 진행을 탐지하고 임상적 단계로의 진행을 지연시키는 방법에 대한 관심이 증가하고 있다. 이러한 관심은 보다 빨리 퇴행성 신경질환의 진행을 탐지할 수 있는 검사를 개발하려는 노력으로 이어지고 있다. 아울러 경미한 수준의 인지기능 감퇴를 보여 치매로의 진행 중으로 의심되는 경도인지장애에 대한 연구와 임상적 경험이 축적되면서 연구를 위한 분류로만 고려되었던 경도인지장애가 경도신경인지장애라는 범주로 공식적인 임상 진단체계에 포함되기에 이르렀다. 치매(주요신경인지장애) 진단에 해당하는 정도의 인지기능의 손상은 뚜렷하여 임상가들 간에 이견이 크지 않으나, 경도인지장애(경도신경인지장애)의 경우에는 인지기능의 감퇴가 경미하여 임상가가 손상을 놓치기 쉽고 미세한 인지 감퇴를 발견하는 데 있어 신경심리평가의 역할이 더 중요하다.

치매는 원인이 되는 신경질환에 따라 하위 유형으로 분류되는데, 신경심리평가에서 나타나는 인지 감퇴의 양상, 확인된 바이오마커, 임상적 경과를 통합하여 치매의 원인 질환을 추정할 수 있다. 치매의 원인 질환이 되는 대표적인 퇴행성 신경질환에는 알츠하이머병, 루이소체, 파킨슨 병, 헌팅턴 병, 픽 병, 그리고 뇌혈관 질환이 있다. 각 질환마다 전형적으로 나타나는 신경병리가 있으며, 각 신경병리가 전형적으로 시작되는 영역들에 따라 해당 병리로 인한 치매의 초기 증상들이 다르다. 따라서 초기에는 치매의 하위 유형마다 임상 증상이 어느 정도 구별되지만, 원인 질환이 진행되어 병리가 뇌 전반으로 확산되어 감에 따라 하위 유형에 따른 임상 증상의 차이도 감소한다.

치매 증후군은 전형적으로 나타나는 인지장애의 양상에 따라 대략적으로 피질 치매(cortical dementia)와 피질하 치매(subcortical dementia)로 구분된다(Crutch et al., 2012; Salmon & Filoteo, 2007). 대체로 피질 치매는 기억, 언어, 시공간 능력, 집행기능의 결함을 동반하고, 피질하 치매는 운동 기능 부전과 함께 처리속도가 저하되고 집행기능, 시지각 및 구성능력의 결함도 비교적 초기에 나타난다. 피질하 치매에서 기억 및 언어 장애는 경미하고, 질적으로도 피질 치매와 구분된다. 일례로 알츠하이머성 치매와 같은 피질 치매에서 나타나는 의미 지식의 손상은 파킨슨 병이나 헌팅턴 병으로 인한 피질하 치매에서는 나타나지 않는다. 피질하 치매에서는 음운 단서를 제공하는 것이 단어 인출의 어려움을 해소시킴으로써 수행에 도움이 되지만 피질 치매에서는 별 도움이 되지 않는다. 전형적으로 알츠하이머성 치매는 피질 치매에 해당하며, 파킨슨 병 치매나 혈관성 치매는 피질하 치매로 분류된다. 전측두엽 치매나 루이소체 치매는 두 양상이 혼재되어 나타나는 경향이 있다. 다

음 절에서 치매의 각 하위 유형의 특성들에 대해 살펴보도록 하겠다.

1. 치매의 하위 유형별 특징

치매의 원인 질환이 되는 퇴행성 신경질환은 뇌에서 특정 단백질의 비정상적인 응집으로 나타나는 신경병리의 발생과 관련된다. 아직까지 사후 부검이 아닌 환자의 생전에 뇌의 신경병리를 직접적으로 확인할 수 있는 방법은 거의 없다. 하지만 각 신경병리마다 상대적으로 더 취약한 뇌 영역이 있어 질환 초기에 나타나는 증상들은 원인이 되는 퇴행성 신경질환에 따라 차이를 보이므로 증상이 임상적으로 발현되고 확산되어 가는 양상을 면밀히 관찰함으로써 그 원인 질환을 추정할 수 있다.

1) 알츠하이머성 치매

알츠하이머 병은 치매의 가장 흔한 원인 질환으로, 전 세계적으로 알츠하이머성 치매 환자는 전체 치매 환자들의 반 이상을 차지하는 것으로 보고되고 있다. 알츠하이머 병의 특징적인 신경병리는 신경 세포들 사이에 베타아밀로이드 단백질로 구성된 아밀로이드반과 신경세포 내에 과인산화된 타우 단백질로 만들어진 이중 나선의 필라멘트가 침착된 신경섬유 매듭이다. 이러한 신경병리와 관련된 바이오마커로 아밀로이드 양성자 방출 단층촬영(Positron Emission Tomography: PET) 영상에서 아밀로이드 베타 침착 소견을 보이거나, 뇌척수액 검사에서 아밀로이드 베타의 감소와 타우의 증가가 나타나는 것 등이 있다. 그 외에도 FDG(fluorodeoxyglucose) PET 영상에서 후대상회, 쐐기앞소엽(precuneus), 측두-두정피질의 대사 감소, 자기공명영상(Magnetic Resonance Imaging: MRI)에서 해마를 포함한 내측 측두엽의 부피 감소 등이 특징적으로 보고된다. 경도인지장애를 보이는 환자들이 알츠하이머성 병 바이오마커에서 양성을 보인다면 추후에 알츠하이머성 치매로 진행될 가능성이 높다. 바이오마커상 이러한 변화는 인지기능상 뚜렷한 변화가 나타나지 않는 전임상 단계에서도 나타나기 시작하여 이에 대한 검사들이 알츠하이머성 치매를 조기 발견하는 방법으로 주목받고 있다. 하지만 알츠하이머 병 신경영상 이니셔티브(Alzheimer Disease Neuroimaging Initiative: ADNI) 자료에 따르면, 뇌척수액, 유전, 뇌 영상 자료에 비해 아직까지는 기억검사를 포함한 신경심리검사로 측정된 인지기능에서의 변화가 알츠하이머성 치매로의 진행을 가장 잘 예측해 주는 것으로 시사되었다(Heister et al., 2011; Jedynak et al., 2012).

아밀로이드반과 신경섬유 매듭은 신경세포의 원활한 기능을 방해하기 때문에 이러한 신경병리의 축적은 마침내 신경세포의 소실로 이어진다. 이 신경병리는 뇌 전반에서 발생할 수 있지만 특히 해마와 편도체를 포함한 내측 측두엽과 외측 측두엽, 전전두엽, 두정엽 영역에서 가장 두드러진다. 따라서 알츠하이머성 치매 환자의 사후 부검에서 전전두엽, 두정엽, 측두엽에서는 세포 소실로 인한 부피 감소가 전형적이고, 반면에 운동 및 시각 피질은 비교적 보존되는 양상을 보인다. 아밀로이드 베타는 종종 지주막하 공간에 있는 뇌혈관에도 축적되어 혈관의 탄력성을 손상시키며, 이로 인해 알츠하이머성 치매 환자들은 뇌출혈에도 취약해질 수 있다. 프리세닐린1, 프리세닐린2, 아밀로이드전구단백질 유전자가 알츠하이머 병의 상염색체 우성유전 돌연변이이며 65세 이전에 발병하는 조발성 알츠하이머성 치매와 관련된다. 65세 이후 발병하는 만발성 알츠하이머성 치매는 APOE e4 유전자와 관련된다.

알츠하이머 치매에서 전형적으로 나타나는 신경심리학적 프로파일은 발병 초기에 새로운 정보의 학습과 지연 회상의 두드러진 손상으로 특징지으며, 부수적으로 언어, 의미기억, 추론, 집행기능 등의 저하가 동반되기도 한다. 이에 비해 주의와 시공간 구성 능력 손상은 발병 후 치매가 상당히 진행되고 나서 나타난다.

알츠하이머성 병에서 일화기억의 손상은 치매 이전 단계인 경도인지장애 단계에서부터 나타나는데, 경도인지장애의 하위 유형들 중 기억장애만 나타나는 기억상실성 경도인지장애(amnestic mild cognitive impairment)가 추후에 알츠하이머성 치매로 진행되는 경향이 있다. 전임상 단계의 알츠하이머 병 환자들은 치매를 진단받기 4~5년 전부터 이미 일화기억 저장의 감퇴를 보이는 것으로 보고되었다(Chen et al., 2001; Lange et al., 2002). 치매로 진단될 만큼의 인지장애가 나타날 무렵에는 그 직전에 급격한 감퇴를 보이던 저장 능력은 비교적 유지되는 데 비해, 학습 효율성 혹은 부호화는 계속적으로 감퇴하는 양상을 보인다. 언어기능에서 알츠하이머성 치매 환자들은 의미 지식 구조의 붕괴로 인해 글자 유창성에서보다 범주 유창성에서 더 두드러진 손상을 보인다. 또한 이름대기에서의 손상이 일관되게 나타나는 것은 아니지만, 보스톤 이름대기 검사와 같은 대면적 이름대기에서 의미적 관련성이 있는 오류를 보이는 경향이 있다. 초기의 집행기능 손상은 분할 주의, 작업기억, 개념화, 문제 해결과 관련된 과제에서 나타난다. 전형적인 알츠하이머성 치매에서 시공간 구성 능력의 결함은 상대적으로 나중에 나타나지만, 발병 초반에 후측 피질의 위축을

특징적으로 보이는 시각변이형 알츠하이머성 치매에서는 일반적으로 시공간 구성 능력의 결함이 나타나며, 이러한 결함이 일상 활동에서 독립적인 기능을 손상시키는 핵심적인 문제가 된다. 반면에 시각변이형 알츠하이머성 치매에서 기억과 언어 능력은 비교적 보존되는 특징을 보인다.

알츠하이머성 치매에서 치매의 정신행동증상(behavioral psychological symptoms of dementia)은 비교적 나중에 나타난다. 알츠하이머성 치매에서 가장 흔히 동반되는 정신행동증상은 무감동(apathy)이며, 치매가 진행되어 감에 따라 환각과 망상이 동반되는 비율도 증가한다. 또한 배회하기, 공격성, 수면장애, 저장행동, 반복행동, 도움에 대한 거부 등도 종종 동반된다. 알츠하이머성 치매에서 정신행동증상은 종종 인지장애와 직접적으로 관련된다. 예컨대, 알츠하이머성 치매에서 동반되는 망상은 본질적으로 기억, 추론과 같은 인지기능에서의 결함에서 비롯되는 것으로 보이는데, 중요한 물건을 보관한 곳을 기억하지 못하는 치매 환자는 그 물건을 찾지 못할 때 도둑맞은 것으로 추론하여 관련된 망상을 보일 수 있다.

2) 혈관성 치매

고혈압, 각종 심장질환을 포함하는 심혈관계 질환은 장년기, 노년기에 상당히 흔한 만성질환 중 하나이며 뇌졸중의 강력한 위험요인이다. 뇌졸중 발생으로 인해 인지기능이 손상되는 경우에 혈관성 치매라고 하며, 혈관성 치매는 뇌졸중으로 인한 감각/운동 기능의 손상이 아닌 인지기능 손상으로 인해 독립적인 일상생활 기능에 방해가 될 때 진단된다. 따라서 뇌혈관 질환의 위험요인인 심혈관계 질환, 고혈압, 당뇨, 비만, 흡연, 고지혈증, 일과성 허혈증 등이 모두 혈관성 치매의 위험요인이 된다. 통상 뇌졸중은 일회성에 그치지 않고 여러 뇌 영역에서 반복될 가능성이 있는데, 혈관 손상 직후에 인지행동증상이 가장 악화되었다가 시간이 경과하면 점차 어느 정도 회복되는 양상이 반복된다. 이에 따라 혈관성 치매 환자들은 인지기능의 계단식 퇴행을 보이기도 한다. 알츠하이머성 치매의 경우, 원인 질환인 알츠하이머 병의 신경병리가 진행되는 전형적인 양상이 있어 치매 진행 단계에 따라 특징적인 인지 결함의 양상이 있는 데 비해, 혈관성 치매는 뇌졸중이 발생한 뇌 영역에 따라 손상되는 인지 영역과 손상 정도가 다양하게 나타날 수 있다. 또한 알츠하이머 병의 신경병리와 뇌졸중이 혼재되어 나타나기도 하여 알츠하이머성 치매와 혈관성 치매의 인지 증상을 면밀하게 구분하는 것이 쉽지 않다. 다만, 한 인지 영역 내에서도 하위 과정에 따라 피질 치매와 피질하 치매에 취약한 정도가 다르므로 하위 과정에 따라 구분하여 접근하는 것이 치매 유형의 변별에 도움이 될 수 있다. 예를 들어, 새로운 정보의 학습, 저장(유지), 회상(인출)의 과정으로 이뤄지는 일화기억에서 피질 치매인 알츠하이머성 치매 환자들은 정보를 유지하는 데 주로 어려움을 보이는 반면, 피질하 영역이 손상된 혈관성 치매 환자들은 인출 결함을 보일 수 있다.

혈관성 치매 환자들은 일반적으로 알츠하이머성 치매 환자들에 비해 일화기억의 손상은 덜하지만((Duke & Kaszniak, 2000), 집행기능의 손상은 더 뚜렷한 경향이 있다. 집행기능의 손상은 알츠하이머성 치매에서도 흔히 나타나지만 알츠하이머성 치매의 경우에 경도 단계에서는 일화기억의 손상만큼 집행기능의 손상이 두드러지지 않고 치매가 진행되어 감에 따라 집행기능이 손상되는 경향이 있다. 이에 비해 혈관성 치매에서는 병의 초기부터 집행기능의 손상이 흔히 나타나고, 그 손상 정도가 기억기능 손상보다 더 심하거나 적어도 유사한 수준으로 나타나는 경향이 있다(Reed et al., 2004; Reed et al., 2007). 또한 혈관성 치매에서 집행기능의 손상은 알츠하이머성 치매에서처럼 집행 통제의 일부 하위 과정에 국한되는 것이 아니라 광범위하게 나타나는 경향이 있다. 이처럼 혈관성 치매 환자들에게서 집행기능의 손상이 두드러지는 것은 집행기능을 매개하는 전두-피질하 경로의 백질이 뇌혈관 문제로 인해 손상되는 경우가 흔하기 때문으로 보인다. 특히 피질하 혈관성 치매에서 집행기능 부전이 두드러지게 나타나는 것(Reed et al., 2004; Reed et al., 2007)과 뇌 영상에서 백질 이상을 보이는 혈관성 치매 환자들이 기억과 언어기능의 장애보다 집행기능과 시공간기능의 장애가 더 심하게 나타나는 것도 같은 맥락에서 이해할 수 있다(Cosentino et al., 2004; Price, Jefferson, Merino, Heilman, & Libon, 2005; Reed et al., 2004; Reed et al., 2007).

주요 언어 영역에 혈액을 공급하는 좌측 중대뇌동맥(middle cerebral artery)의 손상이 있지 않는 한 언어기능장애가 혈관성 치매 환자들에게서 특징적인 경우는 흔하지 않고 피질하 경색 혈관성 치매(subcortical ischemic vascular dementia)에서 사물 명명 능력의 손상은 기대되지 않는다. 언어유창성 검사에서는 혈관성 치매 환자들이 저하된 수행을 보이기도 하는데, 이는 언어 능력의 손상이라기보다는 피질하성 속도 저하(subcortocal slowing) 때문인 경향이 있다. 이런 경우, 글자 유창성과 범주 유창성이 동일하게 저하될 뿐만 아니라 다른 속도검사에서도 저조한 수행을 보인다. 이에 비해 처리속도의 문제보다는 의미 지식의 선택적 손상을 보이는 알츠하이머성 치매 환자들은 의미 지식을 요하는 범주 유창성이 선택적으로 저하되고 글자 유창성이 유지되는 경향이 있다(Canning, Leach, Stuss, Ngo, &

Black, 2004; Carew, Lamar, Cloud, Grossman, & Libon, 1997; Lafosse et al., 1997). 경미한 인지 장애를 보이는 경도인지장애에서 알츠하이머 병 환자들에 비해 대뇌의 소혈관 질환이 있는 환자들이 처리속도 측정치들에서 낮은 수행을 보였다(Zhou & Jia, 2009). 또한 혈관성 치매 환자들은 심적 갖춤새(mental set)를 수립하고 유지하는 능력(Libon et al., 1997)과 심적 조작과 시간적 재배열 능력(Lamar, Catani, Price, Heilman & Libon, 2008; Lamar et al., 2007)을 측정하는 측정치들에서 낮은 수행을 보이는 등 작업기억의 저하가 시사된다. 시각변이형 알츠하이머성 치매가 아닌 한 전형적인 알츠하이머성 치매 환자는 혈관성 치매 환자들보다 시공간 능력을 요하는 과제들에서 더 나은 수행을 보인다. 혈관성 치매 환자들은 시공간 능력을 요하는 그리기 검사에서 보다 파편화되게 그리는 경향이 있고, 보속성이나 생략 오류도 더 빈번하게 보였다(Freeman et al., 2000). 시계그리기 검사에서도 혈관성 치매 환자들이 알츠하이머성 치매 환자들에 비해 더 많은 오류를 범했다(Cosentino et al., 2004; Price et al., 2005).

그 밖에도 혈관성 치매에서 뇌졸중 후 우울증(post-stroke depression)과 무감동 혹은 불안과 초조, 감정 조절 곤란과 같은 정신행동증상도 흔하게 동반된다. 또한 인지장애와 함께 근력 감소, 근긴장도의 변화, 추체로 징후, 보행장애, 구음장애와 같은 국소신경학적 징후가 함께 나타나는 경우가 많다.

3) 루이소체 치매

루이소체(Lewy body)란 뇌의 신경세포 내에 알파-시누클레인이라는 단백질이 침착되어 형성되는 비정상적인 단백질 집합체이다. 루이소체는 뇌간, 변연계, 대뇌 피질에서 발생할 수 있고, 루이소체에 의해 인지기능 장애가 발생한 치매를 루이소체 치매라고 한다. 루이소체 치매는 인지기능의 감퇴와 함께 망상, 환각(특히 환시), 우울과 같은 정신행동증상이 초기부터 두드러지게 나타나며, 운동 통제 장애인 파킨슨 증상, 의식과 인지기능의 급격한 변동을 특징으로 하는 퇴행성 신경질환이다. 뇌간의 흑질에 루이소체가 높은 밀도로 축적되는 루이소체 치매는 파킨슨 병과 마찬가지로 파킨슨 증상을 가져오는데, 루이소체 치매는 인지기능 저하가 파킨슨 증상에 선행되거나 거의 동시에 나타나는 데 비해 파킨슨 병에 의한 치매는 파킨슨 증상으로 시작되어 병이 상당 기간 지속된 후에 인지기능 저하가 나타나는 차이가 있다. 꿈을 행동화하는 REM 수면행동장애는 루이소체 치매의 전임상 마커로서 인지적·행동적·기능적 변화가 나타나기 이전부터 REM 수면행동장애가 나타난다(Ferman et al., 2011). 경도인지장애와 함께 REM 수면행동장애가 동반되는 환자들의 사후 부검 연구에서 뇌에 루이소체가 발견되어 루이소체에 의해 경도인지장애가 나타난 것으로 시사된 바 있다(Molano et al., 2010). 루이소체 치매에서도 알츠하이머성 치매에서와 마찬가지로 신경반과 신경매듭이 흔히 관찰된다. 그러나 이러한 신경병리적 중첩에도 불구하고 초기의 임상적 경과는 다르게 나타난다. 기억장애가 두드러지는 기억상실성 경도인지장애가 알츠하이머성 치매로 진행되는 경향이 있는 데 비해, 시공간 기능이나 주의 결함을 보이는 비기억상실성 경도인지장애가 루이소체 치매로 진행될 가능성이 있다(Ferman et al., 2013).

앞서 살펴본 것과 같이, 루이소체 치매의 진행 초기에는 두드러진 혹은 지속적인 기억장애가 반드시 동반되는 것은 아니지만 병이 진행되어 감에 따라 기억 손상이 분명해진다. 반면에 주의, 집행기능, 시공간 능력에서의 손상은 루이소체 치매의 초기부터 두드러진다(McKeith et al., 2005). 루이소체 치매 환자들은 정상 노인들에 비해서는 주의, 시지각, 시공간 구성 능력, 기억에서 모두 저하된 수행을 보이지만(Ferman et al., 2006), 알츠하이머성 치매 환자들과 비교하여 주의, 시공간 구성에서 더 손상을 보이고 명명 능력과 기억기능은 상대적으로 보존되는 편이다(Ferman et al., 2002; Ferman et al., 2006). 다시 말해, 치매 초기 단계에서 알츠하이머성 치매는 기억장애가 두드러지는 것에 비해, 루이소체 치매는 주의와 시지각의 손상이 현저하다.

루이소체 치매에서 나타나는 시각 구성 능력의 문제는 동반되는 파킨슨 증상과 관련된 운동완서(motor slowness)로 설명되지 않으며, 보다 기본적인 시지각 기능의 문제와 관련되는 것으로 보인다. 특히 루이소체 치매에서 흔한 증상인 환시가 동반되는 환자들이 시각 과제에서 더 낮은 수행을 보이는 것으로 보고되었다(Mosimann et al., 2004). 시각 과제의 특성에 따라 집행기능과 같이 과제 수행에 필요한 다른 인지 영역의 문제로 수행이 저하될 수도 있지만, 루이소체 치매 환자들의 시각 과제 수행 저하는 시지각적 문제와 직접 관련되는 것으로 보인다. 루이소체 치매 환자들은 집행기능과 같은 다른 인지기능에 의존적이지 않은 보다 기본적인 시각 과제에서도 결손을 보이는 데 비해, 알츠하이머성 환자들은 그러한 과제들에서는 결함을 보이지 않았다(Mori et al., 2000). 여러 연구 결과에 따르면, 루이소체 치매에서의 시지각 결함은 일차 시각피질로의 입력, 혹은 그 이전 단계의 시각정보 처리 과정의 문제에서 비롯되는 듯하다(예: Devos et al., 2005; Imamura et al., 2001; Lobotiesis et al., 2001).

루이소체 치매 초기 환자들은 기억장애를 동반하더라도 알츠하이머성 치매 초기 환자들보다 손상 수준이 경미하고 손상 양상도 다르게 나타난다. 알츠하이머성 치매에서 일화기억의 급속한 망각(forgetting)이 특징적인데 비해, 루이소체 치매에서는 급속한 망각보다는 초기 학습에서의 저하가 두드러진다(Hamilton et al., 2004). 루이소체와 알츠하이머 신경병리가 혼재되어 나타나기도 하는데, 루이소체 치매 환자, 알츠하이머성 치매 환자, 두 유형의 치매가 혼재되어 있는 환자들을 비교했을 때, 루이소체 치매 환자들은 시공간 과제에서 수행 저하가 나타난 데 비해, 알츠하이머성 치매 환자들은 언어기억 과제에서 어려움을 보였고, 두 유형의 치매가 혼재되어 있는 환자들은 시공간 과제와 비언어적 기억 과제에서의 수행이 저하되었다(Johnson, Morris, & Galvin, 2005).

그 밖에도 루이소체 치매 환자들은 기립성 저혈압과 요실금 같은 자율신경계의 이상이 흔히 동반되며, 망상이나 환각 같은 정신증적 증상 치료를 위해 항정신병 약물인 신경이완제를 사용했을 때 증상이 악화되거나 사망률이 증가하는 등의 신경이완제 과민성이 특징적이다. 또한 의식의 심한 변동성과 관련하여 낙상과 실신이 반복적으로 나타나기도 한다.

4) 전측두엽 치매

전측두엽 치매는 복잡한 상위 인지기능에 중요한 뇌 영역인 전두엽이나 측두엽의 국소적 퇴행으로 인한 인지기능의 장애를 특징으로 하며, 전체 치매의 약 12~20%가량을 차지하는 것으로 보고되었다(Jackson & Lowe, 1996). 전측두엽 치매의 발병 연령은 전형적으로 45~65세 사이로 다른 유형의 치매에 비해 이른 편이며, 발병 후 기대수명도 짧은 편이다. 전측두엽 치매는 신경퇴행적 변화가 전두엽과 측두엽에 집중된다는 공통점을 가지지만, 임상적 양상, 신경병리, 유전적 관련성이 이질적인 여러 아형을 포함한다. 현재 전측두엽 치매의 하위 유형으로 가장 널리 받아들이는 아형들은 행동변이형 전측두엽 치매(behavioral variant of fronto-temporal dementia), 의미치매(semantic dementia)와 비유창성 진행 실어증(nonfluent progressive aphasia)이다. 행동변이형 전측두엽 치매는 성격 변화가 두드러지고, 전두엽의 손상과 관련된 부적절한 행동이 두드러지는 데 비해, 의미치매와 비유창성 진행 실어증은 언어 능력의 감퇴가 두드러진다.

전측두엽 치매는 가족력이 흔한데, 최근 연구에 따르면 MAPT, GRN, C9ORF72 유전자에서의 돌연변이가 전측두엽 치매와 관련되는 것으로 나타났다(Rohrer, Warren, Fox, & Rossor, 2013). 이러한 돌연변이는 전측두엽 치매를 유발하는 신경병리의 발달과 관련되는 것으로 보인다. 픽 병(Pick's disease)은 전측두엽 치매의 원인 질환으로 알려진 대표적인 질환이다.

픽 병은 과인산화된 타우(tau) 단백질이 침착되어 구형을 이룬 픽체(Pick body)가 신경세포와 교세포 내부에 생성되어 부풀어 오르는 픽 세포(Pick cell)가 특징적으로 관찰되는 질환이다. 전측두엽과 관련되는 또 다른 신경병리에는 신경세포와 교세포 안에 TAR DNA-결합 단백질 43(TAR DNA-binding protein 43)과 관련된 단백질병리(TDP-43 proteinpathy)가 있다. 운동피질을 제외한 전전두엽, 상측두회 뒤쪽의 청각 관련 영역들을 제외한 측두엽이 이러한 신경병리에 취약하며, 전측두엽 치매의 아형들에서 알 수 있듯이 손상된 영역들에 따라 상이한 증상을 나타낸다. 단순화하기는 어려우나 대략적으로는 초기에 손상된 영역들이 우반구에 집중된 경우에는 행동변이형 전측두엽 치매의 특성을 보이는 데 비해, 좌반구에 집중되면 언어 능력의 현저한 감퇴를 특징으로 하는 비유창성 진행 실어증이나 의미치매의 특성을 보이는 경향이 있다.

초기 단계에서 행동변이형 전측두엽 치매는 강박, 탈억제, 무감동, 감정 조절의 곤란, 공감 결여와 자기중심성, 비정상적인 운동 행동 등의 증상들과 함께 사회 인지의 손상이 나타난다(Miller et al., 2003). 이에 비해 비유창성 진행 실어증과 의미치매의 경우에는 의미지식이나 말의 장애, 언어 결함이 초기에 두드러진다(Josephs, 2008; Machulda et al., 2013; Wicklund et al., 2014). 전측두엽 치매의 하위 유형에 따라 이러한 차이가 있지만, 연령과 치매의 심각도에 상응하는 알츠하이머성 치매 환자들에 비해 전측두엽 치매 환자들이 대부분 더 많은 행동문제를 보인다(Liu et al., 2004). 이에 비해 초기 단계에서 전측두엽 치매는 알츠하이머성 치매에 비해 기억력은 비교적 유지된다(Hutchinson & Mathias, 2007). 알츠하이머성 치매 환자들에 비해 전측두엽 치매 환자들은 일반적으로 재인뿐만 아니라 자유회상과 단서 회상에서 모두 더 나은 수행을 보인다. 전측두엽 치매의 하위 유형인 비유창성 진행 실어증과 의미치매를 포함한 원발 진행 실어증(primary progressive aphasia) 환자들을 알츠하이머성 치매 환자들과 비교한 연구에서 알츠하이머성 치매 환자들은 언어적·비언어적 항목 모두에서 부호와와 정보 유지의 어려움을 보인 것과 달리, 진행 실어증 환자들은 언어 정보에서만 부호화와 인출에서 손상을 보였다(Weintraub et al., 2013). 다시 말해, 초기 전측두엽 치매에서 기억장애는 두드러지지 않으며, 나타나더라도 전측두엽 치매의 초기 단계에서부터 흔히 동반되는 언어기능의 손상과 상당 부분 관련되는 것으로 보인다.

앞서 기술했듯이 비유창성 진행 실어증과 의미치매는 초기에 언어 능력의 현저한 감퇴가 두드러지는데, 많은 신경심리검사가 언어기능에 의존적이므로 신경심리평가자는 언어기능의 손상으로 인해 다른 기능의 수준이 저평가될 가능성을 고려해야 한다. 비유창성 진행 실어증은 단어의 단순 명명이나 의미 이해는 가능하지만 말의 산출 능력이 저하되고,

문법 산출과 이해의 손상도 나타나 실문법적 진행 실어증(agrammatic primary progressive aphasia)으로 불리기도 한다. 반면에 의미치매는 문법기능은 비교적 보존되지만 단어의 명명과 이해에서 현저한 손상을 보여서 의미 진행 실어증(semantic primary progressive aphasia)이라고 불리기도 한다. 이와 같이 언어기능에 손상을 보이는 전측두엽 치매 환자들은 언어기능이 필요한 일상생활 기능에서 어려움을 겪는다(Mesulam, 1982). 언어평가 과제 수행에서 전측두엽 치매 환자의 전두엽 쪽의 뇌 위축은 글자 유창성과 보다 관련되고, 측두엽 쪽의 뇌 위축은 명명에서의 문제와 더 많은 관련이 있다. 알츠하이머성 치매 환자들이 언어유창성 과제에서 범주 유창성의 선택적 손상을 흔히 보이는 것과 달리(Monsch et al., 1992), 전측두엽 치매 환자들은 범주 유창성과 글자 유창성 모두 유사한 수준으로 손상되는 경향이 있다(Rascovsky et al., 2007). 의미치매에서는 명칭 실어증(anomia), 단어 이해의 결함, 사물의 이름을 포함한 단어 상실이 지배적으로 나타나며, 이 때문에 말의 내용의 구체성은 저하되지만 자발적 발화의 유창성과 따라 말하기는 유지되는 경향이 있다(Gorno-Tempini et al., 2011).

전측두엽 치매 환자들이 선로추적검사나 스트룹 검사와 같은 집행기능 검사에서 손상을 보이지만, 집행기능의 손상은 알츠하이머성 치매에서도 비교적 초기부터 관찰되고 전측두엽 치매의 하위 유형에 따라 집행기능의 손상 정도에도 차이를 보여서 집행기능 과제 수행으로 전측두엽 치매를 다른 유형의 치매와 감별하는 데에는 한계가 있다(Hutchinson

보호요인

여러 가지의 인지장애를 교정하거나 치료할 수 있는 방법은 없을까? 그것은 인지장애의 원인이 무엇인가에 따라 달라질 수 있다. 예컨대, 신경인지장애(치매)의 원인으로 유전적인 요인이 많이 거론되고 있다. 반면에 약한 수준의 인지장애의 배후에는 부주의, 스트레스와 같은 생활 습관 및 환경적 요인이 개입하고 있을 가능성이 있다. 그러나 아직까지는 이런 문제를 유전학적인 치료, 약물, 외과적 수술, 혹은 보조장치의 사용과 같이 물질적으로 해결할 수 있는 방법이 개발되어 있지 않은 것 같다. 심리학적으로 생각할 수 있는 흔한 대책은 훈련 혹은 심리치료이다.

인지 노화 혹은 인지장애를 경감시키는 훈련법 혹은 프로그램들이 개발되어 왔다(예: 고선규, 권정혜, 2007; 박민, 2008). 한국의 정상 인지 노인과 경도인지장애 노인을 대상으로 한 치매 예방 프로그램들의 효과에 대한 메타분석 연구를 보면, 프로그램에 따라 전체 효과 크기는 큰(자극 중심 접근법,

통합적 접근법)~중간(인지중심 접근법) 정도에 걸쳐 있었으며, 그 효과는 프로그램 교육시간의 영향을 받았다. 반면에 핀란드의 치매 위험이 높은 631명을 대상으로 2년간 인지 훈련과 신체활동, 섭식 조언 및 심혈관계 위험 모니터링을 받은 집단은 상당히 높은 수준의 수행 향상을 보였으나, 기억검사에서는 그동안 6개월 간격으로 건강에 관한 조언을 받은 통제 집단과 큰 차이를 보이지 않았다. 연구 결과에서 이런 차이는 교육, 운동 등을 포함한 많은 요인이 인지기능에 영향을 준다는 것(Nyberg & Pudas, 2019), 그리고 대상자의 인지장애 수준, 프로그램의 기간, 복합적인 개입 등이 관련되어 있다는 사실에 기인한다. 전반적으로 볼 때, 인지-행동적인 개입이 인지장애를 치료하거나 인지 노화를 장기적으로 저지하는 데에는 제한이 있는 것으로 보인다.

인지장애를 처치하기 위한 훈련 프로그램을 개발하고자 한다면 고령자의 인지기능에 영향을 주는 변인들을 충분히 고려하고, 효과적인 학습 혹은 행동 변화에 도움이 되는 변인들을 고려해야 소기의 목적을 달성할 수 있을 것이다. 예컨대, 고령자의 인지 수행에는 인지적 요인만이 중요한 것이 아니라, 정서적인 그리고 동기적 요인이 젊은이와 비교해서 더 큰 비중을 차지할 가능성이 높다. 그리고 훈련 프로그램은 일상 활동을 반영할지라도 다소 일반적인 성격을 띄기 쉬운데, 이로 인해 학습의 효과적인 전이가 일어나기 어려울 수 있다. 그 밖에도 사회문화적인 요인도 관련되어 있을 수 있다.

앞에서 언급된 점들을 포함하여 고령자의 인지장애 치료에 개입할 수 있는 여러 요인을 고려해서 현재 연구된 혹은 연구되고 있는 인지 노화 혹은 인지장애 치료 프로그램(혹은 훈련)의 효과를 살펴보자. 각 프로그램의 효과가 어느 정도이며, 어떤 조건에서 효과가 더 커지는지 혹은 더 작아지는지, 그리고 프로그램의 효과를 일반화하는 데 어떤 제한이 있는지를 살펴보자. 예컨대, 다음 프로그램을 고려해 볼 수 있지만, 여러분이 논문 검색 사이트에서 더 많은 연구 사례를 찾을 수 있다. 2개 이상을 비교할 때 프로그램에 대해 더 많은 것을 알 수 있게 할 것이다.

- 고선규, 권정혜(2007). 지역사회 노인을 위한 다요인 기억 향상 프로그램. **Korean Journal of Clinical Psychology, 26**, 545-572.
- 김영경, 김혜리(2015). 노년기 인지기능 향상 프로그램의 효과. **한국심리학회지: 발달, 28**, 87-108.
- 김정화(2000). 노인의 효능자원을 이용한 기억훈련프로그램의 효과. 경희대학교 대학원 박사학위 논문.
- 손지형, 박소연, 김진경(2013). 단계적인 주의 집중력 훈련이 경증치매노인의 기억력과 일상생활수행능력에 미치는 효과. **고령자-치매작업치료학회지, 7**(1), 1-14.
- 이유나, 유은영(2013). 오차배제훈련이 치매노인의 기억력에 미치는 영향. **고령자-치매작업치료학회지, 7**(1). 15-22.
- 허성진, 조영남, 정재훈(2016). 작업기억훈련 프로그램이 경도인지장애 환자의 인지기능에 미치는 영향. **대한인지재활학회지, 5**(1), 63-76.

& Mathias, 2007; Miller et al., 2003). 전측두엽 치매 환자들의 후측 대뇌피질은 비교적 늦게까지 보존되어 시공간 능력 검사에서는 비교적 수행이 유지되는 편이다. Razani와 그의 동료들(2001)의 연구에서는 기억이 아닌 시공간 구성 능력 결함으로 알츠하이머성 치매와 전측두엽 치매를 구분했다. 또 다른 연구에서는 글자유창성검사 수행과 비언어적 기억 수행의 차이로 알츠하이머성 치매와 전측두엽 치매를 구분하기도 했는데, 알츠하이머성 치매 환자들은 글자유창성 대비 비언어적 기억 결함이 크게 나타났고, 전측두엽 치매 환자는 기억 대비 글자유창성의 결함이 크게 나타나는 반대의 양상을 보였다(Pachana et al., 1996).

2. 맺음말

이상에서 퇴행성 신경질환으로 인해 발생하며, 고령자들에게서 높은 유병률을 보이는 대표적 치매 유형들의 특성을 살펴보았다. 서론에서도 언급한 바와 같이 각 유형의 치매는 그 원인 질환에 따라 초기 증상과 경과에 차이를 보이지만, 신경질환이 진행되어 손상 영역이 확장되어 감에 따라 인지기능의 손상 범위도 확장되면 하위 유형 간의 차이가 점차 사라진다. 치매의 정도가 심각해지면 환자의 치료적 개입과 관리방법에서도 하위 유형들 간에 대동소이해진다. 이전에 비해서는 다양한 치료적 개입이 이루어지고 있기는 하나, 치매는 아직까지 근본적인 치료가 불가능한 질환이기 때문에 많은 연구가 예방적 개입과 조기 발견을 통해 진행을 지연시키는 것에 초점을 두고 있다. 그러한 노력의 결과로 각 치매 유형별로 상이한 위험요인들과 초기 증상에서의 특징들이 발견되었고, 이를 기반으로 경도인지장애의 진단기준이 세분화되어 다양한 치매 유형의 조기 진단에 도움이 되고 있다. 현재 증상이 나타나기 전에 치매를 예측할 수 있는 바이오마커들에 대한 연구, 뇌 영상 기술을 활용한 진단도구의 개발, 보다 미세한 인지 손상을 탐지할 수 있는 신경심리측정치의 개발이 매우 활발하게 이루어지고 있다. 아울러 신체 운동, 인지 훈련, 사회활동 참여와 같은 전략들이 치매의 발병과 진행을 예방하는 잠재적 전략들로 연구되고, 그 효과에 대한 경험적 증거가 축적되어 치매 예방 및 치료 정책에 적극적으로 반영되고 있다. 인간의 기대수명의 증가와 노인 인구의 증가는 현재 전 세계적인 추세로서 많은 연구자가 이에 따른 치매 환자의 증가를 예측하고 있다. 이러한 문제에 적극적으로 대응하기 위해서는 효과적인 진단, 치료와 예방 방법을 찾기 위한 노력이 의학적 측면에서 뿐만 아니라 심리사회적 측면에서도 활발하게 이뤄져야 할 것이다.

생각할 거리

1. 그동안 사용되어 온 치매라는 말을 대체하려는 움직임이 있다. 치매라는 말은 부정적 어감을 가지고 있어서 대상자에게 낙인 효과를 일으킬 수 있다. DSM-5에서는 '신경인지장애'라는 용어를 권고하는데, 여러 수준의 인지장애자를 포괄하는 데 용어 사용의 제한이 있을 수 있다. 그래서 약한 수준의 신경인지장애를 지칭하는 '경도인지장애'라는 용어를 쓴다. 이 용어의 정확한 뜻을 설명해 보라.
2. 신경인지장애의 근본적인 원인은 무엇일까? 나쁜 생활 습관의 결과이거나 약물에 노출된 결과로 보는 견해도 있지만, 요즘은 신경인지장애의 배후에는 유전적 요인이 크게 작용하는 것으로 본다. 그러나 후생유전학에서 말하듯이 유전 인자가 발현하는 과정에서 출생 후의 환경적 요인이 영향을 끼칠 수 있다. 신경인지장애의 발병에 영향을 줄 수 있는 환경적 요인은 무엇일지를 생각해 보자.
3. 알츠하이머성 치매, 혈관성 치매, 루이소체 치매, 전측두엽 치매 등의 대표적 특징을 각각 3가지씩 들어보라. 각 특징은 어떻게 묶어지는가? 그 특징들은 치매의 유형과 기저 원인을 구별하는 데 어떤 도움을 주는가?
4. 신경인지기능 검사들은 여러 가지 신경인지장애를 얼마나 잘 구별할 수 있는가? 구별을 위해서는 두 가지 이상의 검사들이 필요할지 모른다. 유사한 증상을 갖지만, 상이한 신경인지장애를 평가하는 데 둘 이상의 검사들이 조합되어 사용되는 예를 찾아보자.
5. 심리학 연구자로서 주요신경인지장애(치매) 환자의 증상 호전, 혹은 생활 적응을 위해 할 수 있는 일반적인 조언은 무엇인가? 치매 환자의 상태에 따라 조언의 내용은 어떻게 달라지겠는가?

제 11 장

고령 소비자와 고령친화산업 이해

다양한 종류의 제품을 소비하는 고령자를 고령 소비자라고 칭할 수 있다. 고령 소비자의 정의는 출생연도를 기준으로 만 50세 이상, 만 60세 이상 또는 만 65세 이상으로 다양하다. 또한 고령 소비자는 출생연도를 기준으로 단일 집단이 아닌 예비 고령 소비자 집단, 준고령 소비자 집단 및 고령 소비자 집단으로 세분화될 수 있다. 고령 소비자는 신체기능과 인지기능이 저하되고, 신기술이 적용된 제품을 수용하는 데 어려움을 경험하며, 소비와 관련된 의사결정을 내릴 때 긍정적 정서를 느끼려는 특징을 가진다. 또 다른 특징으로 고령 소비자는 자유시간의 증가로 인해 여가의 필요성을 인식하며, 의료와 복지 서비스 이용을 많이 하고, 경제적 수준이 낮아지는 것을 걱정한다. 이와 같은 특징 때문에 고령 소비자는 마케팅 활동에 대해서 젊은 소비자와 다른 반응을 보인다. 젊은 소비자와 다른 특징을 가진 고령 소비자의 성공적인 노화를 돕기 위해서 여러 분야의 산업에서 고령 소비자의 삶의 질 제고에 기여하는 다양한 제품을 제공하고 있다. 이처럼 고령 소비자의 성공적 노화를 돕는 제품을 개발, 생산 및 제공하는 산업을 고령친화산업이라고 부른다.

주제어(keywords): 고령 소비자, 고령친화산업, 심리서비스, 성공적 노화

우리는 다양한 종류의 제품을 소비하면서 살고 있다. 이때 제품은 유형의 재화(예: 스마트폰)와 무형의 서비스(예: LTE, 5G 등의 이동통신 서비스)로 구분된다. 이 장에서 재화와 서비스를 포괄하는 제품을 소비하는 주체인 고령자를 고령 소비자라고 칭한다. 이때 고령 소비자가 소비하는 제품은 젊은 세대와 함께 소비가 가능한 제품(예: 스마트폰)도 있고, 고령화와 직접적으로 관련된 고령 소비자 전용 제품(예: 돋보기 안경)도 있다. 이 장에서는 이 두 유형의 제품 모두를 고령 소비자의 소비 대상 제품으로 고려할 것이다.

고령 소비자가 소비하는 대상인 제품은 기업, 정부, 지방자치단체 및 비영리단체에 의해서 제공된다. 예를 들어, 유한킴벌리라는 기업은 성인용 요실금 기저귀 브랜드인 디펜드의 제품을 국내 고령 소비자를 대상으로 판매하고 있다. 정부는 치매 고령 소비자의 장기요양 서비스를 지원하고 있다. 지방자치단체인 시흥시는 시흥노인종합복지관 운영을 통해 고령 소비자에게 물리치료, 찜질 등의 서비스를 제공하고 있다. 비영리단체인 한국나눔연맹 산하의 전국천사무료급식소에서는 독거 고령 소비자에게 무료 급식 서비스, 도시락 배달 서비스 등을 제공하고 있다. 이 장에서 이처럼 다양한 제품을 소비하는 고령 소비자가 누구이며, 고령 소비자가 어떤 특징을 가지고 있는지에 대해서 설명할 것이다. 또한 고령 소비자의 활기찬 노후 생활 영위에 도움이 되는 제품을 제공하는 산업을 부르는 명칭인 고령친화산업의 목적과 세부 분야를 소개하고자 한다.

1. 고령 소비자의 정의와 고령 소비자 집단의 세분화

흔히 기업, 정부, 지방자치단체 및 비영리단체는 출생연도로 정해지는 실제연령(만 나이, chronological age)을 기준으로 고령 소비자를 정의한다. 그런데 실제연령을 기준으로 고령 소비자를 정의하는 방법은 다양하다. 각 정의에 사용되는 실제연령 기준은 소비의 재원이 되는 경제력의 근간인 취업, 은퇴, 연금 수령, 세금 혜택 등과 밀접하게 관련된다. 국내 산업계와 학계에서 고령 소비자를 정의할 때 주로 사용하는 실제연령 기준은 다음과 같다. 첫째, 만 50세 이상을 고령 소비자로 보는 기준이 있다. 이 기준은 고용 및 취업과 관련된 「고용상 연령차별금지 및 고령자고용촉진에 관한 법률」을 따른다(노승현, 2012). 둘째, 만 60세 이상을 고령 소비자라고 본다(박선숙, 2018). 통상적으로 산업계의 은퇴 연령이 만 60세이고, 노령연금 급여대상자가 만 60세 이상이기 때문에 이와 같은 정의가 가능하다. 셋째, 「노인복지법」을 근거로 세금 혜택, 할인 등의 고령자 혜택이 제공되는 연령인 만 65세를 기준으로 만 65세 이상을 고령 소비자로 정의할 수 있다(박준범, 남궁미, 2019). 이상의 논의에 의하면, 고령 소비자를 정의하는 최저 실제연령은 만 50세이며, 최고 실제연령은 만 65세라고 볼 수 있다. 그러나 최근 인간의 평균 수명이 연장되면서 고령 소비자의 실제연령 기준이 상향되는 추세이다. 한 사례로 2015년 UN은 만 18~65세를 청년으로, 만 66~79세를 중년으로, 만 80~99세를 고령자로, 만 100세 이상을 장수 고령자로 분류하였다. 국내에서도 「노인복지법」이 보장하는 고령 소비자 대상의 무상 의료와 복지 서비스 제공으로 인한 재정적 부담을 줄이기 위해서 고령 소비자의 실제연령 기준을 만 65세에서 만 70세로 상향 조정하자는 논의가 진행 중이다.

고령 소비자 대상의 영리 및 비영리 활동을 효율적이며 효과적으로 실행하기 위해서 기업, 정부, 지방자치단체 및 비영리단체는 모든 고령 소비자를 하나의 동일 집단으로 간주하지 말아야 한다. 기업, 정부, 지방자치단체 및 비영리단체는 고령 소비자를 소수의 집단으로 세분화한 후 각 집단별로 차별화된 고령 소비자 보호 활동(비영리 활동) 또는 고령 소비자 대상 마케팅 활동(영리 활동)을 기획하고 집행해야 그 활동의 효율성과 효과성을 높일 수 있다. 필요에 따라서 기업, 정부, 지방자치단체 및 비영리단체는 고령 소비자의 인구통계적, 사회·경제적, 심리적(예: 가치관) 및 행동적(예: 라이프스타일) 특징을 기준으로 고령 소비자를 세분화해야 한다. 거시적 관점에서 고령 소비자를 세분화하는 방법 중 하나는 코호트(cohort)를 기준으로 삼는 것이다.

특정 시점에 발생한 사회적, 경제적, 문화적 및 정치적 주요 사건을 공유하는 유사한 연령대의 사람들은 유사한 가치관, 태도, 신념, 라이프스타일 등을 공유한다. 이와 같이 동일한 역사적 사건의 경험을 공유하는 유사 연령대 집단을 코호트라고 부른다. 코호트의 개념과 고령 소비자 정의의 최저 실제연령 기준인 만 50세를 고려해서 2021년 고령 소비자의 집단을 세분화하면 고령 소비자는 예비 고령 소비자 집단(1964~1971년 출생), 준고령 소비자 집단(1955~1963년 출생) 및 고령 소비자 집단(1954년 이전 출생)으로 구분이 가능하다(강소랑, 최은영, 2016). 각 고령 소비자 집단의 특징을 요약하면 〈표 11-1〉과 같다.

한편 고령 소비자의 경우, 출생연도로 정해지는 실제연령과 본인이 스스로 인지하거나 지각하는 연령인 인지연령(cognitive age)이 다를 수 있다. 이때 인지연령은 고령 소비자가 본인이 어떤 연령처럼 느끼는지(감정연령, feel age), 어떤 연령처럼 보이는지(외모연령, look

표 11-1 코호트와 최저 실제연령(만 50세)을 기준으로 한 고령 소비자 집단의 세분화(2021년 기준)

구분	예비 고령 소비자	준고령 소비자	고령 소비자
출생연도	1964~1971년 (만 50대 전반)	1955~1963년 (만 50대 후반~60대 전반)	1954년 이전 (만 60대 후반 이후)
인구 비율*	전체 인구 중 14% (여성 중 13%, 남성 중 14%)	전체 인구 중 14% (여성 중 14%, 남성 중 14%)	전체 인구 중 11% (여성 중 12%, 남성 중 10%)
다른 명칭	X세대, 2차 베이비 붐 세대	베이비 붐 세대, 낀 세대	해방전쟁 세대, 해방둥이 세대
역사적 사건	• 5.16 쿠데타, 광주민주항쟁 • IMF 외환 위기	• 유신 독재	• 해방, 한국전쟁
일반 특징	• 급격한 대한민국의 경제 성장 혜택을 누림 • 준고령 소비자 또는 고령 소비자 집단보다 교육 수준이 높음 • 준고령 소비자 집단보다 자아실현을 중시함	• 건강보험제도의 수혜 세대임 • 고령 소비자 집단보다 경제적 자립 능력이 강함 • 출산율 감소로 인해 소수의 자녀에 대한 관심이 높고, 자녀를 대상으로 많은 교육 관련 투자를 함 • 청소년기에 대한민국의 경제 성장을 경험함 • 고용 안정성과 직장에 대한 헌신을 중시함	• 대한민국의 빈곤을 직접 경험하고 경제발전에 기여함 • 준고령 소비자 집단보다 교육 혜택을 덜 받음 • 예비 고령 소비자 집단의 부모 세대임
소비 특징	• 준고령 소비자 또는 고령 소비자 집단보다 취미와 여가 활동에 참여가 많음 • 준고령 소비자 집단보다 기업의 마케팅 활동에 호의적임	• 은퇴로 인해 소득이 감소함 • 여가와 건강에 대한 관심이 높음 • 저가 제품을 선호하고 제품의 기능성과 실용성을 중시함	• 필수 지출을 제외하고 전반적으로 소비가 감소함 • 보건의료비의 지출 비중이 큼

* 주) 2021년 1월 통계청의 추계 인구를 기준으로 산출한 결과임.

출처: 이 장의 저자가 다수의 자료를 기반으로 작성함.

age), 그리고 어떤 연령처럼 행동하는지(행동연령, do age)에 대한 인식을 통해 알아볼 수 있다(박광희, 2012). 예를 들어, 1960년도에 태어난 고령 소비자의 연령은 2021년에 만 61세(실제연령)이다. 그런데 이 고령 소비자는 본인의 연령을 만 61세보다 높거나(예: '내 얼굴은 벌써 60대 후반이네.') 낮게(예: '내 외모는 아직 50대야.') 생각할 수 있다(인지연령).

코호트, 실제연령 및 인지연령과 함께 심리적, 사회・경제적 및 행동적 특징을 기반으로 고령 소비자 집단을 세분화할 수 있다. 〈생각상자〉에 소개한 액티브 시니어(active senior)는 실제연령, 경제력, 신체적 건강, 디지털 친숙도 및 삶의 태도를 기준으로 고령 소비자 집단을 세분화한 후 선별된 집단 중 하나이다.

액티브 시니어는 누구인가?

액티브 시니어라는 용어는 기존의 전통적인 고령 세대와 구분이 되는 젊은 세대의 특성을 가진 새로운 고령 세대를 지칭하기 위해서 미국 시카고대학 심리학과 버니스 뉴가튼(Bernice Neugarten) 교수가 제안한 것으로 알려져 있다. 액티브 시니어에 대한 다양한 정의를 종합하면 액티브 시니어란 안정적인 경제력을 가지며 신체적으로 건강한 만 50~64세의 중산층으로, 건강, 여가, 외모, 자기계발 등에 관심이 많고, 최신 기술과 유행을 적극적으로 받아들이는 고령 세대를 말한다. 과거 주요 소비층인 젊은 세대가 감소하면서 현재 많은 산업 분야에서 소비력이 큰 액티브 시니어에 관심을 가지고 이들을 마케팅 목표 집단으로 고려하고 있다.

액티브 시니어는 기존의 전통적인 고령 세대와 다른 다음과 같은 특징을 가진다(박근영, 김근종, 2019; Kim, Kim, Lee, & Kang, 2020). 첫째, 수동적이고 보수적인 기존의 고령 세대와 달리, 액티브 시니어는 적극적이고 미래지향적인 성격 특징을 가진다. 둘째, 기존의 고령 세대는 같은 세대와 교류를 하는 반면, 액티브 시니어는 다양한 분야에 관심을 가지고 젊은 세대와도 교류한다. 셋째, 기존의 고령 세대는 같은 세대와의 사회적 교류에 큰 가치를 두지만, 액티브 시니어는 삶을 즐기는 것에 큰 가치를 둔다. 넷째, 신기술 제품 이용과 관련해서 기존의 고령 세대는 모바일 또는 인터넷을 이용하는 데 어려움을 겪지만, 액티브 시니어는 스마트폰을 소유하고 모바일 또는 인터넷을 자주 사용한다. 다섯째, 기존의 고령 세대는 경제적으로 자녀에게 의존하는 반면, 액티브 시니어는 자녀와 경제적으로 독립되어 있다. 여섯째, 기존의 고령 세대는 인지연령과 실제연령이 유사하지만, 액티브 시니어는 실제연령보다 인지연령을 더 낮게 인식한다. 이처럼 기존의 고령 세대와 다른 액티브 시니어의 주요 특징을 한 번 더 정리하면 다음과 같다.

ㅇ 본인은 실제연령보다 5~10년 더 젊다고 생각한다.
ㅇ 경제적 안정을 지향하며, 경제적 독립심이 강하다.
ㅇ 건강과 외모 관리, 자기계발에 관심이 많고, 여가 생활을 적극적으로 즐긴다.
ㅇ 사회문제에 관심이 많고, 다양한 세대와의 사회적 관계 유지에 관심이 많다.
ㅇ 제품의 소비자뿐만 아니라 제품의 생산자로서 적극적으로 활동하고자 한다.
ㅇ 인터넷 쇼핑, SNS 등의 다양한 인터넷 서비스와 디지털 기기 활용에 익숙하다.

이상의 논의를 종합하면 액티브 시니어는 안정적 자산과 소득을 기반으로 한 경제력을 가지고 있고(경제력), 신체적으로 건강해서 다양한 여가와 사회활동에 참여하며(신체적 건강), 디지털 매체를 적극적으로 활용한다(디지털 친숙도). 또한 이들은 적극적인 삶의 태도를 가졌기 때문에 새로운 변화를 쉽게 수용하고, 젊게 살려고 노력하며, 외모, 건강 등과 같은 영역에서 본인을 위해 아끼지 않고 투자하고, 여가활동에 적극적으로 참여한다(삶의 태도).

2. 고령 소비자의 주요 특징

고령화로 인해 달라진 고령 소비자의 특징은 다양하다. 이 절에서는 참고문헌 개관을 통해 확인된 제품 소비와 관련된 고령 소비자의 주요 특징을 제한적으로 소개하고자 한다.

1) 신체기능과 인지기능의 저하

고령화로 인한 감각기능의 저하는 지각적 정보처리 과정에서 고령 소비자의 충분한 외부 정보 활용을 저해한다(Stuart-Hamilton, 2017). 특히 시각과 청각의 기능 저하가 고령 소비자의 삶에 중요한 문제를 야기한다. 시각의 경우, 수정체의 신축성이 떨어지며 시각적 초점을 맞추는 능력이 저하되면서 노안이 발생한다. 고령 소비자의 경우, 낮은 밝기의 조명 하에서 자극을 탐지하는 능력이 떨어지며, 수정체 모양이 변형되면서 자극의 외형이 왜곡되어 보이고, 특정 색상(예: 녹색, 청색, 보라색)을 구분하기 어렵다. 또한 눈동자가 움직이는 폭도 좁아지고 주변시의 손실이 발생한다. 이와 같은 고령 소비자의 시력 저하는 운전 중 사고 유발과 일상생활 중 낙상 발생의 위험을 높인다. 한편, 청각은 성인기 전반에 걸쳐서 점진적으로 쇠퇴하기 때문에 만 50세 이상의 고령 소비자는 약한 강도의 소리를 잘 듣지 못한다. 특히 대화 중 타인의 이야기를 이해할 때 고주파 소리의 지각이 중요한데, 고령 소비자는 고주파 소리를 지각하는 능력이 떨어진다. 따라서 고령 소비자는 타인과의 대화 중 타인으로부터 말귀를 못 알아듣는다는 부정적 평가를 받고, 이로 인한 자존감 하락 등의 부정적 감정을 경험한다. 이와 같은 부정적 감정은 고령 소비자의 사회활동 참여의 장애요인으로 작용할 수 있다.

고령화에 따라서 감각기능의 저하뿐만 아니라 다양한 신체기능 저하와 인지기능 저하가 발생한다(보건복지부, 한국보건산업진흥원, 2017; Stuart-Hamilton, 2017). 신체기능 저하 사례를 살펴보면, 고령 소비자는 면역력이 떨어지고, 근육량이 감소하면서 운동기능이 저하되며, 피부가 건조해지고 주름이 증가하며, 검버섯, 기미 등이 생기고, 탈모와 모발 회색화가 발생한다. 또한 고령화에 따라서 고령 소비자의 소화 능력이 약화되고 체온조절 능력이 떨어진다.

고령 소비자의 인지기능 저하와 관련해서 지능의 저하, 선택적 주의(다른 자극을 무시하고 특정 자극에 집중함)와 주의 분할(동시에 하나 이상의 자극을 처리함)의 약화, 단기기억(정보를 일시적으로 저장함)과 장기기억(정보를 영구적으로 저장함)의 감소로 인한 학습 능력 쇠퇴, 정보 탐색 능력과 빠른 의사결정 능력의 감소 등이 발생한다.

지금까지 소개한 고령 소비자의 다양한 신체기능과 인지기능 저하를 보완하기 위해서 산업계와 학계에서는 고령 소비자에게 적합한 자율주행차량의 기능(최규한, 2019), 주거환경(주한나, 이현수, 2019), 모바일 어플리케이션의 청각 인터페이스(송은성, 위장훈, 2019), 기능성 속옷(구미란, 2020) 등을 개발하고자 노력하고 있다.

2) 신기술 제품 수용의 어려움

과학기술이 발전함에 따라서 인간의 삶의 질과 편의성을 높이는 다양한 종류의 새로운 신기술 제품이 개발되고 있다. 예를 들어, 소셜미디어는 사회적 교류를 촉진하고, 온라인 쇼핑, 모바일 뱅킹 및 키오스크(무인 주문기)는 소비활동의 편의성을 높이며, 스마트폰과 AI 스피커는 정보 탐색의 편리성을 제고한다. 그러나 좋은 취지에 의해서 개발된 신기술 제품 소비가 고령 소비자에게는 오히려 심리적 부담을 주고 세대차를 유발하는 부작용을 유발할 수 있다. 그 결과, 많은 고령 소비자는 젊은 소비자에 비해 신기술이 적용된 제품을 이용하려고 하지 않아 이들 제품의 낮은 이용 빈도를 보인다.

젊은 소비자에 비해서 고령 소비자가 신기술 제품을 쉽게 수용하지 못하는 이유는 다양

하다. 만 55~64세의 고령 소비자인 경우, 미취업 상태이며, 사회활동 참여가 적으며, 교육 수준과 자기효능감이 낮고, 컴퓨터를 보유하지 않으면 신기술 제품 활용 빈도가 낮은 것으로 밝혀졌다. 반면 만 65세 이상의 고령 소비자인 경우, 교육 수준과 자기효능감이 낮고 컴퓨터와 스마트폰을 보유하지 않으면 신기술 제품 활용도가 낮다(엄사랑, 신혜리, 김영선, 2020). 따라서 고령 소비자의 신기술 제품 수용의 어려움은 사회 · 경제적(예: 취업 여부, 교육 수준), 사회적(예: 사회활동 참여 정도), 심리적(예: 자기효능감) 및 행동적(예: 이용 친숙도-스마트폰 보유 여부) 요인과 같이 다양한 이유로 발생할 수 있다. 또한 실제연령(만 55~64세 대 만 65세 이상)에 따라서 고령 소비자의 신기술 제품 수용의 어려움을 유발하는 요인의 종류가 달라질 수 있다.

한편, 젊은 소비자와 고령 소비자 모두 고령자는 충동성이 낮고 친절하지만, 행동이 느리며 개방적이지 않다는 고정관념(stereotype)을 가지고 있다(Chan et al., 2012). 고령자가 충동성이 낮고 친절하다는 내용은 긍정적인 고정관념이지만, 고령자의 행동이 느리고 개방적이지 않다는 내용은 부정적인 고정관념에 해당된다. 고령자에 대한 부정적 고정관념 인식은 고령 소비자의 신기술 제품 수용을 어렵게 만든다(Bae, Jo, & Lee, 2020). 이때 고령자에 대한 부정적 고정관념 인식은 고령 소비자가 스스로 인식하는 본인의 고령화 정도에 의해서 유발된다(본인의 고령화 정도 인식 → 고령자에 대한 부정적 고정관념 유발 → 낮은 신기술 제품 수용도). 또한 신기술 제품 이용은 고령자에 대한 부정적 고정관념을 떠오르게 해서 고령 소비자의 인지연령을 높이기도 한다(신기술 제품 이용 → 고령자에 대한 부정적 고정관념 유발 → 높은 인지연령 지각: Caspi, Daniel, & Kave, 2019). 따라서 고령 소비자는 고령자에 대한 부정적 고정관념을 경험하지 않기 위해서 신기술 제품 이용을 꺼릴 수 있다. 이상의 논의에 의하면 고령자에 대한 부정적 고정관념이 고령 소비자의 신기술 제품 수용의 어려움과 관련된 것으로 볼 수 있다.

3) 소비 의사결정에서 긍정적 정서 체험 지향

사회정서적 선택 이론(socioemotional selectivity theory)에 의하면 고령 소비자는 젊은 소비자에 비해서 본인에게 남은 인생의 기간을 더 짧게 인식한다(Carstensen, 1995; Carstensen, Isaacowitz, & Charles, 1999). 이처럼 여생을 짧게 인식하기 때문에 고령 소비자는 젊은 소비자에 비해서 미래에 유용한 새로운 정보를 탐색하는 동기(정보 탐색 동기)보다는 현재 본인의 정서적 안정을 위해서 긍정적 정서경험을 추구하고 부정적 정서경험을 피하려는 동기

(정서조절 동기)를 더 강하게 가진다.

고령 소비자가 현재 본인의 정서적 안정을 추구하는 동기가 강하다는 사회정서적 선택 이론을 지지하는 고령 소비자의 제품 소비 사례를 소개하면 다음과 같다. 먼저, 고령 소비자가 긍정적 정서경험을 추구하기 때문에 고령 소비자는 건강 관련 정보를 찾는 과정에서 정보 자체가 본인에게 긍정적인 정서를 유발하는지를 고려해서 긍정적인 정서를 유발할 것으로 예상되는 건강 관련 정보를 선별적으로 취합한다(Löckenhoff & Carstensen, 2007). 종종 매장 직원이 고령 소비자를 배려한다는 취지로 고령화로 인한 고령 소비자의 신체적 또는 인지적 기능 저하를 언급하면서 고령 소비자에게 제품을 추천하는 경우가 있다. 그런데 이와 같은 매장 직원의 제품 추천 방식은 고령 소비자의 부정적 정서경험을 유발시키는 부작용이 있다. 고령 소비자의 신체기능 또는 인지기능의 저하를 언급하는 매장 직원의 제품 추천 방식은 고령 소비자로 하여금 심리적 불편을 느끼게 하고, 제품 구입 의향을 낮추어 매장을 떠나게 만든다(Cheron, Weins, & Kohlbacher, 2020).

한편, 고령 소비자가 지금까지 살아오면서 동일 브랜드를 계속 선택해서 사용했다면 고령 소비자는 그 브랜드를 다시 선택하는 것에 큰 심리적 위험 부담을 느끼지 않는다. 즉, 고령 소비자가 계속 구입했던 브랜드를 다시 구입할 때 브랜드의 기능, 품질 등이 기대보다 낮아서 구입 이후에 불만족을 경험하고 후회할 것이라고 예상하지 않는다. 반면, 처음 보는 브랜드를 선택하는 것은 고령 소비자에게 큰 심리적 위험 부담을 느끼게 한다. 이때 고령 소비자는 브랜드 구입 이후에 브랜드의 기능, 품질 등이 기대보다 낮아서 불만족이나 후회라는 부정적 정서경험을 할 것을 우려한다. 이와 같은 부정적 정서경험을 피하기 위해서 고령 소비자는 브랜드 구입 후에 긍정적 정서경험이 예상되는 오랜 기간 소비했던 친숙한 브랜드를 계속 선택하는 경향이 있다(Lambert-Pandraud, Laurent, & Lapersonne, 2005). 또한 고령 소비자는 고령자에 대한 부정적 고정관념을 인식하면 심리적으로 불편해지기 때문에 광고에서 고령화를 부정적으로 표현하는 것을 싫어한다. 그런데 고령 소비자는 본인이 너무 늙지도 않았지만 더 이상 젊지 않다고 인식하기 때문에 광고에서 고령화의 이미지를 지나치게 긍정적으로 묘사하는 것도 싫어한다(Rosenthal, Cardoso, & Abdalla, 2021).

4) 여가의 필요성 증가

젊은 소비자에 비해서 고령 소비자는 은퇴 등으로 인해 더 많은 자유시간을 가지며, 본인의 자유시간을 어떻게 활용할 것인지에 대한 관심이 높다. 따라서 고령 소비자는 자유시

간을 활용하는 여가활동 참여의 필요성을 인식하고 있으며, 여가활동 참여 욕구도 높다고 볼 수 있다.

고령 소비자는 지적 동기(예: 지식 확장, 호기심 충족, 능력 시험), 신체적 활동 동기(예: 체력 증진, 신체 건강 유지, 긴장 해소), 휴식 동기(예: 정신적 휴식, 여유 찾기) 및 사회적 동기(예: 타인과의 우호 증진, 소속감 느낌, 새로운 타인과의 만남)를 충족하고자 다양한 종류의 여가활동에 참여하고자 한다(고보숙, 최병길, 2010). 고령 소비자가 참여하는 여가활동은 크게 취미활동(예: 등산, TV 시청), 교육활동(예: 서예 배우기) 및 사교활동(예: 경로당 가기)으로 구분될 수 있고, 고령 소비자의 여가활동 참여는 삶의 만족도를 높이는 것으로 알려졌다(김광호, 2019). 그런데 고령 소비자가 여가활동 참여를 희망하더라도 신체적 제약(예: 체력 부족, 신체적 장애나 제약), 정보 제약(예: 가르쳐 줄 사람이 없음, 기술이나 장비 이용 방법을 배우는 것이 어려움), 심리적 시간 제약(예: 남은 생애를 짧게 인식함, 정신적 여유 부족) 및 경제적 제약(예: 경제적 여유 부족) 요인으로 인해서 여가활동을 시작하거나 지속하기 어렵다(고보숙, 최병길, 2010; 안주석, 임근욱, 2017).

5) 의료와 복지 서비스 이용의 증가

최근 고령화에 따라서 국내에서 전체 국민의 건강보험 진료비 중 고령 소비자의 건강보험 진료비가 차지하는 비중이 급격히 증가하고 있다(신세라, 2019). 이는 고령 소비자의 본인 부담 의료비 지출이 급증함을 의미한다. 고령 소비자가 고령화에 따라서 여러 만성질환(예: 고혈압, 당뇨병, 관절염)과 중증질환(예: 암, 뇌졸중)을 겪고 본인의 주관적 건강상태가 나쁘다고 생각하면 고령 소비자의 본인 부담 의료비 지출이 증가한다. 고령 소비자가 중증질환을 겪는 경우에 고액의 치료비가 필요하며, 진단과 치료에 고액이 소요되지 않는 만성질환도 치료 기간이 길어지면서 고령 소비자에게 본인 부담 의료비 지출 부담을 주게 된다. 특히 이와 같은 고령 소비자의 본인 부담 의료비 지출 증가는 경제적 수준이 낮은 고령 소비자의 의료비 지불 능력을 초과해서 해당 고령 소비자에게 경제적 또는 심리적 부담을 가중시키고, 해당 고령 소비자의 의료 서비스 이용을 제한하는 결과를 초래할 수 있다. 이때 저소득층에게 제공되는 의료급여는 경제적 수준이 낮은 고령 소비자의 본인 부담 의료비 지출을 감소시킨다.

고령 소비자를 위한 복지 시설은 주거복지시설(예: 양로시설), 의료복지시설(예: 요양원), 재가복지시설(예: 방문요양서비스) 및 여가복지시설(예: 경로당)로 구분된다(현외성 외, 2011). 국내에서 이상의 네 종류의 시설 중 주거복지시설의 수가 가장 적다. 주거복지시설을 제외하고 나머지 복지 시설과 관련된 고령 소비자의 특징을 소개하면 다음과 같다.

고령화로 인해 거동이 불편한 고령 소비자에게 제공되는 대표적 복지 서비스는 의료복지시설과 재가복지시설에서 제공하는 요양 서비스이다. 요양 서비스는 제공 기관의 종류에 따라서 의료복지시설이 제공하는 시설 요양 서비스(예: 요양원, 요양병원)와 재가복지시설에서 제공하는 재가 요양 서비스(예: 방문요양서비스, 방문목욕서비스, 주・야간보호서비스)로 구분할 수 있다. 최근 시설 요양 서비스 기관보다 재가 요양 서비스 기관의 수가 증가하고 있다(조미정, 2019). 그런데 재가 요양 서비스 기관은 영리적 성격과 비영리적 성격을 모두 가지고 있다. 영리적 성격과 관련해서 재가 요양 서비스 기관은 이윤을 창출하기 위해서 고령 소비자의 욕구를 파악하고 경쟁 기관과의 차별화를 모색한다. 반면, 비영리적 성격과 관련해서 재가 요양 서비스 기관은 고령 소비자의 복지 증진이라는 사회적 가치 실현을 추구한다. 재가 요양 서비스 기관이 이윤 창출보다 사회적 가치 실현을 추구할 때, 재가 요양 서비스의 수혜자인 고령 소비자가 재가 요양 서비스의 품질을 더 좋게 평가하고 서비스에 대해 더 만족한다. 또한 효과적인 재가 요양 서비스 제공을 위해서 기관에서 파견한 재가 요양 서비스 제공자와 고령 소비자의 가족 간의 협업이 중요하다(Ris, Schnepp, & Imhof, 2019).

고령 소비자에게 여가 서비스를 제공하는 여가복지시설은 노인복지관, 경로당, 노인교실, 노인휴양소 등이 있다. 이와 같은 여가복지시설은 고령 소비자의 여가 참여와 사회적 교류를 촉진하는 데 기여한다. 그러나 주로 경제적으로 빈곤한 고령 소비자가 여가복지시설을 이용한다는 고령 소비자의 편견으로 인해서 고령 소비자의 실제 여가복지시설 이용률은 낮은 것으로 나타났다(박미진, 2019). 여가복지시설 이용에 대한 고령 소비자의 편견을 깨고 고령 소비자의 여가복지시설 이용률을 높이기 위한 방법 중 하나는 다음과 같다. 여가복지시설이 고령 소비자에게 소속감, 사회적 유대감 등을 느낄 수 있는 서비스를 제공해서 고령 소비자가 여가복지시설에 대한 긍정적 구전 정보를 다른 고령 소비자에게 전파하면 고령 소비자의 여가복지시설 이용률이 증가할 것으로 기대된다.

6) 경제적 수준 악화에 대한 걱정

고령 소비자의 소득원은 근로소득, 재산소득, 연금소득, 사적이전소득(예: 자녀의 경제적 지원) 및 기타 소득(예: 상금, 사례금)으로 세분화할 수 있다. 은퇴를 하지 않은 고령 소비

자의 가계는 근로소득이 주요 소득원인 반면, 은퇴를 한 고령 소비자의 가계는 연금소득과 사적이전소득이 주요 소득원이다(한지형, 고대균, 2019). 그런데 은퇴를 하지 않은 고령 소비자의 경우, 근로소득이 있음에도 불구하고 가구소득은 증가하지 않는다. 더욱이 고령 소비자가 은퇴를 하게 되면 가구소득이 감소한다. 그 결과, 고령 소비자 중 고소득층의 비중은 크게 감소하고 저소득층의 비중이 크게 증가한다(김진후, 조강현, 이재수, 2019). 즉, 연령 증가에 따라서 고령 소비자의 경제적 수준은 이전보다 낮아지는 것이 일반적인 추세이다. 따라서 다수의 고령 소비자는 고령화에 따른 경제적 수준 악화에 대해서 불안감을 느낀다(최장원, 2018).

고령화에 따른 소득 감소로 인한 경제적 수준 하락은 고령 소비자의 심리적 그리고 경제적 문제를 유발한다. 고령 소비자의 심리적 문제와 관련해서 고령 소비자의 경제적 수준 하락은 노화 불안(고령화에 대한 걱정과 두려움)과 우울을 유발한다(송인욱, 원서진, 2019; 최장원, 2018). 우울의 경우, 남성 고령 소비자보다 여성 고령 소비자가 경제적 수준 하락으로 인한 우울을 더 많이 겪는 것으로 나타났다. 또한 고령화로 인한 고령 소비자의 소득 감소는 부족한 소비 지출 비용을 충당하기 위한 부채의 증가로 이어진다(한지형, 고대균, 2019). 이와 같은 부채의 증가는 고령 소비자의 경제적 수준 하락을 촉진시킬 수 있다.

이상의 심리적 그리고 경제적 문제 발생을 예방할 수 있는 고령 소비자의 경제적 수준 유지를 위해 개인적 차원에서 고령 소비자는 은퇴 이전에 재산소득과 연금소득을 미리 준비해야 하며, 은퇴한 고령 소비자의 정기적 소득원을 제공하기 위한 정부의 일자리 창출 정책 실행(예: 공공형 노인 일자리 확대)이 필요하다.

지금까지 소개한 고령 소비자의 주요 특징은 소수의 참고문헌을 기반으로 도출한 것이기 때문에 고령 소비자의 모든 특징을 포괄하지 못한다. 또한 예비 고령 소비자, 준고령 소비자 및 고령 소비자에 따라서 또는 고령 소비자의 인구통계적, 사회 · 경제적 및 행동적 특징에 따라서 이상의 주요 특징이 강하게 표출될 수도 있고 그렇지 않을 수도 있다.

3. 고령 소비자의 성공적 노화와 제품 소비

고령화의 특징을 연구한 학자들의 주장에 따르면, 고령 소비자의 성공적 노화(successful aging)를 위해서 제품이 다음과 같은 목적 달성에 기여해야 한다(Crowther, Parker,

Achenbaum, Larimore, & Koenig, 2002). 이때 각 목적은 앞서 소개한 고령 소비자의 주요 특징과도 관련된다.

- 질병과 장애의 유발 방지와 개선: 고령 소비자는 신체기능과 인지기능이 저하되면서 의료와 복지 서비스를 많이 이용하게 되는 특징을 가진다. 따라서 제품이 고령 소비자의 신체적 또는 정신적 질병이나 장애를 유발하지 않고, 기존에 가진 신체적·정신적 질병이나 장애를 개선하는 데 도움이 되어야 한다. 고령 소비자의 낙상 방지를 위해서 욕실 바닥에 까는 미끄럼 방지 매트(질병과 장애의 유발 방지)나 남성 고령 소비자가 걸리기 쉬운 전립선 비대증을 개선하는 의약품(질병과 장애의 개선)이 이와 같은 목적 달성에 도움이 되는 제품의 사례이다.
- 인지 능력과 신체 능력의 유지와 개선: 고령 소비자의 주요 특징은 신체기능과 인지기능의 저하와 그에 따른 의료와 복지 서비스 이용의 증가이다. 이에 제품이 고령 소비자의 학습, 기억 등과 같은 인지 능력을 유지하고 개선하는 데 도움이 되고, 고령 소비자가 일상활동에 불편함이 없이 참여할 수 있는 신체 능력을 유지하고 개선하는 데 기여해야 한다. 치매거점병원에서 실시하는 고령 소비자 대상 인지재활 프로그램(인지 능력의 유지와 개선) 그리고 고령 소비자의 청력 유지에 도움이 되는 보청기(신체 능력의 유지와 개선)가 이에 해당되는 제품의 사례이다.
- 사회활동 참여 촉진: 고령 소비자는 퇴직 등으로 인해 자유시간이 증가하면서 여가 참여의 필요성을 인식하게 된다. 따라서 제품이 고령 소비자의 사회적 관계를 형성하는 활동(예: 고령 소비자의 취미, 동아리 참여)을 촉진하고, 고령 소비자가 사회적으로 가치가 있는 활동(예: 봉사활동)에 능동적으로 참여하는 데 도움이 되어야 한다. 이와 관련된 사례로 핀란드형 노인자활공동체 모형을 기반으로 부산시가 협동조합을 설립해서 고령 소비자의 동아리 활동을 지원하는 대안가족 자활공동체사업이 있다. 비영리단체나 지방자치단체에서 주관하는 고령 소비자의 재능 기부 활동(봉사활동)은 또 다른 사례이다.
- 긍정적인 삶의 자세 견지: 고령 소비자는 경제적 수준의 악화를 걱정하고, 신기술 제품 수용에 어려움을 경험하며, 부정적 정서 체험을 회피하는 특징을 가진다. 이와 같은 특징에 대응하기 위해서 제품이 고령 소비자가 삶에 대한 긍정적 자세를 견지하도록 도와야 한다. 각 지방자치단체의 정신건강복지센터에서 제공하는 심리지원 전담 상담전화 서비스가 이와 같은 목적 달성에 도움이 되는 제품의 사례이다.

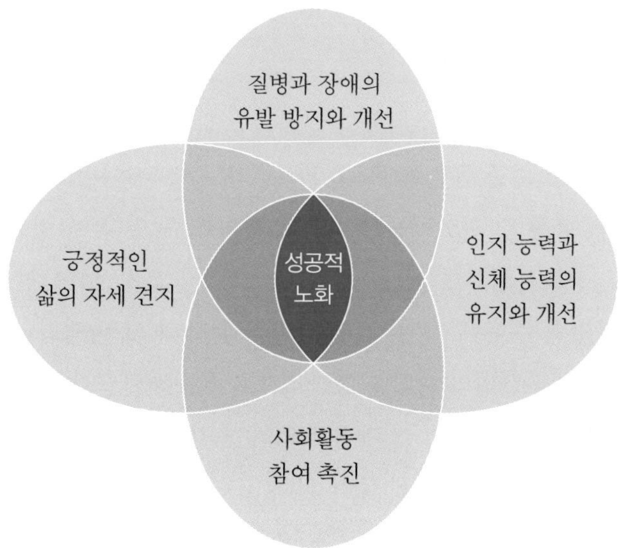

[그림 11-1] 제품 소비 목적과 성공적 노화의 관계
출처: Crowther 등(2002)의 [그림 1]을 수정해서 작성함.

고령 소비자가 제품을 소비하면서 이상의 목적을 달성하게 된다면 고령 소비자는 활기찬 노후 생활을 영위할 수 있을 것이다. 이 내용을 도식적으로 정리하면 [그림 11-1]과 같다.

4. 고령친화산업의 정의, 목적 및 현황

세계적으로 고령화가 진행되면서 국내에서 고령 소비자를 대상으로 제품을 생산하고 판매하는 산업을 지칭하고자 실버산업이란 용어를 사용하기 시작했다. 구체적으로 실버산업이란 기업, 정부, 지방자치단체 및 비영리단체가 주체가 되어서 고령 소비자의 복지 증진에 기여하는 제품을 제공하는 산업을 말한다. 이때 고령 소비자의 복지 증진은 앞서 소개한 고령 소비자의 성공적 노화와 밀접하게 관련된다. 2006년 「고령친화산업 진흥법」이 제정된 이후 국내에서 고령친화산업이라는 용어가 사용되기 시작했다. 실버산업과 고령친화산업을 구분하는 시도가 있었지만(예: 한국보건사회연구원, 2019), 일반적으로 실버산업과 고령친화산업은 같은 의미로 사용된다(현외성 외, 2011). 국내 고령친화산업의 시장 규모는 고령친화금융산업을 제외하고 2012년에 27조 3,890억 원, 2015년에 39조 2,839억 원, 그리고 2020년에 72조 8,305억 원(추정)으로 급격히 성장하는 추세이다.

1) 고령친화산업의 지향점

「고령친화산업 진흥법」과 고령 소비자의 성공적 노화 개념을 종합하면 고령친화산업은 고령 소비자의 성공적 노화를 돕는 재화(예: 의료기기, 주택)와 서비스(예: 요양 서비스)를 연구, 개발, 제조/건축, 유통 및 판매하는 업이라고 정의할 수 있다. 고령친화산업을 좁은 의미로 이해하면 고령친화산업의 주체는 기업이다. 그러나 고령친화산업을 넓은 의미로 접근하면 고령친화산업의 주체에 기업, 정부, 지방자치단체 및 비영리단체가 모두 포함된다. 이 절에서는 고령친화산업의 의미를 포괄적으로 이해해서 그 주체를 기업, 정부, 지방자치단체 및 비영리단체라고 본다. 이 관점에 의하면 기업, 정부, 지방자치단체 및 비영리단체가 고령 소비자의 성공적 노화를 돕기 위해 고령 소비자를 대상으로 제공하는 다양한 종류의 제품이 고령친화제품에 해당된다. 이상의 내용을 도식적으로 제시하면 [그림 11-2]와 같다.

기존의 분류 방식에 의하면 고령친화산업은 크게 9개의 세부 분야로 구분할 수 있다(보건복지부, 한국보건산업진흥원, 2017; 한국보건사회연구원, 2019). 재화와 관련된 고령친화산업 분야에는 고령친화의약품산업, 고령친화의료기기산업, 고령친화식품산업, 고령친화화장품산업, 고령친화용품산업, 고령친화주거산업이 있다. 서비스와 관련된 고령친화산업 분야에는 고령친화요양산업, 고령친화금융산업, 고령친화여가산업이 있다. 그런데 최근 국내에서 심리적 문제 해결 또는 인지 능력의 유지와 개선에 도움이 되는 심리상담의 필요성과 중요성에 대한 인식이 높아지고 있다(윈지 코리아, 2019. 1. 25.). 심리상담은 고령 소비자의 성공적 노화 조건 중 하나인 긍정적인 삶의 자세 견지에 실질적인 도움을 줄 수 있다. 이와 같은 인

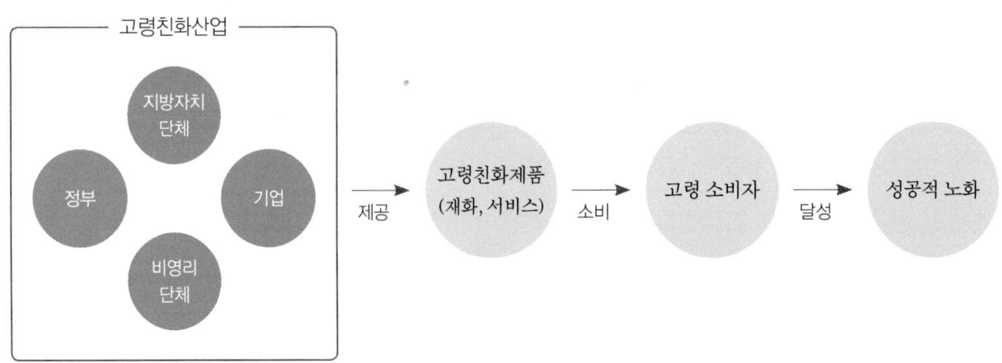

[그림 11-2] 고령친화산업의 개요

출처: 이 장의 저자가 다수의 자료를 종합해서 작성함.

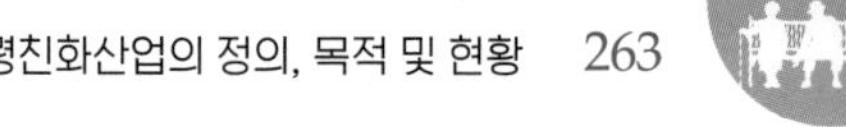

식하에 고령친화산업에 심리상담과 관련된 고령친화심리서비스산업을 추가할 필요가 있다. 이 절에서 새롭게 추가한 고령친화심리서비스산업을 포함해서 각 산업 분야의 정의와 성공적 노화와의 관련성을 소개하면 다음과 같다.

- 고령친화의약품산업은 고령 소비자의 질병을 진단, 치료, 경감 및 예방을 목적으로 신체 구조나 신체기능 및 인지기능에 영향을 주는 물품 중 기구, 기계 또는 장치가 아닌 재화를 생산하는 산업이다. 고령친화의약품산업은 고령 소비자의 성공적 노화 조건 중 질병과 장애의 유발 방지와 개선 그리고 인지 능력과 신체 능력의 유지와 개선에 기여한다.
- 고령친화의료기기산업은 고령 소비자의 질병을 진단, 치료 및 예방하거나 저하된 신체 구조와 신체기능 또는 인지기능을 진단, 경감 및 보정하는 것을 목적으로 사용되는 기구, 기계, 장치 및 재료를 생산하는 산업이다. 고령친화의료기기산업은 고령 소비자의 성공적 노화 조건 중 질병과 장애의 유발 방지와 개선, 그리고 인지 능력과 신체 능력의 유지와 개선에 도움을 준다.
- 고령친화식품산업은 고령화에 따라 저하된 고령 소비자의 신체기능에 적합하거나 신체기능 유지와 개선에 유용한 원료와 성분으로 제조되거나 가공된 식음료를 생산하는 산업이다. 고령친화식품산업은 고령 소비자의 성공적 노화 조건 중 질병과 장애의 유발 방지와 개선 그리고 인지 능력과 신체 능력의 유지와 개선에 기여한다.
- 고령친화화장품산업은 고령 소비자의 신체적 청결을 유지하고 외모를 아름답게 가꾸며 건강을 유지하거나 증진하기 위해 신체에 바르고 문지르거나 뿌리는 등의 방법으로 사용되는 재화를 생산하는 산업이다. 고령친화화장품산업은 성공적 노화 조건 중 사회활동 참여 촉진에 도움이 된다.
- 고령친화용품산업은 고령 소비자를 대상으로 건강 관리, 수발, 일상생활의 편의 제고 및 여가생활 영위를 도모하기 위해서 고령 소비자의 정신적 그리고 신체적 특징을 배려한 재화를 생산하는 산업이다. 고령친화용품산업은 고령 소비자의 성공적 노화 조건 중 질병과 장애의 유발 방지와 개선, 인지 능력과 신체 능력의 유지와 개선 및 사회활동 참여 촉진에 기여한다.
- 고령친화주거산업은 고령 소비자가 안전하고 편리하게 생활할 수 있는 구조를 갖추고, 장기간 안정적인 거주가 가능하며, 고령 소비자 대상의 편의시설이 인접한 건축물의 전부 또는 일부를 제공하는 산업이다. 고령친화주거산업은 고령 소비자의 성공

적 노화 조건 중 질병과 장애의 유발 방지와 개선 그리고 긍정적인 삶의 자세 견지에 도움을 준다.

- 고령친화요양산업은 고령 소비자를 대상으로 심신과 관련된 문제를 예방하고 조기에 발견하며 심신 기능 유지와 향상을 위해 간호, 치료 및 일상생활의 편의를 제공하는 산업이다. 고령친화요양산업은 고령 소비자의 성공적 노화 조건 중 질병과 장애의 유발 방지와 개선 그리고 인지 능력과 신체 능력의 유지와 개선에 기여한다.
- 고령친화금융산업은 고령 소비자가 안정적 소득원을 확보하고 금전적 이익을 얻거나 건강 관련 위험을 금전적으로 보장받는 서비스를 제공하는 산업이다. 고령친화금융산업은 고령 소비자의 성공적 노화 조건 중 긍정적인 삶의 자세 견지에 도움이 된다.
- 고령친화여가산업은 고령 소비자가 문화 또는 관광 체험, 그리고 심신 함양을 위해서 자발적으로 참여하는 활동에 필요한 서비스를 제공하는 산업이다. 고령친화여가산업은 고령 소비자의 성공적 노화 조건 중 사회활동 참여 촉진과 긍정적인 삶의 자세 견지에 기여한다.
- 고령친화심리서비스산업은 고령 소비자의 심리적 문제 진단 및 치료를 통해서 고령 소비자의 심리적 건강을 유지하고, 고령 소비자가 일상생활에 적응하는 것을 돕는 서비스를 제공하는 산업이다. 또한 고령 소비자의 신체기능과 인지기능 저하에 대응해서 고령 소비자가 신기술 제품 이용이나 일상생활 영위에 큰 어려움을 경험하지 않도록 다양한 종류의 제품 디자인을 개발하는 서비스를 제공하는 산업도 고령친화심리서비스산업에 해당된다. 고령친화심리서비스산업은 고령 소비자의 성공적 노화 조건 중 인지 능력과 신체 능력의 유지와 개선, 사회활동 참여 촉진 및 긍정적인 삶의 자세 견지에 도움이 된다.

지금까지 소개한 고령친화산업의 세부 분야에는 의료서비스산업이 포함되지 않는다. 물론 의료서비스산업에서 고령 소비자의 심신과 관련된 질병의 치료, 간호, 예방, 관리 및 재활과 함께 고령 소비자의 건강 유지와 증진에 도움이 되는 서비스를 제공할 수 있다. 그러나 고령 소비자에게 제공하는 서비스 내용 측면에서 고령친화요양산업의 활동에 의료서비스산업의 많은 활동이 포함된다. 따라서 고령친화요양산업과 명확하게 구분하기 어려운 고령 소비자 대상의 의료서비스산업은 고령친화산업의 세부 분야로 포함시키지 않는다.

2) 고령친화산업의 현황

이 절에서 새롭게 제안한 고령친화심리서비스산업 분야를 제외하고, 가장 최신의 참고문헌을 근거로 고령친화산업의 9개 세부 분야의 내용과 규모를 소개하면 다음과 같다(보건복지부, 한국보건산업진흥원, 2017; 한국보건사회연구원, 2019).

먼저, 고령친화의약품산업에서 제공하는 재화는 해열진통소염제, 종양치료제, 대사성의약품(예: 비타민, 영양제), 비뇨생식기관용제(예: 전립선치료제), 순환계용약(예: 혈압강하제), 안과용제(예: 시력 개선 영양제), 신경계용약(예: 알츠하이머용제) 등이다. 고령친화의약품산업의 시장 규모는 2012년 3조 7,791억 원에서 2020년 9조 7,937억 원으로 증가한 것으로 추정된다(추정 연평균 성장률: 12.6%). 고령친화의료기기산업은 고령 소비자에게 재활분야(예: 인공관절), 진단분야(예: 청력검사용 기기), 치과분야(예: 치과용 임플란트) 등과 관련된 재화를 제공한다. 고령친화의료기기산업의 경우, 시장 규모가 2012년 1조 2,438억 원에서 2020년 3조 2,479억 원으로 성장한 것으로 추정된다(추정 연평균 성장률: 12.7%). 고령친화식품산업은 고령 소비자에게 고령친화식품(예: 특수의료용식품-뉴케어 브랜드), 건강기능식품 등을 제공한다. 고령친화식품산업의 시장 규모는 2012년 6조 4,016억 원에서 2020년 17조 6,343억 원으로 증가한 것으로 추정된다(추정 연평균 성장률: 13.5%). 고령친화화장품산업에서 제공하는 재화는 기초제품(예: 주름 개선 화장품), 색조제품(예: 피부색 보정 화장품), 헤어케어제품(예: 탈모 방지 샴푸), 바디제품(예: 체취 방지용 화장품-데오드란트) 등이다. 고령친화화장품산업의 경우, 시장 규모는 2012년 6,945억 원에서 2020년 2조 1,690억 원으로 연평균 성장률이 15.3%인 것으로 추정된다. 고령친화용품산업은 고령 소비자에게 개인 건강·의료용품(예: 온열치료기, 혈압계), 일상생활용품(예: 전동휠체어, 성인용 기저귀), 주거설비용품(예: 안전손잡이), 정보통신기기(예: 응급경보장치), 여가용품 등을 제공한다. 고령친화용품산업의 시장 규모는 2012년 1조 6,689억 원에서 2020년 2조 2,907억 원으로 성장한 것으로 추정된다(추정 연평균 성장률: 4.0%). 고령친화주거산업에서 제공하는 재화는 주택 개보수(예: 고령 소비자의 주거지에 미끄럼 방지 시설 설치), 고령 소비자용 주택(예: 독거 고령 소비자 대상 임대주택 공급) 등이다. 고령친화주거산업의 경우, 시장 규모가 2012년 1조 3,546억 원에서 2020년 1조 4,301억 원으로 연평균 0.7% 증가가 추정된다.

고령친화금융산업을 제외하고 다른 고령친화산업 분야와 비교했을 때 시장 규모가 단기간에 가장 크게 성장한 것으로 추정된 분야가 고령친화요양산업이다. 고령친화요양산업은 고령 소비자에게 예방지원서비스(예: 운동기능 향상 서비스), 시설요양서비스(예: 요양원 서비스), 재가요양서비스(예: 방문목욕서비스) 등을 제공한다. 고령친화요양산업의 경우, 시장 규모가 2012년 2조 9,349억 원에서 2020년 10조 316억 원으로 크게 증가한 것으로 추정된다(추정 연평균 성장률: 16.6%). 고령친화금융산업에서 제공하는 서비스는 건강 리스크 관련 서비스(예: 암보험), 장수 리스크 관련 서비스(예: 주택연금), 재무 리스크 관련 서비스(예: 개인자산통합관리) 등이다. 고령친화금융산업의 시장 규모는 2010년 10조 5,663억 원에서 2020년 61조 404억 원으로 증가한 것으로 추정된다(추정 연평균 성장률: 19.2%). 시장 규모에서 고령친화여가산업은 고령친화산업 분야 중 고령친화금융산업을 제외하고 가장 높은 비율을 차지한다. 고령친화여가산업은 고령 소비자에게 스포츠 관람, 엔터테인먼트・예술(예: 영화나 연극 관람), 관광・레저(예: 해외 여행) 등의 서비스를 제공한다. 고령친화여가산업의 경우, 시장 규모가 2012년 9조 3,034억 원에서 2020년 26조 2,331억 원으로 연평균 13.8% 증가가 추정된다.

지금까지 소개한 모든 수치는 산업체(기업) 실태조사를 통해서 산출하거나 추정한 것이다. 이때 이 수치는 각 고령친화산업 분야의 모든 산업체를 대상으로 조사한 결과가 아니라는 점에 주의해야 한다. 또한 각 고령친화산업 분야의 범위를 어디까지로 정하는지에 따라서 실태조사 대상인 산업체의 수가 달라질 수 있다. 따라서 앞서 소개한 수치가 정확한 것이라고 단정하기 어렵다. 단, 앞서 소개한 수치는 각 고령친화산업 분야의 개괄적인

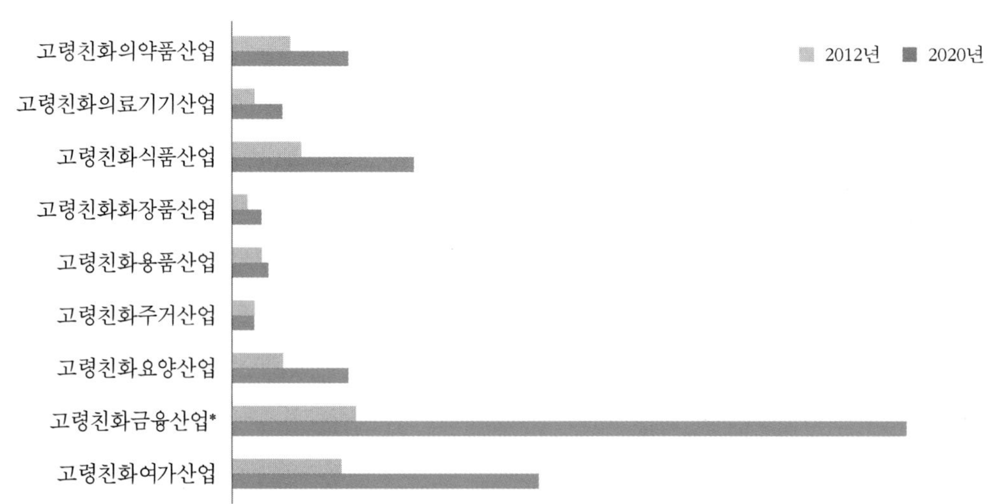

[그림 11-3] 고령친화산업 분야별 시장의 변화 추이

출처: 보건복지부, 한국보건산업진흥원(2017)과 한국보건사회연구원(2019)의 자료를 기반으로 작성함.

시장 규모와 성장 가능성을 이해하는 데 참고자료로 활용될 수 있다. 각 고령친화산업 분야의 상대적 시장 규모와 성장 가능성을 도식적으로 제시하면 [그림 11-3]과 같다.

5. 맺음말

사람은 누구나 고령화라는 현상을 경험한다. 고령화로 인해 고령 소비자는 젊은 소비자와 다른 특징을 가지게 된다. 그런데 이런 특징의 다수는 고령 소비자가 일상생활을 영위하는 과정에서 불편함과 어려움을 유발한다. 따라서 기업, 정부, 지방자치단체 및 비영리단체는 고령화로 인해 자연적으로 발생하는 고령 소비자의 부정적 특징에 대응해서 고령 소비자가 성공적 노화를 할 수 있도록 지원해야 한다. 이와 같은 지원은 고령 소비자에 대한 정확한 이해와 고령친화산업의 육성을 통해서 효과적으로 이루어질 것으로 기대된다.

고령 소비자에 대한 정확한 이해와 고령친화산업의 육성과 관련해서 심리학을 전공하고 전문적 훈련을 받은 심리서비스 전문가의 역할이 대단히 중요하다. 예를 들어, 고령 소비자의 특징 중 하나인 경제적 수준 악화에 대한 걱정은 단순히 고령 소비자의 빈곤이라는 경제적 문제와 관련된 것이 아니다. 고령 소비자가 본인의 경제적 수준 악화에 대해서 걱정을 많이 할수록 고령 소비자는 노화 불안과 우울을 경험하게 된다. 즉, 경제적 수준 악화에 대한 걱정은 노화 불안과 우울이라는 고령 소비자의 심리적 문제와도 관련된다. 심리서비스 전문가는 이와 같은 고령 소비자의 심리적 문제를 해결하는 데 기여할 수 있다. 또한 심리서비스 전문가는 고령 소비자의 대표적인 특징인 신체기능과 인지기능의 저하 그리고 신기술 제품 수용의 어려움을 개선하는 데 도움을 줄 수 있다. 예를 들어, 심리서비스 전문가는 고령 소비자의 생활 편의를 제고하는 주거 환경의 설계에 참여하거나 신기술 제품(예: 스마트폰)의 이용 편리성을 높이는 제품 디자인을 개발하는 데 기여할 수 있다.

심리서비스 전문가가 고령 소비자의 성공적 노화에 큰 기여를 할 수 있음에도 불구하고, 아직까지 고령친화산업 분야에 심리상담, 재취업 상담, 제품 디자인 개발 등의 서비스를 제공하는 심리서비스산업은 포함되어 있지 않다. 따라서 우선 심리서비스와 관련된 학자, 실무자, 학생 등이 고령 소비자를 대상으로 하는 심리서비스의 필요성과 중요성을 많은 국민에게 적극적으로 알릴 필요가 있다. 이와 같은 노력은 이후 고령친화심리서비스산업의 육성과 발전으로 이어질 것으로 기대된다. 그 결과, 고령친화심리서비스산업에 종사하는 심리서비스 전문가는 고령 소비자의 성공적 노화에 실질적인 도움을 줄 것이다.

생각할 거리

1. 기업이 아닌 정부, 지방자치단체 및 비영리단체가 제공하는 고령자 대상 복지 서비스나 활동의 수혜 대상인 고령자를 고령 소비자라고 부를 수 있는 이유는 무엇인가?
2. 100세 시대에 적합한 고령 소비자의 최저 실제연령을 몇 살로 정하는 것이 적절한가?
3. 이 장에서 소개한 고령 소비자의 주요 특징 이외에 또 다른 고령 소비자의 주요 특징은 무엇인가?
4. 고령 소비자의 성공적 노화를 돕기 위한 제품을 개발할 때 고려할 사항은 무엇인가?
5. 고령친화산업의 주체에 정부, 지방자치단체 및 비영리단체를 포함시켜야 하는 이유는 무엇인가?
6. 연령대의 구분 없이 모든 소비자가 복용할 수 있는 영양제를 고령친화제품이라고 볼 수 있는가?
7. 고령친화심리서비스산업을 고령친화산업의 분류 체계에 포함시켜야 하는 이유는 무엇인가?
8. 고령친화산업 분야 중 향후 급성장할 것으로 전망하는 분야는 무엇이며, 그 이유는 무엇인가?
9. 고령친화산업 육성과 활성화를 위해서 정부, 지방자치단체, 비영리단체 및 기업이 담당해야 할 주요 역할은 무엇인가?
10. 심리학 전공자는 고령 소비자의 성공적 노화를 돕기 위해서 어떤 일을 할 수 있는가?

제 12 장

고령자 상담

고령 인구의 증가로 이들이 경험하는 심리적 문제는 다양하다. 이러한 문제에 대한 해결방법의 하나로 고령자 상담을 들 수 있다. 이 장에서는 고령자 상담의 현황, 고령자 상담의 정의, 고령자 상담의 필요성 등을 알아보고, 고령자 상담의 접근방법, 노년기의 상담영역과 정신과적 장애, 고령자 상담의 주제별 상담, 고령자 상담의 과제를 알아보고자 한다.

주제어(keywords): 고령자 상담의 정의, 고령자 상담의 특징

1. 고령자 상담

1) 고령자 상담의 현황

2) 고령자 상담의 정의

3) 고령자 상담의 필요성

4) 고령자 상담의 특징

5) 고령자 상담에 대한 사회적 인식

2. 고령자의 심리적 특성

3. 고령자 상담의 접근방법

4. 노년기의 상담영역

1) 정서적 영역

2) 경제적 영역

3) 신체적 영역

4) 사회/법률적 영역

5) 고령자 부양자들의 상담

5. 노년기의 정신과적 장애

1) 기질성 뇌 증후군

2) 우울증

3) 망상형 장애

4) 건강염려증

5) 기타

6. 고령자 상담의 주제별 상담

1) 성공적 노화와 상담

2) 고령자 학대와 상담

3) 고령자의 자살과 상담

4) 고령자의 성문제와 상담

5) 고령자의 진로상담

7. 고령자 상담의 과제

통계청의 '2020 고령자 통계'에 의하면, 65세 이상의 고령 인구는 821만 5천 명으로 전체 인구의 15.7%를 차지하였다. 고령 인구의 수는 계속해서 증가하여 2025년에는 20.3%에 이르러 우리나라가 초고령 사회로 진입할 전망이다. 갈수록 급격해지는 초고령 사회에서 고령자 인구의 증가로 인한 사회문제뿐 아니라 개인적으로는 장기간의 노년의 삶을 건강하게 보내도록 하는 구체적 대책이 요구된다.

고령자들은 노화로 인한 신체적 · 정서적 · 행동적 어려움에 직면한다. 고령자들은 사회에서 은퇴를 하면서 절망, 침체, 무기력, 방황 등과 같은 역할 상실의 위기와 경제적 어려움 및 건강상의 악화를 경험한다. 그리고 관계 상실과 같은 경험으로 심리적 · 정서적 위기를 겪으며, 사회적 기능이 약화되어 자립적 생활 능력과 환경의 변화에 대한 적응 능력이 떨어진다. 고령자들이 경험하는 이러한 위기는 개인적 측면에서뿐만 아니라 가족, 사회적 측면에서도 여러 문제가 발생할 수 있다. 특히 한국 사회가 급격하게 고령 사회로 진입하고 있고, 고령자들의 주요 사망 원인이 우울증과 자살이라는 측면을 고려한다면 심리적 측면의 서비스에 관심을 가지고 적극적으로 개입할 필요가 있다.

이처럼 고령자 상담의 중요성은 강조되고 있으나 지금까지 고령자 상담은 주로 건강관리와 예방에 초점을 둔 제한적인 상담이었다. 하지만 고령자들은 신체적 변화나 인지적 능력의 변화에도 불구하고 여전히 생산적인 시기이기도 하고, 당장 해결해야 할 경제적 · 사회적 과제는 없어지거나 줄어들었지만 새로운 삶의 과제를 지니고 있다. 따라서 고령자 상담은 다양한 신체적 · 심리적 변화에 대한 대처뿐만 아니라 노년기에 맞는 새로운 기회의 개발과 잠재력의 개발에도 초점을 맞추는 상담의 확장된 방향성을 제시할 필요가 있다.

고령자들은 배우자나 친구의 죽음에 적응하고, 사회생활에 대한 흥미를 유지하고, 은퇴에 적응하고, 신체적 기능 손상을 수용해야 하는 등 여러 가지 발달과제가 있다. 발달과업을 중심으로 노년기를 생각해 보면 결국 고령자는 과거나 미래의 삶보다는 현재의 삶에 초점을 두고 노년기에 맞는 정체감을 가지고 지나온 삶을 통합해 가는 사람이라고 할 수 있다. 따라서 노년기에 접어드는 고령자는 자신의 삶이 쇠퇴기라는 인식보다는 자신의 삶을 더욱 의미 있게 만들고, 자신의 능력을 최대한 발휘할 수 있는 새로운 기회의 시작점에 있다는 인식을 가질 필요가 있다. 이렇게 볼 때, 고령자 상담의 가장 중요한 과제는 상담자들의 고령자와 노년기에 대한 관점의 변화라고 하겠다.

1. 고령자 상담

1) 고령자 상담의 현황

일반적으로 아동상담, 청소년 상담, 부부상담, 가족상담 등 상담에 대한 관심과 수요가 증가하고 있고, 이들이 겪는 문제를 해결하기 위한 상담의 활성화나 정책 등이 공론화되고 있지만, 고령자들이 겪는 다양한 문제에 대한 관심과 상담적인 지원은 부족한 실정이다.

국내의 고령자 상담은 1994년에 '한국노인의전화'를 기점으로 본격적으로 시작됐다. 노인의전화에서는 고령자와 고령자 가족의 다양하고 실제적인 심리사회적 욕구를 파악한 후에 관련 정보를 제공하며, 개별 대상에 적절한 서비스를 제공하거나 연결함으로써 신체적 · 사회적 건강과 성공적인 노후생활을 영위할 수 있도록 돕고자 하였다. 주로 노인 취업문제, 노인 관련 기관소개, 고독과 소외문제, 가족문제, 부부 갈등 및 이혼문제 등을 상담하였고, 전화상담을 담당할 노인상담자 교육을 진행해 왔다(서혜경, 정순둘, 최광현, 2013). 경기도에서는 2009년부터 노인전문상담센터를 마련하여 노인 자살문제 예방활동을 해 왔으며, 다른 지역과는 달리 경기도의 조례를 제정하여 노인전문상담센터를 각 시군에 개설하여 노인과 그 가족의 심리적 안정과 삶의 질 향상을 목표로 노인 자살문제, 부부관계 향상, 죽음 준비, 대인관계 향상, 우울 예방, 긍정성 향상, 자아통합, 리더십 향상 등의 다양한 상담활동과 노인상담자 양성을 위한 교육활동을 해 오고 있다. 부산과 서울시에서는 어르신 상담센터를 운영하고 있으며, 다른 지역에서는 노인복지관을 중심으로 노인상담이 일부 진행이 되고 있으나 접수 상담이나 1차 상담에 그치고 있으며, 심층 상담으로 이어지지 못하고 있는데, 이러한 심층적인 상담을 담당할 고령자 상담에 대해 전문적으로 훈련받은 전문 인력이 부족한 실정이다.

한편, 보건복지부에서는 「노인복지법」과 「치매관리법」에 의거해 치매관리센터를 개설하여 치매 환자 진단과 예방 및 상담 활동을 하고 있으며(보건복지부, 2022), 노인돌봄맞춤형 서비스를 통하여 독거노인들의 돌봄과 상담활동을 운영하고 있으나 치매 환자나 취약계층에 초점을 두는 경우가 대부분이다.

과거 가족 중심으로 고령자들을 보살피던 시대에서 핵가족화 등의 급격한 사회적 변화와 가족 지원체계의 붕괴는 고령화에 따른 다양한 고령자 문제를 증가시키고 있다. 이에 따른 해결방법으로 고령자 상담에 대한 인식과 관심을 증가시키는 방안과 고령자를 대상으로 한 심리서비스를 확대하는 정책이 논의되어야 한다. 그러나 고령자 상담이 심리사회적 지원체제로서 지닌 장점에도 불구하고, '나이가 들면 어쩔 수 없다'는 생각과 '그 연세에 뭘 시작하겠냐'는 고령자에 대한 사회적 고정관념으로 인해 고령자 상담에 대한 관심이 적었고, 그다지 중요하게 여기지 않았다. 하지만 인구의 20% 이상을 차지하는 고령화 사회에서 모두가 건강하게 살기 위해서는 고령자에 대한 인식을 새롭게 하고, 고령자와 노년기에 대한 정확한 이해를 바탕으로 고령자들에게 맞는 전문화된 고령자 상담을 모색해야 한다.

2) 고령자 상담의 정의

고령자들은 나이가 들기 이전의 발달시기에 있었던 심리적·관계적 문제뿐만 아니라 노화 과정에서 경험하는 경제적·신체적·관계적 어려움이 더해져 여러 가지가 혼재된 어려움을 경험하고 있다. 그리고 나이가 들어감에 따른 신체적 쇠퇴와 변화를 수용하지 않거나 적절하게 대처하지 못하는 경우가 많고, 남아 있는 인생에서 삶의 의미를 찾고, 어떤 긍정적인 자원을 가지고 삶에 기여할 수 있음에 관심을 두지 않는 경우가 많다. 현실이 이렇다 보니 '고령자들에게 상담이 필요할까?' '고령자들도 심리적으로 변화가 가능할까?'라는 의문으로 고령자들을 상담의 적절한 대상이 아니라고 여기는 경우가 있었다. 하지만 최근에 고령 인구에 진입하는 분들은 새로운 변화에 적응하려고 하고, 인생을 긍정적으로 마무리하고 싶은 욕구가 많은 것으로 나타나고 있다.

상담이란 전문적 훈련을 받은 상담자와 심리적 어려움으로 타고난 잠재력을 마음껏 발휘하지 못하는 내담자 간의 상호작용을 통하여 내담자의 문제를 해결할 뿐만 아니라 내담자가 행복한 삶을 살아가도록 돕는 과정이다(천성문 외, 2021). 일반적인 상담의 정의에서 유추해 본다면 고령자 상담은 고령자들의 심리적 특성과 노화에 따른 발달적 위기와 과제에 관한 고령자 심리학에 대한 교육과 전문적인 상담훈련을 받은 사람이 고령자의 욕구를 이해하고, 고령자들이 경험하는 부적응 문제를 해결하도록 돕고, 문제의 예방뿐 아니라 노화 과정에 잘 적응하도록 돕는 조력 과정이라고 할 수 있다.

아동, 청소년들과 다르게 고령자들의 문제는 가족뿐 아니라 사회에서도 관심이 덜하고, 다른 연령층에 비해 변화에 대한 기대가 낮은 것이 현실이다. 그러므로 고령자들이 그들의 삶을 이야기하고, 그들이 겪는 어려움이나 부정적인 정서들을 해소하고, 통합할 수 있는 시간이 필요하다. 따라서 고령자들이 경험하는 문제를 단순한 노화에 따른 문제라고 방치하는 것이 아니라, 남아 있는 삶을 긍정적으로 살아갈 수 있도록 어려움의 원인을 파악하고 변화를 도울 수 있는 개입이 필요하다.

고령자 상담은 노년기 적응을 도와주는 심리사회적 지원체계로 볼 수 있으며, 노년기에 발생하는 우울과 분노, 자살생각 등의 어려움 완화에 도움을 줄 수 있다. 그리고 고령자 상담을 통해 남은 인생이 무가치하고 기대가 없는 것이 아니라, 여생을 만족스럽고 성공적으로 살아갈 수 있다는 희망으로 미래가 있는 삶을 살도록 도울 수 있다. 한편 고령자 중에는 정상적인 노화뿐 아니라 특수한 병리적 현상으로 적응에 어려움과 고통을 받고있는 분들도 있다. 이러한 고통은 고령자 당사자뿐 아니라 가족과 사회적 문제로 이어질 수 있다. 그러므로 고령자 상담에서는 특수한 병리적 현상으로 인해 발생할 수 있는 문제들을 정확하게 파악하여 그들을 이해하고, 불편함을 덜어줌으로써 남은 생을 보다 보람되게 살아갈 수 있도록 도와야 한다.

3) 고령자 상담의 필요성

최근 고령자 상담과 관련한 관심에도 불구하고 고령자 상담에 대한 일반적 인식이 부족해 상담 업무의 수요가 많지 않다. 그리고 관련 기관에서 차지하는 상담의 비중은 예산, 인력, 시설 등 투입 측면에서 다른 사업과 비교하여 볼 때 현저히 낮으며, 상담과 관련한 전문가를 양성하기 위한 교육과정 또한 비영리기관에 의해 산발적으로 준비되어 있기 때문에 전체적 체계를 구성하기에는 아직 역부족인 상태에 있다.

고령화가 심화될수록 고령자들은 역할과 지위가 크게 변화되면서 직장이 아닌 가정과 이웃과 지역사회에 적응해야 하는 어려움이 생긴다. 이로 인해 고령자는 심리적 소외감, 상실감, 무력감 등을 느끼게 된다. 모든 세대가 그들의 삶에 있어 갈등을 가지고 살아가지만, 고령자의 다양한 욕구를 찾아내어 서비스를 제공하거나 필요한 서비스를 연결하는 고령자 상담은 고령자 인구 증가라는 측면에서 다른 어떤 연령보다 더 중요한 역할을 하게 될 것이다. 고령자 상담은 다음과 같은 측면에서 필요성을 찾아볼 수 있다(정옥분, 2016).

첫째, 우리나라 문화는 자신의 문제를 스스로 해결하려는 성향이 강하다. 특히 가족에 대한 문제가 타인에게 노출되는 것을 매우 꺼리기 때문에 문제가 발생했을 때 이를 방치하거나 속으로 삭이는 경향이 있어 심할 경우에는 화병 또는 치매와 같은 질병으로 쉽게 전이되기도 한다. 따라서 고령기의 신체적 · 정신적 건강 유지를 위해 상담에 대한 거부감을 줄이는 노력과 적극적이고 전문적인 상담적 개입을 준비해야 한다.

둘째, 노년 인구의 증가와 함께 요양전문시설 등 공동생활을 하는 고령자의 수가 증가하고 있으므로 이들을 위한 적절한 서비스를 제공할 수 있는 상담과 개입이 필요하다. 특히 공동생활을 하는 고령자들에게는 주기적인 면담이 이루어져서 시설 거주에 따른 불편사항과 공동시설에서 발생할 수 있는 민감한 문제를 파악하여 가능한 한 빠른 해결방법을 모색해야 한다.

셋째, 우리나라 고령자의 또 다른 문제는 노년기에 적절한 삶을 영위하지 못해 발생하는 좌절감을 극복하지 못하고 자살을 하는 비율이 높다. 그러므로 고령자들의 소외감과 외로움을 해소시키기 위한 합리적 방법 제안과 함께 상담을 통해 자살 충동을 약화시키고, 자살과 같은 극단적 선택보다는 노년기의 삶을 적극적으로 살 수 있도록 돕는 인식 전환의 계기를 마련해 주어야 한다.

넷째, 고령자에 대한 학대가 급증하고 있는 현실을 고려할 때 고령자 당사자는 물론이고 그 가족과 친지 및 고령자 시설의 종사자들을 대상으로 학대 예방과 상담을 강화할 필요가 있다. 만약 고령자가 가족이나 타인으로부터 신체, 언어, 정서, 성적 · 경제적 고통이나 폭력을 당했을 경우에는 빠르게 도움을 받을 수 있는 방법에 대한 안내교육과 고령자의 안전을 지켜 줄 수 있는 상담이 필요하다.

다섯째, 고령자들이 불행한 노년기를 갖지 않도록 성공적 노화와 관련된 예방교육과 상담이 필요하다. 이를 위해 중 · 장기적 계획을 통해 예방 차원의 교육과 상담방법과 내용이 체계적으로 마련되어야 한다.

4) 고령자 상담의 특징

고령자 상담 과정에서 무엇에 초점을 두고 어떤 방법을 사용해야 할지를 결정하기 위해서는 노화 과정에 내재된 다양한 변화에 대한 철저하고 정확한 이해가 필요하다. 이를 위해 고령자 이해에 기반한 상담자 태도가 갖추어질 필요가 있다.

첫째, 고령 내담자들은 신체적 · 심리사회적 노화 과정으로 취약한 특징들을 가지고 있다. 상담자는 고령 내담자 상담에 필요한 경청의 자세와 전문적인 상담기술을 가지고 있어야 한다. 고령 내담자들은 그동안 살아온 이야기는 많으나 충분히 표현할 수 있는 기회가 없었기 때문에 상담자는 인내력을 가지고 이야기를 경청하며 공감하는 반응을 표현해야 한다. 그리고 쉽게 변화되지 않는 고령자의 특성을 염두에 두고 고령자들의 삶을 존중하고 수용하는 태도로 천천히 변화를 기다려야 한다.

둘째, 일반 상담의 경우에는 내담자의 사고와 감정을 탐색하는 것을 기반으로 행동 변화를 돕는 데 초점을 둔다. 하지만 고령자 상담은 현재 생활에서의 긍정적인 점을 부각시켜서 자신감을 가질 수 있도록 돕고, 아주 작은 목표에 도전하여 변화를 이끌 수 있도록 지지해 주는 것이 필요하다.

셋째, 고령자 상담은 성격을 변화시키거나 구조적인 큰 변화를 도모하기 어렵다. 따라서 직면이나 도전보다는 경청, 명료화, 확인, 인정과 같은 지지적인 상담접근이 필요하다.

넷째, 고령 내담자가 상담에서 주도할 수 있는 기회를 주고, 결정권을 갖도록 하여 통제력과 독립성을 유지하도록 도와야 한다. 그리고 내담자의 이야기를 충분히 듣고 명료화하면서 내담자의 구체적인 욕구를 파악하는 것이 필요하다. 이를 위해 상담자는 고령 내담자의 언어적·비언어적 메시지를 이해하고, 복잡한 표현보다는 간결한 표현으로 반복적으로 전달하는 것이 도움이 된다. 그리고 과거 경험에 대한 회상을 통해 미해결된 갈등을 평가나 판단 없이 충분히 표현 할 수 있도록 들어주며 남은 생을 편안하게 정리할 수 있도록 도와야 한다.

다섯째, 고령자들은 새로운 관계보다는 친밀한 관계에서 만족감을 얻으려는 욕구가 강하다. 그래서 가족의 관심과 지지가 고령자의 자존감 회복에 중요한 변인이므로 가족 간의 관계를 강화하도록 도울 필요가 있다. 고령자들 중에는 정신적 학대나 방임과 같은 외형적으로 드러나지 않는 학대를 경험하기도 하므로 학대 발생 가능성도 주의 깊게 살펴야 한다. 또한 고령자들 중 사회적 관계가 부족했을 경우에 불만이 많고 소외감을 심하게 느끼므로 적극적인 경청을 통해 심리적 지지를 제공하여 존중받고 이해받고 있음을 충분히 느낄 수 있게 도와야 한다.

여섯째, 고령자 상담에서 내담자의 특성을 이해하는 것은 목표 설정과 계획 수립의 바탕이 되므로 문제의 핵심을 명확하게 이해하는 것이 중요하다. 특히 고령자는 긴 생애사를 지니고 있어 어떻게 살아왔는지를 알아보는 것이 상담 과정에서 필요하다. 고령자들은 삶에서 획득한 자신만의 지혜를 지니고 있으며, 상실, 실패, 사고 등의 인생 사건에서 보이는 정서적인 동요가 다른 연령대의 내담자들에 비해 크지 않다. 그러므로 한 가지 사건에 집중하여 정서를 다루기보다는 삶의 흔적 속에서 남은 인생에 대한 목표를 확인하고 그것에 적합한 상담으로 이끌어 갈 필요가 있다.

5) 고령자 상담에 대한 사회적 인식

고령층이 증가함에 따라 노화의 과정과 노화에 대한 태도가 사회 및 상담에 어떤 영향을 미치는지 이해하는 것이 중요하다. 노년기 또는 고령자와 관련된 사회적 낙인으로 정의된 연령주의(ageism)는 고령자 상담에 많은 영향을 미친다(Fullen, 2018). 고령자 역시 노화에 대한 부정적인 태도가 내면화될 때 건강과 복지에 부정적인 결과로 나타날 수 있다. 우리 사회 전반에서는 고령자들에 대해 ① 외롭고, 우울하다, ② 나이가 들어감에 따라 점점 더 비슷해진다, ③ 아프고 연약하고, 의존적이다, ④ 인지적으로나 심리적으로 손상되어 있다, ⑤ 섹스리스가 있고 지루하다, ⑥ 배우거나 바꿀 수 없다와 같은 생각들을 가지고 있다. 그러나 고령자들 모두가 노화에 대해 그런 생각을 가지고 있는 것은 아니며, 현실에서도 그렇지 않음을 볼 수 있다. 고령자 중에는 오히려 심리적 자원을 많이 가지고 있으며, 주관적으로나 객관적으로 건강하며, 치매나 다른 형태의 인지장애를 모두 경험하지 않는다는 연구가 많다. 이러한 연령주의에 의한 고령자에 대한 편견은 상담자나 고령자들에게 부정적인 영향을 미칠 수 있음을 알고 이런 선입견에 대한 점검이 필요하다. 한편, 고령자들 중에는 상담에 대해 부정적인 믿음을 가지고 있는 경우도 있다. '나는 변화하거나 새로운 방법을 배우기엔 너무 늙었다' '나는 내 감정에 대해 말해 본 적이 없다' '내 상황은 희망이 없고, 점점 나빠지고 있다'는 생각 등을 가진 사람이 많고, 다른 사람에게 도움을 구하는 것을 부끄러워하는 경우도 많다(Scogin, 2008). 상담자들 역시 고령자들이 새로운 것을 배울 수 없거나 변화할 수 없으며, 비생산적이라고 보는 연령주의적 시각으로 고령 내담자를 대하는 경향이 있다. 때로는 어떤 고령자들은 상담을 단지 일상생활에서처럼 이야기하는 것으로 보고 자신의 일상을 지속적으로 이야기하려는 사람이 있는가 하면, 상담자가 직접적으로 지시해 주고 관리해 줄 것을 원하는 경우도 있다. 따라서 이런 노화나 연령주의적 시각을 변화시키고 상담에 대한 기초적인 정보와 상담관계에 대한 교육도 필요하다.

2. 고령자의 심리적 특성

고령자의 성격 특성이나 행동 특성을 이해하는 것은 고령 내담자를 이해하는 데 도움이 된다.

첫째, 고령자들에 대한 심리적 특성(윤진, 1985)으로는 연령 증가에 따른 우울성향의 증가를 들 수 있다. 이는 고령화에 따른 스트레스에서 비롯되며, 신체적 질병, 배우자의 사망, 경제 사정의 악화, 사회와 가족으로부터의 고립, 일상생활 능력의 저하, 지나간 세월에 대한 회한 등이 포함된다. 그러나 우울성향은 고령자 개개인의 적응 능력 수준에 따라 그 정도가 달라지거나 전혀 나타나지 않기도 한다. 실제연령 자체보다는 타고난(inherent) 기능과 후천적 경험을 통한 적응 능력과 비교하여 그가 받는 신체적 · 심리적 스트레스가 어느 정도 우울증상의 발생 여부에 영향을 미친다.

둘째, 고령자들의 내향성과 수동성의 증가를 들 수 있다. 고령자들은 사회활동이 점차 감소하게 되고, 사물의 판단과 활동 방향을 외부보다는 내부로 돌리는 경향이 있다. 특히 고령자들은 세상의 변화와 흐름에 비교적 관심이 적고, 자신의 사고나 감정에 의해 사물을 판단하는 경향이 있다. 이러한 특징은 신체 및 인지 능력의 감퇴와 더불어 문제를 수동적으로 해결해 버리려고 하거나 내맡겨 버리는 태도로 나타난다. 이러한 특징들은 상담에 임하는 태도와도 관련성이 많으므로 상담자는 고령자들에 대한 특성 이해가 필수적이다.

셋째, 성 역할(sex-role) 자각의 변화를 들 수 있다. 남자 고령자들은 더욱 수동적이며, 위축되어 가고, 양육 동기가 증가하며, 여성 고령자들은 오히려 더 능동적이며, 권위적으로 되어가고, 공격성 및 자기중심성이 증가하게 된다. 이러한 문제들은 부부 갈등으로 발전하기도 한다.

넷째, 경직성(rigidity)의 증가를 들 수 있다. 경직성이란 융통성(flexibility)의 반대 개념으로, 어떤 태도, 의견, 그리고 문제 해결 상황에서 그 해결방법이나 행동이 옳지 않음에도 불구하고 옛날과 마찬가지 방법을 고집하고 이를 여전히 계속하려는 경향을 말한다. 이러한 경향은 고령자의 학습 능력과 문제 해결 능력을 저하시키는 요인이 될 수 있다. 이러한 특징은 또한 상담에서의 변화를 어렵게 만드는 요인이 될 수 있다.

다섯째, 조심성의 증가를 들 수 있다. 사람이 늙어 갈수록 조심성이 증가하는 이유는 고령자 스스로 정확성을 더욱 중요시하기 때문이라는 가설도 있고, 시각이나 청각 등 감각 능력의 감퇴를 비롯한 사회심리적 기능의 쇠퇴로 인해 부득이 조심스러워진다는 가설도 있다. 또한 고령자들의 경우에는 결정에 대한 자신감이 떨어지기 때문에 사태에 대한 확실성이 높아야만 결정과 반응을 하게 된다는 가설이 있다. 고령자들의 경우에는 어떤 질문이나 문제에 대해 대답을 하지 않거나 중립을 지키는 경향이 늘어나는데, 이는 노화에 따른 조심성을 나타낸다.

여섯째, 친근한 사물에 대한 애착심의 증가를 들 수 있다. 고령자가 될수록 자기가 오랫동안 사용해 오던 친근한 사물에 대한 애착심이 커진다. 이는 기나긴 세월동안 살아오면

서 세상은 많이 변했지만 자기 자신과 주변은 변하지 않고 일정성을 유지(maintenance of orientation)하고 있다는 안도감을 갖기 위한 것이다.

일곱째, 노년기에는 의존성이 증가하는 경향이 있다. 노화로 인해 경제, 신체적 기능, 정신적인 기능, 사회적 관계들이 약해지거나 줄어들어 의존성이 증가한다.

여덟째, 인생 회고 과정 및 일생을 정리하고자 한다. 사람이 노년기에 이르면 지나온 일생을 정리하는 경향이 나타난다. 이들은 가족관계, 신체적 조건, 학교생활, 결혼, 취업과 같은 인생의 갈림길, 부부생활 및 자녀와의 관계, 성생활과 성 역할, 직업생활, 정신건강, 인간관계, 죽음에 대한 태도 등을 회고하는 경향이 많다.

3. 고령자 상담의 접근방법

고령자 상담의 초기 연구들에서는 주로 상실-결핍모델을 기반으로 노화의 규범적 과정을 일련의 상실로 묘사하였고, 노화의 전형적인 반응으로 우울증을 언급하였으며, 그들이 경험하는 부정적인 사건과 특징들에 대해 주목했다(Knigh & Satre, 1999). 그러나 최근에는 고령자 상담에 대한 또 다른 관점으로 성숙/도전모델(maturity/specific challenge model; Knight, 1996)모델이 주목받고 있다. 성숙/도전모델 측면에서 고령자들은 젊은 사람들보다 특정한 방식으로 성숙되어 있으며, 만성질환과 장애에 적응하는 것뿐만 아니라 빈번한 슬픔을 포함하여 삶에서 가장 어려운 도전에 직면해 있는 사람들이다. 고령자들은 불편을 호소하는 반응시간을 연습, 운동, 기타 중재를 통해 속도를 높일 수 있지만, 노화에 따른 중추신경계의 영향으로 연령차가 분명히 존재한다. 또한 고령자들은 삶의 경험 축적으로 상황이 어떤지, 일이 어떻게 돌아가는지에 대해 상당한 지식을 가지고 있다. 특히, 전문 분야에서나 직장 경험, 가족 경험이 풍부해 전문가 영역일수록 더 성숙한 경향이 있다.

일반적으로 고령자들이 정서적으로 단절되어 간다고 알려져 있는데, 전체적으로 단절되지는 않는다. 고령자들은 일상적인 관계보다는 친밀한 관계에 더 초점을 두며, 감정 관련 인지가 더 중요하다. 고령자들은 더 안정적이고, 정서적으로 복잡하며, 정서적으로 강한 관계에 초점을 둔다. 그러므로 이러한 고령자들의 인지적 · 정서적 · 관계적 능력을 고려하여 상담에 접근해야 한다.

첫째, 고령자들을 대상으로 상담을 할 때는 대화 속도를 조절하고, 인지 작업의 양을 조절해야 한다. 고령자 상담에서는 고령 내담자가 상담시간에 배운 정보와 기술을 학습하고 기억하고 있는지를 확인하는 것이 특히 중요하다. 고령자들에게 새로운 자료를 반복해서 안내하고 내담자가 이해했는지 묻기를 반복해야 하며, 새로운 자료는 요약을 반복해서 전하는 것이 중요하다. 상담에서 중요한 부분은 메모를 하도록 하는 것도 도움이 되며, 조급해 하거나 빠른 변화를 요구하지 않아야 한다.

둘째, 고령자들은 기존의 자원과 기술을 가지고 있기 때문에 새로운 것을 가르치기보다는 기존의 것들을 재발견하도록 돕는 것이 좋다. 전형적으로 고령 내담자가 상담자보다 나이가 많을 때 상담자들이 아직 개발하지 않은 기술을 재발견하는 결과를 가져올 수 있다. 이러한 점들을 상담자는 지지하고 격려할 필요가 있다. 또한 고령자들은 결정지능보다는 유동지능이 감소하므로 상담자는 고령 내담자가 추론을 하도록 하는 방식보다는 주도적인 역할을 하도록 도와야 한다.

셋째, 고령자들은 성격의 안정성 측면에서는 변화가 크게 없다. 고령자 대상의 상담은 아직까지 대부분 젊은 사람들에게서 나온 자료를 토대로 접근하고 있다. 그러므로 이러한 점을 감안하여 고령자 대상의 상담에서 생각을 바꾸도록 하기보다는 부정적인 정서뿐만 아니라 긍정적인 정서에 초점을 두는 것이 좋다. 고령자에 따라 자녀의 돌봄을 받는 처지를 부담으로 여기거나 자신의 처지를 슬퍼할 수도 있다. 이럴 경우에 고령 내담자에게 돌봄을 부담으로 여기기보다는 자녀들의 애정으로 생각하고, 합리적으로 생각하고, 문제 해결 전략을 기를 수 있도록 돕는 것이 필요하다.

넷째, 고령화를 병으로 보고, 고령자를 병자나 다름없이 보는 관점이 많다. 질병과 장애는 유전적으로 결정되며, 고령자의 기능장애는 피할 수 없는 현상이며 점점 더 심해진다. 또한 고령자들은 사회활동이 줄어들고, 사회적 유대가 끊기면서 고립되고, 우울증, 의존증 및 치매 증상으로 이어지기도 한다. 그러나 모든 고령자가 똑같은 것은 아니며, 고령자 중에는 젊은이들과 비슷한 욕구와 잠재력을 가진 분들도 있다. 노화와 고령 자체는 치료의 장애가 아니며, 낮은 치료효과의 원인도 아니다. 오히려 인지 손상 및 신체적 질병과 같은 연령 관련 정신건강 문제들이 치료를 힘들게 하며, 치료 결과의 성과를 불분명하게 하는 원인이다. 그러므로 상담기법의 선택은 내담자의 인지 능력, 인지 융통성 및 요구사항에 맞추어야 한다.

다섯째, 고령자 상담의 목표는 증상의 단순 완화 및 제거보다는 사회적 기능 향상, 자율성 확대 등과 같은 영역으로 설정되어야 한다. 고령자 상담의 목적은 다양하지만 먼저 고령자들이 필요로 하는 의료적 · 사회적 · 정서적 지원을 효과적으로 이용하도록 도울 필요가 있다.

여섯째, 상담관계 역시 중요하다. 고령자 상담에서는 고령 내담자와 상담자의 연령 및 경험의 차이가 클 수 있고, 가족과 관련된 상담주제가 많아 고령자들이 가족에게 가졌던 생각과 감정을 나이 어린 상담자에게 투사하거나 전이 감정을 느끼기도 한다. 또한 상담자 역시 자신이 부모나 어른들에게 느꼈던 감정을 고령 내담자에게 투사하는 역전이 관계 역동이 다른 내담자와의 상담에 비해 더 많이 나타난다. 상담자들은 내담자와의 관계 형성 시 이러한 특성을 고려해야 하며, 고령자에 대한 이해가 필요하다. 또한 고령 내담자는 상담 시작 시에는 조심스러운 태도를 보이지만 상담이 진행됨에 따라 상담자에게 의존하게 되어 상담 종결 시 다른 내담자들에 비해 더 큰 상실감을 느껴 추수 회기가 강조된다. 이러한 상담관계를 고려하여 상실감을 경험하지 않도록 사전 준비를 하는 것도 필요하다(정윤희, 김희정, 2020).

4. 노년기의 상담 영역

사람이 나이가 들어가면서 다양한 심리적 어려움을 겪게 된다. 이에 따라 상담 영역를 구분하면 다음과 같다(이호선, 2012).

1) 정서적 영역

다른 연령대의 상담에서 정서문제가 차지하는 비중은 상당히 높으며, 해결되지 않은 정서문제가 여러 가지 증상으로 나타난다. 고령자들 또한 발달 특성상 다양한 정서문제를 가지고 있다. 고령자들은 신체적 변화와 쇠퇴로 우울, 은퇴로 인한 무력감과 침체, 노화와 죽음에 대한 불안, 관계상실로 인한 슬픔과 외로움 등의 정서적 어려움을 호소한다. 이런 정서적 어려움은 가족이나 주변인들과 적극적으로 소통하며 해소되기도 하지만, 대다수의 고령자들이 변화의 필요성을 못 느끼고, 참거나 회피하는 방식으로 대처를 한다. 이러한 고령자들의 정서적 어려움이 만성화될 때 노화증상을 더 악화시키거나 자살과 같은 심각한 문제로 이어지기 때문에 적극적인 대처가 필요하다. 이를 위해 정부에서는 말벗도우미 사업을 활용하여 취약 계층의 고령자들의 정서적 안정을 도모하고 있는데, 고령자 상담기관과 전문가들을 활용하여 고령자들의 정서문제에 대해 예방교육을 하고, 상담이 이루어져야 한다.

한편, 고령자들은 관계에서 어려움을 많이 겪는다. 이들은 은퇴 후 사회적 관계가 축소되면서 사회적으로 고립되기도 하고, 가족 내 위치나 역할 변화를 경험하며, 관계의 어려움이 더욱 드러나 외로움과 소외감으로 이어진다. 특히 베이비 부머 세대의 고령자는 가족중심적 가치관과 경로와 효 사상에 기초한 윤리와 도덕관을 갖고, 한국전쟁의 폐허 속에서도 자식교육과 가족의 경제적 책임을 도맡아 왔다. 이들에게 가정과 가족, 특히 자녀는 삶 자체이며 삶의 목적이었다. 그러나 산업화, 핵가족화, 도시화, 산업정보화 등 일련의 사회적 변화는 고령자에게 당연히 그들의 몫이라고 생각했던 가부장적 권위와 효와 경로의 정신과 마찰을 겪는 상황을 만들었다. 따라서 고령자들이 기대했던 개인적 · 사회적 보상은 찾기 힘들고, 자식에 대한 실망과 자신의 삶에 대한 좌절과 후회 혹은 포기와 체념 등을 경험하게 되고 가족과 가정은 더 이상 그들을 지켜 주지 않는다는 사실을 깨닫게 된다. 이와 같은 상황에서 고령자들은 경험하는 정서적 고립과 소외감, 우울과 같은 정서적 측면에서 필요하다.

2) 경제적 영역

고령자들의 소득 보장이 불완전하다. 또한 은퇴 후 경제적 대책이 마련되어 있지 않은 경우가 많아 경제적으로 곤란을 겪고 있다. 따라서 고령자들이 은퇴 후의 재산 처리와 효율적 관리를 위해서도 경제적 전문상담이 필요하다. 수입이 줄어들고 지출이 늘어나는 노년 초기에는 지출을 계획적으로 할 수 있는 상담을 받는 것도 좋다.

고령자의 경제적 어려움은 가정 내에서 자녀와의 관계를 위축시키기도 하며, 이는 갈등의 원인이 된다. 그러므로 고령자 중에서 일할 의사가 있고 일할 수 있는 능력이 있는 사람은 취업과 직업알선 상담을 받아 경제활동에 참여하도록 상담자는 안내해야 한다.

3) 신체적 영역

고령자의 가장 주된 관심사는 신체건강이다. 한국 고령자의 85% 이상이 만성질환을 3개월 이상 앓고 있는 것으로 나타났으며, 암과 뇌질환이 20년 전 보다 3배 이상 증가했다. 이러한 신체건강은 노년기 우울과 같은 심리적 문제로 이어진다.

특히 최근에는 치매에 관한 관심이 대단하여 질병의 치료와 예방에 관한 것뿐 아니라 질병과 관련된 요인, 예를 들면 간병인이나 병원, 진단 절차나 요양원 등에 관한 정보를 요구

하는 신체와 질병 관련 상담도 늘어나고 있다. 또한 지자체나 노인 관련 기관에서는 질병 예방을 위한 운동 프로그램, 명상 프로그램 등을 제공하고 있다.

4) 사회/법률적 영역

노년기의 사회활동이나 사회관계 유지는 고령자의 생활 만족을 위해 매우 중요하다. 활동 이론가들은 노후에도 사회적으로 참여하고 지속적 활동과 역할을 담당함으로써 삶의 만족도가 높아지고 심신이 건강하다고 본다.

고령자는 종교봉사활동, 가족단체의 봉사활동, 자연보호운동, 마을 단위의 우호와 협동을위한 일 등을 통해 사회에 참여할 수 있다. 이러한 활동을 위한 구체적 정보를 제공하고, 이를 위한 상담도 필요하다. 한편, 고령자는 노년기에 오는 사회경제적 문제에 직면해서 법률적 정보 또한 필요할 수도 있다.

5) 고령자 부양자들의 상담

고령자 상담은 고령자뿐 아니라 고령자를 부양하는 자녀와 고령자 문제에 관심이 있거나 고령자와 관련이 있는 어떤 사람도 할 수 있다. 특히 고령자를 부양하는 자녀 세대의 고령자 상담은 고령자 본인 이외에 가장 많이 만날 수 있는 내담자이다. 이들은 고령자 돌봄과 관련된 지원 정보와 지원방법을 알고자 하며, 고령자를 돌보면서 겪는 갈등과 소진을 호소한다. 이들을 대상으로 스트레스 관리와 의사소통 등의 교육과 상담이 필요하다.

5. 노년기의 정신과적 장애

고령자는 신체와 인지 능력의 쇠퇴, 지능의 변화, 정년퇴직과 배우자의 죽음, 성격 변화 등 수많은 변화를 경험한다. 노년기의 이러한 변화와 스트레스는 무력감을 느끼게 하고, 효과적으로 기능할 수 없게 만든다. 노년기에도 젊은 연령층에서 볼 수 있는 정신장애들이 나타날 수 있으나, 대부분 젊었을 때 시작되었던 것이 계속되고 있거나 재발된 것이지 새로 발병하는 일은 드물다. 고령자의 정신질환을 살펴보면 치매, 우울증, 정신분열증. 알코올중독, 약물남용, 신경증, 인격장애 등이 있을 수 있고, 이 중 만성 뇌 증후군인 치매

(dementia)와 단순 우울증이 가장 흔히 보이는 장애이다. 고령자의 경우는 여러 가지 정신 증상이 겹치는 경우가 많고, 신체적 질병의 증상까지 같이 나타날 수 있으므로 정신증상의 세밀한 관찰과 병력 청취 등을 통해 순서를 밟아 정신의학적 검사와 상세한 신체검사가 병행되어야 한다. 특히 인지기능의 장애가 있는 경우에는 정신분열증이나 우울증에서 온 것인지, 뇌 기능 장애에 기인한 것인지의 감별에 주의해야 한다.

1) 기질성 뇌 증후군

기질성 뇌 증후군(organic brain syndrom) 가운데 가장 흔한 것은 섬망(delirium)과 치매(dementia)이다. 고령자의 신체적 · 정신적 취약성으로 인해 같은 용량의 약물이나 같은 정도의 외상에도 불구하고 성인층보다 훨씬 높은 섬망 발생률을 보인다. 고령자의 치매는 다발성 경색성 치매(multinfarc dementia)와 알츠하이머 병(Alzheimer's disease)이 있다. 치매의 증상으로는 자제기능의 저하, 기억력 감퇴, 추상 능력이나 판단력의 장애, 실어증(aphasia), 인격장애 등이 나타난다.

2) 우울증

고령자들은 누구나 우울한 경향이 다소 있다. 노화에 따라 신체적 · 사회적 상실이 증가되므로 어느 정도의 우울증상이 생기는 것은 불가피한 일이다. 특히 배우자나 친지, 친구의 사망, 자녀와의 이별, 은퇴와 직장의 상실, 자신이나 배우자의 질병 등이 심리적 스트레스를 일으켜서 우울증(depression)의 원인이 된다. 청년기의 우울증은 대개 자기 자신으로 향한 증오심(hostility)이 그 원인인 경우가 많으나, 고령자의 경우에는 이와 달리 노화로 인한 자존심(self-esteem)의 상실에서 오는 경우가 많다. 고령자의 우울증은 많은 신체적 증상을 수반하거나 치매와 같은 양상(pseudodementia)으로 나타나기도 하므로 주의 깊은 감별이 필요하다. 또한 고령자의 우울은 자살로 이어지고 있어 이에 대한 각별한 관심이 요구 된다.

3) 망상형 장애

고령자의 망상형 장애(paranoid disorder)는 피해망상, 과대망상, 질투망상 등이 주된 증

상이다. 다른 사람들로부터 고립되어 있거나, 청각 · 시각 능력이 저하되면서 결국 외부에서 들어오는 자극을 잘못 해석하게 되고, 실추된 자존심을 보상하기 위해 망상이 생기게 되는 것이다.

4) 건강염려증

고령자에게서 가장 흔히 볼 수 있는 심리적인 반응은 우울과 건강염려증이다. 건강염려증이란 자신의 신체적 기능에 병적일 정도로 집착하는 것을 말한다. 증상을 가장 많이 호소하는 부위는 위장과 심장 및 순환계통이다. 고령자들의 경우 주의력과 관심을 몸 외에 다른 곳으로 돌릴 수 있을 만큼 보람을 느낄 만한 일들이 적고, 자신 및 주위 사람들의 질병, 수술 또는 사고를 자주 보고 느낄 기회가 많다. 또 자신이 실패하여 곤경에 처했을 때 "나는 아프기 때문에 할 수 없다"고 말함으로써 체면을 살리는 데 도움이 되므로 건강염려증에 잘 걸리게 된다.

5) 기타

정신병리적 장애, 특히 천식, 경련성 대장염 등은 젊어서부터 시작된 것이 그대로 계속되기도 한다. 당뇨병, 고혈압, 녹내장 등은 우울증의 수반과 더불어 악화되는 수도 있다. 알코올과 약물 의존도 나타나고, 특히 수면장애로 수면제의 남용 등이 문제가 될 때도 있다. 단순한 불안상태, 전환장애로 인한 사소한 신체증상을 과장하는 등의 반응을 보일 때도 있다. 공포증이나 강박증 같은 것은 젊어서부터 있었던 증상이 노년기에까지 그대로 이어지기도 한다.

6. 고령자 상담 주제별 상담

1) 성공적 노화와 상담

성공적 노화라는 것은 노년기에 사회적, 심리적, 신체적, 환경적으로 잘 적응하여 만족감과 행복을 느끼면서 이 시기를 보내게 되는 것을 의미한다. 그러나 학자들에 따라 성공적 노화에 대한 기본개념들은 다소 차이가 있다. 연구자들은 적절한 사회적 상호작용, 사회적 활동, 가족들 간의 접촉 등이 고령자의 삶의 만족도를 높인다고 하였다. 예를 들어, 학자들의 관점을 살펴보면 다음과 같다(주용국, 2009).

Cumming과 Henry(1961)는 고령자들이 사회적, 심리적으로 스스로를 철회하여 사회적 상호작용을 위축시키고 자아에 몰두함으로써 노년기를 성공적으로 적응한다고 하였다. Harvighurst(1977)는 고령자들이 사회적으로 위축되지 않고 계속적으로 활동할 때 만족감을 느낀다고 하면서 활동이론을 제안하였다. 노년기에도 적극적으로 활동을 하면서 신체적 및 정신적 건강을 유지할 수 있고, 생활의 질을 높일 수 있기 때문에 활동을 계속하는 것이 성공적인 적응방식이라고 하였다. Neugarten(1975)은 개인의 성격 유형과 사회적 역할 활동의 수준 및 생활만족도 간의 관계를 확인하였는데, 고령자들 각자의 성격 유형에 맞는 활동을 하는 것이 중요하다고 보았다. Carstensen(2009)은 고령자들이 사회정서적 연결망을 선택적으로 축소함으로써 성공적 노화가 가능하다고 보았다. 고령자들은 가족이나 가까운 친구들과의 접촉은 늘리고, 공식적인 관계의 접촉은 줄임으로써 정서적 만족을 극대화할 수 있다. Rowe와 Kahn(1997)은 성공적인 노화를 위해 질병과 장애의 예방, 신체적·인지적 활동, 적극적인 사회활동 참여를 포함시켰다.

이 밖에도 성공적 노화의 개념은 다양하지만, 고령자들이 성공적으로 노화해 나가는 것을 도와주기 위해 고령자들의 성격과 환경에 맞추어 필요한 것이 무엇인지 파악하고, 이것들을 실행하도록 해야 한다는 점이 중요하다. 그리고 상담자는 고령자들의 개인적 특성에 맞는 새로운 역할들을 안내함으로써 성공적인 노년기를 맞이할 수 있도록 해야 한다.

2) 고령자 학대와 상담

고령자 학대는 고령자에 대하여 신체적·정신적·성적 폭력 및 경제적 착취 혹은 가혹행위를 하거나 유기 또는 방임하는 것을 말한다. 학대 발생의 공간에 따라서 고령자 학대는 가정에서 이루어지기도 하고, 시설 내 학대, 자기방임으로 구별된다. 가정에서의 고령자 학대는 피해 고령자와 특별한 관계에 있는 성인 자녀, 배우자, 친지, 친구 등의 부양자가 행하는 학대로서 우리나라 고령자 학대의 대부분을 차지한다. 시설 내의 고령자 학대는 보호 비용을 국가나 고령자 부담으로 하여 전문 서비스를 제공하는 요양원, 양로원, 요양병원 등에서 이루어지는 부적절한 처우라고 할 수 있다. 자기방임은 자기보호와 관련된 행위를 고의적으로 포기하거나 관리하지 않아 심신이 위험한 상황에 놓이게 하고, 심한 경

우에는 사망에 이르게 하는 경우이다.

상담자는 고령 내담자가 안전함과 편안함을 느끼는 가운데 자신의 이야기를 할 수 있도록 정서적 지지를 충분히 해 주어야 한다. 나아가 학대받는 고령자뿐만 아니라 가해자를 비롯한 가족을 대상으로 가족치료를 병행하는 것이 바람직하다. 학대가 심할 경우, 고령자 및 가족의 욕구와 상황 파악, 사례의 위급성, 고령 피해자의 안전 여부 등을 고려하여 필요시 관련 기관에 법적 보호를 받도록 사후관리도 해야 한다.

3) 고령자의 자살과 상담

우리나라 고령자의 자살률은 심각한 사회문제로 OECD 국가 중 가장 높게 나타나고 있으며, 남자 고령자의 자살은 여자 고령자의 2~3배 이상으로 나타나고 있다. 고령자의 경우, 경제, 질병, 가족문제 등 여러 심각한 문제에 봉착했을 때 해결하기보다는 최악의 회피수단으로 자살을 선택할 수 있다. 그러므로 고령자가 자살하고자 하는 증상이나 양상을 보일 때 상담자가 이를 신속하게 알아차리는 것이 중요하다.

고령자들은 노년기의 심리적 발달 과정에서 심리적 위기를 경험한다. 그 위기를 어떻게 극복하느냐에 따라 노년기의 삶을 만족스럽고 건강하게 영위하기도 하고 그렇지 않기도 한다. Erikson은 노년기에 삶을 통합하지 못하고, 절망감을 경험하는 것을 위기로 설명했다. 즉, 고령자들은 자신의 삶을 돌아보고 만족스럽게 살아왔는지의 여부에 따라 통합감을 느끼기도 하고 절망감을 느끼기도 하면서 위기를 경험한다.

그러므로 상담에서는 지지와 공감 및 탐색을 통하여 자살에 대한 생각을 가지고 있는지 알아보는 것이 필요하다. 만일 자살생각이 있을 경우, 자살 전문기관이나 가족과 협력할 필요가 있으며, 자살시도를 막도록 구체적 계약을 맺고 실천할 수 있도록 도와야 한다. 또한 자살의 이유를 검토하여 이를 해결하도록 해야 한다.

4) 고령자의 성문제와 상담

고령자의 증가와 더불어 건강한 노년기의 시간이 길어지면서 노년기의 성에 대한 욕구는 의식주에 대한 욕구 못지않게 중요성이 부각되고 있다. 실제 성생활은 노년기까지 지속적으로 진행되고 있으며, 성을 즐기는 고령자 인구 역시 늘어나고 있는 추세이다. 그러므로 노년기의 성문제도 상담의 중요한 영역으로 인식되고 있다.

고령자의 성적 능력은 대체로 저하하지만 성을 즐길 수 있는 지식과 기술은 증가하고, 이성에 대한 관심과 욕구는 임종에 이르기까지 지속된다. 대부분의 고령자들은 70대까지 성에 대한 관심이 유지되고, 중요시하고 있다. 고령자들의 성행위도 젊은이들과 대체로 비슷하며, 배우자가 없는 고령자의 과반수 이상이 자위 행위를 하는 것으로 보고되고 있다. 건강한 고령자 부부들의 경우, 성생활의 빈도에서 젊은 층과 차이가 없으나 성에 대한 지식이 낮고, 자기중심적인 성행위로 불만족스러움을 호소한다. 그러므로 고령자 상담자들은 고령자의 성생활에 대한 잘못된 믿음을 점검하며 상담해야 한다. 그리고 성상담을 드러내 놓고 문제로 호소하는 경우는 드물기 때문에 상담자가 민감하게 파악하여 건강한 방식으로 성적 욕구를 충족시킬 수 있도록 도울 필요가 있다.

5) 고령자의 진로상담

고령자들은 사회적 참여가 많지 않지만, 금전적인 이유뿐만 아니라 사회적 관계 욕구 등의 목적으로 일을 하고 싶어 하는 경우가 많다. 고령자들의 경제적인 여건 역시 그다지 좋지 않고, 벼랑 끝에 선 위기상황일 경우에 진로상담은 더욱 중요하다.

고령자를 위해 국가에서 실시하는 시간제 일자리로 다양한 활동을 제공하고 있다. 고령자들이 일자리를 선택할 때 생계비 마련뿐만 아니라 일의 즐거움, 일의 양과 시간에 대한 욕구도 충족시킬 수 있어야 하며, 경제적인 욕구와 사회적 참여에 대한 욕구를 동시에 창출할 수 있는 직종과 근로 환경을 마련할 필요가 있다.

고령자는 나이가 들어감에 따라 더 이상 미래의 희망에 대해 관심을 두지 않고 오히려 현재를 불만스러워 하거나 과거의 업적을 통해 위로를 받으려고 하는 경향이 있다. 그러므로 고령자 진로상담은 현재 문제에 집중하고, 미래를 계획하도록 돕는 것이 필요하다.

고령자 진로상담은 고령자 개인이 가지고 있는 현실에 대한 불안정감과 예측할 수 없는 미래, 가능성 없어 보이는 미래에 대한 불안을 줄이며, 현재에 대한 적응력과 미래에 보다 건강하고 긍정적인 의지를 가지도록 돕는다. 고령자 진로상담은 고령 내담자가 앞으로 남은 삶을 성공적으로 준비함으로써 성공적인 노후를 이루어 갈 수 있도록 한다. 상담자는 고령 내담자가 바라는 현재의 소망과 바람을 탐색할 수 있도록 도와주고 성공 가능한 미래의 희망을 찾아 노년기를 성숙과 통합의 시기로 이끌도록 돕는 과정을 수행해야 한다. 고령자 진로상담에서는 고령자들이 과거에 어떤 긍정적인 경험을 했는지 탐색하고 현실에 맞는 소망과 원하는 미래를 구상하도록 하여 이에 필요한 일들을 목록화하도록 하고, 구체

적인 계획을 세우고 실행을 돕는다. 또한 이들에게 실행한 일의 성과와 가치를 평가해 보도록 하는 것도 좋은 방법이다.

7. 고령자 상담의 과제

고령화 사회에 살고 있는 우리나라는 앞으로 고령자와 관련한 문제들이 아주 복잡하고 다양하게 전개될 것이며, 기존의 고령자 문제뿐만 아니라 지금껏 예측하지 못했던 다양한 영역에서 전문상담사의 필요성이 제기될 것이다. 고령자의 성문제, 재혼, 자살, 알코올 중독 및 건강관리 영역들이 고령자 상담영역으로 자리 잡게 될 것이다.

이러한 추세와 전망과 관련하여 고령자 상담의 과제들을 몇 가지로 요약하면 다음과 같다.

첫째, 고령자 상담에 대한 사회 전체와 고령자 세대 자체의 인식이 제고될 필요가 있다. 급속한 고령화로 인구의 1/4이 고령 인구가 차지하고 있고, 고령자 자살률도 심각한 실정이다. 따라서 고령화로 인한 심리적 · 사회적 문제를 예방하고, 적극적으로 대처하기 위한 방법으로 고령자 상담에 대한 인식 제고가 필요하다.

둘째, 고령자 상담 전문기관의 양적 확대가 필요하다. 노인들의 건강과 경제적 지원에 초점을 둔 복지서비스뿐만 아니라 고령자들의 심리적 측면을 다룰 수 있는 고령자 문제 전문상담사의 배치 및 관련 활동이 전개되어야 할 것이다.

셋째, 고령자 상담의 다양한 영역 서비스를 위한 통합적인 프로그램들이 개발됨으로써 이러한 서비스의 활용 및 고령자 층의 접근성을 높여야 할 것이다. 이것은 고령자 상담의 기본적 인프라 구축 부분이 될 것이며, 관계 전문가 및 관련 기관들의 연계적 접근 노력을 바탕으로 이루어 내야 할 것이다.

넷째, 고령자 상담을 담당할 전문 인력의 양성이다. 예컨대, 노인복지관 등 복지시설이나 노인 상담기관에서도 고령자 상담 종사 인력의 훈련 및 양성에 참여할 필요가 있다. 현재는 고령자 상담을 위한 전문 훈련이 부족하므로 앞으로 고령자 상담을 위한 교과과정의 개발과 체계적인 교육을 위한 정책적인 지원이 시급하다.

제 13 장

고령자 대상 집단상담 프로그램의 실제

고령자들은 신체적 노화, 사회적 역할 상실, 경제적 불안정 등의 변화와 발달적 위기에 대처를 하는 과정이 필요하다. 고령자들이 이러한 변화를 수용하지 못할 경우에는 심리적 어려움을 겪게 된다. 특히 고령자들은 자아존중감이 낮아지고, 소외감을 느낀다. 또한 고령자들은 대인관계 면에서도 고립감과 우울감을 느낀다. 따라서 고령자들이 그들이 처해 있는 상황이나 감정을 이야기하고 지지받을 수 있는 곳이 필요하다. 집단상담은 이러한 고령자들의 적응문제를 도울 수 있는 적절한 방법 중의 하나이다. 이 장에서는 고령자들을 대상으로 한 집단상담의 이론적인 측면과 고령자 집단에 적용할 수 있는 프로그램들을 소개하고자 한다.

주제어: 고령자 집단상담, 고령자 집단프로그램

1. 고령자 집단상담

1) 고령자 집단의 독특한 특성

2) 고령자 집단상담의 목표

3) 고령자 집단상담의 과정

4) 고령자 집단상담의 유형

5) 고령자 집단상담의 장점

6) 집단원

7) 고령자 집단상담의 지도자

8) 고령자 집단상담에서 고려할 사항

2. 고령자 대상 집단상담 프로그램 계획

3. 고령자 대상 집단상담 프로그램의 예시

1) 고령자 자아통합 집단상담 프로그램

2) 노년기의 부부관계 증진 집단상담 프로그램

3) 회상과 삶의 재음미 집단상담 프로그램

4) 성공적 노화를 위한 집단상담 프로그램

5) 고령자와 청소년이 결합된 집단상담 프로그램

6) 고령자 사별 집단상담 프로그램

7) 웰다잉 프로그램

8) 긍정심리치료 프로그램

1. 고령자 집단상담

집단상담은 자신의 태도와 행동을 수정하고자 하는 다수의 집단원들과 집단상담자와의 상호작용을 통하여 보다 깊은 자기이해와 자기수용을 촉진하는 과정이다. 집단상담은 개인상담에 비해 좀 더 많은 내담자와 상담할 수 있을 뿐만 아니라 집단상담 과정에서 독특한 정서경험을 하고, 문제를 통찰하며 해결 과정을 배운다. 집단상담은 여러 사람에게 한꺼번에 도움을 줄 수 있기 때문에 경제성이 높고, 다른 집단원들이 가진 다양한 경험을 공유할 수 있다. 또한 집단에서 이전에는 해 보지 못한 새로운 행동을 시도해 볼 수 있는 기회를 제공해 주는 장점도 있다. 집단상담은 감정의 바람직한 표현 혹은 자신의 문제나 관심사에 대한 직면과 해결뿐만 아니라 자아개념의 강화 혹은 자기표현의 향상, 대인관계 기술의 향상 등을 포함한다. 이러한 점 때문에 집단상담은 치료 목적이나 교육 목적으로 사용된다.

고령자 대상의 집단상담에서 고령자들에게 자신과 유사한 감정을 이야기할 수 있는 기회를 제공하는 것은 노년기에 경험하는 심리적 문제에 도움이 될 수 있다. 고령자들은 종종 과거의 기억과 사건들에 몰두하며 추억에 잠기거나, 자신이 경험했던 과거의 이야기를 하고 싶어 한다. 또한 고령자들에게 죽음에 대한 두려운 생각이나 감정을 편하게 이야기할 수 있는 기회가 제공되어야 한다. 이런 경험은 고령자들이 자신의 삶을 돌아보고 정서적 안정을 유지하는 데 도움이 된다. 고령자 집단상담은 발달시기상 신체적으로나 정서적으로 동일한 경험을 하고 있는 고령자들에게 심리적인 위로를 주고, 타인을 통해 얻는 대리학습 과정을 제공함으로써 높은 학습 효과를 보인다.

고령자 집단상담은 동일한 경험에 대해 다른 사람들은 어떻게 느끼고 있는가를 발견하고, 자신의 경험을 노출함으로써 타인에게도 자신의 경험을 공유할 심리적 공간을 제공한다는 면에서 심리적, 정서적으로 큰 역할을 담당한다. 또한 과거 자신의 생애에서 고민했던 심각한 잘못이나 실수가 수용되고, 또래나 동료를 통하여 도움을 얻을 수 있으며, 자신이 다른 사람들에게 영향을 미치거나 다른 사람의 삶에 긍정적인 역할을 할 수 있다는 보람찬 기분, 속임 없이 자신의 감정과 상황을 이야기할 수 있다는 안도감, 자신의 감정을 솔직히 노출해도 비난받지 않는다는 안정감 등은 고령자 집단상담의 큰 장점이다(이호선, 2012).

우리나라 고령자들의 경우, 개인상담에 대한 부담감이 크고, 상대적으로 젊은 상담자에게 자신을 노출하기를 꺼려하므로 집단상담의 활용은 고령자들의 상담 욕구를 크게 만족시킬 것으로 보인다. 집단상담에 참여하는 고령자들은 대개 적극적이고 능동적인 경우가 많다. 성공적인 고령자 집단상담을 위해서는 고령자에 대한 이해, 집단상담의 필요성과 목표, 집단 과정 등 집단상담에 대한 구체적인 이해가 필요하다.

1) 고령자 집단의 독특한 특성

고령자들과 집단상담을 진행하기 위해서는 고령자 집단이 가진 특성을 이해하는 것이 필요하다. 고령자들의 연령 범위가 크고, 신체적 · 정신적 변화의 편차도 클 수 있기 때문에 일반화하기는 어렵지만 Corey와 그의 동료들(2009)은 다음과 같이 고령자 집단의 특징을 언급하였다.

- 고령자들은 신체적 혹은 심리적 어려움 때문에 관심의 범위가 적어 집단에 대한 관심도 크지 않을 수 있다. 고령자들이 집단상담에서 효과를 볼 수 있도록 집단에 적극적으로 참여할 수 있게 동기부여를 해 주고, 상담의 진행 속도를 더 천천히 나아갈 필요가 있다.
- 고령자들은 약을 복용하거나 신체적 질병, 교통문제, 기관의 일정 때문에 상담에 충분히 참석을 못할 경우가 많다. 치매가 진행 중인 경우에는 집단 모임을 잊어버리기도 하므로 이러한 문제를 고려해서 상담 진행 전에 참여 연락을 해야 한다.
- 고령자들은 변화를 위한 직면보다는 더 많은 지지나 격려를 필요로 한다. 집단상담자는 급속한 성격 재구성보다는 현재의 삶을 더 의미 있고 즐겁게 보내도록 하는 데 초점을 두어야 한다. 그렇다고 해서 고령자들을 보호 대상으로만 여기거나, 심리적으로 변화할 수 없다는 인식을 갖는 것은 바람직하지 않다.
- 고령자들은 자신의 이야기를 들어주고 이해해 달라는 요구가 많으므로 인내심을 갖고 그들의 이야기를 듣고 수용해 주는 것이 필요하다. 고령자들은 대인관계가 축소되어 말할 기회가 부족하고, 외로움을 경험하고 있기 때문에 다른 사람들과 이야기를 나누면서 관계를 가지도록 하는 것 자체가 치료적일 수 있다.
- 고령자들 중에는 다가가기 어려운 사람들이 있으며, 집단상담에 대해 회의적이고 저항하는 경우도 있다. 이러한 사람들과 신뢰관계를 형성하려면 많은 시간이 걸린다. 고령자를 위한 프로그램을 계획할 때 집단상담자는 신뢰관계를 고려하고, 상담주제

에 대해 신경을 쓸 필요가 있다. 고령자들은 정신건강 전문가를 찾을 때 불편하게 느끼기 때문에 동료 집단 지도자를 활용하는 것도 좋은 방법이다.

- 고령자들에게 상실은 가장 중심적인 주제이다. 상실에 대한 전형적인 반응으로 불안, 낮은 자존감, 신체적 불편 등을 보이기 때문에 상실과 관련된 반응을 다루는 것이 필요하다.
- 모든 고령자가 질병이 있거나 약해져 있지는 않다. 그러나 만성적 질병과 신체적 장애로 인한 무능감은 나이가 들면서 증가한다. 집단상담을 통해 이러한 느낌들을 회복하도록 도울 수 있다.

2) 고령자 집단상담의 목표

다른 연령대에 비해 고령자 집단의 발달적 특징과 해결 과제가 있다. 고령자들에게 일반적으로 나타나는 어려움은 상실과 애도, 외로움과 사회적 고립, 가난, 거절받는 느낌, 삶에 대한 의미를 발견하기 위한 노력, 의존성, 무가치감, 무망감, 절망, 피할 수 없는 죽음, 육체와 정신적 퇴화에 대한 슬픔, 과거 사건에 대한 후회와 관련이 있다. 그러나 고령자들은 삶에 대한 다양한 경험과 개인적인 강점들을 가지고 있다. 고령자 대상의 집단상담은 고령화에 따른 과업들에 대처하도록 도움을 줄 뿐만 아니라 노화에 대한 긍정적인 측면을 촉진하는 방법이다. 집단에서 일어나는 대인관계 방식은 고령자들 특히 고립감과 외로움을 느끼는 사람들에게 도움이 될 수 있다.

집단상담에서는 문제를 예방하는 역할을 한다. 고령자에게 적합한 집단 개입은 고령자의 소외감, 상실, 발달과정상 경험하는 공통적인 문제 등에 대한 개입이다. 고령자를 대상으로 하는 집단 개입의 목표는 감정의 바람직한 표현, 관심사에 대한 직면과 해결, 집단생활에서의 자기표현력 향상, 대인관계 기술의 향상 등이다(서혜경 외, 2006). Corey와 그의 동료들(2009)은 고령자 대상 집단상담의 목표를 다음과 같이 제시했다.

- 자존감 향상시키기
- 자신의 한계 수용하기
- 외적인 '압력'과 '부담'으로부터 자유로워지기
- 자기인식 능력을 향상시켜서 선택과 행동의 가능성을 증가시키기
- 느끼는 것과 느끼는 대로 행동하는 것 간의 차이 알기

- 자신의 소망을 이루지 못하게끔 하는 부적절한 초기 결정에서 벗어나기
- 다른 사람들도 치열하게 살고 있다는 것을 알기
- 자신의 가치를 명료하게 하고 그 가치를 수정할 것인지, 그리고 수정한다면 어떻게 수정할 것인지를 결정하기
- 불확실한 세상에서 선택하는 방법을 배우기
- 개인적인 문제를 해결할 방법 찾기
- 친밀성을 저해하는 행동을 줄여 나가기
- 자기 자신과 타인을 신뢰하는 방법을 익히기
- 다른 사람을 배려하는 능력 향상시키기
- 보다 개방적이고 정직해지기
- 지금-여기의 집단 상황에서 다른 집단원들을 직면하기
- 다른 사람들을 지지하고, 다른 사람들에게 도전해 보기
- 배려 깊고 신중하게 다른 사람들과 대면하기
- 자신이 원하는 것을 요청하는 방법을 알기
- 다른 사람들의 욕구와 느낌에 대해 민감해지기
- 다른 사람들에게 유용한 피드백을 제공하기

3) 고령자 집단상담의 과정

고령자 집단상담은 어떤 과정을 통해 변화가 이루어질까? 집단 과정은 학자들마다 다양하게 제시하고 있으며, 천성문 등(2022)이 제시한 고령자 집단상담의 도입 단계, 전개 단계, 마무리 단계를 살펴보고자 한다.

도입 단계에서는 집단의 목표를 분명히 하고, 집단원들이 서로가 낯선 느낌을 줄이고 신뢰할 수 있는 분위기를 만들어 가는 시기이다. 상담자는 집단원들의 정서적 역동을 읽어내는 민감성이 필요하며, 상담분위기를 형성하고 유지시키는 데 주력해야 한다. 대개 이 단계는 한 번의 모임으로 완결되기도 하나 고령자상담의 경우에는 도입 단계를 여유롭게 진행해야 한다. 이 시기에 고령자의 인지능력을 고려한 간단한 활동 중심의 프로그램도 유용하다.

전개 단계에서는 상담에 적극적인 참여로 자기이해와 관계 역동이 발생하는 시기로, 집단원들이 각자 자신의 존재를 알리고자 하며, 집단원 간에 갈등이 생기기도 하며, 상담자

에 대한 저항도 증가한다. 고령자들은 이 단계에 적극적으로 참여하여 자신의 마음을 나누는 데 망설임이 있거나 저항과 방어와 같은 현상이 많이 일어날 수 있다. 따라서 상담자는 이러한 현상들을 잘 다루고, 집단원들이 집단에 적극적으로 참여할 수 있도록 해야 한다. 이 과정에서 집단원들이 자신의 구제적인 문제를 털어놓고 활발하게 논의를 함으로써 바람직한 관점과 행동 방안을 모색할 수 있다. 이때 상담자가 집단 역동을 분석하고 문제를 다루고, 집단원들이 자신감과 소속감을 갖도록 도울 수 있다.

마무리 단계에서는 집단원들이 자기를 좀 더 수용하고, 종결 과정에 따른 이별 감정을 다루게 된다. 이 단계에서 상담 초반의 목표와 현재의 상태를 비교하며 집단에서 배운 것들을 일상생활에 어떻게 적용할 것인가를 생각하도록 해야 한다. 또한 상담 종결을 준비하면서 종결에 대한 집단원들의 느낌과 평가를 나누도록 한다.

4) 고령자 집단상담의 유형

(1) 고령자 교육집단

고령자 교육집단은 교육적 · 직업적 · 사회적 · 지적 정보와 같은 고령자의 개인적 요구나 관심사를 중심으로 정보를 제공할 때 사용하는 집단 형태이다. 이런 집단은 교육 내용과 진행방법에 대해 구조화가 잘되어 있다. 이 집단은 주로 정보와 지식 전달이 중심이기 때문에 심리장애의 치료보다는 문제 예방에 초점을 둔다. 성공적인 노화를 위한 정보 제공, 고령화로 인한 질병에 대한 교육, 죽음 준비와 교육 등 다양한 주제로 교육이 이루어질 수 있다.

(2) 고령자 상담집단

고령자 상담집단은 고령자 교육집단보다 덜 구조화되어 있고, 개인적 문제에 더 집중하는 집단 형태로, 논의 주제도 개인적인 주제인 경우가 많다. 고령자 상담집단은 라포 형성에 각별히 신경 써야 한다. 이 집단 형태에서는 시간 조절과 내담자 개개인의 표현을 존중하고, 보장하는 것이 중요한 문제로 작용한다. 집단원과 목적에 따라 참여인원, 프로그램의 내용이 달라질 수 있다. 발달과정에서 경험하는 감정들을 다루고, 성장에 초점을 둔 집단에서부터 외로움, 사별과 같은 보다 심각한 주제를 다루는 집단 등 다양하다. 또한 시설에 있는 구성원을 대상으로 한 집단, 지역사회에 거주하고 있는 구성원을 대상으로 한 집단 등 다양하다.

(3) 심리치료집단

고령자 집단상담은 노년기에 발생하는 다양한 정신적 문제를 치료하는 것을 주된 목적으로 하며, 개인상담이 적용될 수 있지만, 고령자라는 특성과 전문가 부족 등의 현실적인 문제로 집단상담을 이용한다. 정상적으로 기능할 수 없는 고령자들을 대상으로 운영되기 때문에 상담자가 더 높은 수준의 훈련과 보다 더 전문적인 기술을 갖추어야 한다. 사별, 우울증과 같은 문제를 가진 사람들을 대상으로 심리치료집단이 운영될 수 있다.

5) 고령자 집단상담의 장점

고령자들에게 많은 사람과 함께하는 집단상담은 여러 가지 장점을 가질 수 있다.

첫째, 고령자 집단프로그램을 통해 고령자들이 가장 일반적으로 겪는 어려움이라고 할 수 있는 소외감과 고독의 문제를 완화할 수 있다. 즉, 한 집단의 구성원으로서 소속감을 경험하면서 정서와 사고 교류를 통해 상호 조력하고 지지하는 관계가 형성되고, 이러한 관계는 프로그램이 끝난 후에도 지속될 수 있는 지지망이 될 수 있다.

둘째, 고령자들에게 죽음을 준비하는 과정은 중요하다. 고령자들은 죽음으로 비롯되는 우울과 공포를 경험할 수 있는데, 집단상담을 통해 죽음을 준비하고, 우울과 두려움을 극복하는 자세를 마련해 줄 수 있다. 집단 과정에서 죽음 혹은 우울과 공포를 불러오는 다른 문제들을 드러내어 하나의 주제로 생각과 정서를 나누다 보면 편안하게 수용할 수 있게 된다.

셋째, 고령자들의 대인관계의 질을 높일 수 있다. 고령자들은 자신만의 대인관계 방식으로 인해 가족이나 사회적 관계에서 어려움을 가질 수 있다. 집단 과정을 통해 바람직한 교류방식을 배우게 되고, 집단 내에서 자신뿐 아니라 타인을 있는 그대로의 존귀한 대상으로 이해, 수용하면서 피상적이 아닌 깊은 교류를 경험하게 되고, 이는 집단 밖의 다른 사람들과의 관계에서도 적용될 수 있다.

넷째, 고령자들이 집단에서 자기표현의 기회를 갖게 된다. 고령자는 자신의 경험담을 이야기하기 좋아하고 생활상의 기쁨이나 괴로움 등을 표현하는 것이 필요한데, 특히 부정적인 정서의 표출은 정신건강에 도움을 주며, 이는 신체적 건강과도 연결이 되므로 집단 내에서의 자기표현은 중요한 의미를 지닌다.

6) 집단원

어떤 사람들이 집단상담에 적합하고, 도움을 받을 수 있을까? 고령자의 연령 범위도 넓고, 신체적인 건강이나 경력, 능력, 심리상태 또한 다양하다. 이러한 특징으로 인해 고령자를 전기 고령자와 후기 고령자로 구분하여 이들의 요구와 문제에 맞추어 집단프로그램을 계획하고, 이에 맞는 적절한 대상자를 선발하는 것이 필요하다. 이 과정에서 집단원들을 포함시킬 것인지 또는 배제할 것인지의 결정은 적절하고도 민감하게 행해져야만 한다. 예를 들면, 알츠하이머 병과 같은 퇴행성 질환을 앓고 있는 환자를 비교적 기능을 잘하고 있는 고령자들과 함께 작업하는 것은 효과적이지 않다. 집단에서 도움을 받지 못할 질병이나 정신상태에 있는 사람들은 사전 선발과정을 통해 제외시키는 것이 바람직하다.

고령자 집단의 크기는 12명 이내가 적당하지만 과거 경험의 공유나 지지를 위한 집단은 4~6명 이하 정도가 적당하다. 고령자들은 집단에서 자신의 삶을 인정받고 싶어 하고 경험의 양이 많기 때문에 회기의 길이도 보통 60~90분 정도로 구성하는 것이 좋다.

7) 고령자 집단상담의 지도자

고령 인구의 급격한 증가는 이 집단에게 적절한 심리적 서비스를 제공할 수 있는 정신건강 전문가를 필요로 한다. 어린이, 청소년과 작업하는 상담자들에게 대상자와 그들의 발달단계의 특징에 대한 지식이 필요한 것처럼, 고령자와 함께 일하고자 하는 상담자들에게도 고령자들의 삶의 후반부에 직면한 독특한 문제들을 다루기 위해서는 특별한 지식이 요구된다. 상담자들은 고령자들의 정신적 · 행동적 요구를 효과적으로 다룰 수 있는 태도와 기술에 관한 교육과 훈련을 받아야 한다. 상담자들은 또한 자신의 감정과 태도가 고령자들에게 어떻게 영향을 미치는지에 관해서 자각하는 것은 중요하다. 상담자들의 기본적인 성격 특성과 인생 경험이 집단 작업에서 도움이 되기도 하고 방해가 되기도 하기 때문에 다음과 같은 측면을 고려하고 준비하는 것이 필요하다.

첫째, 고령자들은 긴 인생 여정을 경험하고, 삶에서 겪은 다양한 문제를 해결해 왔다. 따라서 상담자들은 고령자들에 대한 선입견을 배제하고 그들과 긍정적 경험을 하는 것이 좋다. 이러한 경험은 상담자들에게 고령자에 대한 진정한 존경심을 갖도록 하고, 고령자들을 배려하고 공감할 수 있는 태도의 바탕이 된다. 또한 고령자들이 살아왔던 문화적 가치를 존중하고, 고령자로부터 삶의 지혜와 기술을 배우고자 하는 노력과 능력을 갖추는 것이 필요하다.

둘째, 고령자들의 생리적 · 심리적 특징을 이해할 필요가 있다. 노화의 생물학적 측면의 변화, 노화로 인한 다양한 정신병리, 고령자의 특별한 생물학적 · 심리적 · 사회적 욕구에 대한 지식을 갖추어야 한다. 또한 고령자들이 가지고 있는 무거운 짐과 걱정거리에 대한 민감성을 길러야 한다.

셋째, 고령 내담자의 문제에 도전하고 대처할 수 있는 능력을 기를 필요가 있다. 고령자들이 과거에 매어 있는 모습에 도전하고, 그들이 경험하는 우울, 희망이 없음, 비애, 적대감, 절망의 극단적 느낌을 다룰 수 있는 역량을 갖추어야 한다. 고령자와 함께 작업할 때 필요한 유머, 정열, 인내, 용기, 희망, 개방성을 훈련해야 한다. 고령자의 문제를 진단하고, 지지를 제공하고, 도전해야 될 때를 알고, 고령자와의 집단 작업에 필요한 집단의 과정에 대해 배우고, 남은 여생을 새롭게 도전하는 기회가 되도록 돕는 확신이 필요하다.

마지막으로, 상담자는 고령자들뿐만 아니라 고령자들의 가족을 만나 그들의 요구를 이해하고, 대처하는 일을 하게 된다. 따라서 나이 많은 가족 구성원의 책임감에 관한 자신의 감정을 탐색하는 것은 집단원들의 삶의 모습을 이해하는 데 도움이 된다. 또한 고령자 대상 집단상담에서 상담자가 소진이 될 수 있기 때문에 소진되지 않고 작업할 수 있는 방법들을 강구해야 한다.

8) 고령자 집단상담에서 고려할 사항

집단상담을 효과적으로 진행하기 위해서는 집단상담 기법들을 이론으로만 알 것이 아니라 실제 고령자들과의 현장에서 자연스럽게 몸에 익혀야 한다. 고령자 집단상담만의 특별한 기술이 있다. 고령자를 대상으로 집단상담을 할 때 집단의 지도자는 다음의 사항에 유의해야 한다(Corey et al., 2009).

- 고령자가 집단상담에서 단순하면서도 의미 있는 활동을 할 수 있도록 프로그램을 구성하는 것이 좋다. 고령자들에게 한 회기에 여러 가지 활동으로 복잡하거나 바쁘게 하지 않도록 하는 것이 좋다. 미술, 음악, 원예 등의 다양한 매체를 이용하는 방법도 유용하다.
- 집단프로그램을 시작할 때 모든 절차를 집단원들에게 설명하고, 말을 할 때는 얼굴을 보며 간단하면서도 명확하게 말한다. 고령자들은 감각기관이 약화되어 있는 경우가

많기 때문에 내용을 이해하고 있는지를 파악하면서 진행하는 것이 필요하다.

- 집단원들이 과제나 역할에 어려움을 느끼고, 혼돈스러워 해도 서두르지 않고 지지를 해 주면서 기다려 준다.
- 집단원을 약한 존재나 어린아이 대하듯이 하지 않고 존중감을 가지고 대하도록 한다.
- 고령자들에게 지혜와 같은 자원이 있음을 믿고, 고령자들이 자신을 보호하도록 격려해 준다.
- 집단에서 성공에 대한 칭찬을 하며, 그들이 한 활동에 긍정적 피드백과 강화를 사용한다.
- 집단원들이 불평이나 불만이 있으면 충분히 표현하도록 한다. 또한 상담자는 집단원들의 모든 감정을 해결해 주겠다는 부담을 갖지 않도록 한다. 고령자들이 마음속에 담아 두었던 감정을 속 시원히 털어놓는 것만으로도 충분히 도움이 된다.
- 고령자들이 자발적으로 표현할 수 있는 만큼의 감정을 표현하도록 하고 다루도록 한다. 집단상담에서 효과적으로 다룰 수 없는 강한 감정은 표현하지 않도록 유의해야 한다.
- 고령자들은 자신의 문제에 빠져서 집단상담이라는 인식을 못하거나 한 주제에서 맴돌기도 한다. 때로 다른 집단원에게 공격적인 방향으로 흐리기도 한다. 따라서 상담자는 집단 내에 흐르는 상담을 방해하는 분위기들, 즉 지나친 공격성, 일방적인 독백, 회피, 불안 등을 원만하게 해결할 수 있어야 한다.

2. 고령자 대상 집단상담 프로그램 계획

고령자들의 발달과제와 요구는 다양하지만 고령자를 대상으로 하는 프로그램들을 살펴보면 아직 그에 미치지 못한다. 따라서 고령자들의 요구와 해결해야 할 과제에 맞는 다양한 교육 및 집단상담 프로그램이 개발되고 활용되어야 한다. 집단상담 프로그램이 성공적인 효과를 얻으려면 과학적인 근거를 바탕으로 체계적인 절차를 거쳐 개발되어야 한다. 그러나 아직도 국내에서 개발되는 많은 프로그램이 표준화 작업이나 체계적이고 객관적인 개발 절차를 밟지 않은 채 개발자의 '감'에 의존하여 제작, 사용되고 있다(천성문 외, 2022).

고령자 대상 집단상담에서 프로그램은 구조화 집단의 필수적인 구성요소이며, 목표 달

성을 위하여 사전에 계획한 일련의 주제들과 구체적인 집단활동들이 프로그램의 내용이라고 할 수 있다. 구조화된 집단상담에서 상담자의 역할은 프로그램에서 제시하는 집단활동들을 집단원들이 잘 이해하고 주제에 맞게 풀어 갈 수 있도록 도움을 주는 것이다. 즉, 체계적이고 잘 짜인 프로그램이 집단상담의 성과를 결정하는 중요한 요소라고 할 수 있다.

집단상담 프로그램의 내용은 고령 대상자들의 특성과 욕구에 적합하게 구성되어야 한다. 예를 들어, 대상자가 고령자들인 경우에는 그들이 겪고 있는 어려움을 해결하고자 하는 요구에 맞추어 각각의 주제에 따라 다양한 집단상담 프로그램이 실시되어야 한다. 만약 집단상담자가 검증되지 않은 프로그램을 도입하여 고령자들의 수준과 요구에 맞지 않는 집단상담 프로그램을 운용할 경우에는 목적 달성도 힘들지만 집단원의 성장에도 도움이 되지 않는다. 좋은 집단상담 프로그램은 대상자들의 요구를 제대로 반영하고, 목표가 구체적이며, 실현 가능해야 한다. 또한 대상자들이 집단 안에서 자신의 문제를 충분히 깨닫고 참여 동기를 높여 집단 내에서 안전하게 자신의 어려운 점을 개방하고 해결할 수 있도록 효과적인 집단활동을 포함하고 있고, 전체적으로 프로그램의 구성이 일관되고 자연스럽게 연결되어 있어야 한다. 이러한 집단상담 프로그램을 통하여 집단원은 당면한 문제를 해결하거나 해결하기 위한 발판을 마련할 수 있다.

집단상담 프로그램 개발 모형은 집단상담 프로그램 개발 과정을 단계적으로 제시해 주는 개념적 틀이다. 프로그램 개발 모형은 과학적 근거를 바탕으로 체계적인 절차를 거쳐 성공적이고 효과적인 프로그램을 개발하기 위해서 필수적이라 할 수 있다. 따라서 선행 프로그램 개발 모형의 문제점을 해결하고 현실 적용 가능해야 하며, 프로그램 개발 모형의 단계는 기획, 요구 분석, 구성, 예비연구, 실행, 평가로 이루어져야 한다. 집단상담 프로그램 개발 모형의 각 단계별 세부 활동 및 절차는 〈표 13-1〉과 같다.

한편 프로그램 재구성은 기존의 이론 및 모형을 바탕으로 선행연구가 이루어진 프로그램을 대상 집단의 특성 및 목적에 맞추어 재구성하는 것을 말한다. 효과적인 프로그램이 되기 위해서는 체계적인 재구성 절차를 따르는 것이 중요하다. 프로그램 재구성이라고 해서 프로그램을 실시하고자 하는 사람이 마음대로 프로그램의 내용을 수정하거나 변경해서는 효과적인 프로그램을 구성할 수 없다.

따라서 프로그램 재구성 시에는 다음과 같은 사항을 유념해야 한다. 첫째, 프로그램을 재구성하거나 프로그램 지도안을 작성할 경우에는 대상 집단에게 필요한 프로그램의 목적과 목표를 항상 염두에 두고 프로그램의 내용 및 활동을 구성해야 한다. 둘째, 프로그램에서 활용되는 활동이나 실시방법이 다양할 경우 상황 변화에 유연하게 대처할 수 있는 방

표 13-1 집단상담 프로그램 개발 모형

단계	내용
기획	• 프로그램 방향(치료, 성장, 예방, 교육 등) 및 목적설정 • 대상집단 선정 • 문헌조사 및 이론적 배경 조사
↓ 요구 분석	• 대상자 요구조사(설문지, 면담, 관찰, 델파이 등) • 전문가 요구조사(개입 내용, 프로그램 운영, 주의할 점) • 요구조사에 따른 시사점 도출
↓ 구성	• 프로그램 목표 설정 • 변화 원리에 따른 프로그램 모형 개발 • 프로그램 세부 활동 및 내용 조직 • 프로그램 타당도 검증 • 지침서 작성
↓ 예비연구	• 시험운영 계획안 작성 • 시험운영 실시 • 시험운영 후 평가 및 수정 · 보완
↓ 실행	• 최종 프로그램 실행
↓ 평가	• 프로그램 효과 평가(목표 달성, 효과, 만족도 등) • 회기별 프로그램 내용 평가

출처: 천성문 외(2022).

안을 미리 마련해 두는 것이 필요하다. 셋째, 프로그램 실시시간을 결정할 때는 대상 집단의 요구를 반영할 필요가 있다. 넷째, 프로그램 재구성 시 주어진 시간에 비해 너무 많은 활동을 구성하지 말아야 한다. 이러한 사항을 감안하여 체계적인 프로그램 재구성 과정을 살펴보면 기획–재구성–실행–평가 단계로 나눌 수 있다. 프로그램 재구성의 단계는 프로그램 개발 과정에서 중요한 단계인 요구 분석과 예비연구 단계를 제외하고 고령자 대상 프

로그램의 목적에 맞게 재구성 절차를 통해 프로그램을 계획하는 것이 필요하다.

3. 고령자 집단상담 프로그램의 예시

최근에 노인상담센터나 노인복지기관에서 실시하는 다양한 교육프로그램이나 집단상담이 있지만 아동, 청소년을 대상으로 한 집단프로그램만큼 활성화되어 있지 않다. 다음에 제시된 프로그램들은 고령자 대상으로 실시된 프로그램의 예들이다. 이러한 프로그램을 기반으로 고령자상담에서 프로그램을 재구성하거나 목적에 맞게 프로그램을 개발하여 사용하면 좋을 것이다.

1) 고령자 자아통합 집단상담 프로그램

노년기의 발달과제는 통합감과 절망감 사이의 갈등을 성공적으로 해결하는 것이다. 고령자들이 과거를 어떻게 되돌아보느냐가 중요하며, 후회를 하지 않는 사람일수록 자아통합을 이룰 가능성이 높다. 통합감이 높은 고령자들이 자신이 생산적이고 가치 있는 삶을 살았다고 보고, 성공뿐만 아니라 실패에도 잘 대처해 왔다고 느낀다. 또한 일어나지 않았던 일에 집착하지 않고 일어났던 일에서 만족을 찾는다. 그들은 죽음을 삶의 일부로 보고 남아 있는 시간에 대한 의미와 만족을 찾는다. 자아통합을 달성하는 데 실패하면 절망감과 무망감, 죄책감, 후회 및 자기부정의 느낌이 일어난다. 따라서 고령자들이 이제까지 살아온 과거의 경험과 감정들을 잘 정리하고, 현재의 상태와 변화를 수용하고, 죽음에 대해 대처할 수 있도록 돕는 프로그램이 필요하다. 다음은 고령자의 자아통합을 증진하기 위한 프로그램의 예이다.

고령자 자아통합 집단상담 프로그램은 성공적인 노화를 돕는 하나의 방법이 될 수 있다. 친구나 동기 간에 모여서 과거나 현재를 이야기하며 웃기도 하고 넋두리도 하지만, 집단상담을 통해서 좀 더 체계적이고 전문적인 방향과 방법으로 지난 삶을 정리하고 남은 삶을 의미 있게 영위할 수 있게 하는 것이 이 프로그램의 목적이다. 집단 구성원들이 10회를 정기적으로 만나면서 어린 시절부터 지금까지의 나와 내 주변을 둘러보며 경험들을 나누고, 그러는 과정에서 집단상담의 가장 큰 치료요인이라고 할 수 있는 보편성을 실감하고 서로 공감하고 지지해 준다. 이로써 자신의 상처를 보듬게 되고, 긍정적인 면을 찾게 되면

서 삶의 의미를 재정립하여 삶의 태도를 좀 더 긍정적으로 가질 수 있게 된다.

이장호와 김영경(2011)가 제시한 고령자 대상 자아통합감 프로그램의 예는 〈표 13-2〉와 같다.

표 13-2 노인 자아통합 집단상담 프로그램

회기	프로그램 제목	목표	활동
1	방향 제시와 자기소개	• 집단상담의 개념, 목적, 진행방법, 유의사항을 이해한다. • 자신의 특징을 확인함으로써 자기 이해, 집단원의 이해를 돕는다. • 상담 과정에 대한 불안감 해소, 기대 및 참여 의욕을 고취시킨다.	• 오리엔테이션 • 별칭 짓기 • 서약서 쓰기 • 상대방 소개하기
2	풍경화 (LMT) 그리기	• 풍경화를 그리면서 이와 관련된 추억을 되새긴다. • 추억 속의 욕구나 좌절을 통해 자신의 현재 정서상태, 기대, 희망 등을 살핀다.	• 강-산-밭-길-나무-사람-꽃-동물의 순서로 그림 그리기 • 그림 그리기 활동을 통해 느낀 나의 모습은 어떤 것인가?
3	내 인생의 3대 뉴스	• 지나온 삶을 되돌아보며 자신에게 의미가 컸던 일들을 정리해 본다. • 과거 경험들의 의미를 탐색하고, 이를 통해 오늘의 나를 더욱 이해한다. • 자기개방을 통해 집단원들 간의 이해를 높인다.	• 눈을 감고 특별한 기억 떠올려 보기 • 8절지에 중요한 순서대로 또는 시간 순서대로 글로 옮겨 적거나 그림으로 표현하기 • 발표 후 자유롭게 궁금한 점을 묻고 답하기
4	남이 보는 나	• 남에게 비추어지는 자신의 모습이 어떠한지 인식함으로써 자신을 재인식한다. • 행동 결과를 알 수 있고, 자신의 행동을 수정할 수 있게 한다.	• 한 사람을 선정해 잠시 집단 밖으로 나가게 하기 • 또 한 사람을 선정해 두 번째 선정된 사람의 성격, 행동 특성에 대한 집단원들의 의견 모으기 • 끝나면 선정된 사람의 느낌을 들어보고, 돌아가면서 같은 절차의 활동을 실시하기

5	장점 바라보기	• 장점으로 보이는 것들을 깊이 있고 솔직하게 주고받음으로써 명료화하고 개방한다. • 자신과 타인에 대해서, 그리고 삶에 대해서 긍정적인 시각을 갖게 한다.	• 장점 20가지 기록하기 • 한 명이 발표하면 다른 집단원들은 생각나는 대로 그 사람의 장점을 기록하기 • 각자 기록한 발표자의 장점을 돌아가며 얘기하고, 기록지를 발표자에게 전달하기 • 자신이 쓴 장점과 집단원들이 쓴 장점을 비교하면서 느낌을 표현하기
6	관심 기울이기 경청하기 연습	• 다른 사람의 대화에 적절한 주의를 기울이며 들을 수 있게 한다. • 표현하지 않은 상대방의 감정까지 직감할 수 있도록 돕는다.	• (1) 경청하기 I(두 사람씩 짝을 짓는다) • (2) 경청하기 II(세 사람씩 짝을 짓는다)
7	마음의 선물	• 자신의 특징을 간단명료하게 표현할 수 있도록 한다. • 다른 집단원의 특징을 알고 그를 배려할 수 있도록 함으로써 사회적 교류 기회를 경험한다.	• (1) 자신을 알리기 • (2) 선물하기
8	내가 살아야 하는 이유	• 삶에서 중요한 것들을 적극적으로 의식함으로써 삶의 의미를 긍정적으로 만든다. • 삶에 대한 태도를 재정비하고 오늘을 긍정적으로 살며, 또 열심히 살고자 하는 의욕을 고취시킨다.	• 생명이 위급하고 절박한 가상적 상황을 부여하기 • 부여된 상황 속에서 자신이 살아야 하는 이유를 최대한 많이 생각해 내도록 하기 • 상황을 만들고 실감나게 자기주장을 하도록 하기 • 자기주장을 제대로 못한 사람이 희생되는 것으로 하고 상황 마치기 • 느낌을 전체적으로 나누기 • 내가 살아야 하는 이유를 일상생활 장면에 관련시켜서 생각하도록 하기
9	유언 남기기	• 지금까지의 삶을 재조명해 보고, 깊이 있는 자기이해를 도모한다. • 앞으로의 삶의 방향을 진지하게 탐색해 본다.	• (1) 유언하기 • (2) 내가 다시 산다면

10	마무리 및 소감 교류	• 지금까지의 집단 경험을 토대로 자신을 새롭게 정리해 본다. • 서로의 행복을 기원하면서 감사와 애정을 표시한다.	• (1) 마무리 소감 적기와 읽기 • (2) 마무리 인사 나누기

출처: 이장호, 김영경(2006).

2) 노인기의 부부관계 증진 집단상담 프로그램

나이가 들어감에 따라 자녀들이 성장하여 독립해 나가면서 부부 중심의 생활을 하게 된다. 노년기 삶에 있어서 배우자와의 안정적인 결혼생활이 중요함에도 불구하고, 황혼 이혼이나 졸혼과 같은 부부문제가 가속화되고 있다(홍정화, 이영순, 2020).

고령자들은 은퇴 후 함께 지내는 시간이 길어지면서 결혼 이후에 겪어 보지 못한 다양한 문제 상황을 경험하게 된다. 부부간 상호작용이 많아지면서 서로에게 관심을 갖고 친밀해질 수도 있지만 부부가 함께하는 시간에 익숙하지 않아 긴장과 갈등이 발생할 수 있다. 또한 자녀들이 독립한 후 심리적 변화에 따른 빈 둥지 증후군(empty nest syndrome), 우울감 등의 다양한 문제로 자칫 부부관계가 소원해지고, 이로 인해 불협화음이나 갈등을 초래할 수가 있으며, 결혼생활에서 쌓여 왔던 갈등이 표출되고 노인 부부를 지탱해 주던 가족과 사회의 지지와 가치 규범이 무너지면서 이혼을 결심하게 된다. 노년기의 삶의 질에 중요한 요소인 배우자와의 관계를 강화하여 노년기 가족의 건강성과 나아가 사회의 안정성을 확보하고자 하는 노력이 절실히 필요하다.

부부관계는 부부가 서로의 한계와 단점을 인정하고 수용하며, 상호간의 차이점과 갈등을 극복하는 과정을 통해 이루어지며, 부부가 서로 보살피고, 배우자에게 헌신함으로써 노년기 부부의 잠재적 갈등요소들이 줄어들 수 있다. 노년기 부부관계를 증진시키기 위해서는 부부가 서로를 존중하고 건강한 의사소통을 통해 서로의 감정과 욕구를 솔직하게 나눌 수 있어야 한다. 또한 부부 각 개인의 심리적 통합이 중요하다. 노년기의 발달 과업인 자아통합과 함께 노년기에 삶의 의미를 발견하도록 목표를 두어야 하며, 피상적인 문제의 해결보다는 죽음, 늙음, 고독과 같은 실존적 문제에 관심을 갖도록 해야 한다. 따라서 고령자 부부들이 고독과 두려움 속에서 죽음을 기다리는 수동적인 삶을 살기보다는 주체적으로 자신의 존재 의미를 발견하고 추구하는 삶으로 나아가도록 도와야 한다. 홍정화와 이영순(2020)이 제시한 고령자 부부관계 증진 집단상담 프로그램의 예는 〈표 13-3〉과 같다.

표 13-3 노년기의 부부관계 증진 집단상담 프로그램

회기	주제	목표	활동 내용
1	'너, 나' 우리는 부부예요	• 프로그램의 목적과 활동 내용을 이해한다. • 집단원 간에 관계를 형성한다.	• 프로그램 안내 • 사전검사 • 그림으로 배우자 소개하기 • 부부팀명 정하기 • 규칙 안내하기 • 부부별 프로그램 목표를 적어 붙이기 • 부부사진 찍기
2	'내 안에 너 있다'	• 부부가 서로의 내면세계에 대해 잘 알 수 있는 시간을 갖는다. • 배우자의 상처를 알고 위로하며 서로의 꿈을 격려하고 지지한다.	• 배우자 서로에게 단계별 질문지로 질문하고 답하기 • 배우자에게 관심 두기 • 배우자의 상처 치유하기 • 배우자의 꿈 나누기
3	'당신에게 모두' 드리리	• 부부가 서로 그동안 삶의 노고에 사랑과 존중의 마음을 표현한다. • 사소한 작은 일상에 관심을 갖고 표현한다.	• 배우자 장점 나누기 • 아내 → 남편에게(세족식), 남편 → 아내에게(장미꽃으로) 내조에 감사 표현하기
4	연결감 갖기	• 배우자의 입장에서 잘 들어주고 인정하고 공감하며 연결감을 갖고 실전연습을 한다. • 다가가는 대화를 통해 일상에서 스트레스를 낮춘다.	• 반영하기 실전연습 • 인정하기 실전연습 • 공감하기 실전연습 • 다가가는 대화
5	사랑과 전쟁	• 독 대신 해독제로 관계의 긍정적 표현방법에 대해 이해한다. • 타협을 위한 관계 기술을 안다. • 자아탄력을 위한 자기진정 기술을 익힌다.	• 독 대신 해독제로 소통하기 • 타협의 관계 기술 알기 • 자기진정 기술 연습하기 • 부드럽게 시작하기 • 상대방의 영향력 받아들이기 • 화해 시도하기
6	성은 아름다워	• 노인의 성에 대한 욕구가 자연스러운 것임을 이해한다. • 노인의 성은 아름다운 것임을 안다.	• 노인의 성 동영상 시청하기 • 활동지 • 스킨십하면서 좋은 곳과 싫은 곳을 스티커로 표현하고 나누기

7	우리 인생의 '버킷리스트'	• 나의 삶에서 중요하며 해 보고 싶은 '버킷리스트'는 무엇인지 써 보고 경험하게 한다.	• 버킷리스트 동영상 시청하기 • 버킷리스트 작성하기-회상기법: 학창시절로 돌아가 교복입고 한옥마을로 데이트~
8	내 인생의 봄, 여름, 가을, 겨울	• 부부의 삶에서 다양한 사건과 굴곡을 되새겨 보고 극복하고 이겨 낸 경험을 나누며 서로 격려한다.	• 자랑하고 싶은 일 (서로 격려, 지지하기) • 감사와 사랑, 용서와 화해 편지쓰기
9	존엄한 죽음	• 탄생에서 죽음까지 자연스런 과정의 하나라는 사실을 이해한다. • 자신의 장례식을 기획하고 사전연명의료의향서와 이별편지나 유언장을 작성해 본다.	• 동영상 시청하기 • 사전장례의향서 작성하기 • 사전의료의향서 작성하기 • 이별편지 혹은 유언장 작성하기
10	인생은 아름다워	• 영화를 관람한다(영화 〈죽여 주는 여자〉).	• 소감 나누기
11	행복한 우리 부부를 위해~	• 일생을 후회 없이 수용하고 현재의 삶에 만족하며 심리적 안녕감을 갖게 한다.	• 활동한 내용 제작하기 • 동영상 보기 • 소감 나누기 • 사후검사 • 다과회

출처: 홍정화, 이영순(2020).

3) 회상과 삶의 재음미 집단상담 프로그램

고령자들은 많은 시간을 과거를 회상하며 되풀이하듯 이야기를 나누는 것을 좋아한다. 고령자들에게 그들이 살아왔던 경험들을 회상하고, 그 시절에 느꼈던 것들을 재경험하도록 하는 회상치료는 의미가 있다. 집단원들은 회상집단에서 삶에서 경험한 기억들을 이야기하고, 자아통합을 증가시키고, 다른 사람들의 이야기를 통해 삶에 대한 통찰력을 얻는다. 이러한 집단에서 고령자들이 상호작용을 하면서 삶에 에너지를 얻도록 하며, 비생산적인 도피로 여겨졌던 과거의 회상이 오히려 개인의 심리적 통합을 촉진한다는 점에서 유용하다.

고령자들을 대상으로 한 집단에서는 대부분 과거 사건과 경험을 회상하도록 하고, 재음미하도록 함으로써 자신의 한정된 삶에 대해 자각하도록 한다. 또한 자신의 죽음을 받아들이도록 하고, 해결되지 않은 과거 갈등들을 의식화하여 재음미하도록 한다.

회상집단의 집단원들은 걱정거리와 경험을 다른 집단원들과 소통할 기회를 제공하고, 상실과 변화로 인한 외로움과 무망감 같은 감정들을 표현하고, 극복할 수 있도록 한다(Corey & Corey, 2012). 집단에서 고령자 구성원들이 자신이 누구인지를 생각하고, 미래의 목표를 확인하도록 도우며, 지지적인 분위기에서 노화에 대한 관심사를 나누도록 한다.

집단에서 사용되는 주제들은 다음과 같다. 회상을 통해 자신이 누구이고, 자신에 대해 어떻게 느끼는지를 나누기, 자신에게 가장 많이 영향을 미친 가족에 대해 나누기, 삶의 중요한 시기별로 의미 있던 경험 나누기, 인생에서 경험한 위기와 영향, 대처 등을 나누기, 죽음과 관련된 경험과 죽어 가고 있는 것에 대한 생각과 감정을 나누기, 살아오면서 삶의 목표가 어떻게 변화되어 왔으며, 이러한 목표들이 삶에 어떤 의미를 제공했는지 나누기 등의 내용으로 구성된다. 김명희(2015)가 제시한 회상을 활용한 집단상담 프로그램의 예는 〈표 13-4〉와 같다.

표 13-4 회상을 활용한 집단상담 프로그램

회기	주제	목표	활동 내용
1	나는 어떤 사람인가?	• 집단원들 간의 친선관계를 형성한다. • 프로그램의 내용과 규칙을 이해한다.	• 자신에 대한 소개하기 • 지금 나에게 가장 소중한 것은 무엇인가?
2	잊지 못하는 행복한 기억은 무엇인가?	• 자신을 드러내어 보임으로써 지지와 공감을 통해 신뢰감을 쌓는다. • 가장 행복했던 기억을 통해 존재감을 재인식한다.	• 내 인생의 첫 기억은 무엇인가? • 가장 행복했던 기억은 무엇인가?
3	아동기의 회상	• 아동기의 성장 환경을 통해 친구와의 추억과 주요사건을 회상해 봄으로써 나의 위치를 재정립해 본다.	• 어린 시절에 보살핌을 잘 받고 자랐습니까? • 어릴 적 대소사 및 명절에 대한 기억이 있습니까? • 어린 시절 친구에 대한 기억이 있습니까?
4	청소년기 (10대 시기) 회상	• 10대 시절의 관계를 회상해 봄으로써 자신의 정체성을 확인한다.	• 가족과의 관계는 어땠습니까? • 친한 친구들에 대한 기억은 있습니까?

5	청년기 (20대 전후) 회상	• 20세 전후에 자신의 꿈은 무엇이었는지 생각해 보고, 어느 정도 목표를 달성하였는지 알아본다.	• 미래에 대한 목표가 무엇이었습니까? • 가족 내에서의 위치는 어떤 것이었습니까?
6	초기 성인 회상	• 결혼 전후의 모습을 통해 자신의 존재감을 갖는다. • 현재의 내 모습을 생각해 본다.	• 결혼식의 기억은 어떤 것들이 있습니까? • 결혼생활의 시작은 어땠습니까? • 첫 아이의 출생 때 어땠습니까?
7	중기 성인 회상	• 사회활동을 할 당시를 회상해 봄으로써 자신감을 갖는다.	• 생업은 무엇이었습니까? • 친밀한 이웃에 대한 기억이 있습니까?
8	후기 성인 회상	• 50~60대를 회상해 보고 가정과 사회에서 나의 위상을 확인해 본다.	• 가장 힘들었던 위기는 어떤 것이었습니까? • 위기를 어떻게 극복하셨습니까?
9	노년기 회상	• 생애의 회상으로 정체성을 확립한다. • 자식에게 유언의 말을 해 본다. • 자신의 죽음에 직면해 봄으로써 죽음에 대한 불안을 감소시킨다.	• 어떤 삶을 살았다고 생각합니까? • 자녀에게 유언을 남긴다면 어떤 말을 하고 싶으십니까? • 죽음을 어떻게 생각하십니까?
10	노인으로 잘 사는 것이란?	• 지금부터 활기찬 노인으로 살아간다.	• 적극적인 인생은 어떤 모습으로 사는 것입니까?

출처: 김명희(2015).

4) 성공적 노화를 위한 집단상담 프로그램

일반적으로 노화(aging)란 나이가 들어 생명체의 성질이나 기능이 쇠퇴함을 의미하지만, 심리학에서 볼 때 노화 과정이란 단순히 생물학적 감퇴와 죽음의 가능성이 증가하는 것만을 의미하지 않고, 퇴화와 성숙을 함께 내포하고 있는 자기조절 과정으로 본다. 과거에 노화를 부정적으로 보던 것에서 성숙과 관련된 자기조절 과정에서 나타나는 과정을 건강한 노화(healthy aging), 성공적 노화(successful aging), 생산적 노화(productive aging), 잘 늙기(aging well), 긍정적 노화(positive aging), 우아하게 늙기(aging gracefully) 등으로 다양하게 명명하여 접근하고 있다(주용국, 2009).

성공적 노화를 위한 집단상담 프로그램은 노화가 진행됨에 따라 신체적 · 정신적 힘을 유지하도록 도전적인 일에서 고령자들이 직면해야만 하는 문제에 초점을 둔 심리교육 프로그램의 한 예이다. 많은 고령자가 신체적, 정신적으로 쇠퇴하고 있는 경험이 불가피하다고 믿는다. 이러한 경험에서 벗어나기 위해서 아무것도 할 수 없다고 생각하는 노화에 대한 그릇된 가치관과 고정관념을 가지고 있는 경향이 있다. 그리하여 이러한 갑갑하고 불만스러운 삶을 계속 경험하는 경향이 있다. 그러나 노화에 관한 긍정적인 메시지에 노출된 고령자들은 업무 성취에 있어서 향상을 보인다.

성공적 노화를 위한 집단상담 프로그램의 목표는 노화와 관련된 잘못된 신념체계를 수정하도록 하며, 과학에 근거한 정확하고 긍정적인 정보들을 제시함으로써 노화와 관련된 신념에 영향을 미치도록 하는 것이다. 이런 변화를 통해 고령자들이 남아 있는 인생에서 변화를 가져오도록 하는 것이다. 주요 목표는 고령자에 대한 고정관념과 사회적 통념을 인식하기, 고정관념이나 제한된 사고가 미치는 부정적 영향을 이해하기, 신체적 · 지적 · 정서적 건강에 대한 지식을 늘리기, 집단원들 사이에 사회적 지지망을 만들기, 삶에 관심을 갖고 질병의 위험을 줄일 수 있는 생활양식을 갖도록 하기 등이다. 〈표 13-5〉는 Corey, Corey와 Corey(2009)가 제시된 성공적 노화를 위한 집단상담 프로그램의 예시이다.

표 13-5 성공적 노화를 위한 집단상담 프로그램

회기	주제	활동 내용
1	도입	• 집단의 목표와 집단 오리엔테이션 가지기 • 노화에 대한 사회적 통념과 고정관념에 대해 알아보기 • 보편적인 노화에 대한 사회적 통념과 고정관념에 대해 반박해 보기
2	일반적 노화 대 성공적 노화	• 일반적 노화 • 성공적 노화: 질병의 위험이 낮음, 신체적 및 정신적으로 제 역할을 하기, 인생과 사회활동에 적극적으로 참여하기, 이런 부분의 사회적 통념과 고정관념을 조사하기
3	환경 대 유전	• 성공적 노화를 위한 삶의 양식의 변화 필요성: 금연, 운동, 다이어트 등
4	질병의 발견과 치료, 예방	• 질병의 조기 발견 방법을 스스로 살펴보기 • 질병 예방을 위한 방법 나누기
5	운동과 영양	• 운동과 영양이 노화에 미치는 영향 다루기 • 운동활동 나누기 • 운동 처방과 관련된 연사 초빙하기
6	노화와 기억	• 노화 과정과 정상적인 기억 • 치매와 알츠하이머 병 • 약물치료의 영향 • 기억술과 같은 방법 다루기

7	정신건강	• 우울, 걱정과 같은 정신건강 문제 • 정신건강 문제에 대한 부정적인 태도와 나약함을 나누기 • 정신건강 문제의 환경적 · 발달적 요인 탐색하기 • 지역공동체의 자원 제공하기
8	관계	• 사회적 참여와 건강의 관계 • 사회적 지원
9~12	정리	• 배운 것을 정리하기 • 집단에 참여하면서 변화한 것들과 유지하는 방법 나누기 • 집단 밖에서 사회적 상호작용 격려하기

출처: Corey, Corey & Corey (2009).

5) 고령자와 청소년이 결합된 집단상담 프로그램

고령자들이 건강을 유지하기 위해서는 모든 연령의 집단과 접촉해야 한다. 고령자들의 지혜를 젊은 세대에게 전해 줄 기회를 가질 필요가 있다. 젊은이들은 지혜를 얻기 위해 고령자들에게 노출될 필요가 있다. 따라서 두 연령의 집단을 구성할 필요가 있다. 청소년들은 자신들의 가치체계를 개발하기 위해 역할 모델을 필요로 하고, 이러한 상호작용을 통해 차이점과 유사점을 발견하면서 배울 수 있다. 청소년들은 또한 노화 과정에 대한 두려움을 줄일 수 있다. 고령자와 청소년 집단은 위험요인을 줄여 주고, 예방요인을 증가시켜 준다. 또한 고령자들에게 외로움, 소외, 쓸모없다는 느낌에서 생겨나는 우울을 감소시켜 준다. 프로그램에 활용될 수 있는 주제 및 내용을 제시해 보면 〈표 13-6〉과 같다(Corey et al., 2009). 집단원에 맞게 다음의 주제들을 선택하고, 그에 맞는 활동들을 계획 및 구성하여 진행하는 것도 좋은 방법이다.

표 13-6 고령자와 청소년이 결합된 집단상담 프로그램

시간	주제 및 내용
1	• 집단 오리엔테이션, 소개하기
2	• 집단원들의 유사점과 차이점 • 삶에서 가장 중요한 일을 나누고, 유사점과 차이점에 대한 토의하기
3	• 개인의 강점과 행복하게 만드는 것에 대해 토의하기 • 자신의 강점과 강인함이 자신의 행복에 어떻게 기여를 했는지를 나누기 • 다른 나이대의 집단에서 얻고 싶은 장점을 선택하고 나누기

4	• 고령자의 삶의 경험을 돌아보게 하고, 청소년들에게 삶이란 노력이 요구되는 과정임을 인식하도록 돕기 • 살아오면서 찍은 사진을 가져와서 자신이 가장 좋아하는 사진과 의미에 대해 나누기
5	• 젊은이와 노인들이 대중매체에서 어떻게 표현되는지 알아보기 • 뉴스 기사를 통해 젊은이와 노인들에 대한 대중매체의 묘사를 토의하기
6	• 음악의 메시지를 알아보고, 공통 주제를 찾으면서 예전의 음악과 오늘의 음악 비교하기 • 음악이 만들어진 시대에 일어난 일들을 나누기
7	• 고령자들은 자신이 남긴 유산의 의미 나누기 • 젊은이들은 자신의 뿌리에 대한 이해와 노인의 중요성을 깨닫도록 하기 • 민족적 배경과 유산에 대해 나누기
8	• 작별인사와 상대방에 대한 존경심을 가지도록 하기 • 배운 것, 재미있었던 것, 상대 연령집단에 대해 가졌던 오해를 찾고 해소하기

출처: Corey et al. (2009).

6) 고령자 사별 집단상담 프로그램

고령자들이 가까운 사람들을 떠나보내고 자신의 죽음뿐 아니라 중요한 사람들의 죽음을 직면하는 것은 그들에게 중요한 발달상 과업이다. 사별을 경험한 고령자들이 그들의 생각과 느낌을 충분히 표현하는 기회가 주어진다면 새로운 환경에 더 잘 적응을 할 수 있다. 사별 집단상담은 사랑하는 사람을 상실한 고령자들에게 특별히 도움이 된다. 사별 프로그램은 상실을 현실로 받아들이고, 슬픔과 같은 고통스런 정서를 나누고, 사랑하는 사람이 없는 현재 상태에 적응하고, 다른 사람과 관계를 시작할 수 있도록 돕는다.

〈표 13-7〉에서는 Freeman(2005; Corey et al., 2009 재인용)이 제안한 사별 프로그램을 소개하고자 한다. 사별 집단의 일차적 목표는 애도자가 슬픔과 같은 상실의 감정과 함께 살아가는 것을 배우는 것이다. 고령자를 위한 사별 집단은 교육과 정서적 지지, 사회적 활동의 격려 요소를 포함한 심리교육적인 것에 초점을 둔다.

표 13-7 고령자 사별 집단상담 프로그램의 예

시간	주제	주제 및 내용
1	도입	• 집단 오리엔테이션, 규칙, 상실 경험, 도움받고 싶은 것
2	개인적 상실과 사별경험 나누기	• 삶에서 일어났던 상실과 사별 경험들을 나누기

3	애도 과정에 대해 배우기	• 상실 후 슬픔 과정과 반응들에 대한 나눔(슬픔, 신체적 반응, 자살생각, 약물 의존, 우울)과 이해
4	상실과 관련된 문제	• 죄책감, 외로움, 죽어 가는 것, 대인관계 역할에 대한 두려움, 중요한 날들, 실존문제 등에 대한 탐색과 나눔
5	사진과 기억	• 사진을 가져와서 죽은 사람에 대해 이야기하도록 하여 상실감을 더 깊이 느끼고, 도와주도록 함
6	부차적 상실을 다루기	• 죽음의 결과로 생기는 상실의 부차적인 상실(희망, 계획, 꿈 등)
7	정서적 강도	• 집단원들의 사별 후에 경험하는 정서를 반복적으로 처리할 수 있도록 함
8	자신감과 기술 정립	• 배우자에게 의존해서 해결했던 문제들을 스스로 해결할 수 있도록 함(계좌 관리 등)
9	여러 가지 상실 경험	• 배우자와 사별한 후 친구(가족), 은퇴, 건강, 인지기능 등의 다양한 상실을 나눔
10	종결	• 집단에서 배운 것들 나누기, 미해결 문제 다루기, 계획 세우기

출처: Freeman (2005): Corey et al. (2009) 재인용.

7) 웰다잉 프로그램

인간에게 있어 죽음은 의식적, 무의식적으로 거부하거나 회피하게 되는 주제이며, 일반적인 사회 분위기 또한 죽음에 대해 언급하는 것마저 금기시하므로 누구나 맞게 되는 필연적인 것임에도 탐색할 기회가 없다. 죽음에 가까이 있다고 여기는 고령자들조차 죽음에 대한 두려움으로 인해 인생을 정리하고 죽음을 준비하는 것에 소극적이다. 웰빙(well-being) 열풍은 2009년 존엄사 논쟁에서 촉발된 웰다잉으로 연결되었고, 인간으로서 존엄과 가치에 합당한 서비스를 받으며 생의 마지막 순간을 의미 있게 맞을 수 있는 품위 있는 죽음, 즉 웰다잉에 대한 사회적 요구가 대두되고 있다(정운경, 2015).

죽음을 어떻게 인식하고 받아들이느냐에 따라 삶의 태도나 방식이 달라지기 때문에 좋은 삶과 좋은 죽음을 위해 죽음에 대한 태도는 매우 중요하다. 특히 죽음을 가장 가까이 앞두고 있는 고령자들이 죽음을 회피하지 않고 직시하는 것, 즉 자신의 인생을 긍정적으로 평가하여 남아 있는 시간들을 의미 있게 보내도록 하는 것은 성공적 노화에 있어서도 매우 중요하다. 죽음을 어떻게 맞이하는가는 어떻게 살아 왔는가와 연결되어 좋은 삶은 좋은 죽음을 맞게 해 주며, 좋은 죽음이란 결국 좋은 삶의 마무리일 것이다(임송자, 송선희, 2012: 정운경, 2015 재인용).

죽음이 두려운 것이기는 하지만 그 누구도 피할 수 없기에 죽음을 수용하고 막연한 죽음 불안에서 벗어나 삶의 의미를 발견하여 보다 좋은 삶을 살기 위해서는 죽음준비교육, 즉 웰다잉에 관한 교육이 필요하다. 서구의 경우, 이미 삶과 죽음의 문제를 공통적인 연구대상으로 인식하고, 웰빙의 중요한 요인 중 하나로 웰다잉을 포함해야 한다고 인식되고 있다. 우리나라도 최근 웰다잉에 대한 관심이 증가되면서 웰다잉 프로그램이 확산되고 있다. 이러한 교육은 모든 연령에 필요한 것이지만 특히 고령자들에게 있어 필요하며, 웰다잉 프로그램을 통해 노년의 삶을 통합하도록 도와주어 질 높은 삶을 사는 데 도움이 되도록 해야 할 것이다. 웰다잉을 위해 고령자들에게 적합하게 계획된 프로그램을 통하여 불안함 속에 막연히 직면하게 되는 죽음이 아닌 삶을 풍요롭게 즐기며 때가 되면 죽음을 수용적으로 받아들일 수 있는 준비를 하도록 하는 것이 필요하다. 〈표 13-8〉은 정운경(2015)의 웰다잉 프로그램의 예이다.

표 13-8 웰다잉 프로그램의 예

<table>
<tr><th>시간</th><th>주제</th><th>주제 및 내용</th></tr>
<tr><td>1</td><td>OT 및 프로그램 소개</td><td>• 프로그램 소개하기</td></tr>
<tr><td>2</td><td>삶의 회고</td><td>• 인생곡선 그리기
• 가계도 그리기</td></tr>
<tr><td>3</td><td rowspan="2">웰다잉을 위해</td><td>• 잊을 수 없는 사건과 사람 추억하기
• 용서, 화해, 감사</td></tr>
<tr><td>4</td><td>• 죽음의 의미(의학적/심리학적)
• 죽음의 의미(철학적/신학적)</td></tr>
<tr><td>5</td><td rowspan="2">사고와 비탄 치유</td><td>• 안락사와 뇌사, 장기이식에 대한 이해(사전의료지시서)
• 호스피스 운동의 역사와 이해
• 내가 경험한 죽음에 대해서 나누기</td></tr>
<tr><td>6</td><td>• 상실과 슬픔의 단계 이론적 강의
• 비디오 감상
• 타인의 죽음이 자신의 삶에 끼친 영향을 회상하고 이후 변화된 삶에 대해 토의</td></tr>
<tr><td>7</td><td rowspan="3">평화로운 죽음 준비</td><td>• 영화 감상(버킷리스트)
• 나의 버킷리스트 작성하기</td></tr>
<tr><td>8</td><td>• 장례식 기획하기</td></tr>
<tr><td>9</td><td>• 버킷리스트 경험하기</td></tr>
</table>

10	삶의 의미와 준비	• 의미요법에 대해 강의 • 가장 소중하게 생각하는 세 가지 이야기
11		• 앞으로 하고 싶은 일 계획하기 • 유언장 작성하기
12	마무리	• 소감 나누기 • 사후검사

출처: 정운경(2015).

8) 긍정심리치료 프로그램

심리학은 그동안 사람들의 병리적인 측면에 초점을 두고, 긍정적인 자원에 대한 연구가 부족했다. Seligman이 1998년에 긍정심리학을 창시한 이후, 지난 10년 동안 많은 발전을 거듭해 왔으며, 인간의 긍정적인 특성에 초점을 둔 중재를 하여 치료성과를 보여 주었다. 특히 긍정심리치료는 인간의 행복에 깊은 관심을 가지고 있으며, 병리적인 부분을 해결하기보다는 인간이 가지고 있는 대표적인 강점과 미덕을 찾아내어 일상생활에서 잘 발휘할 때 찾아온다고 본다. 긍정심리치료는 인간의 부정적 측면을 부인하지 않으며, 부정적 측면을 제거하고 개선하는 능력의 소중함을 부정하지도 않는다. 다만, 행복하고 만족스러운 삶을 추구하는 욕구가 더 보편적이고, 중요하다고 여긴다(권석만, 2009).

긍정심리치료는 내담자의 고통을 경감시키고 그 증상을 없애는 것이 아니라 충만감과 웰빙을 촉진하며, 이는 그 자체로 가치 있는 목표일 뿐 아니라 정신병리의 발생을 완충하고 질병으로부터 회복을 돕는 예방적 기능도 한다고 보고 있다.

삶의 경험과 지혜가 축적된 고령자에게 긍정심리치료를 실시했을 때 우울감의 감소가 원활하며 긍정심리치료는 우울감을 감소시키는 것과 동시에 노인기에 성취되어야 하는 자아통합감 및 성공적 노화를 증진시키는 데 의미가 있는 것으로 밝혀졌다. 〈표 13-9〉는 이정애(2011)의 노인들을 대상으로 한 긍정심리치료 프로그램의 예이다.

표 13-9 긍정심리 프로그램의 예

회기	주제	활동 내용
1	• 우울증을 이해하고 공유하면서 집단원 간에 유대를 강화 • 노인 긍정심리 프로그램에 대한 이해	• 프로그램 소개 및 집단의 규칙 정하기 • 우울증에 대한 논의 • 노인 긍정심리치료에 대한 소개 • 긍정적인 자기소개서 작성하기

2	• 스트레스 및 대처에 대한 이해 • 낙관성의 개념을 이해하고, 낙관적인 사고에 대해 습득하기	• 자신이 경험했던 스트레스 체크하기(1년) • 스트레스 대처방법에 대한 토론하기 • 낙관적인 사고의 세 가지 규칙을 알고, 이를 실제 생활에서 적용해 보기
3	• 자신의 강점을 인식하고, 이를 일상생활에서 활용하기	• 자신의 강점과 약점에 대해 생각해 보기 • 강점을 평가하는 행동가치척도를 실시하고, 자신의 강점을 구체적으로 알아보기
4	• 긍정 대화법에 대해 배우기	• 긍정 대화법을 배우고, 여러 가지 예를 통해 적용해 보기
5	• 감사의 중요성에 대해 인식하고, 감사편지 작성하기	• 일생을 살면서 감사했던 경험에 대해 나누기 • 감사편지 쓰기
6	• 행복감을 증진시킬 수 있는 구체적인 활동에 대해 알아보기	• 행복감 증진을 위한 활동 중 현재 하고 있는 것 탐색하기 • 행복감 증진을 위해 앞으로 연습할 것 정하기
7	• 용서의 순기능을 이해 및 체험하기	• 용서 훈련 및 용서 활동에 대한 이해 • 자신의 개인적인 용서 경험에 대한 토론 • 용서활동 세 가지(호흡훈련, 자비심 연습, 이완훈련) 소개하고 실습하기
8	• 프로그램을 통해 변화된 자신을 발견하고 자신에게 맞는 행복 증진 방법을 꾸준히 연습하기	• 지난 7주간의 프로그램에 대한 평가 • 프로그램 이후 달라진 점에 대한 공유 및 롤링 페이퍼 작업

출처: 이정애(2011).

제 14 장

고령 소비자 마케팅 이해

마케터, 브랜드 매니저 및 광고인과 같은 기업의 실무자들이 고령 소비자 대상의 마케팅 활동을 효과적이며 효율적으로 기획하고 실행하는 과정에서 주의할 사항들은 많다. 그런데 이 사항들 중 실무자들이 고령 소비자의 소비 특징 그리고 마케팅 활동의 효과성 및 효율성과 관련된 다양한 종류의 연령 고정관념에서 벗어나는 것이 무엇보다 중요하다. 실무자들이 고령 소비자에 대한 연령 고정관념에서 벗어나기 위해서는 명확하고 객관적인 근거를 기반으로 고령 소비자의 특징과 젊은 소비자의 특징 중 차이점과 유사점을 분류할 필요가 있다. 이때 실무자들은 젊은 소비자와 다른 고령 소비자의 고유 특징을 신체적 특징(예: 시각적 주의 집중 능력 약화), 인지적 특징(예: 휴리스틱 정보처리 선호) 및 정서적 특징(예: 강한 정서 조절 동기)으로 분류할 수 있다. 고령 소비자 대상의 효과적이고 효율적인 마케팅 활동을 기획하고 실행하기 위해서 먼저 실무자들은 고령 소비자의 다양한 고유 특징에 대한 이해를 기반으로 고령 소비자를 여러 하위 고령 소비자 집단으로 세분화한다(고령 소비자 집단의 세분화 단계). 이후 실무자들은 여러 하위 고령 소비자 집단 중 1개 이상의 표적 고령 소비자 집단을 선택한다(표적 고령 소비자 집단의 선택 단계). 마지막으로 실무자들은 표적 고령 소비자 집단의 특징에 적합한 제품 관련 활동, 가격 관련 활동, 유통 관련 활동 및 촉진 관련 활동을 기획하고 실행한다(표적 고령 소비자 집단 대상 포지셔닝 단계).

주제어(keywords): 고령 소비자 마케팅, 연령 고정관념, 고령 소비자의 특징, STP 절차, 4P 활동

20세기에 들어서며 급격히 발달한 의료 기술로 인해 인간의 평균 수명이 길어지면서 세계 각국의 고령 소비자 인구가 증가하고 있다. 또한 최근 미국, 캐나다 등의 선진국에서 고령 소비자의 가처분 소득과 구매력이 젊은 세대보다 높아지는 추세이다(Stroud, 2005; Yoon & Cole, 2008). 이와 같은 추세에 맞추어 많은 기업이 이전에 간과했던 고령 소비자를 대상으로 한 마케팅 활동의 기획과 실행에 많은 관심을 기울이게 되었다.

일반적으로 학계에서는 소비 시장의 인구통계적 변화와 사회 · 경제적 변화 그리고 그에 따른 기업의 관심 소비 시장 변화에 대응하는 연구를 진행하고 있다. 따라서 20세기에 들어서서 발생한 고령 소비자 인구의 증가, 가처분 소득과 구매력 증가 그리고 기업의 고령 소비자 마케팅 활동에 대한 관심 증가는 학계의 고령 소비자 마케팅 활동 관련 연구를 촉발하게 되었다. 그 결과, 미국을 포함한 선진국에서 고령 소비자 마케팅 활동 관련 연구가 1960년대부터 시작되어 1970년대와 1980년대에 급증하였다. 국내에서는 선진국보다 늦은 시점인 1990년대부터 고령 소비자 마케팅 활동 관련 연구가 시작되었다(이의훈, 신주영, 2004). 그런데 최근 10년간 국내 만 65세 이상 고령 인구의 비율은 연평균 4.2%로 빠르게 증가하는 추세이며, 2024년 우리나라의 고령 인구 비율이 OECD 국가 중 가장 높을 것으로 예상된다(아이뉴스24, 2021.11.15.). 이처럼 빠른 국내 고령화로 인해 향후 고령 소비자에 대한 국내 기업의 관심이 급증하면서 고령 소비자 마케팅 활동 관련 국내 연구의 수도 급격히 증가할 것으로 기대된다. 고령 소비자 마케팅 활동 관련 연구의 궁극적인 목적 중 하나가 기업의 마케팅 활동 기획과 실행의 효과성과 효율성을 높이는 것이다.

많은 기업은 마케팅 활동 기획과 실행의 효과성과 효율성을 높이기 위해서 고령 소비자 집단의 세분화(segmentation), 표적 고령 소비자 집단의 선택(targeting) 및 표적 고령 소비자 집단 대상 포지셔닝(positioning) 단계의 절차(STP 절차)를 체계적으로 추진하고 있다(박찬수, 2014; O'Guinn, Allen, Semenik, & Scheinbaum, 2012). 이에 부합해서 학계의 고령 소비자 마케팅 활동 관련 연구에서는 기업의 마케팅 활동 기획과 실행의 효과성과 효율성을 높이는 데 기여하는 연구 결과를 제공하고자 한다. 이와 같은 전제하에 이 장에서는 국내외 문헌고찰을 기반으로 향후 기업이 고령 소비자 마케팅 활동의 기획과 실행에서 고려할 사항이 무엇인지를 소개할 것이다. 따라서 이 장은 기업의 고령 소비자 마케팅 활동의 기획과 실행의 효과성과 효율성 제고 방안 모색에 도움이 될 것으로 예상된다. 또한 이 장은 아직까지 연구가 상대적으로 미진한 국내 학계의 고령 소비자 마케팅 활동 관련 연구의 향후 방향 설정에도 기여할 것으로 기대된다.

1. 고령 소비자에 대한 오해: 연령 고정관념

사람들은 본인의 연령과 무관하게 고령 소비자에 대한 연령 고정관념(age stereotype)을 가진다(Kite, Deaux, & Miele, 1991). 이때 고령 소비자에 대한 사람들의 연령 고정관념은 긍정적 내용과 부정적 내용으로 구분된다. 먼저, 고령 소비자에 대한 연령 고정관념 중 고령 소비자는 취미를 즐기고, 가족 중심적이며, 타인에게 관대하고 친절하다는 긍정적 내용이 있다. 반면에 고령 소비자에 대한 연령 고정관념 중 고령 소비자는 건강에 문제가 있고, 불행하며, 불평이 많고, 활동적이지 않고, 신체적으로 매력적이지 않다는 부정적 내용도 있다. 이와 같은 고령 소비자에 대한 연령 고정관념은 연령주의(ageism)를 유발한다. 연령주의는 1969년 미국 국립노화연구소 소장인 로버트 버틀러(Robert Butler)가 처음 제안한 개념으로, 고령자에 대한 연령 고정관념, 고령화에 대한 오해와 무지, 젊음에 대한 우상화 등이 고령 소비자에 대한 편견과 차별을 일으킨다는 관점이다(김주현, 주경희, 오혜인, 정순둘, 2016). 연령주의는 개인적 차원에서 고령 소비자의 자존감을 낮추고, 우울감과 고독감을 높이며, 사회적 차원에서 세대 간 갈등을 심화시킨다.

일반 사람들과 동일하게 마케터, 브랜드 매니저 및 광고인과 같은 기업의 실무자들도 고령 소비자에 대한 연령 고정관념을 가진다(Stroud, 2005; Yoon & Cole, 2008). 기업의 실무자들은 본인이 가진 연령 고정관념 때문에 마케팅 활동을 기획하고 실행할 때 연령주의의 영향을 받는다. 예를 들어, 기업의 실무자들이 고령 소비자가 은퇴 등으로 인해 재정상태가 넉넉하지 않다는 연령 고정관념을 가지면 모든 고령 소비자가 다양한 고령 소비자 우대 할인을 적극적으로 이용할 것이라는 편견(연령주의)을 가질 수 있다. 그 결과, 실무자들은 고령 소비자에게 고령 소비자 우대 할인을 제공하면 자사 매출이 증가할 것으로 예상한다. 그러나 일부 고령 소비자는 고령 소비자에 대한 연령 고정관념과 연령주의를 인식해서 고령 소비자 우대 할인의 이용을 꺼리기도 한다(Tepper, 1994).

기업의 실무자들이 가진 고령 소비자의 소비 특징에 대한 연령 고정관념과 이를 반대하는 주장과 그 사례를 소개하면 다음과 같다(Stroud, 2005).

• 고령 소비자는 낯선 브랜드를 구입하려고 하지 않는다

흔히 고령 소비자는 오래전부터 구입해서 사용한 결과, 그 품질이 입증된 특정 브랜드만을 지속적으로 구입하는 것으로 알려졌다. 따라서 많은 실무자는 특정 브랜드에 대한 고령 소비자의 충성도가 높다고 가정한다. 그런데 시장의 경쟁이 치열해지면서 각 제품별로 무수히 많은 브랜드가 시장에 계속 등장하고, 이들 신규 브랜드에 대한 고령 소비자의 관심은 높다. 예를 들어, 고령 소비자가 본인이 오래전부터 사용했던 SK텔레콤 브랜드를 버리고 최근에 등장한 알뜰폰 브랜드인 LG 헬로모바일을 사용하는 경우도 흔하다.

• 고령 소비자는 기존의 익숙한 제품의 소비 활동만 고수한다

기업의 많은 실무자는 고령 소비자가 새로운 제품의 소비 활동에 도전적으로 참여하는 것을 주저한다고 생각한다. 그런데 많은 고령 소비자는 은퇴 후 여행을 포함한 다양한 여가활동에 적극적으로 참여해서 새로운 경험을 체험하고자 한다. 또한 모든 연령대를 대상으로 새로운 다양한 신기술 제품이 지속적으로 출시되고 있다. 이와 관련해서 고령 소비자는 신기술 제품 사용방법을 배우는 것을 어려워하기 때문에 신기술 제품 사용을 꺼린다는 연령 고정관념이 존재한다. 그러나 많은 고령 소비자는 신기술 제품에 관심을 가지며, 모든 고령 소비자가 신기술 제품 사용을 두려워하지 않는다. 특히 고령 소비자가 신기술 제품 사용이 본인에게 도움이 된다고 생각하면 해당 제품을 구입한다.

• 다수의 고령 소비자는 경제적으로 여유가 없어서 소비를 하지 않거나, 부유한 고령 소비자도 본인의 돈을 아끼기 위해서 소비를 하지 않는다

이와 같은 연령 고정관념과 동일하게 일부 고령 소비자는 소비보다 돈을 아끼는 경향이 강하고, 저가 제품을 구입하려고 한다. 그러나 이 연령 고정관념이 모든 고령 소비자에게 동일하게 적용되는 것은 아니다. 즉, 일부 고령 소비자는 명품 구입, 큰 비용이 드는 해외여행, 좋은 식당에서의 값비싼 외식에 돈을 아끼지 않는다.

기업의 실무자들은 고령 소비자의 소비 특징뿐만 아니라 고령 소비자 마케팅 활동의 효과성과 효율성에 대한 연령 고정관점을 가진다(Stroud, 2005). 고령 소비자 마케팅 활동의 효과성 및 효율성과 관련된 연령 고정관념과 그에 대한 반대 주장과 사례를 소개하면 다음과 같다.

• 고령 소비자에게 호소하는 마케팅 활동(예: 광고)은 해당 활동에 대한 젊은 소비자의 긍정 반응(예: 제품에 관심을 가짐, 제품을 구입함)을 낮춘다

예를 들어, 고령의 광고모델을 활용한 고령 소비자 대상의 변비약 광고는 고령 소비자가 해당 변비약이 본인의 변비 치료에 도움이 된다고 생각하게 만든다(긍정 반응). 그러나 이 광고를 본 젊은 소비자는 해당 변비약의 기능이 고령 소비자에게 특화되어 있고, 남들이 보는 앞에서 해당 변비약을 구입하는 것은 본인의 젊은 이미지를 깎아내리는 것으로 생각할 수 있다. 그 결과, 젊은 소비자는 해당 변비약을 약국에서 구입하는 것을 꺼려 한다. 그런데 음료, 가전제품, 자동차 등과 같은 많은 제품은 특정 연령대만 사용하는 것이 아니다. 앞서 예로 제시한 변비약은 고령 소비자뿐만 아니라 젊은 여성 소비자도 사용 가능한 제품이다. 이에 기업의 입장에서 해당 변비약이 고령 소비자용으로만 인식될 우려가 있다면 고령의 광고모델과 젊은 광고모델 모두를 광고에 등장시키는 방법을 활용할 수 있다.

• 마케팅 활동은 나이가 어린 소비자를 대상으로 실시해야 한다

이와 같은 연령 고정관념은 기업이 젊은 소비자 대비 고령 소비자로부터 얻을 수 있는 수익 창출 기간을 짧게 예상하기 때문에 발생한다. 이 연령 고정관념에 따르면, 한 기업이 다양한 마케팅 활동을 통해 현재 젊은 소비자들이 자사 브랜드를 구입하게 만들면 이 소비자들이 고령자가 되어서도 자사 브랜드를 구입할 가능성이 높다. 실제로 청바지 브랜드인 리바이스는 1946~1964년 기간 중에 태어난 미국의 베이비부머(baby boomer) 세대가 10대 또는 20대일 때부터 이들을 대상으로 광고활동을 추진하였다. 그 결과, 현재 고령인 베이비부머 세대가 여전히 리바이스 청바지를 구입한다. 이와 같은 논리로 많은 기업은 고령 소비자를 마케팅 활동의 최우선 목표 소비자 집단으로 인식하지 않는다. 그런데 과학기술의 발전에 의해서 이전에 없던 새로운 제품(예: 스마트폰)과 브랜드가 지속적으로 시장에 출시되고 있다. 이 상황에서는 기업이 마케팅 활동의 최우선 목표 소비자 집단으로 고령 소비자를 선정할 수 있다. 더욱이 마케팅 활동을 통해 형성된 특정 제품이나 특정 브랜드에 대한 소비자의 젊은 시절의 선호도가 평생 동안 유지된다는 확실한 증거도 없다.

• 많은 비용을 투입해서 젊은 소비자를 대상으로 한 마케팅 활동을 실행하면 해당 활동에 고령 소비자도 노출되는 효과를 얻는다

예를 들어, 공중파 TV, 케이블 TV 등의 대중매체에 젊은 소비자를 목표 소비자 집단으로 한 광고를 집행하면 고령 소비자도 이 광고를 볼 가능성이 높다. 그런데 고령 소비자는

젊은 소비자에게 호소하는 크리에이티브(예: 빠른 화면 전환, 고음의 광고 배경음악)를 사용한 광고를 볼 때, 해당 광고를 싫어하고 광고 내용을 기억하지 못한다(Van Der Goot, Van Reijmersdal, & Kleemans, 2015). 또한 고령 소비자는 젊은 소비자 대상의 광고가 본인과 관련성이 없다고 생각한다. 따라서 젊은 소비자 대상 광고에 대한 노출이 광고 속 제품이나 브랜드에 대한 고령 소비자의 긍정 반응(예: 긍정적 광고 태도, 긍정적 브랜드 태도)을 유발하지 않을 가능성이 크다. 즉, 젊은 소비자 대상의 특정 마케팅 활동에 대한 고령 소비자의 단순 노출이 해당 마케팅 활동에 대한 고령 소비자의 긍정 반응 유발을 보장하지 않는다.

이처럼 기업의 실무자들이 가진 고령 소비자의 소비 특징과 마케팅 활동의 효과성 및 효율성과 관련된 연령 고정관념은 시장 상황(예: 경쟁이 치열한 시장), 제품 종류(예: 신기술 제품), 고령 소비자의 인구통계적, 사회 · 경제적, 신체적, 심리적 특징 등에 따라서 진실일 수도 있고, 거짓일 수도 있다. 그럼에도 불구하고 기업의 많은 실무자는 앞서 소개한 연령 고정관념을 가진다. 이 연령 고정관념을 가진 실무자들은 마케팅 근시안(marketing myopia)에 빠질 가능성이 크다. 이때 마케팅 근시안이란 기업의 실무자들이 자사 고객에 대한 편협한 관점을 가지고, 자사 고객의 욕구를 지나치게 좁게 규정하며, 기업의 사회적 환경 변화를 제대로 인식하지 못하는 현상을 말한다(Smith, Drumwright, & Gentile, 2010). 기업의 실무자들이 고령 소비자의 소비 특징과 마케팅 활동의 효과성 및 효율성에 대한 연령 고정관념에서 벗어나기 위해서는 연령 고정관념은 제품 종류, 고령 소비자 특징 등에 따라서

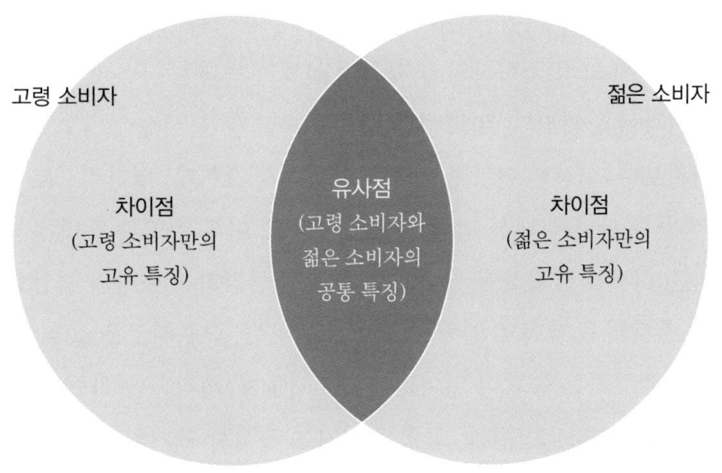

[그림 14-1] 고령 소비자의 특징과 젊은 소비자의 특징 간 유사점과 차이점

출처: 이 장의 저자가 다수의 자료를 기반으로 작성함.

맞을 수도 있고 틀릴 수도 있다는 점을 명확하게 인식할 필요가 있다. 또한 실무자들은 연령 고정관념을 무비판적으로 수용하지 말고, 반드시 연령 고정관념의 진위 파악에 필요한 근거 자료를 적극적으로 찾는 자세를 가져야 한다. 이를 위해서 기업의 실무자들은 고령 소비자의 특징과 젊은 소비자의 특징이 동일한 부분(유사점)도 있고 서로 다른 부분(차이점)도 있다는 점을 확실하게 알 필요가 있다([그림 14-1] 참조). 이와 같은 인식하에 실무자들은 명확한 근거가 없이 무조건적으로 고령 소비자의 특징이 젊은 소비자의 특징과 다르다고 가정하는 습관을 경계해야 한다.

2. 고령 소비자의 고유 특징

기업의 실무자 입장에서 젊은 소비자와 차별화되는 고령 소비자의 고유 특징을 파악하는 것은 마케팅 활동 기획과 실행의 효과성과 효율성을 높이는 데 도움이 된다. 이견이 제기될 수 있지만, 많은 참고문헌에서 마케팅 활동과 관련된 고령 소비자의 고유 특징이라고 제안한 내용을 소개하면 다음과 같다(김남진, 강정석, 2021; Stroud, 2005; Yoon et al., 2005; Yoon & Cole, 2008; Yoon, Cole, & Lee, 2009).

1) 고령 소비자의 신체적 특징

사람들은 나이가 들어감에 따라서 감각기관의 기능이 약화되어 감각기관의 민감도가 떨어진다. 오감과 관련된 고령 소비자의 구체적인 신체적 변화는 다음과 같다. 첫째, 만 60세부터 사람들의 미각이 둔해진다. 따라서 고령 소비자가 젊은 시절에 경험했던 단맛과 신맛을 느끼려면 이전보다 더 강한 단맛과 신맛의 체험이 필요하다. 일반적으로 사람들이 나이가 들면 먼저 짠맛과 단맛에 대한 민감도가 떨어지고, 이후 쓴맛과 신맛에 대한 민감도가 떨어진다. 후각은 미각과 밀접하게 관련되며, 후각의 둔감화는 미각의 둔감화와 동시에 발생한다. 미각과 후각의 둔감화로 인해서 고령 소비자는 몸에 해로운 물질(예: 상한 음식 먹기)로부터 본인을 보호하는 능력이 떨어질 수 있다. 둘째, 촉각의 약화는 만 70세 이후부터 발생하는 것으로 알려졌다. 그 결과, 고령 소비자는 유사한 크기의 두 대상(예: 바지 주머니 속에 있는 동전과 단추)을 만졌을 때 두 대상의 차이가 무엇인지를 구분하지 못하는 경우가 있다. 고령화에 따른 촉각의 약화와 관련해서 중요한 신체적 변화는 온도에 대한 둔감화

이다. 특히 추위와 더위에 대한 체감 온도 둔감화는 고령 소비자의 저체온증과 화상을 유발할 수 있다. 셋째, 특정 대상에 대해서 시각적으로 주의를 집중하는 능력은 만 40세부터 약화되기 시작한다. 따라서 고령 소비자는 작은 글씨를 계속 읽는 것 또는 컴퓨터 스크린을 장시간 보는 것을 힘들어 한다. 또한 나이가 들수록 색상 지각 민감도와 명암 대조에 대한 민감도가 감소한다. 마지막으로, 다수의 고령자가 청각의 약화나 상실을 경험한다. 특히 고령 소비자는 강도가 낮은 작은 소리를 듣지 못하고, 소리의 진동과 강도의 변화 감지에 어려움을 경험하며, 듣고자 하는 소리 이외의 잡음에 주의를 빼앗기는 경우가 많다.

많은 고령 소비자는 신체적 움직임의 어려움을 겪는다. 신체적 움직임의 어려움이 발생하는 이유 중 하나가 고령 소비자는 고령화로 인해서 다양한 신체적 동작을 정교하게 조정하는 능력이 약화되기 때문이다. 예를 들어, 고령 소비자는 키보드와 마우스를 적절한 시점에 바꾸어 가면서 빠르게 컴퓨터를 조작하는 것을 어려워한다. 고령 소비자가 경험하는 신체적 움직임의 어려움은 근육량, 근지구력, 근육 신축성 등이 감소하기 때문에 발생한다. 이처럼 근육량, 근지구력, 근육 신축성 등의 감소는 고령 소비자의 거동을 불편하게 만들어서 자유로운 외부활동 참여를 제한한다.

지금까지 소개한 고령 소비자의 신체적 특징(예: 신체적 동작의 정교한 조정 능력 약화)은 질병(예: 관절염)으로 인해 발생하거나 더 악화될 수 있다. 또한 이러한 신체적 특징 때문에 질병이 발생하거나 악화되기도 한다. 한 사례로, 근육량, 근지구력, 근육 신축성 등의 감소로 인해 고령 소비자가 거동이 불편하기 때문에 운동량이 줄어든다. 운동량이 적은 고령 소비자는 당뇨병이나 심혈관 관련 질병에 걸릴 가능성이 크다.

2) 고령 소비자의 인지적 특징

정보처리 관점(information processing perspective)은 사람들이 특정 정보(예: 광고, 브랜드)에 노출될 때, 해당 정보에 주의를 기울여서 해당 정보를 내적으로 처리하면 해당 정보에 대한 태도가 형성되거나 변화한다고 제안한다(MacInnis & Jaworski, 1989). 이 과정을 정보처리라고 부르며, 정보처리는 기억에 영향을 받는다. 이때 기억은 작업기억(working memory)과 장기기억(long-term memory)으로 구분된다. 그런데 나이가 들수록 사람들의 작업기억과 장기기억은 감퇴한다.

먼저, 작업기억이란 사람들이 읽기, 듣기, 문제 해결, 생각 등과 같은 인지적 활동을 할 때 짧은 시간 동안에 적은 양의 정보를 처리하는 능력을 말한다. 작업기억의 감퇴로 인해서 고령 소비자는 젊은 소비자보다 정보처리 과정에 대한 인지적 통제에 더 큰 어려움을 겪고, 정보처리 속도가 더 늦다. 정보처리의 인지적 통제란 필요한 정보에 대한 주의 집중과 유지, 작업기억의 정보 갱신, 부적절한 인지적 반응(예: 지지 주장 또는 반박 주장이 떠오름)의 억제 등을 의미한다. 인지적 통제의 어려움으로 인해서 고령 소비자는 의사결정을 할 때 젊은 소비자보다 더 적은 양의 정보를 찾아본다. 또한 의사결정에 필요한 정보를 찾을 때, 고령 소비자는 인터넷 검색, 지인의 조언 듣기 등의 외부 정보보다 본인의 경험을 통해 장기기억에 저장된 내부 정보를 주로 이용한다.

한편, 장기기억은 사실과 지식으로 구성된 어의기억(semantic memory)과 특정 사건과 관련된 세부 정보로 구성된 일화기억(episodic memory)으로 구분된다. 예를 들어, 고령 소비자가 건강보조식품인 오메가3의 장기 복용이 콜레스테롤 수치 개선에 도움이 된다고 알고 있는 것은 어의기억에 해당한다. 반면에 고령 소비자가 본인의 환갑 때 자녀들이 호텔의 뷔페에서 저녁을 함께 먹으며 오메가3를 선물로 준 사건의 세부 내용을 기억하는 것은 일화기억이다. 그런데 고령화에 따라서 일화기억은 감퇴하지만, 어의기억은 큰 변화가 없는 것으로 알려졌다.

사람들의 정보처리 과정을 휴리스틱 정보처리(heuristic processing)와 체계적 그리고 분석적 정보처리(systematic and analytic processing)로 구분할 수 있다(Kokis, Macpherson, Toplak, West, & Stanovich, 2002). 휴리스틱 정보처리는 적은 양의 정보 그리고 적은 인지적 노력을 요구하지만, 체계적 그리고 분석적 정보처리는 많은 양의 정보와 많은 인지적 통제가 필요하다. 앞서 소개한 어의기억은 지각, 해석, 문제 해결 등의 지침이 되는 개념에 관한 지식인 도식(schema)을 구성한다. 고령 소비자는 도식을 기반으로 한 정보처리(도식 기반의 정보처리, schema-based processing)를 낱낱의 정보를 꼼꼼하게 검토하고 고려하는 체계적 그리고 분석적 정보처리보다 많이 한다. 이때 도식 기반의 정보처리는 휴리스틱 정보처리의 일종에 해당된다. 도식 기반의 정보처리는 고령 소비자가 본인에게 친숙한 제품이나 브랜드를 구입하는 경우에 효율적이지만, 본인에게 낯선 제품이나 브랜드를 구입하는 상황에서는 활용되기 어렵다. 또한 고령 소비자의 도식 기반의 정보처리는 과거에 체득한 지식(도식, 예: 비싼 제품의 품질이 좋을 가능성이 크다)에 대한 왜곡된 회상(예: 무조건 비쌀수록 제품의 품질이 좋다)으로 인해서 부정적 결과(예: 지나치게 비싼 제품의 구입으로 인한 과도한 비용 지출)를 초래할 수 있다.

작업기억의 감퇴로 인한 정보처리의 인지적 통제의 어려움 때문에 고령 소비자는 도식 기반의 정보처리를 포함한 휴리스틱 정보처리를 많이 한다. 즉, 고령 소비자는 정보에 대한 주의 집중과 유지 그리고 장기기억에 저장된 다양한 정보의 빠른 인출이 어렵기 때문에 기존의 경험을 기반으로 적은 양의 정보를 선별적으로 이용해서 정보처리를 하는 경향이 강하다.

3) 고령 소비자의 정서적 특징

사회정서적 선택 이론(socioemotional selectivity theory)에 따르면, 고령 소비자는 본인의 건강 악화, 지인들의 죽음 직면 등과 같은 다양한 부정적 변화를 경험하면서 본인의 남은 생애가 짧다고 인식한다. 본인의 남은 생애를 짧게 인식한 고령 소비자는 미래를 불투명하게 생각해서 현재에 초점을 맞춘 사고를 하면서 현재의 즉각적인 정서적 만족을 추구하는 정서조절 동기가 강하다. 정서조절 동기가 강한 고령 소비자는 주어진 정보의 구체적 내용보다는 주어진 정보가 유발하는 감정을 기반으로 의사결정을 내리는 경향이 강하다. 이처럼 감정을 기반으로 주어진 정보를 처리해서 의사결정을 내리는 과정은 앞서 소개한 휴리스틱 정보처리에 해당한다.

강한 정서조절 동기로 인해 고령 소비자는 부정적 대상이나 사건에 대한 주관적 재해석을 통해서 부정 정서 또는 강한 부정 정서의 경험을 차단하거나 부정하거나 회피하는 경향이 강하다. 그 결과, 고령 소비자는 일상생활 중 긍정 정서를 많이 경험하고, 부정 정서를 적게 경험한다. 부정 정서를 경험하는 상황에서도 고령 소비자는 각성 수준이 강한 부정 정서(예: 분노)보다는 각성 수준이 약한 부정 정서(예: 섭섭함)를 더 많이 경험한다. 부정 정서를 유발하는 어려운 또는 위험 부담이 큰 의사결정을 내릴 때, 고령 소비자가 부정 정서 경험을 피하는 방법 중 하나가 해당 의사결정 자체를 회피하는 것이다. 이와 같은 고령 소비자의 위험 회피(risk aversion) 경향 때문에 고령 소비자는 어렵거나 위험 부담이 큰 의사결정(예: 암 수술)을 미루거나 다른 사람(예: 의사, 자녀)에게 위임하려고 한다. 이처럼 고령 소비자가 본인이 어렵거나 위험 부담이 큰 의사결정을 하지 않으면 긍정 정서를 경험할 수 있다.

고령 소비자는 강한 정서조절 동기로 인해 부정 정서 상태를 피하고 긍정 정서 상태를 유지하려고 한다. 이와 같은 고령 소비자의 정서적 특징은 긍정성 선호(positivity preference)를 유발한다. 이때 고령 소비자의 긍정성 선호란 고령 소비자가 부정 정보나 중립 정보보다는 긍정 정보에 더 많은 주의를 기울이고, 주어진 정보를 더 긍정적으로 인식하며, 부정 정보나 중립 정보보다는 긍정 정보를 더 잘 기억하고, 부정 정보나 중립 정보보다는 긍정 정보를 더 많이 선택하는 경향을 말한다.

3. 고령 소비자 마케팅의 기획과 실행

고령 소비자를 대상으로 하는 마케팅 활동의 기획과 실행은 크게 고령 소비자 집단의 세분화 단계, 표적 고령 소비자 집단의 선택 단계 및 표적 고령 소비자 집단 대상 포지셔닝 단계를 거쳐서 진행된다. 이들 단계의 진행 과정에서 기업의 실무자들은 앞서 소개한 고령 소비자의 신체적, 인지적 및 정서적 특징을 다양한 측면에서 깊게 고려할 필요가 있다. 지면의 제약으로 인해서 이 절에서는 각 단계와 관련된 제한된 국내외 문헌을 기반으로 기업의 실무자들이 고령 소비자 마케팅 활동의 기획과 실행 중 고려할 사항을 간략히 소개하고자 한다. 이때 고령 소비자 집단의 세분화는 고령 소비자 마케팅 활동 기획과 실행의 성패를 좌우하는 첫 번째 단계이기 때문에 가장 많은 지면을 할애해서 그 내용을 상세하게 소개할 것이다. 각 단계의 세부 내용 설명은 다음과 같다.

1) 고령 소비자 집단의 세분화

고령 소비자를 대상으로 마케팅 활동을 기획하고 실행할 때, 기업의 실무자들은 가장 먼저 '모든 고령 소비자는 동일하다'라는 편견에서 벗어나야 한다(Gunter, 1998; Yoon & Cole, 2008). 예를 들어, 어떤 고령 소비자는 본인이 늙었다고 생각하지만, 다른 고령 소비자는 본인이 늙었다고 생각하지 않는다. 어떤 고령 소비자는 젊은 소비자보다 인지기능이 떨어지지만, 다른 고령 소비자는 젊은 소비자와 유사한 수준의 인지기능을 가진다. 어떤 고령 소비자는 건강이 좋지 않지만, 다른 고령 소비자는 건강에 큰 문제가 없다. 기업의 실무자들이 이와 같은 관점을 가지면 고령 소비자를 몇 개의 하위 집단으로 세분화해야 한다는 필요성을 인식할 것이다.

모든 소비자가 제품, 브랜드, 가격, 광고 등의 마케팅 활동에 대하여 유사한 욕구를 가지고 있다고 가정하고 기업이 모든 소비자에게 동일한 제품이나 브랜드를 생산해서 동일한 가격, 광고 등을 통해 제공하는 것을 대중 마케팅(mass marketing)이라고 한다(박찬수, 2014). 그런데 최근 생산 기술의 발달로 인해 제품과 브랜드의 종류가 다양해졌고, 제품 또는 브랜드 간 가격의 차이가 발생하며, 정보통신기술의 발달로 인해 다양한 광고활동 수단이 등장하면서 마케팅 활동에 대한 소비자의 욕구가 다양해졌다. 소비자의 다양한 욕구는 대중 마케팅을 통해서 일괄적으로 충족되기 어렵다. 이에 기업의 실무자들은 다양한 욕구를 가진 소비자 중 동일한 욕구를 가진 소비자를 소수의 하위 집단으로 분류하는 소비자 집단 세분화를 실시한다. 이후 기업의 실무자들이 각 하위 집단이 가진 동일한 욕구에 맞게 마케팅 활동을 전개하는 것을 세분화 마케팅(segmentation marketing)이라고 한다. 세분화 마케팅을 위해 가장 먼저 실시하는 소비자 집단 세분화는 기업의 실무자들에게 다음과 같은 이점을 제공한다. 첫째, 실무자들이 소비자 집단 세분화를 통해 지금까지 간과했거나 간과할 수 있는 중요 하위 집단의 욕구를 파악할 수 있다. 둘째, 기업의 실무자들은 소비자 집단 세분화를 통해 다른 경쟁 기업이 선점하지 못하고 있는 중요 하위 집단의 욕구에 맞는 마케팅 활동을 먼저 실시할 수 있다. 마지막으로, 기업의 실무자들은 소비자 집단 세분화를 통해 중요 하위 집단의 욕구에 맞는 마케팅 활동을 실시함으로써 경쟁 기업과의 소모적인 가격 경쟁에서 벗어날 수 있다. 이와 같은 세분화 마케팅 관점은 고령 소비자를 대상으로 하는 마케팅에 그대로 활용될 수 있다.

세분화 마케팅 관점을 고령 소비자에게 적용하면 기업의 실무자들은 다음과 같은 절차를 거쳐서 고령 소비자 집단의 세분화를 실시할 수 있다(박찬수, 2014). 먼저 기업의 실무자들은 고령 소비자의 다양한 특징(예: 성별, 만 나이)에 관한 많은 자료를 수집한다. 이후 기업의 실무자들은 고령 소비자의 다양한 특징 중 소수 특징을 고령 소비자 집단의 세분화 기준(예: 만 나이)으로 선정하고, 그 기준으로 고령 소비자를 소수의 하위 집단으로 분류한다(예: 만 60~69세 집단 대 만 70세 이상 집단). 최종적으로 기업의 실무자들은 각 하위 집단의 다양한 주요 특징(예: 만 70세 이상 집단의 남성 비율이 만 60~69세 집단의 남성 비율보다 낮음)이 무엇인지를 파악한다.

한편, 고령 소비자 집단을 세분화할 때 고려할 사항은 다음과 같다(Stroud, 2005). 첫째, 기업의 실무자들은 본인에게 실무적으로 도움이 되는 고령 소비자 집단의 세분화 결과를 산출해야 한다. 예를 들어, 고령 소비자 집단의 세분화 결과는 기업의 실무자들이 제품 디자인 개발, 가격 책정, 광고 제작 등을 할 때 그 효과성과 효율성을 높이는 데 도움이 되어야 한다. 둘째, 기업의 실무자들은 고정관념이나 상식이 아닌 명확하고 구체적인 근거(예: 은퇴 이후 남성 고령 소비자가 여성 고령 소비자보다 구매 의사결정을 더 많이 주도한다는 연구 결과)를 기반으로 고령 소비자 집단의 세분화 기준(예: 고령 소비자의 성별)을 선정해야 한다. 셋째, 고령 소비자 집단의 세분화 결과로 얻은 서로 다른 하위 집단에 속한 고령 소비자들은 서로 다른 욕구와 특징을 가지고 있어야 한다. 넷째, 고령 소비자 집단의 세분화 결과로

특정 하위 집단에 속한 각 고령 소비자는 일정 기간 동안 해당 하위 집단의 구성원으로 계속 분류되어야 한다(고령 소비자 집단의 세분화 안정성). 예를 들어, 고령 소비자 A가 어떤 해 1월에 실시한 고령 소비자 집단의 세분화 결과에서 하위 집단 1에 속했는데, 같은 해 6월에 실시한 고령 소비자 집단의 세분화 결과에서는 하위 집단 2에 속했다면 해당 고령 소비자 집단의 세분화 결과가 제공하는 실용적 가치가 떨어진다. 다섯째, 고령 소비자 집단의 세분화로 얻은 특정 하위 집단에 속한 고령 소비자의 수가 너무 적으면 기업이 해당 하위 집단을 대상으로 실시하는 마케팅 활동의 비용 효율성이 낮다(고령 소비자 집단의 세분화 실속). 따라서 기업의 실무자들은 마케팅 비용 효율성을 보장할 수 있는 충분한 고령 소비자의 수를 고려해서 고령 소비자 집단의 세분화를 실시해야 한다. 여섯째, 기업의 실무자들은 고령 소비자 집단의 세분화를 실시한 이후 시간이 지나면 하위 집단의 특징이 변한다는 점을 고려해서 정기적으로 이전에 실시한 고령 소비자 집단의 세분화 결과를 점검해야 한다. 일곱째, 기업의 실무자들은 고령 소비자 집단의 세분화 결과로 얻은 각 하위 집단의 특징을 기업 관점(예: 고 매출 집단 대 저 매출 집단)이 아닌 각 하위 집단에 속한 고령 소비자가 어떻게 생각하고 느끼고 행동하는가(소비자 관점)를 기준으로 정의해야 한다. 마지막으로, 기업의 인적 그리고 재정적 자원에 따라서 얼마나 많은 수의 다양한 마케팅 활동을 실행할 수 있을지가 결정된다. 따라서 기업의 실무자들은 기업의 자원을 고려해서 고령 소비자를 얼마나 많은 수의 하위 집단으로 나눌 것인가를 결정해야 한다. 다양한 마케팅 활동을 수행할 자원이 풍족한 대기업은 고령 소비자를 10개 이상의 하위 집단으로 구분할 수 있지만, 제한된 수의 마케팅 활동을 진행할 수밖에 없는 자원이 부족한 중소기업은 고령 소비자를 그보다 적은 수의 하위 집단으로 나눌 필요가 있다.

고령 소비자 집단의 세분화에 사용되는 기준은 다양하다. 이 기준 중 사용 빈도가 높고, 고령자를 대상으로 하는 마케팅 활동의 기획과 실행에 실질적으로 도움이 되는 몇 개의 기준을 소개하면 다음과 같다(Gunter, 1998; Stroud, 2005).

- 소비 행동: 고령 소비자는 젊은 소비자와 다른 소비 행동을 보이거나 고령 소비자의 하위 집단 간에 다른 소비 행동을 보일 수 있다. 예를 들어, 고령 소비자는 젊은 소비자보다 소비 자체를 더 즐기며, 제품을 구입할 때 브랜드를 더 중요하게 고려하고, 매장의 판매 직원과 대화를 나누는 것 그리고 판매 직원에게 대접을 받는 것을 더 좋아한다. 또한 동일한 고령 소비자라도 만 나이가 많은 고령 소비자는 만 나이가 적은 고령 소비자보다 술, 담배, 의류, 신발 등의 제품을 적게 구입한다. 즉, 특정 제품 구입 빈도

에 따라서 각 고령 소비자가 속한 하위 집단이 달라질 수 있다. 이상의 논의를 종합하면 고령 소비자의 특정 소비 행동(예: 의류 업체의 경우, 매장에서의 고령 소비자의 의류 구입 빈도)을 고령 소비자 집단의 세분화 기준으로 사용할 수 있다.

- 연령: 출생 연도를 기준으로 산출하는 만 나이인 실제연령(chronological age)을 고령 소비자 집단의 세분화 기준으로 활용할 수 있다. 예를 들어, 고령 소비자를 ① 만 75세 미만과 만 75세 이상의 고령 소비자 집단으로, ② 만 55~64세, 만 65~74세, 만 75~84세 및 만 85세 이상의 고령 소비자 집단으로, ③ 만 65~74세, 만 75~84세 및 만 85세 이상의 고령 소비자 집단으로 세분화할 수 있다. 또한 특정 시점의 역사적 사건의 경험을 공유한 실제연령이 유사한 집단인 코호트(cohort)로 고령 소비자 집단을 나눌 수 있다. 한 사례로, 국내의 베이비 붐 세대(1955~1963년 출생, 유신 독재 체제를 경험함), X세대(1964~1971년 출생, 광주민주항쟁과 IMF 외환위기를 경험함) 등이 코호트에 해당된다.

  만 나이인 실제연령 이외에 고령 소비자의 연령을 정의하는 기준 중 고령 소비자가 스스로 지각하는 주관적 연령인 인지연령(cognitive age)이 있다(김남진, 강정석, 2021). 흔히 감정연령(본인이 어떤 연령으로 느끼는가?), 외모연령(본인이 어떤 연령으로 보이는가?), 행동연령(본인이 어떤 연령인 것처럼 행동하는가?) 및 관심연령(본인이 어떤 연령의 사람들과 관심사가 비슷한가?)을 묻는 질문에 본인이 주관적으로 지각하는 연령을 기입해서 그 평균으로 인지연령을 측정한다. 동일한 실제연령의 고령 소비자라도 각자의 인지연령은 다를 수 있으며, 인지연령에 따라서 고령 소비자의 인지, 정서 및 행동의 차이가 발생한다. 따라서 인지연령을 고령 소비자 집단의 세분화 기준으로 사용할 수 있다.

- 사회 · 경제적 특징: 교육 수준(학력), 직업 유무, 과거 또는 현재 직업의 종류, 소득 수준 등은 고령 소비자의 사회 · 경제적 특징에 해당한다. 기업의 실무자들은 이처럼 다양한 사회 · 경제적 특징 중 하나 또는 둘 이상의 조합을 고령 소비자 집단을 세분화하는 기준으로 활용할 수 있다. 일반적으로 사회 · 경제적 특징에 따라서 고령 소비자의 재력과 구매력이 달라진다. 그런데 젊은 소비자에 비해 고정 수입원이 제한적인 고령 소비자의 재력과 구매력은 더 크게 양극화되어 빈익빈 부익부 현상이 발생하기도 한다.
- 라이프스타일: 라이프스타일은 특정 집단의 구성원들이 가진 성격, 의견, 관심, 가치관 등이 반영된 구성원 간 공유된 고유한 생활양식으로 정의할 수 있다(이의훈, 신주영, 2004). 다수의 연구에서 고령 소비자의 라이프스타일을 고령 소비자 집단의 세분

화 기준으로 사용하였다. 예를 들어, 이의훈과 신주영(2004)은 여덟 종류의 라이프스타일 유형(예: 유행추구, 물질추구, 건강추구, 종교지향)을 이용해서 고령 소비자를 5개의 하위 집단(예: 유행 및 건강 추구 집단, 물질추구 집단, 안전지향 집단)으로 분류하였다. 이들 5개의 하위 집단 간에 관심사(예: 경제적 문제, 건강의 악화), 신문, 인터넷 등의 매체 이용 빈도, 노후 준비 방법(예: 저축, 부동산 투자) 등에서 차이가 있었다. 또한 고령자의 라이프스타일과 가치관(Lifestyles and Values of Older Adults: LAVOA)과 관련된 연구에서 고령 소비자를 6개의 하위 집단으로 분류하였다. 이때 각 하위 집단별로 선호하는 은퇴생활의 내용이 다른 것으로 나타났다. 구체적으로 어떤 하위 집단의 고령 소비자는 은퇴 후 단독주택에서 사는 것을 원하지만, 다른 하위 집단의 고령 소비자는 은퇴 후 요양원에서 사는 것을 원했다.

지금까지 소개한 고령 소비자 집단의 세분화 기준은 다음과 같은 차원에서 장단점을 평가할 수 있다(Jadczakova, 2013). 첫째, 각 고령 소비자가 어떤 하위 집단에 속하는지를 측정(예: 설문조사)을 통해 쉽게 확인할 수 있어야 한다. 이를 하위 고령 소비자 집단의 확인 용이성(identifiability) 차원이라고 한다. 둘째, 각 하위 집단은 기업의 충분한 수익 창출이 가능하도록 다수의 고령 소비자로 구성되어야 한다. 이 차원은 고령 소비자 집단의 세분화 실속(substantiality) 차원이다. 셋째, 각 하위 집단으로 분류된 각 고령 소비자는 일정 기간 동안 계속 해당 하위 집단에 소속된 것으로 동일하게 분류되어야 한다. 이는 고령 소비자 집단의 세분화 안정성(stability) 차원이다. 넷째, 각 하위 집단을 대상으로 다양한 차별적 마케팅 활동(예: 만 50대 남성만을 위한 향수의 개발과 판매)을 쉽게 실시할 수 있어야 한다. 이를 고령 소비자 집단의 세분화 실행 가능성(actionability) 차원이라고 한다. 다섯째, 각 하위 집단별로 실시하는 차별화된 다양한 마케팅 활동(예: 지역신문 광고)은 각 하위 집단에 속한 고령 소비자에게 쉽게 노출되고 전달되어야 한다. 이 차원은 하위 고령 소비자 집단의 접근 가능성(accessibility) 차원이다. 마지막으로, 서로 다른 하위 집단에 속한 고령 소비자는 동일한 마케팅 활동에 대해서 서로 다르게 반응해야 한다. 예를 들어, 하위 집단 1에 속한 고령 소비자들은 고령의 광고모델이 등장하는 변비약 광고를 부정적으로 평가하지만, 하위 집단 2에 속한 고령 소비자들은 해당 광고를 긍정적으로 평가해야 한다. 이를 하위 고령 소비자 집단의 반응 민감성(responsiveness) 차원이라고 한다.

앞서 소개한 고령 소비자 집단의 세분화 기준 중 소비 행동은 구체적이며 관찰이 가능한 기준이다. 반면에 연령과 사회·경제적 특징은 포괄적이지만 관찰이 가능한 기준이며, 라

이프스타일은 포괄적이지만 관찰이 불가능한 기준이다. 이와 같은 특징을 가진 고령 소비자 집단의 세분화 기준이 가진 장단점을 앞서 소개한 6개의 차원으로 평가한 결과를 정리하면 〈표 14-1〉과 같다.

표 14-1 고령 소비자 집단의 세분화 기준에 대한 평가 결과

세분화 기준 / 평가 차원	소비 행동	연령 또는 사회 · 경제적 특징	라이프스타일
하위 고령 소비자 집단의 확인 용이성	좋음	매우 좋음	좋음
고령 소비자 집단의 세분화 실속	매우 좋음	매우 좋음	좋음
고령 소비자 집단의 세분화 안정성	좋음	매우 좋음	중간임
고령 소비자 집단의 세분화 실행 가능성	나쁨	나쁨	매우 좋음
하위 고령 소비자 집단의 접근 가능성	중간임	매우 좋음	나쁨
하위 고령 소비자 집단의 반응 민감성	중간임	나쁨	매우 좋음

출처: Jadczakova (2013)의 표 I과 표 II를 기반으로 작성함.

2) 표적 고령 소비자 집단의 선택

기업의 실무자들이 고령 소비자 집단의 세분화 결과를 이용해서 표적 고령 소비자 집단

고령 소비자의 가족생애주기란 무엇인가?

한 개인의 가족은 본인과 배우자의 혼인으로 만들어져서 자녀 출생으로 확장된 후 자녀 독립(예: 자녀 결혼)으로 축소되며, 배우자 사망과 본인 사망을 거쳐 사라진다. 이와 같은 과정을 가족생애주기(family life cycle)라고 한다(진미정, 변주수, 권순범, 2014). 많은 고령 소비자 집단의 세분화 기준은 고령 소비자 개개인의 특징(예: 실제연령)에 주안점을 둔다. 반면에 가족생애주기는 고령 소비자의 가족과 관련된 한 개인의 주요 생애 사건(예: 자녀 결혼)을 중심으로 고령 소비자 집단을 세분화하는 기준으로 사용될 수 있다. 발달심리학 관점에서 주요 생애 사건이 한 개인의 심리적, 사회 · 경제적 및 행동적 특징에 다양한 영향을 미친다는 점을 고려하면 가족생애주기를 이용한 고령 소비자 집단의 세분화는 고령 소비자의 하위 집단 특징을 더 정교하게 파악하는 데 도움이 될 것으로 기대된다(Gunter, 1998).

가족생애주기의 단계를 어떻게 나눌 것인가에 대한 다양한 견해가 있다. 이들 견해 중 국내 연구자에 의해서 제안된 가족생애주기의 단계는 〈생각상자〉의 표 1과 같다.

표 1 가족생애주기의 단계 구성

단계	단계의 시작과 끝에 발생하는 주요 생애 사건
1단계: 형성기	본인의 결혼~첫 자녀(첫째) 출생
2단계: 확대기	첫 자녀(첫째) 출생~마지막 자녀(막내) 출생
3단계: 확대완료기	마지막 자녀(막내) 출생~첫 자녀(첫째) 결혼
4단계: 축소기	첫 자녀(첫째) 결혼~마지막 자녀(막내) 결혼
5단계: 축소완료기	마지막 자녀(막내) 결혼~배우자 사망
6단계: 해체기	배우자 사망~본인 사망

출처: 진미정 등(2014)의 표 1을 수정해서 작성함.

가족생애주기를 고령 소비자 집단의 세분화 기준으로 사용하는 경우, 다음과 같은 사항에 주의를 기울일 필요가 있다. 첫째, 고령 소비자와 관련된 가족생애주기의 단계나 내용을 어떻게 정할 것인가에 대해서 고민할 필요가 있다. 〈생각상자〉의 표 1의 경우, 고령 소비자와 관련된 가족생애주기는 4단계 축소기~6단계 해체기이다. 이와 다른 단계의 구분도 존재한다(Gunter, 1998). 예를 들어, 고령 소비자와 관련된 가족생애주기를 ① 직장생활과 가족부양을 마치는 시기, ② 독립적이며 활동적인 삶을 추구하는 시기, ③ 건강이 쇠약해져서 타인의 도움을 받아 생활하게 되는 시기로 구분할 수 있다. 또한 고령 소비자와 관련된 가족생애주기의 내용을 ① 동거하는 자녀가 없고 직장에 근무하는 가장을 둔 나이 든 부부로 구성된 가족, ② 동거하는 자녀가 없고 은퇴한 가장을 둔 나이 든 부부로 구성된 가족, ③ 직장에 근무하는 혼자 사는 나이 든 1인으로 구성된 가족, ④ 은퇴 후 혼자 사는 나이 든 1인으로 구성된 가족으로 구분할 수 있다. 이와 같은 구분의 기준에는 은퇴와 가족부양이라는 생애 사건이 포함된다. 둘째, 기존의 많은 가족생애주기는 2세대 가족(부부와 자녀로 구성된 가족)의 안정성을 전제로 제안되었다. 그러나 최근 이혼, 재혼, 동거가 빈번해지고 한부모 가족과 1인 가구가 증가하고 있다. 이와 같은 가족 형태의 변화를 반영해서 고령 소비자와 관련된 가족생애주기의 주요 생애 사건을 정할 필요가 있다.

을 선택하는 방법은 다음과 같이 다양하다(Lewison & Hawes, 2007). 첫째, 기업의 실무자들은 1개의 표적 고령 소비자 집단을 선택할 수 있다. 이를 배타적이고 집중적(exclusive concentrated) 선택이라고 한다([그림 14-2]의 a 참조). 둘째, 기업의 실무자들은 2개 이상의 표적 고령 소비자 집단을 선택할 수 있다. 이를 차별적(differentiated) 선택이라고 한다. 이때 실무자들이 하위 고령 소비자 집단 중 소수를 표적 고령 소비자 집단으로 선택하거나 모든 하위 고령 소비자 집단을 표적 고령 소비자 집단으로 선택할 수 있다. 전자를 선택

하위 집단 1	하위 집단 2	하위 집단 3 (선택)
하위 집단 4	하위 집단 5	하위 집단 6
하위 집단 7	하위 집단 8	하위 집단 9

a. 배타적 집중적 선택

하위 집단 1	하위 집단 2	하위 집단 3 (선택)
하위 집단 4 (선택)	하위 집단 5	하위 집단 6
하위 집단 7	하위 집단 8 (선택)	하위 집단 9

b. 선택적 차별적 선택

하위 집단 1 (선택)	하위 집단 2 (선택)	하위 집단 3 (선택)
하위 집단 4 (선택)	하위 집단 5 (선택)	하위 집단 6 (선택)
하위 집단 7 (선택)	하위 집단 8 (선택)	하위 집단 9 (선택)

c. 완전한 집중적 선택

하위 집단 1 (선택)	하위 집단 2	하위 집단 3
하위 집단 4 (선택)	하위 집단 5	하위 집단 6
하위 집단 7 (선택)	하위 집단 8	하위 집단 9

d. 연계된 선택

[그림 14-2] 표적 고령 소비자 집단의 선택 방법

출처: Lewison과 Hawes(2007)의 표 1의 일부 내용을 이용해서 작성함.

적 차별적(selected differential) 선택([그림 14-2]의 b 참조)이라고 하고, 후자를 완전한 집중적(completed concentrated) 선택([그림 14-2]의 c 참조)이라고 한다. 단, 완전한 집중적 선택 후 각 하위 고령 소비자 집단을 대상으로 실시하는 포지셔닝 활동의 종류는 서로 다르다. 마지막으로, 연계된(orchestrated) 선택은 기업의 실무자들이 유사한 특징이나 욕구를 가진 다수의 하위 고령 소비자 집단을 표적 고령 소비자 집단으로 선택하는 방법이다([그림 14-2]의 d 참조).

기업의 실무자들이 여러 하위 고령 소비자 집단 중 표적 고령 소비자 집단을 선택할 때 적용하는 기준은 다음과 같다(박찬수, 2014; O'Guinn et al., 2012). 첫째, 기업의 실무자들은 고령 소비자의 수가 많거나 향후 구매력 증가가 예상되는 하위 고령 소비자 집단을 표적 고령 소비자 집단으로 선택한다. 둘째, 기업의 실무자들은 투입된 비용(예: 공장 건설 비용) 대비 순이익의 비율(투자수익률)이 높을 것으로 예상되는 하위 고령 소비자 집단을 표적 고령 소비자 집단으로 선택한다. 셋째, 기업의 실무자들은 경쟁 기업보다 높은 경쟁우위를 가질 수 있는 하위 고령 소비자 집단을 표적 고령 소비자 집단으로 선택한다. 만약 기업의 실무자들이 경쟁 기업보다 자사가 특정 하위 고령 소비자 집단의 욕구에 부합하는 우수한 품질의 제품을 생산하는 기술을 보유하고 있다고 판단하면 해당 하위 고령 소비자 집단을 표적 고령 소비자 집단으로 선택할 수 있다. 마지막으로, 기업의 실무자들은 기업의 역량, 조직 규모, 문화, 기존의 표적 소비자 집단 등에 적합한 하위 고령 소비자 집단을 표적 고령 소비자 집단으로 선택한다.

3) 표적 고령 소비자 집단 대상 포지셔닝

포지셔닝은 표적 고령 소비자 집단에게 경쟁 제품이나 경쟁 브랜드와 다른 특정 제품이나 특정 브랜드의 차별적 특징을 인식시키는 활동으로 정의할 수 있다(박찬수, 2014). 기업의 실무자들은 제품(product) 관련 활동, 가격(price) 관련 활동, 유통(place) 관련 활동 및 촉진(promotion) 관련 활동의 4P 활동을 개별적으로 또는 조합해서 포지셔닝을 실시한다. 국내외 문헌고찰을 기반으로 기업의 실무자들이 고령 소비자를 대상으로 4P 활동을 실시할 때, 고려할 사항을 살펴보면 다음과 같다.

- 제품 관련 활동: 고령 소비자에게 제공하는 혜택의 묶음인 제품은 유형의 재화(예: 스마트폰)와 무형의 서비스(예: 의사 진료)로 구분된다. 이때 혜택은 기능적 혜택(예: 변비약-배변 활동 개선), 감정적 혜택(예: 공연 관람-즐거움과 재미의 체험) 및 사회적 혜택(예: 고급 승용차-부와 지위 표현)으로 세분화된다(박찬수, 2014). 고령 소비자 대상의 제품 관련 활동을 기획하고 실행할 때, 기업의 실무자들은 다음과 같은 사항을 고려할 필요가 있다. 먼저 많은 고령 소비자가 신기술 제품(예: 스마트폰)에 관심을 가지며, 고령 소비자의 신기술 제품 사용률이 증가하고 있다(Gunter, 1998). 기업의 실무자들이 신기술 제품을 개발할 때, 고령 소비자의 신체적, 인지적 및 정서적 특징을 고려할 필요가 있다. 예를 들어, 고령 소비자의 신체적 특성을 고려해서 기업의 실무자들은 큰 화면 크기, 음성 안내 기능(시각적 특징 고려), 손쉬운 음량 조절 기능(청각적 특징 고려), 큰 버튼 크기, 알아보기 쉬운 주요 버튼(예: 다른 버튼과 구별이 되게 통화용 버튼을 적색의 돌출된 형태로 디자인함; 신체적 움직임 고려) 등을 스마트폰 디자인에 적용할 수 있다. 또한 고령 소비자는 여러 작업을 동시에 수행하기 어렵고, 여러 정보 중 주요 정보의 위치 파악이 어려우며, 새로운 정보를 지각하는 속도와 글 이해 속도가 느리고, 주의를 한 곳에 장시간 집중하기가 어렵다는 인지적 특징을 가진다. 따라서 이들 특성을 신기술 제품의 디자인(예: 주문 정보를 큰 글씨로 제시한 키오스크의 화면 구성)에 반영할 필요가 있다.

  고령 소비자가 서비스 중 한 유형인 여가활동에 참여하는 것은 삶의 질 제고에 도움이 된다(Gunter, 1998). 고령 소비자의 성별에 따라서 다양한 여가 유형의 참여 빈도가 다를 수 있지만(예: 여성 고령 소비자는 친구와의 만남, 독서 등을 즐김), 일반적으로 남성 고령 소비자가 여성 고령 소비자보다 은퇴 이후 여가활동 참여를 많이 한다. 이와

같은 이유가 발생한 까닭은 여성 고령 소비자의 주요 관심사가 가사와 가족에 대한 책임이기에 남성 고령 소비자보다 상대적으로 여가활동 참여에 대한 관심이 낮아서이다. 또한 나이가 들면 건강이 약화되어 외출이 어렵기 때문에 실제연령(만 나이)이 낮은 고령 소비자는 가족, 친척, 지인 등을 찾아가서 만나는 반면, 실제연령이 높은 고령 소비자는 주로 가족, 친척, 지인 등의 방문을 받는다. 따라서 기업의 실무자들은 고령 소비자에게 성별, 실제연령 등을 고려한 여가 서비스를 제공할 필요가 있다.

지금까지 논의한 바와 같이, 기업의 표적 고령 소비자 집단이 누구인가(예: 여성 고령 소비자 대 남성 고령 소비자)에 따라서 제품 개발 방향이 달라진다. 이에 기업의 실무자들은 표적 고령 소비자 집단의 다양한 특징(예: 신체적 특징, 성별)을 확인한 후 이에 적합한 제품을 개발해야 한다.

- 가격 관련 활동: 흔히 가격이란 제품의 소비(예: 소유, 사용)를 위해서 고령 소비자가 지불하는 금전적 비용을 말한다. 기업이 가격을 정하는데, 가격은 기업의 수익에 직접적인 영향을 미치며, 기업에 의해서 쉽게 변경될 수 있다는 특징을 가진다(박찬수, 2014). 고령 소비자가 구매 의사결정 과정에서 제품의 품질보다 가격을 더 많이 고려한다는 연구 결과도 있고, 제품의 가격보다 품질을 더 많이 고려한다는 연구 결과도 있다(오민정, 정진철, 전상철, 2011). 이처럼 고령 소비자의 가격 민감도에 대한 상반된 연구 결과를 고려하면 기업의 실무자들은 표적 고령 소비자 집단의 가격 민감도를 파악한 후에 제품 가격을 책정할 필요가 있다.
- 유통 관련 활동: 유통이란 고령 소비자가 제품을 구입하거나 사용할 수 있는 온라인 공간(예: 인터넷 쇼핑몰) 또는 오프라인 공간(예: 백화점)을 제공하는 활동을 말한다. 일반적으로 고령 소비자는 제품을 살 때 젊은 소비자보다 적은 수의 오프라인 매장을 둘러보고, 적은 수의 제품을 살펴본다. 특히 식료품과 같이 자주 구입하는 제품의 경우, 고령 소비자는 이전에 구입한 경험이 많기 때문에 오프라인 매장에서 최대한 적은 수의 제품을 살펴보고 구입하는 방법을 주로 사용한다(Yoon & Cole, 2008). 또한 고령 소비자가 오프라인 매장에서 구매 시간 압박(제품을 가능한 한 빨리 사야 한다는 심리적 압박)을 느끼면 본인이 원하는 제품이 매장의 어디에 있는지를 찾지 못한다. 그 결과, 고령 소비자는 본인이 원하는 제품의 구입을 포기하고 다른 제품을 구입해서 나중에 후회할 가능성이 높다(Yoon et al., 2009). 한편, 만 50세 이상의 고령 소비자 중 다수가 온라인 쇼핑을 한다는 연구 결과가 있다(오민정 외, 2011). 이처럼 고령 소비자의 유통 이용 행동이 젊은 소비자의 유통 이용 행동과 같은 부분도 있고, 다른 부분도 있다. 따

라서 기업의 실무자들은 표적 고령 소비자 집단의 유통 이용 행동이 젊은 소비자의 유통 이용 행동과 어떤 점에서 같고, 어떤 점에서 다른지를 파악한 후에 이를 고려해서 유통 관련 활동을 기획하고 실행해야 한다.

• 촉진 관련 활동: 촉진은 고령 소비자에게 특정 제품의 존재를 알려서 고령 소비자가 해당 제품을 구입하도록 설득하고, 고령 소비자가 해당 제품을 구입하도록 유인하는 인센티브를 제공하는 활동을 말한다(박찬수, 2014). 촉진은 광고, PR, 구전, 판매촉진 및 인적 판매로 세분화할 수 있다. 이때 PR이란 기업이 직간접적으로 관련된 여러 집단(고령 소비자 포함)과 우호적인 관계를 구축하고 유지해서 자사의 이미지를 긍정적으로 만들고, 자사 제품의 판매를 촉진하는 활동이다. 언론사의 기자들에게 제공하는 보도자료, 홈페이지, 사회봉사활동 등이 PR에 해당된다. 구전은 고령 소비자 간에 제품의 장단점, 사용 경험 등을 교환하는 구두, 서면 및 온라인 소통 활동을 말한다. 판매촉진은 기업이 제품의 판매를 촉진하기 위해 고령 소비자에게 다양한 단기적 인센티브(예: 가격 할인, 사은품, 샘플)를 제공하는 활동이다. 인적 판매는 기업의 구성원들(예: 판매 사원)이 고령 소비자를 대면으로 만나서 자사 제품을 알리고, 질의응답을 하면서 고령 소비자가 자사 제품을 구입하도록 만드는 활동을 말한다.

가장 대표적인 촉진 관련 활동인 광고를 다룬 몇몇 연구 결과를 살펴보면 다음과 같다. 먼저, 사람들은 동일 정보를 반복해서 보면 해당 정보를 거짓이 아닌 진실이라고 믿는다. 이를 진실 효과(truth effect)라고 한다. 고령 소비자의 경우, 진실 효과가 쉽게 발생한다. 그 결과, 고령 소비자는 거짓이지만 광고를 통해 자주 보아서 친숙한 정보를 진실이라고 믿는 경향성이 강하다(Yoon et al., 2005). 둘째, 소비자에게 제품의 기능과 특징을 이성적으로 설명하는 광고를 이성 소구(rational appeal) 광고라고 하고, 소비자의 정서를 자극해서 소비자가 제품에 대한 긍정적 이미지를 가지도록 만드는 광고를 정서 소구(emotional appeal) 광고라고 한다. 젊은 소비자와 비교하면 고령 소비자는 이성 소구 광고보다 정서 소구 광고를 더 선호하고, 이성 소구 광고의 내용보다는 정서 소구 광고의 내용을 더 잘 기억하며, 이성 소구 광고보다는 정서 소구 광고에 설득되기가 더 쉽다(Yoon et al., 2005). 셋째, 광고는 제품과 관련된 주장 내용(예: 제품의 기능 설명)인 중심 단서와 광고모델, 배경음악 등과 같은 주변 단서로 구성된다. 고령 소비자는 구매 의사결정을 할 때 광고의 중심 단서보다 광고모델 등과 같은 주변 단서에 더 많은 영향을 받는다(Yoon, Lee, & Danziger, 2007). 또한 고령 소비자가 광고모델의 전문성 또는 진실성을 높게 지각하면 광고에 호의적인 태도를 보이며,

광고모델의 연령이 고령인 경우에 광고모델에 대한 신뢰성을 높게 평가한다(Gunter, 1998). 이상의 연구 결과가 발생한 이유는 고령 소비자가 광고를 볼 때 체계적 그리고 분석적 정보처리 대신에 휴리스틱 정보처리를 하는 경향이 강하기 때문이다.

한편, 고령 소비자는 화면 전환이 적고 잔잔한 느린 속도의 배경음악이 있는 광고를 좋아하고, 해당 광고 속 제품 이름을 잘 기억한다(Van Der Goot et al., 2015). 반면에 젊은 소비자는 화면 전환이 많고 고음의 빠른 속도의 배경음악이 있는 광고를 좋아하고, 해당 광고 속 제품 이름을 잘 기억한다. 또한 실제연령이 높은 고령 소비자보다 실제연령이 낮은 고령 소비자가 광고에 더 호의적인 태도를 보인다(Gunter, 1998).

판매촉진 활동 중 일종의 가격 할인인 고령 소비자 우대 할인과 관련된 연구 결과는 다음과 같다(Tepper, 1994). 만 50~54세와 만 55~64세의 고령 소비자는 고령 소비자 우대 할인을 이용하는 것이 본인이 젊지 않다는 사실을 인정하고, 본인이 금전적으로 여유롭지 않으며, 매장의 판매 직원에게 무시를 당할 수 있다고 생각한다. 그 결과, 만 50~54세의 고령 소비자는 고령 소비자 우대 할인 이용에 대한 심리적 저항으로 인해 고령 소비자 우대 할인을 이용하지 않는다. 그런데 만 55~64세의 고령 소비자는 고령 소비자 우대 할인 이용에 대한 심리적 저항이 있음에도 불구하고 고령 소비자 우대 할인을 이용한다. 반면에 본인의 고령화를 수용한 만 65세 이상의 고령 소비자는 고령 소비자 우대 할인을 이용하는 것에 특별한 심리적 저항이 없어서, 고령 소비자 우대 할인을 이용한다.

지금까지 살펴본 바와 같이, 고령 소비자의 특징(예: 실제연령)에 따라서 특정 촉진 활동의 효과가 달라진다. 따라서 기업의 실무자들은 표적 고령 소비자 집단이 어떤 특징을 가지고 있는지를 확인해서 그에 적합한 촉진 활동을 선별적으로 기획하고 추진할 필요가 있다.

4. 맺음말

이 장의 한계는 제한된 국내외 문헌고찰을 기반으로 마케터, 브랜드 매니저 및 광고인과 같은 기업의 실무자들이 고령 소비자 대상 마케팅 활동의 기획과 실행 과정에서 고려할 사항을 소개했다는 것이다. 예를 들어, 이 장에서 소수 문헌을 바탕으로 제안한 고령 소비자에 대한 기업 실무자들의 연령 고정관념은 모든 기업 실무자들에게 적용되는 것이 아닐 수

있다. 또한 이 장에서 소개한 해외 선행연구 결과를 문화차를 고려하지 않고 현재 시점의 한국 고령 소비자를 대상으로 하는 기업의 마케팅 활동의 기획과 실행에 그대로 적용하기 어려울 수 있다. 따라서 독자들은 이와 같은 이 장의 한계를 명확하게 인식할 필요가 있다. 이와 같은 이 장의 한계에도 불구하고, 이 장이 기업의 고령 소비자 마케팅 활동의 기획과 실행의 효과성과 효율성 제고 방안 모색과 국내 학계의 고령 소비자 마케팅 활동 관련 연구의 향후 방향 설정에 도움이 되기를 바라면서 이 장을 마친다.

생각할 거리

1. 왜 마케터, 브랜드 매니저 및 광고인과 같은 기업의 실무자들이 고령 소비자의 소비 특징과 마케팅 활동의 효과성 및 효율성과 관련된 연령 고정관념을 가지게 되는가?
2. 왜 마케터, 브랜드 매니저 및 광고인과 같은 기업의 실무자들이 고령 소비자의 소비 특징과 마케팅 활동의 효과성 및 효율성과 관련된 연령 고정관념에서 벗어나야 하는가?
3. 마케터, 브랜드 매니저 및 광고인과 같은 기업의 실무자들이 고령 소비자의 소비 특징과 마케팅 활동의 효과성 및 효율성과 관련된 연령 고정관념에서 벗어나는 방법은 무엇인가?
4. 기업의 입장에서 고령 소비자의 집단 세분화가 필요한 이유는 무엇인가?
5. 기업이 실시하는 고령 소비자의 집단 세분화가 고령 소비자에게 제공하는 혜택은 무엇인가?
6. 마케터, 브랜드 매니저 및 광고인과 같은 기업의 실무자들이 고령 소비자의 집단 세분화 기준을 선택할 때, 어떤 점을 고려해야 하는가?
7. 마케터, 브랜드 매니저 및 광고인과 같은 기업의 실무자들이 표적 고령 소비자 집단을 선택하는 방법과 기준은 무엇인가?
8. 마케터, 브랜드 매니저와 같은 기업의 실무자들이 음성 인식 비서 서비스(예: SK텔레콤의 Nugu, 삼성전자의 Bixby)를 개발할 때, 고려해야 하는 고령 소비자의 신체적, 인지적 및 정서적 특징은 무엇인가?
9. 마케터나 브랜드 매니저와 같은 기업의 실무자들이 건강 보조 식품(예: 비타민 제품, 홍삼농축액)을 판매하는 온라인 쇼핑몰을 구축할 때, 고려해야 하는 고령 소비자의 신체적, 인지적 및 정서적 특징은 무엇인가?
10. 마케터, 브랜드 매니저 및 광고인과 같은 기업의 실무자들이 고령 소비자 대상의 치매 보험 광고를 기획할 때, 고려해야 할 고령 소비자의 신체적, 인지적 및 정서적 특징은 무엇인가?

제 15 장

고령친화 디자인 접근

고령화 사회에서 고령자의 생활환경, 이동성, 사회적 교류 등이 중요한 사회문제가 되고 있다. 이에 대한 한 가지 대책은 디자인을 통한 접근이다. 이 장에서는 고령자의 환경과 서비스의 디자인에서 고려할 사항들을 살펴보고, 주요 영역별로 제기되는 디자인 문제를 다룬다. 감각-지각, 운동, 주의, 기억 등의 영역에서 발생하는 인지 고령화의 특성과 독거 고령자에게서 발생하기 쉬운 사회적 소외문제를 충분히 고려하는 디자인 접근이 필요하다. 고령자의 삶과 관련 깊은 주거, 공공장소, 보행과 운전, 생활용품 및 스마트기기 등의 디자인 문제들을 살펴보았다. 고령자의 건강한 삶을 지원하고, 건강한 방향으로 행동 변화를 불러일으키는 데 생활환경과 디자인 개선은 심리학적 관점의 확대에도 기여할 것이다.

주제어: 고령자, 디자인, 주거, 공공장소, 보행, 운전, 스마트기기

한국 사회에서 고령자의 비율이 점차 증가하고 있다. 그리고 고령자는 경제적인 이유나 가족 구성의 변화 등의 이유로 1인 가구를 구성하는 경우가 많다. 이러한 변화는 고령자의 행복하고 건강한 삶에 위협이 되고 있다. 예를 들면, 보호자가 없어서 고독사가 증가하거나 여러 가지 범죄에 취약하게 된다. 그리고 고령자의 의료 및 복지와 관련된 사회적 비용도 증가하고 있다. 고령자의 건강한 삶은 심리적인 안녕감(wellbeing)과 자율적인 삶에 관건이 되므로 고령자에 대한 심리서비스는 단순한 신체적 건강 유지 이 외에 여러 측면을 살펴볼 필요가 있다.

건강한 삶은 건강에 도움이 되는 행동을 통해 촉진될 수 있으며, 또 건강에 이로운 환경을 조성하는 것이 도움이 된다. 이러한 문제를 다루는 방법은 크게 세 가지로 구분된다. 가장 널리 쓰이는 첫번째 방법은 예컨대 보건소나 병원, 그리고 매체에서 건강 정보와 지식을 널리 홍보하는 것이다. 홍보는 비용이 적게 드는 장점이 있지만, 홍보의 지속적 효과는 분명하지 않다. 두 번째 방법은 각종 재활 관련 기관에서 보듯이 건강 행동을 가르쳐 주고 훈련시키는 것이다. 특수하거나 다소 심각한 건강문제를 가진 고령자에게는 그에 걸맞은 훈련이 꼭 필요할 것이지만, 훈련은 일반적이고 광범한 문제를 대처하는 데에는 큰 비용을 필요로 하는 문제점이 있다. 세 번째 방법은 건강 행동을 하도록 유도하는 환경이나 제품, 그리고 편리하고 안전한 환경을 만드는 것이다. 환경의 변화를 통해 건강 행동을 촉진하는 접근은 강도가 약할 수 있지만 광범하고 지속적인 효과를 낼 가능성이 있다. 이 장에서는 고령자의 건강하고 안전한 행동을 위한 디자인 문제를 살펴볼 것이다.

인지 고령화, 운동기능의 저하, 그리고 사회적 관계의 변화 등으로 인해 고령자의 생활환경은 더 이상 젊은 시절의 생활환경과 같지 않게 된다. 이러한 변화는 고령자의 삶에 여러 가지 문제를 낳으며, 이런 문제를 해결하기 위한 노력이 필요하게 되었다. 미국 국가과학기술위원회(National Science and Technology Council)의 '고령자지원기술 연구개발팀(Task Force on Research and Development for Technology to Support Aging Adults)'에서 발표한 보고서(NSTC, 2019)에 따르면, "일상생활 활동 보조, 인식 변화, 소통과 사회적 연결성, 개인의 이동성, 이동 수단, 의료시설 접근성"이 고령사회에 중요한 기술이다. 이것은 고령자들의 삶의 질 향상, 독립적인 생활, 건강 비용 절감이 중요하다는 것을 뜻한다. 그리고 고령자의 건강한 삶을 위해 물리적 및 사회적 등 여러 수준의 환경 변화가 필요함을 가리킨다.

이런 논의는 디자인 측면에서 볼 때, 고령자의 편리와 안전에 이바지하는 제품과 환경을 디자인하는 문제로 정의될 수 있다. 즉, 고령자의 욕구를 충족시키는 제품, 그리고 고령자에게 친화적인 환경을 개발하는 문제가 된다. 그러나 이런 정의는 현상 유지에는 도움이 되지만 건강을 증진하는 데에는 그 효과가 제한적일 것이다. 최근에 등장하는 다른 접근은 고령자의 건강과 안녕을 높이는 방향으로 **행동을 변화시키는 디자인**(design for behavior change)을 강조한다(Ludden, Cain, Mackrill, & Allen, 2018). 고령자가 돌봄을 받는 수동적인 존재로 대우받는 것이 아니라, 어떤 목적을 갖고 적극적으로 활동하는 사회 구성원으로 인정받을 때 더 건강하고 행복한 삶을 누릴 수 있다. 디자인은 그런 활동을 지원하거나 혹은 조력할 수 있다. 이와 같은 고령자 친화적인(age friendly) 디자인 접근이 효과를 내려면 고령자의 행동과 심리에 대한 자료와 이해가 필요한데, 고령자 심리학은 유익한 통찰을 줄 것이다.

1. 디자인 접근

고령자가 편안하게 행동할 수 있도록 환경을 개선하는 것은 장기적인 효과를 낼 수 있는 접근이다. 주거 환경과 많은 시설물이 지각 · 운동 능력이 좋은 청장년을 중심으로 설계되어 있는데, 고령화 이전의 사회에서는 이것이 큰 문제가 되지 않았다. 그러나 인구의 1/5이 고령자일 것으로 예상되는 2025년 이후의 한국 사회에서는 이런 시설과 디자인은 많은 사람에게 불편을 초래하고 때로는 사고를 불러올 수 있다.

그동안 디자인은 제품, 포장, 환경의 기능성 및 심미성 향상이란 관점에서 고려되어 왔다. 고령사회에서도 고령자에게 필요하거나, 편리한 제품이나 환경의 디자인, 그리고 심미적으로 우수한 디자인은 매우 중요한 문제이므로 물질적 수준의 디자인의 중요성은 무시될 수 없다. 현대 사회에서 제품과 환경은 단독으로 소비되는 것이 아니라, 어떤 서비스를 내포하는 경우가 많다. 예를 들어, 전자 키오스크(kiosk)는 (그동안 직원이 하던) 주문과 결제 과정을 대체하는 서비스 시스템이며, 스마트폰의 여러 앱이 또한 그러하다. 문제는 이런 서비스 시스템이 고령자에게 매우 불친절하다는 것인데, 키오스크는 주의를 산만하게 하는 메뉴와 광고들, 그리고 작은 글자들로 고령자를 애먹인다. 그러므로 고령자가 원하는 일을 더 잘할 수 있도록 돕는 서비스의 디자인이 필요하다. 이를 통해 고령자가 그동안 필요를 못 느꼈을지라도 실제로 매우 유용한 서비스(예: 스마트워치의 긴급 통화)가 개발

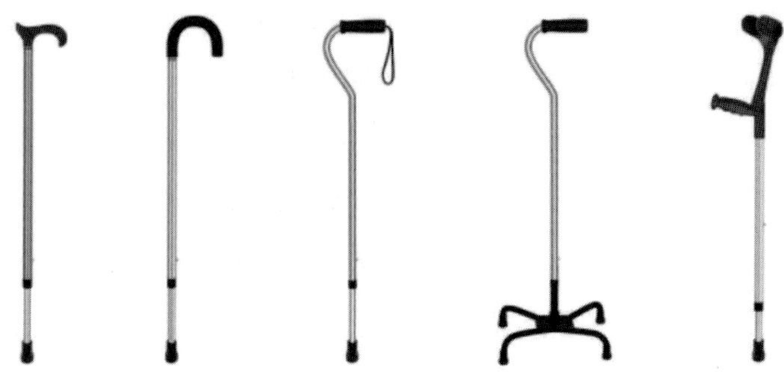

[그림 15-1] 여러 디자인의 지팡이(LED가 달린 것도 있다)

될 수 있으며, 이런 발전은 고령자를 위한 산업(senior industry)으로 이어질 것이다.

디자인의 일차적 목표는 사용자의 요구(needs)를 충족시키는 것이다(Wendel, 2018). 사용자의 요구란 반드시 의식되는 것은 아니다. 그러므로 디자이너는 사용자가 암묵적으로 원하는 것, 혹은 사용자에게 도움이 될 만한 것을 파악하려고 애쓸 필요가 있다. 그러나 사용자에게 도움이 되는 것이라고 해서 반드시 사용자에게 수용되는 것도 아니다. 기술수용모형(Davis, 1989)에 따르면, 사용자가 새로운 디자인을 수용할 수 있도록 유용성을 확인시키고, 인식을 바꾸려는 노력이 필요하다. 실용적 의미의 디자인은 효과를 가져야 하며, 그 효율성을 평가할 수 있어야 할 것이다. 예를 들면, 이동성을 향상시키기 위해 개발된 '새로운' 지팡이([그림 15-1] 참조)는 사용할 때 느끼는 피로, 안정성, 이동 속도 등에서 향상을 보여야 할 것이다. 다음으로 중요한 것은 사용할 때 느끼는 편리함과 관련되는데, 흔히 사용성(usability)이라고 부르는 것이다. 예컨대, 기억보조장치(memory aid)를 어떻게 사용하는지를 배우고 기억하기가 어렵다면 그 성능이 아무리 좋아도 필요할 때 제대로 쓸 수 없을 것이다.

디자인은 인간이 소비하는 대상이지만, 또한 우리를 둘러싸고 있는 환경(의 일부)이 되기도 한다. 사람의 행동이 환경으로부터 큰 영향을 받는다는 것은 의심할 여지가 없고, 심리학의 여러 분야는 그 영향에 대해 여러 가지 설명을 제시해 왔다. 예컨대, 감각 및 지각 심리학과 생태학적 심리학(ecological psychology)은 인간의 감각 지각과 행동에 영향을 주는 환경 요인들과 자극 구조를 설명해 왔다. 인지심리학은 주의와 기억의 여러 원리를 알려 준다. 사회 인지(social cognition)와 행동 경제학(behavioral economics) 연구들은 환경의 미묘한 단서들이 행동의 선택에 영향을 미칠 수 있음을 보여 주었다(예: 넛지, nudge). 예를 들어, 아름다운 조형이나 매력적인 디자인(예: 피아노 건반 같은 계단을 오르면 멜로디가 나옴)

은 사람들의 발걸음을 이끄는 효과를 낸다(Ludden et al., 2018). 그리고 몸에 좋지 않은 음식은 무조건 감춰 두는 것이 아니라, 눈에 덜 띄거나 선택하기가 조금 불편하게 배치할 수 있다(Wansink & van Ittersum, 2013). 이처럼 환경(디자인)은 특정한 행동을 유도하고 다른 행동을 억제하는 힘을 가지고 있으며, 이를 잘 이용할 때 디자인은 긍정적인 행동 변화를 일으킬 수 있다. 이뿐만 아니라 사람들은 자율적인 활동에서 더 큰 만족감을 얻거나 자부심을 가지는 경향이 있다. 사람들이 스스로 조립한 제품을 더 좋아한다는 것을 가리키는 소위 이케아(IKEA) 효과가 이것을 보여 준다. 그러므로 사람의 동기 요인을 적절하게 고려한 디자인은 고령자의 긍정적이고 건강한 행동을 촉진할 것이다.

2. 전반적 고려사항

'고령친화도시 국제네트워크'는 세계보건기구(WHO)가 고령자들이 편안하게 살 수 있도록 정책과 서비스를 제공하는 도시들을 인증하여 회원으로 받아들인다. 회원으로 인증받기 위한 8개 기준은 외부 환경과 시설, 주거환경의 안정성, 교통수단의 편의성, 인적 자원의 활용, 여가 및 사회 활동, 존중 및 사회 통합, 의사소통과 정보, 건강 및 지역 돌봄이다. 이 중에 앞의 3개는 넓은 의미의 생활환경과 관련된 것이다. 고령친화도시로 인증받기 위해 필요한 조건들은 한국보다 먼저 고령사회를 경험한 선진국들이 경험을 통해 중요성을 깨달은 것들인데, 여러 조건 중 생활환경의 디자인(개선)이 중요한 비중을 차지한다는 것을 보여 준다.

한국의 여러 지자체도 고령친화도시 인증을 받았거나 받기 위한 노력을 하고 있다. 반드시 인증을 받지 않았더라도 지역의 지자체를 방문하면 고령자를 배려하는 많은 환경 개선이 진행되고 있다(예: 어린이 보호 표지판 대신에 '노인 보호 표지판'이 들어서고 있다). 서울시(2021)는 '인지건강 디자인' 프로그램 사업으로 고령자와 치매 노인이 많은 지역에서 환경 개선을 통해 인지행동의 지원, 안전, 오감 향상, 정서 안정 등을 꾀하고 있다(〈표 15-1〉 참조). 이것은 고령자 친화문제가 단지 외부 환경 개선에 국한된 문제가 아니라 인지, 행동, 감각, 정서 등과 같은 심리적인 편안과 만족과 연계된 문제라는 것을 보여 준다. 고령친화 디자인과 관련해서 전반적 고려사항을 먼저 논의한 다음, 주거, 공공장소, 보행과 운전, 생활용품, 그리고 스마트기기 등에서 디자인 문제를 다음 절부터 살펴볼 것이다.

고령자에 친화적인 환경을 디자인하는 데 전반적으로 고려해야 할 점은 무엇일까? 사용

표 15-1 **인지건강 디자인 사업 사례**

- 인지 거점에서 '기억을 잇는 100m, 사람을 잇는 100m' 프로젝트
- 외부 활동을 위한 안전한 보행 공간 및 운동 공간 조성, 기억 키움 프로젝트
- 출입구, 교차로에 인지 강화 안내판
- 알기 쉽고 찾기 쉬운 환경조성을 위한 인지 조명 및 기억 교차로 조성

자의 요구는 사용자의 욕구하는 상태와 현 상태의 차이에서 발생한다. 고령 사용자의 요구를 파악하기 위해서는 두 상태를 제대로 파악해야 한다. 그리고 디자인의 여러 측면이 상호작용하여 예상하지 않은 복잡성과 문제가 발생할 가능성을 고려해야 한다.

첫째로 고려할 것은 고령자와 환경의 관계의 변화이다. 제2장에서 언급하였듯이, 고령자에게 나타나는 감각-지각-운동 능력의 저하는 환경과의 상호작용에 양적일 뿐만 아니라 질적인 변화를 일으킨다. 예를 들어, 글자들이 조금 덜 보이는 것이 아니라 읽기 어려울 정도로 보이지 않으며, 길을 건너는 시간은 조금 길어진 것이 아니라 보행 신호등이 점멸하는 동안에 길을 건널 수 없을 정도로 걸음이 느려지는 것이다. 이에 대해 적절한 환경 개선을 통해 고령자의 취약한 능력을 보완할 필요가 있다. 생활환경에 있는 표지물이나 기호는 저하된 기본 능력을 보완하는 방식으로 디자인될 필요가 있다. 예컨대, 이정표, 안내판 등에서 글자를 크게 하고, 명도 대비를 높여야 할 것이다. 색채 감각의 변화를 보상하기 위해 흑색과 구분하기 힘든 청색을 다른 대비되는 색(따뜻한 계열의 색)으로 바꾸는 것을 고려해야 한다. 이런 부분적 개선을 통해 보완하기 힘든 경우에는 근본적인 환경 변화를 꾀하여야 할 것이다.

둘째로 고려할 것은 인지 고령화인데, 이것은 전반적으로 정신적인 작업 속도와 능률이 저하되는 현상이다. 일반적으로 나이가 들면 정보처리 속도가 떨어지는데 시간 제한이 중요한 과제에서 고령자들이 특히 취약할 가능성이 높다. 이러한 문제점을 피하기 위해서는 고령자의 생활환경이 고령자의 처리속도, 주의력 및 작업기억 용량의 저하를 보완할 수 있도록 설계되어야 한다. 예컨대, 안내판이나 지시하는 메시지는 고령자의 느린 처리속도와 저하된 처리 용량을 고려하여 짧은 문장들이 차례대로 이어지는 형태로 구성되고, 재확인하기 좋은 형태로 제시될 필요가 있다. 주의하지 않으면 놓치기 쉬운 청각 메시지(안내)는 시각적 메시지로 대체하거나 보완하는 것이 고령자에게 도움을 줄 것이다(문장 이해 실험을 보면 문장이 시각적으로 제시될 때보다 청각적으로 제시될 때 고령자는 더 많은 오류를 저질렀다). 생활공간의 동선(예: 병원 복도의 안내선)도 고령자의 인지 용량을 고려하여 기억하기 좋은 형태로 배치되는 것이 좋다.

셋째로 고려할 것은 고령자의 생활에 흥미와 활력을 불어넣는 방안이다. 고령자는 주변 환경에 관심을 덜 갖기 쉽고, 단조로운 공간은 환경에 대한 관심을 더 떨어뜨릴 것이다. 자극이 없는 환경은 지루하거나 우울증을 유발할 수 있는 반면에, 적절한 감각 자극은 기능적인 능력을 유지시킴과 동시에 기억력, 언어구사력을 증진시킬 수 있다. 과밀(crowding)도 중대한 스트레스원이며, 거주자들 간의 상호작용에 중대한 영향을 준다. 한 연구에 따르면, 한 방에 거주하는 환자의 수가 늘어나면 환자의 행동 유형(종류)이 오히려 줄어들며, 이는 생활을 더 단조롭게 만들 것이다. 적절한 환경 변화와 자극을 활용함으로써 고령자들의 인지기능 유지와 일상생활 활동을 지원할 수 있다. 한 예로, Langer(2022)는 요양원 거주자들에게 정원을 어떻게 꾸밀 것인지를 스스로 결정하도록 하였을 때, 정신적 만족도가 높아지고 신체적으로 더 건강해졌다는 것을 발견하였다. 이처럼 마음챙김(mindfulness)을 도입하는 방안에 대해 궁리할 필요가 있다.

넷째로 고려할 것은 사람들과의 사회적 교류의 촉진이다. 사회적 접촉은 단순히 외로움을 더는 것 이상으로 인지적·정서적 기능을 유지하고 삶의 만족도를 높이는 데 중요한 역할을 한다. 사람과의 상호작용은 많은 지적 활동을 유발하고, 정서적 안정감과 만족감을 준다. 또한 사회적 접촉을 통해 고령자는 간접적으로 세상을 체험하고, 세상과 연결되어 있다는 느낌을 가질 수 있다. 그럼에도 고령이 될수록 소통이 가능한 가까운 사람의 수는 줄어들고, 고령자의 의사소통 기술은 퇴보하기 쉬워서, 사회적 소통은 점점 더 어렵게 된다. 사회적 고립은 불시의 위험에 고령자가 제대로 도움을 받지 못하게 하는 결과를 낳을 수 있다. 그러므로 편안한 환경을 위한 디자인 외에도 고령자의 사회적 교류를 촉진하도록 세심하게 배려된 디자인이 궁리되어야 할 것이다.

3. 주거

생활환경 중 주거공간은 사람들이 대체로 가장 많은 시간을 보내는 곳인 만큼 고령자의 삶에 매우 중요하다. 주거공간은 다양한 형태가 있다. 예를 들어, 독립된 공간이 있는 단독주택이나 아파트와 같은 공간이 있는가 하면, 공간의 일부분(예: 마당이나 복도)이나 대부분(예: 자기 방을 제외한 나머지)을 타인과 공유해야 하는 형태도 있으며, 같은 공간을 여러 사람과 생활을 함께하는 경우도 있다. (고령자에게도 사적 공간이 중요함에도 종종 인정받지 못하는 경우가 있다.)

이전부터 오랫동안 거주하던 건물 구조가 고령이 된 거주자에게 더 이상 맞지 않는 경우가 많다. 젊을 때는 아무 문제가 되지 않았던 한두 개의 계단이 이제는 부담스럽거나 위험요인이 될 수 있다. 이 외에도 부엌 조리대와 식탁, 세면대의 높이, 경사로(가 있다면)의 기울기, 문턱 등이 불편하게 될 것이며, 전등 스위치의 높은 위치 혹은 작은 크기, 가구나 물건 찾기의 어려움, 혼란스러운 알람 소리, 복도 난간의 부재 등 여러 가지가 불편하게 될 것이다. 이런 불편사항에 대한 디자인 개선(소위 리모델링)에 고령자의 심리와 행동에 대한 이해가 반영되어야 할 것이다.

[그림 15-2] 기억을 담고 있는 방
출처: 서울역사박물관.

주거공간은 대체로 고령자가 오랫동안 익숙해진 환경이며, 여러 가지 기억이 담긴 공간인 경우가 많다([그림 15-2] 참조). 그동안 살던 곳을 완전히 바꾸거나 새로운 곳으로 이사하는 것은 무엇보다 적응의 문제를 낳는다. 그리고 고령자의 삶을 과거(의 익숙한 행동)와 단절시키는 문제를 낳는데, 이것은 과거 기억을 환기시키고 현재 삶의 의미를 확인하는 것을 어렵게 할 수 있다. 심리적으로 혼란된 상태이거나 경도 치매와 같이 인지 능력이 저하된 상태에서는 공간 기억에도 문제가 생길 수 있다. 공간의 연속성은 치매 증상의 정도에도 영향을 준다(오이 겐, 2013). 그러므로 주거환경의 개선은 가급적 과거와의 연속성을 유지하는 범위에서 시도하는 것이 더 나을 것이다. 예컨대, 실내구조와 눈에 띄는 부분을 그대로 혹은 유사하게 유지하고, 창, 문, 그리고 익숙한 가구를 최대한 유지하는 것이다(김기원, 김지연, 고영준, 2017). 이에 더해서 고령자가 젊은 시절에 경험했던 혹은 좋아했던 방식으로, 예를 들면 7080세대의 분위기로 꾸미거나 예전에 친숙했던 물건들을 배치하는 것도 좋은 효과를 낼 것이다(Langer, 2022; 이 책의 제2장 참조; 이소라, 고선규, 권정혜, 2009).

사회활동이 줄어든 고령자에게 주거환경은 일상생활의 대부분을 보내는 활동 무대가 된다. 요즘에는 주거환경을 편리하게 관리할 수 있는 많은 편의장치(예: 자동문, 자동점등장치)가 개발되어 있다. 이런 편의장치는 부주의로 인한 사고나 불편을 줄여 주고, 사용자의 주의와 일상활동의 필요를 줄이는 결과를 낳는데, 이것은 이점인 동시에 단점이 될 수 있다. 운동과 두뇌 활동을 적게 할수록 우리의 신체 및 인지 기능은 저하될 가능성이 높다. 그러므로 주거환경에서도 일정 수준의 신체활동과 정신활동을 하도록 디자인하는 것이 건강과 안녕의 유지에 도움이 된다. 예를 들어, 위험하지 않고 어렵지 않은 동작은 기계에 맡기는 대신에 고령자가 스스로 하도록 유도할 수 있으며, 필요하다면 신체적 동작의 요구 수준을 조절하게(예: 반자동) 만들 수도 있다. 그리고 주거환경 내에서 혹은 인근에서 할 수 있는 활동(예: 산책)을 제안하거나 보행 방향을 공원으로 자연스럽게 유도하는 디자인은 좋은 효과를 낼 수 있다. 이를 위해 출입문의 디자인을 바꾸거나, 날씨나 주변 환경을 파악할 수 있게 하거나, 정원이나 발코니에 화초를 놓아둘 수 있다. 혹은 공동주택 단지 안에 교류 활성화를 위한 공용공간을 만들 수도 있다.

연구가 보여 주듯이(제6장 참조) 고립된 생활을 보내기 쉬운 고령자들이 사회적 교류를 할 때 훨씬 더 신체적으로 건강하고 심리적인 만족감을 갖는다. 요즘 고령자가 아니더라도 종종 고독사가 발견되곤 한다. 고독사는 상당한 시간이 지난 다음에 발견되는 경우가 많은데, 이것은 이웃이나 지인과의 교류가 거의 없었음을 반증한다. 사회적 소통과 교류가 적어지면 심적으로 위축되고 우울해지기 쉽다. 또한 이것은 자살의 원인이 되기도 한다(한국은 노인 자살률이 세계에서 1위인 나라이다). 앞에서 언급한 고령친화도시 인증 기준에도 '여가 및 사회 활동, 존중 및 사회 통합, 의사소통과 정보, 건강 및 지역 돌봄' 등 사회적 교류와 직간접으로 관련된 항목들이 많이 포함되어 있다. 사회적 교류가 반드시 주거공간에서 일어나는 것은 아니지만, 거동이 불편한 고령자는 많은 시간을 주거공간에서 보내기 때문에 주거공간 혹은 그 인접 공간에서 사회적 교류를 편하게 할 수 있도록 환경을 디자인하는 것이 중요하다.

사회적 교류를 촉진하고 지원하는 생활환경 혹은 주거 형태가 논의되어 왔다. 젊은이들의 관심을 끌고 있는 공유 주거(share house)도 그 예이다. 서구 사회에서 인기를 끌고 있는 공동 주거(co-living, co-housing)는 여러 연령대의 구성원들이 협력하면서 함께 사는 것이다. 한국에서 마을회관 혹은 경로당은 (주로 여성) 고령자들의 공동 생활공간의 역할을 한다. 경제적인 목적이 아니더라도, 생활환경의 일부분을 공유하거나 일상 활동의 일부분에서 협동하는 것은 구성원들 간의 교류와 의사소통을 촉진시킨다. 그리고 구성원들의 장단점을 서로 보완함으로써 공동체에 기여하고, 또 지지를 받는 느낌을 가질 수 있으며, 이는 Langer의 연구(2022)에서 볼 수 있듯이 삶의 통제감을 주고 삶의 만족감을 높여 줄 것이다. 이런 측면은 인지기능 저하와 활동의 제약을 겪는 고령자들 사이에서 더 큰 효과를 낼 것이라고 생각된다.

4. 공공장소

고령자의 활동이 집안을 벗어나 개방된 공간으로 확장되는 것은 고령자의 건강과 사회적 교류에 좋은 영향을 미친다. 개방된 공간(open space)에는 길거리와 동네를 포함하여 공원이나 도서관, 시장, 보건소나 주민(행정복지)센터와 같은 공공기관 등도 포함된다. 이들을 묶어서 이 절에서는 공공장소(public space)라고 할 것이다. 공공장소가 생동감 있고, 자연과의 접촉이 가능하고, 같은 연배를 만날 수 있는 사회적 공간이 되고, 깨끗하고 안전하며, 여러 분위기와 활동을 경험하는 곳이 되기를 바라지만, 여러 연령층을 포용하는(age-inclusive) 것은 쉽지 않다(Sundevall & Jansson, 2020). 공공장소는 젊은이와 중년층 위주로 설계되어 있는 경우가 많으며, 고령자의 특수성은 종종 간과되어 있다. 그러나 여러 부류의 사람들이 왕래하기 때문에 공공장소는 고령자들에게 사회적 교류의 기회를 늘리고, 덜 소외되고, 외로움을 덜 경험하게 해 준다. 공공장소가 여러 연령층을 포용하면서 고령자 친화적인 공간이 되도록 여러 도시와 기관이 관심을 가지기 시작하고 있으나, 실증적 연구는 많이 부족한 형편이다.

공원에 대한 연구들의 개관에 따르면 고령자들은 공원 혹은 공원 주변 등 개방된 공간이 필요하고 또한 신체적 활동이 필요하다고 느끼는데, 공원은 고령자의 신체적 건강을 높이고 그들이 사회적으로 개입하고 있다고 느끼게 함으로써 심리적 안녕감에 도움을 준다(Levy-Storms, Chen, & Loukaitou-Sideris, 2018). 서양의 공원에 대응하는 곳이 한국에서는 경로당, 마을 정자, 전통시장 같은 곳이 될 것이다. 공공장소에 오는 고령자의 특성도 고려할 필요가 있다. Noon과 Ayalon(2018)에 따르면, 고령자들은 개방된 공간에 혼자 오는 경향이 있지만 그중 약 절반은 성별로 분리되어 둘 이상의 사회적 그룹을 이루는 경향이 있다. 그리고 여성들은 주로 대화에 참여하는 반면에, 남성들은 게임(예: 체스)을 함께하는 경향이 있었다. 한국에서 주로 경로당을 이용하는 여성 고령자들과 주로 야외 공원이나 노지에서 모이는 남성 고령자들이 대비되는 것과 비슷한 점이다. 공공장소의 시설이 남성 및 여성 고령자들의 이용과 활동을 지원하고 촉진하는지는 중요한 관심사항이 될 것이다. 공공장소가 고령자들이 더 편하게 대화할 수 있는 공간을 제공하는지, 게임이나 가벼운 운동과 같은 사회적이고 신체적인 활동[예: 장기, 적목(쌓기), 투호]을 지원하는지를 검토할 필요가 있다. 흔히 발견되는 벤치는 남성 고령자의 활동을 지원하는 데에는 부족한 면이 있다.

나이가 들수록 고령자들이 공공장소를 덜 이용하게 된다고 한다. 고령자들이 방문하고 싶은 고령자 친화적인 공간이 되려면 공공장소가 고령자의 이동을 잘 지원해야 한다. 예컨대, 고령자들이 찾는 주요 공간이나 시설들이 도보나 대중교통 수단으로 쉽게 접근할 수 있는 곳에 있어야 한다. 그리고 그 주변을 이동할 때 편리하고 안전한 통행로(예: 휠체어로 이동 가능한 통로)와 중간에 적당한 간격으로 배치된 휴식 시설 등이 확보되어야 한다. 공공장소의 구조 또한 고령자의 이동에 중요한 영향을 준다. 예를 들어, 여러 층으로 이뤄진 빌딩의 구조를 파악하고 원하는 사무실이나 방의 위치를 찾는 것은 많은 사람에게 쉬운 과제가 아니다. 공공장소나 복잡한 빌딩에서는 길 찾기 문제가 제기되기 마련이다. 고령자들도 보통 익숙한 공간에서는 길을 찾거나 안내도를 파악하는 일을 잘하는 편이며, 그리고 통상적인 구조의 공간에서는 길의 방향을 잘 추리하는 편이다. 그러나 익숙하지 않은 공간에서는, 혹은 익숙하지 않은 관점에서는, 그리고 낯선 구조의 공간에서는 길을 찾는 일에 어려움을 겪는다(Foreman, 2007). 이런 결과는 고령자들이 오랫동안 축적된 경험과 도식에 기초하여 공간을 파악하는 경향이 있음을 가리킨다. 낯선 공간, 새로운 혹은 특이한 구조의 공간은 고령자의 과거 경험과 도식을 활용할 수 없게 만든다. 이 외에도 복잡하고 지나치게 구불구불한 산책로, 조망을 방해하거나 왜곡하는 특이한 방식의 시설물 배치, 그리고 지나치게 추상화된 이정표 등은 고령자의 공간 인지를 방해한다. 이러한 문제는 실외뿐만 아니라, 복잡한 건물의 실내에서도 똑같이 적용된다. 특히 지나치게 획일적인 벽면이나 복도 구조는 제3자(allocentric) 관점의 지도 읽기에 익숙하지 않은 고령자에게 큰 위협이 될 수 있다.

공공장소는 일반 성인뿐만 아니라 고령자의 정신건강의 증진에 도움이 되도록 설계될 수 있다(Sternberg, 2009). 예컨대, 공공장소에서 녹지(green space) 혹은 녹지로의 접근성은 쾌적함과 신선한 공기를 제공하는 것 외에도 신체활동을 증가시킬 것이다. 신체활동을 자극하는 운동 시설 혹은 오락 시설의 도입도 효과적일 수 있다. 개방 공간이 주는 이득은 고령자와 취약계층에게 더 크다(윤정미, 최막중, 2014). 특히 대기실이나 로비와 같은 실내 공간에 건강상태를 점검하는 장비나 건강 자료에 쉽게 접근할 수 있도록 함으로써 고령자가 자신의 건강을 더 자주 확인하고, 적절한 건강 정보를 얻을 수 있도록 도울 수 있다. 각종 위급 상황에서 어떻게 대처할지를 알려 주는 프로그램을 정기적으로 실시할 수도 있다. 이런 기능적인 측면 외에도 공공장소가 여러 문화 시설로 접근하는 거점이 되거나 사회 및 문화 행사를 개최하는 곳이 됨으로써 고령자들이 자연스럽게 여러 연령층 혹은 여러 배경의 사람들과 교류할 수 있는 기회를 제공할 것이다. 고령자 친화적인 공공장소는 적극적인 고령화(active ageing)를 격려함으로써 고령자의 신체건강 외에도 인지 및 정서적 기능, 그리고 안녕감에 장기적인 변화를 줄 것이다(WHO, 2015).

5. 보행과 운전

실외활동은 고령자의 웰빙에 매우 큰 비중을 차지한다. 친구를 만나거나, 쇼핑을 하러 외출하는 것은 그 일 외에도 세상과 연결되어 있다는 느낌을 주고, 환경의 변화를 경험하고 적응할 수 있는 기회를 준다. 편하게 다른 곳으로 움직일 수 있는 것을 이동성(mobility)이라고 하는데, 앞서 언급한 고령자지원기술 연구개발팀의 보고서(2019)에서 언급한 여섯 가지 필요한 기술 중 두 가지는 이동성과 관련되어 있다. 이동성은 고령자의 독립적인 생활에 필수적인 조건이지만, 신체적 노쇠와 인지기능의 저하로 인해 충분한 이동성을 갖지 못하는 경우가 많다. 고령자는 환경적 변화를 탐지하고, 적절한 반응을 하는 데 더 많은 시간과 노력이 드므로 도로에서 주저하거나 위축되기 쉽고, 이는 다시 곤란을 증가시키는 악순환을 빚을 수 있다. 예를 들어, 고령자들은 대화 상대가 다른 사람으로 바뀌었음을 알아차리지 못하는 무주의맹 현상을 더 많이 보이며(Simons & Levin, 1998), 젊은 성인에 비교하여 분리주의 과제를 잘 수행하지 못하는 경향이 있다. 이런 특징은 도로 상황에서 고령자를 특히 취약하게 만들 수 있다.

고령화와 더불어 유용한 시야 영역이 감소하는 것으로 보인다(Edwards et al., 2006). 유용한 시야(useful field of view)란 눈이나 머리를 움직이지 않고 한 번 살펴봄으로써 정보를 얻을 수 있는 시야 영역을 말한다. 유용한 시야의 감소는 주변 환경에서 시각 정보를 신속하게 탐지하는 것을 어렵게 만든다. 이는 보행 및 운전 행동에서의 안전과 직결되는 결과를 낳을 수 있다. 고령자는 보행과 관련하여 독특한 행동 특성을 가진다(도로교통안전관리공단, 1996). 첫째, 고령자들은 뒤에서 다가오는 차량의 접근에 별로 주의하지 않으며, 경적을 울려도 반응을 잘하지 않는데, 고착화된 자기경직성이 이러한 행동을 유도할 수 있다. 둘째, 고령자는 보행 중 사선으로 횡단을 하거나 도로의 폭이 넓어지면 중앙부를 걷는 경향이 있으며, 보행궤적이 일정하지 않다. 셋째, 고령자는 거리의 상점이나 광고판을 보면서 걸으며, 정면에서 다가오는 물체를 잘 피하지 못하고, 소리가 나는 방향으로 시선을 잘 주지도 않는 경향이 있다. 넷째, 고령자는 횡단보도 신호가 초록색으로 바뀌어도 바로 출발하지 않으며, 보행 중 좌우를 확인하지 않고 횡단하는 경향을 보인다.

아마도 이런 이유로 보행 중에 교통사고를 당하거나, 운전을 하다가 교통사고를 내는 고령자의 비율이 증가하고 있다. 여기에는 고령자 수의 증가, 외부 활동의 증가도 기여한다. 전체 보행 교통사고 가운데 고령자가 차지하는 비중이 발생건수의 22.5%, 사망자의 50.9%로 고령자의 경우에 사망사고로 이어지는 비율이 더 높아지는데, 보행 교통사고의 경우에는 치사율이 높으며, 고령자의 경우에는 동일한 사고라도 다른 연령층에 비해 치명적인 사고로 이어질 수 있다(강수철, 정미경, 이세원, 심태일, 2016). 또한 61세 이상의 고령 교통사고 사망자 중 52.9%는 보행 중 사고로, 전체 보행 중 사망사고 발생률(38.6%)보다 훨씬 높다. 2017~2018년 동안 무단횡단으로 인한 사망자 중 65세 이상의 비율이 55%로 절반을 넘는다(머니투데이, 2019. 11. 30.). 2009년 61세 이상 고령자의 자전거 사고 사망자는 전체의 52.2%를 차지하였다(홍종선, 김명진, 2010). 이처럼 고령자들은 보행과 자전거 승차 중에 사망사고 발생률이 높은 것이 특징이다.

고령자의 교통사고를 줄이기 위해서는 우선 보행 환경이 더 안전하게 디자인되어야 한다. 그다음으로 고령자의 저하된 감각 · 지각 · 운동 능력을 보완하는 대책이 필요하다. 그 중 한 예로, 고령자들의 무단 횡단을 줄이고, 운전자가 고령자를 잘 발견할 수 있도록 하기 위해 횡단보도와 그 주변의 색을 눈에 잘 띄도록 대조적으로 칠하거나, 눈에 띄는 표시를 하는 것이다(성수윤, 김상윤, 2020). 이런 횡단보도를 실버 카펫이라고 하는데, 이것은 초등학교 주변 횡단보도의 길목(인도)을 노란 페인트로 표시한, 소위 '옐로 카펫'(yellow carpet)과 기본적으로 같다. 다른 방법은 고령자의 느린 동작을 감안하여 건널목에 설치된 단추를 누르면 횡단보도의 통행시간이 길어지게 하거나(강수철, 정미경, 이세원, 심태일, 2016), 횡단보도 중간에 대피할 수 있는, 소위 교통섬을 설치하는 것이다. 그런데 이런 방법은 도로 여건이 적절해야 가능하다는 문제점이 있다. 미래에는 횡단보도 주변에 설치된 CCTV가 행인을 식별하거나 고령자가 패용한 장치를 감지하여 고령자에게 길 안내를 하는 시스템도 나올 수 있을 것이다.

고령 운전자에 의한 교통사고도 늘어나는 추세이다. 주변 상황을 재빨리 파악하여 적절한 판단을 신속하게 하는 능력의 저하, 그리고 자동차를 수동 제어하는 능력의 저하로 인해 고령자와 연관된 사고가 예상하기 힘든 경우도 많다. 몇몇 지자체에서는 고령자를 대상으로 운전면허증 반납 운동을 벌이기도 한다. 그러나 대중교통이 매우 발달한 지역이 아니라면 고령자가 면허증을 선뜻 반납하기가 쉽지 않다. 아마도 미래에 자율주행차가 널리 보급된다면 이런 문제는 쉽게 해결될 것이지만, 그전까지 고령자의 안전한 운전을 도울 수 있는 대책이 필요하다. 앞에서 보았듯이, 고령자의 시각 능력은 젊은이와 비교해서 상당히 저하되기 때문에 특히 야간 운전에 취약하다. 이를 보완하는 데 더 밝은 전조등, (회전하는 방향으로 빛의 방향을 조정하는) 지향성 헤드라이트가 도움을 줄 것이며, (여러 거울을 대신하여) 차 바깥의 상황을 모니터해서 보여 주는 통합 CCTV 시스템이 유용할 것이다. 고령자는 주의폭이 좁아지기 때문에 젊은이와 비교해서 넓은 시야에 골고루 주의를 주지 않는 경향이 있다. 고령자가 도로의 여러 주요 지점에 주의를 적절히 주도록 유도하는 지능적 시스템이 도움을 줄 것이다. 그러나 이런 지원이 때로는 주의 산만을 일으킬 가능성에 유의해야 한다. 고령자가 운전대를 돌리거나 제동페달을 밟을 때 팔다리에 충분한 힘을 주는 것이 어려울 때도 있다. 그러므로 고령 운전자에 맞추어 설계된 제어 방식이 필요하다.

6. 생활용품

몇 년 전에 고령자가 병에 넣어 둔 농약을 술로 오인하여 마셨다가 죽었다(헤럴드경제, 2012. 6. 26.). 이와 유사한 사고들이 종종 발생한다. 이 사고에는 부주의가 한 원인이기도 하겠지만, 고령자의 저하된 인지 능력(예: 기억, 지각)에도 책임이 있다. 유사한 사고로 고령자는 종종 투약을 거르거나, 중복하거나, 엉뚱한 약을 투약하는 약화(藥禍, 약을 잘못 먹는 사고)를 경험한다. 고령자의 주의력, 기억력의 저하가 이런 사고의 주요 원인이 될 것이다. 그 밖에도 고령에 수반되어 여러 가지 사고나 불편이 발생한다.

생활용품, 도구 혹은 기기도 고령자에 맞게 새로 디자인될 필요가 있다. 전반적인 고려사항은 앞에서 언급했듯이, 고령자의 저하된 심리기능과 신체 능력을 고려하는 것이다. 이에 더해 생활용품의 디자인에서 중요한 요건인 사용성을 높여야 한다(Norman, 2016). 이를 테면, 생활용품의 효율성, 사용법의 학습 및 기억의 용이성, 조작 오류에 대한 관용성, 그리고 전반적 만족도를 높이는 것이다(사용성 기준에 대해서 다양한 제안이 있다). 사용성은 젊은이들보다 고령자에게 더 중요한 의미를 갖는 것으로 보인다. 사용성을 높이려면 고령자의 인지 및 행동 특성을 충분히 파악할 필요가 있다(제2장 참조). 예를 들면, 생활용품의 시인성과 의미 표출성을 높여서 빨리 알아보고, 그 용도를 빠르게 파악하게 한다. 예컨대, [그림 15-3]과 같은 알약 분배기(pill dispenser)는 약화를 줄이는 데 도움을 줄 것이다(그러나 약 먹는 것을 잊는 것을 막지는 못한다). 글로우캡(GlowCap)이란 스마트 약병은 통신 네트워크와 연결되어 약 먹을 시간이 되면 불빛과 알람을 켜고, 시간이 지나면 문자메시지를 보내 준다.

[그림 15-3]의 알약 분배기는 오전과 오후를 각각 보라색과 파란색으로 구별한다. 그런

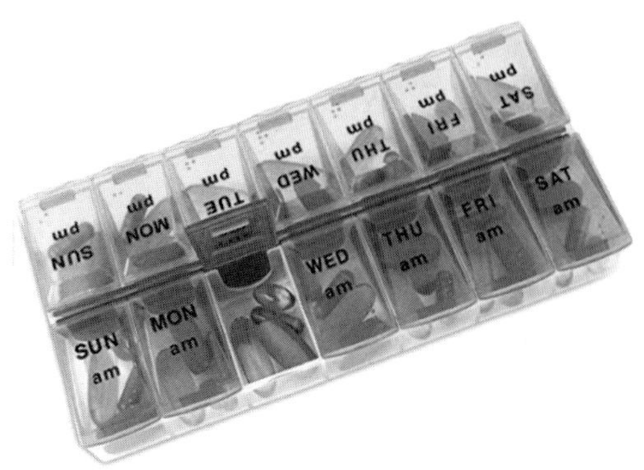

요일과 오전, 오후가 표시되어 있지만, 요일의 글자 크기와 색깔이 동일하다.

[그림 15-3] 알약 분배기

데 고령화가 될수록 단파장인 파란색에 대한 시각적 예민성이 떨어지는 경향이 있으므로 (김응철, 김후성, 2020) 고령자는 파란색과 보라색을 빨리 구분하는 것이 쉽지 않을 것이다. 이 점을 감안하면 [그림 15-3]의 알약 분배기 아이디어에는 좀 더 개선할 점이 있다는 것을 알 수 있다. 이 밖에도 고령자용 제품에 표시된 이름이나 기호(마크) 등이 더 잘 눈에 띄고 알아보기 쉽게 디자인될 필요가 있다. 멋있게 보이도록 이름을 생략하거나 추상화된 패턴을 사용한다면 그것을 알아보고 기억하는 것이 매우 힘들 것이다.

새로운 제품이 하루가 다르게 등장하는 시대이다. 우리는 이 제품에 적응해야 하고, 고령자도 예외는 아니다. 새로운 제품은 새로운 사용법을 익히는 것을 요구하는데, 옛것에 익숙한 고령자에게는 새로운 것을 배우는 것의 효용성은 비교적 낮게 평가될 수 있다. 어떤 사람은 새로운 기술을 사용하는 것에 대해 두려움을 가질 수도 있다. 이런 일들은 새로운 기술의 수용을 어렵게 만든다. 불행히도 특히 미래의 고령자는 건강 관리(healthcare) 장치들을 포함하는 각종 기술 제품의 도움을 더 필요로 할 것이다. 그러므로 이에 대한 거부감을 줄이는 것도 사용성 못지않게 중요한 과제가 될 것이다. 고령자에게 친숙한 외형, 촉감 및 사용법을 응용하는 디자인이 일차적으로 도움을 줄 것으로 생각된다. 이미 알고 있는 혹은 익숙한 것을 확장해서 새로운 것에 이르는 방법이다.

요즘 많은 가게에서 고령 사용자들이 키오스크를 조작하는 데 어려움을 겪으면서 엉뚱한 것을 주문하거나 아니면 주문을 포기하기도 한다. 그 이유는 키오스크가 낯설기 때문만은 아닌 것으로 보인다. 고령자들에게 익숙한 과거의 주문 방식은 아이스크림 가게나 중국집에서 하듯이 여러 다양한 선택지 중에 하나를 고르는 것뿐이었다. 그런데 요즘 패스트푸드 가게의 키오스크는 기본 메뉴, 특별 메뉴, 사이드메뉴 등 여러 추가 구매 옵션을

[그림 15-4] 두 가지 유형의 껍질칼

제공하는데, 이것은 다시 말해 여러 선택지에 대한 탐색을 요구한다. 반면에 많은 고령자는 이와 같은 메뉴 구성에 관한 도식이 없거나 정보 탐색에 익숙하지 않은 편이다. 이런 분석은 고령자를 위한 디자인은 고령자가 가지고 있는 도식, 혹은 정신모형을 적절히 고려해야 함을 시사한다.

주방 기구 회사인 OXO의 창업자는 손이 불편한 부인을 위해 쉽게 잡고 편하게 힘을 쓸 수 있는 껍질 벗기는 칼(peeler)을 개발하였고([그림 15-4] 참조), 나중에 회사를 세우게 되었다. 새로운 디자인은 껍질을 벗기기 위해 손목을 위아래로 꺾는 동작을 수평으로 왕복하는 동작으로 바꾸었다. 고령자는 근력이 약해지면서 병의 뚜껑이나 통조림 캔을 비틀어 따는 것과 같은 돌리거나 비트는 동작을 하기가 힘들어지고 잘못 하면 다치기도 한다. 고령자를 위한 집게([그림 15-5] 참조)는 허리 굽히는 것이 힘든 고령자가 바닥에 있는 물건을 쉽게 집게 해 준다(이연숙, 이성미, 2007). 새로운 동작 혹은 행동의 디자인은 이전에는 힘들었던 일을 이제는 더 쉽고 안전하게 할 수 있게 만든다.

생활용품의 디자인 해결책을 개발하기 위해서 먼저 해야 할 일은 사용자(고령자)를 연구

[그림 15-5] 고령자를 위한 집게

하는 것이다. 고령자의 요구 및 심리, 신체기능, 일상 행동을 면밀히 파악하고, 핵심적인 측면을 디자인으로 구현하는 것이 필요하다. 즉, 수용자(사용자) 중심의 관점이 필요하다.

7. 스마트기기

한국 사회에서 스마트폰이 얼마나 보편적인 것이 되었는지를 생각해 보라. 과거에 PC를 거의 쓰지 않던 연령층인 50~60대도 스마트폰으로 온갖 일을 하는 경우가 많다. 스마트폰은 알고 보면 일종의 PC인데, PC에는 어려움을 느끼던 사람들이 스마트폰에는 어려움을 느끼지 않는다. 이런 차이를 보이는 배후에 사용성이나 사회적 확산과 같은 여러 이유가 있을 것이다. 분명한 점은 스마트폰이 생활의 중요 수단으로 자리 잡고 있고, 우리는 스마트폰 없이 살 수 없게 되었다는 것이다.

디지털 파도(digital wave)는 고령자에게도 예외가 아니다. 오히려 고령사회에서 효율성과 편리성을 더하기 위해서는 디지털 기술, 혹은 스마트기기(smart device)에 매진해야 할 것 같다. 디지털 기술의 잠재력을 잘 개발하면 고령사회에 크게 활용할 수 있다. 예를 들어, 스마트 스피커, 혹은 AI 스피커(예: 통신사에서 제공하는 '기가지니' '누구')는 단지 원하는 노래를 들려주고 날씨를 알려 주는 데 그치는 것이 아니라, 일정을 알려 주고(알람), 사용자의 말상대가 되어 준다. 요즘 인기 있는 스마트 워치(smart watch)는 사용자의 행동과 신체기능을 주시(monitor)하다가 심박수에 이상이 탐지되거나 움직임이 감지되지 않으면 자동으로 응급구조기관에 긴급 통화(emergency call)를 연결해 준다([그림 15-6] 참조). 스마트기

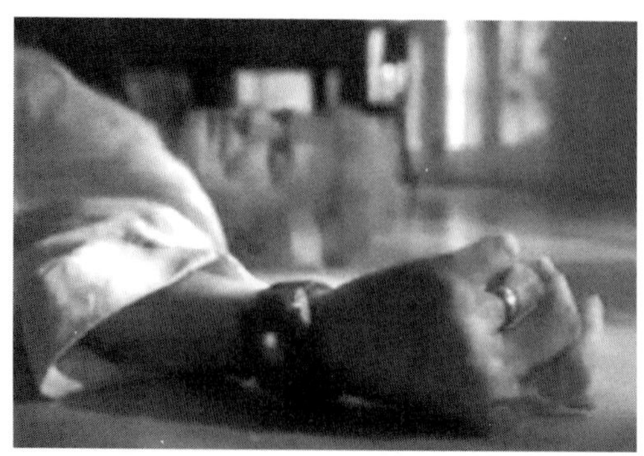

[그림 15-6] 심장 발작으로 쓰러진 월터스 부인을 구조하기

출처: https://youtu.be/LiWpLOvBNSw

기들은 가지고 다니거나, 귀에 끼울 수 있을 정도로 소형화되거나 다른 필수품의 일부로 쉽게 장착될 수 있는 이점이 있다.

고령자의 감각지각적 둔화는 외부 정보를 입력하는 데 어려움을 주며, 신체적 약화는 적절한 행위 혹은 활동을 수행하는 것을 힘들게 한다. 스마트기기는 이런 문제의 대응에도 도움을 줄 수 있다. 예컨대, 스마트 고글(smart goggle)은 필요시에 글자를 확대시켜 보여 주거나, 외국어를 번역해서 보여 줄 수 있다. 혹은 스마트 고글로 바코드를 보면 제품의 사용법이 시야에 나타나게 할 수도 있다(이를 위해서는 고령자를 위한 상품 설명이 체계적으로 개발되어야 한다). 스마트 고글이나 다른 착용 가능한 디지털기기는 고령자들에게 상황에 민감한 방식으로 길 안내를 하거나 복잡한 업무 수행을 지원하는 서비스를 할 수 있다. 가상현실(VR) 기술은 고령자가 다양한 가상 체험을 통해 현실에 적응하는 것을 도와준다. 신체활동과 관련해서 스마트 카트, 스마트 휠체어, 외골격 로봇(exoskeleton robot, wearable robot)은 사용자가 큰 힘을 들이지 않고 이동하거나 또는 물건을 나르는 것을 도와준다.

스마트홈(smart home) 아이디어는 매우 오래되었는데, 현대에는 IoT라는 이름으로 개발되고 있다. 스마트홈은 시간에 맞추어 난방장치를 틀거나 커튼을 걷는 편의 장치로도 사용될 수 있지만, 고령자의 신체 정보와 주거환경 정보와 결합되면 고령자의 건강과 안전에도 큰 도움을 줄 수 있다. 예를 들어, CCTV나 기타 센서를 이용하여 고령자의 신체상태나 일상 활동을 체크(monitor)하여 이상 유무를 감지하는 시스템의 경우, 예컨대 독거노인의 활동에 이상이 탐지되면 가족이나 지인에게 연락하거나 응급구조기관이나 병원에 자동으로 신고하도록 설정할 수 있다. 스마트홈은 간병인의 부담을 줄이면서 고령자들이 자신의 건강 관리에 능동적으로 참여하고, 능력을 발휘할 수 있는 모범사례가 될 것이다(Sciencetimes, 2019. 3. 25.).

일본에서는 반려 애완 로봇이 인기를 끌고 있다고 한다. 아직 사람과 충분한 상호작용을 하지는 못하지만, 장차 AI 스피커 기술의 발달과 함께 이동성을 갖추게 된다면 집 안에서 고령자나 환자를 간병하거나 간병 보조로서 훌륭한 역할을 할 것이다. 또한 혼자 사는 독거인에게 큰 위로가 되고 인지적 · 사회적 자극을 줄 것이다. 동물이 재활에 도움을 준다는 것은 잘 알려져 있다. 살아 있는 동물은 아닐지라도 반려 로봇도 이와 상응하는 효과를 낼 가능성이 있다. 닌텐도의 wii 게임은 요가와 여러 기초 운동을 게임 속에서 할 수 있게 만들어 주고, 기록 향상을 위해 훈련을 계속하도록 격려한다.

스마트기기는 여러 형태로, 여러 방향으로 개발되고 있다. 최근에는 무인 가게가 확산하여 전자 기기와 결제 시스템에 익숙하지 않은 고령자들을 혼란스럽게 하고 있다. 이러한 추세는 불편하다고 거부할 수 없을 것으로 보인다. 반면에 온라인에 기반을 둔 스마트기기는 쌍방향 소통 기능이 가능하며, 이것은 고령자의 생활 관리에 광범하게 활용될 수 있다. 예컨대, 책상에 오래 앉아 있으면 알람을 울리는 스마트 워치는 일정한 주기로 걷기나 운동하도록 촉구하는 효과를 낸다. 스마트기기는 고령자의 행동을 긍정적으로 변화시키는 디자인(서비스)을 개발하는 방향으로도 크게 활용될 수 있을 것이다.

리빙랩: 고령자의 삶을 실험하기

리빙랩(living lab, 생활실험실)은 일상생활 장면에서 실제적인 문제를 관찰하고 해결책을 모색하는 연구방법이다. 일상생활의 여러 측면이 얽혀 있는 문제는 통제된 실험실 장면보다 구체화된 생활 공간에서 더 잘 탐색될 수 있다. 리빙랩은 새로운 기술이 일상생활에 어떤 영향을 주는지를 연구하는 데 큰 도움을 줄 수 있다.

네덜란드의 빈데스하임 응용과학 대학의 프랑카 바커(Franka Bakker)와 라스 호프먼(Lars Hopman)은 2019년 5월 17에 개최된 '한국 리빙랩 네트워크 포럼'에서 '네덜란드 고령화를 위한 리빙랩 사례 연구: 과거, 현재, 그리고 미래'를 발표했는데, 동영상 자료에서는 "여느 평범한 할머니와 청년인 라스 호프먼이 함께 시장도 가고, 스마트기기도 다루면서 친구처럼 지내는 장면이 등장했다. 그렇게 어울리면서 나이라는 세대차를 극복하고, 서로가 공감대를 느끼면서 삶의 주체가 된다"는 것을 보여 주었다. 프랑카 교수는 "고령자들이 좀 더 편안한 삶을 누리기 위해서는 결국 기술이 결합되어야 한다"고 강조하였다.

리빙랩은 고령자를 위한 디자인을 개발하고, 현장에서 디자인의 장단점을 파악하는 데 사용될 수 있다. 고령자용으로 소개된 여러 기술과 기기가 실제로는 그만큼 유용하지 않은 것으로 판명날 수 있다. 예컨대, 스마트(AI) 스피커는 고령자의 대화방식을 따라가지 못해 외면받을 수 있으며, 스마트 워치의 어떤 기능은 고령자가 당황하거나 정신이 혼미한 경우에 복잡한 사용법 탓으로 도움이 되지 않는 것으로 드러날 수 있다. 리빙랩에서 고령자가 일하거나 생활하는 방식을 분석함으로써 고령자에게 도움이 될 기술이나 서비스의 아이디어를 발견할 수도 있다.

리빙랩이 아니더라도 일상생활에서 고령자와 청년, 고령자와 고령자, 그리고 고령자와 가족 구성원 간에 더 많은 상호작용이 있다면 '고령자를 위한 디자인'에 관한 아이디어가 더 풍부해질 것이다.

8. 맺음말

이 장에서 고령자의 삶과 긴밀한 관계가 있는 몇 가지 디자인 문제들을 살펴보았다. 디자인은 고령자의 삶의 만족과 안녕에 큰 기여를 하며, 또한 건강한 행동을 촉진하는 데에도 중요한 역할을 할 수 있다. 좋은 디자인은 사용자를 강제하지 않으면서도 긍정적인 행동을 유도할 수 있으며, 사용자의 마음이 더 활동적이 되도록 자극할 수 있다. 이를 위해서는 사용자의 특성과 요구를 세밀히 분석하는 것이 필요하다. 그리고 환경요인도 신중하게 고려할 필요가 있는데, 고령자의 삶과 행동 패턴은 그동안 살아온 환경에 조건화된 것일 가능성이 높기 때문이다.

심리학은 인간 이해를 위해 흔히 내면에서부터 접근하는 방법을 취하지만, 인간이 처한 외적 조건에서부터 접근하는 방법도 중요하다. 심리학 전공자는 많은 심리적 · 사회적 문제를 종종 '마음'의 문제에 국한하여 보고 그 나머지에 대한 고찰을 회피하는 경향이 있다. 이런 접근은 마음을 풍부한 맥락에서 입체적으로 이해하는 데 방해가 될 것이며, 심리학적 개입을 억제하거나 지체시키는 결과를 낳을 수 있다. 마음은 사회 그리고 환경과의 상호작용을 통해 형성되어 왔음을 간과해서는 안 될 것이다. 환경 디자인의 개발 혹은 개선을 통해 건강 행동의 증진을 꾀하려는 접근은 넓게 보면 생태학적 관점과 연결된다고 볼 수 있다. 여기에 인지심리학 및 사회심리학적 아이디어를 접목하여 건강 행동에 대한 인식과 선택의 변화를 일으키려는 체계적 노력이 더해진다면 디자인 접근은 큰 효과를 낼 것으로 보인다.

생각할 거리

1. 생활환경의 이해에서 우선 고려해야 할 고령자의 심리적 특성은 무엇인가?

2. 고령자의 삶과 욕구를 이해하는 데 중요한 요인이라고 생각하는 것들은 무엇인가?

3. 소위 '깨어진 창' 효과란 무엇인가? 고령자 심리학과 관련하여 환경(디자인)이 인간의 행동을 바꾼다는 것을 보여 주는 다른 사례를 하나 들어 보라.

4. 공공장소는 고령자에게 어떻게 중요한가?

5. 당신이 도시계획 책임자라면 고령자의 안전한 보행 및 운전을 위하여 도로와 거리의 어떤 점을 우선적으로 바꿀 것인가?

6. 디지털 시대에 고령자가 적응하는 데 어려운 점은 무엇일까?

7. 리빙랩은 고령자의 삶의 어떤 측면을 살펴보는 데 도움을 주는가?

참고문헌

강소랑, 최은영(2016). 베이비붐 세대와 이전 및 이후 세대 간 비교분석: 가계자산 · 소득이 삶의 만족에 미치는 영향을 중심으로. 사회보장연구, 32(2), 1-30.

강수철, 정미경, 이세원, 심태일(2016). 고령자 보행특성 분석 및 교통사고 예방대책 연구. 교통과학연구원 연구보고서 2016-0104-067.

강연욱(2014). 노년기 인지 기능 변화. 유경, 유경호, 강연욱, 이주일, 김지현 (저), 노화와 심리(제4장). 서울: 학지사.

강효신, 권정혜(2019). 분노 정서조절 과정에서 나타나는 연령차 및 개인차: 노인 집단과 대학생 집단 비교. 한국심리학회지: 발달, 32, 59-81.

고보숙, 최병길(2010). 예비노년층의 여가활동 참여동기와 제약에 관한 연구. 관광레저연구, 22(1), 249-269.

고선규, 권정혜(2006). 노인의 기억 신념, 인지활동 및 기억수행의 관계. *Korean Journal of Clinical Psychology, 25*, 747-764.

고선규, 권정혜(2007). 지역사회 노인을 위한 다요인 기억 향상 프로그램. *Korean Journal of Clinical Psychology, 26*, 545-572.

구미란(2020). 시니어의 기능성 언더웨어 개발을 위한 제품 분석 연구-미국에서 판매 중인 남성 요실금팬티를 중심으로. 한국지역사회생활과학회지, 31(3), 353-364.

국가통계포털(KOSIS, 2022). 전라남도 사회조사(2021년) 노인들이 겪는 어려움. https://kosis.kr

권오정, 김동숙, 이옥경, 김진영, 이용민, 임지수(2019). 고령자 행위 기반 주택개조 매뉴얼. 서울: 씨아이알.

김경래 (2019). 고령친화산업 내실화를 통한 노인가구 대상 일상생활 편의 증진 방안 연구. 세종: 한국보건사회연구원 (KIHASA).

김광호(2019). 노인의 여가활동이 삶의 만족감에 미치는 영향. 사회복지경영연구, 6(2), 127-154.

김기원, 김지연, 고영준(2017). 인지장애 고령자를 위한 환경디자인 가이드라인 연구-문헌 및 사례조사를 중심으로. 한국디자인학회 학술발표대회 논문집, 142-143.

김남진, 강정석(2021). 고령자의 인지연령 지각, 남은 생애 지각 및 현재 정서 상태가 유튜브 뉴스 콘텐츠의 선택적 시청에 미치는 영향. 사회과학연구, 60(3), 1-29.

김단비, 주은선(2020). 노인상담에 대한 노인들의 내적지각 탐색-CQR-M 방식을 활용하여. 한국콘텐츠학회논문지, 20(10), 369-384.

김명희(2015). 회상을 활용한 지지적 집단상담 프로그램이 복지시설 거주 노인의 죽음 불안과 우울에 미치는 효과. 경성대학교 대학원 석사학위논문.

김선경, 이혜원(2007). 한글단어재인에서 청년과 노인의 의미점화효과. 한국심리학회지: 실험, 19, 279-297.

김애순(2008). 장 · 노년 상담. 서울: 시그마프레스.

김영경, 김혜리(2015). 노년기 인지기능 향상 프로그램의 효과. 한국심리학회지: 발달, 28, 87-108.

김원경, 윤진(1991). 성인 노인기의 주관적 연령지각에 따른 심리적 적응 양상. 한국심리학회지: 발달, 4(1), 157-168.

김웅철, 김후성(2020). 치매 예방을 위한 교구재 디자인 색상 적용 연구-노인의 색 지각 변화 특성에 기반하여. 한국디자인문화학회지, 26, 101-110.

김인석, 박선진(2009). 고령자 보행능력과 인지반응 특성. 한국심리학회 학술대회 자료집, 76-77.

김정화(2000). 노인의 효능자원을 이용한 기억훈련프로그램의 효과. 경희대학교 대학원 박사학위논문.

김종근, 문경희, 임은선, 유장학(2016). 관절염 노인의 IADL과 Stress, 건강생활동기에 대한 연구. 한국산학기술학회논문지, 17(3), 209-217.

김종완(2021). 다양한 연령의 얼굴 정서 표상: 다차원척도법 연구. 감성과학, 24(3), 71-80.

김주현, 주경희, 오혜인, 정순둘(2016). 전문가집단의 연령주의(Ageism) 인식과 경험에 대한 질적 연구: 의료, 사회서비스, 법률, 금융 전문가의 고령자와의 상호작용을 중심으로. 노인복지연구, 71(2), 9-47.

김진후, 조강현, 이재수(2019). 베이비부머의 사회경제적 특성과 주거특성 변화 연구-가구특성에 따른 서울시와 수도권 베이비부머의 2006~2018년 변화. 서울도시연구, 20(4), 23-44.

김호영(2015). 노년기 사회적 삶과 인지기능. 한국심리학회지: 일반, 34(1), 225-251.

김희수, 홍성훈, 이은숙(2009). 노인상담의 이해. 서울: 양서원.

노승현(2012). 고령장애인의 취업 및 취업형태 결정요인에 관한 종단적 연구. 장애와 고용, 22(3), 51-82.

도로교통안전관리공단(1996). 노인보행자 교통사고 노출 및 행동특성에 관한 연구. 도로교통안전협회.

도쿄대 고령사회종합연구소(2019). 도쿄대 고령사회 교과서. 서울: 행성비.

머니투데이(2019. 11. 30.). 노인들의 아찔한 무단횡단… 운전자에겐 '공포'. https://news.mt.co.kr/mtview.php?no=2019112609384429086

민혜지, 장진경(2020). 한국 치매예방 프로그램의 효과성에 관한 메타분석: 인지, 자극, 통합 프로그램 중심으로. 노인복지연구, 75(3), 85-119.

박광희(2012). 인지연령, 외모에 대한 사회문화적태도 및 외모관리행동 간의 관계 연구. 한국의류학회지, 36(7), 756-766.

박근영, 김근종(2019). 시니어세대의 여가선택행동이 심리적인 행복감과 삶의 질에 미치는 영향: 대전광역시 시니어를 중심으로. 관광레저연구, 31(5), 407-424.

박명숙, 박창호(2011). 정서 그림의 회상에서 긍정성효과에 대한 한국 노인과 젊은이의 비교. 한국심리학회지: 인지 및 생물, 23, 171-194.

박미진(2019). 노인복지 서비스 가치와 구전의도와의 관계-서비스 만족도의 매개효과를 중심으로. 한국지역사회복지학, 69, 127-153.

박민(2008). 노인의 기억 재활: 이론적 개관. 한국노년학, 28(4), 925-940.

박선숙(2018). 노인의 삶의 만족도 결정요인에 관한 연구: 의사결정트리모형을 이용하여. 사회과학연구, 29(3), 39-57.

박순희(2013). 노화의 시각상실. 서울: 학지사.

박영란, 박경순(2013). 한국노인의 사회적 관계망과 복지: 연구의 동향과 향후 과제. 노인복지연구, 60, 323-352.

박용남, 배영숙, 임재길, 조휘영 (2015). 노인재활심리학. 서울: 범문에듀케이션.

박재간, 손홍숙, 서경석, 박정희, 이호선, 최정윤, 백상창, 손화희, 박충선(2006). 노인상담론. 서울: 공동체.

박정순, 박소영(2016). 독거노인의 신체, 정신 및 주관적 구강건강상태에 따른 삶의 만족도. 보건의료산업학회지, 10(2), 167-177.

박준범, 남궁미(2019). 고령 보행자 교통사고에 영향을 미치는 환경요인에 관한 연구: 부산광역시를 중심으로. 한국지리학회지, 8(2), 289-303.

박찬수(2014). 마케팅 원리. 서울: 법문사.

박태진(2004). 노화의 인지신경기전. 한국심리학회지: 실험, 16, 317-336.

보건복지부(2022). 노인복지사업안내. 보건복지부.

보건복지부, 한국보건산업진흥원(2017). 2017 고령친화산업 품목분류 정비. 청주시: 한국보건산업진흥원.

서수균, 이윤희, 안정신, 정영숙(2013). 한국 노인이 지각한 부부 및 성인자녀 갈등에 관한 탐색적 연구. 한국심리학회지: 일반, 32(2), 389-412.

서울시(2021. 3. 22.). 인지건강 디자인. https://news.seoul.go.kr/culture/archives/74901

서은희, 최지연, 정영숙(2018). 중년 여성의 노화 불안과 미래 시간 조망 및 행복의 관계. 한국심리학회지: 발달, 31(2), 21-40.

서혜경, 정순둘, 최광현(2013). 노인상담: 기본기술과 과정. 서울: 학지사.

성수윤, 김상윤(2020). 노인교통사고 실태 및 감소방안에 관한 연구. 한국콘텐츠학회논문지, 437-447.

소요섭, 최진영, 김소윤, 노수림(2015). 연령증가에 따른 얼굴표정 정서인식 특성의 변화. 한국심리학회 학술대회 자료집, 365.

손지형, 박소연, 김진경(2013). 단계적인 주의 집중력 훈련이 경증치매노인의 기억력과 일상생활수행능력에 미치는 효과. 고령자-치매작업치료학회지, 7(1), 1-14.

송은성, 위장훈(2019). 뉴 실버세대를 고려한 모바일 어플리케이션의 사운드 디자인 제작 연구. 상품문화디자인학연구, 57, 173-182.

송인욱, 원서진(2019). 베이비부머의 소득이 우울에 미치는 영향: 성별에 따른 사회적 자본의 조절효과 분석. 한국콘텐츠학회논문지, 19(7), 587-597.

신세라(2019). 고령소비자의 의료서비스 이용에 따른 지출과 부담 연구: 만성질환에 따른 차이를 중심으로. 소비자문제연구, 50(1), 33-65.

심석순(2010). 노년기 발달과업 성취에 영향을 미치는 요인. 노인복지연구, 47(1), 331-354.

안주석, 임근욱(2017). 노인의 여가활동 참여와 지속의도에 관한 연구. 관광연구저널, 31(2), 113-125.

양옥남, 김혜경, 김미숙, 정순둘(2009). 노인복지론. 서울: 공동체.

엄사랑, 신혜리, 김영선(2020). 중ㆍ고령자의 기술활용도 영향요인: 중년층과 고령층의 차이 비교를 중심으로. 한국지역정보화학회지, 23(2), 171-202.

오민정, 정진철, 전상철(2011). 고령소비자의 소비패턴과 브랜드선택에 영향을 주는 매커니즘에 관 한 연구동향. 기업경영리뷰, 2(2), 27-49.

오이 겐(2013). 치매 노인은 무엇을 보고 있는가(痴呆老人は何を見ているか). (안상현 역). 경기: 윤출판.

윈지 코리아(2019. 1. 25.). 국민 심리서비스 관련 입법 자문. 심리사법 제정을 위한 회원 공청회 발표자료집. 서울: 한국심리학회.

유경, 민경환(2005). 연령 증가에 따른 정서최적화 특성의 변화: 정서경험과 사회적 목표 중심으로. 한국노년학, 25, 211-227.

유성호, 모선희, 김형수, 윤경아(2002). 노인복지론. 서울: 아시아미디어리서치.

윤은경, 조윤득(2020). 독거노인의 고독감과 죽음준비에서 자기통제감의 매개효과. 한국콘텐츠학회논문지, 20(8), 438-447.

윤정미, 최막중(2014). 도시 오픈스페이스가 옥외 여가활동에 미치는 영향—전체 주민과 노인을 대상으로. 한국조경학회지, 42(4), 21-29.

윤진(1985). 성인. 노인 심리학. 서울: 중앙적성출판사.

이경욱, 채정호, 최인철, 이해국, 권용실, 이정태(2005). 노인에서 정서인식의 저하. 신경정신의학, 44(2), 259-263.

이소라, 고선규, 권정혜(2009). 지시적 자서전 프로그램이 노인 부부의 주관적 안녕감 및 결혼만족도에 미치는 영향. *Korean Journal of Clinical Psychology, 28*, 943-959.

이연숙, 이성미 편(2007). 고령친화 혁신 디자인. 서울: 연세대학교 출판부.

이유나, 유은영(2013). 오차배제훈련이 치매노인의 기억력에 미치는 영향. 고령자-치매작업치료학회지, 7(1). 15-22.

이의훈, 신주영(2004). 라이프스타일을 통한 실버시장 세분화 연구. 한국노년학, 24(2), 1-20.

이장호, 김영경(2006). 노인상담. 서울: 시그마프레스.

이장호, 최승애(2015). 집단상담. 경기: 법문사.

이정애(2011). 우울한 노인들을 대상으로 한 긍정심리치료 프로그램의 효과. 고려대학교 대학원 박사학위논문.

이주일(2004). 노인의 대인애착 경향과 심리적 안녕감, 사회적 활동 및 지지적 관계 추구. 한국심리학회지: 사회 및 성격, 18(2), 11-29.

이해욱(2011). 아파트 단지 외부공간의 노인 보행이동환경 개선방안 연구. 한국공간디자인학회 논문집, 6, 159-168.

이현수(2005). 노인의 기억은 정말로 떨어지는가? *Korean Journal of Clinical Psychology, 24*, 581-598.

이혜원, 김선경, 이고은, 정유진, 박지윤(2012). 연령에 따른 인지 변화 양상. 한국심리학회지: 인지 및 생물, 24, 127-148.

이호선(2012). 노인상담. 서울: 학지사.

아이뉴스24(2021. 11. 15.). 전 세계서 고령화 속도 가장 빠른 韓…'노인 빈곤' 대책 부실. https://www.inews24.com/view/1422457

장혜영(2020). Factors associated with successful aging among community-dwelling older adults based on ecological system model. *International Journal of Environmental Research and Public Health, 17*(9), 3220.

장휘숙(2008). 성인초기의 발달과업과 시작시기에 관한 탐색적 연구. 한국심리학회지: 발달, 21(4), 109-126.

장휘숙(2011). 호위대 모델에 기초한 한국 중년 성인들의 가까운 사회적 관계. 한국심리학회지: 발달, 24(1), 1-18.

장휘숙(2012). 성인발달 및 노화심리학. 서울: 박영사.

정여진, 유나영, 김비아, 신현정, 정영숙(2014). 한국인의 성공적 노화 관련 변인에 관한 메타분석. 한국노년학, 34(4), 781-797.

정옥분(2016). 발달심리학. 서울: 학지사.

정운경(2015). 웰다잉 프로그램과 노인의 삶의 질, 죽음 불안과 자아통합감의 관계연구. 서울벤처대학원 대학교 박사학위논문.

정윤희, 김희정(2020). 노인 내담자의 상담경험에 관한 해석학적 현상학 연구. 상담 및 심리치료, 32(2), 693-723.

정은주, 정봉현(2014). 고령자 통행특성과 주거환경 선호요인의 관계에 관한 연구. 한국지역개발학회지, 26, 161-177.

정혜선(2004). 노화가 학습 능력에 미치는 영향. 한국심리학회지: 실험, 16, 435-450.

정혜선(2006). 노인 기억 기능 향상 프로그램. 한림대학교 고령화전문인력육성사업단.

조미정(2019). 재가노인요양서비스 기관의 가치지향성이 서비스 이용자 만족에 미치는 영향. 예술인문사회 융합 멀티미디어 논문지, 9(9), 693-708.

주용국(2009). '노화다움' 노화 지원을 위한 상담 · 교육 모형의 개발. 상담학연구, 10(1), 17-42.

주한나, 이현수(2019). 고령자 일상행위의 예측에 기반한 주거서비스 모델. 한국실내디자인학회 논문집, 28(1), 138-146.

진미정, 변주수, 권순범(2014). 한국 가족생애주기의 변화: 1987년 공세권 연구와의 비교. 가족과 문화, 26(4), 1-24.

천성문, 이영순, 박명숙, 이동훈, 함경애(2021). 상담심리학의 이론과 실제. 서울: 학지사.

천성문, 함경애, 박명숙, 김동원(2022). 집단상담. 서울: 학지사.

최규한(2019). 고령운전자를 위한 자율주행차량 기능 연구(인터랙션 디자인을 중심으로). 한국콘텐츠학회논문지, 19(11), 474-481.

최은정, 정명훈, 최현주(2020). 무용학과 대학생 및 무용인들의 노인차별인식이 노인에 대한 태도에 미치는 연구: 노인접촉경험의 매개효과를 중심으로. 한국체육과학회지,

29(5), 887-896.

최장원(2018). 노년기 경제적 스트레스가 노화불안에 미치는 영향: 자발적 봉사활동 동기, 연령의 상호작용효과 검증. 한국콘텐츠학회논문지, 18(1), 117-131.

통계청(2019). 2019년 혼인 · 이혼 통계.

하경분, 송선희(2013). 노인의 일상적 스트레스 및 사회적 지지와 심리적 복지감과의 관계 연구. 한국콘텐츠학회논문지, 13(7), 278-289.

한국보건사회연구원(2019). 시니어 비즈니스 산업 활성화를 위한 근거 기반 통계의 문제점과 과제. 세종: 한국보건사회연구원.

한지형, 고대균(2019). 고령가계의 은퇴 여부에 따른 소득유형 구분과 유형별 소비함수 분석. 소비자학연구, 30(4), 65-90.

허성진, 조영남, 정재훈(2016). 작업기억훈련 프로그램이 경도인지장애 환자의 인지기능에 미치는 영향. 대한인지재활학회지, 5(1), 63-76.

헤럴드경제(2012. 6. 26.). '음료수인줄 알았는데 농약'… 술타서 마신 70대 사망. http://news.heraldcorp.com

현외성, 김상희, 윤은경, 장유미, 강환세, 마은경, 김용환, 조윤득(2011). 고령친화산업론. 서울: 정민사.

홍정화, 이영순(2020), 노년기 부부관계 증진 프로그램이 부부 친밀감과 자아통합감에 미치는 영향. 부부가족상담연구, 1, 1-16.

홍종선, 김명진(2010). 자전거 교통사고의 통계분석 및 활용. 한국데이터정보과학회지, 21(6), 1081-1090.

Abitov, I. R., & Gorodetskaya, I. M. (2016). Self-regulation and experience of loneliness of elderly people who live in social care residences. *International Journal of Environmental & Science Education, 11*(6), 1021-1029.

Acierno, R., Ruggiero, K. J., Kilpatrick, D. G., Resnick, H. S. , & Galea, S. (2006). Risk and protective factors for psychopathology among older versus younger adults after the 2004 Florida hurricanes. *The American Journal of Geriatric Psychiatry, 14*(12), 1051-1059.

Adams, C., Smith, M. C., Pasupathi, M., & Vitolo, L. (2002). Social context effects on story recall in older and younger women: Does the listener make a difference? *The Journal of Gerontology: Psychological Science and Social Sciences, 57*, 28-40.

Adelmann, P. K. (1994). Multiple roles and physical health among older adults: Gender and ethnic comparisons. *Research on Aging, 16*(2), 142-166.

Adolphs, R. (2002). Recognizing emotion from facial expressions: Psychological and neurological mechanisms. *Behavioral and Cognitive Neuroscience Reviews, 1*(1), 21-62.

Aguirre, G. K., Zarahn, E., & D'Esposito, M. (1998). The variability of human, BOLD hemodynamic responses. *Neuroimage, 8*(4), 360-369.

Ahern, G. L., & Schwartz, G. E. (1979). Differential lateralization for positive versus negative emotion. *Neuropsychologia, 17*(6), 693-698.

Alakörkkö, T., Saarimäki, H., Glerean, E., Saramäki, J., & Korhonen, O. (2017). Effects of spatial smoothing on functional brain networks. *European Journal of Neuroscience, 46*(9), 2471-2480.

Alexopoulos, G. S. (2005). Depression in the elderly. *The Lancet, 365*(9475), 1961-1970.

Almeida, O. P., Garrido, G. J., Alfonso, H., Hulse, G., Lautens chlager, N. T., Hankey. G. J., & Flicker, L. (2011). 24-month effect of smoking cessation on cognitive function and brain structure in later life. *NeuroImage, 55*(4), 1480-1489.

American Psychiatric Association (2013). *Diagnostic and Statistical Manual of Mental Disorders* (5th ed.). American Psychiatric Publishing.

Amieva, H., Stoykova, R., Matharan, F., Helmer, C., Antonucci, T. C., & Dartigues, J. -F. (2010). What aspects of social network are protective for dementia? Not the quantity but the quality of social interactions is protective up to 15 years later. *Psychosomatic Medicine, 72*(9), 905-911.

Anastasi, J. S., & Rhodes, M. G. (2005). An own -age bias in face recognition for children and older adults. *Psychonomic Bulletin & Review, 12*(6), 1043-1047.

Andrew, D. H., & Dulin, P. L. (2007). The relationship between self-reported health and mental health problems among older adults in New Zealand: Experiential avoidance as a moderator. *Aging and Mental Health, 11*(5), 596-603.

Andrews, S. J., Das, D., Anstey, K. J., & Easteal, S. (2017). Late onset alzheimer's disease risk variants in cognitive decline: The PATH through life study. *Journal of Alzheimer's Disease, 57*(2), 423-436.

Anstey, K. J., Eramudugolla, R., Hosking, D. E., Lautenschlager, N. T., & Dixon, R. A. (2015). Bridging the translation gap: From dementia risk assessment to advice on risk reduction. *The Journal of Prevention of*

Alzheimer's Disease, 2(3), 189-198.

Antonucci, T. C. (1990). Social support and social relationships. In R. H. Binstock & L. K. George (Eds.), *Handbook of Aging and the Social Sciences* (pp. 205-226). Academic Press.

Antonucci, T, C., Akiyama, H., & Takahashi, K. (2004). Attachment and close relationships across the life span. *Attachment & Human Development, 6*(4), 353-370.

Antonucci, T. C., Ajrouch, K. J., & Webster, N. J. (2019). Convoys of social relations: Cohort similarities and differences over 25 years. *Psychology and Aging, 34*(8), 1158-1169.

Antonucci, T. C., Jackson, J. S., & Biggs, S. (2007). Intergenerational relations: Theory, research, and policy. *Journal of Social Issues, 63*(4), 679-693.

Appelhans, B. M., & Luecken, L. J. (2006). Heart rate variability as an index of regulated emotional responding. *Review of General Psychology, 10*(3), 229-240.

Aquilino, W. S. (2006). Family relationships and support systems in emerging adulthood. In J. J. Arnett & J. L. Tanner (Eds.), *Emerging adults in America: Coming of Age in the 21st Century* (pp. 193-218). American Psychological Association.

Ardelt, M. (1997). Wisdom and life satisfaction in old age. *The Journals of Gerontology: Series B: Psychological Sciences and Social Sciences, 52*(1), 15-27.

Areán, P. A., Gum, A., McCulloch, C. E., Bostrom, A., Gallagher-Thompson, D., & Thompson, L. (2005). Treatment of depression in low-income older adults. *Psychology and Aging, 20*(4), 601-609.

Armor, D. A., & Taylor, S. E. (2003). The effects of mindset on behavior: Self-regulation in deliberative and implemental frames of mind. *Personality and Social Psychology Bulletin, 29*(1), 86-95.

Armstrong, N. M., An, Y., Doshi, J., Erus, G., Ferrucci, L., Da vatzikos, C., ... & Resnick, S. M. (2019). Association of midlife hearing impairment with late-life temporal lobe volume loss. *JAMA Otolaryngology-Head & Neck Surgery, 145*(9), 794-802.

Arnett, J. J. (1994). Are college students adults? Their conceptions of the transition to adulthood. *Journal of Adult Development, 1*(4), 213-224.

Arnett, J. J. (2000). Emerging adulthood: A theory of development from the late teens through the twenties. *American Psychologist, 55*(5), 469-480.

Arnett, J. J. (2007). Emerging adulthood: What is it, and what is it good for? *Child Development Perspectives, 1*(2), 68-73.

Arnett, J. J. (2011). Emerging adulthood(s): The cultural psychology of a new life stage. In L. A. Jensen (Ed.), *Bridging Cultural and Developmental Psychology: New Syntheses in Theory, Research, and Policy* (pp. 255-275). Oxford University Press.

Arnett, J. J., & Schwab, J. (2013). *Clark University poll of emerging adults, 2012: Thriving, struggling, and hopeful*. Clark University.

Austin, N., Devine, A., Dick, I., Prince, R., & Bruce, D. (2007). Fear of falling in older women: A longitudinal study of incidence, persistence, and predictors. *Journal of the American Geriatrics Society, 55*(10), 1598-1603.

Avlund, K., Lund, R., Holstein, B. E., Due, P., Sakari-Rantala, R., & Heikkinen, R. -L. (2004). The impact of structural and functional, characteristics of social relations as determinants of functional decline. *The Journals of Gerontology Series B: Psychological Sciences and Social Sciences, 59*(1), S44-S51.

Bäckman, L., & Dixon, R. A. (1992). Psychological compensation: A theoretical framework. *Psychological Bulletin, 112*(2), 259-283.

Backs, R. W., da Silva, S. P., & Han, K. (2005). A comparison of younger and older adults' self assessment manikin ratings of affective pictures. *Experimental Aging Research, 31*(4), 421-440.

Baddeley, A. (1986). *Working Memory*. Oxford University Press.

Baddeley, A. (2000). The episodic buffer: A new component of working memory? *Trends in Cognitive Sciences, 4*, 417-423.

Baddeley, A. D., & Hitch, G. (1974). Working memory. *Psychology of Learning and Motivation, 8*, 47-89.

Bae, H., Jo, S. H., & Lee, E. (2020). Why do older consumers avoid innovative products and services? *Journal of Services Marketing, 35*(1), 41-53.

Ball, K., Berch, D. B., Helmers, K. F., Jobe, J. B., Leveck, M. D., Marsiske, M., ... & Advanced Cognitive Training for Independent and Vital Elderly Study Group. (2002). Effects of cognitive training interventions with older adults: A randomized controlled trial. *JAMA, 288*(18), 2271-2281.

Ball, K., Owsley, C., Sloane, M. E., Roenker, D. L., & Bruni, J . R. (1993). Visual attention problems as a predictor of vehicle crashes among older drivers. *Investigative Ophthalmology and Visual Science, 34*, 3110-3123.

Baltes, P. B., & Baltes, M. M. (1990). Psychological perspectives on successful aging: The Model of selective optimization with compensation. In P. B. Baltes & M. M. Baltes (Eds.), *Successful Aging: Perspectives from the Behavioral Sciences* (pp. 1-34). Cambridge University Press.

Baltes, P. B., & Lindenberger, U. (1997). Emergence of a powerful connection between sensory and cognitive functions across the adult life span: A new window to the study of cognitive aging? *Psychology and Aging, 12*, 12-21.

Baltes, P. B., Reese, H. W., & Lipsitt, L. P. (1980). Life-span developmental psychology. *Annual Review of Psychology, 31*(1), 65-110.

Baltes, P. B., Staudinger, U. M., & Lindenberger, U. (1999). Lifespan psychology: Theory and application to intellectual functioning. *Annual Review of Psychology, 50*, 471-507.

Bandura, A. (1982). Self-efficacy mechanism in human agency. *American Psychologist, 37*, 122-147.

Bandura, A. (1991). Social cognitive theory of self-regulation. *Organizational Behavior and Human Decision Processes, 50*, 248-287.

Barnes-Farrell, F. L., & Matthews, R. (2007). Age and work attitudes. In G. Adams, & K. Shultz (Eds.), *Aging and Work in the 21st Century* (pp. 139-162). Lawrence Erlbaum.

Barnett, J. H., Scoriels, L., & Munafo, M. R. (2008). Meta-analysis of the cognitive effects of the catechol-O-methyltransferase gene Val158/108Met polymorphism. *Biological Psychiatry, 64*(2), 137-144.

Barry, C. M., Madsen, S. D., & DeGrace, A. (2016). Growing up with a little help from their friends in emerging adulthood. In J. J. Arnett (Ed.), *Oxford library of psychology. The Oxford Handbook of Emerging Adulthood* (pp. 215-229). Oxford University Press.

Bartlett, D. B., & Huffman, K. M. (2017). Lifestyle interventions to improve immunesenescence. In V. Bueno, J. M. Lord & T. A. Jackson (Eds.), *The Ageing Immune System and Health* (pp. 161-176). Springer.

Bartzokis, G., Beckson, M., Lu, P. H., Nue-chterlein, K. H., Edwards, N., & Mintz, J. (2001). Age-related changes in frontal and temporal volume in men: A magnetic resonance imaging study. *Archives of General Psychiatry, 58*, 461-465.

Batson, C. D., Shaw, L. L., & Oleson, K. C. (1992). Differentia ting affect, mood, and emotion: Toward functionally based conceptual distinctions. In M. S. Clark (Ed.), *Emotion* (pp. 294-326). Sage Publications.

Beatty, J., & Lucero-Wagoner, B. (2000). The pupillary system. In J. T. Cacioppo, L. G. Tassinary, & G. G. Berntson (Eds.), *Handbook of Psychophysiology* (pp. 142-162). Cambridge University Press.

Beaudoin, M., & Desrichard, O. (2017). Memory self-efficacy and memory performance in older adults: The mediating role of task persistence. *Swiss Journal of Psychology, 76*, 23-33.

Beekman, A. T. F., Bremmer, M. A., Deeg, D. J. H., van Balkom, A. J. L. M., Snut, J. H., de Beurs, E., ... & van Tilburg, W. (1998). Anxiety disorders in later life: A report from the longitudinal aging study Amsterdam. *International Journal of Geriatric Psychiatry, 13*(10), 717-726.

Beekman, A. T., de Beurs, E., van Balkom, A. J., Deeg, D. J., van Dyck, R., & van Tilburg, W. (2000). Anxiety and depression in later life: Co-occurrence and communality of risk factors. *American Journal of Psychiatry, 157*(1), 89-95.

Benítez, C. I. P., Smith, K., Vasile, R. G., Rende, R., Edelen, M. O., & Keller, M. B. (2008). Use of benzodiazepines and selective serotonin reuptake inhibitors in middle-aged and older adults with anxiety disorders: A longitudinal and prospective study. *The American Journal of Geriatric Psychiatry, 16*(1), 5-13.

Berman, N. C., Wheaton, M. G., McGrath, P., & Abramowitz, J. S. (2010). Predicting anxiety: The role of experiential avoidance and anxiety sensitivity. *Journal of Anxiety Disorders, 24*(1), 109-113.

Bernat, E., Patrick, C. J., Benning, S. D., Tellegen, A. (2006). Effects of picture content and intensity on affective physiological response. *Psychophysiology, 43*(1), 93-103.

Berntson, G. G., Bechara, A., Damasio, H., Tranel, D., & Caciop po, J. T. (2007). Amygdala contribution to selective dimensions of emotion. *Social Cognitive and*

Affective Neuroscience, 2(2), 123-129.

Betzel, R. F., Byrge, L., He, Y., Goñi, J., Zuo, X. N., & Sporns, O. (2014). Changes in structural and functional connectivity among resting-state networks across the human lifespan. *Neuroimage, 102*, 345-357.

Beyer, J. L. (2004). Anxiety and panic disorders. In D. G. Blazer, D. C. Steffens, & E. W. Busse (Eds), *Textbook of Geriatric Psychiatry* (pp. 283-294). Washington, DC: American Psychiatric Publishing.

Beyer, J. L. (2007). Managing depression in geriatric populations. *Annals of Clinical Psychiatry, 19*(4), 221-238.

Birditt, K. S., & Fingerman, K. L. (2003). Age and gender differences in adults' descriptions of emotional reactions to interpersonal problems. *The Journals of Gerontology Series B: Psychological Sciences and Social Sciences, 58*(4), 237-245.

Birren, J. E., & Fisher, L. M. (1995). Aging and speed of behavior: Possible consequences for psychological functioning. *Annual Review of Psychology, 46*, 329-353.

Bjorklund, B. R. (2015). 성인 및 노인심리학(*The Journey of Adulthood*). (이승연, 박혜원, 성현란, 최은실, 장희순, 송경희 공역). 서울: 시그마프레스.

Blanchard-Fields, F. (2007). Everyday problem solving and emotion: An adult developmental perspective. *Current Directions in Psychological Science, 16*(1), 26-31.

Blanchard-Fields, F., & Coats, A. H. (2008). The experience of anger and sadness in everyday problems impacts age differences in emotion regulation. *Developmental Psychology, 44*(6), 1547-1556.

Blazer, D. G. (2003). Depression in late life: Review and comme ntary. *The Journals of Gerontology Series A: Biological Sciences and Medical Sciences, 58*(3), M249-M265.

Blazer, D. G., Hybels, C. F., Fillenbaum, G. G., & Pieper, C. F. (2005). Predictors of antidepressant use among older adults: Have they changed over time? *American Journal of Psychiatry, 162*(4), 705-710.

Boettcher, J., Åström, V., Påhlsson, D., Schenström, O., Andersson, G., & Carlbring, P. (2014). Internet-based mindfulness treatment for anxiety disorders: A randomized controlled trial. *Behavior Therapy, 45*(2), 241-253.

Bostwick, J. M., & Pankratz, V. S. (2000). Affective disorders and suicide risk: A reexamination. *American Journal of Psychiatry, 157*(12), 1925-1932.

Botwinick, J. (1967). *Cognitive Processes in Maturity and Old Age*. Springer.

Boumans, N. P. G., de Jong, A. H. J., & Janssen, S. M. (2012). Age-differences in work motivation and job satisfaction: The influence of age on the relationships between work characteristics and workers' outcomes. *The International Journal of Aging and Human Development, 73*(4), 331-350.

Bowen, H. J., Gallant, S. N., & Moon, D. H. (2020). Influence of reward motivation on directed forgetting in younger and older adults. *Frontiers in Psychology, 11*, 1764.

Bower, E. S., Wetherell, J. L., Mon, T., & Lenze, E. J. (2015). Treating anxiety disorders in older adults: Current treatments and future directions. *Harvard Review of Psychiatry, 23*(5), 329-342.

Bowlby, J. (1969). *Attachment and loss: Vol. 1. Attachment*. Basic Books.

Bowlby, J. (1982). Attachment and loss: Retrospect and prospect. *American Journal of Orthopsychiatry, 52*(4), 664-678.

Bradley, M. M., & Lang, P. J. (1994). Measuring emotion: The self-assessment manikin and the semantic differential. *Journal of Behavior Therapy and Experimental Psychiatry, 25*(1), 49-59.

Bradley, M. M., & Lang, P. J. (2000). Affective reactions to acoustic stimuli. *Psychophysiology, 37*(2), 204-215.

Brenes, G. A., Danhauer, S. C., Lyles, M. F., Hogan, P. E., & Miller, M. E. (2015). Telephonedelivered cognitive behavioral therapy and telephone-delivered nondirective supportive therapy for rural older adults with generalized anxiety disorder: A randomized clinical trial. *JAMA Psychiatry, 72*(10), 1012-1020.

Brenes, G. A., Miller, M. E., Stanley, M. A., Williamson, J. D., Knudson, M., & McCall, W. V. (2009). Insomnia in older adults with generalized anxiety disorder. *The American Journal of Geriatric Psychiatry, 17*(6), 465-472.

Brennan, K. A., Clark, C. L., & Shaver, P. R. (1998). Self-report measurement of adult attachment: An integrative overview. In J. A. Simpson & W. S. Rholes (Eds.), *Attachment Theory and Close Relationships* (pp. 46-76). The Guilford Press.

Brett, M., Christoff, K., Cusack, R., & Lancaster, J. (2001). Using the Talairach atlas with the MNI template.

Neuroimage, 13(6), 85-85.

Brodaty, H., Heffernan, M., Draper, B., Reppermund, S., Kochan, N. A., Slavin, M. J., ... & Sachdev, P. S. (2012). Neuropsychiatric symptoms in older people with and without cognitive impairment. *Journal of Alzheimer's Disease, 31*(2), 411-420.

Brodaty, H., Luscombe, G., Parker, G., Wilhelm, K., Hickie, I., Austin, M. P., & Mitchell, P. (2001). Early and late onset depression in old age: Different aetiologies, same phenomenology. *Journal of Affective Disorders, 66*(2-3), 225-236.

Brommelhoff, J. A., Gatz, M., Johansson, B., McArdle, J. J., Fratiglioni, L., & Pedersen, N. L. (2009). Depression as a risk factor or prodromal feature for dementia? Findings in a population-based sample of Swedish twins. *Psychology and Aging, 24*(2), 373-384.

Brown, J. W., & Jaffe, J. (1975). Hypothesis on cerebral dominance. *Neuropsychologia, 13*(1), 107-110.

Brown, S. L., Nesse, R. M., Vinokur, A. D., & Smith, D. M. (2003). Providing social support may be more beneficial than receiving it: Results from a prospective study of mortality. *Psychological Science, 14*(4), 320-327.

Brummer, L., Stopa, L., & Bucks, R. (2014). The influence of age on emotion regulation strategies and psychological distress. *Behavioural and Cognitive Psychotherapy, 42*(6), 668-681.

Bryant, S., & Rakowski, W. (1992). Predictors of mortality among elderly African-Americans. *Research on Aging, 14*(1), 50-67.

Buhr, K., & Dugas, M. J. (2012). Fear of emotions, experiential avoidance, and in tolerance of uncertainty in worry and generalized anxiety disorder. *International Journal of Cognitive Therapy, 5*(1), 1-17.

Burgess, N., Maguire, E. A., & O'Keefe, J. (2002). The human hippocampus and spatial and episodic memory. *Neuron, 35*(4), 625-641.

Burke, S. N., Wallace, J. L., Hartzell, A. L., Nematollahi, S., Plange, K., & Barnes, C. A. (2011). Age-associated deficits in pattern separation functions of the peri rhinal cortex: A crossspecies consensus. *Behavioral Neuroscience, 125*(6), 836.

Burkley, E., & Burkley, M. (2019). 동기과학(*Motivation science*). (신현정 역). 서울: 시그마프레스.

Buss, D. M., & Kenrick, D. T. (1998). Evolutionary social psychology. In D. T. Gilbert, S. T. Fisk, & G. Lindze (Eds.), *The Handbook of Social Psychology* (4th ed., Vol. 2, pp. 982-1026). McGraw-Hill.

Butler, M., McCreedy, E., Nelson, V. A., Desai, P., Ratner, E., Fink, H. A., ... & Kane, R. L. (2018). Does cognitive training prevent cognitive decline? A systematic review. *Annals of Internal Medicine, 168*(1), 63-68.

Butters, M. A., Whyte, E. M., Nebes, R. D., Begley, A. E., Dew, M. A., Mulsant, B. H., ... & Becker, J. T. (2004). The nature and determinants of neuropsychological functioning in late-life depression. *Archives of General Psychiatry, 61*(6), 587-595.

Butterworth, P., & Rodgers, B. (2006). Concordance in the mental health of spouses: Analysis of a large national household panel survey. *Psychological Medicine, 36*(5), 685-697.

Byrd, M. (1985). Age differences in the ability to recall and summarise textual information. *Experimental Aging Research, 11*, 87-91.

Cabeza, R. (2002). Hemispheric asymmetry reduction in older adults: The HAROLD model. *Psychology and Aging, 17*(1), 85-100.

Cabeza, R., Daselaar, S. M., Dolcos, F., Prince, S. E., Budde, M., & Nyberg, L. (2004). Task-independent and task-specific age effects on brain activity during working me mory, visual attention and episodic retrieval. *Cerebral Cortex, 14*(4), 364-375.

Cabeza, R., Grady, C. L., Nyberg, L., McIntosh, A. R., Tulving, E., Kapur, S., ... & Craik, F. I. (1997). Age-related differences in neural activity during memory encoding and retrieval: A positron emission tomography study. *Journal of Neuroscience, 17*(1), 391-400.

Cacioppo, J. T., Berntson, G. G., Bechara, A., Tranel, D., & Ha wkley, L. C. (2011). Could an aging brain contribute to subjective well-being?: The value added by a social neuroscience perspective. In A. Todorov, S. T. Fiske, D. A. Prentice (Eds.), *Social Neuroscience: Toward Understanding the Underpinnings of the Social Mind* (pp. 249-262). Oxford University Press.

Cacioppo, J. T., Hawkley, L. C., Kalil, A., Hughes, M. E., Wait e, L., & Thisted, R. A. (2008). Happiness and the invisible threads of social connection. *The Science of Subjective Well-being* (pp. 195-219). The Guilford Press.

Campbell, A., Murray. J. E., Atkinson. L., & Ruffman. T. (2017). Face age and eye gaze influence older adults'

emotion recognition. *Journals of Gerontology Series B: Psychological Sciences and Social Sciences, 72*(4), 633-636.

Campbell, J. I. D., & Charness, N. (1990). Age-related declines in working-memory skills: Evidence from a complex calculation task. *Developmental Psychology, 26*, 879-888.

Canning, S. J., Leach, L., Stuss, D., Ngo, L., & Black, S. E. (2004). Diagnostic utility of abbreviated fluency measures in Alzheimer disease and vascular dementia. *Neurology, 62*(4), 556-562.

Canuto, A., Weber, K., Baertschi, M., Andreas, S., Volkert, J., Dehoust, M. C., ... & Härter, M. (2018). Anxiety disorders in old age: Psychiatric comorbidities, quality of life, and prevalence according to age, gender, and country. *The American Journal of Geriatric Psychiatry, 26*(2), 174-185.

Caporael, L. R. (1997). The evolution of truly social cognition: The core configurations model. *Personality and Social Psychology Review, 1*(4), 276-298.

Carew, T. G., Lamar, M., Cloud, B. S., Grossman, M., & Libon, D. J. (1997). Impairment in category fluency in ischemic vascular dementia. *Neuropsychology, 11*(3), 400-412.

Carlson, M. C., Erickson, K. I., Kramer, A. F., Voss, M. W., Bolea, N., Mielke, M., ... & Fried, L. P. (2009). Evidence for neurocognitive plasticity in at-risk older adults: The experience corps program. *Journals of Gerontology Series A: Biomedical Sciences and Medical Sciences, 64*(12), 1275-1282.

Carlson, M. C., Saczynski, J. S., Rebok, G. W., Seeman, T., Glass, T. A., McGill, S., ... & Fried, L. P. (2008). Exploring the effects of an "everyday" activity program on executive function and memory in older adults: Experience Corps®. *The Gerontologist, 48*(6), 793-801.

Carney, R. M., & Freedland, K. E. (2003). Depression, mortality, and medical morbidity in patients with coronary heart disease. *Biological Psychiatry, 54*(3), 241-247.

Carp, J., Park, J., Polk, T. A., & Park, D. C. (2010). Age differences in neural distinctiveness revealed by multi-voxel pattern analysis. *Neuroimage, 50*, 56-71.

Carstensen, L. L. (1995). Evidence for a life-span theory of socioemotional selectivity. *Current Directions in Psychological Science, 4*(5), 151-156.

Carstensen, L. L. (2006). The influence of sense of time on human development. *Science, 312*(5782), 1913-1915.

Carstensen, L. L. (2009). *A Long Bright Future: An Action Plan for a Lifetime of Happiness, Health, and Financial Security*. New York: Broadway Books.

Carstensen, L. L., & Fredrickson, B. L. (1998). Influence of HIV status and age on cognitive representations of others. *Health Psychology, 17*(6), 494-503.

Carstensen, L. L., Fung, H. H., & Charles, S. T. (2003). Socioemotional selectivity theory and the regulation of emotion in the second half of life. *Motivation and Emotion, 27*, 103-123.

Carstensen, L. L., Isaacowitz, D. M., & Charles, S. T. (1999). Taking time seriously: A theory of socioemotional selectivity. *American Psychologist, 54*(3), 165-181.

Caspi, A., Daniel, M., & Kave, G. (2019). Technology makes older adults feel older. *Aging & Mental Health, 23*(8), 1025-1030.

Cassidy, J. (1988). Child-mother attachment and the self in six-year-olds. *Child Development, 59*(1), 121-134.

Castel, A. D. (2020). 나이듦의 이로움(*Better with age*). (최원일 역). 광주: GIST Press.

Cattell, R. B. (1963). Theory of fluid and crystallized intelligence: A critical experiment. *Journal of Educational Psychology, 54*, 1-22.

Cerasoli, C. P., Nicklin, J. M., & Ford, M. T. (2014). Intrinsic motivation and extrinsic incentives jointly predict performance: A 40-year meta-analysis. *Psychological Bulletin, 140*(4), 980-1008.

Cervilla, J., Prince, M., Joels, S., Russ, C., & Lovestone, S. (2004). Genes related to vascular disease (APOE, VLDL-R, DCP-1) and other vascular factors in late-life depression. *The American Journal of Geriatric Psychiatry, 12*(2), 202-210.

Chan, W., McCrae, R. R., De Fruyt, F., Jussim, L., Löckenhoff, C. E., De Bolle, M., ... & Terracciano, A. (2012). Stereotypes of age differences in personality traits: Universal and accurate? *Journal of Personality and Social Psychology, 103*(6), 1050-1066.

Chandler, M. J., Parks, A. C., Marsiske, M., Rotblatt, L. J., & Smith, G. E. (2016). Everyday impact of cognitive interventions in mild cognitive Impairment: A syst ematic review and metaanalysis. *Neuropsychology Review, 26*(3), 225-251.

Charles, S. T., Mather, M., & Carstensen, L. L. (2003). Aging and emotional memory: The forgettable nature of negative images for older adults. *Journal of Experimental Paychology: General, 132*, 310-324.

Charles, S. T., Reynolds, C. A., & Gatz, M. (2001). Age-related differences and change in positive and negative affect over 23 years. *Journal of Personality and Social Psychology, 80*(1), 136-151.

Charness, N. (1981). Visual short-term memory and aging in chess players. *The Journal of Gerontology: Psychological Science and Social Sciences, 36*, 615-619.

Chen, P., Ratcliff, G., Belle, S., Cauley, J., DeKosky, S., & Ganguli, M. (2001). Patterns of cognitive decline in presymptomatic Alzheimer disease: A prospective community study. *Archives of General Psychiatry, 58*(9), 853-858.

Cherng, Y. G., Baird, T., Chen, J. T., & Wang, C. A. (2020). Background luminance effects on pupil size associated with emotion and saccade preparation. *Scientific Reports, 10*(1), 1-11.

Cheron, E., Weins, C., & Kohlbacher, F. (2020). Older consumers' reaction to a patronizing sales interaction. *Journal of Services Marketing, 35*(3), 287-298.

Choi, D., Choi, S., & Park, S. M. (2018). Effect of smoking cessation on the risk of dementia: A longitudinal study. *Annals of Clinical and Translational Neurology, 5*(10), 1192-1199.

Chou, K. L. (2009). Specific phobia in older adults: Evidence from the national epidemiologic survey on alcohol and related conditions. *The American Journal of Geriatric Psychiatry, 17*(5), 376-386.

Christensen, H., Jorm, A. F., Mackinnon, A. J., Korten, A. E., Jacomb, P. A., Henderson, A. S., & Rodgers, B. (1999). Age differences in depression and anxiety symptoms: A structural equation modelling analysis of data from a general population s ample. *Psychological Medicine, 29*(2), 325-339.

Christopher, G. (2015). 우리는 이렇게 나이 들어간다(*The psychology of ageing*). (오수원 역). 서울: 이룸북.

Cicirelli, V. G. (1980). A comparison of college women's feelings toward theirsiblings and parents. *Journal of Marriage and the Family, 42*(1), 111-118.

Clark, D., & Teasdale, J. (1982). Diurnal variation in clinical depression and accessibility of positive and negative experiences. *Journal of Abnormal Psychology, 91*, 87-95.

Clarke, B. L., & Khosla, S. (2010). Physiology of bone loss. *Radiologic Clinics, 48*(3), 483-495.

Clem, M. A., Holliday, R. P., Pandya, S., Hynan, L. S., Lacritz , L. H., & Woon, F. L. (2017). Predictors that a diagnosis of mld cognitive impairment will remain stable 3 years later. *Cognitive and Behavioral Neurology: Official Journal of the Society for Behavioral and Cognitive Neurology, 30*(1), 8-15.

Cobb, S. (1976). Social support as a moderator of life stress. *Psychosomatic Medicine, 38*(5), 300-314.

Codispoti, M., Surcinelli, P., & Baldaro, B. (2008). Watching emotional movies: Affective reactions and gender differences. *International Journal of Psychophysiology, 69*(2), 90-95.

Coelho, C. M., Gonçalves, D. C., Purkis, H., Pocinho, M., Pachana, N. A., & Byrne, G. J. (2010). Specific phobias in older adults: Characteristics and differential diagnosis. *International Psychogeriatrics, 22*(5), 702-711.

Cohen, G., & Faulkner, D. (1984). Memory for text. In H. Bouma & D. Bouwhuis (Eds.), *Attention and Performance X: Control of Language Processes*. Lawrence Erlbaum.

Cohen, S. (2004). Social relationships and health. *American Psychologist, 59*(8), 676.

Cohen, S., & Wills, T. A. (1985). Stress, social support, and the buffering hypothesis. *Psychological Bulletin, 98*(2), 310-357.

Coifman, K. G., & Bonanno, G. A. (2010). When distress does not become depression: Emotion context sensitivity and adjustment to bereavement. *Journal of Abnormal Psychology, 119*(3), 479.

Colcombe, S. J., Erickson, K. I., Raz, N., Webb, A. G., Cohen, N. J., McAuley, E., & Kramer, A. F. (2003). Aerobic fitness reduces brain tissue loss in aging humans. *The Journals of Gerontology Series A: Biological Sciences and Medical Sciences, 58*(2), M176-M180.

Cole, M. G., & Dendukuri, N. (2003). Risk factors for depression among elderly community subjects: A systematic review and meta-analysis. *American Journal of Psychiatry, 160*(6), 1147-1156.

Collins, A., & van Dulmen, M. (2006). Friendships and Romance in Emerging Adulthood: Assessing Distinctiveness in Close Relationships. In J. J. Arnett & J.

L. Tanner (Eds.), *Emerging Adults in America: Coming of Age in the 21st Century* (pp. 219-234). American Psychological Association.

Collins, N. L., & Read, S. J. (1990). Adult attachment, working models, and relationship quality in dating couples. *Journal of Personality and Social Psychology, 58*(4), 644-663.

Comblain, C., D'rgembeau, A., & van der Linden, M. (2005). Phenomenal characteristics of autobiographical memories for emotional and neutral events in older and younger adults. *Experimental Aging Research, 31*, 173-189.

Conroy-Beam, D., Buss, D. M., Pham, M. N., & Shackelford, T. K. (2015). How sexually dimorphic are human mate preferences? *Personality and Social Psychology Bulletin, 41*(8), 1082-1093.

Contrera, K. J., Betz, J., Deal, J. A., Choi, J. S., Ayonayon, H. N., Harris, T., ... & Health ABC Study. (2016). Association of hearing impairment and emotional vitality in older adults. *Journals of Gerontology Series B: Psychological Sciences and Social Sciences, 71*(3), 400-404.

Conwell, Y., Duberstein, P. R., Cox, C., Herrmann, J., Forbes, N., & Caine, E. D. (1998). Age differences in behaviors leading to completed suicide. *The American Journal of Geriatric Psychiatry, 6*(2), 122-126.

Corey, G. (2015). **집단상담의 이론과 실제**(*Theory and practice of group counseling*). (김명권, 김창대, 방기연, 이동훈, 이영순, 전종국, 천성문 공역). 서울: 학지사.

Corey, G., Corey, M. S., & Corey, C. (2009). **집단상담 과정과 실제**(*Groups: Process and practice*). (김진숙, 김창대, 박애선, 유동수, 전종국, 천성문 공역). 서울: 시그마프레스.

Corna, L. M., Cairney, J., Herrmann, N., Veldhuizen, S., McCabe , L., & Streiner, D. (2007). Panic disorder in later life: Results from a national survey of Canadians. *International Psychogeriatrics, 19*(6), 1084-1096.

Cosentino, S., Jefferson, A., Chute, D., Kaplan, E., & Libon, D. (2004). Clock drawing errors in dementia: Neuropsychological and neuroanatomical considerati ons. *Cognitive and Behavioral Neurology, 17*(2), 74-84.

Coupland, N. J., Sustrik, R. A., Ting, P., Li, D., Hartfeil, M., Singh, A. J., & Blair, R. J. (2004). Positive and negative affect differentially influence identification of facial emotions. *Depression and Anxiety, 19*(1), 31-34.

Courchesne, E., Chisum, H. J., Townsend, J., Cowles, A., Covington, J., Egaas, B., ... & Press, G. A. (2000). Normal brain development and aging: Quantitative analysis at in vivo MR imaging in healthy volunteers. *Radiology, 216*(3), 672-682.

Crowther, M. R., Parker, M. W., Achenbaum, W. A., Larimore, W. L., & Koenig, H. G. (2002). Rowe and Kahn's model of successful aging revisited: Positive s pirituality-the forgotten factor. *The Gerontologist, 42*(5), 613-620.

Crutch, S. J., Lehmann, M., Schott, J. M., Rabinovici, G. D., Rossor, M. N., & Fox, N. C. (2012). Posterior cortical atrophy. *The Lancet Neurology, 11*(2), 170-178.

Cumming, E., & Henry, W. E. (1961). *Growing Old, the Process of Disengagement*. Basic Books.

Damoiseaux, J. S., Beckmann, C. F., Arigita, E. S., Barkhof, F., Scheltens, P., Stam, C. J., ... & Rombouts, S. A. R. B. (2008). Reduced resting-state brain activity in the "default network" in normal aging. *Cerebral Cortex, 18*(8), 1856-1864.

Davidson, R. J. (2002). Anxiety and affective style: Role of prefrontal cortex and amygdala. *Biological Psychiatry, 51*(1), 68-80.

Davis, F. (1989). User acceptance of computer technology: A comparison of two theoretical models. *Management Science, 35*(8), 982-1003.

Davis, S. W., Dennis, N. A., Daselaar, S. M., Fleck, M. S., & Cabeza, R. (2008). Que PASA? The posterior-anterior shift in aging. *Cerebral Cortex, 18*(5), 1201-1209.

Davison, T. E., Eppingstall, B., Runci, S., & O'Connor, D. W. (2017). A pilot trial of acceptance and commitment therapy for symptoms of depression and anxiety in older adults residing in long-term care facilities. *Aging & Mental Health, 21*(7), 766-773.

Dawson, M. E., Schell. A. M., & Filion. D. L. (2000). The electrodermal system. In J. T. Cacioppo & G. G. Berntson (Eds.). *Handbook of Psychophysiology* (pp. 200-223). Cambridge, England: Cambridge University Press.

de Beurs, E., Beekman, A. T. F., van Balkom, A. J. L. M., Deeg, D. J. H., & van Tilburg, W. (1999). Consequences of anxiety in older persons: Its effect on disability, well-being and use of health services. *Psychological Medicine, 29*(3), 583-593.

de Chastelaine, M., Wang, T. H., Minton, B., Muftuler, L. T., & Rugg, M. D. (2011). The effects of age, memory performance, and callosal integrity on the neura l correlates of successful associative encoding. *Cerebral Cortex, 21*(9), 2166-2176.

Dear, B. F., Zou, J. B., Ali, S., Lorian, C. N., Johnston, L., Sheehan, J., ... & Titov, N. (2015). Clinical and cost-effectiveness of therapist-guided internet-delivered cognitive behavior therapy for older adults with symptoms of anxiety: A randomized controlled trial. *Behavior Therapy, 46*(2), 206-217.

Deci, E. L., & Ryan, R. M. (2012). Self -determination theory. In P. A. M. Van Lange, A. W. Kruglanski, & E. T. Higgins (Eds.), *Handbook of Theories of Social Psychology* (pp. 416-436). Sage Publications.

Dellacherie, D., Roy, M., Hugueville, L., Peretz, I., & Samson, S. (2011). The effect of musical experience on emotional self-reports and psychophysiological responses to dissonance. *Psychophysiology, 48*(3), 337-349.

Demiray, B., & Bluck, S. (2014). Time since birth and time left to live: Opposing forces in constructing psychological wellbeing. *Aging & Society, 34*(7), 1193-1218.

Devos, D., Tir, M., Maurage, C., Waucquier, N., Defebvre, L., Defoort-Dhellemmes, S., & Destee, A. (2005). ERG and anatomical abnormalities suggesting retinopathy in dementia with Lewy bodies. *Neurology, 65*, 1107-1110.

Di Crosta, A., La Malva, P., Manna, C., Marin, A., Palumbo, R., Verrocchio, M. C., ... & Di Domenico, A. (2020). The Chieti affective action videos database, a resource for the study of emotions in psychology. *Scientific Data, 7*(1), 1-6.

Diamond, L. M., Fagundes, C. P., & Butterworth, M. R. (2010). Intimate relationships across the lifespan. In M. E. Lamb, A. M. Freund, & R. M. Lerner, (Eds.), *The Handbook of Life-span Development: Vol. 2, Social and Emotional Development* (pp. 379-433). John Wiley & Sons.

Diefenbach, G. J., Stanley, M. A., & Beck, J. G. (2001). Worry content reported by older adults with and without generalized anxiety disorder. *Aging & Mental Health, 5*(3), 269-274.

Diener, E., Gohm, C. L., Suh, E., & Oishi, S. (2000). Similarity of the relations between marital status and subjective well-being across cultures. *Journal of Cross-cultural Psychology, 31*(4), 419-436.

Dimberg, U. (1982). Facial reactions to facial expressions. *Psychophysiology, 19*(6), 643-647.

Dixon, R. A., & Lachman, M. E. (2019). Risk and protective factors in cognitive aging: Advances in assessment, prevention, and promotion of alternative pathways. In G. R. Samanez-Larkin (Ed.), *The Aging Brain: Functional Adaptation across Adulthood* (pp. 217-263). American Psychological Association.

Djernes, J. K. (2006). Prevalence and predictors of depression in populations of elderly: A review. *Acta Psychiatrica Scandinavica, 113*(5), 372-387.

Duberstein, P. R., Conwell, Y., Seidlitz, L., Denning, D. G., Cox, C., & Caine, E. D. (2000). Personality traits and suicide behavior and ideation in depressed inpatients 50 years of older. *Journal of Gerontology Series B, 55*(1), 18-26.

Duke, L., & Kaszniak, A. (2000). Executive control functions in degenerative dementias: A comparative review. *Neuropsychology Review, 10*(2), 75-99.

Dukes, R. L., & Lorch, B. D. (1989). The effects of school, family, self-concept, and deviant behaviour on adolescent suicide ideation. *Journal of Adolescence, 12*(3), 239-251.

Dunne, E., & Wrosch, C., & Miller, G. (2011). Goal disengagement, functional disability, and depressive symptoms in old age. *Health Psychology, 30*, 763-70.

Duvarci, S., & Pare, D. (2014). Amygdala microcircuits controlling learned fear. *Neuron, 82*(5), 966-980.

Dweck, C. (2017). 마인드셋(*Mindset: The new psychology of success*). (김준수 역). 서울: 스몰빅미디어.

Dywan, J., & Murphy, W. E. (1996). Aging and inhibitory control in text comprehension. *Psychology and Aging, 25*, 16-29.

Ebner, N. C., Johnson, M. R., Rieckmann, A., Durbin, K. A., Johnson, M. K., & Fischer, H. (2013). Processing own-age vs. other-age faces: Neuro-behavioral correlates and effects of emotion. *Neuroimage, 78*, 363-371.

Edwards, J. D., Ross, L. A., Wadley, V. G., Clay, O. J., Crowe, M., Roenker, D. L., & Ball, K. K. (2006). The useful field of view test: Normative data for older adults. *Archives of Clinical Neuropsychology, 21*, 275-286.

Ehrlich, I., Humeau, Y., Grenier, F., Ciocchi, S., Herry, C., & Lüthi, A. (2009). Amygdala inhibitory circuits and the control of fear memory. *Neuron, 62*(6), 757-771.

Ehrt, U., Brønnick, K., Leentjens, A. F., Larsen, J. P., &

Aarsland, D. (2006). Depressive symptom profile in Parkinson's disease: A comparison with depression in elderly patients without Parkinson's disease. *International Journal of Geriatric Psychiatry: A Journal of the Psychiatry of Late Life and Allied Sciences, 21*(3), 252-258.

Eich, E., Macaulay, D., & Ryan, L. (1994). Mood dependent memory for events of the personal past. *Journal of Experimental Psychology: General, 123,* 201-215.

Eich, T. S., Parker, D., Liu, D., Oh, H., Razlighi, Q., Gazes, Y., ... & Stern, Y. (2016). Functional brain and age-related changes associated with congruency in task switching. *Neuropsychologia, 91*, 211-221.

Eidelman, P., Jensen, A., & Rappaport, L. M. (2019). Social support, negative social exchange, and response to case formulation-based cognitive behavior therapy. *Cognitive Behaviour Therapy, 48*(2), 146-161.

Ekman, P. (1999). Basic emotions. *Handbook of Cognition and Emotion, 98*(45-60), 16.

Elliot, A. J., & Dweck, C. S. (2005). Competence and motivation: Competence as the core of achievement motivation. In A. J. Elliot & C. S. Dweck (Eds.), *Handbook of Competence and Motivation* (pp. 3-12). The Guilford Press.

Elliot, A. J., & Fryer, J. W. (2008). The goal construct in psy chology. In J. Shah & W. Gardner (Eds.), *Handbook of Motivation Science* (pp. 235-250). The Guilford Press.

Ellis, R. J. (2009). *The effect of musical tempo on subjective and physiological indices of affective response.* Doctoral dissertation, The Ohio State University.

Ellsworth, P. C., & Scherer, K. R. (2003). *Appraisal processes in emotion*. Oxford University Press.

Ellwardt, L., Aartsen, M., Deeg, D., & Steverink, N. (2013). Does loneliness mediate the relation between social support and cognitive functioning in later life? *Social Science & Medicine, 98*, 116-124.

Emery, L., Heaven, T. J., Paxton, J. L., & Braver, T. S. (2008). Age-related changes in neural activity during performance matched working memory manipulation. *Neuroimage, 42*(4), 1577-1586.

English, T., & Carstensen, L. L. (2014). Selective narrowing of social networks across adulthood is associated with improved emotional experience in daily life. *International Journal of Behavioral Development, 38*(2), 195-202.

Engum, A. (2007). The role of depression and anxiety in onset of diabetes in a large population based study. *Journal of Psychosomatic Research, 62*(1), 31-38.

Erickson, K. I., Hillman, C. H., & Kramer, A. F. (2015). Physical activity, brain, and cognition. *Current Opinion in Behavioral Sciences, 4*, 27-32.

Erikson, E. (1950). *Childhood and Society.* Norton & Co.

Erikson, E. H. (1956). The problem of ego identity. *Journal of the American Psychoanalytic Association, 4*, 56-121.

Erikson, E. H. (1959). *Identity and the Life Cycle: Selected Papers*. International Universities Press.

Ertel, K. A., Glymour, M. M., & Berkman, L. F. (2008). Effects of social integration on preserving memory function in a nationally representative US elderly population. *American Journal of Public Health, 98*(7), 1215-1220.

Esiri, M. M. (2007). Ageing and the brain. *Journal of Pathology, 211*, 181-187.

Evans, S., Ferrando, S., Findler, M., Stowell, C., Smart, C., & Haglin, D. (2008). Mindfulness-based cognitive therapy for generalized anxiety disorder. *Journal of Anxiety Disorders, 22*(4), 716-721.

Feeney, J. A., & Noller, P. (1990). Attachment style as a predictor of adult romantic relationships. *Journal of Personality and Social Psychology, 58*(2), 281-291.

Feng, M. C., Courtney, C. G., Mather, M., Dawson, M. E., & Davison, G. C. (2011). Age-related affective modulation of the startle eyeblink response: Older adults startle most when viewing positive pictures. *Psychology and Aging, 26*(3), 752-760.

Ferman, T. J., Smith, G. E., Kantarci, K., Boeve, B. F., Pankratz, V. S., Dickson, D. W., & Uitti, R. (2013). Nonamnestic mild cognitive impairment progresses to dementia with Lewy bodies. *Neurology, 81*(23), 2032-2038.

Ferman, T., Boeve, B., Smith, G., Lin, S., Silber, M., Pedraza, O., ... Dickson, D. (2011). Inclusion of RBD improves the diagnostic classification of dementia with Lewy bodies. *Neurology, 77*(9), 875-882.

Ferman, T., Boeve, B., Smith, G., Silber, M., Lucas, J., Graff-Radford, N., ... & Ivnik, R. (2002). Dementia with Lewy bodies may present as dementia and REM sleep behavior disorder without parkinsonism or hallucinations. *Journal of the International Neuropsychological Society, 8*, 907-914.

Ferman, T., Smith, G., Boeve, B., Graff-Radford, N., Lucas, J., Knopman, D., ... & Dickson, D. (2006). Neuropsychological differentiation of dementia with Lewy bodies from normal aging and Alzheimer's disease. *The Clinical Neuropsychologist, 20*(4), 623-636.

Finch, J. F., Okun, M. A., Pool, G. J., & Ruehlman, L. S. (1999). A comparison of the influence of conflictual and supportive social interactions on psychological distress. *Journal of Personality, 67*(4), 581-621.

Fingerman, K. L., Kim, K., Birditt, K. S. (2003). Do age differ ences in close and problematic family ties reflect the pool of available relatives? *The Journals of Gerontology: Series B: Psychological Sciences and Social Sciences, 58*(2), 80-87.

Fingerman, K. L., Kim, K., Birditt, K. S., & Zarit, S. H. (2016). The ties that bind: Midlife parents' daily experiences with grown children. *Journal of Marriage and Family, 78*(2), 431-450.

Fiori K., Denckla C. (2015) Friendship and happiness among middle-aged adults. In M. Demir (Ed.), *Friendship and happiness: Across the Lifespan and Cultures* (pp. 137-154). Springer.

Fjell, A. M., & Walhovd, K. B. (2010). Structural brain changes in aging: Courses, causes and cognitive consequences. *Reviews in the Neurosciences, 21*(3), 187-221.

Fjell, A. M., Walhovd, K. B., Fennema-Notestine, C., McEvoy, L. K., Hagler, D. J., Holland, D., ... & Dale, A. M. (2009). One-year brain atrophy evident in healthy aging. *Journal of Neuroscience, 29*(48), 15223-15231.

Fleeson, W. (2004). Moving personality beyond the person-situation debate: The challenge and the opportunity of within-person variability. *Current Directions in Psychological Science, 13*(2), 83-87.

Foreman, N. (2007). Spatial cognition and its facilitation in special population. In G. L. Allen (Ed.), *Applied Spatial Cognition*. Psychology Press.

Forsell, Y., & Winblad, B. (1997). Anxiety disorders in non-demented and demented elderly patients: Prevalence and correlates. *Journal of Neurology, Neurosurgery, and Psychiatry, 62*(3), 294-295.

Fratiglioni, L., Marseglia, A., & Dekhtyar, S. (2020). Ageing without dementia: Can stimulating psychosocial and lifestyle experiences make a difference? *The Lancet Neurology, 19*(6), 533-543.

Fratiglioni, L., Paillard-Borg, S., & Winblad, B. (2004). An active and socially integrated lifestyle in late life might protect against dementia. *The Lancet Neurology, 3*(6), 343-353.

Fratiglioni, L., Wang, H.-X., Ericsson, K., Maytan, M., & Winblad, B. (2000). Influence of social network on occurrence of dementia: A community-based longitudinal study. *The Lancet, 355*(9212), 1315-1319.

Freeman, R., Giovannetti, T., Lamar, M., Cloud, B., Stern, R., Kaplan, E., & Libon, D. (2000). Visuoconstructional problems in dementia: Contribution of executive systems functions. *Neuropsychology, 14*(3), 415-426.

Freeman, S. J. (2005). *Grief and Loss: Understanding the Journey*. Belmont, CA: Thomson Brooks/Cole.

Fridlund, A. J., & Cacioppo, J. T. (1986). Guidelines for human electromyographic research. *Psychophysiology, 23*(5), 567-589.

Fullen, M. C. (2018). Ageism and the counseling profession: Causes, consequences, and methods for counteraction. *The Professional Counselor, 8*(2), 104-114.

Gable, P., & Harmon-Jones, E. (2010). The blues broaden, but the nasty narrows: Attentional consequences of negative affects low and high in motivational intensity. *Psychological Science, 21*(2), 211-215.

Gajewski, P. D., Falkenstein, M., Thönes, S., & Wascher, E. (2020). Stroop task performance across the lifespan: High cognitive reserve in older age is associated with enhanced proactive and reactive interference control. *NeuroImage, 207,* 116430.

Gallo, J. J., Anthony, J. C., & Muthén, B. O. (1994). Age differences in the symptoms of depression: A latent trait analysis. *Journal of Gerontology, 49*(6), P251-P264.

Gallo, J. J., Rabins, P. V., Lyketsos, C. G., Tien, A. Y., & Anthony, J. C. (1997). Depression without sadness: Functional outcomes of nondysphoric depression in later life. *Journal of the American Geriatrics Society, 45*(5), 570-578.

Gallup. (2015b). Fewer young people say I do-to any relationship. Retrieved from www.gallup.com/poll/183515/fewer-young-people-say-relationship.aspx

Ganel, T., Valyear, K. F., Goshen-Gottstein, Y., & Goodale, M. A. (2005). The involvement of the "fusiform face area" in processing facial expression.

Neuropsychologia, 43(11), 1645-1654.

Gao, C., Wedell, D. H., Kim, J., Weber, C. E., & Shinkareva, S. V. (2018). Modelling audiovisual integration of affect from videos and music. *Cognition and Emotion, 32*(3), 516-529.

Garnefski, N., & Kraaij, V. (2006). Relationships between cognitive emotion regulation strategies and depressive symptoms: A comparative study of five specific samples. *Personality and Individual Differences, 40*(8), 1659-1669.

Garnefski, N., Kraaij, V., & Spinhoven, P. (2001). Negative life events, cognitive emotion regulation and emotional problems. *Personality and Individual Differences, 30*(8), 1311-1327.

Gavazzeni, J., Wiens, S., & Fischer, H. (2008). Age effects to negative arousal differ for self-report and electrodermal activity. *Psychophysiology, 45*(1), 148-151.

Gazzaley, A., Cooney, J., Rissmann, J., & D'Esposito, M. (2005). Top-down suppression deficit underlies working memory impairment in normal aging. *Nature Neuroscience, 8*, 1298-300.

Ge, R., Fu, Y., Wang, D., Yao, L., & Long, Z. (2014). Age-related alterations of brain network underlying the retrieval of emotional autobiographical memories: An fMRI study using independent component analysis. *Frontiers in Human Neuroscience, 8*, 629.

Geda, Y. E., Knopman, D. S., Mrazek, D. A., Jicha, G. A., Smith, G. E., Negash, S., ... & Rocca, W. A. (2006). Depression, apolipoprotein E genotype, and the incidence of mild cognitive impairment: A prospective cohort study. *Archives of Neurology, 63*(3), 435-440.

Geerligs, L., Renken, R. J., Saliasi, E., Maurits, N. M., & Lorist, M. M. (2015). A brain-wide study of age-related changes in functional connectivity. *Cerebral Cortex, 25*(7), 1987-1999.

Geerligs, L., Saliasi, E., Maurits, N. M., Renken, R. J., & Lorist, M. M. (2014). Brain mechanisms underlying the effects of aging on different aspects of selective attention. *Neuroimage, 91*, 52-62.

George, L. K., Ellison, C. G., & Larson, D. B. (2002). Explaining the relationships between religious involvement and health. *Psychological Inquiry, 13*(3), 190-200.

Gerardin, E., Chételat, G., Chupin, M., Cuingnet, R., Desgranges, B., Kim, H. S., ... & Alzheimer's Disease Neuroimaging Initiative. (2009). Multidimensional classification of hippocampal shape features discriminates Alzheimer's disease and mild cognitive impairment from normal aging. *Neuroimage, 47*(4), 1476-1486.

Gere, J., Schimmack, U., Pinkus, R. T., & Lockwood, P. (2011). The effects of romantic partners' goal congruence on affective well-being. *Journal of Research in Personality, 45*(6), 549-559.

Gerstorf, D., Ram, N., Röcke, C., Lindenberger, U., & Smith, J. (2008). Decline in life satisfaction in old age: Longitudinal evidence for links to distance-to-death. *Psychological Aging, 23*(1), 154-168.

Gilligan, M., Suitor, J. J., & Nam, S. (2015). Maternal differe ntial treatment in later life families and within-family variations in adult sibling closeness. *Journals of Gerontology Series B: Psychological Sciences and Social Sciences, 70*(1), 167-177.

Gilligan, M., Suitor, J. J., Kim, S., & Pillemer, K. (2013). Differential effects of perceptions of mothers' and fathers' favoritism on sibling tension in adulthood. *Journals of Gerontology Series B: Psychological Sciences and Social Sciences, 68*(4), 593-598.

Glick, D. M., & Orsillo, S. M. (2011). Relationships among social anxiety, self-focused attention, and experiential distress and avoidance. *Journal of Cognitive & Behavioral Psychotherapies, 11*(1), 1-12.

Glisky, E. L., Rubin, S. R., & Davidson, P. S. R. (2001). Source memory in older adults: An encoding or retrieval problem? *Journal of Experimental Paychology: Memory and Cognition, 27*, 1131-1146.

Goffman, E. (1963). *The presentation of self in everyday life*. Doubleday.

Goldin, P. R., & Gross, J. J. (2010). Effects of Mindfulness-Based Stress Reduction (MBSR) on emotion regulation in social anxiety disorder. *Emotion, 10*(1), 83-91.

Gollwitzer, P. M. (1990). Action phases and mind-sets. In E. T. Higgins & R. M. Sorrentino (Eds.), *Handbook of Motivation and Cognition: Foundations of Social Behavior* (Vol. 2, pp. 53-92). The Guilford Press.

Golub, J. S., Brickman, A. M., Ciarleglio, A. J., Schupf, N., & Luchsinger, J. A. (2020). Association of subclinical hearing loss with cognitive performance. *JAMA Otolaryngology-Head & Neck Surgery, 146*(1), 57-67.

Gomez, P., & Danuser, B. (2004). Affective and physiological responses to environmental noises and music. *International Journal of Psychophysiology, 53*(2), 91-103.

Gomez, P., & Danuser, B. (2007). Relationships between musical structure and psychophysiological measures of emotion. *Emotion, 7*(2), 377.

Gomez, P., Shafy, S., & Danuser, B. (2008). Respiration, metabolic balance, and attention in affective picture processing. *Biological Psychology, 78*(2), 138-149.

Gomez, P., Stahel, W. A., & Danuser, B. (2004). Respiratory responses during affective picture viewing. *Biological Psychology, 67*(3), 359-373.

Gomez, P., Zimmermann, P., Guttormsen-Schär, S., & Danuser, B. (2005). Respiratory responses associated with affective processing of film stimuli. *Biological Psychology, 68*(3), 223-235.

Gorbach, T., Pudas, S., Lundquist, A., Orädd, G., Josefsson, M., Salami, A., ... & Nyberg, L. (2017). Longitudinal association between hippocampus atrophy and episodic-memory decline. *Neurobiology of Aging, 51*, 167-176.

Gore, S. (1978). The effect of social support in moderating the health consequences of unemployment. *Journal of Health and Social Behavior, 19*(2), 157-165.

Gorno-Tempini, M. L., Hillis, A. E., Weintraub, S., Kertesz, A., Mendez, M., Cappa, S. F., ... & Grossman, M. (2011). Classification of primary progressive aphasia and its variants. *Neurology, 76*(11), 1006-1014.

Gow, A. J., Corley, J., Starr, J. M., & Deary, I. J. (2013). Which social network or support factors are associated with cognitive abilities in old age? *Gerontology, 59*(5), 454-463.

Grady, C. L., Maisog, J. M., Horwitz, B., Ungerleider, L. G., Mentis, M. J., Salerno, J. A., ... & Haxby, J. V. (1994). Age-related changes in cortical blood flow activation during visual processing of faces and location. *Journal of Neuroscience, 14*(3), 1450-1462.

Graham, F. K., & Clifton, R. K. (1966). Heart-rate change as a component of the orienting response. *Psychological Bulletin, 65*(5), 305-320.

Gray, J. A. (1990). Brain systems that mediate both emotion and cognition. *Cognition and Emotion, 4*(3), 269-288.

Green, L. R., Richardson, D. S., Lago, T., & Schatten-Jones, E. C. (2001). Network correlates of social and emotional loneliness in young and older adults. *Personality and Social Psychology Bulletin, 27*(3), 281-288.

Grenier, S., Schuurmans, J., Goldfarb, M., Préville, M., Boyer, R., O'Connor, K., ... & Scientific committee of the ESA study. (2011). The epidemiology of specific phobia and subthreshold fear subtypes in a community based sample of older adults. *Depression and Anxiety, 28*(6), 456-463.

Gretarsdottir, E., Woodruff-Borden, J., Meeks, S., & Depp, C. A. (2004). Social anxiety in older adults: Phenomenology, prevalence, and measurement. *Behaviour Research and Therapy, 42*(4), 459-475.

Grewe, O., Nagel, F., Kopiez, R., & Altenmüller, E. (2007). Emotions over time: Synchronicity and development of subjective, physiological, and facial affective reactions to music. *Emotion, 7*(4), 774-788.

Gross, J. J. (1998). Antecedent- and response-focused emotion regulation: Divergent consequences for experience, expression, and physiology. *Journal of Personality and Social Psychology, 74*, 224-237.

Gross, J. J. (1999). Emotion and emotion regulation. *Handbook of Personality: Theory and Research, 2*, 525-552.

Gross, J. J., & John, O. P. (2003). Individual differences in two emotion regulation processes: Implications for affect, relationships, and well-being. *Journal of Personality and Social Psychology, 85*(2), 348-362.

Grühn, D., & Scheibe, S. (2008). Age-related differences in valence and arousal ratings of pictures from the International Affective Picture System (IAPS): Do ratings become more extreme with age? *Behavior Research Methods, 40*(2), 512-521.

Guay, F., Mageau, G. A., & Vallerand, R. J. (2003). On the hierarchical structure of self-determined motivation: A test of top-down, bottom-up, reciprocal, and horizontal effects. *Personality and Social Psychology Bulletin, 29*(8), 992-1004.

Gum, A. M., King-Kallimanis, B., & Kohn, R. (2009). Prevalence of mood, anxiety, and substance-abuse disorders for older Americans in the national comorbidity survey-replication. *The American Journal of Geriatric Psychiatry, 17*(9), 769-781.

Gunter, B. (1998). *Understanding the Older Consumer: The Grey Market*. Routledge.

Gurian, B. S., & Miner, J. H. (1991). Clinical presentation

of anxiety in the elderly. In C. Salzman & B. D. Lebowitz (Eds.), *Anxiety in the Elderly: Treatment and Research* (pp. 31-44). Springer.

Gustafson, R. (1992). Operant conditioning of activities of daily living on a psychogeriatric ward: A simple method. *Psychological Reports, 70*(2), 603-607.

Haan, N. (1981). Common dimensions of personality development: Early adolescence to middle life. In D. H. Eichorn, J. A. Clausen, & N. Haan et al. (Eds). *Present and Past in Middle Life* (pp. 117-151). Academic Press.

Hale, S., Rose, N. S., Myerson, S., Strube, M. J., Sommers, M., Tye-Murray, N., & Spehar, B. (2011). The structure of working memory abilities across the life span. *Psychology and Aging, 26*, 147-163.

Hall, J., Kellett, S., Berrios, R., Bains, M. K., & Scott, S. (2016). Efficacy of cognitive behavioral therapy for generalized anxiety disorder in older adults: Systematic review, meta-analysis, and meta-regression. *The American Journal of Geriatric Psychiatry, 24*(11), 1063-1073.

Hamilton, J. M., Salmon, D. P., Galasko, D., Delis, D. C., Hansen, L. A., Masliah, E., ... & Thal, L. J. (2004). A comparison of episodic memory deficits in neuropathologically confirmed dementia with Lewy bodies and Alzheimer's disease. *Journal of the International Neuropsychological Society, 10*(5), 689-697.

Hammar, M., & Östgren, C. J. (2013). Healthy aging and age-adjusted nutrition and physical fitness. *Best Practice & Research Clinical Obstetrics & Gynaecology, 27*(5), 741-752.

Harciarek, M., & Heilman, K. M. (2009). The contribution of anterior and posterior regions of the right hemisphere to the recognition of emotional faces. *Journal of clinical and Experimental Neuropsychology, 31*(3), 322-330.

Hareven, T. K. (2001). Historical perspectives on aging and family relations. In R. H. Binstock & L. K. George (Eds.), *Handbook of Aging and the Social Sciences* (pp. 141-159). Academic Press.

Hargis, M. B., Siegel, A. L. M., & Castel, A. D. (2019). Motivated memory, learning, and decisionmaking in older age: Shifts in priorities and goals. In G. R. Samanez-Larkin (Ed.), *The Aging Brain: Functional Adaptation Across Adulthood* (pp. 135-163). American Psychological Association.

Harmon-Jones, E., Gable, P. A., & Peterson, C. K. (2010). The role of asymmetric frontal cortical activity in emotion-related phenomena: A review and update. *Biological Psychology, 84*(3), 451-462.

Harvighurst (1977). A social psychological perspective on aging. In. J. R. Barry & C. R. Wingrov (Eds.), *Let's Learn about Aging: A book of Readings* (pp.139-148). Schenkman Books.

Hasin, D. S., Goodwin, R. D., Stinson, F. S., & Grant, B. F. (2005). Epidemiology of major depressive disorder: Results from the national epidemiologic survey on alcoholism and related conditions. *Archives of General Psychiatry, 62*(10), 1097-1106.

Hasson, U., Nir, Y., Levy, I., Fuhrmann, G., & Malach, R. (2004). Intersubject synchronization of cortical activity during natural vision. *Science, 303*(5664), 1634-1640.

Hayden, K. M., Norton, M. C., Darcey, D., Ostbye, T., Zandi, P. P., Breitner, J. C., ... & Cache County Study Investigators. (2010). Occupational exposure to pesticides increases the risk of incident AD: the Cache County study. *Neurology, 74*(19), 1524-1530.

Hayes, S. C., Wilson, K. G., Gifford, E. V., Follette, V. M., & Strosahl, K. (1996). Experiential avoidance and behavioral disorders: A functional dimensional approach to diagnosis and treatment. *Journal of Consulting and Clinical Psychology, 64*(6), 1152-1168.

Hays, J. C., Steffens, D. C., Flint, E. P., Bosworth, H. B., & George, L. K. (2001). Does social support buffer functional decline in elderly patients with unipolar depression? *American Journal of Psychiatry, 158*(11), 1850-1855.

He, K., Song, Y., Daviglus, M. L., Liu, K., van Horn, L., Dyer, A. R., ... & Greenland, P. (2004). Fish consumption and incidence of stroke: A meta-analysis of cohort studies. *Stroke, 35*(7), 1538-1542.

Hedden, T., & Park, D. (2001). Aging and interference in verbal working memory. *Psychology and Aging, 16*, 666-681.

Heilman, K. M., Bowers. D., & Valenstein, E. (2012). Emotional disorders associated with neurological diseases. In K. N. Heilman & E. Valenstein (Eds.), *Clinical Neuropsychology* (pp. 466-503). Oxford University Press.

Heister, D., Brewer, J., Magda, S., Blennow, K., McEvoy, L., & For the Alzheimer's Disease Neuroimaging

Initiative. (2011). Predicting MCI outcome with clinically available MRI and CSF biomarkers. *Neurology, 77*, 1619-1628.

Hendrie, H. C., Albert, M. S., Butters, M. A., Gao, S., Knopman , D. S., Launer, L. J., ... & Wagster, M. V. (2006). The NIH cognitive and emotional health project: Report of the critical evaluation study committee. *Alzheimer's & Dementia, 2*(1), 12-32.

Hertzog, C., Kramer, A. F., Wilson, R. S., & Lindenberger, U. (2008). Enrichment effects on adult cognitive development: can the functional capacity of older adults be preserved and enhanced? *Psychological Science in the Public Interest, 9*(1), 1-65.

Hess, T. M. (2014). Selective engagement of cognitive resources: Motivational influences on older adults' cognitive functioning. *Perspectives on Psychological Science, 9*(4), 388-407.

Hess, T. M., Emery, L., & Neupert, S. D. (2011). Longitudinal relationships between resources, motivation, and functioning. *The Journals of Gerontology Series B: Psychological Sciences and Social Sciences, 67*(3), 299-308.

Hettema, J. M., Neale, M. C., & Kendler, K. S. (2001). A review and meta-analysis of the genetic epidemiology of anxiety disorders. *American Journal of Psychiatry, 158*(10), 1568-1578.

Heun, R., Papassotiropoulos, A., Jessen, F., Maier, W., & Breitner, J. C. (2001). A family study of Alzheimer disease and early- and late-onset depression in elderly patients. *Archives of General Psychiatry, 58*(2), 190-196.

Hickey, V., Flesch, L., Lane, A., Pai, A. L. H., Huber, J., Badia, P., ... & Dandoy, C. E. (2018). Token economy to improve adherence to activities of daily living. *Pediatric Blood & Cancer, 65*(11), e27387.

Higgins, E. T. (1997). Beyond pleasure and pain. *American Psychologist, 52*(12), 1280-1300.

Hilimire, M. R., Mienaltowski, A., Blanchard-Fields, F., & Corballis, P. M. (2014). Age-related differences in event-related potentials for early visual processing of emotional faces. *Social Cognitive and Affective Neuroscience, 9*(7), 969-976.

Hill, N. T., Mowszowski, L., Naismith, S. L., Chadwick, V. L., Valenzuela, M., & Lampit, A. (2017). Computerized cognitive training in older adults with mild cognitive impairment or dementia: A systematic review and meta-analysis. *The American Journal of Psychiatry, 174*(4), 329-340.

Hillman, C. H., Erickson, K. I., & Kramer, A. F. (2008). Be smart, exercise your heart: exercise effects on brain and cognition. *Nature Reviews Neuroscience, 9*(1), 58-65.

Hoge, R. D., & Pike, G. B. (2001). Oxidative metabolism and the detection of neuronal activation via imaging. *Journal of Chemical Neuroanatomy, 22*(1-2), 43-52.

Hollon, N. G., Burgeno, L. M., & Phillips, P. E. (2015). Stress effects on the neural substrates of motivated behavior. *Nature Neuroscience, 18*, 1405-1412.

Hooyman, N. R., & Kiyak, H. A. (2005). *Social Gerontology: A Multidisciplinary Perspective*. Pearson.

Horwitz, B. N., Reynolds, C. A., Walum, H., Ganiban, J., Spotts, E. L., Reiss, D., ... & Neiderhiser, J. M. (2016). Understanding the role of mate selection processes in couples' pair-bonding behavior. *Behavior Genetics, 46*(1), 143-149.

Hoshi, Y. (2007). Functional near-infrared spectroscopy: Current status and future prospects. *Journal of Biomedical Optics, 12*(6), 062106.

House J. S. (1981). *Work Stress and Social Support*. Addison-Wesley.

Hoyer, W. J., & Ingolfsdottir, D. (2003). Age, skill and contextual cuing in target detection. *Psychology and Aging, 18*, 210-218.

Hughes, E. J., Bond, J., Svrckova, P., Makropoulos, A., Ball, G., Sharp, D. J., ... & Counsell, S. J. (2012). Regional changes in thalamic shape and volume with increasing age. *Neuroimage, 63*(3), 1134-1142.

Huijbers, W., Vannini, P., Sperling, R. A., Pennartz, C. M., Cabeza, R., & Daselaar, S. M. (2012). Explaining the encoding/retrieval flip: Memory-related deactivations and activations in the posteromedial cortex. *Neuropsychologia, 50*(14), 3764-3774.

Huizinga, W., Poot, D. H., Vernooij, M. W., Roshchupkin, G. V., Bron, E. E., Ikram, M. A., ... & Alzheimer's Disease Neuroimaging Initiative. (2018). A spatio-temporal reference model of the aging brain. *NeuroImage, 169*, 11-22.

Hutchinson, A. D., & Mathias, J. L. (2007). Neuropsychological deficits in frontotemporal dementia and Alzheimer's disease: A meta-analytic review. *Journal of Neurology, Neurosurgery & Psychiatry, 78*(9), 917-928.

Iacoboni, M., Molnar-Szakacs, I., Gallese, V., Buccinom

G., Mazziotta, J. C., & Rizz olatti, G. (2005). Grasping the intentions of others with one's own mirror neuron system. *PLoS Biology, 3*(3), e79.

Imamura, T., Ishii, K., Hirono, N., Hashimoto, M., Tanimukai, S., Kazui, H., ... & Mori, E. (2001). Occipital glucose metabolism in dementia with Lewy bodies with and without Parkinsonism: A study using positron emission tomography. *Dementia and Geriatric Cognitive Disorders, 12*(3), 194-197.

Israel, B. A., & Antonucci, T. C. (1987). Social network characteristics and psychological wellbeing: A replication and extension. *Health Education Quarterly, 14*(4), 461-481.

Ivan, M. C., Amspoker, A. B., Nadorff, M. R., Kunik, M. E., Cully, J. A., Wilson, N., ... & Stanley, M. A. (2014). Alcohol use, anxiety, and insomnia in older adult s with generalized anxiety disorder. *The American Journal of Geriatric Psychiatry, 22*(9), 875-883.

Jackson, M., & Lowe, J. (1996). The new neuropathology of degenerative frontotemporal dementias. *Acta Neuropathologica, 91*(2), 127-134.

Jacobs, E. E., Schimmel, C. J., Masson, R. L. & Harvill, R. L. (2016). 집단상담: 전략과 기술(*Group counseling: Strategies and skills*). (김춘경 역). 서울: 센게이지러닝.

Jadczakova, V. (2013). Review of segmentation process in consumer markets. *Acta Universitatis Agriculturae et Silviculturae Mendelianae Brunensis, 61*(4), 1215-1224.

Jäncke, L., Sele, S., Liem, F., Oschwald, J., & Merillat, S. (2020). Brain aging and psychometric intelligence: A longitudinal study. *Brain Structure and Function, 225*(2), 519-536.

Janssen, I., & Ross, R. (2005). Linking age-related changes in skeletal muscle mass and composition with metabolism and disease. *Journal of Nutrition Health and Aging, 9*(6), 408-419.

Jansson, M., Gatz, M., Berg, S., Johansson, B., Malmberg, B., McClearn, G. E., ... & Pedersen, N. L. (2003). Association between depressed mood in the elderly and a 5-HTR2A gene variant. *American Journal of Medical Genetics Part B: Neuropsychiatric Genetics, 120*(1), 79-84.

Jedynak, B. M., Lang, A., Liu, B., Katz, E., Zhang, Y., Wyman, B. T., ... & Prince, J. L. (2012). A computational neurodegenerative disease progression score: Method and results with the Alzheimer's disease Neuroimaging initiative cohort. *Neuroimage, 63*(3), 1478-1486.

Jeong, H., & Kim, H. (2009). Aging and text comprehension: Interpretation and domain knowledge advantage. *Educational Gerontology, 35*, 906-928.

Johnson, D., Morris, J., & Galvin, J. (2005). Verbal and visuospatial deficits in dementia with Lewy bodies. *Neurology, 65*, 1232-1238.

Joo, S. H., Lim, H. K., & Lee, C. U. (2016). Three large-scale functional brain networks from resting-state functional MRI in subjects with different levels of cognitive impairment. *Psychiatry Investigation, 13*(1), 1-7.

Jorm, A. F., & Jolley, D. (1998). The incidence of dementia: A meta-analysis. *Neurology, 51*(3), 728-733.

Josephs, K. (2008). Frontotemporal dementia and related disorders: Deciphering the enigma. *Annals of Neurology, 64*(1), 4-14.

Kabat-Zinn, J. (1990). *Full Catastrophe Living: Using the Wisdom of Your Mind to Face Stress, Pain and Illness*. New York: Dell.

Kafer, R. A., Rakowskl, W., Lachman, M., & Hickey, T. (1980). Aging opinion survey: A report on instrument development. *The International Journal of Aging and Human Development, 11*(4), 319-333.

Kahn, R. L. (1979). Aging and social support. *Aging from Birth to Death: Interdisciplinary Perspectives, 1*, 77-91.

Kahn, R. L., & Antonucci, T. C. (1980). Convoys over the life course: Attachment, roles, and social support. In P. B. Baltes & O. Brim (Eds.), *Life-span Development and Behavior* (pp. 253-268). Academic Press.

Kahneman, D., & Tversky, A. (1984). Choices, values, and frames. *American Psychologist, 39*(4), 341-350.

Kajitani, S., Sakata, K., & McKenzie, C. (2017). Occupation, retirement and cognitive functioning. *Ageing & Society, 37*(8), 1568-1596.

Kang, J., Kang, S., Jeong, E., & Kim, E. H. (2021). Age and cul tural differences in recognitions of emotions from masked faces among Koreans and Americans. *International Journal of Environmental Research and Public Health, 18*(19), 10555.

Kang, S., Kim, H., & Youm, Y. (2016). Influence of social activity on cognitive function in older adults : Moderating effects of education. *Korean Journal of Psychology: General, 35*(4), 25.

Kanning, M., & Schlicht, W. A. (2008). A bio-psychosocial model of successful aging as shown through the variable "physical activity". *European Review of Aging and Physical Activity, 5*, 79-87.

Karlamangla, A. S., Miller-Martinez, D., Lachman, M. E., Tun, P. A., Koretz, B. K., & Seem an, T. E. (2014). Biological correlates of adult cognition: Midlife in the United States (MIDUS). *Neurobiology of Aging, 35*(2), 387-394.

Kaszniak, A. W., & Menchola, M. (2011). Behavioral neuroscience of emotion in aging. *Behavioral Neurobiology of Aging, 10*, 51-66.

Kawachi, I., & Berkman, L. F. (2001). Socialties and mental health. *Journal of Urban Health, 78*(3), 458-467.

Kelly, K. G., & Zisselman, M. (2000). Update on Electroconvulsive Therapy (ECT) in older adult. *Journal of the American Geriatrics Society, 48*(5), 560-566.

Kendler, K. S., Gatz, M., Gardner, C. O., & Pedersen, N. L. (20 06). Personality and major depression: A Swedish longitudinal, population-based twin study. *Archives of General Psychiatry, 63*(10), 1113-1120.

Kennedy, Q., Mather, M., & Carstensen, L. L. (2004). The role of motivation in the age-related positivity effect in autobiographical memory. *Psychological Science, 15*(3), 208-214.

Killgore, W. D., & Yurgelun-Todd, D. A. (2007). The right-hemisphere and valence hypotheses: Could they both be right (and sometimes left)? *Social Cognitive and Affective Neuroscience, 2*(3), 240-250.

Kim, E. S., Kawachi, I., Chen, Y., & Kubzansky, L. D. (2017). Association between purpose in life and objective measures of physical function in older adults. *JAMA Psychiatry, 74*(10), 1039-1045.

Kim, H., Chey, J., & Lee, S. (2017). Effects of multicomponent training of cognitive control on cognitive function and brain activation in older adults. *Neuroscience Research, 124*, 8-15.

Kim, H., Kim, J. Y., Lee, J., & Kang, Y. (2020). How to enhance social relationships of older adults: Design and development of a mobile application for active seniors. *Archives of Design Research, 33*(2), 105-121.

Kim, J., Shinkareva, S. V., & Wedell, D. H. (2017). Representations of modality-general valence for videos and music derived from fMRI data. *NeuroImage, 148*, 42-54.

King, L. A., & Hicks, J. A. (2007). Whatever happened to "What might have been"? Regrets, happiness, and maturity. *American Psychologist, 62*(7), 625-636.

Kins, E., Beyers, W., Soenens, B., & Vansteenkiste, M. (2009). Patterns of home leaving and subjective well-being in emerging adulthood: The role of motivational processes and parental autonomy support. *Developmental Psychology, 45*(5), 416-1429.

Kite, M. E., Deaux, K., & Miele, M. (1991). Stereotypes of young and old: Does age outweigh gender? *Psychology and Aging, 6*(1), 19-27.

Klainin-Yobas, P., Oo, W. N., Suzanne Yew, P. Y., & Lau, Y. (2015). Effects of relaxation interventions on depression and anxiety among older adults: A systematic review. *Aging & Mental Health, 19*(12), 1043-1055.

Klonsky, E. D., May, A. M., & Saffer, B. Y. (2016). Suicide, suicide attempts, and suicidal ideation. *Annual Review of Clinical Psychology, 12*, 307-330.

Knight, B. (1996). *Psychotherapy with Older Adults* (2nd ed.). Sage Publications.

Knight, B. G., & Satre, D. D. (1999). Cognitive behavioral psychotherapy with older adults. *Clinical Psychology: Science and Practice, 6*(2), 188-203.

Knight, B. G., & Sayegh, P. (2010). Cultural values and caregiving: The updated sociocultural stress and coping model. *The Journals of Gerontology: Series B, 65*(1), 5-13.

Kobak, R. R., & Sceery, A. (1988). Attachment in late adolescence: Working models, affect regulation, and representations of self and others. *Child Development, 59*(1), 135-146.

Kokis, J. V., Macpherson, R., Toplak, M. E., West, R. F., & Stanovich, K. E. (2002). Heuristic and analytic processing: Age trends and associations with cognitive ability and cognitive styles. *Journal of Experimental Child Psychology, 83*(1), 26-52.

Kooij, D., de Lange, A., Jansen, P., & Dikkers, J. (2007). Older workers' motivation to continue to work: Five meanings of age: A conceptual review. *Journal of Managerial Psychology, 23*(4), 364-394.

Koole, S. L. (2009). The psychology of emotion regulation: An integrative review. *Cognition and Emotion, 23*(1), 4-41.

Kreibig, S. D. (2010). Autonomic nervous system activity in emotion: A review. *Biological Psychology, 84*(3), 394-421.

Krendl, A. C., Rule. V. O., & Ambady. V. (2014). Does aging impair first impression accuracy? Differentiating emotion recognition from complex social inferences. *Psychology and Aging, 29*(3), 482–490.

Krishnan, K. R. R. (2002). Biological risk factors in late life depression. *Biological Psychiatry, 52*(3), 185–192.

Kuhn, T., Schonfeld, D., Sayegh, P., Arentoft, A., Jones, J. D., Hinkin, C. H., ... & Thames, A. D. (2017). The effects of HIV and aging on subcortical shape alterations: A 3D morphometric study. *Human Brain Mapping, 38*(2), 1025–1037.

Kuiper, J. S., Zuidersma, M., Oude Voshaar, R. C., Zuidema, S. U., van den Heuvel, E. R., Stolk, R. P., & Smidt, N. (2015). Social relationships and risk of dementia: A systematic review and meta-analysis of longitudinal cohort studies. *Ageing Research Reviews, 22*, 39–57.

Kuiper, J. S., Zuidersma, M., Zuidema, S. U., Burgerhof, J. G., Stolk, R. P., Oude Voshaar, R. C., & Smidt, N. (2016). Social relationships and cognitive decline: A systematic review and metaanalysis of longitudinal cohort studies. *International Journal of Epidemiology, 45*(4), 1169–1206.

Kung, H. C., Hoyert, D. L., Xu, J., & Murphy, S. L. (2008). Deaths: Final data for 2005. *National Vital Statistics Reports, 56*(10), 1–120.

Kurth, S., Majerus, S., Bastin, C., Collette, F., Jaspar, M., Bahri, M. A., & Salmon, E. (2016). Effects of aging on task-and stimulus-related cerebral attention networks. *Neurobiology of Aging, 44*, 85–95.

Kwak, Y. T., Yang, Y., & Koo, M. S. (2017). Anxiety in dementia. *Dementia and Neurocognitive Disorders, 16*(2), 33–39.

La Malva, P., Ceccato, I., Di Crosta, A., Marin, A., Fasolo, M., Palumbo, R., ... & Di Domenico, A. (2021). Updating the Chieti affective action videos database with older adults. *Scientific Data, 8*(1), 1–6.

Labuschagne, I., Pedder, D. J., Henry, J. D., Terrett, G., & Rendell. P. G. (2020). Age differences in emotion regulation and facial muscle reactivity to emotional films. *Gerontology, 66*(1), 74–84.

Lachman, M. E., Neupert, S. D., Bertrand, R., & Jette, A. M. (2006). The effects of strength training on memory in older adults. *Journal of Aging and Physical Activity, 14*(1), 59–73.

Lafosse, J., Reed, B., Mungas, D., Sterling, S., Wahbeh, H., & Jagust, W. (1997). Fluency and memory differences between ischemic vascular dementia and Alzheimer's disease. *Neuropsychology, 11*, 514–522.

Laitman, B. M., & John, G. R. (2015). Understanding how exercise promotes cognitive integrity in the aging brain. *PLoS Biology, 13*(11), e1002300.

Lakey, B., Tardiff, T. A., & Drew, J. B. (1994). Negative social interactions: Assessment and relations to social support, cognition, and psychological distress. *Journal of Social and Clinical Psychology, 13*(1), 42–62.

Lamar, M., Catani, M., Price, C., Heilman, K., & Libon, D. (2008). The impact of region-specific leukoaraiosis on working memory deficits in dementia. *Neuropsychologia, 46*(10), 2597–2601.

Lamar, M., Price, C., Libon, D., Penney, D., Kaplan, E., Grossm an, M., & Heilman, K. (2007). Alterations in working memory as a function of leukoaraiosis in dementia. *Neuropsychologia, 45*, 245–254.

Lambert-Pandraud, R., Laurent, G., & Lapersonne, E. (2005). Repeat purchasing of new automobiles by older consumers: Empirical evidence and interpretations. *Journal of Marketing, 69*(2), 97–113.

Lamont, A. C., Stewart-Williams, S., & Podd, J. (2005). Face recognition and aging: Effects of target age and memory load. *Memory & Cognition, 33*(6), 1017–1024.

Lamont, R. A., Swift, H. J., & Abrams, D. (2015). A review and meta-analysis of age-based stereotype threat: Negative stereotypes, not facts, do the damage. *Psychology and Aging, 30*, 180–193.

Lane, R. D., Chua, P. M., & Dolan, R. J. (1999). Common effects of emotional valence, arousal and attention on neural activation during visual processing of pictures. *Neuropsychologia, 37*(9), 989–997.

Lang, F., & Carstensen, L. (2002). Time counts: Future time perspective, goals and social relationships. *Psychology and Aging. 17*, 125–139.

Lang, P. J., Greenwald, M. K., Bradley, M. M., & Hamm, A. O. (1 993). Looking at pictures: Affective, facial, visceral, and behavioral reactions. *Psychophysiology, 30*(3), 261–273.

Lang, P., Bradley, M., & Cuthbert, B. (2008). *International Affective Picture System (IAPS): Affective Ratings of Pictures and Instruction Manual*. Technical Report A-8. University of Florida.

Lange, K., Bondi, M., Salmon, D., Galasko, D., Delis, D., Thomas, R., & Thal, L. (2002). Decline in verbal memory during preclinical Alzheimer's disease: Examination of the effect of APOE genotype. *Journal of the International Neuropsychological Society, 8*(7), 943-955.

Langer, E. J. (2022). 늙는다는 착각(*Counterclockwise*). (변용란 역). 서울: 사이언스북스/유노북스.

Le Duc, J., Fournier, P., & Hébert, S. (2016). Modulation of prepulse inhibition and startle reflex by emotions: A comparison between young and older adults. *Frontiers in Aging Neuroscience, 8*, 33.

Leaver, A. M., Yang, H., Siddarth, P., Vlasova, R. M., Krause, B., Cyr, N. S., ... & Lavretsky, H. (2018). Resilience and amygdala function in older healthy and depressed adults. *Journal of Affective Disorders, 237*, 27-34.

Lecce, S., Ceccato, I., Bianco, F., Rosi, A., Bottiroli, S., & Cavallini, E. (2017). Theory of mind and social relationships in older adults: The role of social motivation. *Aging & Mental Health, 21*(3), 253-258.

Leclerc, C. M., & Kensinger, E. A. (2008). Age-related differences in medial prefrontal activation in response to emotional images. *Cognitive, Affective, & Behavioral Neuroscience, 8*(2), 153-164.

Leclerc, C. M., & Kensinger, E. A. (2010). Age-related valence-based reversal in recruitment of medial prefrontal cortex on a visual search task. *Social Neuroscience, 5*(5-6), 560-576.

Lee, A., Richards, M., Chan, W. C., Chiu, H., Lee, R., & Lam, L . (2018). Association of daily intellectual activities with lower risk of incident dementia among older chinese adults. *JAMA Psychiatry, 75*(7), 697-703.

Lee, E. E., & Farran, C. J. (2004). Depression among Korean, Korean American, and Caucasian American family caregivers. *Journal of Transcultural Nursing, 15*(1), 18-25.

Lee, E. S., Yoo, K., Lee, Y. B., Chung, J., Lim, J. E., Yoon, B., & Jeong, Y. (2016). Default mode network functional connectivity in early and late mild cognitive impairment. *Alzheimer Disease & Associated Disorders, 30*(4), 289-296.

Lee, T. R., Mancini, J. A., & Maxwell, J. W. (1990). Sibling relationships in adulthood: Contact patterns and motivations. *Journal of Marriage and the Family, 52*(2), 431-440.

Lee, Y. S., Morrow-Howell, N., Jonson-Reid, M., & McCrary, S. (2012). The Effect of the Experience Corps® program on student reading outcomes. *Education and Urban Society, 44*(1), 97-118.

Lemieux, R., & Hale, J. L. (2002). Cross-sectional analysis of intimacy, passion, and commitment: Testing the assumptions of the triangular theory of love. *Psychological Reports, 90*(3), 1009-1014.

Leschak, C. J,, & Eisenberger, N. I. (2019). Two distinct immune pathways linking social relationships with health: Inflammatory and antiviral processes. *Psychosomatic Medicine, 81*(8), 711-719.

Levinson, D. J. (1978). *The Seasons of a Man's Life*. Ballantine Books.

Levy-Storms, L., Chen, L., & Loukaitou-Sideris, A. (2018). Older adults' needs and preferences for open space and physical activity in and near parks: A systematic review. *Journal of Aging and Physical Activity, 26*, 682-696.

Lewinsohn, P. M., Mu ñoz, R. F., Youngren, M. A., & Zeiss, A. M. (1992). *Control Your Depression*. New York: Touchstone.

Lewison, D. M., & Hawes, J. M. (2007). Student target marketing strategies for universities. *Journal of College Admission, 196*, 14-19.

Li, C., Ford, E. S., Strine, T. W., & Mokdad, A. H. (2008). Pre valence of depression among US adults with diabetes: Findings from the 2006 behavioral risk fa ctor surveillance system. *Diabetes Care, 31*(1), 105-107.

Libon, D., Bogdanoff, B., Bonavita, J., Skalina, S., Cloud, B., Resh, R., ... & Ball, S. (1997). Dementia associated with periventricular and deep white matter alterations: A subtype of subcortical dementia. *Archives of Clinical Neuropsychology, 12*(3), 239-250.

Lichstein, K. L., Stone, K. C., Nau, S. D., McCrae, C. S., & Payne, K. L. (2006). Insomnia in the elderly. *Sleep Medicine Clinics, 1*(2), 221-229.

Lin, K. H., & Lundquist, J. (2013). Mate selection in cyberspace: The intersection of race, gender, and education. *American Journal of Sociology, 119*(1), 183-215.

Lindenberger, U., Marsiske, M., & Baltes, P. B. (2000). Memorizing while working: Increase in dual-task costs from young adulthood to old age. *Psychology and Aging, 15*, 417-436.

Lindquist, K. A., Wager. T. D., Kober. H., Bliss-Moreau,

E., & Barrett, L. F. (2012). The brain basis of emotion: A meta-analytic review. *The Behavioral and Brain Sciences, 35*(3), 121-143.

Linley, P. A., & Joseph, S. (2004). Positive change following trauma and adversity: A review. *Journal of Traumatic Stress, 17*(1), 11-21.

Linn, M. W., & Hunter, K. (1979). Perception of age in the elderly. *Journal of Gerontology, 34*(1), 46-52.

Linnemann, C., & Lang, U. E. (2020). Pathways connecting late -life depression and dementia. *Frontiers in Pharmacology, 11*, 279.

Litwin, H., Stoeckel, K. J., & Schwartz, E. (2015). Social networks and mental health among older Europeans: are there age effects? *European Journal of Ageing, 12*(4), 299-309.

Liu, H. C., Wang, P. N., Wang, H. C., Lin, K. N., Hong, C. J., Liu, C. Y., & Tsai, P. H. (2007). Conversion to dementia from questionable dementia in an ethnic Chinese population. *Journal of Geriatric Psychiatry and Neurology, 20*(2), 76-83.

Liu, S., Hong, Z., Zhou, W., Fang, Y., & Zhang, L. (2021). Job-search self-efficacy and reemployment willingness among older adults: Roles of achievement motivation and age. *BMC Geriatrics, 21*, 683.

Liu, W., Miller, B. L., Kramer, J. H., Rankin, K., Wyss-Coray, C., Gearhart, R., ... & Rosen, H. J. (2004). Behavioral disorders in the frontal and temporal variants of frontotemporal dementia. *Neurology, 62*(5), 742-748.

Livingston, G., Huntley, J., Sommerlad, A., Ames, D., Ballard, C., Banerjee, S., ... & Mukadam, N. (2020). Dementia prevention, intervention, and care: 2020 Report of the lancet commission. *The Lancet, 396*(10248), 413-446.

Lobotesis, K., Fenwick, J., Phipps, A., Ryman, A., Swann, A., Ballard, C., ... & O'Brien, J. (2001). Occipital hypoperfusion on SPECT in dementia with Lewy bodies but not AD. *Neurology, 56*, 643-649.

Löckenhoff, C. E., & Carstensen, L. L. (2007). Aging, emotion, and health-related decision strategies: Motivational manipulations can reduce age differences. *Psychology and Aging, 22*(1), 134-146.

Logan, J. M., Sanders, A. L., Snyder, A. Z., Morris, J. C., & Buckner, R. L. (2002). Under-recruitment and nonselective recruitment: Dissociable neural mechanisms associated with aging. *Neuron, 33*, 827-840.

Long, N. M., Danoff, M. S., & Kahana, M. J. (2015). Recall dynamics reveal the retrieval of emotional context. *Psychonomic Bulletin & Review, 22*(5), 1328-1333.

Longino, Jr., C. F., & Kart, C. S. (1982). Explicating activity theory: A formal replication. *Journal of Gerontology, 37*(6), 713-722.

Loughrey, D. G., Kelly, M. E., Kelley, G. A., Brennan, S., & Lawlor, B. A. (2018). Association of age-related hearing loss with cognitive function, cognitive impairment, and dementia: A systematic review and meta-analysis. *JAMA Otolaryngology - Head & Neck Surgery, 144*(2), 115-126.

Lucas, R. E., Clark, A. E., Georgellis, Y., & Diener, E. (2003). Reexamining adaptation and the set point model of happiness: reactions to changes in marital status. *Journal of Personality and Social Psychology, 84*(3), 527-539.

Ludden, G., Cain, R., Mackrill, J., & Allen, F. (2018). Design for behaviour change for health and wellbeing. In K. Niedderer, S. Clune, & G. Ludden (Eds.), *Design for Behaviour Change*. Routledge.

Lund, D. A., & Caserta, M. S. (2004). Facing life alone: Loss of a significant other in later life. In D. Doda (Ed.), *Living with Grief: Loss in Later Life* (pp. 207-223). Hospice Foundation of America.

Lunenberg, F. C. (2011). Goal-setting theory of motivation. *International Journal of Management, Business, and Administration, 15*(1), 1-6.

Lupien, S. J., de Leon, M., de Santi, S., Convit, A., Tarshish, C., Nair, N. P. V., ... & Meaney, M. J. (1998). Cortisol levels during human aging predict hippocampal atrophy and memory deficits. *Nature Neuroscience, 1*(1), 69-73.

Lupien, S. J., McEwen, B. S., Gunnar, M. R., & Heim, C. (2009). Effects of stress throughout the lifespan on the brain, behaviour and cognition. *Nature Reviews Neuroscience, 10*(6), 434-445.

Luyckx, K., Soenens, B., Vansteenkiste, M., Goossens, L., & Berzonsky, M. D. (2007). Parental psychological control and dimensions of identity formation in emerging adulthood. *Journal of Family Psychology, 21*(3), 546-550.

Lyketsos, C. G., Steinberg, M., Tschanz, J. T., Norton, M. C., Steffens, D. C., & Breitner, J. C. (2000). Mental and behavioral disturbances in dementia: Findings from the cache county study on memory in aging. *American*

Journal of Psychiatry, 157(5), 708-714.

Ma, Q., Chan, A. H. S., & Teh, P. -L. (2020). Bridging the digital divide for older adults via observational training: Effects of model identity from a generational perspective. *Sustainability, 12*, 4555.

Ma, S. Y., Ciliax, B. J., Stebbins, G., Jaffar, S., Joyce, J. N., Cochran, E. J., ... & Mufson, E. J. (1999). Dopamine transporter-immunoreactive neurons decrease with age in the human substantia nigra. *Journal of Comparative Neurology, 409*(1), 25-37.

MacDonald, S. W., Nyberg, L., Sandblom, J., Fischer, H., & Bäckman, L. (2008). Increased response-time variability is associated with reduce d inferior parietal activation during episodic recognition in aging. *Journal of Cognitive Neuroscience, 20*(5), 779-786.

Macfarlane, J. W. (1939). The guidance study. *Sociometry, 2*(3), 1-23.

Machulda, M. M., Whitwell, J. L., Duffy, J. R., Strand, E. A., Dean, P. M., Senjem, M. L., ... & Josephs, K. A. (2013). Identification of an atypical variant of logopenic progressive aphasia. *Brain and Language, 127*(2), 139-144.

MacInnis, D. J., & Jaworski, B. J. (1989). Information processing from advertisements: Toward an integrative framework. *Journal of Marketing, 53*(4), 1-23.

Mackintosh, M. A., Gatz, M., Wetherell, J. L., & Pedersen, N. L. (2006). A twin study of lifetime Generalized Anxiety Disorder (GAD) in older adults: Genetic and environmental influences shared by neuroticism and GAD. *Twin Research and Human Genetics, 9*(1), 30-37.

Madden, D. J., Spaniol, J., Whiting, W. L., Bucur, B., Provenzale, J. M., Cabeza, R., & Huettel, S. A. (2007). Adult age differences in the functional neuroanatomy of visual attention: A combined fMRI and DTI study. *Neurobiology of Aging, 28*(3), 459-476.

Mahoney, C. T., Segal, D. L., & Coolidge, F. L. (2015). Anxiety sensitivity, experiential avoidance, and mindfulness among younger and older adults: Age differences in risk factors for anxiety symptoms. *The International Journal of Aging and Human Development, 81*(4), 217-240.

Manber, R., Edinger, J. D., Gress, J. L., Pedro-Salcedo, M. G. S., Kuo, T. F., & Kalista, T. (2008). Cognitive behavioral therapy for insomnia enhances depression o utcome in patients with comorbid major depressive disorder and insomnia. *Sleep, 31*(4), 489-495.

Mandelman, S. D., & Grigorenko, E. L. (2012). BDNF Val66Met and cognition: All, none, or some? A meta-analysis of the genetic association. *Genes, Brain and Behavior, 11*(2), 127-136.

Marner, L., Nyengaard, J. R., Tang, Y., & Pakkenberg, B. (2003). Marked loss of myelinated nerve fibers in the human brain with age. *Journal of Comparative Neurology, 462*(2), 144-152.

Martin, J. A. (2012). Births: Final data for 2010. National Vital Statistics Report. Centers for Disease Control and Prevention. Retrieved March 18, 2013, from www.cdc.gov/nchs/data/nvsr/nvsr61/nvsr61_01.pdf/#table01.

Martin, M., Kliegel, M, & McDaniel, M. A. (2003). The involvement of executive functions in prospective memory performance of adults. *International Journal of Psychology, 38*, 195-206.

Maslow, A. H. (1943). A theory of human motivation. *Psychological Review, 50*(4), 370-396.

Masunaga, H., & Horn, J. (2001). Expertise and age-related changes in components of intelligence. *Psychology and Aging, 16*, 293-311.

Matire, L. M., Stephens, M. A. P., Druley, J. A., & Wojno, W. C . (2002). Negative reactions to received spousal care: Predictors and consequences of miscarried support. *Health Psychology, 21*(2), 167-176.

Mattson, M. P. (2003). Will caloric restriction and folate protect against AD and PD? *Neurology, 60*(4), 690-695.

Mattson, M. P., Chan, S. L., & Duan, W. (2002). Modification of brain aging and neurode generative disorders by genes, diet, and behavior. *Physiological Reviews, 82*(3), 637-672.

Mazerolle, M., Régner, I., Morisset, P., Rigalleau, F., & Huguet, P. (2012). Stereotype threat strengthens automatic recall and undermines controlled processes in older adults. *Psychological Science, 23*, 723-727.

Mazure, C. M., Maciejewski, P. K., Jacobs, S. C., & Bruce, M. L. (2002). Stressful life events interacting with cognitive/personality styles to predict late-onset major depression. *The American Journal of Geriatric Psychiatry, 10*(3), 297-304.

McCarthy, P., Benuskova, L., & Franz, E. A. (2014). The age-related posterior-anterior shift as revealed by voxelwise analysis of functional brain networks. *Frontiers in Aging Neuroscience, 6*, 301.

McCrae, C. S., & Abrams, R. A. (2001). Age-related differences in object- and location- based inhibition of return of attention. *Psychology and Aging, 16*, 437-449.

McDowd, J., & Craik, F. I. M. (1988). Effects of aging and task difficulty on divided attention performance. *Journal of Experimental Psychology: Human Perception & Performance, 14*, 267-280.

McDowd, J., & Filion, D. L. (1992). Aging, selective attention and inhibitory processes: A psychophysiological approach. *Psychology and Aging, 7*, 65-71.

McGinnis, D., & Zelinski, E. M. (2000). Understanding unfamiliar words: The influence of processing resources, vocabulary knowledge and age. *Psychology and Aging, 15*, 335-50.

McIntyre, J. S., & Craik, F. I. M. (1987). Age differences in memory for item and source information. *Canadian Journal of Psychology, 41*, 175-192.

McKee, K. J., & Schüz, B. (2015). Psychosocial factors in healthy ageing. *Psychology & Health, 30*(6), 607-626.

McKeith, I., Dickson, D., Lowe, J., Emre, M., O'Brien, J., Feldman, H., ... & For the Consortium on DLB. (2005). Diagnosis and management of dementia with Lewy bodies: Third report of the DLB consortium. [Review]. *Neurology, 65*(12), 863-1872.

Menec, V. H. (2003). The relation between everyday activities a nd successful aging: A 6-year longitudinal study. *The Journals of Gerontology Series B: Psychological Sciences and Social Sciences, 58*(2), 74-82.

Mesulam, M. M. (1982). Slowly progressive aphasia without generalized dementia. *Annals of Neurology, 11*(6), 592-598.

Mevorach, C., Humphreys, G. W., & Shalev, L. (2006). Opposite biases in salience-based selection for the left and right posterior parietal cortex. *Nature Neuroscience, 9*(6), 740-742.

Meyer, B. J. F., Russo, C., & Talbot, A. (1995). Diverse comprehension and problem solving: Decisions about the treatment of breast cancer by women across the life span. *Psychology and Aging, 10*, 84-103.

Meyer, S., Grob, A., & Gerber, M. (2021). No fun, no gain: The stress-buffering effect of physical activity on life satisfaction depends on adolescents' intrinsic motivation. *Psychology of Sport and Exercise, 56*, 102004.

Mikulincer, M., & Shaver, P. R. (2008). Adult attachment and affect regulation. In J. Cassidy & P. R. Shaver (Eds.), *Handbook of Attachment: Theory, Research, and Clinical Applications* (pp. 503-531). The Guilford Press.

Mikulincer, M., & Shaver, P. R. (2009). An attachment and behavioral systems perspective on social support. *Journal of Social and Personal Relationships, 26*(1), 7-19.

Milham, M. P., Erickson, K. I., Banich, M. T., Kramer, A. F., Webb, A., Wszalek, T., & Cohen, N. J. (2002). Attentional control in the aging brain: Insights from an fMRI study of the stroop task. *Brain and Cognition, 49*(3), 277-296.

Miller, B. L., Diehl, J., Freedman, M., Kertesz, A., Mendez, M., & Rascovsky, K. (2003). International approaches to frontotemporal dementia diagnosis: From social cognition to neuropsychology. *Annals of Neurology, 54*(Suppl 5), S7-S10.

Mitchell, B. A., & Lovegreen, L. D. (2009). The empty nest synd rome in midlife families: A multi method exploration of parental gender differences and cultural dynamics. *Journal of Family Issues, 30*(12), 1651-1670.

Mitchell, K. J., Johnson, M. R., Higgins, J. A., & Johnson, M. K. (2010). Age differences in brain activity during perceptual vs reflective attention. *Neuroreport, 21*(4), 293.

Molano, J., Boeve, B., Ferman, T., Smith, G., Parisi, J., Dickson, D., ... & Petersen, R. (2010). Mild cognitive impairment associated with limbic and neocortical Lewy body disease: A clinicopathological study. *Brain: A Journal of Neurology, 133*(Pt 2), 540-556.

Monsch, A. U., Bondi, M. W., Butters, N., Salmon, D. P., Katzman, R., & Thal, L. J. (1992). Comparisons of verbal fluency tasks in the detection of dementia of the Alzheimer type. *Archives of Neurology, 49*(12), 1253-1258.

Montepare, J. M., & Lachman, M. E. (1989). "You're only as old as you feel": Self-perceptions of age, fears of aging, and life satisfaction from adolescence to old age. *Psychology and Aging, 4*(1), 73-78.

Moore, A., & Stratton, D. C. (2002). *Resilient widowers*. Springer.

Morcom, A. M., Li, J., & Rugg, M. D. (2007). Age effects on the neural correlates of episodic retrieval: Increased cortical recruitment with matched performance. *Cerebral Cortex, 17*(11), 2491-2506.

Mori, E., Shimomura, T., Fujimori, M., Hirono, N.,

Imamura, T., Hashimoto, M., ... & Hanihara, T. (2000). Visuoperceptual impairment in dementia with Lewy bodies. *Archives of Neurology, 57*(4), 489–493.

Morrison, M., & Roese, N. J. (2011). Regrets of the typical American: Findings from a nationally representative sample. *Social Psychological & Personality Science, 2*(6), 576–583.

Mortimer, J. A., Ding, D., Borenstein, A. R., DeCarli, C., Guo, Q., Wu, Y., ... & Chu, S. (2012). Changes in brain volume and cognition in a randomized trial of exercise and social interaction in a community-based sample of non-demented Chinese elders. *Journal of Alzheimer's Disease, 30*(4), 757–766.

Mosimann, U., Mather, G., Wesnes, K., O'Brien, J., Burn, D., & McKeith, I. (2004). Visual perception in Parkinson disease dementia and dementia with Lewy bodies. *Neurology, 63*(11), 2091–2096.

Murty, V. P., Sambataro, F., Das, S., Tan, H. Y., Callicott. J. H., Goldberg. T. E.. ... & Mattay, V. S. (2009). Age-related alterations in simple declarative memory and the effect of negative stimulus valence. *Journal of Cognitive Neuroscience, 21*(10), 1920–1933.

National Academies of Sciences, Engineering, and Medicine. (2017). *Preventing Cognitive Decline and Dementia: A Way Forward*. The National Academies Press.

Nau, S. D., McCrae, C. S., Cook, K. G., & Lichstein, K. L. (2005). Treatment of insomnia in older adults. *Clinical Psychology Review, 25*(5), 645–672.

Nelson, L. J., Padilla-Walker, L. M., Christensen, K. J., Evans, C. A., & Carroll, J. S. (2011). Parenting in emerging adulthood: An examination of parenting clusters and correlates. *Journal of Youth and Adolescence, 40*(6), 730–743.

Neugarten, B. L. (1974). Age groups in American society and the rise of the young-old. *The Annals of the American Academy of Political and Social Science, 415*(1), 187–198.

Neugarten, B. L. (1975). The future and the young-old. *The Gerontologist, 15*(1), 4–9.

Neugarten, B. L. (1996). *The Meanings of Age: Selected Papers*. University of Chicago Press.

Newmann, J. P. (1989). Aging and depression. *Psychology and Aging, 4*(2), 150–165.

Newsom, J. T., Nishishiba, M., Morgan, D. L., & Rook, K. S. (2003). The relative importance of three domains of positive and negative social exchanges: a longitudinal model with comparable measures. *Psychology and Aging, 18*(4), 746–754.

Newsom, J. T., Rook, K. S., Nishishiba, M., Sorkin, D. H., & Mahan, T. L. (2005). Understanding the relative importance of positive and negative social exchanges: Examining specific domains and appraisals. *The Journals of Gerontology Series B: Psychological Sciences and Social Sciences, 60*(6), 304–312.

Nolen-Hoeksema, S., & Ahrens, C. (2002). Age differences and similarities in the correlates of depressive symptoms. *Psychology and Aging, 17*(1), 116–124.

Noon, R. B., & Ayalon, L. (2018). Older adults in public open spaces: Age and gender segregation. *The Gerontologist, 58*(1), 149–158.

Norman, D. (2016). 디자인과 인간심리(*Design of everyday things*). (박창호 역). 서울: 학지사.

NSTC (2019). *Emerging Technologies to Support an Aging Population: A Report by the Task Force on Research and Development for Technology to Support Aging Adults*. National Science and Technology Council.

Nyberg, L., & Pudas, S. (2019). Successful memory aging. *Annual Review of Psychology, 70*, 219–243.

O'Connor, B. P. (1995). Family and friend relationships among older and younger adults: Interaction motivation, mood, and quality. *The International Journal of Aging and Human Development, 40*(1), 9–29.

O'Guinn, T., Allen, C., Semenik, R. J., & Scheinbaum, A. C. (2012). *Advertising and Integrated Brand Promotion*. Cengage Learning.

Ogawa, S., Lee, T. M., Kay, A. R., & Tank, D. W. (1990). Brain magnetic resonance imaging with contrast dependent on blood oxygenation. *Proceedings of the National Academy of Sciences 87*(24), 9868–9872.

Oh, A. R., & Yi, E. S. (2017). A study on the effects of exercise motivation of the elderly people on euphoria. *Journal of Exercise Rehabilitation, 13*(4), 387–392.

Olatunji, B. O., & Wolitzky-Taylor, K. B. (2009). Anxiety sensitivity and the anxiety disorders: A meta-analytic review and synthesis. *Psychological Bulletin, 135*(6), 974–999.

Old, S. R., & Nave-Benjamin, M. (2008). Age-related changes in memory: Experimental approaches. In S. Hofer & D. Alwin (Eds.), *Handbook of Cognitive Aging:*

Interdisciplinary Perspectives. Sage Publications.

Olin, J. T., Schneider, L. S., Katz, I. R., Meyers, B. S., Alexopoulos, G. S., Breitner, J. C., ... & Krishnan, K. R. R. (2002). Provisional diagnostic criteria for depression of Alzheimer disease. *The American Journal of Geriatric Psychiatry, 10*(2), 125-128.

Onoda, K., Ishihara, M., & Yamaguchi, S. (2012). Decreased functional connectivity by aging is associated with cognitive decline. *Journal of Cognitive Neuroscience, 24*(11), 2186-2198.

Orbelo, D. M., Testa, J. A., & Ross, E. D. (2003). Age-related impairments in comprehending affective prosody with comparison to brain-damaged subjects. *Journal of Geriatric Psychiatry and Neurology, 16*(1), 44-52.

Ory, M., Hoffman, M., Hawkins, M., Sanner, B., & Mockenhaupt. R. (2003). Challenging Aging Stereotypes: Strategies for Creating a More Active Society. *American Journal of Preventive Medicine, 25*(3), 164-671.

Otsuka, M., Yamaguchi, K., & Ueki, A. (2002). Similarities and differences between Alzheimer's disease and vascular dementia from the viewpoint of nutrition. *Annals of the New York Academy of Sciences, 977*(1) , 155-161.

Pachana, N. A., Boone, K. B., Miller, B. L., Cummings, J. L., & Berman, N. (1996). Comparison of neuropsychological functioning in Alzheimer's disease and frontotemporal dementia. *Journal of the International Neuropsychological Society, 2*(6), 505-510.

Paradiso, S., Vaidya, J., Tranel, D., Kosier, T., & Robinson, R. G. (2008). Nondysphoric depression following stroke. *The Journal of Neuropsychiatry and Clinical Neurosciences, 20*(1), 52-61.

Parisi, J. M., Stine -Morrow, E. A., Noh, S. R., & Morrow, D. G. (2009). Predispositi onal engagement, activity engagement, and cognition among older adults. *Neuropsychology, Development, and Cognition. Section B, Aging, Neuropsychology and Cognition, 16*(4), 485-504.

Park, D. C., Lautenschlager, G., Hedden, T., Davidson, N. S., Smith, A. S., & Smith, P. K. (2002). Models of visuospatial and verbal memory across the adult life span. *Psychology and Aging, 17*, 299-320.

Park, J. H., & Kim, K. W. (2011). A review of the epidemiology of depression in Korea. *Journal of the Korean Medical Association/Taehan Uisa Hyophoe Chi, 54*(4), 362-369.

Parrella, N., & Vormittag, K. (2017). Health promotion and wellness. In A. A., Paulman & L. S. Nasir (Eds.), *Family Medicine* (pp. 99-111). Springer.

Paskavitz, J. F., Sweet, L. H., Wellen, J., Helmer, K. G., Rao, S. M., & Cohen, R. A (2010). Recruitment and stabilization of brain activation within a working memory task; an FMRI study. *Brain Imaging and Behavior, 4*(1), 5-21.

Pasupathi, M., & Carstensen, L. L. (2003). Age and emotional experience during mutual reminiscing. *Psychology and Aging, 18*(3), 430-442.

Patock-Peckam, J. A., & Morgan-Lopez, A. A. (2009). Mediational links among parenting styles, perceptions of parental confidence, self-esteem, and depression on alcohol-related problems in emerging adulthood. *Journal of Studies on Alcohol and Drugs, 70*(2), 215-226.

Payette, M. C., Belanger, C., Léveillé, V., & Grenier, S. (2016). Fall-related psychological concerns and anxiety among community-dwelling older adults: Systematic review and meta-analysis. *PLoS One, 11*(4), e0152848.

Pearson, J. C. (1996). Forty-forever years? Primary relationships and senior citizens, In N. Vanzetti & S. Duck (Eds.), *A Lifetime of Relationships* (pp. 383-405). Brooks/Cole.

Pedder, D. J., Terrett, G., Bailey, P. E., Henry, J. D., Ruffman, T., & Rendell, P. G. (2016). Reduced facial reactivity as a contributor to preserved emotion regulation in older adults. *Psychology and Aging, 31*(1), 114-125.

Perlis, M. L., Smith, L. J., Lyness, J. M., Matteson, S. R., Pigeon, W. R., Jungquist, C. R., & Tu, X. (2006). Insomnia as a risk factor for onset of depression in the elderly. *Behavioral Sleep Medicine, 4*(2), 104-113.

Perlmutter, M., & Nyquist, L. (1990). Relationships between self-reported physical and mental health and intelligence performance across adulthood. *Journal of Gerontology, 45*, 145-155.

Peskin, H. (1998). Uses of the past in adult psychological health. In J, Lomranz (Ed.), *Handbook of Aging and Mental Health* (pp. 297-318). Springer.

Peskin, H., & Livson, N. (1981). Uses of the past in adult psychological health. In D. Eichorn, J. Clausen, N. Haan, M. Honzik, &P. Mussen (Eds.), *Present and Past in Middle Life* (pp. 153-181). Academic Press.

Peters, A., Morrison, J. H., Rosene, D. L., & Hyman, B. T. (199 8). Are neurons lost from the primate cerebral cortex during normal aging? *Cerebral Cortex, 8*(4), 295-300.

Peters, R. (2006). Ageing and the brain. *Postgraduate Medical Journal, 82*(964), 84-88.

Peters, R., Ee, N., Peters, J., Booth, A., Mudway, I., & Anstey, K. J. (2019). Air pollution and dementia: A systematic review. *Journal of Alzheimer's Disease, 70*(s1), S145-S163.

Pew Research Center. (2013a). Love and marriage. Retrieved from www.pewresearch.org/social-trends/2013/02/13/love-and-marriage/

Phan, K. L., Wager, T. D., Taylor, S. F., & Liberzon, I. (2004). Functional neuroimaging studies of human emotions. *CNS Spectrums, 9*(4), 258-266.

Phan, K. L., Wager, T. D., Taylor, S. F., & Liberzon, I. (2002). Functional neuroanatomy of emotion: A meta-analysis of emotion activation studies in PET and fMRI. *NeuroImage, 16*(2), 331-348.

Phelan, K. M. (2005). *Generativity and Psychological Well-being in Middle-age Adults*. University of South California.

Phillips, L. H., & Allen, R. (2004). Adult aging and the perceived intensity of emotions in faces and stories. *Aging Clinical and Experimental Research, 16*(3), 190-199.

Pillemer, K., & Suitor, J. J. (2013). Who provides care? A prospective study of caregiving among adult siblings. *Gerontologist, 54*(4), 589-598.

Pinquart, M., & Sörensen, S. (2001). Gender differences in self-concept and psychological wellbeing in old age: A meta-analysis. *The Journals of Gerontology Series B: Psychological Sciences and Social Sciences, 56*(4), 195-213.

Pinquart, M., Duberstein, P. R., & Lyness, J. M. (2006). Treatments for later-life depressive conditions: A meta-analytic comparison of pharmacotherapy and psychotherapy. *American Journal of Psychiatry, 163*(9), 1493-1501.

Pirkis, J., Pfaff, J., Williamson, M., Tyson, O., Stocks, N., Goldney, R., ... & Almeida, O. P. (2009). The community prevalence of depression in older Australians. *Journal of Affective Disorders, 115*(1-2), 54-61.

Pitkala, K. H., Routasalo, P., Kautiainen, H., Sintonen, H., & Tilvis, R. S. (2011). Effects of socially stimulating group intervention on lonely, older people's cognition: A randomized, controlled trial. *The American Journal of Geriatric Psychiatry, 19*(7), 654-663.

Porges, S. W. (2007). The polyvagal perspective. *Biological Psychology, 74,* 116-143.

Porowski, A., de Mars, M., Kahn-Boesel, E., & Rodriguez, D. B. (2019). *Experience Corps Socialemotional Learning Pilot Evaluation*. Rockville, MD: Abt Associates.

Porter, V. R., Buxton, W. G., Fairbanks, L. A., Strickland, T., O'Connor, S. M., Rosenberg-Thompson, S., & Cummings, J. L. (2003). Frequency and characteristics of anxiety among patients with Alzheimer's disease and related dementias. *The Journal of Neuropsychiatry and Clinical Neurosciences, 15*(2), 180-186.

Powers, C. B., Wisocki, P. A., & Whitbourne, S. K. (1992). Age differences and correlates of worrying in young and elderly adults. *The Gerontologist, 32*(1), 82-88.

Preibisch, C., Bührer, M., & Riedl, V. (2015). Evaluation of multiband EPI acquisitions for resting state fMRI. *PloS One, 10*(9), e0136961.

Price, C., Jefferson, A., Merino, J., Heilman, K., & Libon, D. (2005). Subcortical vascular dementia: Integrating neuropsychological and neuroradiologic data. *Neurology, 65*(3), 376-382.

Priyadarshi, A., Khuder, S. A., Schaub, E. A., & Shrivastava, S. (2000). A meta-analysis of Parkinson's disease and exposure to pesticides. *Neurotoxicology, 21*(4), 435-440.

Rabbitt, P. (1982). How do the old know what to do next? In F. I. M. Craik & S. Trehub (Eds.), *Aging and Cognitive Process*. Plenum.

Rabbitt, P., Osman, P., Moore, B., & Stollery, B. (2001). There are stable individual differences in performance variability, both from moment to moment and from day to day. *The Quarterly Journal of Experimental Psychology Section A, 54*, 981-1003.

Raichle, M. E. (2015). The brain's default mode network. *Annual Review of Neuroscience, 38*, 433-447.

Rascovsky, K., Salmon, D., Hansen, L., Thal, L., & Galasko, D.(2007). Disparate letter and semantic category fluency deficits in autopsy-confirmed frontotemporal dementia and Alzheimer's disease. *Neuropsychology, 21*(1), 20-30.

Ratcliff, K. S., & Bogdan, J. (1988). Unemployed women:

When "social support" is not supportive. *Social Problems, 35*(1), 54-63.

Ratcliff, R., Gomez, P., & McKoon, G. (2004). A diffusion model account of the lexical decision task. *Psychological Review, 111*, 159-182.

Raz, N. (2000). Aging of the brain and its impact on cognitive performance: Integration of structural and functional findings. In F. I. M. Craik., & T. A. Salthouse (Eds.), *Handbook of Aging and Cognition II* (pp. 1-90). Mahwah, NJ: Erlbaum.

Raz, N. (2005). The Aging Brain Observed in Vivo: Differential changes and their modifiers. In R. Cabeza, L. Nyberg, & D. Park (Eds.), *Cognitive Neuroscience of Aging: Linking Cognitive and Cerebral Aging* (pp. 19-57). Oxford University Press.

Raz, N., Gunning-Dixon, F., Head, D., Rodrigue, K. M., Williamson, A., & Acker, J. D. (2004). Aging, sexual dimorphism, and hemispheric asymmetry of the cerebral cortex: Replicability of regional differences in volume. *Neurobiology of Aging, 25*(3), 377-396.

Raz, N., Lindenberger, U., Rodrigue, K. M., Kennedy, K. M., Hea d, D., Williamson, A., ... & Acker, J. D. (2005). Regional brain changes in aging healthy adults: G eneral trends, individual differences and modifiers. *Cerebral Cortex, 15*(11), 1676-1689.

Razani, J., Boone, K. B., Miller, B. L., Lee, A., & Sherman, D. (2001). Neuropsychological performance of right-and left-frontotemporal dementia compared to Alzheimer's disease. *Journal of the International Neuropsychological Society, 7*(4), 468-480.

Rebok, G. W., Ball, K., Guey, L. T., Jones, R. N., Kim, H. Y., King, J. W., ... & ACTIVE Study Group. (2014). Ten-year effects of the advanced cognitive training for independent and vital elderly cognitive training trial on cognition and everyday functioning in older adults. *Journal of the American Geriatrics Society, 62*(1), 16-24.

Redelmeier, D. A., Manzoor, F., & Thiruchelvam, D. (2019). Association between statin use and risk of dementia after a concussion. *JAMA Neurology, 76*(8), 887-896.

Reding, M., Haycox, J., & Blass, J. (1985). Depression in patients referred to a dementia clinic: A three-year prospective study. *Archives of Neurology, 42*(9), 894-896.

Reed, A. E., Chan, L., & Mikels, J. A. (2014). Meta-analysis of the age-related positivity effect: Age differences in preferences for positive over negative information. *Psychology and Aging, 29*(1), 1-15.

Reed, B., Mungas, D., Kramer, J., Betz, B., Ellis, W., Vinters, H., ... & Chui, H. (2004). Clinical and neuropsychological features in autopsy-defined vascular dementia. *The Clinical Neuropsychologist, 18*(1), 63-74.

Reed, B., Mungas, D., Kramer, J., Ellis, W., Vinters, H., Zarow , C., ... & Chui, H. (2007). Profiles of neuropsychological impairment in autopsy-defined Alzheimer's disease and cerebrovascular disease. *Brain, 130*(Pt 3), 731-739.

Reed, R. G., Combs, H. L., & Segerstrom, S. C. (2020). The structure of self-regulation and its psychological and physical health correlates in older adults. *Collabra: Psychology, 6*(1), 23.

Reeve, J. (2018). *Understanding Motivation and Emotion*. Hoboken, N. J.: Wiley.

Rehm, J., Hasan, O. S. M., Black, S. E., Shield, K. D., & Schwarzinger, M. (2019). Alcohol use and dementia: A systematic scoping review. *Alzheimer's Research & Therapy, 11*(1), 1.

Reitzes, D. C., & Mutran, E. J. (2002). Self-concept as the organization of roles: Importance, centrality, and balance. *The Sociological Quarterly, 43*(4), 647-667.

Reuter-Lorenz, P. A., Jonides, J., Smith, E. E., Hartley, A., Miller, A., Marshuetz, C., & Koeppe, R. A. (2000). Age differences in the frontal lateralization of verbal and spatial working memory revealed by PET. *Journal of Cognitive Neuroscience, 12*(1), 174-187.

Richards, E., Bennett, P. J., & Sekuler, A. B. (2006). Age related differences in learning with the useful field of view. *Vision Research, 46*(25), 4217-4231.

Richards, J. M., & Gross, J. J. (2000). Emotion regulation and memory: The cognitive costs of keeping one's cool. *Journal of Personality and Social Psychology, 79*(3), 410.

Richards, M., & Deary, I. J. (2005). A life course approach to cognitive reserve: A model for cognitive aging and development? *Annals of Neurology: Official Journal of the American Neurological Association and the Child Neurology Society, 58*(4), 617-622.

Riedel, B. C., Thompson, P. M., & Brinton, R. D. (20161. Age, A POE and sex: Triad of risk of Alzheimer's disease. *The Journal of Steroid Biochemistry and Molecular Biology, 160*, 134-147.

Rietkerk, W., Uittenbroek, R. J., Gerritsen, D. L., Slaets, J. P. J., Zuidema, S. U., & Wynia, K. (2021). Goal planning in person-centred care supports older adults receiving case management to attain their health-related goals. *Disability and Rehabilitation, 43*(12), 1682-1691.

Ris, I., Schnepp, W., & Mahrer Imhof, R. M. (2019). An integrative review on family caregivers' involvement in care of home dwelling elderly. *Health & Social Care in the Community, 27*(3), e95-e111.

Ritchie, K., Artero, S., Beluche, I., Ancelin, M. L., Mann, A., Dupuy, A. M., ... & Boulenger, J. P. (2004). Prevalence of DSM-IV psychiatric disorder in the French elderly population. *The British Journal of Psychiatry, 184*(2), 147-152.

Roberto, K. A., & Jarrott, S. E. (2008). Family caregivers of older adults: A life span perspective. *Family Relations, 57*(1), 100-111.

Rogers, W. A. (2000). Attention and aging. In D. C. Park & N. Schwarz (Eds.), *Cognitive Aging: A Primer* (pp. 57-74). Taylor and Francis.

Rohrer, J. D., Warren, J. D., Fox, N. C., & Rossor, M. N. (2013). Presymptomatic studies in genetic frontotemporal dementia. *Revue Neurologique(Paris), 169*(10), 820-824.

Rönnlund, M., Nyberg, L., Bäckman, L., & Nilsson, L. -G. (2005). Stability, growth, and decline in adult life span development of declarative memory: Cross-sectional and longitudinal data from a population-based study. *Psychology and Aging, 20*, 3-18.

Rook, K. S. (1990). Parallels in the study of social support and social strain. *Journal of Social and Clinical Psychology, 9*(1), 118-132.

Rook, K. S., Luong, G., Sorkin, D. H., Newsom, J. T., & Krause, N. (2012). Ambivalent versus problematic socialties: implications for psychological health, functional health, and interpersonal coping. *Psychology and Aging, 27*(4), 912-923.

Rosenthal, B., Cardoso, F., & Abdalla, C. (2021). (Mis) Representations of older consumers in advertising: Stigma and inadequacy in ageing societies. *Journal of Marketing Management, 37*(5-6), 569-593.

Rossi, A. S. (2004). The menopausal transition and aging processes. In O. G. Brim, C. D. Ryff, & R. C. Kessler (Eds.), *How Health Are We? A National Study of Well-being in Midlife* (pp. 153-201). University of Chicago Press.

Roth, D. L., Dilworth-Anderson, P., Huang, J., Gross, A. L., & Gitlin, L. N. (2015). Positive aspects of family caregiving for dementia: Differential item functioning by race. *Journals of Gerontology Series B: Psychological Sciences and Social Sciences, 70*(6), 813-819.

Rotter J. B. (1966). Generalized expectancies for internal vs. external control of reinforcement. *Psychological Monographs, 80*, 1-28.

Routasalo, P. E., Tilvis, R. S., Kautiainen, H., & Pitkala, K. H. (2009). Effects of psychosocial group rehabilitation on social functioning, loneliness and well-being of lonely, older people: Randomized controlled trial. *Journal of Advanced Nursing, 65*(2), 297-305.

Rowe, G., Hirsh, J. B., & Anderson, A. K. (2007). Positive affect increases the breadth of attentional selection. *Proceedings of the National Academy of Sciences, 104*(1), 383-388.

Rowe, J. W., & Kahn, R. (1998). *Successful Aging*. New York: Dell Pub.

Rowe, J. W., & Kahn, R. L. (1997). Successful aging. *Gerontologist, 37*, 433-440.

Ruffman. T., Henry. J. D., Livingstone. V., & Phillips. L. H. (2008). A meta-analytic review of emotion recognition and aging: Implications for neuropsychological models of aging. *Neuroscience & Biobehavioral Reviews, 32*(4), 863-881.

Ruitenberg, A., van Swieten, J. C., Witteman, J. C., Mehta, K. M., van Duijn, C. M., Hofman, A., & Breteler, M. M. (2002). Alcohol consumption and risk of dementia: The Rotterdam study. *The Lancet, 359*(9303), 281-286.

Russac, R. J., Gatliff, C., Reece, M., & Spottswood, D. (2007). Death anxiety across the adult years: An examination of age and gender effects. *Death Studies, 31*(6), 549-561.

Russell, J. A. (1980). A circumplex model of affect. *Journal of Personality and Social Psychology, 39*(6), 1161-1178.

Russell, J. A. (2003). Core affect and the psychological construction of emotion. *Psychological Review, 110*(1), 145-172.

Russell, J. A., Weiss, A., & Mendelsohn, G. A. (1989). Affect grid: A single-item scale of pleasure and arousal. *Journal of Personality and Social Psychology, 57*(3), 493-502.

Rutz, W., Knorring, L. V., & Wålinder, J. (1992). Long

term effects of an educational program for general practitioners given by the Swedish committee for the prevention and treatment of depression. *Acta Psychiatrica Scandinavica, 85*(1), 83-88.

Ryan, R. M., & Deci, E. L. (2000). Self-determination theory and the facilitation of intrinsic motivation, social development, and well-being. *American Psychologist, 55*(1), 68-78.

Ryan, R. M., & Deci, E. L. (2002). Overview of self-determination theory: An organismic dialectical perspective. In E. L. Deci & R. M. Pyan (Eds.), *Handbook of Self-determination Research* (pp. 3-33). University of Rochester Press.

Ryff, C. D. (1989). Happiness is everything, or is it?: Explorations on themeaning of psychological well-being. *Journal of Personality and Social Psychology, 57*, 1069-1081.

Rypma, B., Eldreth, D. A., & Rebbechi, D. (2007). Age-related differences in activationperformance relations in delayed-response tasks: A multiple component analysis. *Cortex, 43*(1), 65-76.

Sadler, P., Ethier, N., & Woody, E. (2011). Interpersonal compl ementarity. In M. Horowitz & S. Strack (Eds.), *Handbook of Interpersonal Psychology: Theory, Research, Assessment, and Therapeutic Interventions* (pp. 123-142). John Wiley & Sons.

Sala-Llonch, R., Bartrés-Faz, D., & Junqué, C. (2015). Reorganization of brain networks in aging: A review of functional connectivity studies. *Frontiers in Psychology, 6*, 663.

Salami, A., Eriksson, J., & Nyberg, L. (2012). Opposing effects of aging on large-scale brain systems for memory encoding and cognitive control. *Journal of Neuroscience, 32*(31), 10749-10757.

Salami, A., Pudas, S., & Nyberg, L. (2014). Elevated hippocampal resting-state connectivity underlies deficient neurocognitive function in aging. *Proceedings of the National Academy of Sciences, 111*(49), 17654-17659.

Salmon, D., & Filoteo, J. (2007). Neuropsychology of cortical vs. subcortical dementia. *Seminars in Neurology, 27*, 7-21.

Salthouse, T. A. (1984). Effects of age and skill in typing. *Journal of Experimental Paychology: General, 113*, 345-371.

Salthouse, T. A. (1996). The processing-speed theory of adult age differences in cognition. *Psychological Review, 103*(3), 403-428.

Salthouse, T. A. (2008). When does age-related cognitive decline begin? *Neurobiology of Aging, 30*, 507-514.

Salthouse, T. A., & Babcock, R. L. (1991). Decomposing adult age differences in working memory. *Developmental Psychology, 27*, 763-776.

Salthouse, T. A., Berish, D. E., & Miles, J. D. (2002). The role of cognitive stimulation on the relations between age and cognitive functioning. *Psychology and Aging, 17*(4), 548-557.

Sammler, D.,, Grigutsch, M., Fritz, T., & Koelsch, S. (2007). Music and emotion: Electrophysiological correlates of the processing of pleasant and unpleasant music. *Psychophysiology, 44*(2), 293-304.

Sarabia-Cobo, C. M., Garcia-Rodriguez, B., Navas. M. J., & Ellgring. H. (2015). Emotional processing in patients with mild cognitive impairment: the influence of the valence and intensity of emotional stimuli: The valence and intensity of emotional stimuli influence emotional processing in patients with mild cognitive impairment. *Journal of the Neurological Sciences, 357*(1-2), 222-228.

Savoy, R. L. (2012). Evolution and current challenges in the teaching of functional MRI and functional brain imaging. *NeuroImage, 62*(2), 1201-1207.

Schaie, K. W. (1989). Perceptual speed in adulthood: Cross-sectional studies and longitudinal studies. *Psychology and Aging, 4*, 443-453.

Schaie, K. W. (1994). The course of adult intellectual development. *American Psychologist, 49*, 304-313.

Schaie, K. W. (2005). What can we learn from longitudinal studies of adult intellectual development? *Research in Human Development, 2*, 133-158.

Schaub, R. T., & Linden, M. (2000). Anxiety and anxiety disorders in the old and very old-Results from the Berlin Aging Study (BASE). *Comprehensive Psychiatry, 41*(2), 48-54.

Scheibe, S., & Blanchard-Fields, F. (2009). Effects of regulating emotions on cognitive performance: What is costly for young adults is not so costly for older adults. *Psychology and Aging, 24*(1), 217-223.

Schlossberg, N. K. (1981). A model for analyzing human adaptation to transition. *The Counseling Psychologist, 9*(2), 2-18.

Schoevers, R. A., Beekman, A. T. F., Deeg, D. J. H., Jonker, C., & Tilburg, W. V. (2003). Comorbidity and risk patterns of depression, generalised anxiety disorder and mixed anxiety depression in later life: Results from the AMSTEL study. *International Journal of Geriatric Psychiatry, 18*(11), 994-1001.

Schretlen, D., Pearlson, G. D., Anthony, J. C., Aylward, E. H., Augustine, A. M., Davis, A., & Barta, P. (2000). Elucidating the contributions of processing speed, executive ability, and frontal lobe volume to normal age-related differences in fluid intelligence. *Journal of the International Neuropsychological Society, 6*(1), 52-61.

Schuurmans, J., Comijs, H., Emmelkamp, P. M., Gundy, C. M., Weijnen, I., van Den Hout, M., & van Dyck, R. (2006). A randomized, controlled trial of the effectiveness of cognitive behavioral therapy and sertraline versus a waitlist control group for anxiety disorders in older adults. *The American Journal of Geriatric Psychiatry, 14*(3), 255-263.

Schwarzinger, M., Pollock, B. G., Hasan, O. S. M., Dufouil, C., Rehm, J., & Oaly Days Study Group (2018). Contribution of alcohol use disorders to the burden of dementia in France 2008-13: A nationwide retrospective cohort study. *The Lancet. Public Health, 3*(3), e124-el32.

Schweitzer, I., Tuckwell, V., O'Brien, J., & Ames, D. (2002). Is late onset depression a prodrome to dementia? *International Journal of Geriatric Psychiatry, 17*(11), 997-1005.

Sciencetimes. (2019. 3. 25.). 과학기술로 노인문제 해결하라. https://www.sciencetimes.co.kr

Scogin, F. (2008). 노인상담의 첫걸음(*The first session with seniors: A step-by-step guide*). (김영경 역). 서울: 시그마프레스.

Scogin, F., Welsh, D., Hanson, A., Stump, J., & Coates, A. (2005). Evidence-based psychotherapies for depression in older adults. *Clinical Psychology: Science and Practice, 12*(3), 222-237.

Scott, G. G., O'Donnell, P. J., & Sereno, S. C. (2012). Emotion words affect eye fixations during reading. *Journal of Experimental Psychology: Learning, Memory, and Cognition, 38*(3), 783.

Scullin, M. K., & Bliwise, D. L. (2015). Sleep, cognition, and normal aging: Integrating a half century of multidisciplinary research. *Perspectives on psychological science: A Journal of the Association for Psychological Science, 10*(1), 97-137.

Seeman, T. E., Lusignolo, T. M., Albert, M., & Berkman, L. (2001). Social relationships, social support, and patterns of cognitive aging in healthy, high-functioning older adults: MacArthur studies of successful aging. *Health Psychology, 20*(4), 243-255.

Seeman, T. E., Miller-Martinez, D. M., Stein Merkin, S., Lachman, M. E., Tun, P. A., & Karlamangla, A. S. (2011). Histories of social engagement and adult cognition: Midlife in the U. S. study. *The Journals of Gerontology Series B Psychological Sciences and Social Sciences, 66*(Suppl 1), i141-152.

Seligman, M. E. P. (2011). *Flourish: A Visionary New Understanding of Happiness and Well-being.* Free Press.

Sen, A., Isaacowitz, D., & Schirmer, A. (2018). Age differences in vocal emotion perception: On the role of speaker age and listener sex. *Cognition and Emotion, 32*(6), 1189-1204.

Sharma, K., Castellini, C., van den Broek, E. L., Albu-Schaeffer, A., & Schwenker, F. (2019). A dataset of continuous affect annotations and physiological signals for emotion analysis. *Scientific Data, 6*(1), 1-13.

Sheehy, G. (1976). *Passages.* Dutton.

Sheehy, G. (2006). *Sex and the Seasoned Woman: Pursuing the Passionate Life.* Random House.

Sheikh, J. I., Swales, P. J., Carlson, E. B., & Lindley, S. E. (2004). Aging and panic disorder: Phenomenology, comorbidity, and risk factors. *The American Journal of Geriatric Psychiatry, 12*(1), 102-109.

Sherman, A. M., de Vries, B., & Lansford, J. E. (2000). Friendship in childhood and adulthood: Lessons across the life span. *The International Journal of Aging and Human Development, 51*(1), 31-51.

Shi, L., Chen, S. J., Ma, M. Y, Bao, Y. P., Han, Y., Wang, Y. M., ... & Lu, L. (2018). Sleep disturbances increase the risk of dementia: A systematic review and meta-analysis. *Sleep Medicine Reviews, 40*, 4-16.

Shook, N. J., Ford, C., Strough, J., Delaney, R., & Barker, D. (2017). In the moment and feeling good: Age differences in mindfulness and positive affect. *Translational Issues in Psychological Science, 3*(4), 338-347.

Silva, A. N. C. d, Castanho, G. K. F., Chiminazzo, J. G.

C., Barreira, J., & Fernandes, P. T. (2016). Motivational factors related to the practice of physical activities of the elderly. *Psicologia em Estudo, 21*(4), 677-685.

Silvers, J. A., Insel, C., Powers, A., Franz, P., Helion, C., Martin, R. E., ... & Ochsner, K. N. (2017). vlPFC-vmPFC-amygdala interactions underlie agerelated differences in cognitive regulation of emotion. *Cerebral Cortex, 27*(7), 3502-3514.

Simons, D. J., & Chabris, C. F. (1999). Gorillas in our midst: Sustained inattentional blindness for dynamic events. *Perception, 28*, 1059-1074.

Simons, D. J., & Levin, D. T. (1998). Failure to detect changes to people during a real-world interaction. *Psychonomic Bulletin & Review, 5*, 644-649.

Simpson, J. A., Collins, W. A., & Salvatore, J. E. (2011). The impact of early interpersonal experience on adult romantic relationship functioning: Recent findings from the Minnesota longitudinal study of risk and adaptation. *Current Directions in Psychological Science, 20*(6), 355-359.

Sindi, S., Kåreholt, I., Johansson, L., Skoog, J., Sjöberg, L., Wang, H. X., ... & Kivipelto, M. (2018). Sleep disturbances and dementia risk: A multicenter study. *Alzheimer's & Dementia, 14*(10), 1235-1242.

Singh, B., Parsaik, A. K., Mielke, M. M., Erwin, P. J., Knopman, D. S., Petersen, R. C., & Roberts, R. O. (2014). Association of mediterranean diet with mild cognitive impairment and Alzheimer's disease: A systematic review and meta-analysis. *Journal of Alzheimer's Disease, 39*(2), 271-282.

Sjöberg, L., Karlsson, B., Atti, A. R., Skoog, I., Fratiglioni, L., & Wang, H. X. (2017). Prevalence of depression: Comparisons of different depression definitions in population-based samples of older adults. *Journal of Affective Disorders, 221*, 123-131.

Skinner, B. F., & Vaughan, M. E. (2013). 스키너의 마지막 강의(*Enjoy old age: A practical guide*). (이시형 역). 서울: 더퀘스트.

Small, B. J., Dixon, R. A., McArdle, J. J., & Grimm, K. J. (2012). Do changes in lifestyle engagement moderate cognitive decline in normal aging?: Evidence from the Victoria Longitudinal Study. *Neuropsychology, 26*(2), 144.

Smith, B. W., & Zautra, A. J. (2002). The role of personality in exposure and reactivity to interpersonal stress in relation to arthritis disease activity and negative affect in women. *Health Psychology, 21*(1), 81-88.

Smith, N. C., Drumwright, M. E., & Gentile, M. C. (2010). The new marketing myopia. *Journal of Public Policy & Marketing, 29*(1), 4-11.

Snider, R. S., & Maiti, A. (1976). Cerebellar contributions to the Papez circuit. *Journal of Neuroscience Research, 2*(2), 133-146.

Solomon, S., Greenberg, J., & Pyszczynski, T. (1991). A terror management theory of social behavior: The psychological functions of self-esteem and cultural worldviews. In M. P. Zanna (Ed.), *Advances in Experimental Social Psychology, Vol. 24* (pp. 93-159). Academic Press.

Somme, J., Fernández-Martínez, M., Molano, A., & Jose Zarranz, J. (2013). Neuropsychiatric symptoms in amnestic mild cognitive impairment: Increased risk and faster progression to dementia. *Current Alzheimer Research, 10*(1), 86-94.

Song, J., Birn, R. M., Boly, M., Meier, T. B., Nair, V. A., Meyerand, M. E., & Prabhakaran, V. (2014). Age-related reorganizational changes in modularity and functional connectivity of human brain networks. *Brain Connectivity, 4*(9), 662-676.

Stackert, R. A., & Bursik, K. (2003). Why am I unsatisfied? Adult attachment style, gendered irrational relationship beliefs, and young adult romantic relationship satisfaction. *Personality and Individual Differences, 34*(8), 1419-1429.

Stanley, J. T., & Isaacowitz, D. M. (2015). Caring more and knowing more reduces age-related differences in emotion perception. *Psychology and Aging, 30*(2), 383-395.

Stawski, R. S., Mogle, J., & Sliwinski, M. J. (2011). Intraindividual coupling of daily stressors and cognitive interference in old age. *The Journals of Gerontology, Series B: Psychological Sciences and Social Sciences, 66B*(S1), i121-i129.

Steptoe, A., Deaton, A., & Stone, A. A. (2015). Subjective well being, health, and ageing. *The Lancet, 385*(9968), 640-648.

Stern Y. (2012). Cognitive reserve in ageing and Alzheimer's disease. *The Lancet Neurology, 11*(11), 1006-1012.

Stern, Y. (2002). What is cognitive reserve?: Theory and research application of the reserve concept. *Journal of* the International Neuropsychological Society, 8(3), 448-460.

Stern, Y. (2012). Cognitive reserve in ageing and Alzheimer's disease. *The Lancet Neurology, 11*(11), 1006-1012.

Sternberg, E. M. (2009). 힐링 스페이스(*Healing spaces*). (서영조 역). 서울: 더퀘스트.

Sternberg, R. J. (2006) A duplex theory of love. In R. J. Stern berg & K. Weis (Eds.), *The New Psychology of Love* (pp. 184-199). Yale University Press.

Stevens, W. D., Hasher, L., Chiew, K. S., & Grady, C. L. (2008). A neural mechanism underlying memory failure in older adults. *Journal of Neuroscience, 28*(48), 12820-12824.

Stine-Morrow, E. A., Parisi, J. M., Morrow, D. G., & Park, D. C. (2008). The effects of an engaged lifestyle on cognitive vitality: A field experiment. *Psychology and Aging, 23*(4), 778-786.

Stroud, D. (2005). *The 50-plus Market*. London, UK: Kogan Page.

Stuart-Hamilton, I. (2017). 노화의 심리학(*The psychology of ageing*). (이동영, 서은형, 우종인 공역). 서울: 서울대학교출판문화원.

Suitor, J. J., Gilligan, M., & Pillemer, K. (2015). Stability, change, and complexity in later life families. In L. K. George & K. F. Ferraro (Eds.), *Handbook of Aging and the Social Sciences* (pp. 205-226). Elsevier.

Suitor, J. J., Sechrist, J., Plikuhn, M., Pardo, S. T., Gilligan, M., & Pillemer, K. (2009). The role of perceived maternal favoritism in sibling relations in midlife. *Journal of Marriage and Family, 71*(4), 1026-1038.

Sullivan, S., & Ruffman, T. (2004). Emotion recognition deficits in the elderly. *International Journal of Neuroscience, 114*(3), 403-432.

Sullivan, S., Campbell. A., Hutton. S. B., & Ruffman, T. (2017). What's good for the goose is not good for the gander: Age and gender differences in scanning emotion faces. *Journals of Gerontology Series B: Psychological Sciences and Social Sciences, 72*(3), 441-447.

Sundevall, E. P., & Jansson, M. (2020). Inclusive parks across ages: Multifunction and urban open space management for children, adolescents, and the elderly. *International Journal of Environmental Research and Public Health, 17*, 9357.

Suzuki, A., Hoshino, T., Shigemasu, K., & Kawamura, M. (2007). Decline or improvement?: Age-related differences in facial expression recognition. *Biological Psychology, 74*(1), 75-84.

Tam, A., Luedke, A. C., Walsh, J. J., Fernandez-Ruiz, J., & Garcia, A. (2015). Effects of reaction time variability and age on brain activity during Stroop task performance. *Brain Imaging and Behavior, 9*(3), 609-618.

Taylor, S. (1995). Anxiety sensitivity: Theoretical perspectives and recent findings. *Behaviour Research and Therapy, 33*(3), 243-258.

Teachman, B. A. (2006). Aging and negative affect: The rise and fall and rise of anxiety and depressive symptoms. *Psychology and Aging, 21*(1), 201-207.

Tepper, K. (1994). The role of labeling processes in elderly consumers' responses to age segmentation cues. *Journal of Consumer Research, 20*(4), 503-519.

Tilvis, R. S., Pitkala, K. H., Jolkkonen, J., & Strandberg, T. E. (2000). Social networks and dementia. *The Lancet, 356*(9223), 77-78.

Titov, N., Fogliati, V. J., Staples, L. G., Gandy, M., Johnston , L., Wootton, B., ... & Dear, B. F. (2016). Treating anxiety and depression in older adults: Randomised controlled trial comparing guided v. self-guided internet-delivered cognitive-behavioural therapy. *BJPsych Open, 2*(1), 50-58.

Tun, P. A., Miller-Martinez, D., Lachman, M. E., & Seeman, T. (2013). Social strain and executive function across the lifespan: the dark (and light) sides of social engagement. *Aging, Neuropsychology, and Cognition, 20*(3), 320-338.

U. S. Census Bureau. (2016b). Median age at first marriage: 1890 to present. Retrieved from www.census.gov/hhes/families/files/graphics/MS-2.pdf

Umberson, D., Wortman, C. B., & Kessler, R. C. (1992). Widowhood and depression: Explaining long-term gender differences in vulnerability. *Journal of Health and Social Behavior, 33*, 10-24.

Urry, H. L., & Gross, J. J. (2010). Emotion regulation in older age. *Current Directions in Psychological Science, 19*(6), 352-357.

Uttl, B. (2008). Transparent meta-analysis of prospective memory and aging. *PLoS One, 3*, e1568.

Vaillant, G. E. (1974). Natural history of male psychological health: II. Some antecedents of healthy adult adjustment. *Archives of General Psychiatry, 31*(1), 15-22.

Vaillant, G. E. (1995). *Adaptation to Life*. Harvard

University Press.

Vaillant, G. E. (2010). 행복의 조건*(Aging well: Surprising guideposts to a happier life from the landmark study of adult development)*. (이덕남 역). 서울: 프런티어.

Vaillant, G. E., & Mukamal, K. (2001). Successful aging. *American Journal of Psychiatry, 158*(6), 839-847.

Vaillant, G. E., & Vaillant, C. O. (1990). Natural history of male psychological health: XII. A 45-year study of predictors of successful aging at age 65. *The American Journal of Psychiatry, 147*(1), 31-37.

Valenzuela, M. & Sachdev, P. (2006). Brain reserve and dementia: A systematic review. *Psychological Medicine, 36*(4), 441-454.

Vallerand, R. J., & O'Connor, B. P. (1989). Motivation in the elderly: A theoretical framework and some promising findings. *Canadian Psychology, 30*(3), 538-550.

van Baarsen, B. (2002). Theories on coping with loss: The impact of social support and selfesteem on adjustment to emotional and social loneliness following a partner's death in later life. *Journals of Gerontology, 57*(1), 33-42.

van der Zwaag, M. D., Westerink, J. H., & van den Broek, E. L. (2011). Emotional and psychophysiological responses to tempo, mode, and percussiveness. *Musicae Scientiae, 15*(2), 250-269.

van der Goot, M. J., Van Reijmersdal, E. A., & Kleemans, M. (2015). Age differences in recall and liking of arousing television commercials. *Communications, 40*(3), 295-317.

van Orden, K. A., Witte, T. K., Cukrowicz, K. C., Braithwaite, S. R., Selby, E. A., & Joiner, Jr, T. E. (2010). The interpersonal theory of suicide. *Psychological Review, 117*(2), 575-600.

van Volkom, M. (2006). Sibling Relationships in Middle and Older Adulthood: A Review of the Literature. *Marriage & Family Review, 40*(2-3), 151-170.

van Zelst, W. H., De Beurs, E., Beekman, A. T., Deeg, D. J., & van Dyck, R. (2003). Prevalence and risk factors of posttraumatic stress disorder in older adults. *Psychotherapy and Psychosomatics, 72*(6), 333-342.

Vanneste, S., & Pouthas, V. (1999). Timing in aging: The role of attention. *Experimental Aging Research, 25*, 49-67.

Varma, V. R., Chuang, Y. F., Harris, G. C., Tan, E. J., & Carlson, M. C. (2015). Low-intensity daily walking activity is associated with hippocampal volume in older adults. *Hippocampus, 25*(5), 605-615.

Verhaeghen, P., & De Meersman, L. (1998). Aging and the stroop effect: A meta-analysis. *Psychology and Aging, 13*(1), 120-126.

Viinikainen, M., Kätsyri, J., & Sams, M. (2012). Representation of perceived sound valence in the human brain. *Human Brain Mapping, 33*(10), 2295-2305.

Vink, D., Aartsen, M. J., Comijs, H. C., Heymans, M. W., Penninx, B. W., Stek, M. L., ... & Beekman, A. T. (2009). Onset of anxiety and depression in the aging population: Comparison of risk factors in a 9-year prospective study. *The American Journal of Geriatric Psychiatry, 17*(8), 642-652.

Voelkle, M. C., Ebner, N. C., Lindenberger, U., & Riediger, M. (2014). A note on age differences in mood-congruent vs. mood-incongruent emotion processing in faces. *Frontiers in Psychology, 5*, 635.

Voineskos, A. N., Winterburn, J. L., Felsky, D., Pipitone, J., Rajji, T. K., Mulsant, B. H., & Chakravarty, M. M. (2015). Hippocampal (subfield) volume and shape in relation to cognitive performance across the adult lifespan. *Human Brain Mapping, 36*(8), 3020-3037.

von Krause, M., Radev, S. T., & Voss, A. (2022). Mental speed is high until age 60 as revealed by analysis of over a million participants. *Nature Human Behavior, 6*, 700-708.

Vorspan, F., Mehtelli, W., Dupuy, G., Bloch, V., & Lépine, J. P. (2015). Anxiety and substance use disorders: Co-occurrence and clinical issues. *Current Psychiatry Reports, 17*(2), 4.

Wager, T. D., Phan, K. L., Liberzon, I., & Taylor, S. F. (2003). Valence, gender, and lateralization of functional brain anatomy in emotion: A meta-analysis of findings from neuroimaging. *Neuroimage, 19*(3), 513-531.

Wang, L., LaViolette, P., O'Keefe, K., Putcha, D., Bakkour, A., van Dijk, K. R., ... & Sperling, R. A. (2010). Intrinsic connectivity between the hippocampus and posteromedial cortex predicts memory performance in cognitively intact older individuals. *Neuroimage, 51*(2), 910-917.

Wang, P. S., Bohn, R. L., Glynn, R. J., Mogun, H., & Avorn, J. (2001). Hazardous benzodiazepine regimens in the elderly: Effects of half-life, dosage, and duration on risk of hip fracture. *American Journal of Psychiatry, 158*(6), 892-898.

Wansink, B., & van Ittersum, K. (2013). Portion size me: Plate-size induced consumption norms and win-win solutions for reducing food intake and waste. *Journal of Experimental Psychology, 19*(4), 320-332.

Ward, R. A. (1977). The impact of subjective age and stigma on older persons. *Journal of Gerontology, 32*(2), 227-232.

Warr, P., Butcher, V., & Robertson, I. (2004). Activity and psychological well-being in older people. *Aging & Mental Health, 8*(2), 172-183.

Waters, E., Merrick, S. K., Treboux, D., Crowell, J., & Albersheim, L. (1995). Attachment security from infancy to early adulthood: A 20-year longitudinal study. *A Poster presented at the biennial meeting of the Society for Research in Child Development*. Indianapolis, IN.

Watson, D. G., & Maylor, E. A. (2002). Aging and visual marking: Selective deficits for moving stimuli. *Psychology and Aging, 17*, 321-339.

Watson, D., Clark, L. A., & Tellegen, A. (1988). Development and validation of brief measures of positive and negative affect: The PANAS scales. *Journal of Personality and Social Psychology, 54*(6), 1063-1070.

Watson, D., Klohnen, E. C., Casillas, A., Nus Simms, E., Haig, J., & Berry, D. S. (2004). Match makers and deal breakers: Analyses of assortative mating in newlywed couples. *Journal of Personality, 72*(5), 1029-1068.

Weems, C. F., Watts, S. E., Marsee, M. A., Taylor, L. K., Costa, N. M., Cannon, M. F., ... & Pina, A. A. (2007). The psychosocial impact of Hurricane Katrina: Contextual differences in psychological symptoms, social support, and discrimination. *Behaviour Research and Therapy, 45*, 2295-2306.

Weintraub, S., Rogalski, E., Shaw, E., Sawlani, S., Rademaker, A., Wieneke, C., & Mesulam, M. M. (2013). Verbal and nonverbal memory in primary progressive aphasia: The three wordsthree shapes test. *Behavioral Neurology, 26*(1-2), 67-76.

Wellman, B. (1979). The Community Question: The Intimate Networks of East Yorkers. *American Journal of Sociology, 84*(5), 1201-1231.

Wendel, S. (2018). 마음을 움직이는 디자인 원리(*Designing for behavior change*). (장현순 역). 경기: 위키북스.

Wengreen, H., Munger, R. G., Cutler, A., Quach, A., Bowles, A., Corcoran, C., ... & Welsh-Bohmer, K. A. (2013). Prospective study of dietary approaches to stop hypertension- and mediterranean-style dietary patterns and age-related cognitive change: The Cache County Study on memory, health and aging. *The American Journal of Clinical Nutrition, 98*(5), 1263-1271.

West, M. J., Coleman, P. D., Flood, D. G., & Troncoso, J. C. (1994). Differences in the pattern of hippocampal neuronal loss in normal ageing and Alzheimer's disease. *The Lancet, 344*(8925), 769-772.

Wetherell, J. L., Gatz, M., & Pedersen, N. L. (2001). A longitudinal analysis of anxiety and depressive symptoms. *Psychology and Aging, 16*(2), 187-195.

Wetherell, J. L., Liu, L., Patterson, T. L., Afari, N., Ayers, C. R., Thorp, S. R., ... & Petkus, A. J. (2011). Acceptance and commitment therapy for generalized anxiety disorder in older adults: A preliminary report. *Behavior Therapy, 42*(1), 127-134.

Wethington, E., Kessler, R., & Pixley, J. (2004). Turning points in adulthood. In O. Brim, C. Ryff & R. Kessler (Eds.), *How Healthy Are We? A National Study of Well-being at Midlife* (pp. 586-613). University of Chicago Press.

Weuve, J., Puett, R. C., Schwartz, J., Yanosky, J. D., Laden, F., & Grodstein, F. (2012). Exposure to particulate air pollution and cognitive decline in older women. *Archives of Internal Medicine, 172*(3), 219-227.

Wheaton, B. (1985). Models for the stress-buffering functions of coping resources. *Journal of Health and Social Behavior, 26*(4), 352-364.

WHO. (2015). *Measuring the Age-Friendliness of Cities: A Guide to Using Core Indicators*.

Wicklund, M. R., Duffy, J. R., Strand, E. A., Machulda, M. M., Whitwell, J. L., & Josephs, K. A. (2014). Quantitative application of the primary progressive aphasia consensus criteria. *Neurology, 82*(13), 1119-1126.

Willis, S. L., Tennstedt, S. L., Marsiske, M., Ball, K., Elias, J., Koepke, K. M., ... & ACTIVE Study Group, F. T. (2006). Long-term effects of cognitive training on everyday functional outcomes in older adults. *JAMA, 296*(23), 2805-2814.

Wilson, R. S., Krueger, K. R., Arnold, S. E., Schneider, J. A., Kelly, J. F., Barnes, L. L., ... & Bennett, D. A. (2007). Loneliness and risk of Alzheimer's disease. *Archives of General Psychiatry, 64*(2), 234-240.

Windsor, T. D., Gerstorf, D., Pearson, E., Ryan, L. H., & Anstey, K. J. (2014). Positive and negative social

exchanges and cognitive aging in young-old adults: Differential associations across family, friend, and spouse domains. *Psychology and Aging, 29*(1), 28-43.

Winecoff, A., LaBar, K. S., Madden, D. J., Cabeza, R., & Huette l, S. A. (2011). Cognitive and neural contributors to emotion regulation in aging. *Social Cognitive and Affective Neuroscience, 6*(2), 165-176.

Wolitzky-Taylor, K. B., Castriotta, N., Lenze, E. J., Stanley, M. A., & Craske, M. G. (2010). Anxiety disorders in older adults: A comprehensive review. *Depression and Anxiety, 27*(2), 190-211.

Wrzus, C., Hänel, M., Wagner, J., & Neyer, F. J. (2013). Social network changes and life events across the life span: A meta-analysis. *Psychological Bulletin, 139*(1), 53-80.

Wu, J. T., Wu, H. Z., Yan, C. G., Chen, W. X., Zhang, H. Y., He , Y., & Yang, H. S. (2011). Aging-related changes in the default mode network and its anti-correlated networks: A resting-state fMRI study. *Neuroscience Letters, 504*(1), 62-67.

Xie, W., Mallin, B. M., & Richards, J. E. (2019). Development of brain functional connectivity and its relation to infant sustained attention in the first year of life. *Developmental Science, 22*(1), e12703.

Xue, B., Cadar, D., Fleischmann, M., Stansfeld, S., Carr, E., Kivimäki, M., ... & Head, J. (2018). Effect of retirement on cognitive function: The Whitehall II cohort study. *European Journal of Epidemiology, 33*(10), 989-1001.

Yamasaki, A., Booker, A., Kapur, V., Tilt, A., Niess, H., Lillemoe, K. D., & Conrad, C. (2012). The impact of music on metabolism. *Nutrition, 28*(11), 1075-1080.

Yang, X., Goh, A., Chen, S. H. A., & Qiu, A. (2013). Evolution of hippocampal shapes across the human lifespan. *Human Brain Mapping, 34*(11), 3075-3085.

Yoon, C., & Cole, C. A. (2008). Aging and consumer behavior. In C. P. Haugtvedt, P. M. Herr, & F. R. Kardes (Eds.), *Handbook of Consumer Psychology* (pp. 247-270). Psychology Press.

Yoon, C., Cole, C. A., & Lee, M. P. (2009). Consumer decision making and aging: Current knowledge and future directions. *Journal of Consumer Psychology, 19*(1), 2-16.

Yoon, C., Laurent, G., Fung, H. H., Gonzalez, R., Gutchess, A. H., Hedden, T., ... & Skurnik, I. (2005). Cognition, persuasion and decision making in older consumers. *Marketing Letters, 16*(3), 429-441.

Yoon, C., Lee, M. P., & Danziger, S. (2007). The effects of optimal time of day on persuasion processes in older adults. *Psychology & Marketing, 24*(5), 475-495.

Young, L. M., Baltes, B. B., & Pratt, A. K. (2007). Using selection, optimization, and compensation to reduce job/family stressors: Effective when it matters. *Journal of Business and Psychology, 21*(4), 511-539.

Zacks, R. T., Hasher, L., & Li, K. Z. H. (2000). Human memory. In F. I. M. Craik & T. A. Salthouse (Eds.), *Handbook of Aging and Cognition* (2nd ed.). Lawrence Erlbaum.

Zhou, A., & Jia, J. (2009). Different cognitive profiles between mild cognitive impairment due to cerebral small vessel disease and mild cognitive impairment of Alzheimer's disease origin. *Journal of the International Neuropsychological Society, 15*, 898-905.

찾아보기

저자 소개

박창호(PARK, ChangHo / 제2, 6, 15장 담당)
서울대학교 심리학과 박사
현 전북대학교 심리학과 교수

〈저서 및 논문〉

인지학습 심리검사의 이해(공저, 학지사, 2019)

응용 인지심리학(공저, 학지사, 2018)

Attentional Control and Flow as Mediators between Smartphone Addiction and Cognitive Failures(2022, 지역과 세계)

이영순(Lee, Young Soon / 제12, 13장 담당)
전북대학교 심리학과 박사
현 전북대학교 심리학과 교수

〈저서 및 역서〉

상담심리학의 이론과 실제(4판, 공저, 학지사, 2021)

심리치료와 상담이론: 개념과 사례(6판, 공역, 센게이지, 2019)

집단상담의 이론과 실제(8판, 공역, 학지사, 2015)

김호영(Kim, Hoyoung / 제7, 10장 담당)
서울대학교 심리학과 박사
현 전북대학교 심리학과 교수

〈논문〉

성인 ADHD와 우울한 성인의 인지통제 결함: 순행성통제와 반응성통제 요구도에 따른 AX-CPT 수행비교(공동, 2022, 한국심리학회지: 인지 및 생물)

우울한 노인과 정상 노인의 휴지기 기능적 두뇌 네트워크 차이: 현저성 네트워크 연결성과 전체 뇌 네트워크 효율성을 중심으로(공동, 2021, 한국심리학회지: 인지 및 생물)

Effects of multicomponent training of cognitive control on cognitive function and brain activation in older adults(공동, 2017, Neuroscience Research)

강정석(Kang, Jungsuk / 제11, 14장 담당)
미국 코네티컷 대학교(University of Connecticut) 커뮤니케이션 사이언스 학과 박사
현 전북대학교 심리학과 부교수

〈저서 및 논문〉

인간 정서와 AI(공저, 한울아카데미, 2021)

모바일 쇼핑몰 어플리케이션 브랜드 노출의 소비자 제품 구입 촉진 역할(공동, 2021, 서비스마케팅저널)

The effect of ad skepticism and celebrity preference on brand attitude change in celebrity endorsed advertising(2020, Japanese Psychological Research)

서장원(Seo, Jang-Won / 제8, 9장 담당)
서울대학교 심리학과 박사
현 전북대학교 심리학과 부교수

〈저서 및 역서〉

심리학 연구방법의 기초(학지사, 2022)

인터넷 중독(학지사, 2017)

긍정임상심리학 핸드북(공역, 학지사, 2022)

신희영(Shin, Huiyoung / 제4, 5장 담당)
미국 미시간 대학교(University of Michigan, Ann Arbor) 심리학 박사
전 미국 오클라호마 주립대학교(Oklahoma State University) 조교수
현 전북대학교 심리학과 부교수

〈논문〉

Social support and strain from different relationship sources: Their additive and buffering effects on psychological well-being in adulthood(공동, 2023, Journal of Social and Personal Relationships)

Effects of supportive and conflicting interactions with partners and friends on emotions: Do the source and quality of relationships matter?(공동, 2022, Frontiers in Psychology)

Social support and psychological well-being in younger and older adults: The mediating effects of basic psychological need satisfaction(공동, 2022, Frontiers in Psychology)

김종완(Kim, Jongwan / 제1, 3장 담당)
미국 사우스캐롤라이나 대학교(University of South Carolina) 심리학 박사
전 미국 사우스캐롤라이나 대학교, 메릴랜드 대학교(University of Maryland) 박사후 연구원
현 전북대학교 심리학과 조교수

〈논문〉

다양한 연령의 얼굴 정서 표상: 다차원척도법 연구(2021, 감성과학)

Identification of task sets within and across stimulus modalities(공동, 2018, Neuropsychologia)

Representations of modality-general valence for videos and music derived from fMRI data (공동, 2017, NeuroImage)

고령자 심리의 이해

The Psychology of Aging Adults

2023년 2월 20일 1판 1쇄 인쇄
2023년 2월 25일 1판 1쇄 발행

지은이 • 박창호 · 이영순 · 김호영 · 강정석 · 서장원 · 신희영 · 김종완
펴낸이 • 김진환
펴낸곳 • ㈜학지사
04031 서울특별시 마포구 양화로 15길 20 마인드월드빌딩
대표전화 • 02-330-5114 팩스 • 02-324-2345
등록번호 • 제313-2006-000265호

홈페이지 • http://www.hakjisa.co.kr
페이스북 • https://www.facebook.com/hakjisabook

ISBN 978-89-997-2841-9 93180

정가 22,000원

저자와의 협약으로 인지는 생략합니다.
파본은 구입처에서 교환해 드립니다.